海外中国专题研究丛书
刘 东 主编

Education and Society in Late Imperial China, 1600-1900

晚期帝制中国的教育与社会

1600—1900

[美]本杰明·A.艾尔曼
Benjamin A. Elman and Alexander Woodside
[加]伍思德 ——编

严蓓雯 等——译

九州出版社 全国百佳图书出版单位

图书在版编目（CIP）数据

晚期帝制中国的教育与社会：1600—1900 / 刘东主编；（美）本杰明·A.艾尔曼，（加）伍思德编；严蓓雯等译. -- 北京：九州出版社，2023.1
（海外中国专题研究 丛书）
书名原文：Education and society in late imperial China, 1600-1900
ISBN 978-7-5225-1227-3

Ⅰ.①晚… Ⅱ.①刘… ②本… ③伍… ④严… Ⅲ.①教育史－研究－中国－1600-1900②社会史－研究－中国－1600-1900 Ⅳ.①G529.5②K250.7

中国版本图书馆CIP数据核字(2022)第224457号

©1994 The Regents of the University of California
Published by arrangement with University of California Press

著作权合同登记号：图字01-2021-2815

晚期帝制中国的教育与社会：1600—1900	
作　　者	[美]本杰明·A.艾尔曼　[加]伍思德 编　严蓓雯 等 译　刘东 主编
责任编辑	邹　婧
出版发行	九州出版社
地　　址	北京市西城区阜外大街甲35号（100037）
发行电话	(010)68992190/3/5/6
网　　址	www.jiuzhoupress.com
印　　刷	三河市兴博印务有限公司
开　　本	710毫米×1000毫米 16开
印　　张	33
字　　数	520千字
版　　次	2023年2月第1版
印　　次	2023年2月第1次印刷
书　　号	ISBN 978-7-5225-1227-3
定　　价	168.00元（精装）

★版权所有　侵权必究★

序"海外中国专题研究丛书"

刘 东

尽管总会遇到阻抗与逆流，尤其在当下这段艰难岁月，可只要举目观望自己的周遭，还是到处都留有"全球化"的影响。当然在这中间，也包含了从八十年代便已启动的，如今已经林立在四壁书架上、足以把我们簇拥起来的各种学术丛书，尽管人们当年更淳朴的习惯说法，是把这一切都称作"改革开放"。——可不管用什么辞令，到了几十年后再不经意地回望，我们总是会不无"陌生感"地发现，居然连自己毕生从事的学术研究，也已经大规模地、完全不可逆地"全球化"了。而且，这还不光是指那些号称"无国界"的现代学问，比如理科的理论物理、或工科的机械工程等，也同样是指这些"有文化"的传统学问，甚至还包含了对于这种传统本身的人文研究。

正因为介身于"全球化"的潮流之中，如果早在1988年，当我动笔为"海外中国研究丛书"作序时，曾经并非故作自谦、而乃老老实实地写道，"我们的译介毕竟还只是初步的尝试，而我们所努力去做的，毕竟也只是和读者一起去反复思索这些奉献给大家的东西"，那么再到2001年，当我又为"阅读中国"丛书做序时，就已可面对着当时的进展、而带有相当信心地写道，"如果在上次作序的时候，我们对于西方同行的工作还只知一鳞半爪，那么今番再来作序，简直就像在介绍老朋友的一些新作了"——的确，以往只有极少数社科院里的精英，才得以略窥一二的汉学著作，如今已成了随便哪个学生的必读书，甚至更成了一般知识大众的枕边书，以至于只要是一打开哪本后进的著作，尤其是那些非要装出点"学究气"的学位论文，就能在参考书目中看到大批丛书的选题。

可话说回来，一方面固然也可以觉得，只有到了这种回头"复盘"的时候，才有可能于蓦然回首中发现，我们如今竟已走出了"那么远"；但另一方面，自己仍然心有戚戚地觉得，我们终究还是走得"不够远"。实际上，在编辑那套"海外中国研究丛书"之余，在自己心底一直都潜藏着另一批书，而且以往趁着开会时也曾经多方呼吁过，这就是目前终于可以循序推出的、规模相对要小的"海外中国专题研究丛书"。——再来顾名思义：收进这套丛书中的每一种，都是由一组或一批来自海外的学者，围绕共同关注的某个话题或环节，来进行各施所长的交流与切磋、启迪与补充。

之所以总在心里惦记这个，是因为在"国学"与"汉学"的对话中，至少是在我们自己的这一侧，对于别人的"成本论著"关注得较多，而对别人的"单篇论文"关注得太少。而诸如此类的偏向，以及由此生出的拖拉与被动，又不能只是归结于此前的译介——包括"海外中国研究丛书"的坚持与成功——更要同国内知识生产的独特现状相连。但无论如何，越是更多地读到了别人的专著，这种偏又不读别人论文的缺陷，也才会更加突出和集中地暴露出来，从而也就更应得到相应的补救与矫正。说白了，唯有论文才属于成果的即时反映，缘此才反映了学术创新的前沿状态，而一旦连相应的专著都印刷出来了，在时效上往往便已相对滞后了。正因为这样，如果仅限于去阅读别人的专著——更何况还只是转成了中文的译著——那样的学术报告就已经没多少情报价值了。

不可讳言，也正是因为这种知识生产的现状，以及与此互为因果的、普遍不读别人论文的缺失，也就拖累了我们自家的论文质量。这也就意味着，实则中国的文科学术，至少在"论文撰写"这个方面，还远远没能够匹配"全球化"的步伐。也正因为这样，就使得真正在坚持国际标准的学刊，比如一直由哈佛燕京学社支持、商务印书馆出版的《中国学术》杂志，很难从国内学界汲取到充沛的稿源。事实上，国内的评价机制更在意论文的数量或篇数，而不是它们的创新度与论证量，这自然使人们养成了这样的惯习，写出的东西都篇幅偏短、分量偏轻、味道偏淡。——在这样的现状中，恐怕人们也很难去想象或理解了：有些声望和影响都很大的国际学者，比如芝加哥大学的科斯、加州大学的施坚雅，终其一生都并未出版过什么"专著"，而他们享有的那种"大师级"的声誉，主要就靠少数几篇作为"代表作"的论文。

正是在上面这样的检思中，我才在心里一直默默念想着，一定要集中推出一批"论文集"。虽则说，即使有了这种翻译过来的"论文集"，也并不能代替"阅读论文"的研究习惯，可它们终究还是有个好处，那就是能够促使国内学界认识到，什么才是别人知识生产的"原生态"？事实上，每当打开这样的"论文集"时，我们就总能听到众声的喧哗、别异的观点，也总能看到对立的视角、不同的手法。就此而言，这种七嘴八舌、不一而足的"论文集"，往往也正是催化知识生产的温床。到了后来，有些作者也正是从这里出发，才大大发展了研究的兴趣，写出了后来译出的"专著"；只不过，如果就国内的特有语境来看，人们是把阅读的次序给颠倒了过来。但无论如何，这种学术史中的"发展性"，却不应就这么简单地忽略掉，否则我们对于别人的研究，就会只是"知其然"，而不能"知其所以然"了。——也就是说，在这样的领域与话题中，到底还保留了怎样的潜力，留下了怎样的余地，闪出了怎样的缝隙，露出了怎么样的破绽，存在着怎样的争议，我们就会统统对此不得而知了。

毫无疑问，要是这套丛书能从刚开始，就去自行动手编选这类论文集，那无疑会有更多的选择余地，也更应当能贴合国内的阅读要求。只不过，由此所带来的具体技术问题，尤其是由此涉及的单篇版权，会使相应的工作难上很多倍。既然如此，作为一种"投石问路"的尝试，就决定先到加州大学出版社那里，去联系这套素被称道的"论文集"。读者们可以顺藤摸瓜地发现，它们往往都属于某次会议的"结集"。——而这样一来，就又带来了一个附加的好处，那就是让大家顺便也能看到，一次真正堪称严肃认真的、可以有预期成果的学术会议，究竟应当怎么去筹备、怎么去落实，怎么去主持，和怎么去总结。也是唯其如此，纳税人的宝贵钱财，或者捐资人的热心贡献，才不致被白白抛撒在"楼堂馆所"中，甚至干脆把"胡乱召集开会"，当成了"快速用掉经费"的唯一手段。

事实上，正因为那些会议的组织者，对于某个尚且未知的话题，或者稍显陌生的领域，已经具备了相当的敏感性、和相应的前瞻性，而又能按捺住自己的性子，把它酝酿得较为长久、准备得较为充足，才能有足够的把握去开好这次会。由此可知，某次学术会议之"大获成功"的标志，就不仅要同时反映在会议主题、参会阵容、讲演质量、交流程度中，还理应更进一步地反映在：一旦这样的会议圆满结束了，那么，研究的风气与话题能否随之一变，而流行的话语与范式能否吐故纳新？——在这样的意义上，虽说还不是引入了一个活生生的学术界，然而我们通过这样的会议"论文集"，总算是看到了它某次精心活动的剪影。而大家如果善于深层地阅读，还足以就此领悟得更多，比如国外的那些同行或对手，如果就某一特定领域而言，究竟具备着怎么样的研究实力，以及正在关切怎样的话题，和正在面临怎样的转向……

当然，相对于潜藏心间的计划而言，这些率先引进的会议"论文集"，还只不过是"三步走"中的"第一步"。一旦这些出版物能被认可了，我就将依托未来团队的支撑，一边去自行动手、一边也邀约国外同行，去像完成一个研究项目一般地，另外编辑和翻译出一批"论文集"。希望这样一来，就不光能更广谱地扫描国外的研究，也更能聚焦于它的某些纽结点，比如那些引发过"范式转换"的著名论文，以及围绕它们所发生的争辩。与此同时，为了能返回国外的学术现场，从而在知识生产的"原生态"中，去体会学术史中的微妙转折，我还打算再更进一步地，去联系国外的一些著名学刊，把造成某次"学术事件"某期杂志，原封不动地把版权买过来，再原原本本地端给中国读者。——比如，我们要是能想个什么办法，把 1975 年春季号的 Daedalus 杂志，给原封不动地买来版权、和翻译出版，那就会大大有助于国内学界去了解，当前占据了话语中心的"轴心突破"、乃至于"内在超越"，都是由哪次具体"学术事件"所导致的；事实上，那个导致了风气转变的专辑，正是由出身犹太的汉学家史华兹发起的，而它的名称正是"智慧、启示与怀疑：公元前一千纪的人类文明"。

也正因为这样，写到了最后就必须紧跟着补充，尽管我们借助于这样的"论文集"，也顺便介绍了一种"相对正常"的学术秩序，不过读者们与此同时也需要明鉴：这也无非就只是"相对正常"罢了。所以无论如何，又不能把这一切都给"理想化"了，而只要用心研读过就总能发现，可供质疑和论辩之处还俯拾皆是。由此又不免想起了伏尔泰的那句名言："我可以不同意你的观点，但是我誓死捍卫你说话的权利！"而我在最早的那篇《总序》中，也曾本着"改革开放"的精神写道："不能只从各家学说中筛选那些我们可以或者乐于接受的东西，否则我们的'筛子'本身就可能使读者失去选择、挑剔和批判的广阔天地。"——甚至于，到了"全球化"的进程业已如此深入、而风险社会也已同步加剧的今天，就连只是这么"宽容"地空泛表态，也还是显得太过消极和被动了，因为从更加积极进取的意义上说，也只有由"文明对话"带来的"文化间性"，才能帮助我们从目前的分裂泥沼中挣脱出来，将自家的心智带上更为高远的大平台。

2020 年 5 月 1 日
于三亚湾·双台阁

前　言

时常有人打趣，学术会议总为矛盾所困：一方面，它们要激发思想上的振荡；但另一方面，它们也是学界团结的仪式，这一作用同样重要。我们这次学术会议，无意中尤为痛苦地试图调解这一矛盾，成果便是产生了本书中这些文章。1989年6月8日至14日，会议在加州圣巴巴拉市一个休闲度假兼会议中心玛利亚之家（La Casa de Maria）举办。

会议于1985年左右开始筹备，有不少人参与。最初由罗友枝教授提议举办，她是美国学术团体委员会中国研究联合委员会主席，在此我们要向她表达谢意。事实上，会议也是由联合委员会资助的，因此，我们也感谢杰森·H. 帕克及其执行助理。其余资助来自梅隆基金会和美国国家人文基金会。不列颠哥伦比亚大学和加州大学洛杉矶分校都参与了会议的筹备，后者的中国研究中心是会议的基地和指挥中心。我们还要感谢该中心主任黄宗智教授的相助，同样我们也欠了副主任理查德·贡德一份深厚人情，我们绝对少不了他的建议和协助，以及保持会议持续进行的出色组织才能。

会议成员还包括皮吉声大学苏珊·W. 巴内特教授、莱顿大学汉学院宋汉理教授。我们同样感谢他们前来参加会议，与我们慷慨分享他们对清朝教育的研究进展。会议讨论者还包括一位宋朝研究学者、一位非洲人类学家以及近代日本史史学家。我们还要感谢包弼德、杰克·古迪、奈地田哲夫、濮德培、魏斐德等教授。另外要感谢加州大学洛杉矶分校的史雅堂和瑞吉·斯蒂茨，他们堪为会议记录典范。

  我们撰写了一篇粗略介绍这本书的导语，此外还撰写了一篇后记，提出了一些特别观点，当然，这些不一定是其他与会者对会议主旨的看法。

伍思德，温哥华

本杰明·A.艾尔曼，洛杉矶

目 录

导　论　　　　　　　　　　　　　伍思德　本杰明·A.艾尔曼　001

第一部分　教育、家庭和身份

1　清代中期的女子教育　　　　　　　　　　　　　曼素恩　017
2　四位老师：李海观《歧路灯》一书中的教育问题　白亚仁　047
3　为教育而教育：曾国藩《家书》札记　　　　　　刘广京　072

第二部分　科举与科目

4　儒家科举考试从明朝到清朝的变化　　　本杰明·A.艾尔曼　105
5　方苞与《钦定四书文》　　　　　　　　　　　　盖博坚　141
6　话语、科举与地方精英：清朝桐城派的诞生　　　周启荣　170

第三部分　清代教育活动中的专科学习和思想挑战

7　数学科学在清初及清中叶的发展　　　　　　　　詹嘉玲　205
8　戴震与儒学传统下的学习观　　　　　　　　　　包筠雅　237
9　清代的法学教育　　　　　　　　　　　　　　　张伟仁　268
10　满族/满语教育　　　　　　　　　　　　　　　柯娇燕　313

第四部分　学校与地方教育的理论与实践

11　17、18世纪长江下游地区的基础教育　　　　　　　　　梁其姿　349
12　中国西南地区的教育和国家意识塑造：1733—1738年间陈宏谋在云南的活动
　　　　　　　　　　　　　　　　　　　　　　　　　　　罗威廉　381
13　晚期帝制中国的政治权力与教育创新的分裂　　　　　　　伍思德　412
14　1865—1911年间上海龙门书院的发展和江苏文化精英群体的扩大
　　　　　　　　　　　　　　　　　　　　　　　　　　　秦博理　443

　　后记　清朝中国教育的发展　　　　　　伍思德　本杰明·A.艾尔曼　472
　　撰稿人介绍　　　　　　　　　　　　　　　　　　　　　　　　502
　　人名译名对照表　　　　　　　　　　　　　　　　　　　　　　505

导 论

伍思德（Alexander Woodside）
本杰明·A. 艾尔曼（Benjamin A. Elman）

  与其他文明相比，中国极为重视教育。上古时期（公元前600—公元前250年），中国重要思想家，从孔子（公元前551—公元前479年）到孟子（公元前372—公元前289年），从墨子（公元前470—公元前391年）到荀子（公元前313—公元前238年？），都提出了前所未有的见地：国家选能举贤，应该更看重后天习得的道德与能力，而非血统与门第。从帝制早期（公元前200—公元200年）开始，宗族家系一有可能就调动他们的经济与文化资源，向男童（有时候是女童）提供识文断字的手段。然而，举贤唯才的社会不过是未曾企及的理想状态，对大部分地方来说，教育仍然是大户人家和富商的特权，后者的特权要小一些。

  从帝制中期（600—900）开始，中国的教育开支显著增加，它开始创建全世界第一个选拔文官的国家科举制度。这一制度挑战了西北豪门通过垄断教育而把持的仕途晋升之途，并在两宋时期（960—1279）发展至巅峰，其时所建立的国家教育体系使得全国各地的年轻人才成为公务员主流。此外，中古时期佛教的兴起，也产生了新的地方教育机构，许多平民——男性与女性——都在佛学院和寺庙里学习。此后，国家和社会，除了极少数的道教另类之外，都一致认为，教育，尤其是儒家道德教育，是维持政治秩序和文明生活的基本手段之一。

  到了宋朝，这些开创性的教育成就势头涌动，各种各样的儒家经世思想与道德哲学开始复兴，其中尤以程（程颐，1033—1107）朱（朱熹，1130—1200）理学思想为最——后被称为"道学"（研究道的学问）——如今这一派通常被称为"新儒学"。蒙元时期（1271—1368），理学成为正统，1313年再开科举后，理学对科举科目尤为重要。而且，蒙元对新儒学正统思想的征用，成为之后明朝（1368—1644）与清朝（1644—1911）的重要范式，它们都将程朱理学作为儒家正统的根基。例如，近期一部关于宋代教育的专著便强调像朱熹这样的新儒家在教育方面对中国文化作出的长远贡献。[1]

《新儒学教育》一书的编者认为，这样的贡献为当代中国在后儒学时代的成功奠定了基础。比如，我们如今越来越经常听见学者们和新闻工作者说，传统中国对教育的强调，是儒学传承的产物，其思想精神从根本上支撑了20世纪新加坡和中国的台湾、香港地区惊人的经济腾飞。尽管这样的说法更倾向于是种修辞，而非精确史实，但很显然，宋代新儒学教育，的确代表了中国国家与社会之晚近变革的第一步，从1400年一直到1900年，数百万科举考试的考生们都精于宋元程朱道统之学。

但是，宋代之后，出现的是什么样的新儒学教育？在精英争夺文化声望和金榜题名之外，普通平民和妇女能得到什么形式的教育？迄今为止，我们只有印象式的坊间证据。新儒学正统思想的教育成效"令人积弱不振"，全国科举考试（一个尤其遭到误解、尚未得到充分研究的教育机制）使得"阶层固化"，这些既初步又夸张的结论，阻碍了对中国教育的讨论和研究，无法激励研究者进一步探索。我们这次会议文章结集成册，就是想要作为一个论坛，重新评估之前关于中国教育的讨论，希望借此能让读者更清楚地认识早先研究需要修正或重述的地方。

起初，欧洲人对中国16世纪的教育成就啧啧称奇，那时的天主教传教士对中国政府主办的定期科举考试充满了溢美之词。此种仰慕一直延续至18世纪，启蒙哲学家在对中国的记述中，不吝赞美这个"伟大帝国"的理性政治与开明教育。不过，到了19世纪，敬仰心情烟消云散，取而代之的是新教传教士不断指出，官僚精英腐败堕落，疏于庇民，中国到处是穷困潦倒、目不识丁的文盲。到19世纪末，中国的一些仁人志士自发呼吁教育改革，他们看不上儒家科举制度，认为正是几个世纪以来学子中举所需要的死记硬背，造成了根深蒂固的落后思想习惯，必须予以抛弃。他们说，教育改革必须伴随政治改革。

这本书想要将晚期帝制中国的历史与中国的教育史结合起来，揭示教育在中国社会所扮演的角色，以及教育在政治生活与思想生活中的意义。我们请撰稿人将晚期帝制中国的教育视为一面分析棱镜，用准确的术语来勾画儒家教育理论与教育、学问和社会实际情形之间的复杂关系。这次会议的宗旨是阐明清朝社会与教育的关系，为此我们想努力探究新儒学思想家所阐明的教育理念，更准确地了解1600—1900年中国教育的实际情况。为了达到这一目的，我们请撰稿人回答以下问题：科举考试如何代表了精英教育理念？在清朝统治下，中国版图有所扩大，这对多民族政治文化中的教育和学校的普及有何影响？通过将宋朝兴起的新儒学放置在明清社会政治语境中，本书试图阐明为何中国不分阶层男女都如此重视教育（尽管教育的内容和意义广为不同）。作者们尝试表明，对不同人群，不同区域，教育有着不同的意义。

但是，到底什么**是**教育？在1790年一篇关于美国年轻人教育问题的著名文章中，诺亚·韦伯斯特[2]为了消除读者的戒备，说，教育这一论题已被古往今来最有才华的作家们"谈光了"。与韦伯斯特同时代的清朝人却不太会赞同这一看法。他们的一生，都围绕着"教""学""文（文化/文学）"这三个对他们来说难以穷说的范畴，试图确切地定义它们，或者在与他人的论战中重新定义它们。

"教"一般指制造或再造文化精英，以及通过讲道和礼教对没有太多文化甚或大字不识的平民进行社会化改造。但是，鉴于中国历史上，社会始终对教育现状不满，因此，即便是"教"这一概念，也从来没有最终落实为整齐划一的表述。"教"可以在作用上成为"学"的反面。朱熹就说，因为学校没能教导熏陶学生，所以中国教育失败源于低劣之"教"，而非糟糕之"学"。另一方面，"教""学"两个范畴之间的界限，也因政治动乱而模糊不清。1814年，当嘉庆皇帝（1796—1820年在位）告诉臣僚异端邪教四处蔓延，是因为他治下不学之人过多之时，他实际上将"学"与从上而下灌输之"教"等而同之。[3]在腐败日增、叛乱四起的时代，甚至一些尊崇孟子的清代哲学家，例如焦循（1763—1820），也沉浸于赋予"教"或许比孟子本人认可的还要更大的历史权威。焦循否认性善本身能让人修身合礼，因为普通民众缺乏自省能力，不可能不"教"而善。

至于"学",其范围更具弹性,定义也更变化多样。杜维明指出,对中古儒学来说,"学"至少包含了五个"内在关联的方面"(诗学的、政治的、社会的、历史的以及形而上学的);狄培理则表示,即便专治朱子之学的程端礼(1271—1345),在试图设立可以与宋代科举体系相关联的"学"的课程时,也忍不住将朱熹关于"学"究竟为何、曾影响广泛的原创认识狭隘化了(若不说实际上是篡改了的话)。[4] 在清代,即便接受了古典教育的人,也呈现出鲜明的说教倾向,从不同程度上令不断增衍的"学"的定义更为模糊。曾国藩(1811—1872)并不是唯一一个在政务繁忙时仍然给子女写家信、教育他们读书的高官——事实上,有大量论及识文断字之特有用途的士绅家信尚未获得研究。那些关乎普通民众阅读能力的未经研究的材料,是我们所要探讨的主题,对这一主题来说,私人信件只是冰山一角。

因此,对清朝儒学来说,"学"的含义可能非常狭隘,比如就指狭义的文献校订,确定《孟子》原文是34685字还是35410字;也可能相当宽泛,比如顾炎武(1613—1682)说,从个人自身到王朝兴衰,一切都是"学"的内容。甚至连皇帝也抱怨:雍正皇帝(1722—1735年在位)在1733年便说,中国需要更多"实学",以便足以"经世济民"。[5] 最后一句短语简称"经济",到了清末,其含义局限为"经济"。对"学",大多数定义都认为,它指由先贤往圣示范指引、受同道良友鼓励的社会行为。在清代学堂,"学"这种注定的社会性,导致了远比新儒学创建者所希望的更为严格而系统的控制。18世纪学者毕沅(1730—1797),撰写了朱熹12世纪著名文章《白鹿学院教规》的"续作",增添了朱熹著作中没有的教规,要求清代学堂学生每个月有四天时间集体讨论五个小时,其时学生五人一组,每个学生详细阐述文章的一部分内容。陈荣捷认为,朱熹本人一定会认为这样制定的行为准则与真正的"学"正相反,真正的"学",其动力应该来自内心。[6]

最后,"教育"的整个意义之网,还包括对书面文字的文化要求。对书写形式的焦虑,也是士大夫历史意识的一部分。事实上,言辞与思想之间的关系,是这一时期主要的教育问题。桐城派许多成员都认为,因为文学即自我修养,因此,文人应该避免使用佛道词汇、俗语口语,避免通俗小说那种混乱无序的风格。他们还坚称，面对他们所钦慕的古代文学，应当朗声诵读或大声吟诵，而不是默诵，不然无法再次体验其真正精神。其他人则从另一角度哀叹晚期帝制中国文学的鄙俗堕落，而我们也许会认为这是大众文化的萌芽。经学家孙星衍（1753—1818）便不无羡慕地重新创造了一份关于已经消失的古代贵族世界的记忆，在那个世界里，官员要获得官职，会接受考核，看是否掌握汉字的八种不同写法，而学生要掌握万余字的写法，而不是孙星衍时代他的学生只用掌握的两千余字。因为帝国是靠书面文献凝聚在一起的，皇帝也对"文"焦虑不安，尤其担忧汉字写法过于考究或模糊难认。1779年，乾隆皇帝（1735—1795年在位）一口咬定，京城外的满族和蒙古高官之所以读不懂满文和蒙古文诏书，是因为满蒙译文染上了科举作文的做作风格。他抱怨说，殿试呈上的大部分八股文，他本人都看不懂。因此，对文风的不满，是对教育本身的不满，这种不满是水土不服，但也具有创造性。[7]

"教育"对清朝教育者意谓为何？我们的会议只局限于考察其中的一小部分内容——"教"之策略，即如何再造在文化和社会上合用的个人，是我们优先探讨的对象。尽管如此，我们的研究焦点仍使得本书的每篇文章都清楚揭示出晚期帝制中国国家与社会的不同部分。从国家层面来说，统治家族和国家官僚的利益多有重合，但并不对等。从社会层面来说，当时社会由士绅控制，他们对家庭、同族和家乡的责任，让他们越来越多地投身于向平民和妇女提供社会服务和教育服务。对晚清中国的研究往往忽略或遗忘了这种日常践行，它们要么将前现代中国教育仅仅看作西方到来之前的、只是死记硬背的可怕训练，不予关注，要么过于强调新儒学教育理念是现代中国历史演变的文化基础。[8] 总体来说，这本书中的文章揭示了这些论证都存在的局限。

本书第一部分汇集了论述教育、家庭和身份的文章。第二部分转向讨论科举考试与科目。第三部分处理清代教育活动中的专科学习与思想挑战。第四部分聚焦学校与地方教育的理论与实践。在后记结语中，编者试图填补书中论文尚未探索的某些领域，同时也提出一些指引，希望能启发未来对中国教育史的富有成效的研究。

第一部分：教育、家庭和身份

曼素恩将妇女接受正规教育的历史以及帝制中国中期之后识字妇女人数的日益增长，与一个更大的语境联系起来，即定义女性在社会中的角色的各种象征和实际手段。她论证道，非识字教育和识字教育相辅相成，对识字教育的限制并非预见到妇女识字的后果，而是对这些后果的反应。在已婚妇女当中，女性的文学活动相当普遍，清代女性作者获得了越来越多的公开发声机会，而在此之前的时代，这一机会仅限于艺伎。

白亚仁介绍了李海观的小说，大部分西方读者可能都没听说过这一作品。白亚仁对李氏小说及小说中 18 世纪四类不同先生的分析，阐明了小说对科举制度的复杂态度，深刻洞察了师生关系中先生文化及人格的重要性。清朝官方努力推行学校教育标准化，例如方苞（1668—1749）受朝廷所托，将科举范文编纂成集，但该小说却暗示，在乡学，没有明显迹象表明先生的传授是标准化的，与会学者对这一对比冲突非常震惊。

刘广京运用曾国藩家信为材料，展示出不同学派、治学方法以及文学风格在这位 19 世纪中国伟大文人身上的影响。在这位清朝政治家的思想中，我们看到，道德与学问取得了平衡，个人发展与考取功名也并行不悖。曾国藩代表了 19 世纪中叶儒家整体观的复兴，比起课本里通常描绘的僵化的新儒学道德教育，它更具活力，也更丰富充沛。曾国藩的思想，让我们欣赏到令 19 世纪成功文人充满敬意的中国教育传统的真正气象。

第二部分：科举与科目

本杰明·A. 艾尔曼详细描绘了明清时代的科举考试过程和全国学习科目，然后指出，18、19 世纪的考据与汉学成功地渗透进了考试科目。以保存在科举档案中的、以往鲜有研究的乡试和会试的策问为例，艾尔曼揭示出 18 世纪末开始发展的新儒学基本学说，如何在考据学家所出的策问题中逐渐获得了再度阐释。这些考据学家在长江流域的家乡之外担任考官，他们因此也将科举考试与晚清时期变化的思想语境更紧密地联系起来。

通过细读方苞选中并点评的两篇科举文章——文章出自方苞选录、朝廷刊行的《钦定四书文》——盖博坚提供了关于科举考试的新资料。方苞选定这些文章编纂成集，希望成为乾隆朝科举考试的标准指导。盖博坚仔细探讨了编集的复杂张力与过程，并将对两篇文章的细读融入其中。方苞是宋学拥趸，后来成为坚定的新儒学桐城派元老。本书中周启荣对桐城派也有所论述。方苞希望朝廷支持他的观点。其时，新儒学正统正不断受到汉学鼓吹者的挑战，甚至正如艾尔曼表明的，在科举考试中也是如此。皇帝同意刊发文集，表明方苞的动议不容忽视。新儒学思想在科举制度中受到考验，皇帝无法置之不理：他不得不考虑和迁就文人的焦虑。

周启荣认为，桐城学派并非宋学传统在地方上的延续，而是针对考据研究在科举科目中的兴起，由姚鼐（1732—1815）发起的学说。考据兴起使得桐城这样的地区处于不利地位，因为它们不如汉学繁荣兴盛的长江流域城市富裕，因而也在开发掌握考据学所需的文化资源（比如藏书楼、书院）上缺乏竞争力。由此，桐城学派对新儒学正统思想的呼吁，在19世纪中期得到了广泛支持，它本身是意识形态建构，反映出18世纪晚期汉学宋学之争的复杂社会史。

第三部分：清朝教育生活中的专科学习与思想挑战

詹嘉玲有力地建立起了科学史与教育的社会、文化和政治层面之间的交集。数学家和资助他们的康熙帝（1661—1722年在位），是科举考试科目之外的技术知识教育的中介。詹嘉玲认为，钦天监和国子监的科学教育几乎与长江流域关心自然科学的更大的文人团体完全脱钩。尽管康熙皇帝曾短暂资助耶稣会科学教育，但本土天文学家的教育培训显示出其影响只为皮毛。

包筠雅为我们阐明了18世纪晚期博学多才的戴震（1724—1777）对文人学问的重新定义。戴震既抵制朱熹一脉的新儒学（一直追溯至禅宗对儒学话语的侵蚀），又抗拒汉学的唯名论风气，提出了文人的治学方法，起步是阐释古经字义，由此揭示真正的圣人之道。包筠雅的详细论述，勾勒出戴震对学习经学专门学问（音韵、文字、训诂）的建议，如何被纳入与汉学相关的文献学之中。然而，正如包筠雅所表明的，戴震也担心经学小学可能会"偏离中心"，自行其道（"成为只为自身的知识"），而背叛了儒家完整统一的道德见地，后者仍被他视为文人才学之本。在1770年代，戴震想要凝聚维系统一的儒家思想（曾国藩在后太平天国时期要做到这点就更为容易），但终是徒劳，一方面，治汉学者攻击他偏离正道，流于玄思，另一方面，治宋学者则嘲弄和摒弃他反新儒学正统的异端学说。

张伟仁描绘了以断狱著称的汪辉祖（1731—1807）这样的法律人才所受的教育，挑战了我们通常对儒家"业余理想"的看法。他也挑战了"清朝社会越来越好讼"这一近期流行的观点，揭示了业余法律活动的民间资源，以及对担任府县官员的专门法律秘书所进行的专业法律教育。张伟仁向我们指出，在19世纪，尽管对这样的专门人才，文人的主流观点仍持屈尊姿态，但文人的职业教育已结合了法律知识与道德操守，且被学徒文化和自我教育的体制性需求（也许和在职培训类似）所强化。汪辉祖的正义感，与我们通常看到的依赖儒家上级全面指导的投机衙吏并不相符。沿此理路，张伟仁揭示出唐宋司法考试的残留如何一直保留在清朝的科举中，直到18世纪晚期才被全面废除。

柯娇燕向我们展示了有关满语教育和满族教育的丰富而引人的细节。她认为，乾隆皇帝对学习满语的坚持，并非出于亚文化身份焦虑，这不是根本原因，根本原因在于他的意识形态——在乾隆心中，他的帝国展现为一种文化杂糅的大一统，由各种构建完好的特殊文化原型整合而成。通过在国家中推行官方双语体系，儒家学说既是满族的，也是汉族的。教育满族八旗子弟了解自身文化遗产，以及用满语教授中国文化，成为越来越重要的文化措施，以保证满族的政治合法性以及朝廷官僚的汉语能力。国家"创造"出"满人"和"满语"，它们成为意识形态的手段，但讽刺的是，八旗子弟对皇帝的满族复兴运动兴趣寥寥。

第四部分：学校与地方教育的理论与实践

梁其姿勾勒了17、18世纪长江流域从国家资助办学到地方资助办学的变化。她认为，尽管慈善办学被视为抵抗具有颠覆性的大众文化的重要手段，但国家并没有直接参与这一斗争，只在16世纪以后屈尊支持，旁而观之。清廷淡出了对基础教育的直接干预，朝廷、地区和家庭关于基础教育的利益或目的并无重大冲突。为贫困子弟所办的乡学，依赖地方士绅、商人和望族的善举。他们从未心存提高大众识字率的目标,因为这些学校的根本关注,是从身体上、精神上和社会上恰当规训平民,抵抗晚明和清代出现的城市大众文化诱惑。

罗威廉讲述了18世纪在中国西南地区的热情启蒙者陈宏谋的经历,以此刻画了当地的少数民族学校教育。将少数民族融入更广大的多民族社会,是清朝政纲的一部分。陈宏谋在少数民族中推行乡学,以其作为传授儒家经典的场地——正规的道德教育需要学习儒家经典。

伍思德认为,学校是社会集体梦想的具体体现,而不只是社会化和去地方化进程的载体。晚期帝国的生员和举人人数不断增长,渐渐而生的不安全感让他们大部分人重新思考整个学校体系,思考它的无力以及从属于政治中心的附庸地位。有些人从中萌生了对重建古代治学理念的前所未有的钻研兴趣:在古典理念中,中央政府具有指导地位,而不是将学校扔给地方或私人管理,而且还利用这一地位,维护受教育阶层的尊严与团结。伍思德表明,这一兴趣与晚期帝国的现实发生了冲突:学校的创新大部分只是在帝国边地进行。不过,这一兴趣最终与晚清政府的教育改革相一致,后者梦想要恢复中央集权国家在教育领域的一些权力。

最后是秦博理的研究。他考察上海龙门书院,向我们细致刻画了后太平天国时期儒家书院的样貌:它们如何从早期的私人书院,转变成"现代的"正规学校。由此,秦博理以讨论晚清的学校和教学结束全书,为我们提供了一个显示出教育领域改革力量的精确范例,而伍思德已经为我们勾勒出了改革力量的蓄积过程。秦博理认为,龙门学院从1865年建立,一直到清末,经历了线性的发展过程,这一历程可被形容为是对教务自治的追求。在清朝最后数十年,保守派办学者通过普遍努力,将宋学精华与汉学精粹统一起来,作为传承儒家道德与政治理念的框架。作为本书最后一位作者,秦博理恰如其分地挑战了这一观念:中国现代教育家是从那些深受西学吸引、从而抛弃了中国教育传统的人当中直接产生的。正如曾国藩,龙门学院的先生们视儒家教育为19世纪中叶社会经历浩劫之后培养新一代中国人的手段,而这种真诚的努力,基本上被早先大部分学术研究忽略了。

会议中的主要问题

会议中浮现出来的一个主要问题是,晚期帝国与教育的关系。梁其姿的文章采取了可谓温和主义的立场：1500年之后，当慈善学校被视为对抗"颠覆性"大众文化这一战役的重要手段时，国家没有直接控制这场战争，只居高临下表示认可，旁而观之。这一观点，引发了大量讨论。有些与会者同意，与明初相比，清朝在基础教育中的角色有所弱化。另一些学者比如罗威廉则提出不同意见，他认为，鉴于社会的扩张，相比之前的朝代，从绝对值上来说，清廷反而实际上在教育以及其他所谓"公共领域"方面做得更多，当然，与过去相比，它在此类公共服务方面所占份额仍然较少。而且，许多与会者指出，清朝政府在教育中的介入，在不同地区很不相同。罗威廉和伍思德尤其证明，国家在教育中的作用，在边境尤其是西南少数民族地区尤为可观。即便如此，杰克·古迪[9]得出的总体结论是，在中国，家学和宗塾的重要作用将中国与前现代欧洲和中东的国家截然区分了开来，后两者的教育是非家族式的、打破亲属血缘关系的"教会"资助教育。

第二个热议问题与第一个相关，就是科举考试经验的整体性，会议从多个角度对科举进行了考察。其中与会者尤其争论科举在教育方面的相对重要性。有些与会学者认为科举是晚期帝国强化政治忠诚、将学习内容标准化的手段，朝廷由此可以无须直接控制大部分学校。另一些人，例如白亚仁和包弼德等，认为中举就是"中彩"，不值多论，科举文章迅速被遗忘，科举实践也被认为与"真正的"儒家教育并不一致，关系紧张。但是，周启荣、本杰明·艾尔曼和盖博坚都同意科举是制度性舞台，清朝统治者与汉族文人在这一竞争舞台上协商何为正统，并将文人群体的思想变化纳入官方教学。

张伟仁的异议充满特色。他认为，满族皇帝对运用科举来培养政治忠诚或道德正统，并不如大多数人认为的那样兴致勃勃。但是奈地田哲夫从日本儒学史家的角度论述了中国科举，并依靠雄辩使得与会人员不再怀疑科举的实用性。奈地田哲夫认为，与一直到明治时代都没有采用科举制度的日本不同，明清中国应付科举考试所需要的死记硬背，反映出巨大的文化焦虑。作为科举考试所必需的一部分，看上去并不走心的背诵，常常遭到评论家的嘲笑：他们运用20世纪进步主义教育家的标准，认为死记硬背违背了扎实的教学过程，但如果科举反过来被视为创造身份的集体任务，那么记诵过程就会获得新的历史意义。与会学者被他的这一看法所吸引。

事实上，通过教育创造身份，其创造形式成为会议讨论的第三个主要议题。曼素恩的论文提出了18世纪给女性强加儒家规范这一问题，并关注关于妇女社会化的争论。曼素恩认为，通过符号与象征对女性进行的"非识字的"或日常的教导，比书本教育更为有力。一些与会者由此聚焦在18世纪的妇女教育中是否存在"心态的变化"，以及18世纪对妇女教育的看法是否有变。曼素恩讨论了章学诚的名篇《妇学》，据说这篇文章是历史分水岭，尽管章学诚本人撰写此文时心态保守。之前，从来没有一个男性文人大家，如此详细、中肯地描绘过一个被认为已经失落的世界：女性的文化成就。伍思德也认为，18世纪的文本后来在20世纪初被中国男女两性的女权主义者当作参考，并不奇怪。

柯娇燕扩展了"身份"议题的探讨范围，她将满语作为清廷的"发明"：清初皇帝一心想通过满语教育，为统治精英创造身份，但是并不成功。不过，包筠雅相反地认为，满族根本不信任自身语言的生命力，他们的语言，一直都更是"意识形态建构"，而非言语的活生生的体系。罗威廉研究了1730年代国家在西南少数民族地区创办小学的过程中发挥的作用。

会议讨论的第四个主要议题，尽管没有讨论得那么深透，就是晚期帝国教育框架内知识的积累与运用。魏斐德评说，会议可以更多讨论"这一时期的知识输出问题"。杰克·古迪指出，1600年之后各种各样的新知识在欧洲飞速增长，但在中国，不管有人声称中国学校教育发生了怎样的变化，似乎并没有类似的情形出现。本书编者在后记中关注"教育的发展普及"，进一步讨论了这个问题。此外，詹嘉玲探讨数学的论文，也激发了讨论：清初的中国数学家究竟该被称为"科学家"，还是如包弼德指出的，仅仅是"专业人员"或"数学历史学家"？宋汉理认为，在清朝，像徽州这样的商业地区对数学教育重生兴趣，原因相当复杂，既代表了儒学当中文人风气的变化——这种风气支持了考据的兴起——也部分源于长江三角洲地区蓬勃发展的商人群体的需求或普遍倾向。

会议还认识到，晚期帝制中国越来越感到需要认真对待法律，将之作为教育科目。除此之外，也有些令人饶有兴趣的不同意见。张伟仁论述清朝法律教育的论文，提出了这样一个问题：19世纪之前，中国的法律知识是否真正得到了显著发展？有学者认为，是在法律教育的发展中，以及对法律教育的需求中，文人中间产生了考据的热潮，而且，在当时的京剧和通俗小说中，我们也看到，人们对法律越来越熟悉。但另一方面，周启荣认为，这一切实际上只是民众越来越意识到标准或者说规则：他们想象判官拥有高明计谋，若由此假定民众越来越普遍意识到"基本法律原则"或它们的"策略本质"，还缺乏理据。

最后，会议讨论了戴震、姚鼐、曾国藩以及那些与上海龙门学院有关的文人所体现出来的教育理论的变化，这些人是18世纪末和19世纪汉学宋学之争的积极参与者。包筠雅描述了戴震的治学主张：戴震与之前的新儒学教育有着一些共同看法，都是家长式、精英式教育。而有学者补充说，戴震的观点很复杂，教育史学家必须区分其中不同的意义层面。有些人认为，戴震对程朱理学的攻击，其框架是要求"人权"，但是，戴震对人性善的观点，却远非他本人在著作中所赞颂的思想家孟子的观点那么简单。正如刘广京和周启荣所表明的，姚鼐和曾国藩都对戴震治学思想中更为激进的内涵感到担忧，但他们都在更为保守地努力复兴宋学的过程中，纳入了一部分考据研究。这些学术争论既渗透进了19世纪儒家书院的学习科目（如秦博理所论），也渗透进了科举考试（如艾尔曼的文章所表明的），表明过去关于正统课程缺乏变通的简单化结论，如今需要重大修正。

在对上述话题的讨论中，还存在一些不同意见，比如鸦片战争（1840—1842）之前的时代，究竟是如奈地田哲夫所论，充满了紧张与自疑，还是如魏斐德所述，拥有更为平和的满足感？与会学者同意，儒家教育者——从陈宏谋到戴震和曾国藩——是在向听众发表看法，希望能影响他们，因此，确定这些听众的不同种类非常重要。对于未来对中国教育和社会的研究，后记里提出了一些看法：我们普遍同意，对晚期帝国的教育争论进行更广泛的语境还原是关键，这可以进一步深化我们对它们的实际历史意义的理解，避免以往阐释的修辞目的论。

作为编者，我们希望会议能实至名归，不负预期。我们认为书中文章的最终形式都大致保留了探索意识，这种发现的兴奋让与会学者都享受到参会的乐趣。然而，正如濮德培在会议结词中所指出的，对晚期帝国教育，我们获得的更多是"外在体验"而非"内在体验"。话虽如此，参会学者的确很高兴将教育作为一扇窗户，透过这扇窗户，社会史和思想史的学者可以通力合作，考察一个庞大的多民族国家的潮动和成就。我们坚信，中国学的未来繁荣发展，有赖于社会史和思想史学者之间,以及他们与其他领域专业同行之间更密切的合作。我们也希望这本书,不管多么不充分,都有助于鼓励社会史和思想史之间更令人满意的联手合作。

(严蓓雯译)

注释

1. 狄培理、贾志扬编《新儒学教育:形成阶段》(*Neo-Confucian Education: The Formative Stage*)(Berkeley: University of California Press, 1989)。另参见本杰明·A.艾尔曼的论文《宋代中国的教育》(Education in Sung China),载《美国东方学会杂志》(*Journal of the American Oriental Society*)总第111期,1991年1月至3月第1期,第83—93页。
2. 诺亚·韦伯斯特(1758—1843),美国词典编纂家、政论家和编辑,被誉为"美国学术和教育之父",编有《韦氏词典》。——译注
3. 《大清仁宗睿皇帝实录》(Tokyo, 1937—1938),卷292,13b—15a。
4. 杜维明《宋代教育理念:理解背景》(The Sung Confucian Idea of Education: A Background Understanding)、狄培理《朱熹作为教育家的目标》(Chu Hsi's Aims as an Educator),均收入狄培理、贾志扬编《新儒学教育:形成阶段》,第142页、第212页以下。
5. 《大清世宗宪皇帝实录》(Tokyo, 1937—1938),卷127,第12—13页。
6. 陈荣捷《朱熹和书院》(Chu Hsi and the Academies),收入狄培理、贾志扬编《新儒学教育:形成阶段》,第396—398页。
7. 《大清高宗纯皇帝实录》(Tokyo, 1937—1938)卷1088,第3—6页。
8. 两种倾向的一个重要例外,是罗友枝《清代中国的教育与大众识字率》(*Education and Popular Literacy in Ch'ing China*)(Ann Arbor: University of Michigan Press, 1979)。
9. 杰克·古迪(1919—2015),英国著名社会人类学家、历史学家,剑桥大学社会人类学系荣誉教授,圣约翰学院成员,因其对人类学研究的贡献被英国女王封为爵士。著有《西方中的东方》《烹饪、菜肴与阶级》等。——译注

* 注释翻译说明:本书注释所引参考书目,只在首次出现时标明论著(文)及期刊的译名和原文,后从略;亦在首次出现时标明详细出版信息,后从略。若论著(文)有不同版本,会在本书每篇文章的注释里首次出现不同版本时,标明详细出版信息,该篇文章注释再次提及该著时,版本信息仍从略。本书未标明译注的均为原书

注。本书页码标注内有"a""b"字样的,"a"表示该页页正面,"b"表示该页页背面。——译者

第一部分 教育、家庭和身份

1

清代中期的女子教育

曼素恩（Susan Mann）

南方戏曲中最受喜爱和演出最多的剧目之一，讲述的是梁山伯与祝英台的罗曼史。故事中，祝英台说服她的父亲，让她女扮男装，进入杭州一所私塾念书。她在那里学习经典和历史，并和一位俊朗的同班同学相亲相爱。一部堪比《乱世佳人》的香港电影讴歌了这对恋人的悲剧结局：当命途多舛的女主角违抗父母之命，为成全爱情而走向坟墓之际，观众们情不自禁地和她一同吟唱《化蝶》。时至今日，中国观众仍为此结局啜泣叹息。

这部戏曲颂扬自由恋爱，也戏剧化地展现了送一位年轻女性外出求学的后果。祝英台并非中国文化剧目中的异类：她是一位"女史"，一位女性学者。然而，她悲惨的爱情、她的自杀，甚至是她的女扮男装，都标志着她与中国"女史"形象迥然不同。"祝英台"这一形象充分展现了清朝中期上层社会理想女性所隐含的张力，那时"女史"正受到前所未有的关注。祝英台的知识求索是独立的，她在外求学的经历使得她对爱的选择也是独立的。在她的故事中，对求学的热情与对恋人的热情密不可分。对这两种热情相混淆感到忧心忡忡，是十八世纪知识分子在女子教育问题上争论不休的根源之一。

从很多方面看，梁山伯与祝英台的故事用作女子教育章节的引言可谓非常合适。作为一部可读、可唱、可观之戏，它跨越了"文本和口语间的界面

（interface）"¹。就如同戏的唱词，"女史"的文化世界只代表本文所审视的女子"教育"的一个部分。神话、故事和符号构成了文化矩阵（matrix），规定了所有女性的性别角色，无论她们是否能够阅读。因为这里描述的女子"教育"所包含的不仅是书面文字——我把识字教育与非识字教育并列，以显示二者如何重叠交加，并由此展示塑造女性行为的极其复杂甚至是相互矛盾的信息。为此，我将各类资料以非传统的方式组合起来。我从口述史料、现代实录和故事中，自由地——有些人可能会批评过于自由——推断18世纪女性能够接触到的符号世界（symbolic world）的范围，无论她们识字与否。我希望读者会和我一样得出结论：借助于鲜活的记忆，我们甚至能对遥远的过去有更多的了解。

清代的适婚女子接受何种类型的教育，取决于她们家庭所处的阶级和富裕程度。²在最高层的精英中，儿子和部分女儿学习经典，其目的是成为文人。更多的女性则通过专门针对女性的道德训饬来接受正规教育。在几乎所有学习都被认为是灌输道德价值观的中国文化环境中，尽管研读经典（"学"）的女性与接受道德教导（"教"）的女性之间的差别似乎微不足道，但事实上这一差别极为明显，而受教者本人更是心知肚明。清朝为女性编纂的说教性教学文本自成文体，其受众性别单一，且主题来自上流社会女性与男性共享的范围更广的知识领域。只有"女史"，这类真正具有学问的女性，才得以和她的兄弟一样，学习经典。

然而，即使是接受经典教育的女子，也会在受教育的地点上与男子有所区别。男孩会尽可能快地离开家庭辅导，进入宗族祠堂或乡里资助的私塾、书院或官办学校，而清代的女子却被要求在家学习。高等教育的性别隔离在十九世纪开始瓦解，但在清朝的鼎盛时期，这是一种礼仪习俗。

无论是接受教育还是只接受教导，识字女性在清代中期仍然只占女性总人口的极小比例。大多数女性接受的是非识字教育。通过竖立贞节牌坊，或在县学为节妇设立牌位，政府在公共范围内大张旗鼓地开展非识字教育。³而较小规模的非识字教育则在家中进行，此时女孩的身份是学徒，学习内容主要是由母亲向她传授女德（道德教育）、女容（行为举止）和女工（缝补针线）。还有一种非识字教育采取无意识的榜样示范，比如一位年轻的女子观看母亲整理她的嫁妆，或聆听年长妇女之间的谈话。

研究女性教育的这些不同维度会发现，即使在帝制中国晚期，大多数女性被识字教育拒之门外，但丰富的非识字教育形式仍然向她们传达了文化精英奉持的正统家庭价值观。诚然，女性的识字和非识字教育都孕育了颠覆和挑战精英价值观的可能，例如，"激情"挑战了配偶必须由父母选择这一观念，但是各种形式的女子教育的作用是让不听话的女子噤声，将她们改造为主流话语的参与者。人们会看到，原本郁郁寡欢的年轻新娘成了同堂家庭的支柱——婆婆[4]；而那个因脚骨被压碎而痛苦尖叫着度过童年的女孩长大后却坚持给自己的女儿裹脚[5]。仔细探究一番女子教育，上述转变也就顺理成章了。一个女人，从她出生之日起，到咽下最后一口气，都被教导着"妇道"：如何为人妻。

说教式教导

我们知道，在帝制时代晚期，女性在识字教育受众中占据越来越重要的地位，因为专门为她们出版的说教书籍种类越来越广泛。为女性提供道德教导的手册在清代大量涌现。[6] 这些作品面向文人家庭的女儿、妻子和母亲，其中包括蓝鼎元的《女学》（首序写于 1712—1713 年）和陈宏谋的《教女遗规》，后者构成了作者《五种遗规》（首序写于乾隆三十七年，即 1772）的一个部分。它们体现了清代通行的女性教导的两种主要方式。

蓝鼎元的教科书是一系列阐释"四德"的章节，"四德"是汉代的班昭（引用《周礼》）所提出的所有女性必须具备的特质：妇德、妇言、妇容、妇功。书中收录了经典、哲学、历史等方面的名言，并沿袭了刘向（前 77—前 6 年）首部经典文集（《列女传》）的风格，配以典范的传记。这些传记简洁描绘出女性理想化的一生——通常极具戏剧性，总是在说教，许多时候不是稀奇古怪就是乖张反常。[7]

相反，陈宏谋为女子教育定下的规则内容更为广泛且更切实际（对陈宏谋的研究亦见本书第 12 篇罗威廉一文）。他再版了一些先前时代为女性而写的"经典"作品，以及一系列与所谓的"家庭教导"或生活规范更为相似的短篇作品，比如袁采的作品。[8] 为了与这种传统相一致，陈宏谋的著作还收录了一些实用性的建议，例如如何为女子准备嫁妆、如何管理仆人、如何处理姻亲间的冲突等。[9]

无论它们之间有什么区别，这些小册子的作者动机十分明确：作为"良母"，受过良好教育的女性的职责在于培育忠诚的臣民。这种态度似乎与明代思想家的观点"女子无才便是德"[10]大相径庭。但是栽培女性天才并非这些教育家们的目标。在蓝鼎元和陈宏谋看来，女性教育与家庭和谐、政治秩序之间的关键联结才更为紧要。例如，陈宏谋解释了在全国范围内提高女性读写能力的基本原理：

夫在家为女，出嫁为妇，生子为母。有贤女然后有贤妇，有贤妇然后有贤母，有贤母然后有贤子孙。王化始于闺门，家人利在女贞。女教之所系，盖綦重矣。[11]

蓝鼎元以相似的风格在他的教本《女学》的序言中如此评论："天下之治在风俗，风俗之正在齐家，齐家之道，当自妇人始。"[12]

经典学习

无论作者们的目的是什么，也无论他们如何狭隘地解释教育女性的目标，我们都知道，这些文本并不是许多有文化女性实际学习课程的全部内容，甚至不是主要内容。[13]首先，一位受过良好教导的"良母"必须学习经典，这样她才能亲自监督儿子的早期教育。[14]母亲教育儿子，并不采用女子教导手册，而是采用经典和史书。[15]

清朝时期人们也期望受过良好教育的女性能写出优美的诗句，这一点在当时出版的大量文集中得到证实。[16]但蓝鼎元和陈宏谋的教本中都没有好诗或优秀女诗人的例子。据我们所知，清代女性偏爱的诗歌体裁（尤其是长诗或歌谣）所需要的技巧一定是从别处学来的。事实上，说到底，似乎那些受到过良好教育的女子——《红楼梦》的林黛玉便是个很好的例子——所阅读的文本和她们的兄弟完全相同：包括大量诗歌和小说。[17]

毫无疑问，父亲也会购买并阅读"为女性而写"的说教性著作。这一点我们可以从此类说教性著作的一个明显特征中推断出来：它们的教诲主要指向年轻女性，尤其是年轻的已婚女性。在我所查阅的每一本教诲女性的书籍中，都明显没有关于如何成为一位好婆婆的讨论。相反，这些书籍似乎以控制性活跃的年轻女性为明确目的。它们教导的不是文学艺术，而是行为举止。总而言之，这些教诲性文本的内容表明，撰写它们不仅仅是为了教导女性，更是为了应对因教育女性而产生的问题。[18]

首要的问题是如何限制受教育女子的活动。荒谬的是，即使是最极端的说教文，也含蓄地为女性精英提供了两种自相矛盾的传统女性理想形象——"女史"（女性学者）和"贞女"（贞洁女性）。班昭和宋若昭[19]是两部最早也是最著名的女性说教性书籍的作者，这两部书经常被清代的女性教导书籍所引用并一版再版。她们是学者型女性，但她们的写作行为和她们的写作内容是矛盾的。作为"女史"，她们扮演着男性的角色。班昭接替兄长的位置，续写了《汉书》的重要章节。宋若昭是家中博学的五姊妹之一，她拒绝嫁人，反而接受了唐宫廷中"宫师"的职位。[20]换言之，受过教育的女性总是威胁要跨越性别界限，反抗成为妻子和母亲的宿命。

此外，理想的女学者——经过祝英台故事的戏曲重述而广为人知——将学问和爱情合为一体，使得相与切磋、举案齐眉的美满姻缘与操持家务、生儿育女的职能并行不悖，这一现象在清朝时期极为常见。因此，关切受教育女子的父亲自然也关切儿媳和女婿：在上流社会，为自己的孩子提供良好的教育是成功婚配的关键，无论是男是女。

最后，18世纪受教育的女性当然不仅局限于教育她们的儿女。个别女作家赢得了声誉，尤其是通过她们的诗歌。她们擅长创作长诗或民谣，后者被称作"弹词"，以"南方风格"写成，每行七字。[21]女性创作出她们可以在花园或庭院内独自歌唱和演奏的歌曲。由于创作初衷并非为了舞台演出，她们甚至赢得了道学先生的认可——后者对庸俗的舞台表演样式极为反感。[22]

上述女性作家通过出版文集而名垂青史。她们的作品不仅数量众多，而且颇具地域色彩。[23]杭州和苏州，是清代进士总数最多的两个省的首府，也是泛长江下游地带处于城市等级链顶端的两座城市，围绕着这两个城市的核心区域是清代主要女艺术家和作家的家乡。[24]在中西方学者对当地书院发展有过较为详细追溯的广东省，有证据表明，在外国人进入并赞助教育活动之前，女性就已经拥有了受教育的机会。广州——阮元的学海堂所在地——似乎已成为女性文学艺术的二级中心：阮元本人对自己女儿的教育和培养也很感兴趣。[25] 换句话说，清代著名的女艺术家和作家成就事业的中心城市，同时也是男性在学术上获得成功的中心城市，处于城市等级链的顶端。

同样引人注目的是，从最近对 32 位帝制晚期著名女画家的调查中可以看出，不仅女性的艺术活动从扬州和南京（都是明代女性的文学艺术中心）扩散开来，而且在明末至清代鼎盛时期，著名女画家的婚姻状况也发生了明显的变化。[26] 也许后者是前者的一种象征：南京和扬州是以名妓著称的城市，而清代女性的文学活动中心被已婚女性主宰。事实上，1700 年以后活跃的著名女画家大多是已婚已育女性（包括少数守贞的寡妇——新娘年纪轻轻甚至还是未婚妻时就已守寡）。[27]

明末到清中叶，受教育的女作家的婚姻状况也可能发生了类似的变化。在《清代名人传略》中提到的超过 67 位著名女作家中，有 11 位是妾，没有一位是名妓，其余的都是著名学者（包括孙星衍和崔述等重要人士）的妻子。[28]

妇学：目的何在？

18 世纪这些有教养、有学问的妻子们是"女史"与"贞女"之间紧张关系的化身。章学诚（1738—1801）的《妇学》是因一篇回顾女性正规学校教育历史的长篇论文，详细探讨了这种紧张关系。[29] 此文是因诗人袁枚赞助女学而引发的一场著名辩论的一部分。[30] 袁枚（1716—1798）是一位杰出的文学评论家和离经叛道的学者，他把他的随园打造为天才女诗人的聚集之地，其中包括他自己的三个妹妹。他还把其他著名学者的母亲、妻子和侄女也算作是他的"学生"。[31] 在章学诚看来，袁枚作为女性文学赞助人的问题在于，他违背了人类道德秩序的基本准则，尤其是男女间严格的性别区隔。他打着美学理想的旗号，创作自发的、慷慨激昂的诗歌，这在章学诚看来乃是轻佻之举。[32] 章学诚坚持认为，女性的学习应专注于"礼"。正如章学诚指责袁枚将受教育女性的学习内容变得无足轻重一样，章学诚自己也极为轻视专注于文学艺术学习的女性教育。在他眼中，与男性发生文学关系的女性本身已然是自贬身价：她们的地位从真正有修养的人降格到仅仅是男性的娱乐和社交伙伴。我们甚至可以说，在章学诚看来，袁枚的赞助使女性从文学主体降格为文学饰物（objects）。当然，袁枚的论调与之截然相反。

撇开论战的事实，章学诚关于妇学的文章是对女性高等教育的历史衰落所做的深刻反思：这种女子高等教育局限于私人家庭领域，受到践礼的约束，不受追求名利的影响——趋名逐利最终败坏了男性的公共文坛。换言之，章学诚认为知识女性拥有一个独立的道德领域，这一看法与16、17世纪欧洲女性地位辩论中的观点如出一辙。[33]

章学诚的文章《妇学》——倪德卫评价其为章氏著作中第一部吸引广大读者的作品[34]——描述了妇学从公共领域的分离以及随后漫长而缓慢的私域化过程。在这一过程中，妇学先是通过家庭传输，最后成为个人的专属领域：

古之妇学，如女史、女祝、女巫，各以职业为学，略如男子之专艺而守官矣。至于通方之学，要于德、言、容、功，德隐难名，功粗易举。至其学之近于文者，言容二事为最重也。盖自家庭内则，以至天子、诸侯、卿、大夫、士，莫不习于礼容，至于朝聘丧祭，后妃、夫人、内子、命妇，皆有职事，平日讲求不预，临事何以成文？汉之经师，多以章句言礼，尚赖徐生[35]，善为容者，盖以威仪进止，非徒诵说所能尽也。是妇容之必习于礼……至于妇言主于辞命，古者内言不出于阃，所谓辞命，亦必礼文之所须也。孔子云："不学《诗》，无以言。"[36]善辞命者，未有不深于诗。乃知古之妇学，必由礼而通诗，六艺或其兼擅者耳。后世妇学失传，其秀颖而知文者，方自谓女兼士业，德色见于面矣。不知妇人本自有学，学必以礼为本；舍其本业而妄托于诗，而诗又非古人之所谓习辞命而善妇言也；是则即以学言，亦如农夫之舍其田，而士失出疆之贽矣！何足徵妇学乎？嗟乎！古之妇学，必由礼以通诗，今之妇学，转因诗而败礼。礼防决，而人心风俗不可复言矣。夫固由无行之文人，倡邪说以陷之。彼真知妇学者，其视无行文人，若粪土然，何至为所惑哉？[37]

18世纪的一流女学者

讽刺的是，章学诚的辩论文章将女性的文学成就与失德混为一谈，而与他同时代的一些最杰出的女性文学家都是受人尊敬的已婚妇女，她们的文学圈是在家庭范围内建立起来的，而不是在像袁枚那样的赞助人的沙龙里。当然，可以肯定的是，即使在家庭范围中，这些女性也跨越了儒家传统和家庭教诲书籍为她们规定的界限。比如清朝著名诗人汪端，是官吏和诗人陈文述（1775—1843）的儿媳。陈文述以对女性的自由态度著称，他本人也是两个卓有成就的妾室的文学赞助人。汪端生于杭州，出身名门（其父是一位具有相当知名度的藏书家），她"自幼"读书，七岁时已开始写诗。汪端幼年丧母，被姨母梁德绳（1771—1847）教育长大。梁德绳出身书香门第，自己也养育了两位才女。之后，作为陈裴之的妻子，汪端与丈夫一同吟诗作对。陈裴之英年早逝，夫妇俩的独生子又精神失常，汪端悲痛欲绝，于是她避世隐居，并取了两个道号。

婚后，汪端对文学的兴趣吸引她两次跨越儒家的界限。首先，她和公公建立起了密切的关系。公公是她守寡时的赞助人，他和她一样谨奉道教，并且据说对她的诗极为欣赏。在公公的协作和帮助下，汪端编辑出版了丈夫的作品集，包括他最著名的回忆录——叙述才华横溢的妾室王子兰（1803—1824）的一生。汪端亲自编撰的这部悼念文集《湘烟小录》，除收录丈夫陈裴之为王子兰所作的悼文《香畹楼忆语》外，还收入了她和公公曾各自单独出版的悼诗和传记。[38] 因此，共同的文学兴趣，即使安全地限制在家庭领域内，也起到了模糊男女界限的作用——打破了将儿媳与公公分开的人伦禁忌，也瓦解了将妻妾分开的严格的礼教等级制度。[39]

通过研究女性文学圈——其中一些女性围绕男性聚集——我们可以看到女性和男性是如何通过男系亲属和姻亲关系网络，彼此支持对方的文学追求。[40] 清代中期最著名的女性文艺赞助人陈文述和袁枚，他们本身在家中也受到榜样的影响（在袁枚的例子中，姐妹和姑母至关重要），大力支持受教育的女儿和妻妾。[41] 以陈文述为中心的文学世家就是一例，其中不仅包括儿媳汪端，还有两位妾室（管筠和文静玉），以及两位女儿（陈华姝和陈丽姝）。陈文述成为记载女性文学成就的史学家，名闻一方。1881 年他的诗文遗集出版，内容与三位女子[42]有关——他曾重新修缮了她们在西湖边的坟墓。[43]

尽管她们与男性赞助人关系密切，然而从作家的身份和角色来看，清代成功的女诗人仍旧受到严格限制，其中大多数人仍须不失体面地与世隔绝。从这个意义上来说，她们和不识字的女性有着共同的底色——以符号和表征为基础的童年教育限制了她们作为"女学者"这一角色日后的发展。

妇道：符号和表征的世界

年轻女孩自出生起就被符号和表征的世界所包围，这个世界比任何文字都更有力地传达出章学诚所标榜的真正妇学的核心价值：作为妻子的命运和职责。这一点在女性的劳作中表现得淋漓尽致。围绕着女性劳作的实践和意识形态必须成为对塑造女性意识的表征世界进行更广泛讨论的出发点，无论她们是否识字。

非识字教育始于幼年时一个不太有趣的仪式：孩子在一岁生日时，面前会摆放一个装有各色物品的盘子，人们认为孩子从盘子里挑出的第一件物品预示着其未来。人们通常会给女儿一块凹面的瓦片（重量与纺锤相当），以表示她未来会在家庭经济中扮演纺织工——一个手工业者的角色。与之相对，她的兄弟得到的是笔墨、算盘或工具。有些男性注定不必从事体力劳动，与之不同的是，女性不论阶级，从出生之日起就被要求动手劳作。在有名望的家庭中，男孩有机会选择职业，包括成为学者、商人、工匠，而女孩只有一条路可走：成为注定从事手工劳动的"妻子"这一女性角色。[44]

年轻女孩接受非识字教育的第二大仪式是裹脚，这对她成为理想的婚姻佳偶至关重要。[45]在上流社会家庭中，这可能早在五岁时就开始了——养在深闺的女性无不拥有一双小脚。贫困家庭为了多一份劳力，裹脚的时间较晚，裹得也不是那么紧。[46]但证据表明，18世纪汉族家庭的适婚女子都要裹脚。骨骼粉碎带来的直接剧痛在日后会导致永久性残疾——这种残疾让行走变得困难，更不用说从事重体力劳动了。

因此，女性劳作的首选形式是在家里坐在椅子或凳子上（穷人则跪着或蹲在地上）完成工作。在家中，女性的手工入门在母亲的指导下进行，但在每年的七夕节——农历的七月初七——乡里都会集体庆祝这一妇女劳动的节日。在这一天，织女星和牛郎星相会。这个节日证实了农业社会的基本分工：男性役畜耕地，女性纺布织衣。七夕节是关于劳作和休息的，因为彼此相爱的牛郎织女两星宿在婚后荒废了工作，玉帝便惩罚他们在天上彼此分离。这个节日也涉及女性诗歌常常探讨的情感：爱、离、合。但对节日的准备及仪式本身，七夕的焦点极为明确：农历七月是立秋的开始。这是缝补季的开端，冬季的服装必须在冷天来临前裁制或补缀。[47] 因此，七夕的庆祝活动以女性及其劳作为中心，以织女为中心——她是女性手工的守护神，也是种瓜果、养蚕桑、收集和储存贵重物品的丰产女性世界的统治者。[48]

中国不同地区的仪式展示出这一女性节庆的丰富含义。例如，在宁波：

七月七日妇女以槿叶水濯发。七夕妇女陈瓜果乞巧。月下以线穿针穿过者为得巧。[49]

在中国北方：

这个时候，人们会在家里把细麻布针落在阳光照射的水盆表面。这些针在水盆底部投下阴影，影子因针的位置不同而形态各异。如果它们呈现出指定的形态，那投针的人是聪明又幸运的。假如呈现的是其他形态，投针者则会因为无知而遭神灵鄙视。[50]

据传教士的记载：

在福州，女性们向织女献上特别的供品，包括七碗各式各样的瓜、七碗食物、常用的蜡烛、香和神像纸钱。旁边的桌子上经常摆放着针线、剪刀等女性劳作时使用的东西。在点燃香和每位女性三鞠躬后，烧神像纸钱，火焰闪烁之间，女性试着穿七根针。她们的技术由她们成功穿针的数量来裁断。在一些地方，她们把一只蜘蛛放在盒子里，如果它能结网，就被认为是这位女性纺织和缝补技能的保证。[51]

在中国某些地区，双七节由当地的女性组织、执行和提供资金：

只有女性参与这一天的习俗活动，除了尚在母亲羽翼下的男孩，没有男性到场。过去，女士们参加针线活比赛，刺绣出色者有奖，或以穿针引线比赛为乐。谦逊的少女们还在月光下或发光的香柱旁试着穿针。在江苏省，她们用红绸穿七眼针，几乎不借助灯光，比如就在桌子底下穿。成功的一定是好针女。[52]

广州地区的节日庆祝活动规模盛大。据1900年前后广州地区对这一节日的记载："女性，尤其是未婚女性，都要绣鞋、绣绸衣，作为纪念日的祭品。鲜花、蜜饯和果脯也会摆在盛有秧苗的盆中献给织女。这些秧苗摆放得井井有条，看上去似乎在生长，每一簇的中心都放着一盏小灯，它的光亮让人联想起萤火虫。用花环、煮熟的米粒和树脂黏合的杏仁组成的微型桥连接着各个供桌。"[53]有些女性在献上供品后会缝上几针，"就好像是强化她们对自己劳作的祈福"。另一些女性则在花簇间放上一根已经穿好的针。[54]庆典结尾是焚烧锦衣的仪式，最后以午夜在自家的井中取水而宣告结束。织女和她的六位仙女姐姐的祝福保证了这些水在来年将治愈家人的疾病。[55]

对女性劳作的教导——劳作的价值、目的以及对整个社会的重要性——在对七夕节的描述中体现得尤为明显。乍看之下，它们可能与受教育精英的儒家话语相去甚远。但民间节日，尤其是女性节日，代表着精英阶层的高雅文化高度认同的世界和话语体系。首先，应该记住的是，女性的劳作是女性四大典范德行之一。从班昭开始的女性手册和历代列女传，不断强调一个共同的主题：所有女性必须合乎俭、操、勤的道德标准。烈女节妇的故事赞美年轻女性在谋生方面足智多谋：她们可以在当下服侍年迈的公婆，繁育后代；未来，她们还可以购置价格不菲的棺椁安葬二老，并有余力供子读书，让他们光宗耀祖。[56]在母亲的葬礼上，儿子通常会手执桑杖——这是妇女从事的养蚕业的象征——坦承对母亲终身辛劳的感激之情。至今桑树在饰品和绘画中仍是孝道的一种象征。[57]

明代徐光启的农业手册《农政全书》是儒家政治经济学理论中为女性劳作赋值的一个佳例。这是一部经典著作，在17世纪出版后再版了七次。文中不断强调农业与手工业以及耕与织之间的密切关系，即男女劳动的相互依赖性。此外，该书不仅明确地将女性手工劳作与小农经济结合起来，还将女性的手工劳作与国民健康问题联系起来：

夫一女不织，天下必有受其寒者，而况乎半！天下女不织也，岂第五十之老帛无所出，不织则逸，逸则淫，淫则男子为所蠹蚀，而风俗日以颓坏。今天下门内之德不甚贞，每岁奏牍奸淫十五……[58]

最后，每年由皇后亲自主持祭祀嫘祖这位蚕桑女神，由此，女性的劳动得到了朝廷的认可。[59] 每年，皇后都会在钦天监精心挑选的日子亲自前往紫禁城外的一个特殊祭坛，祭祀嫘祖，并协助采摘桑叶喂蚕。作为劳动者的精英女性，包括皇后，都要为贫贱姐妹树立榜样，无论其为农妇、婢女还是奴仆。

如果说劳动本身就是对女性的教育，那么这一点在针线活上最为明显。女孩子们学习刺绣目的有二：准备自己的嫁妆和满足作为新妇的严格要求。每位年轻女孩都要负责绣制所有的被褥和鞋子等嫁妆。刺绣是德的象征，也是阶级的标志。要刺绣，就必须有闲暇，有长年累月的训练，以及所有那些伴随优越生活的设施：一间干净的房间、天气炎热时备有的扇子、精细的丝线和针头、装裱绣品的空间。然而，正如我们从描写一位富家女和一位穷家女劳作的一对宁波谜语中了解到的——不那么富裕的年轻女性也可以尝试刺绣：

刺绣（富家女版本）
金漆架子木搭台，
红粉佳人坐起来，
四周无人声俱寂，
红花绿叶徐徐开。

刺绣（穷家女版本）

紫竹栏杆木搭台，

一位姑娘请出来，

但闻针线扑扑声，

一朵鲜花缓缓开。[60]

贫穷的姑娘用竹子做绷框，绣上简单的图样；富有的姑娘设计精美的图样，用金线做绷框。事实上每位年轻女子都能够学会刺绣：绣她的枕套、被套或床帐；每个少女都会有意无意地为婚礼那天做准备：龙凤呈祥、鸳鸯蝴蝶，每个图案都是夫妻幸福的象征。

凌叔华的现代短篇小说《绣枕》细腻地揭示了少女对婚姻的希冀和她精美刺绣之间的联系，以及刺绣和纯洁与阶级之间的联系。[61] 故事中，一个仆人的脏小孩远远地热切偷窥她母亲服侍的年轻女主人绣好的瑰丽凤凰——这一只鸟，有三四十种颜色，花了半年的工夫。在炎热的天气，年轻女主人的侍女在她做针线时为她扇风，因为如果汗水浸湿了丝线，她就必须拆掉花费数小时完工的部分。她频频洗手，洗完后用滑石粉擦手。我们知道，这幅绣品将会作为礼品送到一位前程远大的年轻人的家里，以展示她的才华，并证明她必将成为贤妻良母。

接着场景转换，已是多年以后。这幅很久以前作为礼物送出的绣品，再次出现在同一个女人的房间里——她已不再年轻，仍然未婚。那只被弄脏了的凤凰现在装扮着那位侍女的枕套。故事告诉我们，就在这个华丽作品送到那位前程远大的年轻人家里的那天，有人把饮品洒在了上面。枕套不经意间滑落在地，被人践踏丢弃。而从未学过刺绣的侍女，喜出望外，因为这幅刺绣能作为她婚床的一部分。当女绣娘慢慢认出枕套上的凤凰时，她重温起多年前她绣的每一针每一线，痛苦地回忆起自己对美满姻缘的希望，而现在希望毁灭了，就像她的作品一样。

针线活只是年轻女性为嫁人所做的长期准备之一，而这通常在年幼开始筹备嫁妆时就开始了。当嫁妆在社区游行般地抵达新郎家中，它又变成了一种公共教育。例如，此处就详细描述了20世纪初浙江宁波嫁妆的排场：

民初以前，吾乡习俗，女子出阁年龄，在十八岁至二十岁居多数，逾此或不及者较少，盖尊古制，男子三十而娶，女子二十而嫁也。当女儿垂髫之年，往往已由父母之命，媒妁之言，许字人家。到了及笄，虽然距离结婚，尚有相当时日，但为父母者，为未雨绸缪计，开始为之准备妆奁。雇用成衣匠、木匠、箴匠、锡匠、漆匠等，制作衣服器皿。为使妆奁精美起见，托人向汉口购铜器，向九江采瓷器，向福州买皮件，向长沙办绣品，同时并邀请精于女红的亲戚来家，指导未来的新娘，学习刺绣。举凡枕套、床围、镜盖、花鞋之属，必须未来的新娘，亲自上棚针绣，以表现女子四德之一。紧张忙碌，足有一二年的纷扰……

结婚前三日，由坤宅雇工友，将全部妆奁送至乾宅，名为"发嫁妆"。发嫁妆的搬运工具叫扛箱（用竹杠两人舁之而行故名），木制，高约五尺，阔约四尺，长约三尺，形如本省菜馆中送小菜的食盒。分软硬两种，软扛底盘之上，仅有木格一只，硬扛有木格四只，视妆奁体积之大小，可以拆卸配合使用。外髹朱漆，四周雕刻花纹，添上金箔，色泽引人。更以每件妆奁上，扎满缎带丝线，绒球流苏，五光十色，灿烂夺目。富贵人家，百数十扛，不足为奇，道经之处，观者塞途，莫不啧啧称美！[62]

嫁妆的排场证明，在宁波，对于有女的家庭来说，嫁妆是必不可少的门面：没有嫁妆，有身份的年轻女子就不能结婚。

富家女的嫁妆并不局限于人们在街上所看到的。她的父母可能会把钱存入当地的钱庄，或者向新婚夫妻赠送房契和地契。相比之下，贫困家庭的嫁妆并不是成堆的钱财和物品。嫁妆的价值不在于物质财富，而在于它向新娘和为新娘传达的标志和象征。即使是嫁妆中的寥寥数件物品，也承载着大量的信息。它会告诉新娘以及接纳她的夫家和送走她的娘家，她这一段行程所寓含的深意。

例如，在宁波，最少的嫁妆只有两条被子（一轻一重）、一个木制大箱子、一个夜壶和一个产盆。但每件物品都蕴含着强烈的信息。每一件都是图形字谜，述说着新娘的命运和她作为妻子的责任。产盆是嫁妆中最重的东西，满载着花生、枣、红鸡蛋和桂子，去到新娘的新家。花生的"生"和生孩子的"生"是同音同形的异义词。花生必须是生的，不是烤的，这样咬到花生的人就会大叫"生！

生！",以此作为强调。此外,花生要有两种,一种去壳的,一种带壳的,因为宁波人把花生称为长生果,意为"长生不老"。枣是"早"的同音异义词,指示新娘要早生。鸡蛋被染上喜庆的红颜色,表示吉祥的生产(也就是生男孩)。桂子是"贵子"的同音词,意指男孩将来成为商人或官员。换言之,产盆里的信息不仅预言新娘的未来,并且规定了她的角色:她要生下儿子,这是她的新家未来的财富。[63]

塞满被子、枕套和其他物品的木制大箱子同样也载满信息。这些嫁妆的存放也颇具隐喻性:被编码进入象征繁殖而非社会生产力的符号里。在每个大箱子底部,新娘的娘家人会放置用红纸包裹的一枚铜钱。这枚铜钱在市场一文不值,但作为象征繁殖和生育的货币,它却是无价之宝。压箱钱,保证了财气,被包裹着压在新婚夫妇的被子底下,然后倾倒在婚床这个生育之地。

至于嫁妆中的盆、碗和其他洗漱与服侍用的器皿,也传达着信息:每天早晨,新妇知道她必须在黎明时分起床,点燃厨房的灶火,为婆婆烧水。先是洗刷脸盆,然后是茶杯——各种器皿都意味着对新家庭族系,尤其是婆婆的服侍。媳妇在吃饭吃会小心翼翼地看着各个盛满食物的碗碟,因为她必须让桌上每个人的碗不断被盛满。

因此,嫁妆物品在两方面指示新娘:既预示着她的生育力,又用服侍的劳作减缓了她的多产,提醒她妇道需要她付出体力劳动。

新娘的母亲在送女儿出嫁时用悲伤的话语再次申明了嫁妆中的象征:

公欢喜,婆纵意,
脚踏楼梯步步高,
独人去,满轿回。

这些物件、标志和信息是终身"教育"的结晶,使年轻女性准备好接受她作为生育者的角色,明白只有通过儿子才能变得富庶。而在新娘来到夫家后,这些信号还在继续。当她离开娘家时,她的一位兄弟把她抬上轿子,脚上穿的绣花鞋在到达目的地之前是绝对不能落地的。到了夫家,她会发现从轿子到门槛的地上有五个空麻袋排成一排。在这块新的地面上每走一步，都再次象征着她带来的财富，因为五袋是"五代"的谐音。

清中期的少女也许没有从母亲或同龄人那儿接受过性教育，但接受这些暗示信息的姑娘都不会对自己婚姻的目的产生怀疑。事实上，正如我们所看到的，由于女孩们早在八岁就订婚，而嫁妆从订婚起就开始准备，因此，通过嫁妆学习婚姻知识对一部分女性来说几乎持续一生。对于童年就订婚的女孩来说，这个过程恰恰是她们开始担负其他责任，为成年生活做准备时开始的：在家中帮母亲劳作，或为增加家庭收入劳作、裹脚，以及与家宅外的男孩和成群玩耍的孩子们相隔离。

每一位中国新娘坐着轿子从娘家到夫家的漫长而颠簸的旅程，都是她家人努力为她（和他们自己）的未来而做准备的顶点。她跨出的每一步、搬运工肩上扛到夫家的每一件物品，都在教育她，让她知晓自己的位置，知晓从结婚那一刻起，今后该做什么。

文艺复兴时期的女子教育

本文前已提及清中期和文艺复兴时期的女性教育危机二者之间惊人的相似之处。与中国一样，在文艺复兴时期的欧洲，女性教育集中在涵盖实用技能的传统理想美德上。上流社会的女性学习缝纫、治家，并且六岁时就开始接受训练。她们要懂得如何熬制草药、治疗简单的疾病，甚至是治疗摔断的胳膊和腿。除实用技能外，文艺复兴的年轻女性与中国女性一样，必须成为所有美德的化身：迷人、贞洁、谦逊、矜持和沉着。[64]

同时，细微落差也指出了欧洲文艺复兴时期的理想女性和中国高标准之间的关键差异。例如，和清朝的年轻女孩一样，意大利文艺复兴时期的女孩也学习乐器（齐特琴、竖琴和琵琶最受欢迎）和唱歌。但不同的是，她们还学习舞蹈。文艺复兴时期的年轻女性不仅会做饭、懂礼仪，也懂得如何化妆。但与中国不同的是，她们还学习如何调情。文艺复兴时期的女性，就像清代中国上层阶级的女性一样，阅读男性学习的经典：她们阅读但丁、维吉尔、彼特拉克和贺拉斯，一如中国女性阅读《诗经》、《礼记》、四书和唐诗。和清代女性一样，文艺复兴的女性也利用阅读技巧来拓宽视野：她们把谨慎抛诸九霄云外，像林黛玉偷读《西厢记》一样狂热地阅读《十日谈》。[65] 不过，文艺复兴的女性也可能会学习一门外语——希腊语。她们通过户外运动保持体形完美。虽然只有男性被培养成公民，女性被教导在家中服务，但女性教育论文的作者莱昂纳多·布鲁尼坚持认为，女性应学习自己国家的历史，这样她们才会对时事感兴趣。[66]

这个兴趣要有多浓厚？于此，布鲁尼和章学诚感到同样的困扰。女性应该写什么，怎么写，她们在哪儿能发出合适的声音？布鲁尼坚决反对女性学习修辞学，因为那将会使得她们能够掌握公共知识分子的话语。[67] 如同中国 18 世纪的女性，文艺复兴时期的女性不能把所学知识运用到家庭之外。只有名妓例外，其结局可想而知。实际上，正如娜塔莉·戴维斯所指出的，文艺复兴时期女作家的创作主题受到了与 18 世纪中国女性相同的限制：她们获得素材的渠道有限，可以作为范本的体裁很少，与公共生活相关的领域没有联系，无法进入由男性主导的历史和政治写作领域。[68]

以清朝鼎盛时期与文艺复兴时期作对比，只能更加凸显女性沉默这一问题的重要性，这种沉默是那些将女性限制在家中的各种力量结合在一起所强加在她们身上的。而这个对比也只能更清晰地说明，当男人们看到体面的妻子走出家门，走入进行"公开"讨论的花园时，他们所感受到的焦虑：这些太太们太像妓女了，后者在清代中国和文艺复兴时期的欧洲都违反了所有社会身份和舆论的禁忌。名妓代表了一种不受家庭生活约束的女性智识能力，而她的不受约束的智力总蕴含着不受约束的性意味。[69]

虽然清朝鼎盛时期和文艺复兴时期的女子教育机构有许多共同之处，不过二者之间也存在细微但重要的差异。这些差异表明，清代女性从身体上（裹脚，久坐不动的生活）和文化上（只接触一种语言和一个国家）来说处于更为隐蔽和隔离的状态。体育锻炼和户外走动对清朝女性来说远非常态，而是令人憎恶的。前朝女性习得的马术早已从女性的生活轨道中消失。从林黛玉身上，我们可以清楚地看到，病态或体弱是敏感和具有吸引力的标志。[70] 历史和时事的正规学习也不是中国传统女性教育的理想标准。[71] 19 世纪初经世济国的作家们倡导回归古代经典，将女性及其教育牢牢固定在家中，一切以礼仪和家务为中心。

清代中国和江户日本的女子教育

在日本,这个中世纪时期由女性占据文学中心的国家,13世纪后武士阶层的崛起降低了宫廷政治中文学艺术的重要性。然而,尽管对中国诗歌和散文的兴趣有所下降,女性仍持续扮演具有一定文化修养的角色。室町时代晚期和江户时代的女说书人、比丘尼、女掌柜和艺伎都表明,在平安时代之后,女性可接受的教育资源和男性大抵相同。

江户时代崇尚儒家的国家和社会规范,但将上述规范强加于家室之中却殊见成效。[72] 事实上,学者们对德川时期(江户时代)的女性识字率作出了乐观的评估。赫伯特·帕辛估计,男孩平均受教育四年,女孩则为五年!罗纳德·多尔则猜测,在德川末期,约有40%的男性和10%的女性在家庭以外接受了某种正规教育。[73] 城市女孩上的是寺子屋;在农村,课程显然比较保守,但她们还是在家接受了教育。在德川时代,有一种专为女性而设立的职业教育制度——针屋——教授女孩缝纫和礼仪。为武士家庭做家务被认为是富裕城镇居民之女接受婚前学徒教育的适当形式。出于同样的理由,城镇居民也会与农家女子联姻。在18世纪的前工业革命中,女性经济机会的显著增加明显提高了农家女子的价值,并极有可能提升了武士阶级以外的德川女性的流动性和实践技能。[74]

19世纪末,当中国和日本都试图效仿欧洲和北美的做法进行改革时,对女性的教育政策(以培养"贤妻良母"为中心)趋于一致。[75] 但这两种"儒家"文化的历史先例的差异,值得我们在研究现代时多加留意。

结　论

考虑到清中期女子教育的全部范围——如果我们可以从当代记忆中推断出那个通过口头文化传播的符号和表征世界——我们可以指出,在一个严格的性别隔离的世界里,儿子和女儿教育之间的对比极为显著。

首先,所有的女子,无论属于哪个阶级,都是为男性造福并被教育去劳作和生育。裹脚、生殖和劳作将女子限制在家中。在家的劳作以服务家庭为主。一个年轻的姑娘首先伺候她的母亲,以此训练她未来成为新妇。然后她伺候她的婆婆,满足老妇人的个人需求,并生下孙子。嫁人之后还有一种不同的劳作——仪式劳作。成为新娘和母亲的女性进入了一个血缘群体,在这个群体中,她们要在家准备祭祖的仪式;作为妻子,她们又期待着自己的牌位被供奉在祠堂。[76]

其次,由于妻子的义务,女性的文学生产力随生命周期的变化而变化。婚前,上流社会的年轻女性拥有大量时间写作,正如我们在《红楼梦》中看到的一样。而一旦结婚,作为"劳作母亲"的年轻女性,作为符合章学诚理想的女性,便不得不在养育子女的岁月中推迟或克制她们的创作、才智和审美。[77]

因此,尽管在上流社会的家庭中,学问是教育女儿进入新血缘群体过程的一部分,但最充满激情的女作家和艺术家可能是被剥夺了妻子和母亲角色的女性。[78] 事实上,正如蓝鼎元在《女学》序言中指出的那样,男女教育成就的可悲差异,并不是因为女性智力低下,而是因为女性的才能在婚后不断地被转移到家庭生活的劳作和仪式当中去了:

丈夫一生皆为学之日,故能出入经史,淹贯百家;女子入学,不过十年,则将任人家事,百务交责,非得专经,未易殚究。学不博则罔有获,泛滥失归,取裁为难。[79]

不过,本文所述的教育还是留下了遗产——虽然有限。这笔遗产在晚清改革方案中显而易见,在这些方案中,为家庭的"良母"和为工厂的"劳工"成为中国女子教育的新目标。[80] 尽管大多数女性是文盲,但女性的非识字教育的遗产也给了她们强大的资源。

玛丽·罗利·安德森在19世纪30年代记录下了这一矛盾,她调查了19世纪广东省女性识字状况的数据,情况令人震惊。她发现,识字率从10%(威廉·米尔恩博士,约1827年)降到1%(马礼逊教育协会,1837年)到0.1%("除去尼姑和女戏子,城市和农村加在一起,我认为平均每一千名女性中只有一名女性具备阅读能力。"阿黛尔·菲尔德于1873年在汕头写道)不等(大约同一时间,在华北地区,丁韪良称"一万名女性中没有一名能够阅读"[81])。然而,安德森观察到,"清朝中国女性的教育程度远远超过了她们的阅读能力。在社会的中下层,在家中的训练往往包括田野间的劳作或某些行业的经验。在手工制度下，有很多职业，女孩不出家门也能干"[82]。她特别指出，女性的节日鼓励"主动性和创造性的劳作，这对今天的进步学校功不可没"。她敏锐地总结道："尽管古代中国女性不识字，但她们在生活中训练的实际效率常常培养出强有力的领导者。"[83]

严格的体力劳动、面对痛苦时的坚韧、投身于伺奉他人、通过生育获得影响力、对儿子教育的严格标准——这些价值观念是清代女子教育的核心。大多数价值观都是通过榜样、符号和表征口头传播的。在儿童早期阶段培养的全部教育内容中，文化程度较高的女性还加入了经典、小说、戏剧、诗歌，以及一个充满激情和渴望的私人世界——这个世界探索着文字和口语之间的交汇之处：牛郎织女的故事千古传诵，祝英台为爱赴死更是忠贞不渝的绝佳榜样。

这就是清代中期女性教育的矛盾，因为对识文断字的女性来说，她们的机会增多了。这正是袁枚与章学诚辩论中的焦点。女性热烈的异性之爱必须在为家庭服务中得到体现，有才华的女作家必须结婚生子。在清代中国，独身女学者的"书斋"[84]只有寡妇才能进入。对清代受过高等教育的女性而言，最大的希望是父母能挑选一位能够分享和支持她创作才华的伴侣，或者能够生一个儿子，由她来培养他的才华。那些与众不同的妻子，她们的婚姻确实结合了肉体的激情和智慧的表达，比如那些与儿子分享创作手稿的不同寻常的母亲[85]，挑战着我们对晚期帝制时期女性和家庭的传统看法，而她们自己也挑战了传统。从这个意义上说，清代中期两性关系的变化很大程度上归功于女子教育。

朱迪斯·布朗、保拉·芬德伦、贺萧、王安和玛丽琳·扬均提出了有助于此文成形的意见。同时我要感谢与会者，尤其是罗威廉和盖博坚，以及众位编辑提出的深刻批评。匿名读者们富有见地的评论有助于修改稿的进一步聚焦，尽管我无法在此对所有批评一一做出回应。本文的部分研究是在美中学术交流委员会的资助下进行的。我向上海社会科学院给予资助深表谢意。我特别感谢我在上海时的研究助理姚昕蓉（音），她帮助我进行了那些揭示嫁妆为符号和表征的采访。

（杨靖译）

注释

1. 参见杰克·古迪《书面语与口语的衔接》(*The Interface Between the Written and the Oral*)(New York: Cambridge University Press,1987)。
2. 本文的"女子"(daughters)一词特指在原生家庭抚养长大,目的为嫁人的女性(与卖身或被收养的女性区别开)。
3. 见伊懋可《中国的女德与社会》(*Female Virtue and the State in China*),载《过去与现在》(*Past and Present*),第 104 期(1984),第 111—152 页;曼素恩《中国清代亲属关系、阶级和社区结构中的寡妇》(*Widows in the Kinship, Class, and Community Structures of Qing Dynasty China*),载《亚洲研究杂志》(*Journal of Asian Studies*)总第 46 期,1987 年第 1 期,第 37—56 页。
4. 受卢蕙馨的研究《台湾乡村地区的女性和家庭》(*Women and the Family in Rural Taiwan*)(Stanford: Stanford University Press,1972)启发。
5. 霍华德·S. 列维《金莲:奇特情色习俗史》(*Chinese Footbinding: The History of a Curious Erotic Custom*)(New York: Walton Rawls,1966),第 249—250 页各处。
6. 韩德琳《吕坤的新读者:女性的文化水平对 16 世纪思想的影响》(*Lü K'un's New Audience: The Influence of Women's Literacy on Sixteenth-Century Thought*),收入卢蕙馨、罗珊娜·维特克编《中国社会的女性》(*Women in Chinese Society*)(Stanford: Stanford University Press,1975),第 13—38 页。文章表明此趋势在明朝后期持续发展。刘纪华《中国贞洁观念的历史演变》(载《社会学界》1934 年第 8 期,第 29—30 页)一文挑选了三份清朝关键的说教性文本。第一份为蓝鼎元的《女学》;第二份为在朝廷支持下于 1656 年编撰而成的《内则衍义》;第三份为王相母的《女范捷录》,该书与其他三本组成了"女四书":班昭的《女诫》、宋若昭的《女论语》和 15 世纪由一位明朝皇后编纂而成的《内训》。唐朝时期的《女孝经》以适合广泛阅读的概要本形式撰写,在明朝重印了六次,在清朝则为三次。这些作品和 1656—1657 年编纂而成的陆圻的《新妇谱》是山崎纯一详尽研究女性说教性文本的对象,最终被其汇集为一册《中国女性史研究的资料:〈女四书〉和三版〈新妇谱〉》(Tokyo,1987)。
7. 例如,蓝鼎元不无赞许地重述了刘向写的故事,讲述一名女性无视亲戚和仆人的请求,在燃烧的屋内死去——因为寡妇走出家门是不合适的(卷 2,3b—4b),而深谙明朝民风民情的吕坤对此却持保留意见。吕坤对此故事的评论见韩德琳《吕坤的新读者:女性的文化水平对 16 世纪思想的影响》,第 19—20 页。故事原始版本见刘向的《古列女传》(丛书集成版,上海:商务印书馆,1938)卷 4,第 95—96 页。
8. 参见伊佩霞《宋朝的家族与财产:袁采对社会生活的训诫》(*Family and Property*

in Sung China: Yuan Ts'ai's Precepts for Social Life）（Princeton: Princeton University Press, 1984）对此文体（genre）的翻译与评论。

9. 这种建议性书籍在清朝极其受欢迎，当时此文体发展已臻于巅峰。参见刘王惠珍《中国传统族规分析：儒家理论的实践运用》（An Analysis of Chinese Clan Rules: Confucian Theories in Action），收入倪德卫、芮沃寿编《行动中的儒教》（*Confucianism in Action*）（Stanford: Stanford University Press, 1959）。关于这些书中女性的遭遇，见费侠莉《族长的遗产：家庭指导和正统价值观的传播》（The Patriarch's Legacy: Household Instructions and the Transmission of Orthodox Values），收入刘广京主编《晚期帝制中国的正统思想》（*Orthodoxy in Late Imperial China*）（Berkeley: University of California Press, 1990），第 196—198 页。

10. 见陈东原《中国妇女生活史》（1928；再版，台北：商务印书馆，1977），第 198—199 页；韩德琳《吕坤的新读者：女性的文化水平对 16 世纪思想的影响》，第 29 页。

11. 陈宏谋《教女遗规》，收入《五种遗规》（序言作于 1742 年）（南京：广义书局，1937）。

12. 蓝鼎元《女学》（序言作于 1712—1713 年）（台北：文海出版社，1977），1a。序言全文译文收入 S. 威尔士·威廉姆斯《中国总论》（*The Middle Kingdom*）（New York: Charles Scribners Sons, 1900）卷 1，第 574—576 页。

13. 《红楼梦》中，作者带着隐晦的讥讽解释道，年轻的寡妇李纨之所以能让自己一直像"槁木死灰"，是因为遭此命运的女性被规定如此：她只被允许阅读女性的说教性书籍，未能接受"一流"的教育。参见大卫·霍克斯译《石头记》（*The Story of Stones*）（Harmondsworth, Middlesex: Penguin Books, 1973）卷 1，第 108 页。原本见曹雪芹所著《红楼梦》（北京：人民文学出版社，1973）册 1，第 41 页。其他示例见霍克斯译《石头记》卷 2，第 337、385 页；曹雪芹《红楼梦》册 2，第 585、616—617 页。

14. 《红楼梦》中，林黛玉回答祖母自己正在读四书时，祖母感到惊讶，不过黛玉的学业追求在汉人名门望族中并不罕见。参见霍克斯译《石头记》卷 1，第 100 页；曹雪芹《红楼梦》册 1，第 34 页。

15. 母亲教授儿子古典文史而使他走上成功之梯的著名例子有：钱陈群（其母陈书）、法式善（其母韩氏）、张琦和张惠言（其母姜氏）、崔述（其母李氏）、麟庆（其母恽珠）、顾广圻（其母郑氏）、查慎行和查嗣庭（其母钟韫）、刘逢禄（其母庄氏）。见恒慕义编《清代名人传略》（*Eminent Chinese of the Ch'ing Period*）（Washington, D.C.: U.S. Government Printing Office, 1943）（再版，台北：文学出版社，1964），第 99、227、25—26、42—43、771、507、418、421、518 页。

16. 见胡文楷《历代妇女著作考》（上海：上海古籍出版社，1985）。

17. 见王安《未生成的女英雄：林黛玉与崔莺莺》，载《符号》(Signs)总第 15 期，1989 年第 1 期，第 61—78 页。
18. 家庭教诲书籍与对女性的控制，见费侠莉《族长的遗产：家庭指导和正统价值观的传播》，第 196—197、202 页。女性阅读佛教文本的能力，她暗示，也许代表了她们成为家庭"异端"的可能性的一个来源（第 202 页）。
19. 《女论语》又名《宋若昭女论语》，由唐代宋若莘所撰，其妹宋若昭释解，传于世。——译注
20. 对班昭的研究参见南希·李·斯旺《班昭：中国最初的女学者》(Pan Chao: Foremost Woman Scholar of China)(New York: Century Company, 1932)。对宋若昭的研究，参见陈东原《中国妇女生活史》，第 114—115 页。
21. 罗溥洛《清朝中期的女性状况：来自信件、律法及文学的证据》(The Status of Women in Mid-Qing China: Evidence from Letters, Laws and Literature)(美国历史协会年会会议论文，1987) 分析了女性谣曲，附以优美的译文。
22. 见谭正璧《中国女性的文学生活》(上海：光明书局，1935)，册 2，第 383—466 页。他还观察到这一时期女性开始用方言书写。高彦颐的研究表明，许多女性并不似她们看起来那样深居简出，她们发展出相互阅读作品并交互出版的路径，于是女性文字的流传大大超出了闺房内独立作者的范围。参见高彦颐《闺塾师》(Teachers of the Inner Chambers)(Stanford: Stanford University Press, 1994)。
23. 根据一项针对女性作者的调查发现，她们主要来自四个省份：江苏、浙江、安徽和江西，且集中分布在江苏和浙江。参见冉枚铄《清末女性崭露头角：以秋瑾为例》(The Emergence of Women at the End of the Ch'ing: The Case of Ch'iu Chin)，收入卢蕙馨、罗珊娜·维特克编《中国社会的女性》，第 41 页注释。另参见姜士彬《晚期帝制中国的交流、阶层和意识》(Communication, Class, and Consciousness in Late Imperial China) 对女性文化水平地区差异的研究，收入姜士彬、黎安友、罗友枝编《晚期帝制中国的大众文化》(Popular Culture in Late Imperial China)(Berkeley: University of California Press, 1985)，第 70—71 页。
24. 电脑分析胡文楷《历代妇女著作考》中的数据证实了才女的聚集区域。分析表明，3184 位清朝女作家中，已知 70% 的人出生地都集中分布在泛长江下游地区，见施坚雅编《晚期帝制中国的城市》(The City in Late Imperial China)(Stanford: Stanford University Press, 1977)，第 214—215 页。关于进士人数分布，见何炳棣《明清社会史论》(The Ladder of Success in Imperial China)(New York: Columbia University Press, 1962)，第 24—27 页。关于长江下游城镇中心地区的规模等级，见施坚雅《19 世纪中国的区域城镇化》(Regional Urbanization in Nineteenth-Century China)，收入施坚雅编《晚期帝制中国的城市》，第 238 页。

25. 基于画展"玉台纵览：中国女艺术家，1300—1912"（*Views from Jade Terrace: Chinese Women Artists, 1300—1912*）（Indianapolis: Indianapolis Museum of Art，1988）目录中关于出生籍贯的数据。阮元作为女性教育的资助者，见 S. 威尔士·威廉姆斯《中国总论》，卷 1，第 573 页；梁乙真《清代妇女文学史》（台北：中华书局，1968），第 146—147 页。阮元的第二任夫人孔璐华是有诗集传世的诗人，见《清代名人传略》，第 402 页。广州当然处在泛岭南地区城镇等级链的顶端，见施坚雅《19 世纪中国的区域城镇化》，第 238 页。

26. "玉台纵览"画展目录中所列。该表述指的是画展目录中列出的从明末到 19 世纪末的所有女画家，但不包括活跃在 1900 年后的画家，因为她们的作品和绘画生涯极有可能受到西方的影响。

27. 据"玉台纵览"所载数据（参见第 26 条注释），明末 16 位著名女画家中有 10 名为名妓或妾室，3 名为妻子。清初至 1900 年间，16 位著名女画家中有 13 名为妻子，只有 3 名为名妓或妾室。梁庄爱伦引用了一些知名的例子：妻妾与丈夫间的情谊是建立在对绘画的共同兴趣之上的，但妾比妻子更可能与丈夫分享这个兴趣。见梁庄爱伦《传统中国的女画家》（Women Painters in Traditional China），收入魏盟夏编《在阴影中绽放：中日绘画历史中的女性》（*Flowering in the Shadows: Women in the History of Chinese and Japanese Painting*）（Honolulu: University of Hawaii Press，1990），第 80—88 页。对画家婚姻的描述，同样参见魏盟夏《陈书平凡的成功》（The Conventional Success of Ch'en Shu），收入魏盟夏编《在阴影中绽放：中日绘画历史中的女性》，第 126—129 页。魏盟夏探求了陈书作为一名成功的画家，与她作为妻子、母亲和儿媳等家庭角色间的关系。

28. 此文中提到的每一位女诗人，我都查阅了《清代名人传略》。我写"超过 67"是因为很多人的女儿或姐妹也是活跃的作家和诗人。提到的妾有蔡含（第 566 页）、管筠（第 104 页）、文静玉（第 104 页）、董白（第 566 页）、顾眉（第 431 页）、顾太清（第 386—387 页）、金逸（第 956 页）、金玥（第 566 页）、柳是（第 529—530 页）、乔姬（第 496 页）、香妃（第 74 页）。只有香妃、管筠、文静玉活跃在 18 世纪。这或许可以在一定程度上支持友爱婚姻（companionate marriage）在同一时期的精英阶层中逐渐流行的说法。最常被引用的这种理想的例子，出自广为流传的昔日衙门师爷兼旅行家沈复和他的爱人芸娘的回忆录。参见沈复《浮生六记》（*Six Records of a Floating Life*）（Harmondsworth, Middlesex: Penguin Books，1983），白伦和江素慧译。沈复（1763—？）本人未参加过科考，他的妻子虽有文化，却是自学成才。但在最杰出的学者和官员中，也显现出友爱婚姻的例子。单单在《清代名人传略》中，就有孙星衍与王采薇（第 67 页）、高其倬与蔡琬（第 735 页）、崔述与成静兰（第 771—772、775 页）、李星沅与郭润玉（第 458 页）、许宗彦与梁德绳（第 88、824 页）、陈裴之与汪端（第 839—840 页）、屈大均与王华姜（第 202 页）、郝懿行与王照圆（第 278 页）、孙原湘与席佩兰（第 685—686 页）、汪士铎与宗继兰（第 834—835 页）。请注意，在崔述的例子中，一位受过高等教育的母亲为其子挑选了一位受过良好教育的妻子；在孙星衍的例子中，一位受过高等教育的妻子为一位卓有成就的女儿树立了榜样（第 677 页）。由于母亲在为子择妻上有最终的话语权，且对自己女儿的教育负有主要责任，因此我们可以预期，在单个家庭内，代代接受教育的女性，会通过女性长辈为出嫁女儿和娶入新妇所设定的共同标准进行自我复制（我在这里只提到了那些据说专门与丈夫合作文学作品的女性。有修养的妻子和有名气的丈夫的例子还有很多，但不一定是协力婚姻 [collaborative marriage]）。更多的例子参见"玉台纵览"画展及罗溥洛《清朝中期的女性状况：来自信件、律法及文学的证据》。

29. 韩德琳《吕坤的新读者：女性的文化水平对 16 世纪思想的影响》以及罗溥洛《早期现代中国的异议：〈儒林外史〉与清代的社会批判》（*Dissent in Early China: Ju-Lin Wai-shih and Ch'ing Social Criticism*）（Ann Arbor: University of Michigan Press，1981）均已审视过此矛盾的根源。更多近期研究见魏爱莲《17 世纪中国女性才艺的书信体世界》（*The Epistolary World of Female Talent in Seventeenth-Century China*），载《晚期帝制中国》（*Late Imperial China*）总第 10 期，1989 年第 2 期，第 1—43 页；高彦颐《闺塾师》；罗溥洛《清朝中期的女性状况：来自信件、律法及文学的证据》。古典文学的复兴也发挥了作用，见曼素恩《章学诚的〈妇学〉：中国女性文化的第一本历史》（*Fuxue* by Zhang Xuecheng [1738—1802]: China's First History of Women's Culture），载《晚期帝制中国》总第 13 期，1992 年第 1 期，第 40—62 页；曼素恩《塑造嫁女：清朝中期的新娘和妻子》（Grooming a Daughter for Marriage: Brides and Wives in the Mid-Ch'ing Period），收入华如璧、伊佩霞编《中国社会的婚姻和不平等》（*Marriage and Inequality in Chinese Society*）（Berkeley: University of California Press，1991），第 204—230 页。

30. 关于这场争议，可见倪德卫的《章学诚的生平及思想，1738—1801》（*The Life and Thought of Chang Hsueh-ch'eng, 1738—1801*）（Stanford: Stanford University Press，1966），第 133—138 页；另见周启荣、刘广京《学术经世：章学诚之文史论与经世思想》，收入"中研院"近代史研究所编《近代中国经世思想研讨会论文集》（台北："中研院"，1984），第 142—145 页。

31. 魏爱莲《17 世纪中国女性才艺的书信体世界》提醒读者，袁枚的很多女"学生"似乎是在自己的闺房而非他的会客厅拥有独立的文学生活（第 33 页）。袁枚女"弟子"们的文选名为《随园女弟子诗选》（序写于 1796 年）。

32. 袁枚提倡诗歌的灵力（"性灵"），而不是格调规则，见梁乙真《清代妇女文学史》，第 61—132 页。罗郁正、舒威霖编《等待麒麟：清朝诗词，1644—1911》(*Waiting for the Unicorn: Poems and Lyrics of China's Last Dynasty, 1644—1911*)（Bloomington: Indiana University Press，1990）把"性灵"译为"天生的感受力"（第 20 页），并注明"格调"可能要么指规则，要么指非凡的高标准。我将"性灵"译为"灵力"（spiritual power）是因为它传递了热烈的情感，这种情感引发了关于一首好诗的目的和意义的争论。

33. 有关这一主题的文学浩如烟海，但此处参见卡罗琳·路吉《妇女的天堂：17 世纪法国的妇女、沙龙与社会分层》(*Le Paradis des Femmes: Women, Salons, and Social Stratification in Seventeenth-Century France*)（Princeton: Princeton University Press，1976）；安东尼·格拉夫顿、丽萨·加迪纳《从人文主义到人文》(*From Humanism to the Humanities*)（London: Gerald Duckworth and Co.，1986），第 29—57 页；玛格丽特·金《书斋：意大利文艺复兴初期的女性与人文主义》(*Book-lined Cells: Women and Humanism in the Early Italian Renaissance*)，收入帕翠亚·L. 拉巴尔姆编《超越性别：欧洲历史中的知识女性》(*Beyond Their Sex: Learned Women of the European Past*)（New York: New York University Press，1980）；安·罗萨琳德·琼斯《城市女性和她们的读者：路易斯·拉贝和维罗妮卡·弗朗哥》(*City Women and Their Audiences: Louise Iabé and Veronica Franco*)，收入玛格丽特·W. 弗格森等编《改写文艺复兴：早期现代欧洲话语的性别差异》(*Rewriting the Renaissance: The Discourses of Sexual Difference in Early Modern Europe*)（Chicago: University of Chicago Press，1986）；玛格丽特·L. 罗森塔尔《维罗妮卡·弗朗哥的三行诗：威尼斯名妓的辩护》(*Veronica Franco's Terze Rime: the Venetian Courtesan's Defense*)，载《文艺复兴季刊》(*Renaissance Quarterly*)，1989 年第 42 期，第 227—257 页。另见下文对欧洲文艺复兴时期女子教育的探讨。

34. 倪德卫《章学诚的生平及思想，1738—1801》，第 274—275 页。亦参见陈东原《中国妇女生活史》，第 270 页。《妇学》一个选段收入清代中期治国著作标准汇编《皇朝经世文编》（贺长龄编纂，前言写于 1826 年，台北：国风出版社，1963）卷 60，11a—12b。它在清代中期的文选中也出现过两次。

35. 徐生是汉文帝统治时期（公元前 179—前 157 年）的礼官大夫。

36. 《论语》（16：13），见刘殿爵译《论语》(*The Analects*)（New York: Penguin Books，1979），第 141 页。

37. 见《章氏遗书》（刘承干编，嘉业堂刊，1922）卷 5，37a—38a。现代句读版见章学诚《文史通义》（香港：太平书局，1964），第 174 页。

38. 对汪端的研究，参见《清代名人传略》，第 839—840 页。

39. 关于性别隔离，见费侠莉《族长的遗产：家庭指导和正统价值观的传播》，第 196

页。妾的习惯性服从，见伊佩霞《宋代的妾室们》（Concubines in Song China），载《家庭史杂志》（Journal of Family History）总第 11 期，1986 年第 1 期，第 1—24 页。不那么麻烦的话，兄长也可以是资助人。例如，张琦（1765—1833）四个女儿的诗作就是由她们的一位兄长编辑并出版的，见《清代名人传略》，第 25—26 页。恽珠是一本女性诗选《国朝闺秀正始集》（前言写于 1829 年）的编者，1833 年，她的长子筹划了她所编文集的出版。见《国朝闺秀正始集》前言，1a—b。

40. 研究此主题的最佳著作为魏爱莲《17 世纪中国女性才艺的书信体世界》；高彦颐《闺塾师》。

41. 见谭正璧《中国女性的文学生活》卷 2，第 391 页。关于教袁枚读书识字的姑母沈氏和他的姊妹们，见阿瑟·韦利《18 世纪中国诗人袁枚》（Yuan Mei: Eighteenth Century Chinese Poet）（New York: Grove Press, 1956），书中记载了袁枚才华横溢的妹妹因包办婚姻导致的毁灭性悲剧（尤见第 36—37 页），以及第 189 页描述了他资质平庸的儿子和一位宁波女诗人的婚姻。亦见《清代名人传略》，第 956 页；梁乙真《清代妇女文学史》，第 165—192 页。

42. 三位女性为小青、菊香、云友，陈文述曾为他们修墓，并征诗题咏，各家闺秀俱有题咏，颇极一时之盛。——译注

43. 《清代名人传略》，第 103—105 页。亦见梁乙真《清代妇女文学史》，第 165—192 页。

44. 艾萨克·泰勒·赫德兰《中国的家庭生活》（Home Life in China）（1914 首版；再版，台北：成文出版社，1974）指出，仪式给男孩们提供了笔、砚或书，算盘，工具；而女孩们的托盘上放的是"另一类物品"：剪刀，顶针等（第 139 页）。亦见路易斯·霍多思《中国民俗》（Folkways in China）（1929 首版；再版，台北：东方文化供应社，1984），第 56 页。因此在《红楼梦》中，当婴儿宝玉在满岁宴上抓周抓的是"脂粉钗环"时，整个家族垂头丧气。见霍克斯译《红楼梦》卷 1，第 76 页；曹雪芹《红楼梦》册 1，第 19 页。

45. 对缠足最好的研究依旧是列维的《金莲：奇特情色习俗史》。

46. 列维《金莲：奇特情色习俗史》（第 274 页）探讨了不同阶级缠足严重程度和年龄的差异。

47. 裴丽珠与伊戈·密切费拿《阴历年：中国风俗节日记》（The Moon Year: A Record of Chinese Customs and Festivals）（1927 首版；再版，台北：成文出版社，1972），第 369 页。

48. 霍多思《中国民俗》，第 176 页。

49. 《新修鄞县志》（宁波县地方志，最新修订版，1877）卷 2，12b。

50. 赫德兰《中国的家庭生活》，第 136—137 页。

51. 霍多思《中国民俗》，第 176 页。

52. 裴丽珠和伊戈·密切费拿《阴历年：中国风俗节日记》，第384页。
53. 裴丽珠和伊戈·密切费拿《阴历年：中国风俗节日记》，第374—375页。
54. 裴丽珠和伊戈·密切费拿《阴历年：中国风俗节日记》，第375页。
55. 裴丽珠和伊戈·密切费拿《阴历年：中国风俗节日记》，第375页。在广州，人们认为织女是灶神的七个女儿之一，那里的七夕节有时被称为七姊妹节。亦见珍妮丝·斯托卡《广州三角洲的女儿们：1860—1930年华南地区的婚姻模式与经济策略》(*Daughters of the Canton Delta: Marriage Patterns and Economic Strategies in South China, 1860–1930*)(Stanford: Stanford University Press, 1989)，第41—44页。
56. 见曼素恩《中国清代亲属关系、阶级和社区结构中的寡妇》及伊懋可《中国的女德与社会》。
57. C.A.S.威廉《中国象征主义与艺术动机概述》(*Outlines of Chinese Symbolism and Art Motives*)(1941; reprint, New York: Dover, 1976)，第282—288页。
58. 徐光启编《农政全书》(序作于1639—1640年)，卷31，第615—616页。
59. 见爱德华·T.威廉姆斯《绸工的守护神——嫘祖崇拜》(The Worship of Lei Tsu, Patron Saint of Silk Workers)，载《皇家亚洲学会华北分会刊》(*Journal of the North China Branch of the Royal Asiatic Society*)，1935年第66辑，第1—14页。
60. "宁波谜语"，收入张行周编《宁波艺文什志》(台北：民主出版社，1978)，第185页。
61. 简·帕丽斯·扬译《绣枕》(Embroidered Pillow)，收入《近代中国故事和小说，1919—1949》(*Modern Chinese Stories and Novellas, 1919-1949*)(New York: Columbia University Press, 1981)，第197—199页。原著发表于20世纪20年代，再版见于林海音等著《近代中国作家与作品》(台北：纯文学月刊社，1967)卷1，第95—100页。
62. 对嫁妆的描写出现在汤康雄的《陪嫁妆奁》中，收入张行周编《宁波习俗丛谈》(台北：民主出版社，1973)，第212—213页。
63. 此处和下文描述基于1988年秋在上海与宁波对老年女性的采访所得。
64. 见梅琳达·K.布莱德《意大利文艺复兴时期的女性教育》(*Education of Italian Renaissance Women*)(Mesquite, Tex.: Ide House, 1983)。
65. 见布莱德《意大利文艺复兴时期的女性教育》和王安《未生成的女英雄：林黛玉与崔莺莺》。
66. 见布莱德《意大利文艺复兴时期的女性教育》，第29—38页。
67. 见金《书斋：意大利文艺复兴初期的女性与人文主义》，第77页；格拉夫顿和加迪纳《从人文主义到人文》，第32—33页。
68. 见娜塔莉·泽蒙·戴维斯《性别与体裁：女性作为历史作家，1400—1820》(*Gender and Genre: Women as Historical Writers, 1400—1820*)，收入帕翠亚·L.拉巴尔姆编

《超越性别：欧洲历史中的知识女性》，第 153—182 页。

69. 见罗森塔尔《维罗妮卡·弗朗哥的三行诗：威尼斯名妓的辩护》；路吉《妇女的天堂：17 世纪法国的妇女、沙龙与社会分层》。

70. 亦见费侠莉《血统、身体与性别：中国女性状况的医学形象》(Blood, Body and Gender: Medical Images of the Female Condition in China)，载《中国科学》(Chinese Science)，1986 年第 7 期，第 43—65 页。

71. 有关文艺复兴时期的教育，见布莱德《意大利文艺复兴时期的女性教育》，尤见第 29—38 页。布莱德指出，托马斯·摩尔爵士树立的榜样影响了 15 世纪末贵族对女儿的教育（第 37 页）。

72. 我把这个观察归功于司马富在一次专家讨论会上的发言:《亚洲社会的三种寡居》(Widowhood in Three Asian Societies) (Association for Asian Studies annual meeting, Washington, D.C.)，1984 年 3 月 23—25 日。

73. 证据综述见藤村久美子-范泽洛《日本的女性与高等教育：传统和改变》(Women and Higher Education in Japan: Tradition and Change)（博士论文, Columbia University, 1981），第 27—28 页。

74. 日本德川幕府时代的女子教育是否与中国清代的女子教育有显著不同——如果是的话，那有怎样的不同，原因又是什么——不是这篇文章可以直接阐述的问题。不过，我认为两者的不同是显著的，因为:（1）德川家族在亲属关系和继承关系上不同，只有一名男性被要求娶妻并继位（减少了人口中成家的比例，因此也减少了对新娘的需求）;（2）日本整体更高的商业化水平提高了女性对于家庭的经济价值，进而提升了她们的地位;（3）日本城市对消费者服务业和娱乐活动有极高的需求，尤其是在江户和大阪，但实际上在德川幕府统治下建立的城下町均是如此。关于女子的经济价值，见托马斯·C. 史密斯《中原：日本村庄的家庭农耕和人口，1717—1830》(Nakahara: Family Farming and Population in a Japanese Village, 1717—1830) (Stanford: Stanford University Press, 1977)，第 154—155 页。显而易见，这些情况削减了新儒家学说呼吁女性与世隔绝的魅力。裹脚是中国人限制女性外出最残忍的表现方式，当这一习俗流行之际，日本并不"慕华"。据我所知，日本人对中国文化的这一特点从未有过任何兴趣。

75. 见藤村久美子《日本的女性与高等教育：传统和改变》，第 29—31 页；小野和子《百年变革中的中国女性，1850—1950》，收入傅佛果编译《革命世纪的中国女性，1850–1950》(Chinese Women in a Century of Revolution, 1850–1950) (Stanford: Stanford University Press, 1989)，第 54—59 页。

76. 清代中叶妇女在礼教中的作用，见曼素恩《塑造嫁女：清朝中期的新娘和妻子》。

77. 就像陈书的艺术家生涯，见"玉台纵览"画展目录，第 117 页。亦见《国朝闺秀正始集》中恽珠的评论。

78. 比如，钱谦益的妾室柳是在钱死后因被驱逐出家门而蒙羞自杀，汪端的作品因丧夫之痛而成。清代寡妇在女作家和女画家等创作力强的女性队伍中表现突出。
79. 蓝鼎元《女学》前言，1b—2a；译文选自 S. 威尔士·威廉姆斯《中国总论》卷 1，第 575 页。
80. 见小野和子《百年变革中的中国女性，1850—1950》，第 23—29、54—59 页。
81. 援引玛丽·罗利·安德森《华南新教传教女子学校（1827 年至日本侵华）》(*Protestant Mission Schools for Girls in South China [1827 to the Japanese Invasion]*)（Mobile，Alabama: Heiter-Starke Printing Co., 1943），第 27—28 页。
82. 玛丽·罗利·安德森《华南新教传教女子学校（1827 年至日本侵华）》，第 28 页。
83. 玛丽·罗利·安德森《华南新教传教女子学校（1827 年至日本侵华）》，第 29 页。
85. 金《书斋：意大利文艺复兴初期的女性与人文主义》。
85. 见第 39 条注释对恽珠的介绍。

四位老师：
李海观《歧路灯》一书中的教育问题

白亚仁（Allan Barr）

人们常常借助文学作品研究晚期帝制中国的教育，以一种传统历史研究所欠缺的人文视角细致入微地探究社会问题。一些学者通过钻研丰富的古典轶事宝库，来证明当时存在的普遍信仰：命运和精神的力量会影响到公职人员的选拔过程。[1] 其他学者则研究了蒲松龄（1640—1715）的故事，向我们展示了一位作家落榜后的双重反应：既心怀怨恨又顺从天命。[2] 人们最常引用的小说可能是吴敬梓（1701—1754）的《儒林外史》，他在书中严厉批评了科举制度对儒家价值观的侵蚀。[3] 虽然这些作品有助于阐明传统教育的肌理和张力，但它们只是知识分子所持观点的一个样本，只能代表对该主题具有影响的大量非正式文学中的一小部分。

本文试图通过吸引人们关注其他文学作品中的教育主题来扩大讨论范围，主要聚焦（但不限于）18世纪小说《歧路灯》。早在1927年，冯友兰就指出了《歧路灯》与中国教育史的关联，但直到1980年它才开始受到应有的关注。[4] 本文重点介绍小说中出现的四位老师，并将他们置于当时的历史背景和文学背景下，尝试以此来探讨清代教育场景下某些历久而弥新的问题。

李海观和《歧路灯》

李海观（1707—1790）与蒲松龄和吴敬梓的不同之处在于：他一生大部分时间走的都是上升之路。在某种程度上，这一成功可以解释他在作品中展示出的对科举制度的肯定。李海观的祖父和父亲都是秀才，而且主要因为他们都很孝顺，所以在家乡河南名声卓著。李海观的祖父以教书为生（他的父亲很可能也是如此），因此，坚守儒家价值观可谓家传。[5]

从传记资料中可以看出，李海观精力充沛、口齿伶俐，并且具有强烈的使命感。刘青芝（1727年进士）于1736年与李海观结识，那时后者刚通过河南省乡试。刘青芝发现李海观急于根除"俗学"且崇尚广泛阅读。[6]有部传记这样描述："生平学问博洽，凡经学子史，无不贯通，而尤练达人情。老年酒后耳热，每自称通儒。"[7]会试失利使李海观没能迅速成为公职人员。迟至1772年，他才被任命为偏远的贵州印江县的知县。他的一生中，至少有两个时期曾献身于教学事业，分别是18世纪50年代初和18世纪70年代末。[8]

从李海观弟子收录的先师文集——《家训谆言》一书中，我们可以比较清楚地了解李海观的教育思想。此书开篇便明确了他的课程重点："读书必先经史而后帖括[9]。经史不明，而徒以八股为务，则根柢既无，难言枝叶之畅茂。"[10]

正如其所言，李海观对待帖括的态度与吴敬梓在作品中表达出的厌恶大不相同。他似乎对自己收集的帖括颇为自豪，并邀请了一位杰出的河南学者为其作序。[11]但是他坚信，如果不熟悉所有的古典文献，就无法研究八股文。当然，这一观点得到了知识分子精英阶层的广泛认同（参见本书第5篇盖博坚一文）。比如郑燮（1693—1766）便认为方舟（1665—1701）的帖括当属该朝代最高的文学成就，但同时他也告诫自己尚且年轻的儿子要广泛阅读："惟单读时文，无裨实益，宜加以看书功夫。凡经史子集，皆宜涉猎。"[12]

对于"小学"（基础知识）的学习，李海观意识到透彻理解《小学》一书至关重要，他将之比作一面墙的墙基。在"五经"中，他特别重视《春秋》一书，并建议对其进行专门研究。这一偏好无疑反映出这样一种观念：《春秋》一书通过从历史事件中汲取道德教训，成为人们将儒家伦理应用于社会事务和政治事务时不可或缺的指南。[13] 和其他一些学者一样，李海观反对"庸师"中的这一倾向：依赖经典文本的删节版本，基本忽略了附加的注释。最重要的是，李海观试图向他的学生灌输自己的教育价值观。他认为，学习的目的不只是让自己熟悉某些抽象原则，更不仅仅是让自己有能力去争夺考试荣誉，而是要将经书中体现的伦理道德观付诸实践。[14] 在这方面，李海观和其他评论家们的观点完全一致，他们都对当代教育的功利性深感不安。他们坚持认为行为端方才是学习经典的主要目的。正如郑燮所言："夫读书中举、中进士、作官，此是小事，第一要明理作个好人。"[15]

李海观很可能觉得他儿子李蘧（1742—1816）取得的成就证明了他的教育理念的正确性。由李海观亲自教导的李蘧于 1775 年考取进士，并成为有名的模范官员。李蘧凭借渊博的学识和诗文的造诣令同代人惊羡不已。李蘧的儿子李于潢（1796—1835）继承了父亲的学识和文学天赋。作为一名诗人，他享有很高的声誉。[16]

从《歧路灯》一书中，我们可以清楚看到李海观对教育的担忧。李海观在父亲去世之后（1748）开始创作此书，并于 1777 年完成。在序言中，他有力地证明了通过小说和戏剧的形式所呈现出的道德教育的有效性，并引用朱熹（1130—1200）的话说："善者可以感发人之善心，恶者可以惩创人之逸志（美德将激发人们善的本性，不道德则会惩罚他们任性的倾向）。"李海观对明代小说不屑一顾，声称戏剧对他的影响更大，比如孔尚任（1648—1718）的《桃花扇》。他认为，这类戏剧能够打动像"樵夫牧子、厨妇爨婢（樵夫和牧羊人、厨师和厨房用人）"这样的底层观众。[17] 通过这部长达 108 回、描写乡下人生活的长篇小说，李海观同样试图唤起读者的良知，引导他们欣赏儒家的价值观。

《歧路灯》中有一幕反映出作者对于"通过一种可利用的媒介来传递道德准则影响力"的信心。当苏霖臣完成《孝经》的白话文翻译时，他的朋友程嵩淑这样向他表示敬意：

一部《孝经》，你都著成通俗浅近的话头，虽五尺童子，但认的字，就念得出来，念一句可以省一句。看来做博雅文字，得宿儒之叹赏，那却是易得的。把圣人明天察地的道理，斟酌成通俗易晓话头，为妇稚所共喻，这却难得的很。[18]

当苏霖臣的白话改写本在整个家中立即获得热烈反响时，作者通过叙述者的口吻表示道："这不是苏霖臣作的书好，只为天性人所自有，且出以俚言，所以感人之速，入人之深，有似白乐天的诗，厨妪能解。"（第91回，第854页）

根据这些段落，我们或许可以推断：李海观希望自己小说的读者群不仅限于受教育的精英阶层。如果这是他的期望，那么这可能是不现实的，因为故事中包含的许多古典元素和文学典故将给通俗大众带来相当大的阅读障碍。[19] 李海观似乎更有可能将其他文人家庭视为自己作品的主要听众，希望能让他们记住：必须要让自己的儿子接受正确的教育。这本小说最早的仰慕者之一便是李海观的一名学生。他表示，这部小说的手稿只能与像他这样具有鉴赏力和文化修养的读者分享，而这本书之前似乎从未得以广泛流传。[20]

《歧路灯》一书的主题（在开头便已说明）是早期教育和培养对于一个年轻人的发展所带来的决定性影响。为了说明这个过程，作者用一个详尽的案例来启迪我们，即谭绍闻从六岁到三十五岁的生活。通过谭绍闻从堕落到后来得到救赎的例子，李海观强调了影响年轻人教育的三个关键因素：学业练习、父母指导，以及同龄人影响。对李海观以及其他中国教育者而言，严格的学术训练能够带来的持久效益取决于拥有一个健康的家庭环境和社会环境。[21] 在我们继续探讨李海观关于适当的学术教育这一概念之前，这一点值得我们详细探讨。

《歧路灯》一书清楚地表明了父母以身作则的重要性。在开篇几回中，谭绍闻在其信奉儒学的严父谭孝移的监督下，在学业上取得了全面的进步。当第12回中谭孝移英年早逝后，母亲的纵容取代了父亲的严厉。之前所有的约束都消失了，绍闻开始堕落，走向毁灭之路。绍闻之母王氏受其弟弟影响，认为学习无关紧要——因为她的弟弟虽然只是一名商人，但事业有成。她相信传统的学问并没有什么特别的价值。从很早开始，她就反对她唯一的儿子接受高强度的学习，后来她直截了当地表达了自己总结出的基本哲学："世上只要钱，不要书。"（第74回，第718页）整部小说中王氏对正规教育所持的怀疑态度，都证明了这对绍闻自身学习态度所产生的毒害。

谭绍闻的道德品质，也因受到那些他在十几岁时就开始结交的花花公子和浪荡子的放荡生活方式影响，变得越来越低下。绍闻的同伴们表达了一种对绍闻来说完全陌生且厚颜无耻的享乐主义人生观：

人生一世，不过快乐了便罢。柳陌花巷快乐一辈子也是死，执固板样拘束一辈子也是死。若说做圣贤道学的事，将来乡贤词屋角里，未必能有个牌位。若说做忠孝传后的事，将来《纲鉴》纸缝里，未必有个姓名。就是有个牌位，有个姓名，毕竟何益于我？所以古人有勘透的话，说是"人生行乐耳"。（第21回，第209页）

对于易受影响、毫无经验的绍闻来说，这种"及时行乐"的信条几乎具有无法抗拒的吸引力，他很快就转变了。在接下来的几回中，李海观生动地展示了同辈压力和群体行为在塑造青少年价值取向方面的作用。

在赋予社会环境如此突出的地位方面，李海观的立场让人联想起一个世纪前陆世仪（1611—1672）所表达的观点。在一篇可能会引起李海观共鸣的文章中，陆世仪也认为青少年时期是道德发展的一个特别关键的时期：

吾友江虞九曰："人在母腹中是一层胞胎，至十五六读书遇师友时又是一层胞胎，若此处少差，便另换却一个人物，不可不慎。"此言诚然。愚以为，师之力虽大，然严而不亲，今人家从师多不过二三年。师善，固不能大为转移，即师不善，亦不至终身为累。惟友则亲昵狎近，气习易为渐染，苟一相得，遂至终身胶漆。初出门时，最不可不慎。[22]

李海观同意陆世仪的看法，认为一个人在选择朋友时一定要有辨别能力。"子弟宁可不读书，不可一日近匪人"（第17回，第182页；第21回，第210页），这句话他说过不止一次。但他也非常重视教育，而且显然赞同他笔下一个人物表达的观点："拜师如投胎"（第86回，第817页）。通过考察李海观在小说中对几个老师人物形象的描绘，我们将会对他的教育观有更深入的了解。接下来让我们按出场顺序介绍一下这几位人物。

模范老师

> 夫择师为难，敬师为要。择师不得不审，既择定矣，便当尊之敬之，何得复寻其短？
>
> ——郑燮《潍县署中寄舍弟墨》，1751年，收入《郑板桥外集》

作者在第1回中首次介绍谭孝移时，便说到谭孝移在经历过几次乡试失利后对科考失去了兴趣。四十多岁时，他开始与一班秀才朋友谈诗论艺。在谭孝移的教导下，谭绍闻已经能够熟记《论语》和《孝经》的大部分内容，但尚未延师受业。由于谭氏另一个家族的合族义塾办得风生水起，谭孝移决定返回开封后，即刻为自己的儿子延请名师。

谭孝移选择了他的一位秀才朋友，名叫娄潜斋。在整部小说中，娄潜斋成为评判其他老师的标杆。在前往娄潜斋家的路上，谭孝移向同伴说明了娄潜斋的资历："我觉得娄潜斋为人端方正直博雅，尽足做幼学楷模。小儿拜这个师父，不说读书，只学这人样子，便是一生根脚"（第2回，第13页）。

在接下来几个场景中，李海观煞费苦心地将这位未来的老师描绘成一位非常正直之人。娄潜斋的儿子勤奋好学，举止谦恭，而且娄潜斋与他哥哥之间的关系十分牢固，这些都清楚地体现出他的为人正直。对于作者和其他评论家来说，品德高尚是为人师的首要条件。[23]

在李海观看来，知识渊博是另外一个先决条件。这一点娄潜斋亦完全具备。娄潜斋通晓五经，曾一度有意对这些经典进行文本评注。娄潜斋在五经方面具备的专业知识乍看之下似乎微不足道——毕竟熟悉儒家经典是传统教育的基本目标，然而，就这本小说而言，娄潜斋的博学非常突出。简要回顾18世纪中国盛行的学术标准就能解释原因所在。

到1753年，乡试应试者可以选择统考五经，但很少有人这样选，因为这意味着若认真对待考试，需要大量知识储备。[24]绝大多数学生为了减少需要背诵的范围，倾向于专攻五经中的一经，并倾向于选择更易于掌握的文本，如《诗经》

《易经》《尚书》——按受欢迎程度降序排列。[25]这一考试形式（见本书第4篇本杰明·A.艾尔曼一文）鼓励应试者仅将注意力集中于自己指定的文本，很大程度上忽略了儒家的其他经典。这一做法遭到清初评论家顾炎武（1613—1682）等人的抨击。顾炎武说："若今人问答之间，称其人所习为贵经，自称为敝经，尤可笑也。"[26] 1787年，官府出台了纠正措施，提高了要求，从而迫使秀才们拓宽自己的知识面。[27]在此之前，秀才们可以自由地将自己的阅读范围仅局限于个人偏爱的经典书籍。

当然，许多人依然试图通过从他们的专长中寻找考试最有可能考查的主题，并提前默记相应的经文，进一步减轻他们的负担。戴名世（1653—1713）就这一情况发表了发人深省的评论：

余尝以谓四书五经之蟊贼莫甚于时文，而其于五经也尤甚。四书者，人皆诵习之，而五经则各专治其一。四书之文，虽其至不肖者犹稍有所用力于其间，而至于经义，则虽能文之士亦或不免于卤莽以从事。何者？主司之所重不在于经义，而士之应试者盖相率苟且以应之，甚至有场屋命题之所不及者，弃去不读，盖句读亦有所不能尽，不但不解全经之义而已也。士当大比之年，辄取其所治之经删而阅之，择其可以命题者，为雷同腐烂之文，彼此抄袭，以为不如是不足以入格。而北方之士，场屋于经义四通，每四人者各出其所记一篇，互换誊写。士风之苟且至于如此，而五经之不无没也几希。[28]

官府于1713年、1715年、1735年、1764年和1796年颁布法令，要求考官避免出可预测的试题，以防止此类行为的发生。这些法令的频繁颁布其实暴露出他们并未能阻止这一趋势。[29]在1757年的第二场考试中，随着五经考题越来越少，考官们的这种倾向变得更加明显：将注意力几乎完全集中在与四书有关的主题上。[30]钱大昕在1799年撰写的书中写道，重申真正的学问重要性的唯一方法是取消这一政策，并将第一场考试内容完全限定在五经范围内——然而，官方对这一建议置若罔闻。因此，在整个18世纪，应试者们都缺少掌握全部儒家经典的强烈实践动机（关于科目学习改革，参考本书第4篇艾尔曼一文）。[31]

因此，在《歧路灯》一书中，娄潜斋和诸如陈乔龄这样的普通秀才便形成了鲜明的对比。娄潜斋以五经应试者的身份通过了河南乡试，而陈乔龄则是县学的一位教师，他坦言道：

我当日做秀才时，卷皮原写习《诗经》，其实我只读过三本儿，并没读完。我的先生又说，经文只用八十篇，遭遭不走。我也有个抄本儿，及下场时，四道经题，俱抄写别人稿儿。出场时，连题也就忘了。（第 7 回，第 78—79 页）

秀才张类村也承认道，他确实通过了考试，但他当时只是熟读了考官们所青睐的颂词主题。除了自己选择的经文，他并未读过其他任何经典，而且他只对唐朝的历史稍有涉猎。（第 77 回，第 752—753 页）

娄潜斋是作者个人教育理念的代言人：他的许多言论都和李海观在《家训谆言》中的观点一致。他的科目学习尤其能够反映出小说作者的方法：扎实掌握五经在先，帖括次之。经过几年时间的学习，11 岁的谭绍闻已经能够背诵出五经中的任何章节，这给地方督学留下了深刻的印象——开封各县只有其他 12 名学生（童生）可与他相提并论。可与此同时，谭绍闻却完全无法完成资格考试中要求的八股文写作。当被要求对这一明显的反常现象做出解释时，这名少年学子解释道："童生并不曾读文字，不晓得文字是怎么做的。先生还说，读五经要讲明白。五经之外，还读几部书，才教读文章哩。"（第 7 回，第 81—82 页）

在给谭绍闻当先生期间，娄潜斋证明了自己是一位要求严格的老师，但有时他的做法也会让谭孝移感到惊讶，因为他对学生参与课外活动这一点态度非常灵活。娄潜斋说服了比他更严格的谭孝移允许谭绍闻参观开封三月三大会，并表示若有父亲陪同，这样的出游不会对男孩子造成任何伤害：

若一定把学生圈在屋里，每日讲正心诚意的话头，那资性鲁钝的，将来弄成个泥塑木雕；那资性聪明些的，将来出了书屋，丢了书本，把平日理学话放在东洋大海。我这话虽似说得少偏，只是教幼学之法，慢不得，急不得，松不得，紧不得，一言以蔽之曰难而已。（第 3 回，第 22 页）

因此，娄潜斋不仅具备学术资格，同时他还能意识到，在父母监护下健康的娱乐活动有助于学生的成长。对李海观来说（他也会鼓励自己的学生参与农活），允许学生在日常学习之余偶尔放松一下似乎是模范教师的一个重要美德。[32]

然而对绍闻而言，不幸的是，先生娄潜斋的任期相对较短。对于一个杰出的秀才来说，在一所久负盛名的书院任教可能比做官更有吸引力。对于大多数秀才来说，当先生通常只不过是一种权宜之计（为了养活自己和家人）。与此同时，他们等待着下一次乡试。[33] 因此，每当有更好的前途可选时，老师们普遍倾向于放弃教学这份工作。郑燮在评价谭绍闻的老师娄潜斋辞职一事时，将其归因于：教书对于才华横溢且有抱负的秀才来说，吸引力有限。[34] 因此，娄潜斋乡试一中第便辞职一事并不足为奇。不久，娄潜斋就动身前往北京，去参加会试碰碰运气。

随着娄潜斋的离开，谭绍闻便没有了教书先生，而绍闻父亲前往北京一事又使这一问题变得更加严重。寻找娄潜斋的继任者一事落在绍闻母亲手上。下文将详述她的决定及其造成的严重后果。

平庸之人

近时日文风日坏，习制艺者止图速化，而不循正轨。无论经籍，束之高阁，即先儒传注，亦不暇究心。惟取浮词俗调，捃撦求售。师以是教，弟以是学，举子以是为揣摩，试官即以是为去取。且今日之举子，即他日之试官，积习相沿，伊于胡底。

（学术标准最近一直不断降低，那些学习经文之人只是为了加快自己的晋升速度，并未遵循正道。除了忽略传统经典外，他们甚至没有花时间研究早先学者的评论和注释。他们只是采用陈词滥调、依靠剽窃来寻求成功。于是，教师将其作为教学原则，学生将其应用于学习中，应试者根据这个标准来构思作文，官员们也以此为依据选拔人才。然而，今天的应试者就是未来的考官——如果这种做法一直存在，那这一切的尽头将在哪里呢？）

——诏书，1779，《钦定大清会典事例》

娄潜斋的继任者是侯冠玉，他之前是附近一所学校的教书先生。他被选中的理由大有问题。在一次闲谈中，王氏听到了他的名字。在尚未弄清他的学术资历是否合格、个人品德是否良好的情况下，王氏当场就决定雇用他。对她来说，雇用侯冠玉的决定性因素是能为她的实际生活带来便利：她无需为侯先生管饭——基本粮米会供给侯冠玉，其他事宜则由侯冠玉的妻子照料。在王氏看来，这种安排的好处——省心省力——完全胜过其他任何顾虑。

我们很快会知道，侯冠玉在道德方面完全是娄潜斋的反面：

因为在家下弄出什么丑事，落了没趣，又兼赌债催逼难支，不得已，引起董氏，逃走省城，投奔他的亲戚，开面房的刘旺家。刘旺与他说了本街三官庙一个攒凑学儿，训蒙二年。只因做生日，把一个小学生吃得酒醉了，只像醉死一般，东家婆上三官庙一闹，弄的不像体统，把学散讫。刘旺央同王春宇从中说合，这东家说"他纵惯学生"，那东家说"他不守学规"。说合了两三天，聊且一年终局，来年各寻投向。（第8回，第88页）

把教书先生描绘成只在意金钱回报而对自己工作没有真正兴趣这样一个声名狼藉之人，绝非《歧路灯》一书所独有。17世纪的小说《醒世姻缘传》翔实记载了一位教书先生的职业生涯，细节十分耸人听闻：他教书只是受金钱驱使，他撒谎、好斗而且是性变态。在这本充斥着令人不快的人物的书中，他可能是最令人厌恶的角色。这本小说的匿名作者显然认为这种行为是一种普遍趋势，因为他做出了以下评论：

如今的先生就如今日做官的心肠一样。往时做官的原为"致君泽民"，如今做官的不过是为"剥民肥己"，所以不得于君，不觉便自热中。往日的先生原为"继往开来"，如今做先生的不过是为"学钱糊口"，所以束脩送不到，就如那州县官恨那纳粮不起的百姓一般；学生另择了先生，就如那将官处那叛逃的兵士一样。[35]

侯冠玉在学问方面也与娄潜斋截然相反：

他也是一个秀才，也考过一两次二等。论起八股，甚熟于"起、承、转、合"之律；说起五经，极能举《诗》《书》《易》《礼》《春秋》之名。（第8回，第88页）

侯冠玉直言不讳地对18世纪盛行的应试教育——大家都很熟悉乾隆皇帝等人对这种做法所持的批评态度——表示支持。请看他是如何为之辩护的：

果然"新来和尚好撞钟"，镇日不出园门。将谭绍闻旧日所读之书，苦于点明句读，都叫丢却；自己到书店购了两部课幼时文，课诵起来。还对绍闻说道："你若旧年早读八股；昨年场中有两篇俗通文字，难说学院不进你。背了五经，到底不曾中用，你心中也就明白，时文有益，五经不紧要了。即是娄先生，听说他经史最熟，你看他中试那文章，也是一竿清晰笔，不惟用不着经史，也不敢贪写经史。我前日偶见孔耘轩中副榜朱卷，倒也踏实，终不免填砌，所以不能前列也。总之，学生读书，只要得功名；不利于功名，不如不读。若说求经史，摹大家，更是诬人。你想古今以文学传世者，有几个童生？不是阁部，便是词林，他如不是大发达，即是他那文章，必不能传。况且他们的文字俱是白描淡写，直与经史无干。何苦以有用之精力，用到不利于功名之地乎？你只把我新购这两部时文，千遍熟读，学套，不愁不得功名。"（第8回，第88—89页）

熟悉《儒林外史》的人看了这一选段可能会想起吴敬梓小说中的某些相似章节——小说中帖括的忠实支持者（比如鲁编修和马纯上）也热烈地赞扬了这一观点。侯冠玉认为，一个人的文学成就更多地取决于他的考试生涯，而非他的艺术成就。这一观点与《儒林外史》第11回中鲁编修之女提出的反问句特别相似："母亲，自古及今，几曾看见不会中进士的人可以叫做个名士的？"[36]

然而这些表面上的相似无法掩盖一个更大的不同：在《儒林外史》中，作者刻意夸大了经文迷的看法，并以一种极端的形式呈现出来，看起来十分荒谬。而在《歧路灯》中，经文支持者们提出了一个看似更加合理的理由——精通五经在实际应用中有限，人们必须让自己的所学服从于规定的八股文形式。上引就将这一观点十分有力地表达了出来。谭绍闻迅速屈服于侯冠玉看似无可辩驳的逻辑，我们从中看到了18世纪教育趋势的缩影。到了18世纪末，许多年轻的学生都听从了他们先生的类似建议，这引起了一些考官的警惕。汪廷珍（1757—1827）于1807年至1810年间任江西学政，他震惊地发现，10、11岁的童生们虽精通经文，却从未打开过五经抄本。[37]

侯冠玉声称自己擅长预言。很快，他就因为预测绍闻会有一个光明未来，赢得了绍闻之母王氏的喜爱。在先生这一位置上坐稳之后，侯冠玉又重拾以往的恶习，四处游荡、酗酒、赌博，并从事各种赚钱的副业，对绍闻几乎放任不管。

谭孝移在京师待了两年之后返回家乡，与绍闻的老师产生了很大的冲突：

谭孝移问道："端福的五经读熟不曾？讲了几部呢？"侯冠玉道："如今考试，那经文，不过是有那一道儿就罢。临科场，只要七八十篇，题再也不走；即令走了，与同经的换。要是急于进学，想取优等，只用多读文章，读下千数篇，就够套了。"孝移道："穷经所以致用，不仅为功名而设；即令为功名起见，目不识经，也就言无根柢。"（第11回，第120页）

此处谭孝移的观点让人想起李海观在《家训谆言》开篇的苛评。谭孝移在另一个场合又强调了这一观点：

王伯厚《三字经》上说的明白："《小学》终，至四书。《孝经》通，四书熟，如六经，始可读。"是万世养蒙之基。如此读去，在做秀才时，便是端方醇儒；到做官时，自是经济良臣；最次的也还得个博雅文士。若是专弄八股，即是急于功名，却是欲速反迟；纵幸得一衿，也只是个科岁终身秀才而已。（第11回，第122页）

对于这场辩论，李海观显然支持谭孝移，但同时认为侯冠玉的看法也有一定道理，于是让他在辩论最后如此发言：

只要多读时文，俗话说："好诗读下三千首，不会做来也会偷。"读的多，多就会套。"砍的不如镟哩圆"，放着现成不吃，却去等着另做饭？（第 11 回，第 120 页）

侯冠玉推荐谭绍闻阅读戏剧《西厢记》和小说《金瓶梅》，这一举动使他在谭孝移眼中更加不靠谱。谭孝移一看到《金瓶梅》便大为惊恐，这促使他旧病复发，加速了他的死亡（谭孝移在第 12 回去世）。就谭绍闻的个人发展而言，侯冠玉智力平庸、道德沦丧，开启了谭绍闻走向堕落的序幕。侯冠玉的任期终于在第 14 回（谭绍闻 15 岁时）结束。此时谭孝移的朋友们都清楚地看到了谭绍闻的衰落之路。

伪君子

有两塾师邻村居，皆以道学自任。一日相邀会讲，生徒侍坐者十余人，方辩论性天，剖析理欲，严词正色，如对圣贤。忽微风飒然，吹片纸落阶下，旋舞不止，生徒拾视之，则二人谋夺一寡妇田，往来密商之札也。

——纪昀，《阅微草堂笔记》，1789

第 38 回中，教育谭绍闻一事便委托给第三位老师——五十多岁的惠养民。他是一个秀才，当时一直在附近一座寺庙里教小学生，他被邀请到谭绍闻家教书是一次意外的晋升。惠养民又给我们展示了另一种老师的形象——程朱理学的学究式狂热者。

惠养民和侯冠玉形成了有趣的对比。惠养民与侯冠玉不同，他鄙视八股文，宣称自己厌恶考试，认为它们会使人转移注意力，不把注意力放在更重要的任务上，即自我修养。正如他所定义的，他认为教育谭绍闻时，"却也不在功名之得与不得，先要论他学之正与不正"（第 38 回，第 355 页）。与此同时，惠养民也和侯冠玉一样，对任何形式的广泛学习都漠不关心，而且阅读范围十分有限——主要是《大学》。他对任何形式的诗歌都不感兴趣，而且无法忍受具有"异端"

倾向的作品（第 38 回，第 356 页）。我们推断，这种知识面的狭隘是他学习成绩平平的原因："每年"考试他都只是三等秀才。

惠养民经常引用四书，赞扬至道之理和自我修养的价值，但这种表面上的学识并不能掩饰他智力上的缺失。他并无任何实用的箴言可以提供给他的学生。他谴责经文只是表面修饰，同时又对学习经史不屑一顾，但他并未给绍闻指明任何一个可以遵循的明确方向。

随后发生的事件使惠养民名誉扫地，并暴露出他的虚伪。尽管他大肆宣扬自己坚守新儒学正统思想，但事实证明，他完全未能践行新儒学的其中一项主要原则：妥善治家。惠养民毫无骨气地屈服于妻子的自私，没有采取行动帮助他的兄长摆脱债务，并且最终屈服于妻子的要求：和他的兄长分割家庭财产。

此书第 39 回将虚伪的道德主义者惠养民与真正的儒家娄潜斋之间的不同作了鲜明对比。程嵩淑作为作者的代言人角色，这样说道：

这潜老才是正经理学。你听他说话，都是布帛菽粟之言，你到他家满院都是些饮食教诲之气，所以他弟兄们一刻也离不得，子侄皆恂恂有规矩……二公试想，咱们相处二十多年，潜老有一句理学话不曾？他做的事儿，有一宗不理学么？偏是那肯讲理学的，做穷秀才时，偏偏的只一样儿不会治家；即令侥幸个科目，偏偏的只一样儿单讲升官发财……更可厌者，惠养民说的不出于孔孟，就出于程朱，其实口里说，心里却不省的。他靠住大门楼子吃饭，竟是经书中一个城狐社鼠！（第 39 回，第 359 页）

正如这段话所表明的，李海观远远不是批判程朱学派本身，而只是在谴责对新儒学思想的虚伪拥护。在 1744 年一篇为宋明新儒家思想文集《性理粹言录》撰写的跋语中，李海观为他同时代中有许多人漠视新儒家哲学核心表示哀叹。[38] 同时，他显然十分厌恶那些虚张旗鼓地声称自己致力于程朱思想，但在现实中却违背其道德戒律之人。正如侯冠玉推崇庸俗版的考试科目一样，惠养民也代表着一种堕落的理学形式。对李海观来说，他们俩都对谭绍闻的发展造成了严重危害。为了表明相信他们的价值观极其危险，李海观在小说中充分揭露了他们在智力和道德上的缺陷。

揭露教书先生们本质上的迂腐和虚伪，是清代轶事文学的一个流行主题。也许没有哪位作家能比纪昀（1724—1805）的讽刺更入木三分。纪昀是戴震（1724—1777）的朋友，赞同戴震对新儒家哲学的批判（参见本书第 8 篇包筠雅一文）。他通过描写超自然现象的短篇故事为 18 世纪对程朱学派的批判做出了贡献——这些短篇故事对程朱理学践行者学问上的不足和道德上的沦丧做出了尖锐批评。[39] 本部分开头的选段只是作品集中的一则故事。和李海观一样，纪昀以学究的自满及其平庸作为创作的主题，并塑造了自己的叙事风格，以揭露道德主义者的虚伪。有个故事讲述了一个自以为是的新儒家经师滑稽可笑的样子——一个和尚揭露了他贪婪的本性。第二个学究则陷入了无言的尴尬境地，因为他的利己主义以及对事物的肤浅理解受到一个怀有敌意的鬼魂的挑衅。还有一位老师被描绘成一个固执且冷漠的道德法官，表面上的正直掩盖了他内心淫荡的动机。在他的后期作品中，纪昀继续探究这一主题。某则故事中，一位新儒家经师未能做到严于律己的道德要求——他无法抵挡妓女的投怀送抱。纪昀对这位老师的评价可以说对所有这类人都适用："外有余必中不足！"[40]

这种对教师的人品持怀疑态度的传统，一直持续到 20 世纪。在《白光》中，鲁迅或许根据自己的童年回忆和文学创作的传统风格（因为他是纪昀小说的狂热读者），讽刺性地刻画了清朝末年的一位老师。这篇短篇小说的主人公陈士成曾在县试中屡屡落榜（多达 16 次）。他是一位教授儒家经典的老师，但私下里却沉溺于自我陶醉的想入非非：

隽了秀才，上省去乡试，一径联捷上去，……绅士们既然千方百计的来攀亲，人们又都像看见神明似的敬畏，深悔先前的轻薄，发昏，……赶走了租住在自己破宅门里的杂姓——那是不劳说赶，自己就搬的，——屋宇全新了，门口是旗竿和扁额，……要清高可以做京官，否则不如谋外放。[41]

乡村教师

> 要腰缠十万，
>
> 教学千年，
>
> 方才满贯。
>
> ——汤显祖，《牡丹亭》，1598

在《歧路灯》第44回中，谭绍闻与另一位老师有过短暂的相遇。谭绍闻为了躲避债主离开家，回程途中被人抢走所有行李和盘缠，饥肠辘辘。在一个破旧的寺院里，他遇到一位戴着叆叇镜的老教读。以儒家兼济为由，绍闻恳请赐饭。老教读却不得不把他拒之门外：

> 你看满堂都是村童，我在此不过供馔而已，凡事不得自主。庄农家请先生，一饭一啄都是有前定的，我不过自己而已，焉能旁及？（第44回，第408页）

谭绍闻遭拒后，无可奈何，只能继续挣扎前行，且饥饿感未有丝毫减轻。之后我们再也没有在书中见到这个无名先生，他在河南农村凭借最微薄的收入勉强度日。尽管这个老教读在小说中只是个小角色，但作为清代文学中一个十分重要的人物类型——不名一文的乡村教师，他仍然值得深入研究。

"穷不读书富不教学"是18世纪中国的一句俗语，它概括了这样一种观念：就像在其他早期现代社会中一样，人们通常认为教书是"没有前途之人的避难所，而且通常报酬很低"。[42] 在整个中国，它往往是常年落第的卑微秀才的保守选择。

虽然张仲礼估计教师的平均收入约为100两，但有证据表明，大多数教师的薪水要低得多。[43] 亚瑟·亨·史密斯调查了19世纪山东省乡村地区的生活，发现许多教师"长期处于饥饿的边缘"[44]。他承认，"真正有能力的教师，或者在某种程度上获得了很高声誉的教师，值得一定比例的工资"，但他发现，乡村教师的薪水"通常非常微薄"，而且这一现象十分典型。[45] 罗友枝通过地方志编纂者收集的数据发现，教师的薪水从5两到80两不等，大部分介于20两到30两之间。[46] 书面资料证实，普通老师的薪水不超过 50 两。《歧路灯》一书中，娄潜斋一年的薪水是 48 两（第 2 回，第 18 页），惠养民则是 28 两（第 38 回，第 352 页）。17 世纪有部小说中，秀才程英才接受了教师的工作，一年 24 两束脩，伴有四季节礼。[47]《儒林外史》中秀才虞育德的薪水为 30 两，而拔贡余有达的薪水为一年 40 两，有额外津贴。[48]

我们同样也在《儒林外史》中看到了一个代表乡村老师的典型人物——周进，他既可悲又可笑，薪水临近下限。周进已经六十多岁，但依旧是个童生，饱受秀才的蔑视和举人的冷遇，连雇他为儿子教书的村民们都瞧不上他。虽然村民答应每年给周进 12 两银子，但他实际收到的远远低于这个数字，甚至连一个月的饭钱都付不起。由于他无意中冒犯了村民，而且他的合约将于年底期满，所以他作为教师的处境变得更加岌岌可危。[49] 对周进困顿的描写，显然是为了说明一个秀才可能会沦落至的最糟糕的处境，但周进在下一回中奇迹般的崛起则描绘出了极端相反的一面。

因此，晚期帝制中国对老师有一种刻板印象，这与 18 世纪德国教师的悲喜剧形象——"卑屈和无能"[50]——有很多相似之处。普鲁士的教师们发现自己处于"一种混乱的、令人沮丧的、常常是受屈辱的依附状态"之中，并且对自己的聘期和任职条件极其不满。清朝中国乡村地区的教师们也和他们一样，对于自己深受雇主限制、有损人格的奴性身份感到愤怒。[51]

半饥半饱清闲客，
无锁无枷自在囚。[52]

蒲松龄用这样的语言来描绘乡村教师的困境——或许在同类评论家中言词最为尖刻。蒲松龄完全有资格对此做出评论，因为他整个成年时期几乎都在山东的乡村学校教书。他的很多作品都有一个共同的主题，那就是老师的理论地位与实际社会地位之间的巨大差距。正如蒲松龄所言："人知为师之尊，不知为师之贱。"[53]

蒲松龄的白话文《学究自嘲》讲述了一位老师一年的心路历程：最初担心新

东家将如何对待他，对第一顿欢迎晚宴的质量感到高兴，对次日的粗茶淡饭感到失望，对居住地感到不适，因与家人分离感到孤独，对于雇主不愿向他支付之前承诺的四季节礼感到沮丧，以及年底因为知道不用再见到学生时感到解脱。[54]

在蒲松龄的戏剧《闹馆》中，一名身无分文的教师为了谋取教职背井离乡。他别无选择，只能接受一个吝啬东家提供的苛刻条件。他的伙食很粗疏，生活条件很简陋，薪水也会受到不利的折合率影响，他甚至要自己为课堂上使用的书写工具付钱。如果路途泥泞，他还要背孩子们去上学。在戏剧结尾时，这名教师因急于续聘，竟答应了更为荒唐的条件：

放了学饭不熟我把栏垫，到晚来我与你去把水担，家里忙看孩子带着烧火，牲口忙无了面我把磨研，扫天井抱柴火捎带拾粪，来了客摸桌子我把菜端。[55]

尽管大多数老师似乎都无可奈何地接受了这些不利的工作条件，但也有个别抗议行为，正如蒲松龄所记录的：

长山某，每延师，必以一年束金，合终岁之虚盈，计每日得如千数；又以师离斋、归斋之日，详记为籍；岁终，则公同按日而乘除之。马生馆其家，初见操珠盘来，得故甚骇；既而暗生一术，反嗔为喜，听其复算不少校。翁大悦，坚订来岁之约。马辞以故。遂荐一生乖谬者自代。及就馆，动辄诟骂，翁无奈，悉含忍之。岁抄，携珠盘至。生勃然忿极，姑听其算。翁又以途中日，尽归于西，生不受，拨珠归东。两争不决，操戈相向，两人破头烂额而赴公庭焉。[56]

根据这些轶事在清朝时期的流行程度来看，它们似乎反映出人们普遍意识到教师所遭受的剥削。亚瑟·亨·史密斯于19世纪晚期观看了《闹馆》的演出，发现这部戏剧很受欢迎[57]——吝啬雇主和受虐老师之间的对决是中国幽默小说的主要内容。以下一个典型例子摘自俞樾（1821—1907）编修的笑话集：

有人延师教其子，而馆餐殊菲，顿顿冬瓜而已。师语主人曰："君颇嗜冬瓜乎？"主人曰："然。其味固美，且有明目之功。"一日，主人至馆中，师凭楼窗眺望，若不见者。主人自后呼之，乃谢曰："适在此看都城演剧，遂失迎迓。"主人讶曰："都城演剧，此岂得见？"师曰："自吃君家冬瓜，目力颇胜。"[58]

欧洲掀起了一场解放教师这一职业并使之走向现代化的运动，而清朝乡村地区教师的工作环境却没有发生类似的变化。然而，对于一些评论家来说，很显然，只要注意不放弃自己的自主权或不自贬身价，那么这个老师就有可能免遭他人的虐待。"自己办书堂，不受任何特定家庭的影响"被视为是获得满意工作的最佳保证。因此，一位17世纪的小说家强调"保留自己拥有选择学生的权利"的重要性：

你只是自己开馆，不要叫人请去。若是自己开的书堂，人家要送学生来到，好的我便收他，不好的我委曲将言辞去。我要多教几人，就收一百个也没人拦阻得；我若要少教几人，就一个不收，也没人强我收得。师弟相处得好，来者我也不拒；师弟相处不来，去者我也不追。就是十个学生去了两个，也还有四双；即使去了八个，也还剩一对。我慢慢的再招，自然还有来学。

若是人家请去，教了一年，又不知他次年请与不请；傍年逼节被人家辞了回来，别家的馆已都预先请定了人，只得在家闲坐，就要坐食一年。

且是往人家去，又要与那东家相处。若是东家尊师重友，成了好好相知，全始全终，好合好散，这便叫是上等。若再得几个好率教的学生，不枉了父兄请师的好意，不负了先生教训的功劳，名曰师生，情同父子，这又是上上等。

若是那父兄村俗熏人，轻慢师友，相待不成相待，礼文不成礼文，只那学生都是英才，这也还可屈就，此是二等。

若是东家致敬尽礼，情文交至，学生却是顽皮。"生铁必难成金，化龙定是鳅鳝。"使了东家的学赀，不见教导的功劳。目下不见超凡，已为惶恐；后日堕为异类，寻源更是羞人；这是教劣等的学了。若是自己处馆，遇有这般劣货，好好的辞他回去，岂不妙哉？人家请去的门馆，撞见此等的冤家，还有甚么得说？你不捏了鼻子受他一年？[59]

结论：李海观的观点

　　临终前，谭孝移敦促他的儿子记住下面八字箴言："用心读书，亲近正人。"（第 12 回，第 130 页）这八字箴言成了这部小说的主题。作者在关键时刻反复强调，在本书最后几章被誉为"八字《小学》，《孝经》的缩影"（第 95 回，第 894 页）。作者之所以对这句格言的功效很有信心，是因为他坚信教育体制将会奖励真正有学问之人，并认可道德正直的重要性。

　　虽然李海观充分意识到社会上科目学习普遍只以科举为导向，并引起读者对腐败行为的关注，如考生和考官之间非法串通舞弊（第 68 回，第 655 页），但他在小说中所描绘的科举制度总体上是正面形象。《歧路灯》中出现的考官都材优干济、一丝不苟，包括博学且十分重视五经的督学（第 7 回，第 78—82 页）及其继任者——他只选择那些能证明自己具有扎实学问并在实际政务中表现出突出潜力的应试者（第 93 回，第 872—874 页）。兢兢业业的翰林院编修（他发现了娄潜斋儿子娄朴的才华，拔擢他为进士［第 102 回，第 951 页］），和此书最后几页中审查谭绍闻儿子作文的会试考官（第 108 回，第 1012 页），都认同这种对于高学术标准的奉献精神。

　　李海观的立场可以与他的同代人吴敬梓的立场相比较。吴敬梓在《儒林外史》一书中"着重肯定了正统儒家思想理想主义的一面"，并采取超然的态度，全盘拒绝传统的科举制度。[60] 相比之下，李海观提倡更乐观自信，更积极参与社会事务。李海观对于人类具有重生和自我改进的潜力有信心，这明显影响了他对个人生活的看法：小说结尾，谭绍闻从一个浪子变为一个顾家之人、战争英雄以及出色的地方官。李海观在作品中对科举制度的描绘也反映出他相信文化制度和政治制度能够引导意识形态、纠正社会偏差。《歧路灯》虽然被视为一本说教性强却仍具备可读性的学习指南，但它本身就是李海观改革目标的一个典范。

　　李海观对教师群体的描述在某种程度上受到他说教目的的影响，也就是说，他有兴趣向读者展示教师对学生道德发展和学术发展的影响。《歧路灯》一书中出现的老师的各种形象也反映出李海观对于周围社会现象的观察。[61] 此书呈现出这样一种迹象：对于侯冠玉人物形象的描绘能够反映出清代中国北方省份的教育实践状况。据几位时人所言，北方省份的教学水平普遍低于文化程度更为发达的江南地区。[62]《歧路灯》中有个角色宣称他已经尽可能努力为他弟弟争取最好的教育，他是这样说的："江南的举人，浙江的进士，拔贡，副榜，天下有名的好学问人，我都请过。那一年不费三二百金以外？"（第 68 回，第 654 页）由此可见，南方省份的教育特点是其较高的教学质量和相应较高的薪水。然而，由名师和名校组成的精英世界，与李海观小说中描写的偏远外省的教育场景相去甚远。实际上，它与许多学生的经历也大有不同。尽管《歧路灯》一书对于教育的介绍是有选择性且不完整的，但它依然是一份极具价值的文档：它通过生动的细节描绘了 18 世纪河南地区教育和社会之间的相互作用。

（杨靖译）

注释

1. 见宫崎市定《科举史》（*China's Examination Hell: The Civil Service Examinations of Imperial China*）（New Haven and London: Yale University Press, 1981），谢康伦译，各处；贾志扬《荆棘之门：宋代科举社会史》（*The Thorny Gates of Learning in Sung China: A Social History of Examinations*）（Cambridge: Cambridge University Press, 1985），第 169—181 页。
2. 见白亚仁《蒲松龄与清代科举制度》（*Pu Songling and the Qing Examination System*），载《晚期帝制中国》，1986 年 6 月第 1 期，第 87—111 页。
3. 见罗溥洛《早期现代中国的异议：〈儒林外史〉与清代的社会批判》；黄宗泰《吴敬梓》（*Wu Ching-tzu*, Boston: Twayne, 1978）。
4. 见 1927 年版栾星编《歧路灯研究资料》（河南：中州书画社，1982）（后文简称《研究资料》）中的冯友兰撰写的"前言"，第 109 页。
5. 《研究资料》，第 1—4 页。
6. 见刘青芝《〈李孔堂制义〉序》，收入《研究资料》，第 135 页。
7. 杨淮编《国朝中州诗抄》，收入《研究资料》，第 102 页。
8. 《研究资料》，第 27—29 页；栾星《李绿园家世生平再补》，载《明清小说研究》，1986 年第 3 期，第 258—260 页。
9. 科举考试中的"明经科"以帖经试士，即把经文贴去若干字，令应试者对答。后考生因帖经难记，乃总括经文编成歌诀，便于记诵应时，称"帖括"。后泛指科举文

章。——译注

10. 见《家训谆言》，收入《研究资料》，第141页。

11. 见《研究资料》里的《〈李孔堂制义〉序》，第135页。

12. 见郑燮《潍县署中与舍弟第五书》，收入《郑板桥集》（再版，香港：中华书局，1979），第19页；《潍县署中谕麟儿》，收入郑炳纯编《郑板桥外集》（太原：山西人民出版社，1987），第38页。参阅赵翼（1727—1814）对他父亲告诫的回忆，收入赵翼《檐曝杂记》（再版，北京：中华书局，1982）卷2，第22页。

13. 18世纪版本的《春秋》特别突出了程颐（1033—1107）在这方面的评论："诗书如药方，春秋如用药治病。……学《春秋》亦善。一句是一事，是非便见于此。此亦穷理之要。然他经岂不可以穷理？但他经论其义，《春秋》因其行事是非较著，故穷理为要。"见《纲领》，4a，收入《春秋四传》（再版，1726, Bodleian Library, Oxford）；《纲领》，31b，收入《钦定春秋传说汇纂》（1721, Bodleian Library, Oxford）。

14. 《研究资料》，第141—142页。

15. 《潍县署中与舍弟墨第二书》，收入《郑板桥集》，第19页。

16. 《研究资料》，第4—6、122—126页。

17. 《歧路灯·自序》，收入《研究资料》，第94页。

18. 李绿园《歧路灯》，栾星编（河南：中州书画社，1980），第90回，第850页。后文出自该小说的引文随文做注。（李绿园即李海观，绿园是其号。——译注）

19. 若想更全面地研究李绿园公开宣称的目的与其写作风格之间的差异，见张鸿魁《在长满荆棘的路上迈进——李绿园的保守思想对〈歧路灯〉语言的消极影响》，载《歧路灯论丛》，1984年第2期，第256—262页。

20. 见1780年《歧路灯》手稿的匿名前言，收入《研究资料》，第101页。

21. 见查尔斯·P. 里德利《清代的教育理论》（Theories of Education in the Ch'ing Period），载《晚期帝制中国》1977年12月第8期，第35—39页。

22. 陆世仪《思辨录辑要》，收入《四库全书珍本四集》卷2，9a—9b。

23. 参阅西周生《醒世姻缘传》（再版，上海：上海古籍出版社，1981）第35回，第510页。

24. 见《钦定大清会典事例》（1899年；再版，台北：台湾中文书局，1963）卷348，11b—12a。后文简称《会典事例》。

25. 《会典事例》卷348，1b。《礼记》和《春秋》（含评注）是五经中卷数最多的两本，而且很可能正是因为这个原因，应试者才避开了《礼记》和《春秋》。毫无疑问，其他因素也对应试者的选择有所影响。例如，《诗经》本就会吸引那些对诗歌特别感兴趣的人。

26. 顾炎武《拟题》，收入《日知录集释》（收入《四部备要》）卷 16，17b。
27. 《会典事例》卷 331，13b。
28. 戴名世《四家诗义合刻序》，收入《戴名世集》（北京：中华书局，1986）卷 2，第 35 页。其他类似评论，见叶梦珠（1624—1692）《阅世编》（上海：上海古籍出版社，1981）卷 4，第 85 页；戴震（1724—1777）《辑五王先生墓志铭》，收入《戴震集》（上海：上海古籍出版社，1980）卷 12，第 249—250 页。在相邻的屋子中，与其他应试者们友善勾结似乎并不罕见。例如，见《醒世姻缘传》第 37 回，第 540—550 页；第 38 回，第 557 页。路大荒编《蒲松龄集》（再版，上海：上海古籍出版社，1986），第 1492—1496 页。《歧路灯》第 102 回，第 950 页。
29. 《会典事例》卷 331，3b—15a。
30. 《会典事例》卷 331，8a—8b。
31. 钱大昕（1728—1804）《十驾斋养新录》（再版，上海：商务印书馆，1957）卷 18，第 431 页。
32. 见《研究资料》，第 142 页。
33. 见本杰明·A. 艾尔曼《从理学到朴学：中华帝国晚期思想与社会变化面面观》（*From Philosophy to Philology: Intellectual and Social Aspects of Change in Late Imperial China*）（Cambridge, Mass.: Harvard University Press, 1984），第 129—133 页。
34. 《郑板桥外集》，第 31—32 页。
35. 《醒世姻缘传》第 35 回，第 510—551 页。
36. 吴敬梓《儒林外史》（北京：作家出版社，1955）第 11 回，第 112 页。英译文取自杨宪益和戴乃迭翻译的《儒林外史》（*The Scholars*，北京：外文出版社，1957）第 11 回，第 173 页。我们在袁枚（1716—1798）的书信中发现了对于同一种论点所展现的更微妙的形式。袁枚本人并不推崇帖括，但他仍然强调掌握文章格式的重要性。他指出，在科举考试上取得成功是取得更大学术成就和永久声誉的先决条件。见《与俌之秀才第二书》，收入《小仓山房文集》（上海：上海古籍出版社，1988）卷 31，第 1860—1861 页。
37. 见汪廷珍《学约五则》，收入盛康编《皇朝经世文续编》（再版，台北：文海出版社，1972）卷 4，15a。
38. 《性理粹言录跋语》，收入《研究资料》，第 92 页。
39. 对于他们目光短浅和学识平庸的另一当代批评，见袁枚《答尹似村书》，收入《小仓山房文集》卷 19，第 1560—1561 页。
40. 《阅微草堂笔记》卷 2，第 34 页；卷 4，第 78 页；卷 15，第 362 页；卷 16，第 403 页。
41. 见《白光》，收入《鲁迅全集》（北京：人民文学出版社，1956）卷 1，第 124 页。

英译文取自杨宪益和戴乃迭翻译的《鲁迅全集》(The Complete Stories of Lu Xun)(Bloomington: Indiana University Press), 1981, 第 123 页。

42. 关于那句俗语，见王有光编《吴下谚联》（再版，北京：中华书局，1982）卷 2, 第 53 页。这一说法在 19 世纪后期依然盛行，见亚瑟·亨·史密斯《中国乡村生活》(Village Life in China)(New York: Fleming H. Revell, 1899), 第 74 页。关于教书是无前途之人的"避难所"，见安东尼·J. 拉·沃帕《普鲁士学校教师：职业和官员，1763—1848》(Prussian Schoolteachers: Profession and Office, 1763—1848)(Chapel Hill: University of North Carolina Press, 1980), 第 3 页。

43. 张仲礼《中国绅士的收入》(The Income of the Chinese Gentry)(Seattle: University of Washington Press, 1962), 第 101 页。

44. 亚瑟·亨·史密斯《中国乡村生活》，第 94 页。

45. 亚瑟·亨·史密斯《中国乡村生活》，第 74 页。

46. 罗友枝《清代中国的教育与大众识字率》，第 54—61 页。

47. 《醒世姻缘传》第 33 回，第 486 页。

48. 《儒林外史》第 36 回，第 353 页；第 46 回，第 453 页。

49. 《儒林外史》第 2 回，第 16—22 页。在 17 世纪的短篇小说集《鸳鸯针》（再版，沈阳：春风文艺出版社，1985）中，秀才徐鹏子也遇到了类似的困境（第 24—26 页）。

50. 拉·沃帕《普鲁士学校教师》，第 3 页。当然，在中国，教师的这种形象并非清朝独有的一种现象。正如吴百益所指出的，这种刻板印象在宋朝时期就已经形成了。见吴百益《宋代的儿童教育》(Education of Children in the Sung), 收入狄培理、贾志扬编《新儒学教育：形成阶段》，第 317—318 页。

51. 拉·沃帕《普鲁士学校教师》，第 88 页。

52. 见蒲松龄《学究自嘲》，收入《聊斋俚曲选》（济南：齐鲁书社，1980），第 9 页。同样的句子在一首名为《教馆诗》的诗中也出现了，这首诗收录于郑燮的《郑板桥集》（第 209 页）。然而，这种说法缺乏支持，而且在很大程度上遭到了质疑：见《郑板桥外集》，第 349—350 页；另见卞孝萱编《郑板桥全集》（济南：齐鲁书社，1985），此书删去了这首诗。

53. 见蒲松龄《学究自嘲》。除了本文所引用的蒲松龄的作品，另见杨海儒《聊斋遗文〈教书词〉〈辞馆歌〉〈先生论〉〈讨青蝇文〉》，载《文献》总第 31 期，1987 年第 1 期，第 81—85 页；以及杨海儒《蒲松龄遗文〈塾师四苦〉〈训蒙诀〉〈卷堂文〉》，载《文献》总第 38 期，1988 年第 4 期，第 59—63 页。城镇老师有时也会遭受类似的侮辱。例如，见佚名《都门竹枝词》（收入路工编《清代北京竹枝词》[再版，北京：北京古籍出版社，1982]）中一组论 19 世纪初北京教师命运的十首诗（第 43—44 页）。

54.《学究自嘲》，第 9—13 页。
55.《闹馆》，收入《聊斋俚曲选》，第 99 页。
56. 张友鹤编《聊斋志异会校会注会评本》(1962；再版，上海：上海古籍出版社，1978) 卷 17，第 1195—1196 页。
57. 亚瑟·亨·史密斯《中国乡村生活》，第 66—68 页。
58. 俞樾《一笑》，收入王利器编《历代笑话集》(上海：上海古籍出版社，1981)，第 574 页。
59.《醒世姻缘传》第 33 回，第 482—483 页。
60. 黄宗泰《吴敬梓》，第 77 页。
61. 应该补充第五位老师智周万，他在第 55 回至第 56 回内承担教学职责。他的教学风格和娄潜斋一样，且作为老师，他任期很短暂，故无须更深入讨论。
62. 例如，见《北卷》，收入《日知录集释》卷 17，16b—17a；《醒世姻缘传》第 35 回，第 511—512 页。

3

为教育而教育：曾国藩《家书》札记

刘广京（Kwang-Ching Liu）

曾国藩在中国近代史上的重要性众所周知。同样广为人知的是，他相信精英的智慧和道德所能产生的影响，即"一二贤且智者"在塑造一个时代的习俗和标准方面产生的影响。他的短文《原才》是当代中国台湾和香港学生的指定背诵读物，这篇短文证明了他对善良和知性主义的信仰，对道德教育和治国之道的信仰，以及对经典和文学作品的信仰。[1] 曾国藩强烈坚持北宋儒家刘彝（1017—1086）为三个方面——体、用、文——所确立的标准。[2] 曾国藩是一位伟大的儒家学者，对国家做出了杰出贡献。他的教育观念一定程度上是由他所处时代及其制度所决定的。曾国藩对青年教育和成年早期教育的看法源于他的学识、文学品味和儒家社会伦理，而他的整个职业生涯就是对儒家伦理的有力证明。

本文主要分析曾国藩的教育思想，特别是在他给兄弟和儿子的书信中展现出的教育思想。[3] 这些书信至关重要，它们不仅是19世纪一位重要的知识分子和政治家的记录，也是清末和民国时期具有广泛影响的作品。作为《曾氏文集》的一部分，曾国藩的家书和家训首次出版于1879年，后来又数次再版。曾国藩的生平编年史最初和其文集一同出版，由上海一家出版公司活字印刷，到1924年已经出了六版。《家书》（包括《家训》）有通行的版本，如1905年版和1943年版。《家书》的短篇节选出现在梁启超1927年编纂的《曾文正公嘉言钞》中，我们还可以读到 1935 年的版本。[4]

表 3-1 曾国藩的兄弟和儿子

兄弟	曾国藩，1811—1872 曾国潢，1820—1885（四弟，按照堂兄弟顺序排名） 曾国华，1822—1858（六弟） 曾国荃，1824—1890（九弟） 曾国葆（又名贞斡），1828—1863（幼弟）
儿子	曾纪泽，1839—1890 曾纪鸿，1848—1881

出处：《湘乡曾氏文献》（台北：学生书局，1965）第 1 卷，出版前言，第 10 页；《曾国藩家书》（长沙：岳麓书社，1985）第 2 卷，第 905 页；《曾国藩日记》（长沙：岳麓书社，1987）第 2 卷，第 832 页。

《曾国藩家书》的读者会发现，曾国藩非常关心和挂念家庭生活的细节，然而曾国藩对知识和文学的关注更为突出。本文探讨曾国藩的思想历程和其家族历史之间的关系，简要分析曾国藩写给四位兄弟（尤其是 1840—1851 年间）以及两个儿子（尤其是 1856—1866 年间）（见表 3-1）的书信。关于曾国藩及其家族的资料如此之多，本文只能作为初步研究。至于曾国藩对女儿教育的关注，会在别处讨论，本文只偶尔提及。[5]

翰林学士和他的兄弟们

曾国藩 30 岁之前的早年生活有两点引人注目，即他在科举考试上的成功以及他对家事的关注。1833 年，曾国藩通过院试，中了生员，而在前一年，他的父亲才考中生员。经过在长沙岳麓书院的短暂学习，曾国藩又于 1834 年通过乡试，中了举人。1838 年，他在北京通过会试，不仅高中进士，而且擢为翰林学士。曾国藩在湖南湘乡家中待了一段时间，于 1839 年年底回到北京参加考试，后来成为翰林院留馆庶吉士。[6]

现存的曾国藩日记始于 1839 年 2 月，反映了曾国藩一生对诗歌和书法的热爱，以及对家人和朋友的关怀。作为翰林院庶吉士，他在家里进一步练习八股文写作，并参与建造新祠堂的计划。他去湘乡县和其他地方看望他的亲戚，为新的族谱收集资料，并请亲戚借款资助自己回京。凭借翰林学士的身份，曾国藩处处受到欢迎，人们在很多问题上向他请教，例如土地购买、雇佣新佃户、如何打官司等。[7] 曾国藩最小的妹妹和尚在襁褓中的儿子于1839年死于天花。同年12月，曾国藩的妻子又生了一个儿子，即曾纪泽，但在同一天的晚些时候，曾国藩不得不离家前往北京。[8] 1840年5月，曾国藩通过翰林院考试，成为留馆庶吉士。他在城里找了一处宽敞的住所，然后派人去接他的家人，等着他的妻子、儿子、父亲和弟弟国荃在春节前和他团聚。1841年5月，他的父亲回到湖南。[9] 同时，曾国藩承担起对九弟国荃的教育责任。

曾国藩本人可能在早年就受到程朱理学的影响。19世纪30年代中期，他在湖南遇到两位朋友，刘蓉和郭嵩焘，他们两人后来在哲学上都推崇程朱理学。[10] 但直到1842年，曾国藩受到北京几位品格高尚的学者的影响，才开始认真思考新儒家的修身之道。其中一位是唐鉴，他原是湖南长沙善化县的官员，曾担任重要省级职位，在1846年退休回到湖南之前，曾在北京担任太常寺卿。曾国藩在日记中提到，1841年8月27日（农历七月十一），他购得一套《朱熹全集》；第二天，他读了几十页。他在8月30日的日记中描述了与唐鉴的会面：

先生自言生平最喜读《易》。又言为学只有三门，曰义理，曰考核，曰文章。考核之学，多求粗而遗精，管窥而蠡测。文章之学，非精于义理者不能至。经济之学，即在义理内。又问：经济宜何如审端致力？答曰：经济不外看史。[11]

唐鉴建议曾国藩阅读朱子全书，践行一种包括控制私欲在内的修身之道。曾国藩在日记中写道，听了唐鉴的话，他"昭然若发蒙"。

同年十月，曾国藩决心戒烟，同时坚持研读朱熹的修身之道。直到一年后，他才成功戒烟。他当时的日记显示，在吴廷栋（1793—1873）和倭仁（死于1871年）的影响下，他变得更善内省，更具批判性。吴廷栋以其新儒家造诣而闻名，是曾国藩的朋友。倭仁也备受尊崇，是曾国藩的上司。[12] 倭仁在翰林院的职业生涯十分辉煌。他曾担任会试考官，并在1844年担任大理寺卿。倭仁因其堪称典范的生活方式而特别受人尊敬。他教曾国藩写日课，以此作为一种自我批评的手段，从而达到培养道德修养的目的。曾国藩开始批评自己的习惯和言语，甚至还把自己的日课交给倭仁批阅，倭仁则在上方空白处写上简要的评论。倭仁也会把自己的日课给曾国藩看。曾国藩曾在自己的日记中提到，他无比敬佩倭仁流露出的满满的孝悌之情。[13] 曾国藩坚持一个道德目标，即立志。他为自己定下这样一些规则：早起，阅读经典或历史，练习书法，待人谦和真诚。[14] 曾国藩并未达到自己的所有目标。他尝试静坐，却发现自己很累并且睡着了。他试图接受这样一种观点，即原则或态度比实际所获更为重要，而正如他所承认的那样，他无法抑制对实际得失和对个人名誉地位的担忧。曾国藩喜欢在文学圈和官僚圈中表现自己。他深谙社交生活中的礼尚往来和逢迎之道，似乎从未在原则和欲望之间苦苦挣扎过，也似乎从未抑制过自己的欲望。[15] 然而，他批评自己虚伪这一事实，表明他的自身修养已经部分实现了程朱的目标。曾国藩可能从来就不是一个成功的神秘主义者，但他能够以一种坚定的信念来肯定他成长过程中所遵循的礼仪和伦理，而他在翰林院的官职也进一步使这些礼仪和伦理变得神圣起来。此外，他仍然十分重视优秀的文学作品，并严肃对待儒家教育的目标。[16]

在1841年至1842年一年多的时间里，他开始辅导他有时称为"九弟"的弟弟曾国荃。直到1842年9月，曾国荃和哥哥曾国藩一直住在北京。曾国荃那年十八岁，在湘乡家中已经接受了很多学校教育。曾国藩教他一些从《二十四家时文》和《制义存真集》等文集中选出的诗词歌赋以及八股文范文，还要求国荃温习《诗经》《礼记》和《周礼》。在历史方面，除了《汉书》（西汉史）和《后汉书》（东汉史）之外，曾国藩还教他《纲鉴易知录》——一本简化版的《资治通鉴》。另外，曾国藩还教他《斯文精华》，这是一本古体诗词和散文选集，涵盖杜甫、韩愈和苏轼的作品。[17] 每天早晨，曾国藩都会从这些著作中选出几页，给他的弟弟学习，最主要的目标就是训练他写八股文的能力（亦见本书第5篇盖博坚一文）。曾国藩通常会指定一个题目——四书中的某个词句，令曾国荃作文，亲自修改他的文章，只偶尔会表扬他。[18]

曾国藩对曾国荃的教导并不完全成功。据曾国藩说，在曾国荃和他一起住在北京期间，似乎只在书法这方面有点进步。曾国荃常常生闷气，与仆人们争吵，并表示想回湖南。曾国藩最终同意放他回家，并向在湖南家里的其他兄弟们承认：在五伦中，自己没有尽到作为兄长的责任。"盖父亲以其所知者，尽以教我，而吾不能以吾所知者，尽教诸弟，是不孝之大者也！"[19]

在表达歉意的同时，曾国藩也是在说教。他在湖南的四个兄弟，包括曾国荃，都在准备科举考试——曾国藩鼓励他们这样做。但从1842年10月开始，在他写给他们的信中出现了一个新的主题：学习的价值本身就是目的，而不仅仅是在考试中取得成功的手段。几乎与此同时，他自己也非常努力地进行程朱式的修身。

曾国藩和他的兄弟们分享了他的新认识，即一个人应该为自己的人生确立一个目标（"立志"），并且应该培养洞察力（"识"）以及恒心和毅力（"恒"）。而且，履行孝悌责任是一个人应该考虑的重中之重。作为大哥，他特别对曾国荃说："不可读选本以汩没性灵（只读应试文章选集会使一个人的内心感到窒息）。"

曾国藩多次写信给他的兄弟们，说学习有两个目的：一是增进道德（"进德"），二是为职业做准备（"修业"）。当然，科举考试是通向职业的一种途径，但它并不是唯一的道路。学者可以通过仕途保障生计，也可以在当地教书或者或当官员的食客和幕僚（"传食之客，入幕之宾"）。[20]仕途当是首选，但能否通过科举考试是由上天决定的。一个人能指望的是他所付出的努力和他所获得的技能。如果上天有意，这样的能力和技能将使一个人获得地位。如果无意，这样的训练仍将使一个人能够谋生。

农果力耕，虽有饥馑必有丰年；商果积货，虽有壅滞必有通时；士果能精其业，安见其终不得科名哉？即终不得科名，又岂无他途可以求食者哉？然则特患业之不精耳。[21]

学者如何才可以达到精通呢？1842年，曾国藩给他的兄弟们的建议是集中精力（"专"，即"专攻"），一次只做一件事。以曾国荃为例，他对"习字"（书法）很感兴趣，就应该特别注重书法，但也不能放弃其他方面的学习。在专注于书法时，他可能"随时随事，皆可触悟"。对经典感兴趣的人应该专门研究一部经典。如果一个人对"制义"（写八股文）特别感兴趣，他就应该去读同一个作者写的这类文章；如果一个人对古文感兴趣，他就应该阅读同一个古文作者的作品集。曾国藩要求他的兄弟们写信谈谈各自的特殊志趣，并把他们写的文章寄给他。[22] 曾国藩写给兄弟们的信，都是写给所有在湘乡家中的兄弟们的——以上面引用的书信为例，是写给他们四个人的。曾国藩在这封日期为道光二十二年九月十八日（1842 年 10 月 21 日）的信中写道，此后他将在统一的信纸上书写，以便这些信件最终能整齐地装订成册。

曾国藩也很关心他的兄弟们所受到的教导，以及他们结交的朋友。他们的父亲曾麟书（1790—1857）在 19 世纪 40 年代一直在辅导他的儿子们，但不应该寻求其他老师的帮助吗？难道兄弟中的一个或几个不应该去衡阳或长沙城里上学，或者同时找一份教师的工作吗？当这些问题被提出时，曾国藩会提供建议和帮助，但他也会提出每个兄弟的人生目标问题。他会提醒他的兄弟们，比如在衡阳，他们很可能会遇到有不良习气的朋友，这会对他们产生不好的影响。总之，一个人无论身在何处，重要的是他的使命感。曾国藩以孟子和宋代新儒家为例，阐述了广泛关注人文的重要性，以及将成圣（sagehood）与服务国家相结合——这是君子的崇高目标——的重要性。每个人都应该以让自己的父母幸福为目标，并将道德影响传递到每个团体之中。[23] 六弟曾国华在最近的县试中失利，特别提到自己的不满情绪，曾国藩敦促曾国华反省：你应该在下一次尝试之前提高自己，这样你才真正是有价值的。曾国藩强调，科举考试制度的道德目标是：

朝廷以制艺取士，亦谓其能代圣贤立言，必能明圣贤之理，行圣贤之行，可以居官莅民、整躬率物也。若以明德、新民为分外事，则虽能文能诗，而于修己治人之道实茫然不讲，朝廷用此等人做官，与用牧猪奴做官何以异哉？[24]

虽然曾国藩为科举考试制度辩护，但他还是觉得八股文作为一种修身手段的作用是有限的。他建议他的兄弟们注意，最重要的是孝道和兄弟之间的尊重：

绝大学问即在家庭日用之间。于孝悌两字上尽一分便是一分学，尽十分便是十分学。今人读书皆为科名起见，于孝悌伦纪之大，反似与书不相关。殊不知书上所载的，作文时所代圣贤说的，无非要明白这个道理。[25]

同样，虽然曾国藩为科举考试制度辩护，但他告诉他的兄弟们，从道德修养的角度来看，古文比八股文更有价值。曾国华年逾二十，仍孜孜以求于科举。1844年，曾国藩建议他应把钻研范围从八股文扩展到古文作家：

> 吾谓六弟今年入泮固妙，万一不入，则当尽弃前功，壹志从事于先辈大家之文。年过二十，不为少矣。若再扶墙摩壁，役役于考卷截搭小题之中，将来时过而业仍不精，必有悔恨于失计者，不可不早图也。[26]

从曾国藩19世纪40年代中期的书信中可以看出，他越来越把学习经典和历史、撰写文章和诗歌本身作为目的。他认为，研读经典最重要的是寻求道德真理，而不是简单地根据评注解释每一段文章。他认为，在读下一段落之前，必须设法理解经典著作中每一段的意思：

> 穷经必专一经，不可泛骛。读经以研寻义理为本，考据名物为末。读经有一耐字诀。一句不通，不看下句；今日不通，明日再读；今年不精，明年再读。此所谓耐也。[27]

就历史而言，其秘诀在于专注于一个时期或一个王朝的历史，并沉浸在所研究的那个时代的具体人类处境中：

> 读史之法，莫妙于设身处地。每看一处，如我便与当时之人酬酢笑语于其间。不必人人皆能记也，但记一人，则恍如接其人；不必事事皆能记也，但记一事，则恍如亲其事。[28]

除了经典和历史，研究哲人和文学家也很重要。在这一点上，一个人仍然必须有所专攻，专注于一个作者，不应该东翻西阅："如读《昌黎集》，则目之所见，耳之所闻，无非昌黎，以为天地间，除《昌黎集》而外，更无别书也。此一集未读完，断断不换他集。"[29]

从1843年开始的八年时间里，曾国藩在京官圈里非常成功。1843年，曾国藩在内阁任职，并代理翰林院侍读；同时兼任翰林院检讨，并于同年秋天作为乡试考官前往四川。[30] 1844年，曾国藩参加经筵，被正式任命为翰林院侍读。1845年，曾国藩升詹事府右春坊右庶子，并担任起居注馆日讲起居注官。1847年，他获得超擢，升任内阁学士加礼部侍郎衔。1849年，他被任命为礼部右侍郎，同时兼任兵部左侍郎。同时，按照精心安排的日程，他继续每天阅读经典、历史和文学作品。然而，那种自我反省和自我批评的语气几乎从他的日记中消失了。他似乎已然从对知识和道德的追求中获得了更大的自信和平静。

1844年，曾国藩在给兄弟们的信中说，他对自己在诗文方面的造诣很有信心，遗憾的是，"恨当世无韩愈、王安石一流人与我相质证耳"[31]。他寄给他的兄弟们一份"五箴"，这是他于1844年年初所写的，倡导程朱的修身之道——立志、居敬、主静、谨言、有恒。[32] 但他没有详细阐释这些问题，相反，他只是建议兄弟们更广泛地阅读，遵守礼制规定。

与他早先关于需要专攻的建议明显矛盾的是，曾国藩反复强调，广泛阅读不会有害，只会有助于提高一个人写八股文的能力。他还反复说，一个人能否通过考试，要由上天来决定。[33] 然而，一个人可以通过扩充知识和提高写作技能来帮助自己，不然，"则年岁日长，科名无成，学问亦无一字可靠，将来求为塾师而不可得。或经或史或诗集文集，每日总宜看二十页"[34]。

曾国藩经常会谈到考试中的"天意"这个话题。但他也认为，有时那些文章"极好"的人也会及时得到官方认可。他认为自己就属于非常幸运被选中的例子。[35] 或许，曾国藩的信念中有一种加尔文主义的伦理元素："科名者，食禄之阶也，亦须计吾所业，将来不至尸位素餐，而后得科名而无愧。食之得不得，穷通由天作主，予夺由人作主；业之精不精，则由我作主。然吾未见业果精，而终不得食者也。"[36] 命运是天定的，但课业之精一定有目共睹。曾国藩要求他的兄弟们向他汇报每个月写了多少篇文章和诗歌，并要求他们把自己的作品寄给他，以便他能够在北京找一个好的老师检查。[37]

曾国藩一直向他的兄弟们报告他在学问上最新的想法。1844年10月下旬，曾国藩让家人给他的湖南老朋友刘蓉寄了一封信，信中表达了自己对当时学术和文学倾向的立场。曾国藩要求他的兄弟们抄录并研读这封信。[38] 在文学方面，曾国藩承认他追随姚鼐（1732—1815）的脚步，偏爱司马迁和韩愈这样的散文家，以及杜甫和苏轼这样的诗人。和姚鼐一样，曾国藩相信自我修养的重要性，但他也认为文学修养是自我修养的一部分——人们需要理解古代圣贤的书面语言，以更加理解他们的意思。曾国藩希望通过理解和捕捉古代文学遗作中语气、节奏和押韵的微妙之处，将宋学和汉学的精髓结合起来。他坚持每篇作品的文学质量和道德内容的统一，以及作品和作者生活中的行为举止的统一。他强调文学甚于哲学，并宣称他"于诸儒崇道贬文之说，尤不敢雷同而苟随"。实际上，无论过去还是现在，文学都是道义的载体（"文以载道"）：

周濂溪氏（1017—1073）称文以载道，而以虚车讥俗儒。夫虚车诚不可，无车又可以行远乎？孔孟没而道至今存者，赖有此行远之车也。吾辈今日苟有所见而欲为行远之计，又可不早具坚车乎哉？[39]

曾国藩认为，在经典和历史中所体现的并为韩愈等唐代作家所传承的古文风格，无疑是优秀的。尽管他早期建议兄弟们只阅读一位作家的作品，但在1845年，我们发现曾国藩给他的兄弟们寄去了大量选集的复印本，其中包括《子史精华》《汉魏百三家》和姚鼐主编的《古文辞类纂》。[40]

曾国藩在写给兄弟们的信中，不仅关心他们的文学修养，也关心家庭事务。他希望他的兄弟们和弟妹们认真遵守礼制和行为准则。[41] 他们一定要早起，要勤奋，总的来说要做到"敬"。曾国藩强烈推荐陈宏谋的《五种遗规》作为兄弟们的必读书，尤其建议将在1847年接替父亲掌管家事的四弟曾国潢阅读（亦见本书第12篇罗威廉一文）。曾国藩给曾国潢写信说：

现在我不在家，一切望四弟作主。兄弟不和，四弟之罪也；妯娌不睦，四弟之罪也；后辈骄恣不法，四弟之罪也。我有三事奉劝四弟：一曰勤，二曰早起，三日看《五种遗规》。四弟能信此三语，便是爱兄敬兄；若不信此三语，便是弁髦老兄。[42]

1845 年，曾国潢、曾国华、曾国荃和曾国葆四兄弟都通过了县试。在这次考试中，曾国荃获得第三名，其他三兄弟都进入了前二十名。但接下来的府试就困难多了。1846 年，曾国华和曾国潢先后前往北京，捐了监生。1847 年，九弟曾国荃通过府试，进了县学；在接下来的一年里，他通过更高级别的考试，成为廪生。1849 年，最小的弟弟曾国葆通过了府试。兄弟们都长大了——最小的曾国葆也已 21 岁。这时，曾国藩写给兄弟们的信不再强调学习，而是更多地探讨家族关系、年轻一代的婚姻计划以及合适的礼仪和家规等问题。[43] 除了《五种遗规》，他还推荐吕坤的《呻吟语》，因为这本书对处理家庭事务给出了宝贵建议。1849 年，曾国藩将阮元的《皇清经解》的抄本寄给他的兄弟们，毫无疑问，这反映出他对经典著作中的文章注释越来越感兴趣。曾国藩写信对他们说，他们最好能稍加涉猎这本书。[44]

曾国藩在朝廷升任要职。1850 年，他升任工部左侍郎，同时兼任兵部左侍郎。1851 年，他担任刑部右侍郎。1852 年初，又担任吏部左侍郎。在任职期间，他设法找时间编纂了一本从曹植到陆游的 18 位诗人的选集。[45] 他还开始编写一部与经济治国有关的制度纲要，作为秦蕙田（1702—1764）《五礼通考》的补充，但未能完成。[46]

熟读秦蕙田的著作后，曾国藩认识到礼制在联结国家与家庭、道德志向和切身实践中所起的重要作用。1851 年，他最小的弟弟曾国葆写信说自己有志于道义身心之学，这让曾国藩很高兴。[47] 弟弟立志要成为圣贤，曾国藩对此称赞有加，为达到这一目标，他指定弟弟阅读两部特别强调礼制和伦理的著作，即朱熹的《小学》和陈宏谋的《五种遗规》。在曾国藩看来，作为圣人的一项要求就是内化适当的礼仪和行为准则。尽管他早期建议他的兄弟们应该广泛阅读，但他这时建议他们专注于礼制方面的著述：

季弟有志于道义身心之学，余阅其书，不胜欣喜。凡人无不可为圣贤，绝不系乎读书之多寡。吾弟诚有志于此，须熟读《小学》及《五种遗规》二书。此外各书能读固佳，不读亦初无所损。可以为天地之完人，可以为父母之肖子，不必因读书而后有所加于毫末也。匪但四六古诗可以不看，即古文为吾弟所愿学者，而不看亦自无妨。但守《小学》《遗规》二书，行一句算一句，行十句算十句，贤于记诵词章之学万万矣。[48]

政治家、将领和他的儿子们

为了使兄弟们在考试中取得更大的成绩，曾国藩努力教育他们，但是结果并未达到预期。年龄稍长的大弟曾国潢和二弟曾国华，可以夸耀的只有捐来的监生资格。尤其是曾国华，在府试屡遭失败后，心情格外忧郁。年龄较小的三弟曾国荃和四弟曾国葆，的确都通过了府试，获得了生员资格，但他们也一直不得志，直到太平天国运动给曾氏家族带来了新的机会。众所周知，1852年，曾国藩没有踏上去往江西（任乡试考官）的行程，转而回家奔母丧，结果发现湖南省会长沙正遭受太平军的威胁。在他们的家乡湘乡，他的兄弟们那时都在习武，并一度参与组织当地民防，至少在1852年至1853年间持续数月。曾国藩本人，在湖广总督张亮基的支持和清政府的授权下，成为在对抗反叛军的战争中扭转局势的新清军的主要组织者。曾国藩的三个兄弟——曾国荃、曾国华和曾国葆——加入了这场战争：曾国华和曾国葆在战争结束前牺牲；而1864年，在曾国藩的亲自指挥下，曾国荃率领军队进军南京。[49]

曾氏兄弟抵抗19世纪中期太平军的故事仍有待深入研究，曾氏家族作为地方士绅的角色也值得进一步研究。从19世纪40年代中期开始，曾国藩就在信中一再要求他的父亲、叔父和兄弟们要照章纳税，不要干涉官司和其他地方事务。1851年，曾国藩的父亲与当地官员谈判，要求在本县大部分地区实行公平的税率，这显然损害了衙役和听差的利益。同年晚些时候，曾国藩自己也试图影响官僚组织的"上层"，以延长一位州府级地方官员的任期。有证据表明，曾国藩在成为军事领导人之后，很长一段时间仍热心于家乡事务——这个经历也有待进一步研究。以下几页对曾国藩战争岁月的叙述聚焦于他持之以恒的学术兴趣和对儿子们的严格要求，这些都体现在他与儿子们的定期通信中。

由于曾国藩在 1845 年至 1858 年间的日记没有被完整地保存下来，我们很难准确追踪到他在这段时期对学问和教育的看法变化。1844 年 10 月，曾国藩写下著名的《致刘蓉书》，反对那些崇道贬文的程朱派学者，由此可见他对文学的看法有了进一步发展。他开始怀着极大的钦佩之情阅读王念孙（1744—1832）等人的文献研究。他甚至亲自动手对《易经》《诗经》《史记》和《汉书》等文献进行考证，但这类研究未能持久。[50] 尽管曾国藩对清朝考据之学并非毫无保留，但他还是极为推崇汉学，认为后者和程朱道德观念都有助于维护纲常礼制——为此他愿意付出生命。

曾国藩在 19 世纪 40 年代末期的文章表明，他对那些从事"破碎（饾饤）之学"的考据学者持批评态度，其中一些学者曾倾向于废除程朱的形而上学体系。就像他的朋友刘传莹一样，曾国藩一直都很尊重程朱的内省之道，以及程朱对道德行为和自我修养的强调。1848 年，刘传莹去世，曾国藩写了几篇文章来纪念他。曾国藩也尊重考据之学，他不仅将其本身作为一门学科，还将其作为确认古代礼制正确性的一种方式，而古代礼制正是道德生活的源泉——尽管在清朝中期实践的汉学是残缺不全的，但它有助于阐明对"伦常日用"至关重要的礼仪实践。曾国藩完全同意刘传莹的说法，即"礼非考据不明，学非心得不成"[51]（心得，字面意思是"内心获得了什么"）。基于对考据和道德学习的双重强调，曾国藩本人又增添了对优秀文学的关注。在征战期间，曾国藩的生活艰苦而又危险，然而他总能坚持每天的阅读计划，包括熟悉的经典、历史著作、散文和诗歌，尤其是古文。[52] 曾国藩所奉持的信仰体系和他的文学品味，都反映在他与儿子曾纪泽的定期通信中，其时曾纪泽陪伴母亲住在湘乡家中。

曾纪泽于 1844 年他 5 岁时开始上学，当时他的父母住在北京。[53] 到 1856 年曾国藩开始与他定期通信时，曾纪泽 17 岁，已经学习了基本的经典和历史，包括《史记》。曾国藩写给儿子们的信——一些信也是写给他的二儿子的，即出生于 1848 年的曾纪鸿——与写给兄弟们的信基本上是相同的：一个人必须品德高尚，为善从履行家庭义务开始，始终要勤俭节约。一个人必须早起，努力工作。一个人一定要努力读书，获取知识，努力考取官职为国家服务。他在 1856 年 10 月的一封信中写道："凡富贵功名，皆有命定，半由人力，半由天事。惟学作圣贤，全由自己做主，不与天命相干涉。"[54]

当时，曾纪泽即将迎娶贺长龄的女儿。贺长龄也是湖南人，曾任江苏省布政使。曾国藩于10月30日写信给曾纪泽，说他希望新妇亲自下厨，并练习纺纱和织布。就像他会要求儿子们把作文寄来给他检查一样，他希望儿媳妇和女儿们每年都给他寄一双布鞋和她们自己做的衣服袜子。[55]

那时曾纪泽刚刚读过《史记》，1857年初，他正在读《汉书》。曾国藩很高兴，因为曾纪泽似乎很喜欢读《汉书》，但他写信告诉曾纪泽，要想正确地读《汉书》，必先精通小学和训诂。曾国藩要求曾纪泽先熟悉段玉裁的《说文解字注》和阮元的《经籍籑诂》，尤其是王念孙的《读书杂志》。要理解古文——《汉书》就是古文佳例——还应该读《文选》和姚鼐的《古文辞类纂》。[56] 曾国藩为曾纪泽制定的大纲如下：

诵读的作品：
　　四书
　　《诗经》
　　《尚书》
　　《易经》
　　《左传》
　　《昭明文选》
　　　李白，杜甫，韩愈和苏轼诗
　　　韩愈，欧阳修，曾巩和王安石文
要看的作品——仅举例：
　　《史记》
　　《汉书》
　　韩愈的散文
　　《近思录》
　　《周易折中》[57]

这只是部分教学大纲，因为曾国藩想让曾纪泽和他的老师一起阅读全部十三经。此外，曾纪泽还应研读庄子和孙子等人的著作，并熟悉以下参考著作和选集：

《通典》，杜佑编
《说文》，许慎编
《方舆纪要》，顾祖禹编
《古文辞类纂》
《十八家诗钞》，曾国藩编[58]

对于那些需要大声诵读的作品，曾国藩特别希望曾纪泽能采取一种谦逊的态度，沉浸在作品中，虚心涵泳。在朗读时，应当知晓声调总是富有音乐性的（"声调皆极铿锵"），因为古代的诗人总是努力把音调编排得恰到好处，比如一位古代诗人写道：

新诗改罢自长吟

又写道：

煅诗未就且长吟[59]

曾国藩劝告曾纪泽不仅要经常练习书法，而且要尝试各种风格的作文——以从四书中选出的话题为主题的八股文（"四书文"），还有科举考试所要求的那种诗文形式（"试贴诗"），包括律赋，古今风格的诗歌，古文和骈体文。[60]

尽管曾国藩计划在曾纪泽24岁（根据中国计算年龄的方法）之前不让他参加科举考试（见注释53），但1858年，他鼓励只有20岁（根据同一种计算年龄的方法）的曾纪泽参加在长沙举行的乡试。由于父亲身居高位，曾纪泽取得了荫生的资格，这意味着他没有必要参加地方性的小考。曾国藩告诉曾纪泽，他能不能通过都没有关系。曾纪泽没有通过考试，后来，他写信给父亲，问自己是否可以把八股文的练习放在一边。曾国藩起初勉强同意，但他告诉曾纪泽要专注于赋这种文体，因为这种文体"可以道古，可以适今"（既能把人带入古代，又能适应当代）。他从文选和清代赋作者的作品中挑选了一些让曾纪泽学习。[61] 然而，曾纪泽的老师和至少一位叔父敦促他继续练习科举文章，对此曾国藩也表示赞同。1859 年 1 月，曾国藩给曾纪泽写信，要求他每月通过军队信使寄呈三篇八股文。[62] 众所周知，曾纪泽的老师在八股文方面是行家。曾国藩还延请他手下一位很出色的散文家李元度为曾纪泽润饰文章。

尽管获得了这些帮助，曾纪泽还是缺乏热情。曾国藩对曾纪泽的八股文大感失望。但无论如何，他尽力避开这个话题，相反，给曾纪泽写信往往以书法（曾纪泽的书法技能常常得到称赞）、经典学习和汉赋之美等为主题。[63] 在 1860 年 3 月写信给曾纪泽时，曾国藩态度进一步和缓。他说，也许拼命去做八股文并没有太大意义。于是曾国藩不再要求曾纪泽每月写三篇八股文，只要求写一篇，再加上一篇赋和一篇古文。[64] 曾国藩认为儿子是有天赋的，但在作文上的天赋略低。1861 年 2 月，曾国藩给曾纪泽写信：

尔看书天分甚高，作字天分甚高，作诗文天分略低，若在十五六岁时教导得法，亦当不止于此。今年已廿三岁，全靠尔自己扎挣发愤，父兄师长不能为力。作诗文是尔之所短，即宜从短处痛下工夫。[65]

曾纪泽仍然对八股文很反感，并表示无意再参加科举考试。然而，他并不是无所事事。他一直在阅读古文，并在给父亲的信中询问关于古文和经典文本研究的问题，表现出真正的兴趣。[66] 在此期间，曾国藩经历了严重的军事危机，于是对曾纪泽表现出更多的理解，并接纳了他的新兴趣。

在此我们有必要稍作停顿，将焦点转回曾国藩自己对知识的关注。他似乎过着不止一种生活。作为对抗太平军的主力军将领，他在艰苦和危险的工作中，仍抽空读书和写作，以阐释自己的思想和信仰，同时与家人和朋友保持密切的通信。他似乎有一种冲动，要重新确认自己的信仰。1858 年至 1859 年冬，太平军在安徽三和的胜利制造了一场危机，余波尚未平息，曾国藩列出 32 位圣贤的名单,并要曾纪泽去找他们的画像制作一本相册,另还收入曾国藩的一篇文章。这32位备受敬仰的人物是从整个中国历史中选取的。[67]

表 3-2　32 位圣哲及其选择依据

选择依据	32 位圣哲
因为他们的贤明和对道的倡导	文帝,周公,孔子,孟子
因为他们在史学和文学上的卓越成就	左丘明,庄子,司马迁,班固
因为治国之道	诸葛亮,陆贽,范仲淹,司马光
因为儒家哲学	周敦颐,张载,程颐,朱熹
因为他们在散文上的成就	韩愈,柳宗元,欧阳修,曾巩
因为他们的诗歌	李白,杜甫,苏东坡,黄庭坚
因为语言学	许慎,郑康成
因为有关礼仪和制度的学术成就	杜佑,马端临,顾炎武,秦蕙田
因为文学和文本批评	姚鼐,王念孙

1859年,曾国藩花费三天时间写下一篇名为《圣哲画像记》的文章。在文中他解释了选择这32位人物时所依据的类别,表3-2列出了选择依据。[68] 曾国藩承认,宋朝的新儒家哲学家,包括朱熹,都是孔子和孟子的继承者。[69] 然而,他希望确认,礼(礼仪和制度)的研究是古代以来的主要发展,自唐朝杜佑的《通典》出现以来,这种研究在学术著作中得到加强。在这些言论中,曾国藩第一次提出了他对礼学的理解。他宣称,自古代圣贤经宋代哲人至于清代学者,这一学术传统一以贯之。这种延续性事实上也是清代儒学的最大贡献:

我朝学者,以顾亭林为宗。国史《儒林传》裒然冠首。吾读其书,言及礼俗教化,则毅然有守先待后、舍我其谁之志,何其壮也! 厥后张蒿庵作《中庸论》,及江慎修、戴东原辈,尤以礼为先务。而秦尚书蕙田,遂纂《五礼通考》,举天下古今幽明万事,而一经之以礼,可谓体大而思精矣。[70]

秦蕙田无疑是杰出的,但曾国藩也称赞了姚鼐和王念孙,尽管他们在礼仪和制度方面的学问未必是完美的("不纯")。曾国藩认为姚鼐在文学遗产上具有最开阔的视野。他认为姚鼐启发了学习文学的学生，包括他自己。王念孙在小学和训诂上无人能敌，他对人们理解经典起着重要作用。这两人都值得被称为圣贤。[71]

在1859年至1860年间，曾国藩把每天用来阅读和写作的大部分时间都花在了准备一本新的选集，即《经史百家杂钞》上。[72]毫无疑问，这不仅仅是为了儿子的教育，更是为了自我满足。他在这本书的序言中解释说，虽然他的选集所使用的分类与姚鼐的《古文辞类纂》只是略有不同，然而两书存在实质性的区别。在每一类古文风格中，曾国藩都摘录了经典和历史作品。虽然姚鼐《古文辞类纂》的确在"奏议"和"诏令"类中收入了《汉书》节选，但姚鼐似乎将他择取的材料与历史学家本人的作品割裂了开来。[73] 1861年，曾国藩又从他的选集中选录了48篇，题为《经史百家简编》。他和兄弟曾国荃参照清代古文知识又检查了一遍这些文本。这部篇幅较短的选集是为了给其家族中的子侄们阅读的。[74]

《圣哲画像记》和《经史百家杂钞》是为了激发儒学和桐城派古文风格的复兴。[75]然而，它们对曾国藩儿子们的直接影响是无法估量的。曾国藩仍然要求曾纪泽准备科举考试。虽然曾纪泽不赞同八股文，但他对经典的评论很感兴趣，尤其是王引之的《经义述闻》。然而，1859年4月，他的父亲建议他不要再读这本书，因为曾纪泽并不了解经典文本本身，只是貌似很钦佩王引之的考据研究：

前信教尔暂不必看《经义述闻》，今尔此信言业看三本，如看得有些滋味，即一直看下去。不为或作或辍，亦是好事。惟《周礼》《仪礼》《大戴礼》《公》《穀》《尔雅》《国语》《太岁考》等卷，尔向来未读过正文者，则王氏《述闻》，亦暂可不观也。[76]

虽然曾国藩继续鼓励曾纪泽在八股文上下功夫，但他似乎对曾纪泽最近觉醒的学术兴趣感到高兴。他建议曾纪泽坚持写读书笔记（札记），尤其是在读四书、五经，和曾国藩自己最喜欢的八种作品时：

《史记》

《汉书》

《庄子》

韩愈文

《资治通鉴》

《文选》

《古文辞类纂》

《十八家诗钞》[77]

　　他还建议曾纪泽把读过的书中的优美词句分类整理为一个列表，包括他读过的《说文》和《经义述闻》。曾国藩说，这样一个索引列表将会很有用，不仅对写八股文有用，而且是"学问之捷径"。[78] 很显然，曾国藩想引导曾纪泽在不完全放弃对语言学和文本研究的兴趣的情况下，进一步努力钻研科举考试文章。

　　曾纪泽却始终对科举考试不感兴趣。曾国藩除了接纳他的兴趣——除了就《尚书》（其中以孙星衍的著作为佳）和《左传》（其中以顾炎武、惠栋和王引之的作品为佳）与他讨论清代学问之外，没有别的办法。在阮元对五经的注释和评论中，曾国藩认为他对三部有关礼制的经典的评注最好，对《诗经》的评注次之，对其他经典的评注的质量则参差不齐。[79] 曾纪泽的第一任妻子于1857年死于分娩，1859年曾纪泽再次结婚，这年他20岁（新娘是曾国藩老友刘蓉的女儿）。[80] 除了对日常家庭生活的建议外，曾国藩劝告曾纪泽多读《文选》。从段玉裁和王念孙的研究中，曾国藩发现，唐宋作家错用的文字在古代经典和文选中始终被正确使用。这促使他在1860年编著的《经史百家杂钞》中选录了一些经典的内容。曾国藩很高兴曾纪泽把赋这种文体的作文寄给他，但曾纪泽只是为了满足父亲对他的期许。[81] 在父亲的一再催促下，他确实在1861年10月做出了一本分类汇编大纲，但这不是一个索引。曾纪泽把他的大纲命名为"说文分韵解字范例"，此时他已然成为一位有抱负的词源学家和音韵学家。曾国藩称赞他说，宋代始，精通文学的人（"文章"）不懂语言学，而清代的语言学家则没有文采。曾国藩希望曾纪泽既对文学感兴趣，也对文本研究感兴趣。[82]

　　1862年，曾国藩15岁的小儿子曾纪鸿通过县试，名列第一（作为次子，曾纪鸿没有荫生的身份，只能参加当地的考试）。曾国藩对曾纪鸿寄呈给他的获头名的文章大加赞赏，但纠正了几个平仄运用上的错误。[83] 这时，曾国藩意识到，仍然不肯参加考试的曾纪泽，可能永远也不会参加了。以下这些话语出自一位严厉的家长之口：

尔既无志于科名禄位，但能多读古书，时时哦诗作字，以陶写性情，则一生受用不尽。[84]

虽然曾纪泽的学习是在老师和父亲的指导下进行的，但他所接受的，也是当时曾国藩所认可的观点——教育是为了教育本身，而这正是曾纪泽所喜欢的。现存的曾纪泽文章明晰且出色，他的父亲经常称赞他的古体诗写得极好。[85] 然而，父亲仍然希望他能更进一步。1862年秋天，曾国藩写道："尔若能解《汉书》之训诂，参以《庄子》之诙诡，则余愿偿矣。"[86] 至于曾纪泽是否做到了这一点，很难说。无论如何，他对自己把学习和文学品味结合起来这一点感到很高兴。

在父亲的鼓励下，曾纪泽开始掌管家里的事务。虽然曾国藩寄给妻子儿女的钱似乎不多，但他那些参加反太平军战争的兄弟们却能寄来相当多的钱。新房子盖好了，叔叔们和堂兄弟们都搬了进去。[87] 1857年至1858年，曾国藩待在家中将近一年，守父丧，并为他的大家族订立家规。从1860年4月开始，曾纪泽成为他在湘乡家中的一家之主，在母亲和一位名叫朱运四的管家协助下，管理财务和其他事务。曾国藩敦促曾纪泽料理农田，种植竹林以及养猪。[88] 他要求曾纪泽对待家族亲戚必须礼貌和善，并帮助他的母亲进行每年一次的祭祀："其诚修祭祀一端，则必须尔母随时留心。凡器皿第一等好者留作祭祀之用，饮食第一等好者亦备祭祀之需。凡人家不讲究祭祀，纵然兴旺，亦不久长。至要至要。"[89]

作为一家之主，曾纪泽帮助筹备他的妹妹们的婚礼（亦见本书第1篇曼素恩一文）。他有五个活到成年的妹妹，前三个在1862年结婚。两个大妹妹早在1847年尚年幼时即由曾国藩夫妇安排订婚；第三个妹妹的未婚夫似乎是在与两个叔叔的商量下选定的，他们在1858年至1859年在家。[90] 其中至少有两段婚姻并不幸福。大妹出嫁后不到六个月，曾纪泽就向父亲写信说，她的丈夫袁秉桢已经学坏了，曾国藩也写信斥责他的女婿。[91] 在1863年初，曾纪泽写信说三妹的丈夫罗兆生不守规矩，行为反常（"乖戾"）。曾国藩担心他是否对女儿施暴，却也无可奈何（"无可如何"）。作为家长的曾国藩写道：

尔当谆嘱三妹柔顺恭谨，不可有片语违忤。三纲之道，君为臣纲，父为子纲，夫为妻纲，是地维所赖以立，天柱所赖以尊……吾家读书居官，世守礼义，尔当诰戒大妹三妹忍耐顺受。[92]

曾国藩和他的家族遗产

关于曾国藩的知识背景和家族史的资料实在太多，以至于很难公正地论述这个主题。[93] 本文仅从曾国藩家书和家训这一主要资料的几个方面加以讨论，这可能有助于我们了解清代教育和社会。本文对曾国藩出版过的日记和他的其他作品只偶尔提及。曾国藩是一位很有天赋但很沉闷的家长，他精力极为充沛，可以通过书信关切他的兄弟和儿子们的种种教育细节。他对他的兄弟、侄子和儿子在选择老师上的关心贯穿了整个通信。这肯定不是特例。过去，在整个中国，都有家庭教师教男孩和年轻男性准备科举考试（亦见本书第2篇白亚仁一文）。父亲经常参与这个教育过程。学者作为官员的潜力——实际上是作为士绅的潜力——决定了年轻人所接受的教育质量。在这一背景下，还存在根深蒂固的社会伦理，这些伦理有时会产生和宗教一样的影响。

本文也显示出，曾国藩鼓励他的兄弟和儿子通过参加科举考试来寻求成功。曾国藩家书体现了这样一种观点，即个人努力是实现天命的一种方式。一个人不仅可以立志成为圣贤，也可以通过适当而勤奋地准备考试来确保自己事业的成功。曾国藩的书信表明，他利用自己作为家长的权威，敦促他的兄弟们和儿子们寻求这种成功，但他也足够务实，看到了这种方法的局限性。当他的兄弟和儿子曾纪泽没有达到他的期望，或者对作为成功阶梯的科举考试不感兴趣时，曾国藩虽然不情愿，却也通情达理地准许他们在礼法的框架内追求自己的志趣。这种态度以及他对古文文学的兴趣，可以被视为一种人文关怀，这与他的社会伦理前提相符，但超越了课本中描绘的呆板的新儒家道德主义。

在督促兄弟们和儿子们的同时，曾国藩也在追求自己的终身教育。从本文所评论的信件和文章中，我们可以感受到19世纪成功的中国文人所能认同的知识传统的广度，这份宽广与当时刚刚被中国感知到的西方无关。曾国藩推崇的经典本身极为宽泛。对他来说，伟大的文学和学问具有古往今来的价值，是整个文明的精华。教育——沉浸在最好的文化体验中——本身就是一种目的，当然它同时也提升了一个人的社会和道德价值。

曾国藩为教育做出的努力并不总能达到想要的结果。他的弟弟曾国荃在1847年通过科举考试，获得了生员资格，并于次年升至有俸禄的官位（廪生）。虽然曾国荃的书法很好，但他对文学并不是很感兴趣。他之所以能够身居高位，多亏太平天国运动给他提供了不同寻常的机会。[94] 从目前的证据看来，作为其整个家庭和家族代表的一名官员，他做得很好。是在他回湘乡期间，即其军事职业生涯和行政职业生涯的间隙，他的家业扩展得最为迅速。[95] 在此之前，曾国荃曾经历过一个自以为是的阶段，对大哥既不服气，又百般挑剔。[96] 然而，他也是1864年从太平军手里夺回南京的凯旋将军。1866—1867年，他作为湖北巡抚与捻军作战。1868—1875年，他作为达官显贵留在湖南，为在长沙参加科举考试的湘乡考生修建客栈，并为家乡县城的慈善粮仓捐款。1877—1880年，在华北大饥荒的赈灾工作中，作为山西巡抚，尽管他未能全力以赴，但也做出了积极贡献。他再版了一系列著作，例如朱熹的《小学》《近思录》和吕坤的《呻吟语》，以及陈宏谋的《五种遗规》。他于1882—1883年担任两广总督，从1883年开始担任两江总督，直到1890年去世。[97] 他在官场上的成就可与曾国藩媲美。1872年曾国藩去世后，他作为一家之主对家庭的关怀，日后被他的亲属们铭记。但是，如何评价哥哥对他的教育影响呢？

曾国藩对儿子们的希望至少部分实现了。曾纪泽长大后成为一名儒绅，恪尽职守，思想开明。第一次科举考试失败后他就拒绝再参加，显示出他的坚定性格。他认为教育本身就是目的。他思想开放，把注意力从中国传统的音韵学转向对西方事物和英语的非同寻常的兴趣上。曾国藩对《五礼通考》中的一部天文学作品印象深刻，早在1858年，他写信给曾纪泽，声称自己因未能研究这一课题而感到遗憾。曾纪泽便开始研究天文，并向父亲报告他在夜空中观测到的"恒星"。[98] 1863 年秋天,当时曾纪泽和父亲在长江边上的安庆,他遇到了数学家和科学家华蘅芳、徐寿和李善兰,是这些人帮助设计了第一艘中国制造的轮船"黄鹄"号。[99] 1865 年,曾纪泽安排出版欧几里得《几何原本》的完整译本,收入了早前由亚历山大·伟烈翻译并由李善兰出版(见本书第 7 篇詹嘉玲一文)的后九章。这部著作的序言由曾纪泽起草,并由曾国藩署名,大大提升了西方数学在中国的声望。[100] 之后,曾纪泽结识了马格里,马格里自 1865 年起就在金陵制造局工作,曾纪泽从他那里学了"一点点英语"。曾纪泽后来写道,他试图把汉语的发音和押韵原则应用到英语学习中。[101]

1870 年,曾纪泽的确在北京参加了一场考试,即在具有荫生身份的申请者中竞争京城官僚机构的职位。他通过了考试,在户部担任闲职,但他被迫长期告假,因为生病的曾国藩需要他的照料。曾国藩曾在 1870 年担任直隶总督,后来在南京担任两江总督,于 1872 年去世。曾纪泽跟随灵车回到湖南守丧,他的母亲在丈夫去世两年半后去世。1877 年服丧结束后,曾纪泽回到北京并继承了父亲的侯爵爵位(一等勇毅侯)。他对西方事物的兴趣令他受益匪浅:1878 年,他被任命为驻英、法大臣,并在欧洲担任八年多的清廷外交官,声望卓著。[102] 1881 年 2 月在圣彼得堡,他重启 1879 年中俄条约草案谈判,并成功收回了清王朝对伊犁的主权。曾纪泽堪载史册的功绩之一是他在欧洲从事外交工作期间(1878—1886)所保存的日记。[103]

与曾纪泽相比,他的弟弟曾纪鸿的成就就不那么出色了。曾纪鸿于 1862 年通过县试,名列第一,1863 年他又通过府试,取得生员身份。多年来,他听从父亲的建议,集中精力练习科举考试要求的八股文和诗歌。[104] 大约是在欧几里得《几何原本》的完整译本出版的同时,曾纪鸿又开始对数学产生了兴趣。但曾国藩反复给他和曾纪泽写道:

算学书切不可再看。(1865 年 11 月 17 日)[105]

弃去一切外事,即看《鉴》、临帖、算学等事皆当辍舍,专在八股试帖上讲求。(1866 年 3 月 10 日)[106]

曾国藩要求曾纪鸿研习一本特别推荐的八股文范本,"专攻八股试帖,兼学经策",并要求他每个月寄呈六篇习作。[107]

19世纪60年代下半叶,曾纪鸿曾两次参加乡试,但都没有通过。曾国藩翻看了他的一些试卷,直言大失所望。[108] 直到曾国藩去世,曾纪鸿才成为举人,这还是由于他是已故官员的儿子,皇上才特别恩赐的。[109]

在为父母守丧结束后,曾纪鸿尝试参加会试,期望取得进士功名,但未能如愿。他于1881年死于北京,时年33岁。[110] 然而,他的一生并非毫无成就。考试之余,他继续学习数学和英语。他曾写过一部关于周长和直径关系的中文著作,喜欢下棋和音乐。他显然是一个善于自省的人才,他希望顺从父亲的意愿,可惜未能成功。[111]

曾国藩希望家庭在科举和教育上获得成功,这一愿望眼看就要实现了。曾纪鸿于1865年结婚,他的妻子郭筠抚养了他们的三个儿子和一个女儿。[112] 其中,曾广钧(1867—1929)在曾国藩死后,有幸被皇恩赐为举人,之后他又凭自己的成绩在科举考试中获得嘉奖。1889年,他23岁,通过会试成为进士,并被任命为翰林学士,正如半个世纪前的曾国藩一样。[113] 曾广钧有个女儿曾宝荪(1893—1978),得益于父亲和祖母的开明,获准进入杭州和上海的新教教会学校学习,并前往英国深造。[114] 1918年,她在长沙创办艺芳女子学校,并得到堂弟曾约农(1893—1986)的协助,曾约农也曾去英国读过大学。在女子学校教了大约三十年书后,曾约农陪伴曾宝荪前往台湾地区。1956年,他创办了台中东海大学。[115]

曾国藩的第五个女儿,也是最小的女儿,名叫曾纪芬(1852—1941),于1875年嫁给聂缉椝(1855—1911),这在当时算是晚婚了。她漫长而丰富的经历,成为近来研究的主题。[116] 她在80岁生日时写的回忆录值得进一步研究,因为她的姐妹和其他亲戚的一些往来书信的复印本在其中被保存下来并整理出版了。[117] 本文简略地介绍了曾国藩在教育他的兄弟和儿子方面所起的作用,而只有对其后代的家族史进行更全面的探索,才能更充分地衡量出曾国藩的著述和个人事迹对其子孙后代的深远影响。

(杨靖 译)

注释

1. 《曾文正公全集》(共38卷，南京：传忠书局，1879；再版，台北：文海出版社，1974)内的《文集》，卷2，第2—3页。
2. 参阅狄培理等编《中国传统资料集成》(*Sources of the Chinese Tradition*)(New York: Columbia University Press, 1960)，第384页。
3. 《曾文正公全集》。《家书》和《家训》收入《湘乡曾氏文献》(台北：学生书局，1965)的《湘乡曾氏文献补》(台北：学生书局，1975)。这些材料以及一些未公开的书信如今收录在简体字标点版《曾国藩家书》(长沙：岳麓书社，1985)中。
4. 这里提供的出版数据是根据存放于美国国会图书馆和哈佛燕京图书馆的印刷目录所得。另见梁启超《饮冰室文集》(台北：中华书局，1960)卷34，第1页；参见卷1所收《出版前言》，第70页。
5. 有关曾国藩及其家人的资料来源包括《曾文正公全集》和《湘乡曾氏文献》中的大量文章。此外，曾国荃和曾纪泽的许多文章，以及曾国藩后裔中两位女性的回忆录也已经出版。见本文注释93，94，110，111。关于原始手稿，见台北"故宫博物院"编《湘乡曾氏文献目录》(台北，1982年附记)。近期对曾氏家族历史的杰出研究见李荣泰《湘乡曾氏研究》(台北：台湾大学，1989)。针对曾氏家族女儿们的经历的简要介绍，见本人文章《从曾国藩家书说起》，收入《近世家族与政治比较历史论文集》(台北："中研院"现代历史研究所，1992)卷1，第97—118页，尤其是第107—118页。
6. 除另有说明外，有关曾国藩的传记的资料，均基于《曾文正公全集》中的《年谱》，亦见《曾国藩年谱》(长沙：岳麓书社，1986)。
7. 《曾国藩日记》(长沙：岳麓书社，1987—1989)册1，第2、4、8、10、15、18、22页。
8. 《曾国藩日记》册1，第5—6、34页。
9. 《曾国藩日记》册1，第42—76页。
10. 陆宝千《刘蓉年谱》(台北："中研院"现代历史研究所，1979)，第4—20页；郭廷以、陆宝千《郭嵩焘先生年谱》(台北："中研院"现代历史研究所，1971)卷1，第13—33页。
11. 《曾国藩日记》册1，第92页。
12. 《曾国藩日记》册1，第100、108、113—115页。1842年12月，曾国藩仍未戒烟，见《曾国藩日记》册1，第115、121—122、130页。
13. 《曾国藩日记》标题页，册1，第113—115、119、122—123、125、127、133—134页。
14. 《曾国藩日记》册1，第113、130、138、152页；《曾国藩家书》册1，第38—41、

46—49 页。

15. 尤见《曾国藩日记》册1，第114—116、119、128—129、131、133、136—137、148、153、155—157、160、165 页。对于曾国藩在自责中提到的"猥亵大不敬"，见《曾国藩日记》册1，第125、130、141—142、162—163、165 页。

16. 曾国藩19世纪40年代中期的一些文章清楚表明了朱熹对他产生的影响。见《曾文正公全集·文集》，尤见卷1，第20—21、26—27、32—33 页。曾国藩反对像高攀龙和顾宪成这样的明末儒家那样静坐，因为"以静坐为主，所重仍在知觉"。曾国藩认为一个人可以"大率居敬而不偏于静"(《曾文正公全集·文集》卷1，第49—50 页)。

17. 《曾国藩日记》册1，第59—62、70、73、78、106、109 页；《曾国藩家书》册1，第5、29 页。曾国藩于1841年3月底或4月初购买了《斯文精华》。

18. 《曾国藩日记》册1，第71、90、110 页。

19. 《曾国藩日记》册1，第106、110 页；《曾国藩家书》册1，第29—30、36、95 页。

20. 《曾国藩家书》册1，第35、108 页。

21. 《曾国藩家书》册1，第35—36 页；另见《曾国藩家书》册1，第38—41、46—48、52—56、67—68、80、87、92—94、98—99 页。

22. 《曾国藩家书》册1，第36 页。

23. 《曾国藩家书》册1，第38—39、51—58、71 页。

24. 《曾国藩家书》册1，第38—39 页。

25. 《曾国藩家书》册1，第67—68 页；另见《曾国藩家书》册1，第42、52—54、59 页。

26. 《曾国藩家书》册1，第87 页。

27. 《曾国藩家书》册1，第55 页。

28. 《曾国藩家书》册1，第55 页。

29. 《曾国藩家书》册1，第55 页。

30. 这里和其他有关曾国藩职业生涯的信息，来自相对应年份的《曾国藩年谱》。

31. 《曾国藩家书》册1，第80 页。

32. 《曾国藩家书》册1，第81—82 页。亦见《曾文正公全集·文集》卷1，第20—21 页。

33. 《曾国藩家书》册1，第35、92 页。

34. 《曾国藩家书》册1，第93 页。

35. 《曾国藩家书》册1，第96、98 页。曾国藩还将自己的好运归功于"祖宗遗泽"。

36. 《曾国藩家书》册1，第35、92、96 页。曾国藩用"前定"或"命定"来形容宿命。他可能引用了一句谚语，他说，"尽其在我，听其在天"(《曾国藩家书》册1，第92 页)。后来，1851年，他写到他的弟弟曾国华因未能通过考试而埋怨不幸，"盖无故而怨天，则天必不许；无故而尤人，则人必不服。感应之理，自然随之"(《曾国藩家书》册 1，第 223 页）。

37.《曾国藩家书》册 1，第 99、106 页。

38.《曾国藩家书》册 1，第 94—95 页。亦见《曾文正公全集·文集》卷 1，第 2—5 页。

39.《曾文正公全集·书札》卷 1，第 1—5 页。拿这些内容与刘蓉同年所写的内容比较，可以看出曾国藩的修身思想与朱熹的更加严谨的追随者们的修身思想有很大的不同。参阅陆宝千《刘蓉年谱》，第 48—50 页。

40.《曾国藩家书》册 1，第 108—110 页。

41.《曾国藩家书》册 1，第 101—102、107、112、144、153 页。

42.《曾国藩家书》册 1，第 154—155、147 页。

43.《曾国藩家书》册 1，第 150、152、155—156、159—160、177、183—184、186—187、197 页。

44.《曾国藩家书》册 1，第 168、197 页。

45.《曾国藩年谱》（咸丰元年［1851］）。这本年谱后来作为《曾文正公全集》的一部分，于 1870 年出版。

46. 见《曾文正公全集·年谱》（见道光二十八年［1848］条）。曾国藩用过"食货"（字面意为"食物和金钱"）和"经世"这两个词，参照海伦·邓斯坦的翻译，我将其译为"经济治国"（曾国藩对狭义"经世"的运用，包括了公共财政的军事方面）。曾国藩更喜欢用"经世"（通常被理解为"治国之道"）来代表一个更广泛的范畴，包括仪礼和制度。参见《曾文正公全集·文集》卷 3，第 33—34 页。对于魏源等人著作中对"经世"概念的一般分析，见本人与周启荣的文章，收入《经世思想与新兴企业》（台北：联经出版社，1990），第二章。参阅海伦·邓斯坦《中国经济治国方略选集：自由主义的萌芽》（*An Anthology of Chinese Economic Statecraft: The Sprouts of Liberalism*）（香港：中文大学出版社，即出）。

47.《曾国藩家书》册 1，第 220 页。

48.《曾国藩家书》册 1，第 220 页。亦见 M. T. 凯莱赫《回归根本：朱熹〈小学〉》（Back to Basics: Chu Hsi's *Elementary Learning*），收入狄培理、贾志扬编《新儒学教育：形成阶段》，第 219—251 页。关于陈宏谋，见本书第 12 篇罗威廉一文。

49. 在将近四年的时间里，曾氏兄弟一直抱怨曾国藩不愿推荐他们去军队任职。直到 1856 年春，曾国华才参军入伍，跟随在湖南招募了五百名士兵的著名将领李续宾。而直到同年秋天，曾国荃召集了一千五百人，在江西受到曾国藩的欢迎。幼弟曾国葆，于 1853—1854 年在湘军水师服役。1858 年末，他在胡林翼的领导下重新参加战争。四弟曾国潢这几年留在家中料理家事，他偶尔也参加当地附近的民兵活动。见《曾国藩家书》册 1，第 303—304、318—319、322—326、542、554、743 页；《曾文正公全集·文集》卷 3，第 56—57 页。

50. 曾国藩后来在写给曾纪泽的信中又提到了这些兴趣。见《曾国藩家书》册1，第331—332页；册2，第808页。
51. 《曾文正公全集·文集》卷2，第46—47，48—49；卷3，第34页。
52. 见《曾国藩日记》册1，第241页以下；册2，散见各处。
53. 《曾国藩日记》册1，第186页；《曾国藩家书》册1，第85、97、117，124—125、143、152页各处。曾国藩在1852年给他的兄弟们的信中写道，他对曾纪泽的教育有一个规划。在曾纪泽14岁（根据中国人计算年龄的方式）以前，只教他一般的经典、历史和文学，不教八股文的写作。由于曾国藩的官职很高，曾纪泽已经有了"荫生"的身份，无须参加低级别的考试（小考），14岁时就可以直接参加乡试。"实可学做八股者十年。若稍有聪明，岂有不通者哉？"（《曾国藩家书》册1，第230页）。
54. 《曾国藩家书》册1，第324—325页。
55. 《曾国藩家书》册1，第327页。
56. 《曾国藩家书》册1，第331—332页。
57. 《曾国藩家书》册1，第406页。
58. 《曾国藩家书》册1，第430页。
59. 《曾国藩家书》册1，第406、409、418、533页。
60. 《曾国藩家书》册1，第406页。
61. 《曾国藩家书》册1，第406、437、451—452页。
62. 《曾国藩家书》册1，第451、472页。
63. 《曾国藩家书》册1，第468、480—481、488页各处。
64. 《曾国藩家书》册1，第527、537页。
65. 《曾国藩家书》册1，第634、597页。
66. 《曾国藩家书》册1，第540—541、629、639页。
67. 《曾文正公全集·文集》卷3，第22—27页。
68. 《曾国藩日记》册1，第350—351页；《曾国藩家书》册1，第460页。
69. 《曾文正公全集·文集》卷3，23b。
70. 《曾文正公全集·文集》卷3，24b—25。
71. 《曾文正公全集·文集》卷3，第25页。
72. 已作为《曾文正公全集》的一部分出版（1974年）。
73. 《曾文正公全集·文集》卷1，第41页。曾国藩在他的文集中使用的资料来源不仅包括姚鼐《古文辞类纂》，还包括《汉魏百三家文集》和《文选》。见《曾国藩家书》册1，第637页，对前书书名稍有改动。（曾国藩在《经史百家杂钞》"序"中言，"然吾观其奏议类中录《汉书》至三十八首，诏令类中录《汉书》三十四首，果能屏诸史而不录乎？"意思是姚鼐只选取《汉书》里的古诗，不将它作史书看

待。——译注）

74.《曾文正公全集·文集》卷1，第48页。这部篇幅较短的选集收录在《曾文正公全集》中。

75. 见钱穆《中国近三百年学术史》（共两册，1937；再版，台北：商务印书馆，1987），尤见第583—591页；何贻焜《曾国藩评传》（1937年首版；再版，台北：正中书局，1972），第470—475页。最近的评传，见章继光《曾国藩思想简论》（长沙：湖南人民出版社，1988）。

76.《曾国藩家书》册1，第469页。另参见第452—453页。

77.《曾国藩家书》册1，第472、476—477页。

78.《曾国藩家书》册1，第480—481、527页。

79.《曾国藩家书》册1，第488—489、498页。

80.《曾国藩家书》册1，第462、469页。李恩涵《曾纪泽的外交》（台北："中研院"现代历史研究所，1966），第6页。

81.《曾国藩家书》册1，第527、532—533、540—541页。

82.《曾国藩家书》册1，第764、772—773页，尤见第786页；册2，第809、831—832页。

83.《曾国藩家书》册2，第836—837页。

84.《曾国藩家书》册2，第849页。

85. 见曾纪泽《曾惠敏公遗集》（上海：江南制造总局，1893）；亦可见《曾纪泽遗集》（长沙：岳麓书社，1983）。曾国藩的评论也随曾纪泽的诗作一起刊出。例如，见《曾国藩家书》册1，第237—242、245—247页。

86.《曾国藩家书》册2，第853页。

87.《曾国藩家书》册1，第313、356、377、420、456页各处。曾国藩的父亲曾麟书去世后，家产没有分割。见《曾国藩家书》册1，第444、450、521页。

88.《曾国藩家书》册1，第532页。

89.《曾国藩家书》册1，第532页。关于曾纪泽的母亲与曾国潢（四叔）在决定婚葬礼仪上给亲戚合适的礼物方面所扮演的角色，见《曾国藩家书》册1，第502页。她还被问及例如曾纪泽老师的薪酬这样的财务问题，见《曾国藩家书》册1，第798页。

90.《曾国藩家书》册1，第150—151、439、503、792、801页；册2，第815、819页。

91.《曾国藩家书》册1，第835页。

92.《曾国藩家书》册1，第936—937页。

93. 见《湘乡曾氏文献》中的大量资料来源；另见曾纪泽《曾惠敏公手写日记》（影印版，共8册，台北：学生书局，1965）。关于曾国荃发表的文章，见注释94。关于原始手稿目录，见注释5。李荣泰的《湘乡曾氏文献》非常具有参考价值。

94. 这些归纳是试探性的。曾国荃的大量出版文章尚待研究:《曾忠襄公(国荃)书札 附文集》《曾忠襄公(国荃)批牍 年谱》《曾忠襄公(国荃)奏议》,共 14 册(1903 年及之后年份;再版,台北:文海书局,1967—1969)。

95. 曾国藩经常批评他购置房产。见《曾国藩家书》卷 1,第 456、462、474、514、592、795 页。

96. 1844 年,曾国荃怏怏不乐地离开北京(他和他的哥哥一起住在北京并师从哥哥)。在家里待了一段时间后,他去长沙读书,并与罗泽南(1808—1856)和刘蓉成为朋友。曾国荃发展了自己的程朱理学认知,并写信批评曾国藩在北京的家事,甚至批评他为官的态度。见《曾国藩家书》册 1,第 52、57、92、141、143 页。举个例子,在一封曾国荃的亲笔书信(从内文看,日期是 1852 年 3 月)中,曾国荃以"正气"和"公私"的名义批评了他的哥哥,见《湘乡曾氏文献补》,第 475—481 页。曾国荃还责备曾国藩不常回朋友的信:"不审近日何如,若复如此,弟觉此应是毛病。"(《湘乡曾氏文献补》,第 475—481 页)

97. 《曾忠襄公(国荃)批牍 年谱》。尤见 1877—1880 年。

98. 《曾国藩家书》册 1,第 418、441 页。曾国藩对"推步"和"占验"做了区分。他还提到《皇清经解》是讲解"恒星"的来源之一。

99. 见李恩涵《曾纪泽的外交》中所引材料(第 18—20 页)。

100. 《曾纪泽遗集·文集》,第 133—134 页。曾纪泽以父亲之名所作之序,于 1865 年 8 月 3 日得到曾国藩同意。见《曾国藩日记》册 2,第 1164 页。曾国藩建议"《几何原本》可先刷一百部"。见《曾国藩家书》册 2,第 1203、1213 页。

101. 李恩涵《曾纪泽的外交》中提到马格里(第 21 页)。有关曾纪泽通过汉语音韵学学习英语的方法,见《曾纪泽遗集·文集》,第 158—159 页。

102. 李恩涵《曾纪泽的外交》。亦见锺叔河对注释 103 所引 1985 年再版的曾纪泽日记的介绍。

103. 曾纪泽日记删减版,未经授权,最早出现于 1882 年,更完善的版本首版于 1893 年。日记全集共 8 册,于 1965 年在台湾影印出版,见注释 93。曾纪泽身为外交家时期(1878—1886)的日记《出使英法俄国日记》(铅字排版,锺叔河编,长沙:岳麓书社,1985)最近出版。

104. 《曾国藩家书》册 2,第 812、836—837、988—989、1238、1247、1259—1260 页。曾国藩也对曾纪鸿强调,文学本身就是目的,语言文献学很重要。见《曾国藩家书》册 2,第 1204—1205、1243—1244 页。

105. 《曾国藩家书》册 2,第 1220—1221 页。

106. 《曾国藩家书》册 2,第 1238 页。

107. 《曾国藩家书》册 2,第 1259—1260、1263 页。

108. 《曾国藩家书》册 2，第 1266—1267、1278—1279、1301、1327、1342 页。
109. 《曾文正公全集·年谱》（见同治十一年［1872］条）。
110. 《湘乡曾氏文献》册 10，第 6284—6285 页。见 1881 年聂曾纪芬《崇德老人自订年谱》，此书和《崇德老人纪念册》一同出版（附图，聂其杰编，1935）。此资料亦可见于 1986 年版《曾宝荪回忆录》的附录，见注释 111。
111. 曾宝荪《曾宝荪回忆录》，收入《曾宝荪女士纪念集》（台北，1978）；再版为钟叔河编《曾宝荪回忆录》（长沙：岳麓书社，1986），尤见第 177 页。曾宝荪引用的用于证明曾纪鸿贡献的数学著作《白芙堂算学丛书》（丁取忠编，1875 年）在李约瑟主编《中国科学技术史》(Science and Civilization in China [Cambridge: Cambridge University Press, 1959]，第 3 卷，第 48 页）有提及。曾纪鸿的英文笔记收入《湘乡曾氏文献》册 10，第 6305—6347 页，一篇数学论文见第 6048—6054 页。
112. 《曾国藩日记》册 2，第 1134 页。据其女儿说，曾纪鸿的妻子婚后学习了十三经和《通鉴》，而且还学习作诗，见《曾宝荪回忆录》，第 2—3 页。
113. 《曾宝荪回忆录》，第 2—4、117—180 页。
114. 《曾宝荪回忆录》，尤见第 18 页以下，第 180—182 页。
115. 《曾宝荪回忆录》，第 70 页以下，第 226 页。
116. 见托马斯·L. 肯尼迪《儒家女性的见证：聂曾纪芬女士自传》(Testimony of a Confucian Woman: The Autobiography of Mrs. Nit Zeng Jifen, 1852-1942)（Athens: University of Georgia Press，1993）。
117. 见注释 93。钟叔河为通俗版《曾国藩教子书》所写的序言强调曾国藩的教育思想，即强调培养知识兴趣和自律，对后人的影响。见钟叔河编《曾国藩教子书》（长沙：岳麓书社，1986）扉页，第 1—5 页。

第二部分
科举与科目

4

儒家科举考试从明朝到清朝的变化

本杰明·A. 艾尔曼（Benjamin A. Elman）

在18、19世纪，江南汉学的兴起极大地挑战了宋学在当时中国的正统地位，因此本文旨在总结晚期帝制中国科举考试的外部结构及过程，探索科举考试过程的思想层面，评价国家结构容许科举考试自身内容发生变化的程度。本文试图说明晚期帝制中国如何成功地将宋学的道德哲学与汉学的经学研究纳入科举考试制度内，进而实现它的更大目标——选拔忠臣以分享统治者的权力。

"正统思想"（orthodoxy）与"意识形态"（ideology）是本文经常出现的两个术语。"正统思想"是指在君臣利益重合但不对等的晚期帝制中国，得到朝廷公认并成为科举取士考查核心的学说。长期以来，儒家道德哲学作为公共与私人领域的精英话语，形式多元，而在明朝（1368—1644）和清朝（1644—1911）时期，它在官僚体制和君权的支持下成为文人教育的核心。然而，当道德哲学进入国家考试的政治舞台，思想活动便被限制在国家为了更大的政治目的而选择支持的观念、观点与信仰的体系之中。科举考试的教育内容是约束性的操纵过程，观念、观点与信仰由此选择性地将政权合理化，创造出一种儒家的思维方式，这便是本文所提及的帝制"意识形态"。

帝制意识形态的政治连贯性，源于对儒家哲学思想的选择性复制。国家意识形态可能与儒家道德哲学有过许多"选择性的亲密关系"，但这些亲密关系所适用的政治目的，则取决于国家的需求而非道德哲学的完整性。对儒家观念、观点与信仰如何通过科举考试推行至教育实践，拥有最终话语权的是皇帝（或者代表他的官员），而不是道德哲学家。在专制但并非极权的明清两个末代王朝，帝制意识形态作为国家精心设计的儒学"外衣"，成功将其统治根基——文武官员的权力形式——儒家化了。因此，本文试图确定儒家思想在科举考试所要求的教育科目中的政治及文化作用。

明朝科举考试的演变

中国在明朝最终确定了通过科举考试考查并选拔考生的国家制度。元朝时期（1271—1368），蒙古族统治者崇尚武治天下，导致元朝统治下平民、文化与民族之间存在差异。为了努力消除这些隔阂，明朝开国皇帝朱元璋（1328—1398）在洪武元年（1368）即位后，便邀请儒家学者推荐合适的人才担任知府知县等地方长官。洪武帝朱元璋（1368—1398 年在位）早年曾利用白莲教反抗元朝统治，后来在儒家化的精英阶层劝说下，披上儒家圣王思想的外衣，重新统一国家，重拾宋朝（960—1279）传承下来的正统思想。

该举措之所以能获得政治合法性，关键在于吸引了人才加入，并分配给他们在国家及地方治理中的职位。在蒙古人的统治下，汉人在自己的土地上被当作"三等公民"。为了控制中国南北方的大量汉人，作为少数民族的蒙古人采取了各种象征意义及实际意义上的暴力手段，让汉人甚为不满。而儒家的隐逸思想，正是对少数民族统治的合理还击，这意味着当明朝取代元朝时，新的统治者将不得不想方设法笼络这些儒士为朝廷卖力。[1]

明朝第一任皇帝沿袭宋朝文武科举的模式，重新建立了一套官员选拔任用制度，对文武官僚体制进行管理，使朝廷能够有效控制其人力资源。朱元璋用自己的统治成功取代了蒙古人的统治，他所建立的官僚体系可以直达地方州县，找到愿意步入官场精英圈子的传统文人。[2]

科举制以其科目设置、考试形式、官员任用的常规流程，成为克服蒙古人统治时代产生的隔阂、允许宋朝文化价值观在晚期帝制中国盛行的重要制度之一。在蒙古人统治前形成并作为科举考试科目的宋朝道德哲学，在南宋王朝

（1127—1279）被蒙古军队灭掉之前，曾短暂取得过正统地位。后来，宋朝的道德哲学融入元朝的思想体系中，成为元朝统治者拿为己用的意识形态手段。元皇庆二年（1313），这个王朝颁布法令，要求在官僚机构任职的所有汉族官员必须通过强调（由程颐和朱熹等人发展而来的）"程朱理学"的科举考试。[3]

明朝的官僚体制通过选拔任用制度得以不断延续，该制度由学校、科举、荐举和任用四个部分组成。这种组织形式是对宋朝选拔任用制度的改进，整个体系分为：（1）科举；（2）入学；（3）任用；（4）门荫；（5）捐纳；（6）铨选。明朝年间，那些凭借科举头衔而担任官职的人属于一个更大的行政体系，其中包括掌管教育的礼部以及负责官员任命和铨选的吏部。[4]

科举考试的不同科目成为官学制度的基础，该制度从国子监向下延伸到州学、县学等各级学校。尽管中国士人仍然可以通过荐举、荫袭和捐纳获得官职，但明清时期，朝廷大多数高级文官都是根据其童试、乡试和会试成绩选拔出来的。[5]

因此，在晚期帝制中国，科举考试属于官员选拔、铨选、晋升、惩处这一更大行政体系的一部分。单独来看，明清两代的宋学科目往往被误认为属于哲学与历史话语的文化领域，只与"四书""五经"及"朝代史"相关。但"科举生活"，包括备考以及中榜的各个阶段，实际都关乎政治、社会和文化再生产那些复杂而又相互联系的过程。[6]

如果考生不能通过科举考试，那么官学教育就毫无意义。在官学待得太久的生员，注定只是小官小吏，仕途飞黄腾达的机会微乎其微。事实上，到了明末，只考到各省"举人"（字面意为"被推举出来的候选人"）的考生很难获得不错的朝廷官职。而在明朝初期，各省举人在国家行政体系中非常突出，但他们最终被越来越多的会试"进士"（字面意为"［向皇上］进呈的文人"）所取代。在会试进士、乡试举人以及小官吏这三条晋升路径中，只有进士才是获取朝廷高位和社会精英地位的唯一保证。[7]

直到科举考试取代其他仕途晋升机制，官学的儒学科目才开始强调道德哲学、经学研究和历史的重要性。依据四书所出的考题，考查考生对道德哲学的掌握程度，它要求考生以一篇至少200字篇幅的文章作答。对经学研究的考查标准是让考生写一篇至少300字的文章，阐释五经中某一经的经义。历史题则侧重考查《汉书》《史记》等史书所载早期朝代的历史，还有儒学经典《春秋》——此乃五经之一，但本质上是一部编年史。[8]

明朝初期的乡试和会试反映了官学的教育水平。这种高级别的科举考试从一开始便分为三场，每场都在同一天举行。第一场，考生须作两篇关于五经引文的文章和一篇关于四书引文的文章。第二场，考生要根据《孝经》中的某个文本作一篇论。第三场，考生要准备回答一道策论题。通过这三场考试的考生十天后还要参加复试，复试考查他们在骑射方面的体能，以及在书法、算学和刑法方面的才能。[9]

表 4-1　明朝乡试与会试的形式

考试场次		考题数量
第一场	1. 四书	三段引文
	2.《易经》	四段引文
	3.《书经》	四段引文
	4.《诗经》	四段引文
	5.《春秋》	四段引文
	6.《礼记》	四段引文
第二场	1. 论	一段引文
	2. 诏诰表	三段论述
	3. 判语	五条判语
第三场	经史事务策	五道策论题

这种在乡试与会试中更重视专业性的考试形式，后来发展成那种较为死板的三场式考试模式，如表 4-1 所示。第一场优先考四书，而非五经，第二场增加了对判语和诏诰表的考查内容，第三场策论题增至五道。此外，考生还必须回答来自四书中的三个问题，但他们可以专攻五经中的某一经，选择只阐明引自该经的

内容。

三场考试每三年举行一次，每次为期数天，两场考试之间间隔三天，以便考官有时间阅卷排名。每场考试考生都要用一整天时间来答题。通常情况下，考生会在秋季参加乡试，若中举，则在第二年春季参加在京师（南京、北京）举行的会试。通过会试的所有考生还要参加最后一场由皇帝亲自主持的殿试，其目的是测试考生对皇帝的忠诚以及最终排名的公平公正。总之，这种三场式的考试安排一直延续到光绪三十一年（1905），不过在清朝，每场考试的题型经常发生变化（见后文）。

八股文是明初选作范本的标准化文章，随着时间的推移，朝廷认为所有考生都应该以八股文文体答题。考官在阅读论述四书引文的文章时极为仔细，而第二、三场的考题则往往被视为只是用来进一步确认考生在第一场考试后的初步排名。例如，第三场考查的策论题在评分过程中被格外低估，以至于考生在作答时往往只是"走过场"，因为他们非常清楚地意识到自己的排名已经由前两场考试确定了。[10]

宋注四书五经被洪武帝及后来的皇帝列为科举正统科目。对于四书，考生应掌握朱熹《四书章句集注》里的相关内容。科举考试同时侧重考查朱熹关于五经的观点。而对于《易经》，则要考查程颐的注本和朱熹的《周易本义》。蔡沈（1167—1230）在朱熹指导下撰写的《书经》注本也是考查的内容。同样，对于《诗经》，也要考查朱熹的《诗集传》。

对于《春秋》和《礼记》，由于朱熹未作注疏，所以以宋代其他儒家的观点作为考试标准。除了"春秋三传"，即《左传》《公羊传》和《谷梁传》，在考查《春秋》时还选取了胡安国（1074—1138）和张洽（1161—1237）的注本（张注后来被弃用）。和蔡沈一样，张洽也曾师从朱熹。对于《礼记》，虽然最初考查的是汉唐注本，但后来到了明朝，陈澔（1261—1341）的《礼记集说》引起关注，被挑出来作为考试内容。

在永乐帝（1402—1424年在位）时期，对国家正统思想的维护让人们不再纠缠于永乐帝是从建文帝（1398—1402年在位）手里篡夺了皇权这件事情。宋儒对四书五经的注疏首次被收录在一起，成为科举考试的定本，分别被命名为"五经四书大全"和"性理大全书"。此后，在乡试和会试的第一场考试中，有关四书五经的考题就只用这套《性理大全书》，其次才是汉唐注本，这使得程朱正统思想在意识形态上与晚期帝制专制皇权统治缔结了苦乐参半的关系。[11]

清朝科举考试的演变

清王朝于明崇祯十七年（1644）定都北京后，在满人的军事与政治统治下很快便恢复了明朝的文武科举制。官员的选拔和铨选制度仍由四部分组成：（1）入学；（2）科举；（3）荐举；（4）任用。但清政府同时也进行了重要的变革，特别是在学校教育制度方面。例如，除了国子监的官学体系外，它还为八旗子弟（由满族、蒙古族和汉族军人及其后代组成）设立了专门的官学，也为满族皇室成员专门建立了一座学堂。[12]

顺治八年（1651），清廷还专门为满族旗人举行特殊考试，允许那些不懂文言的满人用他们的母语（满语）参加考试。康熙年间，这种特殊考试被正式纳入省级的翻译科考试。雍正十三年（1735），这种特权惠及蒙古人。不过，后来，在乾隆年间（1736—1795），考试要求更加严格，为了使教育做到文武兼顾，朝廷鼓励满人和蒙古人用文言参加科举考试。汉语考题都是根据宋代儒学和语言学设计的，但大多数满人在乡试和会试中仍不如汉人有竞争力。

此外，会试中取得优异成绩，并入翰林院担任皇室侍读的汉人则必须学习满语。宫中还会专门考查翰林院学士用满语写文章以及将文言翻译为满文的能力，以确保公文和史料可以用两种官方语言准确记录。[13]

清初，统治者在各省童试和乡试中故意设置较少的汉人录取名额，因为他们认为明末的高录取率导致地方社会乡绅脱离了朝廷控制。此外，由于中央官僚机构中有大量的满人，可供汉人担任的职位也就较少，尽管满人在省级和地方行政机构中的职位不那么突出。顺治年间（1644—1661），各省的汉人录取名额在数量上稍微多了一些，但到了顺治十七年（1660），录取名额又大为削减。虽然康熙年间（1662—1722）的录取名额在逐渐增加，但即使到了康熙三十九年（1700），全国人口超过 1.5 亿时，这数字仍然远低于明末的录取数量。[14]

例如明建文二年（1400），据估计，当时人口总量约为 6500 万，其中有 3 万名生员，其比例几乎是每2200人中有1名生员（0.046%）。康熙三十九年（1700），在1.5亿的总人口中，大概有50万名生员，即每300人中有1名生员（0.3%）。随着时间的推移，尽管生员名额在总人口数中的占比越来越高，因而彼此间的竞争也没有以前那么激烈，但生员通过更高级别的考试而获得朝廷任用的可能性也同样降低了。事实上，到了清朝年间，生员身份已经不那么稀罕了，它已经成为当官必备。[15]

到了道光三十年（1850），大约有200万名考生参加每三年举行两次的院试，其中只有3万名（1.5%）考生成为生员。生员中有1500人（5%）通过了每三年举行一次的乡试，而其中只有300人（20%）将通过每三年一次的会试。每个阶段都淘汰了绝大多数考生，而成功通过这种选拔过程所有阶段的概率约是六千分之一（0.015%）。[16]

通过三年一次会试的贡士人数往往在300人左右，乾隆五十四年（1789）人数最少，为110人，雍正八年（1730）人数最多，为406人。何炳棣曾估算过，如果将清朝作为一个整体来考察，每次通过会试的贡士平均是239人（比明朝少50人），或者每年大约有100人（比明朝多10人）通过会试。由于康熙十八年（1679）和乾隆元年（1736）[17]等年份频繁举行特殊形式的考试，每年的贡士人数实际上要更多一点。[18]

如表4–2所示，清朝初期，乡试和会试的科举形式仍然与明朝保持一致。同样，官学和统考的科目也还是以"四书""五经"以及"朝代史"为主。除了明朝时期的《五经四书大全》和《性理大全书》，清朝统治者还组织编纂《御纂性理精义》，并将其作为正统哲学和道德学说纲要，方便后人研读。

表 4-2　清朝初期乡试与会试的安排

考试场次		考题数量
第一场	1. 四书	三段引文
	2.《易经》	四段引文
	3.《书经》	四段引文
	4.《诗经》	四段引文
	5.《春秋》	四段引文
	6.《礼记》	四段引文
第二场	1. 论	一段引文
	2. 诏诰表	三段论述
	3. 判语	五条判语
第三场	经史事务策	五道策论题

考试仍要求以八股文形式作文（另参见本书第 5 篇盖博坚文章）。清初，科举的第一场考试会让考生作几篇关于四书五经的文章，每篇篇幅最多要求 550 字。康熙二十年（1681）这一篇幅增加到 650 字，乾隆四十三年（1778）又增加到 700 字，这个字数要求一直延续到清朝统治结束。乾隆十八年（1753），宋学拥护者、桐城经学家方苞（1668—1749）在朝廷主持下，汇编了以古文文体为基础的文章范本（另参见本书第 5 篇盖博坚文章）。[19] 嘉庆十九年（1814），有官员奏请将方苞汇编的考试范文下发大众。

然而，由于考试文章的限制篇幅不断扩大，阅卷者和考官的阅卷任务也相应变重。尽管考官人数也有所增长，但由于阅卷量不断加大，他们根本没有足够精力来仔细审读考生在第二和第三场考试中所作的文章。尤其是最后一场的五道策论题，统统遭到忽视。到了乾隆五十一年（1786），统治者不得不强制要求每道策论题的答题篇幅不得少于 300 字，这说明当时考生答题都很简短。很多时候，那些策论题题目本身长达五六百字，通常是考生答题篇幅的两倍，尽管在雍正十三年（1735），考官被要求提问方式要更精练。[20]

与明朝一样，清朝参加科举考试的考生应掌握程朱正统注本并以此作文。四书考题选自朱熹《四书章句集注》。而五经中的《易经》《诗经》，选取了朱熹注本和程颐《易经》注本;《书经》则再次要求选用朱熹弟子蔡沈的注本。清初,胡安国注本被单挑出来供专攻《春秋》的考生备考,不过在清末,当汉学在18世纪开始流行,胡安国注本被汉朝的三个注本[21]所取代,后者成为研究《春秋》的正确指南。最后,对于《礼记》,陈澔的《礼记集说》仍是正统注本。[22]

表 4-3　康熙二年（1663）科举改革后,
清朝乡试与会试的形式 [康熙六年（1667）恢复旧制]

考试场次		考题数量
第一场	经史事务策	五道策论题
第二场	1. 论	一段引文
	2. 四书或五经	一段引文
第三场	1. 表	一段论述
	2. 判语	五条判语

康熙二年（1663），在身为满族武官的鳌拜摄政时，完全以文举选拔官员的有效性遭到怀疑，科举考试形式由此进行了大规模调整。所有考试文章必须以严格的八股文形式撰写的要求突然被取消。为了弱化文举，以四书五经为基础的引文考题退居第二场考试，并且每一部分只考查一题。实际上，明朝和清初乡试和会试的整个第一场考试此时都被弃置，而它此前一直是决定考生最终名次的关键。为了强调经史事务策的实际问题和关于国家制度的具体问题，摄政大臣们将五道策论题从第三场考试移至第一场。如表4-3所示，第二场考试还要求考生以《孝经》[23]中的一段引文为基础作论，而第三场考试则要求考生作表，以及辨析五条判语。[24]

这些科举创新，使得背诵四书五经不再是科举取士考查的核心能力，这在汉人中间引起了轩然大波。不难理解，许多按照严格的明朝考试形式备考的考生，感到他们为备考而付出的财力以及为背诵而付出的努力都受到了损害。此外，当时明朝遗民在江南依然是一股强大的政治和军事力量，许多持异议者便会说这些科举改革是"无知的满族篡位者"背叛儒家正统思想的例子。为了避免汉人和满人之间可能发生的潜在冲突，最终以鳌拜为首的摄政大臣们做出了让步，在两次会试后便结束了这一科举改革，恢复了明朝时期的背诵和八股文体。[25]

1680年代，康熙皇帝在全面统治国家后，开始进一步改革科举考试制度。例如，康熙二十六年（1687），曾短暂取消按"诏"和"诰"的公文形式写作的考试。直到乾隆二十一年（1756），这些调整才又重新恢复（见表4-4）。论也有所调整。康熙二十九年（1690），《性理精义》（朱熹）、《太极图说》（周敦颐）等宋代著作和《孝经》一起，成为考查考生作论而出题时可以引用的著作。康熙五十七年（1718），《性理精义》被指定为论的唯一出题来源，其他出题书目统统被取消。但在雍正元年（1723），取消《孝经》而引起的轩然大波，迫使朝廷恢复用《孝经》出题考论。从那时起，直到乾隆五十二年（1787），《孝经》和《性理精义》受到同等重视。[26]

由于怀疑汉人在科举取士过程中作假舞弊，清朝统治者早在顺治十五年（1658）便已制定了复试制度，即在三年一度的会试开始之前，在京师为通过乡试的举人举行复试。京师和江南地区的考官尤被指责监考松懈不严。这一复试做法后来扩展到了会试。雍正元年（1723），雍正皇帝（1722—1735年在位）在殿试后增加了一场"朝考"，共考查四道题（后来降为三道），最后结合考生的殿试成绩，确认其最终的官职任命。因此，当时京师的科举取士制度实际分别有五道考试关卡。[27]

表4-4　清朝中期的1757—1787年乡试与会试的形式

考试场次		考题数量
第一场	1. 四书	三段引文
	2. 论	一段引文
第二场	1.《易经》	四段引文
	2.《书经》	四段引文
	3.《诗经》	四段引文
	4.《春秋》	四段引文
	5.《礼记》	四段引文
	6. 诗题	一首诗例
第三场	经史事务策	五道策论题

虽然乾隆三年（1738）后针对科举考试作文的抨击日益增加，但对于"时文"，即所谓的八股文"无创新""不实用"的质疑，朝廷几乎没有任何回应。此外，也有人频繁呼吁要重视第三场考试中的策论题，增加对时事的关注。对此，乾隆二十一年（1756）以后，乡试和会试进行了大规模改革，如表4-4所示。第一场仍然考查四书内容，但鉴于汉学的盛行，五经成为第二场考试的核心内容，第一场里的五经考核被围绕《性理精义》所考查的一篇论所替代。除了考查引经据典的内容，考生还要在第二场考试中以八韵的格律作诗一首，这意味着人们重新对唐宋诗词产生了兴趣，并将其作为衡量文化水平的考试标准。不过，与以往一样，策论题仍被安排在最后一场。[28]

表 4-5　清朝晚期的 1787—1901 年乡试与会试的形式

考试场次		考题数量
第一场	1. 四书	三段引文
	2. 诗题	一首诗例
第二场	1.《易经》	一段引文
	2.《书经》	一段引文
	3.《诗经》	一段引文
	4.《春秋》	一段引文
	5.《礼记》	一段引文
	6. 论（1787年取消）	一段引文
第三场	经史事务策	五道策论题

此外，原来第二场考试允许考生专攻五经中任意一经，这一规定也有所变化。从乾隆五十二年（1787）开始，生员在准备三年一次的乡试和会试时，应学习五经中的所有经学典籍，这再次反映了汉学所带来的影响（见表4-5）。对作诗的考查从第二场考试被移到第一场，紧跟在四书的引文考题之后。以《性理精义》为基础的论则被挪到第二场考试，排在五经各典籍的引文考题之后。策论题仍排在最后——最不重要的位置。后来又进行了调整，完全取消了对某类论（自雍正元年便在殿试中考查的一种不同类型的论）的考查，而科举考试的安排此后一直保持不变，直到光绪二十七年（1901）清廷宣布要进行更彻底的改革（见表

4–6）。²⁹

表 4-6　光绪二十七年（1901）科举改革后，
清朝末期乡试与会试的形式 [光绪三十一年（1905）废除科举制]

考试场次		考题数量
第一场	中国政治史事论	五篇文章
第二场	各国政治艺学策	五道策论题
第三场	1. 四书义	两篇文章
	2. 五经义	一篇文章

尽管科举考试制度发生了这些变化，但中国当时的人口现实（对考试科目进行改革就是为了解决这个问题）表明，随着考试内容的日益精简，通过考试的概率不断飙升。嘉庆五年（1800），全国人口数高达 3 亿，道光三十年（1850）又增至 4.5 亿，但朝廷的官位数量却并没有相应增加，无法应对通过考试的考生数量快速增长的情况。与此同时，考生在乡试中考取举人以及通过会试的概率都在急剧上涨。³⁰

太平天国运动期间（1851—1864），虽然太平军举行了自己的科举考试，但许多省的乡试都被叫停。由于起义军定都南京，江南地区受到的冲击尤为严重，咸丰九年（1859），清王朝的科举考试被迫暂停。从明朝开始，江南地区便在科举考试中占据主导地位，但经过太平天国运动的破坏，江南子弟在全国科举考试中的稳固地位开始动摇。在长江中游地区的湖南以及东南沿海地区的广东等省份，越来越多的考生通过了会试选拔。

在太平天国运动期间及之后，科举考试的录取名额急剧增加，荐举再次成为选拔官员的重要手段。与此同时，为了筹集军事活动的资金，朝廷鼓励考生花钱"考"取功名，学位和官职的买卖规模空前。考生数量的增加意味着阅卷量翻倍，考官们过度劳累，拼命要求增加人手。科举舞弊成为当时的普遍现象。尽管在"同治中兴"（1862—1874）期间，朝廷努力纠正科举取士过程中出现的问题，但它实际已经失去了对其人力资源的掌控。³¹

光绪二十七年（1901），改革派在大量学习了西方与日本的以国家建设为目标的教育模式后，在张之洞（1837—1909）的主持下，对科举取士制度进行了全面改革，但为时已晚。表 4-6 表明，1901 年改革重复了最初在康熙二年（1663）开展但很快被废除的一项调整，即重视对策论题的考查。在最新的科举考试安排里，第一场侧重考查中国政治史，第二场要求回答五道有关世界政治的问题。四书五经被降到了最后一场考试。然而，这样的改革对于晚期帝制中国来说远远不够。[32]

作为一项教育制度，晚期帝制中国的科举以合法科目的相应高低等级，明确规定了理性思考的形式。明清统治者将科举考试视作一种有用的意识形态工具，可以从有影响力的士绅精英那里获取政治上的效忠。作为一种政治与社会结构，儒家考试制度具有单一性，其核心是儒家经典内容及认识论的表达形式，尽管作为思维活动和公共科目，这些内容和形式都可以发生变化。18 世纪，科举考试制度开始反映儒家学者对于汉学的讨论，他们质疑宋学作为正统儒学的本质及合法性，因此这项制度的思想内容也开始发生了变化。[33]

科举考试与经学正统

宋儒的四书五经注本在元明清时期成为科举考试的核心科目。鉴于经学在政治话语中的核心地位，科举考试的安排除了强调效忠朝廷，还尊崇程朱学说。第一场以及后面第二场的考题都以选取四书五经内容为基础，引出考生对儒家正统思想的认识。例如，对于正统哲学和帝制意识形态，最能说明问题的一个经学段落来自孔子对弟子颜渊的回答："颜渊问仁。子曰：'**克己复礼**为仁。一日克己复礼，天下归仁焉。**为仁由己**，而由人乎哉？'"[34]

在论述这段话的注本中，朱熹给出了如下注解："**克**，胜也。**己**，谓身之私欲也。"朱熹认为，孔子的这段话是指"为仁者，必有以胜私欲而复于礼"。这样，就可以实现"本心之全德"，朱熹将这种境界等同于天理。[35]

明成化元年（1465）的山东乡试便展现了朱熹的观点在朝廷科举考试要求中的重要性。山东乡试安排的第一场考试考查的是四书中的引文，引的就是上文《论语》中的那段话，要求所有考生都要掌握朱熹关于"为仁""复礼"的观点。王纶（活跃于 1465—1487 年）在 1465 年乡试中排名第二，他那篇关于《论语》

引文的文章被考官评为最佳,并被收录在正式的考试记录中。其中一位主考官写道:"此篇词理通畅,足见讲贯(孔子)之学。"[36]

王纶在文章中强调了朱熹对"仁"这段话的注解:朱熹称"本心之全德"并非依靠外铄,而是源自"吾心之天理"。在其八股文中,王纶为考官们简单明了地重述了正统意义上天理与人欲的分歧,认为"圣门传授心法切要之言也"。王纶依据天理战胜人欲需要不断进行斗争,来支持孔子的"四勿"。

《论语》中紧接着关于"仁"的段落便是:"子曰:'非礼勿视,非礼勿听,非礼勿言,非礼勿动。'"由于朱熹对这段话的阐释被视为正统,所以像王纶这样的考生,要通过重述朱熹关于天理与人欲二元对立的要点,来证明自己已经掌握了孔子对于"仁"和"四勿"的主张。朱熹对于这段话的观点是否恰当还有待讨论,但考生不能对此提出质疑。在一页页试题和答卷中,考官期望考生认可正确的观点,而非偏离正道,流于文句讨论,因为这可能会掩盖这段话中至为关键的道德问题。[37]

明末,在科举考试领域之外,许多儒学家曾反对朱熹以"胜私欲"来解释孔子"克己"的观点。泰州学派(位于扬州府,是继承了王阳明学说的激进学派)成员认为,这段注释证实了朱熹将人欲与天理截然分离的绝对主义。在他们看来,朱熹在解读《论语》这段话的过程中,实际上加入了自己对"理"(道德原理)和"气"(包括"生物之具""天""质料""能量""物质"等阐释)的区分。尽管明朝对经文的理解存在如此分歧,但在乡试和会试的重大考试中,每当考官选取四书里关于"仁"的段落作为第一场考试的考题时,朱熹的观点仍占据主导地位。[38]

在清朝科举中,考题中关于《论语》里"仁"的段落反复出现。在康熙二十四年(1685)的会试中,从四书里选取的第一段引文就是颜渊与孔子的这段对话。当时那篇被考官王鸿绪(1645—1723)评为"正理"的最佳文章,便出自这场考试的第一名、来自江南腹地苏州府的南方文人陆肯堂(1650—1696)之手。陆肯堂的八股文阐明了程朱正统思想对于上述"克己"与"复礼"概念的重要性。从明成化元年(1465)到清康熙二十四年(1685),关于这段话官方所认可的阐释从未发生变化。

为进一步强调，陆肯堂在关于"仁"的文章中着重论述了人欲与天理之间的对立。他指出，要"治私"，则要"知私之所感犹显也"。若能克服私欲，便能实现任何目标。要在个人行为中表现仁，则要"一事清于理"。这篇八股文杰作或许是整个科举考试中最受推崇的文章，它肯定了宋代儒学的文化价值观，并以当朝可以接受的正统哲学范畴来划分天理与人欲两个世界。[39]

然而，到了18世纪末，清朝学者中盛行汉学和考据学，因此对于这段名言，再度出现了不同的阐释。治学广博的戴震（1724—1777）曾明确抨击过朱子学说的正统地位，不过这对科举制度本身并未产生什么影响（另参见本书第8篇包筠雅一文）。朱熹对人欲的严格定义是戴震论述的核心问题。在讨论《论语》这段话时，戴震指出："老、庄、释氏，无欲而非无私；圣贤之道，无私而非无欲；谓之'私欲'，则圣贤固无之。"[40]

这一理论争鸣主要围绕对人欲的肯定或否定。戴震认为，朱熹的研究脉络重视天理，而轻视人性的本质特征：

圣人治天下，体民之情，遂民之欲，而王道备……于宋儒，则信以为同于圣人；理欲之分，人人能言之。故今之治人者，视古贤圣体民之情，遂民之欲，多出于鄙细隐曲，不措诸意。[41]

戴震对朱熹关于"仁"等经学术语的阐释的重新评价，直接导致他从政治上批判经学的价值观被用来压制百姓利益。而直到清末，戴氏学说的影响才不止于阐释层面。[42]

除了《论语》中孔子提倡"克己"的内容，《书经》中也有两段话可以进一步维护程朱正统思想的地位。在《书经·周官》中，周王宣布：

呜呼！凡有我官君子，钦乃攸司，慎乃出令。令出惟行，弗惟反。以公灭私，民其允怀。[43]

这是儒家学说中常被用来引证"公"先于"私"的章句。

《书经·大禹谟》中首次阐明了"人心"与"道心"的区别。圣王舜对即将登基的禹提出如下劝诫:"人心惟危,道心惟微。惟精惟一,允执厥中。"[44]

总之,《书经》中的这两段话在元明清三朝成为维护正统思想的重要支撑。在一个向过去拥有绝对智慧的圣王黄金时代学习思想的文化里,正统思想要维护当下的主张,需要经学的支持。因此,程颐曾将人心与道心的明显分离,等同于不加控制的欲望与天理之间的对立:"人心,私欲也;道心,正心也。危言不安,微言精微。惟其如此,所以要精一。惟精惟一者,专要精一之也。精之一之,始能允执厥中。中是及至处。"[45]

朱熹在程颐阐释的基础上,将人心与道心的区别纳入自己的理学范畴,让它有了新的理论转折:"夫谓人心之危者,人欲之萌也;道心之微者,天理之奥也。"[46]

朱熹认为,理气之分,对应了舜所宣称的道心与人心之别。前者称得上关乎道德,即理之源头,后者则关乎人性,即欲望之源,因而也是恶之源头。朱熹认为"理"与"气"相互排斥,彼此不可化约,从这个角度来说,其主张可被解释为在道德原则与人欲的物质世界之间,引入了一种深刻的对立。[47]

在《中庸章句》序(1189)中,朱熹进一步阐明了他把道心与人心之间的区别与其理学思想联系起来的理由。而且,他还在道心与人心之分上,添加了《书经·周官》篇中所阐述的"公"与"私"之间的类似区分:

然人莫不有是形,故虽上智不能无人心;亦莫不有是性,故虽下愚不能无道心。二者杂于方寸之间,而不知所以治之,则危者愈危,微者愈微,而天理之公卒无以胜夫人欲之私矣……必使道心常为一身之主,而人心每听命焉,则危者安,微者著,而动静云为自无过不及之差矣。[48]

朱熹饱览四书五经,并将其整体作为经学思想的基础。他的弟子蔡沈将他的思想发扬光大,将"人心道心"这段话作为全面阐释《书经》所有篇章的基础——正如我们所见,这种阐释已成为科举考试科目的指定注解。在《书集传》序(1209)中,蔡沈写道:"二帝三王之治本于道,二帝三王之道本于心。得其

心，则道与治固可得而言矣。何者？精一执中，尧舜禹相授其心法也。"⁴⁹

在特别提及《大禹谟》篇中的"人心道心"段落，以及《周官》篇中的"公"与"私"之分时，蔡沈的观点更为明晰：心法是道心与人心对立之本质。圣王可以主宰自我，并迫使他的欲望服从他的意志：

心者，人之知觉，主于中而应于外者也。指其发于形气者而言，则谓之人心。指其发于义理者而言，则谓之道心。人心易私而难公，故危。道心难明而易昧，故微……道心常为之主，而人心听命焉，则危者安，微者著……盖古之圣人将以天下与人，未尝不以其治之之法并而传之。⁵⁰

此外，蔡沈还明确指出，道心和人心之分反映了"公"与"私"之分。对于《周官》篇中的"以公灭私"，蔡沈注释道："以天下之公理，灭一己之私情。"⁵¹

朱熹在与弟子反复讨论"克己"的必要性时，早已对自己的理论立场进行了总结。他提出了一种人性观，即人性中的"仁"是通过克己、为公、去私来主宰自我的产物：

如"克己复礼为仁"，所谓"克己复礼"者，去其私而已矣。能去其私，则天理便自流行……公是仁之方法，人是仁之材料。有此人方有此仁……若无私意间隔，则人身上全体皆是仁……人所以不仁者以其私也。能无私心，则此理流行……则无私心而仁矣。⁵²

通过将"公"等同于儒家主要的德行"仁"，孔子对"克己"的训诫被置于这样一个理论框架内：个人情感与欲望被认为是需要消除的私欲。此外，"仁"的公域包括仁爱和互惠，要做到的程度恰好是私域里的自我被剥夺的程度。

朱熹努力将经学段落与他对天理之公域和人欲之私域的分析结合起来，最后成功地使其哲学思想有了经学支撑。不过，对于程朱理学这样的人本主义哲学如何能够轻易成为国家统治的理论基础还不甚明了。

统治者想将皇权作为传承公德与美德的化身，宋儒"公"先于"私"的主张与之不谋而合，后者对于"公"的阐释没有为追求私欲或私利留下任何空间。朱熹在其"心"与"欲"的理论中运用了"主"与"奴"的意象，在其政治哲学中为非预期的阐释结果创造了足够的意识形态空间，这一点对维护明朝统治的人来说极为有用。[53]

例如，在明正德十一年（1516）的浙江乡试中，第三场考试的第二道策论题就集中考查"孔门传道"，以及"传授心法"在使道心实现"精一执中"的目标中的作用。考官在考题中强调，理解心与智之间的微妙差异，是弄清个人道心的自我修养与治国的普遍理念之关系的关键。对性与理的研究是宋朝对圣王尧的思想的重构，尧曾将中庸之道的治国经验传授给了他所选择的继任者舜。事实上，考生应让朱熹的观点与"精一执中"的经学主张和谐一致。[54]

考官们将吾谨（活跃于约1516—1517年）的文章评为这道策论题的最佳答卷，该考生在整场考试中排名第三。其中一位考官评价其文是"论道"即阐释"道统"的典范。另一位考官则认为吾谨"可与论道"。吾谨的文章确实论证了自古圣王以来关于心法及心法之传的正统立场："继往圣而开来学者此也。"朱熹的观点因此得到了最有力的维护——他讲求道德与学问的努力得到了吾谨的赞扬。"论德必以《中庸》为归，"吾谨写道，"讲学必以求仁为要。"

在回答这道题时，吾谨提到了《论语》中关于"仁"的那段内容（见上文），以证明关于克制与人心相关的欲望和掌握道心中的原则的种种经典学说是内在一致的。"古今异时而此心之法则无异也。穷达不同位而此法之传则未尝不同也。"吾谨认为，格致是"尽吾心本然之量"及"复吾心自然之体"。

吾谨这篇被评为最佳的文章最后既抨击了佛教的"空"与"灭"之学说，也批判了儒学对考据之学的枯燥训诂领域以及与文学作品相关的辞章练习的偏爱。他认为追求这些异学，"此人心之所以日丧，而去道之所以日远也"。这种对异学的攻击，为考官阐明了朱熹正统立场所依据的学说基础。

吾谨的写作才能让他第二年顺利通过了会试，并在科举考试第三轮中成功考取进士。但有趣的是，他早早退隐，过着闲逸的生活，镇日研究学问、诗词、散文，且与当时许多优秀文人（如李梦阳，1473—1529）交游。早年他在考场作文中精心抨击这种隐士追求，末了似乎也无甚紧要。或许他只是改变了自己的想法，或许科举考试对他来说只是一种锻炼，或许在经历了嘉靖元年（1522）至嘉靖三年（1524）在朝廷引起轩然大波的"大礼议"[55]之后，他对正德、嘉靖年间的严酷现实已不再抱有幻想。[56]

正统的宋朝儒学虽然在考场外经常受到批判，但却不受影响地传承至17世纪。明朝末年，无锡县民间创办的东林学院知名领袖顾宪成（1550—1612）也认同朱熹的观点，即恶是由于人心固有的不稳定性，若放任自流，则会使道心蒙上阴影："道心有主，人心无主。有主而活，其活也天下之至神也；无主而活，其活也天下之至险也。"通过强调道心的"震慑力"，顾宪成再次在政治上肯定了程朱正统思想对于经学话语的权威性，并否定了王阳明的观点。

常州东林党人钱一本（1539—1610）也同样认同朱熹的二分法，但钱一本在政治思想上有一个重要的转变：他把道心等同于统治者，人心等同于臣民。正如在朱熹之学中，道心是人心的主宰，因此，在晚明钱一本对程朱正统思想的注释中，统治者是臣民的主宰。这种关于政治权力"由上至下"的观点，如今也在道德理论中生效了。[57]

这类阐释掌握在讲究教条主义的儒家道德学家和追求形式主义的政客手里，为国家专制统治者提供了他们所需的思想武器，来维持其持久目标，即从短期来说依靠政治投机带来效益，从长期来说维护皇权和皇威。在成功掌握政权后，清朝统治者在国家意识形态与科举考试要求上，仍然突出强调程朱正统思想。[58]

在康熙二十四年（1685）的京师会试中，第三场的第一道策论题再次考查了关于道心的那段话。考官在提及《书经》中人心与道心之分的内容时，总结了朱熹和蔡沈的阐释："古帝王治本于道，道本于心，自尧以执中授舜，舜扩其旨以授禹。"[59]

从本质上讲，考官认为"存诚"与"格物"的学说有赖于"心学"。陆肯堂那篇被评为最佳的文章开篇便概括了心学的核心地位，印证了考官的立场："帝王皆以学治者也，则皆以心学者也。"[60]

在雍正七年（1729）的正科会试与乾隆二年（1737）的恩科会试中，第三场考试的策论题都是关于"人心道心"的内容。对于1729年会试的第一道策论题，考官在要求考生论述太极的形而上属性时，明确提出了道心与人心之分。是年科举榜眼沈昌宇（1700—1744）的答卷被收入官方记录，其中一位主考官称之"学有本原"。沈昌宇这篇堪称典范的文章提出了宋儒的宇宙观，即太极生阴阳，阴阳生五行及万物。

对宇宙观的讨论是解释"心性"的形而上学基础的前提。沈昌宇认为，性乃"以为心之准"。文章之后继续探讨心性关系如何印证了程朱学说的人心与道心之分。若无衍生自性的道德范畴，心则仍不受其源于太极的影响。为仁须以"惟精惟一，允执厥中"而"养性"。否则，沈昌宇总结道，"人心"就会占据主导地位，而人含有道德原则的天性也会丢失。通过向雍正皇帝"上呈"他头头是道的答题，沈昌宇呼吁施行他文章所依据的"正学"。[61]

乾隆二年（1737）的恩科会试是为庆祝乾隆皇帝新近登基而设的，其中第一道策论题，考官几乎一字不差地复述了早先的考题，即"治统"和"道统"学说之间的对应关系。在称这些学说为治国"一贯之道"的同时，考官还要求考生阐述对程朱学说中"心法"与"惟精惟一"的理解，这是从道心与人心之分引申而来的。[62]

江西考生何其睿（生卒年不详）对这道策论题的回答被评为最佳文章。何其睿虽然在会试中高居榜首，但乾隆皇帝利用皇权，让他在殿试后降为二甲的进士之首。何其睿的文章重述了危险的人欲与存天理两者之间的正统两分，这可以理解。程朱理学的心法既要求遵守中庸之道，也要求忠于圣人传下来的"微言大义"。

何其睿文章的核心是捍卫朱熹所倡导的主要学说，朱熹要为培养道心提供理论框架。何其睿以"致知"与"居敬"为例来阐述朱熹学说，认为朱熹是以"所以教人作圣者"为目标。在正统的道德理论中，圣与仁相辅相成。以心法为基础的自我修养是政治秩序的前提。[63]

以上所探讨的明清考生的文章，例证了科举取士中出现的观点具有普遍的一致性，这与私域观点的多样性形成了鲜明的对比（另参见本书第5篇盖博坚一文）。明清两朝有着各种各样的学说观点和经学立场，儒家文人也做出了各种辩护。然而，在科举制度的范畴内，直到18世纪末，观点的多样性才被接受。程朱理学对绝对和普遍原则的主张，无意间为元明清三朝统治提供了一套理论工具，即"意识形态"，以对抗政治与道德现状的威胁。

朱熹关于公共价值先于个人私利的观点，在理论上与他对政治派系结盟的负面看法完全吻合。个人行为和政治行动的理想状态都可简化为同一种表达：肯定道心的公理，反对人心的私欲。加入政治派别，意味着追求个人利益，而这终是以个人私欲为基础的。党派或派系顺从人心（在此情形中是四方汇聚的许多人心）的任性倾向，违背道心的普遍标准，一位坚定效忠皇帝的大臣便是从等级上体现这种情形的典型例子。[64]

我们将在下文看到，18世纪，国家科举考试所考查的官方正统观念和清朝经史研究成果之间的距离开始拉大，以至于宋学与汉学的儒家正统之争开始影响到乡试和会试中的考题和作答。在八股文中，成圣可能仍是正统理想，但对于以经验为主的考据学者来说，宋明儒家的自我修养模式越来越被视为天真且不切实际。

晚清科举的汉学与宋学之争

晚期帝制中国鼓励广泛印刷与传播已被认可的四书五经注本，因为它们是科举考试科目的基础。整个明清时期，阅读或有机会接触四书五经的中国经学文人，比可以接触到《旧约》和《新约》的欧洲文人要多。[65]

比如17、18世纪，在江南城市分布的中心地带，细究经书和正史的考据派文人日益增多。作为一种自发的治学之道，考据学在江南的兴起缓慢而稳定，并以朴学研究的核心理念为基础：（1）判断经书和史学文献的真伪；（2）训诂经典古文字词；（3）重建古文音韵；（4）阐明汉字的古文字源流。[66]

考据研究注重积累有据可考的学问，体现出江南经学家在思想和认识论方面发生了重要转变。江南考据学家主张回到现有的最原始的文献来源，通常为汉朝的文献，来重建经学传统。因为汉朝更接近经书实际编纂的年代，所以清朝学者逐渐倾向于利用汉朝典籍（因此被称为"汉学"）来重新评鉴经书。这种经学研究重心的转变意味着宋明文献（"宋学"）被抛弃，因为宋朝明朝距离经典编纂成书已过去了1500多年，而且，许多清朝学者都坚信，朱熹和王阳明学派在不知不觉中已将非正统的佛道学说融入了儒藏。[67]

《古文尚书》真伪辨

比如，不少考据学者称《古文尚书》是公元3世纪的伪作，并非古圣王所作。该文本之争在汉学家中轰动一时，而与此同时，科举考试仍以《古文尚书》中"人心道心"的内容来考查考生对于宋学正统学说的掌握。为通过朝廷考官的考查，考生需机械重复程朱理学的经学立场，但即便考官也逐渐意识到许多正统观点在原始文献上根本站不住脚。

自宋朝以来，已有人质疑《古文尚书》的出处，但直到出现阎若璩（1636—1704）的考证及其在《尚书古文疏证》中得出的明确结论，该争议才算平息。据阎若璩考证，《古文尚书》为伪作。基于此，1690年代和1740年代都有奏折上奏皇帝，建议废除科举考试中采用的《古文尚书》内容，但每次奏请均被驳回。

1740年代，吴派汉学鼻祖惠栋（1697—1758）在阎若璩考证的基础上，对《古文尚书》发起了新一轮抨击。惠栋附议阎若璩的观点，指出数百年来学者一直怀疑《古文尚书》的真实性，且没有证据表明它们不是伪作。惠栋的汉学门生继续其师未完成的《古文尚书》研究。常州孙星衍（1753—1818）对《古文尚书》与《今文尚书》的权威研究，结束了《古文尚书》真伪之争。孙星衍对于西汉与东汉原始文献的分析，标志着汉学的威望在清朝达到了顶峰。[68]

在经学研究、政权合法化及政策表达的交汇点上，宋学家对经学所采取的保守立场，表明他们在意识形态上与明清正统思想保持一致。汉学对正统经学的威胁，已经危及自15世纪以来在科举科目中被奉为圭臬的共识。不少人都拒绝接受考据学家的文本研究成果。日后成为常州今文经学派复兴领袖的庄存与（1719—1788），在1740年代担任乾隆皇帝翰林院编修时曾特别提到，若《古文尚书》中长期以来为人熟知的《大禹谟》遭到质疑，那么"人心道心"的基本学说，以及舜帝的大臣皋陶所提及的"与其杀不辜，宁失不经"的法令，统统都会被推翻。庄存与认为，这些学说都是经典认可的学说。因此，庄存与试图在意识形态的基础上，制约汉学主流学者日益积累的考据研究。[69]

《尚书》策论题的变化

然而，如上所述，康熙二十四年（1685）、雍正八年（1730）及乾隆二年（1737）的会试仍在引用《古文尚书》的《大禹谟》中关于"人心道心"的内容，并无任何迹象表明有过关于其文献真伪的争议。同样，我们也已了解考生在答卷中从未提及上述文本之争，他们仍恪守程朱理学对于圣王传授心法的阐释。这些考生的文章无论是向当朝表忠，还是肯定正统的儒家文化价值观，都并非要从概念上进行严谨的文本分析。若考生指出考官在引文和考题中未提及的文献问题，则意味着他们会在科举中落榜，因为科举取士是对文化与政治的双重考验。

这种倾向直到18世纪晚期才发生变化，在当时乡试与会试的第三场策论题中，考官开始考查以往正统科目之外的专业考据题。例如，嘉庆十五年（1810）在安徽与江苏的江南考生参加的乡试中，第三场的第一道策论题便直接提到了《古文尚书》的真伪问题。

考官在题目开篇便提及关于《尚书》最初百篇版本中"序"的出处的文本争议，该版本一直被认为是由孔子整理编纂的。考官问："何以有不入百篇之目者？"接下来，考生便要解释为何在西汉时期，关于《今文尚书》历经秦始皇"焚书"而存留下来的篇数的记载（二十八篇或二十九篇）会存在差异。然后考生还要分析孔子后人、汉代经学家孔安国（前156—前74年？）为何在《尚书》"序"中令人费解地将篇目定为五十八篇——该版本的《尚书》将当时新发现的二十九篇古文加到了之前的版本中。考官问道："何以云五十九篇？（实乃五十八篇）"

在考查完西汉的经学文本后，考官开始转向东汉（25—220）经学家郑玄，他被清朝汉学尊为"经神"，其注释列出了《尚书》最初的百篇版，但与孔安国版本的排序不同。"何以不同？"考生需要回答该考题。之后还有唐宋时期处理的《尚书》文本问题。为何唐朝负责科举考试儒学科目官方文本的孔颖达（574—648）会把《尚书》第三个版本称为汉朝的伪作？为何朱熹会质疑孔安国《尚书》注释及序中（对汉朝来说）不同寻常的措辞？[70]

考官上述提问的顺序及内容揭示了汉学相关文献的考据成果，展示了考据研究开始向科举考试制度渗透。尽管这仍是一场对文化忠诚与政治忠诚的双重考验，因为考官在考题中称赞是清朝统治孕育了经学研究的兴盛，但围绕《尚书》文本变迁的这一探究，仍需要考生掌握精确的知识，以向考官证明自己意识到了围绕这一特殊的经学文本而展开的争论。然而，这道策论题并非对文化正统的考验，而是提出了可能会挑战正统"真理"的那些具有潜在破坏性的问题。《古文尚书》的关键篇目之一《大禹谟》如今被众多儒学家认为是伪作，而它的内容涵盖了"治统"与"道统"学说赖以建立的经典学问。[71]

这种对文本的关注可能被认为是江南地区所特有的，因为这里的治学群体都曾是复兴汉学研究以及将考据学研究方法运用于经史研究的先驱。但其实，全国的科举命题都在发生变化，这主要是因为乡试经常任用来自江南地区的考官，他们十分了解江南经学家们的最新研究成果。长期以来，江南文人都是京师会试与殿试中的佼佼者，因此最有可能获得翰林院和礼部的任命。大多数担任乡试考官的人选都是从京城官僚体系中这两个互有重合的机构中挑出来的。乾隆十五年（1750）后，科举思想发生变化的范围扩展到了较为偏远的省份，如北边的山东、西南的四川以及西北的陕西。[72]

山东乡试

尽管乾隆三十六年（1771）山东乡试第一道策论题不如上文中提到的嘉庆十五年（1810）的考题那般直接，但还是与经学考据有关。到了18世纪中期，乡试第三场的策论题开始不按常理出题，不过多多少少普遍围绕五个方面，通常（但不总是）按以下顺序：经学、史学、文学、治国方略、乡土地理。

对于与经学相关的策论题，考官通常会考查文本问题，不过更偏重道德哲学。例如，乾隆三十六年（1771）的策论题便提到了《古文尚书》与《今文尚书》之间复杂的分歧，其目的是考查考生对于《尚书》文本仍无定论的理解以及他们认为在这种分歧中可以寻求何种共识——为何即便是朱熹和程颐都难以在某些问题上达成共识？[73]

嘉庆二十四年（1819）的山东乡试，考官明确要求考生对第一道策论题中的《古文尚书》与《今文尚书》的篇目出处进行考据分析：

王伯厚（应麟，1223—1296）谓《周官》据今文，然经中古文仍不少，而注中每易以今文，何故？《仪礼》注有从古文者，有从今文者，有今古文兼从者，能分别之否？

之后在咸丰元年（1851）的乡试中，山东考生须回答两道与考据有关的策论题。第一道题是问《古文尚书》与《今文尚书》的具体知识；第二道题考查考生对《古文尚书》与《今文尚书》在古文字字源差异方面的了解。在山东，原本只掌握了第一、二场考试所需的程朱理学内容的考生，如今需要艰难备考第三场。[74]

考官也会考查其他考据方法。例如在嘉庆十二年（1807）的山东乡试中，第三道策论题是关于古音韵学的。出这道题是因为孙星衍担任考官，他是江南常州杰出的考据学家，山东备考考生都感受到了他的影响力：考题强调《诗经》古韵对重构古代音韵的重要性。这要求学生在阐明音韵的分类时，还需要考虑平上去入四声发展的语言因素。[75]

四川乡试

另一方面，乾隆三年（1738）四川乡试表明，考官心里依然将宋学视为正统。例如，他们会要求考生准备一篇有关程朱理学心法的策论文章，此题与上文中分析的以往会试的策论题并无二致，几乎是逐字照搬。因此，乾隆三年（1738）第一道策论题为"道统"学说假设了一个统一的经学愿景，该愿景的基础便是长期为人接受的人心道心之分以及程朱理学的"惟精惟一，允执厥中"思想。[76]

尽管文献问题有时也被提及，例如乾隆六年（1741）及乾隆十二年（1747）四川乡试的策论题，但在整个18世纪，宋学仍是考官命题的重点。而嘉庆五年（1800）的乡试策论题出现了与汉学有关的问题。在第二道策论题中，考生须对比汉唐注疏与宋朝义理，以及探究程朱理学家与汉唐儒学家的不同之处。在第三道策论题中，考官要求考生完成一篇清晰有理的"考据"分析，评估迄今为止的史学研究是否准确。而在回答第四道策论题时，考生须阐述自身对于古词源学、古音韵学以及古文字学的了解，考官将这三者定义为文献研究的重要分支。[77]

之后，四川乡试便经常考查与汉学和宋学相关的问题。例如，在道光十二年

（1832）乡试的第一道策论题中，考官准备的问题主要考查书法的历史以及古文书写形式与四书的关系。到了道光二十六年（1846）的乡试，第三道策论题直接认可了考据研究的语言学前提："通经以识字为始，识字以《说文》为先。"在咸丰九年（1859）乡试的第一道策论题中，考生被问及《古文尚书》真伪的争议："《书》古文若（《大禹谟》）等二十五篇，好古者多以为伪，其出之何代，传之何人，疑之者始于何人？"

因此，在咸丰十年（1860）以前，正统阐释所依据的那些文本在整个乡试范围内被公然质疑。这个势头不断增强，但并非不可反转。光绪十一年（1885），考官在第一道策论题中提出了有关《古文尚书》与《今文尚书》的文献问题，但第二道题却是一道典型的考查考生宋学"正学"知识的题。事实上，将汉学与宋学置于同一场考试的不同考题中，反映了这两个竞争学派的结合，而这成为19世纪儒家经典思想的重要特征。[78]

陕西乡试

同样，在清朝统治前一百年的大部分时间里，陕西乡试策论题仍然围绕宋朝儒学的思想和问题展开。例如，在乾隆二十一年（1756）的乡试中，考官准备的第一道策论题就是考查考生对于当下"圣贤心传"权威学说的了解，具体指《大禹谟》篇中关于人心道心之分的内容。而乾隆五十三年（1788）的策论题几乎这样逐字照搬，并未对《古文尚书》的出处提出任何质疑，由此肯定了《大禹谟》篇的重要性。

然而，到乾隆二十四年（1759），策论题的重点已经开始发生变化。第三场的第一道策论题便强调唐代以前的经学传统，后者可追溯至汉朝太学讲经时用到的"家法"。考生要概述《尚书》等经学的传承历史。在乾隆六十年（1795）和嘉庆五年（1800）乡试的第一道策论题中，考官的经学问题主要围绕郑玄的汉学展开。

乾隆六十年（1795）的策论题要求考生讨论郑玄在"汉儒经学"中堪称典范的立场。嘉庆五年（1800），考官命题时再次强调郑玄对于经学的贡献，考查考生对于《周易郑注》的了解。在第三道策论题中，考古学和古文字学成为考官考查的专业知识，要求考生表现自身对于包括"石经"在内的汉朝石碑文特点的掌握程度。而第四道策论题也大同小异，考查考生关于今传《诗经》三百篇的版本与许多"逸诗"[79]版本之间的文献问题。

之后，汉学与考据学成为陕西乡试经常考查的内容。在道光五年（1825）的乡试中，第一道策论题便询问考生关于五经的文献问题。例如，对于《尚书》而言，考官会让考生评论孔安国的序可能是伪作的情况。对于《易经》和《诗经》，也会考查类似的文献问题。道光十一年（1831），第一道策论题考查了汉朝的"家法"。到了道光十三年（1833），陕西乡试考官开始公然质疑《古文尚书》的真伪，并在第一道策论题中傲然声称："圣朝经学昌明，考疑订伪。"考据研究及程朱正统思想都促进了政权的合法性，这意味着考生可以通过掌握考据方法来表现对当朝统治的忠诚。[80]

会试策论题的变化

可以想见，在一个利用宋儒学说来维护政权合法性的朝代，会试与殿试策论题的变化会晚于乡试。对此，我们看到的思想活跃变化实际始于江南城市分布的中心地带，这些新的思想发展最先影响地方乡试，然后才渗透至京师的科举取士制度。清朝的学术潮流凭借汉学和考据学家的力量登上了科举之梯，而考据学家们自身也在追求仕途的成功。

如上所述，担任康熙二十四年（1685）会试的考官所准备的策论题是要求考生掌握宋儒的道德和政治学说。尽管科举考查了经学的文本及传授问题，但宋学思想总体并未发生变化。例如，在雍正七年（1729）的会试中，康熙二十四年（1685）那道关于"人心道心"的策论题几乎再次被逐字照搬。而在乾隆二年（1737），这道题又出现在了考卷上。

在乾隆四年（1739）、乾隆七年（1742）、乾隆十三年（1748）、乾隆十六年（1751）及乾隆二十四年（1759）的会试中，每场第一道策论题都主要与"治统"和"道统"相关。京师考官似乎要确保考生明白："心法"能让他们"明理其本也"，是讨论"帝王之治法"的必要条件。江南人士陈晋（1762—1834）在乾隆四年（1739）那道策论题中的回答被评为范例，其文章强调"外王"与"内圣"

的双重角色。[81]

乾隆七年（1742）会试，考官在策论题中专门让考生探讨程朱理学关于人性的立场。其中备受赞赏的文章主要强调"心性之理"，认为道心要先于人心。而"圣人之心"是乾隆十三年（1748）会试策论题考查的重点。考官问："孔子之学以诚敬为主欤？夫诚敬之理，孔子以前始见于何经？"关于这个问题的最佳范文出自李中简（约1713—1774），他将治统与道统之间的关系追溯至尧传舜、舜传禹的学说。[82]

乾隆十六年（1751）会试的第一道策论题提到"性原于天心"的主张。"复性"则需"允执厥中"，把握道心的优势。但在这次考试中，考官让考生比较朱熹和王阳明对于"尊德性"与"道问学"之两极对立的各自立场。浙江文人周澧（1709—1753）在文章中对正统立场进行了概括，认为朱熹"性等同理"的主张要优于王阳明"心等同理"的主张。[83]

乾隆十七年（1752），"人心道心"再次成为第一道策论题考查的重点。考生纪复亭（生卒年不详）的文章被评为最佳，他在文中将"心法"等同于"治法"。为完善心法，纪复亭主张要"明道之学"，而"居敬"和"穷理"乃此培养之法的前提。[84]

尽管有些会试考查了经学文本问题，但考官力图让考生掌握的思想，显然是坚决支持宋学的正统地位。如此一来，在乾隆十九年（1754）那场著名的会试中——18世纪晚期的五大汉学家钱大昕（1728—1804）、纪昀（1724—1805）、王昶（1725—1806）、王鸣盛（1722—1798）、朱筠（1729—1781）都在这场考试中被录取——总共只有一道策论题与文本问题相关。事实上，该年第一道策论题要求考生再次强调程朱理学作为正统的前提，而这些未来的汉学家们日后将之批为"空谈"。[85]

这场考试的第二道策论题是关于四书五经流传的文本问题，其中钱大昕的文章被评为最佳。虽然考官一再强调朱熹在经学研究中的重要地位，尤其是对于《大学》（四书之一）章节的正确排序，但他们出的考题都是围绕四书展开的文本问题。钱大昕的超长范文（该篇幅意味着他不同于其他多数考生，而是非常认真地对待第三场的这道策论题）巧妙地处理了经学研究的复杂问题。他并非直接抨击宋学的正统地位,而是指出由于朱熹及其弟子在宋朝将《论语》《孟子》《大学》《中庸》合为专门的经学文库,因此直到那时才有了所谓的四书。虽然之后四书的地位一直高于五经,但钱大昕特别提出,四书最早是从五经而来的,它直接或间接地源自后者。钱大昕道,"六经皆圣人所删定也",这意味着四书的版本越晚,其经学权威性越弱。[86]

有关儒藏的策论题逐渐从强制要求考生重复宋儒的道德话语,变为考查他们对于经学知识的掌握。例如在乾隆三十一年(1766)的会试中,考生需回答一道要求掌握音韵的汉学策论题。考官在题目中指出"汉去古未远",因此汉朝版《诗经》的声母和韵母可能是现存最正确的古音。[87]

之后乾隆五十八年(1793)至光绪十九年(1893)间的会试策论题揭示出清朝经学研究对科举考试制度的影响程度。乾隆五十八年(1793),考生需回答围绕孔子《春秋》三个正统注本所展开的争论题,尤其是对《左传》权威性的讨论,其作者左丘明先前被认为是孔子的亲传弟子之一,不过今文派在18世纪便对古文派的这种说法提出了异议。例如乾隆五十七年(1792),纪昀曾向皇帝上书有关《春秋》注本的问题,其中包括自明朝以来便被当作考生四大必考注本之一的胡安国注本。纪昀请求将此宋朝注本从科举科目中除去,因为它距离经书的编纂时间已长达1500多年。纪昀的上奏得到了准许,这意味着汉学在朝廷中的胜利。此后便只有三个汉朝注本被视作正统,胡安国注本从此无人问津。[88]

道光三年(1823)的会试考官由著名考据学家王引之(1766—1834)担任,其中有三道策论题均考查考生的经学研究知识。在第一道题中,考官考查的是经传问题。回答范文出自考生周开麒(生卒年不详)之手,他在会试中排名第五十六,但获殿试一甲第三名,其文章主要讨论郑玄在东汉时期向后世传播经学之义的重要性。

在第二道策论题中,考生需描述汉朝以来的著名儒学家们给皇帝讲学的源起、发展及内容。而周开麒的文章再次被评为最佳。第三道题考查的是儒学家在帝制中扮演的角色。文章被评为范文的考生林召棠(1786—1872),虽然会试排名第二十六,但获殿试状元,他在文中指出各个朝代的皇帝如何以各种方式发扬重要儒学家的学说。他还描绘了程朱理学如何在宋淳祐二年(1242)受到朝廷重视,而明太祖曾一度推崇曾为汉武帝出谋划策的西汉儒学家董仲舒的学说。[89]

道光二十七年（1847）及咸丰二年（1852）的会试第三场进一步强化了策论题注重考查汉学的倾向。道光二十七年（1847）会试第一名的考生许彭寿（1821—1866）回答第一道策论题的文章被评为最佳，内容涉及经学研究的各个领域。许彭寿在第一道题中主要论述词源，第二道则强调诗歌的韵律与节奏。咸丰二年（1852）会试，考官在第三场第一道策论题中让考生围绕经书文本问题举证。最佳范文出自殿试三甲第三的考生徐河清（1821—1866）之手，他在文中概括了早前汉唐儒学家对经学研究所作的贡献。但在文末华丽的辞藻中，徐河清醉心于清朝儒学家的"穷经"研究，认为包括其本人在内的考生均应以此为目标。[90]

总之，18世纪末19世纪初的策论题开始反映出主导儒家科举的思想环境的变化。虽然会试第一场和第二场引用四书五经的大部分文段基本保持不变，且仍以程朱理学的正统阐释为主，但考查汉学的趋势与考据题已成功通过第三场的策论题渗透至乡试与会试中。清王朝继续利用科举考试来维护自身的政治与文化统治。不过，当时清朝儒学家们对于汉学与宋学的普遍争论已经经由文化层面逐渐反映出来，只是统治者认为汉宋两学都不具备政治破坏性。有证据表明，在太平天国运动之前，即便科举制度依旧是朝廷在政治和社会层面培养儒家士大夫的主要制度，但它本身在内容和方向上均在发生缓慢而重要的内在变化。

结　语

在仔细研究明清时期的考题及答卷中关于道德争论的语言结构与演绎推论的变迁后，不难发现，晚期帝制中国的科举制度包含了出题的明确逻辑和建立语义分类的隐含逻辑，使得考官与考生能够根据当时的道德立场、社会倾向及政治强制，来评价与划分他们的认知世界。科举考试中对道德理解的总体分析框架，预设了强大的语言学前提，即考查道德分类和道德区分的考试会造成行为上的后果（见后记）。

在受西方思想与太平天国运动冲击之前，许多儒学家已开始重估自身的文化传统与教育形式——经由这一传统和教育，本土价值观从过去流传下来，并在当代得以复制。在学问和教育上的创新，其累积的效果体现在私人书院和国家的科举考试中。尽管科举考试型构思想的作用在科举制度改革以后仍然非常重要，但它的内容表述功能在乾隆十五年（1750）以后越来越重要。如果说朝廷科举第一场和第二场考试依旧受到程朱理学正统学说的政治及社会影响，那么第三场的策论题则反映了18世纪末19世纪初的儒学考官已非常清楚汉学对于清朝经学研究的重要性。作为士大夫群体的缩影，儒学考官试图在19世纪将汉学与宋学整合在一起，实现道德培育与经学博学之间的平衡。[91]

但总的来说，在备考晚期帝制科举考试的过程中，作为国家正统思想的程朱理学发挥了主要的教育作用。考生既要向统治者证明自己的政治忠诚，又要表现对正统道德思想的拥护，因为它维护了现有的政治统治。18世纪考据风潮的兴起，导致道德正统出现了明显的裂痕，这一裂痕到19世纪开始冒头，然后向科举制度逐步渗透。不过，直到20世纪儒家思想的支配地位被动摇，人们才充分感受到这些经学微变的政治影响。

本文研究在1987—1988学年以及1988—1989学年获得了加州大学洛杉矶分校学术委员会的经费支持以及加州大学洛杉矶分校中国研究中心的研究资助。此外，在1990—1991学年有幸获得富布莱特基金会（中国台湾）、太平洋文化基金会（中国台湾）以及日本基金会的研究奖学金，最后的校订工作便是在此期间完成的。

（赵芳译　禾摇校）

注释

1. 清政府主持纂修的《明史》（12册；再版，台北：鼎文出版社，1982）册3，第1686、1711页。
2. 《明史》册3，第1724—1725页；刘锦藻编《皇朝续文献通考》（上海：商务印书馆，1936），第8452—8453页。
3. 刘子健《一个新儒家学派如何成为国家正统思想》（How Did a Neo-Confucian School Become the State Orthodoxy?），载《东西哲学》（Philosophy East and West）总第23期，1973年第4期，第483—505页；谢康伦《受攻击下的新儒学——伪学之禁》

（Neo-Confucians Under Attack: The Condemnation of Wei-hsueh），收入约翰·海格尔编《宋代的繁荣与危机》（*Crisis and Prosperity in Sung China*）（Tucson: University of Arizona Press, 1975），第163—196页。

4. 《宋史》（10册；再版，台北：鼎文出版社，1982）册5，第3604页；《明史》册3，第1675、1719页；《清史稿》（48册，北京：中华书局，1977）册12，第3181—3192页；《明清进士题名碑录索引》（3册；再版，台北：文史哲出版社，1982）册3，第2415—2416页。

5. 《明史》册3，第1675—1676、1677—1678、1679、1713页；《清史稿》册11，第3108页。

6. 本杰明·A.艾尔曼《晚期帝制中国科举的三重属性——政治、社会和文化再生产》（Political, Social, and Cultural Reproduction via Civil Service Examinations in Late Imperial China），载《亚洲研究杂志》总第50期，1991年2月第1期，第7—28页。

7. 《明史》册3，第1680、1715、1717页。

8. 《明史》册3，第1689页。

9. 《明史》册3，第1694页。

10. 《明史》册3，第1685、1688—1689、1693—1694、1698—1699页。对于纠正这些问题的失败尝试，参见《清史稿》册11，第3149、3152页。

11. 《明史》册3，第1694页。

12. 《清史稿》册11，第3099—3100页。

13. 《清史稿》册11，第3169页。另参见《皇朝续文献通考》册1，第8424—8425、8429、8433、8438—8439、8440、8447、8450页。加州大学洛杉矶分校研究图书馆"韩玉珊特藏"收藏了一部分翰林院学士的满文考试资料。感谢柯娇燕帮忙确认其中的满文资料。

14. 《清史稿》册11，第3157—3158页。

15. 何炳棣《明清社会史论》，第173—183页。居蜜《地主与农民：16世纪至18世纪》（Lord and Peasant: The Sixteenth to the Eighteenth Century），载《近代中国》（*Modern China*）总第6期，1980年第1期，第9—12页。

16. 参见魏斐德《中华帝国的衰落》（*The Fall of Imperial China*）（New York: Free Press, 1975），第21—23页；宫崎市定《科举史》（New Haven: Yale University Press, 1981），第121—122页；白亚仁《蒲松龄与清代科举制度》，载《晚期帝制中国》，1986年6月第1期，第92—103页。

17. 这两个年份均开"博学宏词"科，以选拔能文之士。——译者注

18. 《清史稿》册11，第3099、3158—3159页。另参见何炳棣的《明清社会史论》，第189页。

19. 指方苞奉敕编定的《钦定四书文》。——译者注
20. 《清史稿》册 11，第 3101、3115、3152—3153 页；另参见《皇朝续文献通考》册 1，第 8442 页。
21. 即《左传》《公羊传》和《谷梁传》，合称"春秋三传"。——译者注
22. 《清史稿》册 11，第 3147 页；《皇朝续文献通考》册 1，第 8429 页。
23. 此处原文如此。——译者注
24. 《清史稿》册 11，第 3148—3149、3161 页。
25. 《清史稿》册 11，第 3149 页。
26. 《清史稿》册 11，第 3149—3150 页。
27. 《钦定科场条例》（1834）卷 57，1a—9a。
28. 《清史稿》册 11，第 3150—3151 页。另参见刘若愚《中国诗学》（*The Art of Chinese Poetry*）（Chicago：University of Chicago Press，1962），第 26—29 页。
29. 《清史稿》册 11，第 3151—3152 页；《皇朝续文献通考》册 1，第 8448 页。
30. 《清史稿》册 11，第 3193 页及以下诸页；魏斐德《中华帝国的衰落》，第 21—23 页。
31. 《清史稿》册 11，第 3104、3168 页；《皇朝续文献通考》册 1，第 8452—8454 页。
32. 《清史稿》册 11，第 3153—3154 页。另参见《皇朝续文献通考》册 1，第 8455—8460 页；赛勒斯·皮克《近代中国的民族主义与教育》（*Nationalism and Education in Modern China*）（New York：Howard Fertig，1970），多处。
33. 相关论述部分，参见成中英《中国哲学中的逻辑与语言》（*Logic and Language in Chinese Thought*），收入雷蒙德·克里班斯基主编《当代哲学：概述》（*Contemporary Philosophy：A Survey*）（Firenze：La nouva Italia，1969），第 335—344 页；皮埃尔·布迪厄《教育体制与思想体制》（*Systems of Education and Systems of Thought*），收入迈克尔·扬主编《知识与控制：教育社会学的新方向》（*Knowledge and Control：New Directions for the Sociology of Education*）（London：Collier Macmillan，1971），第 190—194 页。
34. 参见《论语引得》（台北：成文出版社，1966），22/12/1；刘殿爵译《论语》，第 112 页。关于论述部分，参见本杰明·A.艾尔曼《批判的哲学：清代考证学的变化》（*Criticism as Philosophy：Conceptual Change in Ch'ing Dynasty Evidential Research*），载《清华学报》，1985 年第 17 辑，第 165—198 页。
35. 参见朱熹《论语集注》（台北：《四部丛刊》，1980；影印明刻本）卷 6，10b—11a。
36. 《山东乡试录·成化元年》（1465），出自《明代登科录汇编》（台北：学生书局，1969）第 2 册，第 68 页注释，第 719 页。明景泰七年（1456）初，王纶曾在京城参加过等同于乡试的考试，其父在京城身居高位。王纶落榜后，其父控告主考官舞弊，但该指控被驳回。参见《明代名人传》（*Dictionary of Ming Biography*）（New

York：Columbia University Press，1976），第 970、1610 页。
37.《山东乡试录·成化元年》第 2 册，第 719—722 页。参见刘殿爵译《论语》，第 112 页。
38. 沟口雄三《〈孟子字义疏证〉之历史的考察》，载《东洋文化研究所纪要》，1969 年第 48 期，第 144—145、163—165 页。
39.《会试录》(1685)，7a，32a—34b。
40. 戴震《孟子字义疏证》（北京：中华书局，1961），第 56 页。
41. 戴震《孟子字义疏证》，第 9—10 页。
42. 参见本杰明·A. 艾尔曼《批判的哲学：清代考证学的变化》，第 191—197 页。
43.《尚书通检》（北京：哈佛燕京学社，1936），40：0281—0313，见第 21 页；参阅理雅格《书经》（再版，台北：文史哲出版社，1972），第 531 页。
44.《尚书通检》，03：0517—0532，见第 2 页。
45.《二程全书》，收入《河南程氏遗书》(《四部备要》1966 年版，台北：中华书局，1966）卷 19，7a—7b。
46.《朱子大全》(《四部备要》版，上海：中华书局，1937）卷 67，19a。参阅朱熹在《朱子语类》中对弟子询问这段话的回答（1473；再版，台北：正中书局）卷 78，26b—34a。
47. 黄俊杰《旧学与新知的融会：朱子对孟学的解释》，载《新亚学术集刊》，1982 年第 3 期，第 214 页，尤见第 214 页注释。
48.《朱子大全》卷 76，21a—22a。
49. 蔡沈《书集传》（台北：世界书局，1969），序第 1—2 页。
50. 蔡沈《书集传》，第 14 页。
51. 蔡沈《书集传》，第 121 页。
52.《朱子语类》卷 95，32b—33a。
53. 沟口雄三《中国公私概念之演变》，载《思想》，第 669 期，第 19—38 页。
54.《浙江乡试录·正德十一年》，收入《明代登科录汇编》第 5 册，第 2679—2681 页。
55. 指发生在正德十六年（1521）到嘉靖三年（1524）间的一场关于皇统问题的政治争论，争论核心是明世宗以地方藩王身份继承皇位后，何人为世宗皇考以及世宗生父的尊号问题。——译者注
56.《浙江乡试录·正德十一年》，第 2787—2794 页。参阅卡尼·费希尔《明世宗年间的大礼议》(The Great Ritual Controversy in the Age of Ming Shih-tsung)，载《中国宗教研究学会学报》(Society for the Study of Chinese Religions Bulletin)，1979 秋季号，第 71—87 页。
57. 参见顾宪成对朱熹立场的解读，见顾宪成《小心斋札记》，收入《顾端文公遗书》（康熙年间刻本）卷 5，7a。另参见钱一本《黾记》（约 1613 年）卷 1，11a，及《范

衍》(采进本，约 1606 年) 卷 1，9a—9b。

58. 本杰明·A. 艾尔曼《经学、政治和宗族：中华帝国晚期常州今文学派研究》(*Classicism, Politics, and Kinship: The Ch'ang-chou School of New Text Confucianism in Late Imperial China*)(Berkeley: University of California Press, 1990)，第一章。

59.《会试录》(1685)，11a。

60.《会试录》(1685)，71a。

61.《会试录》(1730)，41a—43a。

62.《会试录》(1737)，4a—5a。

63.《会试录》(1737)，38a—40a。另参见《明清进士题名碑录索引》册 3，第 2707 页。

64.《朱子大全》(《四部丛刊》版，上海：商务印书馆，1920—1922) 卷 11，9b—10a；卷 12，4b、8b。朱熹本人也与同道文人一起传播他的学说。事实上，早期的"道学"运动主要是一些志同道合的同阶层乡绅结盟，其行为遭到了反对者的谴责。而朱熹本人的理论后来也被挪用来反对乡绅结盟形式，朱熹曾参与其中，但在其政治理论中，这一行为从未被合法化。参见刘子健《一个新儒家学派如何成为国家正统思想》，第 483—505 页。

65. 本杰明·A. 艾尔曼《从理学到朴学：中华帝国晚期思想与社会变化面面观》，第 140—169 页。

66. 考据学在治学领域的兴起，参见本杰明·A. 艾尔曼《从理学到朴学：中华帝国晚期思想与社会变化面面观》，第 38—54 页。

67. 参见本杰明·A. 艾尔曼《从理学到朴学：中华帝国晚期思想与社会变化面面观》，第 26—36 页。

68. 论述部分，参见本杰明·A. 艾尔曼《义理 vs. 考证：关于人心道心的争论》(*Philosophy [I-li] Versus Philology [Kao-cheng]: The Jen-hsin Tao-hsin Debate*)，载《通报》(*T'oung Pao*)，1983 年第 4—5 期，第 175—292 页。

69. 参见本杰明·A. 艾尔曼《经学、政治和宗族：中华帝国晚期常州今文学派研究》，第三至五章。

70.《江南乡试题名录》(1810，藏于北京第一历史档案馆)，9a—9b。鉴于本文研究重点及篇幅限制，我所取取的是相对为人熟知且具有代表性的《古文尚书》与《今文尚书》的争论，以此概括 18、19 世纪科举考题的变化。

71. 有关论述参见本杰明·A. 艾尔曼《从理学到朴学：中华帝国晚期思想与社会变化面面观》，第 177—180、200—202、207—212 页。

72. 参见本杰明·A. 艾尔曼《经学、政治和宗族：中华帝国晚期常州今文学派研究》，第三章。

73.《山东乡试题名录》(1771，未编页手稿，藏于北京第一历史档案馆)。乾隆四十八年（1783）、嘉庆十二年（1807）、嘉庆十三年（1808）、嘉庆十五年（1810）、嘉庆十八年（1813）、嘉庆二十四年（1819）、道光十一年（1831）、道光十二年（1832）、咸丰五年（1855）、咸丰九年（1859）、光绪十一年（1885）、光绪十九年（1893）及光绪二十年（1894），山东乡试策论题同样考查了重要的文献考据问题。

74.《山东乡试题名录》（1819、1831，未编页手稿）。

75.《山东乡试题名录》（1807，未编页手稿）。

76.《四川乡试题名录》（1738，未编页手稿，藏于北京第一历史档案馆）。

77.《四川乡试题名录》（1800，未编页手稿）。

78.《四川乡试题名录》（1832，1846，1859，1885，未编页手稿）。光绪十一年（1885）的乡试明显由推崇宋学的考官负责。另参见本杰明·A.艾尔曼《从理学到朴学：中华帝国晚期思想与社会变化面面观》，第245—248页。

79. 今传的《诗经》并非足本，而今本以外的先秦诗歌，被前人称之为"逸诗"。——译者注

80.《陕西乡试题名录》（1690，1741，1756，1759，1788，1800，1825，1831，1833，未编页手稿，藏于北京第一历史档案馆）。

81.《会试录》（1739），4a—4b，36a—38b。

82.《会试录》（1742），4a—5b，35a—39b；《会试录》（1748），4b—6a，33a—35a。

83.《会试录》（1751），4a—6a，37a—41a。

84.《会试录》（1752），4a—6a，33b—36a。

85.《会试录》（1739），6a—6b；《会试录》（1748），6a—7b；《会试录》（1751），6a—8a；《会试录》（1754），4a—5a。

86.《会试录》（1754），39b—5b。钱大昕也对《古文尚书》伪作情况提出了质疑。

87.《会试录》（1766），3a—4a，50a—53b。

88.《会试录》（1793），15a—17a，46a—50；《皇朝续文献通考》册1，第8429页。另参见本杰明·A.艾尔曼《经学、政治和宗族：中华帝国晚期常州今文学派研究》，第五至八章。

89.《会试录》（1823），16a—19b，61a—72a。

90.《会试录》（1847），17a—20a，62a—70b；《会试录》（1852），17a—18a，62a—65b。

91. 参见陈汉生《中国古代的语言理论》（Ancient Chinese Theories of Language），载《中国哲学杂志》（Journal of Chinese Philosophy），1975第2期，第245—280页。

5

方苞与《钦定四书文》

盖博坚（R. Kent Guy）

在所有社会中，语言一直服务于政治。若以表达古典理想的能力来衡量统治者，清朝并非独一无二的，但在将这种衡量标准制度化和形式化的程度上，古代中国可能是独一无二的，尤其是在帝制晚期。因此，古代中国在政治上对语言控制的竞争比其他任何地方都更为显著：它围绕着在政治制度中体现并强化的种种设想，在一个更公开的政治舞台上演，而且仪式化程度格外之高。这种竞争令人关注的不仅仅是它本身，还有它的特点——文人领域竞争的本质、指导竞争的前提以及限制竞争的礼仪，这些特点都成为影响晚期帝制中国教育的因素。

《钦定四书文》充分体现了这些因素，该文集由方苞于乾隆二年（1737）奉敕编选。方苞（1668—1749）是晚期帝制中国教育界的一类官员的典型：他是朝廷文人，其个人权威的树立首先不在于其治学成就，而在于他能在学界和政界这两个领域之间架起桥梁。到了乾隆皇帝统治初期，方苞或许已经对自己的身份感到些许不耐，因为他曾一度被判死刑，经历过君王变幻莫测的恩宠以及许多派系的分分合合才居于此位。但当他身居高位后，尽管他可能更倾向于认为自己的成功是永恒真理而非派系斗争恰好胜利的产物，他还是急于以多种方式来全面行使自己获得的权力，而这些方式反映了当时的政治局势及其身份的本质。

不可避免会有人追随方苞的脚步，但此间作为科举考生"必读书目"的《钦定四书文》逐渐失去了以往的地位。至少就目前所知，这本手册没有私下再版，如今也只存于《四库全书》中。不过，它依旧揭示了科举制度的竞争本质。对史学家来说，其价值不仅仅局限于它对于科举考试的影响。正如本杰明·A.艾尔曼在本书第4篇所言，科举考试的首要作用肯定是确保中国士人对朝廷政权的文化忠诚，其次才是在那些确认过忠诚的人中，决定哪些可以真正入朝为官。《钦定四书文》认为，对人才的评判标准可以建立在一个客观基础上，即考生既需掌握正统，又要明辨道理。该文集收录的文章展现了具体的评选标准以及在已有的传统框架内可能出现的变化范围。本文首先将回顾方苞的生平，然后探讨他编选的《钦定四书文》，最后深入分析该文集收录的两篇考生文章。

方苞：作为三朝元老的经验教训

作为清朝的三朝元老，方苞的仕途可谓起起落落，非比寻常，他人生的大部分乐趣、矛盾和痛苦，都源自他三朝生涯的鲜明对比，学界对他生平的兴趣，在于可以从中来研究晚期帝制中国关于文学权威的政治运作。他仕途的辉煌期是康熙二十九年（1690）至康熙四十一年（1702）和乾隆元年（1736）至乾隆五年（1740）。这两个时期，文人在朝廷的影响力都非常大，而且占统治地位的文人都持有相当精英主义的态度。但在方苞声望显赫时期，几代皇帝对于中国政治制度的态度却截然不同。康熙皇帝（约1661—1722年在位）的统治风格更具探索性，对朝廷官员的个人能力和需求有自己的见解，并以此对制度做出了调整；而乾隆皇帝（约1735—1795年在位）关注的则是历史先例、官僚体制和制度建设。在康熙统治晚期（1709—1722）和雍正年间（1723—1735），评价士人行政能力和政治修养的态度逐渐发生了变化。方苞本人便深受朝廷对学者与治学研究态度变化的影响。他不仅扮演了观察者的角色，也是一位激进分子，致力于将他所认为的朝廷教育家应有的身份制度化。

康熙统治晚期的资助与兴盛

方苞于1690年代首次踏入清廷，当时是清朝历史上与士人关系非同一般的十年。康熙皇帝通过对治学传统的密切关注以及对治学人才的认真培养，在其统治中期成功笼络了很多原本不满外族统治的汉人学者入朝为官。这些迈入朝堂的学者发现，他们不但可以享有相当丰厚的治学资助，还有机会接触当朝皇帝，并对其施加影响。到了18世纪初，朝廷下令编纂的三部官修著作均已出版，还有更多作品正在编纂之中，而康熙皇帝的七位内阁大学士中，有四位是汉人学者。其中李光地是康熙最亲近的内阁成员之一。[1]

方苞主要通过三个途径接触到了当时的上层社会。首先，他的家族是清朝最有名望的政治文人家族之一。虽然其父耽于"诗酒"，但安徽桐城方氏家族自明建文元年（1399）以来便科举人才辈出。在仕途大好的那些年里，方氏家族生活富足，姻亲关系紧密相连，堪称安徽南部最有名的世家大族之一。[2] 再者，其兄方舟（1665—1701）带他领略了京师文人生活，方舟早在大约十年前便来到京师，以"制举之文名天下"[3]。但很快方苞自己也凭文采赢得了京师文人的青睐。李光地称赞方苞的文章是"韩欧复出，北宋后无此作也"。据称，另一位才华横溢的京师文人韩菼，康熙十二年（1673）科举状元，官至翰林学士，在看了方苞的文章后，自毁其稿。不过这个说法或许有些夸张。正如周启荣在本书第6篇文章中所言，尽管桐城文人都是不容小觑的散文家，但这个文人群体在当时尚未意识到自身的文学影响，而是到了18世纪后期才自成一派。[4]

另外，方苞与康熙统治晚期的精英文人具有共通的特性，即他们都有坚定的信念，要重建中国社会与统治的新儒学基础，这几乎算得上是一种使命感。[5] 就方苞个人而言，这种信念体现于他对程朱新儒学的维护：他回击明末王阳明（1472—1529）学说推崇者的抨击，这些人并不认同新儒学作品隐含的严格道德标准，也反驳李塨（1659—1733）等思想家的攻击，他们认为朱熹的思想虽非错误，但是毫无用处。对于上述这两种观点，方苞的回应是，朱熹对于人之本质认识得非常透彻，理应成为未来政治及思想活动的根基。方苞的确相当推崇新儒学：据传，在李塨之子去世时，他写信给李塨，将其丧子不幸归咎于其对朱熹的质疑。方苞个人的治学兴趣在于礼学文本，据说朱熹生前一直在研究这方面的内容。尽管方苞在政治上的参与度让他几乎没有时间对这些文本进行完整的注释，但他的作品《望溪先生文集》中收录了各种关于礼学的短文，他也在乾隆元年被任命为《三礼义疏》的主纂修官。[6]

基于上述原因，康熙三十年（1691），方苞在京师大受追捧。据方苞的一位弟子后来回忆："时天下士集京师，投谒无虚日，公卿争相汲引。"[7] 在赢得众人私下认可后，方苞在朝堂也步步高升：在康熙四十年（1701）以前，他仅仅是领膏火的太学生，通过私下教书以及偶尔回桐城老家补贴收入。康熙三十八年（1699），他通过了乡试，成为举人；康熙四十五年（1706）又通过了礼部选擢进士的会试。但就在他准备参加殿试之际，得知母亲去世，遂返桐城奔丧，而该考试实际是为那些已通过前面所有考试的考生授职。因此，他在康熙四十五年（1706）并未出仕。讽刺的是，方苞为清朝两百多年科举考试的考生编选了优秀八股文集，但他本人却未列进士碑——该碑依序记录了那些参加殿试且成为进士的考生。[8]

然而，当方苞服丧后返京，却发现治学群体正处于变革之中。康熙皇帝在统治初期需要当时最有名的一些学者公开效忠朝廷，以巩固其自身及朝廷合法的统治地位。但是，尽管他成功笼络士人，在朝堂上，统治者与汉人学者之间的平衡关系始终很脆弱。18世纪早期关于应由哪位皇子继位的纷争，更是让这种平衡险些被打破。[9] 矛盾不断升级，到了康熙四十九年（1710）左右，年迈的皇帝愈发失望，因为满人朝臣支持的皇储因道德缺陷而显然让汉人学者日益反感，而后者又形成了支持其他皇子的派系。康熙皇帝告知汉人官员，朝廷往后看重的不再是他们的道德修养，而是对帝国统治做出的实际贡献。[10] 例如，在康熙四十七年（1708），皇帝对朝堂的汉人学者谕旨曰：

方伊等居下位时，亦似可取，及授大职，即仅图自保以全其身。熊赐履尝讲理学，后为大学士亦唯缄默自容。此皆为彼门生掣肘故也。

尤可异者，汉官议事，前人画题，后人亦依样画题。不计事之是非，但云自有公论。[11]

康熙五十二年（1713），翰林学士戴名世（1653—1713）因其作《南山集》"语多狂悖"、煽动民心而被参劾，自此康熙对汉人学者的态度发生了明显转变。戴名世为人并非格外讨喜——至少在有些人看来，他总是"嘲谑骂讥"，且自称"悠悠斯世，无可与语"。尽管如此，作为编纂了新儒学著作《四书朱子大全》的翰林学士，戴名世无疑是康熙皇帝身边的文人精英之一。可即便如此，皇帝仍会受理针对他的案件，这具有不祥的意涵。但戴名世还是不仅被弹劾，而且被认定有罪并被处死，无论在当时还是后来，对很多学者而言，这一事件都标志着清朝对文人宽松包容以及半官方资助时代的结束。[12]

对方苞来说，戴名世案无疑标志着一个时代的终结，他本人也由于两个原因而被牵连其中。一来作为戴名世好友，可能也是其远房亲戚和《南山集》刊行者的内兄，方苞为这本集子作序，当然这也无可厚非。二来该文集多参考方孝标的著作，方孝标的论述具有明显的煽动性，方苞也是其远房亲戚。方孝标在顺治六年（1649）考取进士，官至翰林承旨。随后，他被逐出朝廷，流放至滇，参与吴三桂叛乱。他根据当时所见所闻著有《滇黔纪闻》，戴名世后来在《南山集》中有所提及。虽然方孝标已去世多年，吴三桂叛乱也被平定，但书中所载叛乱之事，让康熙皇帝由此意识到学者忠诚的重要性以及政治机构的力量；而无论治学之才多么广为认可，也都不再能保护朝臣不受政治攻击。此事件最终令方氏家族——这个清朝最有名的家族之一——满门抄斩。李光地以方苞之才极力为之求情，方苞遂免于死刑，赦出后隶汉军旗籍，后入南书房，教皇子读书。方苞或已死里逃生，但内心的失落却难以摆脱：他失去的不仅仅是自由，还有权力与威望——这在康熙统治晚期很大程度上都属于学者拥有的特权。

方苞与雍正的实用主义

即位的雍正皇帝（约1722—1735年在位）使方氏家族的处境得到些许改善，至少一开始如此。这位新皇帝赦方氏族人的汉军旗籍，允归入原籍，据说这一赦免曾令方苞喜极而泣。但这位新统治者在其他方面就让方苞及其友人高兴不起来了，因为雍正皇帝是清朝最重视实干而非治学的君主。和许多康熙朝臣子一样，方苞在雍正年间担任的职务非常少。雍正二年，方苞请了一年的假，回桐城安葬他19年前去世的母亲。返朝后，方苞被任命为詹事府左春坊左中允，最终任翰林院侍讲学士。在担任此职务期间，方苞曾上书建议雍正承先皇旧制，再设博学鸿儒科取士，该建议在六年后的乾隆元年被采纳；他还与同时代的其他桐城人士一同反对与蒙古长年作战给中央政府带来的内耗。[13]但总体而言，方苞在雍正年间对自身政治观点保持着一反常态的沉默。他曾被任命为内阁大学士，但以足疾为由推辞不受。方苞腿脚确实不便：雍正皇帝曾派人将其带至朝堂，后深表同情，允其拄杖行走。事实上，以身体不适为由推脱官职，这对于汉人官员来说早已是相当普遍的现象。[14]

方苞的友人、也是他未来的恩主魏廷珍（1669—1756）所受到的屈辱，暗示了为何更多学者会选择远离这位新皇帝的朝堂。和方苞一样，魏廷珍也是康熙统治晚期的文人精英之一：他在李光地的推荐下中了举人，又在康熙五十二年（1713）恩科会试中获一甲进士第三名（探花），在康熙朝堂内任翰林院编修。[15]但雍正元年（1723），魏廷珍被任命为湖南巡抚（当时叫偏沅巡抚），这意味着其文人生涯基本结束。魏廷珍的第一份奏折上报了水稻的收成，但雍正在批复中认为其报告不够精确：

尔向日为人清正和平，朕所悉知，但欲为避垢离尘，以求自洁，而不肯任劳怨。今膺巡抚重任，非当日清高闲散之职可比，处事贵刚果严厉，不宜因循退缩。地方利弊之应革应兴，属员贤否之应举应错，须尽力振作一番，方冀可收成效。[16]

雍正似乎和康熙一样，对治学群体感到不满，而原因也大致相同。但不同于康熙的是，他不满足于大发雷霆，还想积极改变学者的习性。

雍正尝试规范学者行为举止（如果是这样的话）的结果并不令人满意。魏廷珍在18个月内便被降调。此举表面是因为魏廷珍对一地方案件处理不当，但雍正清楚知道还有更深层次的问题："朕知其为人老成，学问操守俱好，是以用为湖南巡抚。自到任以来，甚乏理繁治剧之才，凡料理一切刑名钱谷，非过则不及，率多罢软糊涂者。"于是，魏廷珍被召回京，授盛京工部侍郎，此乃满族人在盛京的影子机构。

不过，魏廷珍身上展现了清朝政治格局极为看重的德行，雍正皇帝也显然被打动，随后又任命其为安徽巡抚。魏廷珍此次的任期比之前稍长（雍正三年至雍正七年），但事实证明，他还是并不令雍正满意。雍正四年（1726），魏廷珍未能充分调查一起税收腐败案，雍正朱批："此事部驳是魏廷珍前任湖南巡抚时甚属柔懦，不能整顿地方，是以将伊调回。去年安徽巡抚员缺，朕因一时不得其人，故将魏廷珍补授。伊赴任之日，朕切加训谕，伊在朕前奏称力改旧习，今观伊所办事件，仍然瞻徇姑息，可见言行不能相符。"两年后，魏廷珍再次遭到受到皇上类似的严厉斥责，于是上书请求卸下巡抚一职，允许其回京编修。上谕："汝蒙朕简任封疆，惟务洁己自好，于民生国计，毫未补益，而遽望内转清要，安闲适志以保禄全名，如是之为臣不易之语谬矣。"事实上，魏廷珍两年后便被免职，在任了几个临时职位后，皇帝授其礼部尚书，此举明显更合其意。[17]

雍正皇帝对魏廷珍及当时诸多文官的不满并非因为他们的能力高低，而是能力类型。魏廷珍接受了汉人良好的经学教育，在反复被教导的过程中培养了诸多技能，他诚实清正，是一位才华出众的治学者，对此雍正是认可的。但雍正希望经学教育也能培养其他方面的能力，其才能不仅仅体现在经学评注上，还有调查举报、计算预算开支和法律断案等。对魏廷珍和方苞这样以经学大家为榜样且擅长经学研究的官员来说，这些代表了新的要求，而这些要求早已对教育本质产生了重大影响。不过，雍正统治的短暂阻碍了这种影响的全面发挥，于是，魏廷珍和方苞这样的学者在雍正十三年（1735）秋天发现自己再次面临着一个全新的帝国愿景。

乾隆皇帝统治时期地位的上升

雍正皇帝的儿子及皇位继承人乾隆似乎是优秀儒家学者心中的理想统治者。作为康熙皇帝最喜爱的孙子，乾隆皇帝自幼便被康熙带回宫中养育，在魏廷珍和方苞等诸多支持者手里接受了良好的经学教育。这位新皇帝刚登基，便向儒学大家们请教如何严格遵循古代丧葬礼制来料理先皇葬礼，此举令这些学者对其统治充满信心。皇帝的问询被直接转到礼部，魏廷珍发现自己再次成为皇帝关注的焦点。于是他向方苞求助，方苞对礼学典籍的兴趣众所周知，便引征《周礼》《礼记》和《春秋》，写了一篇关于丧葬礼仪的短文，涵盖了丧期朝服应采用的颜色和样式以及官方祭祀规矩等内容。[18] 魏廷珍将方苞的建议上奏皇帝，但朝廷对此反应不一。朝臣们关心的显然不是方苞对礼学典籍的阐释，而是施行这些书中所制定的古代礼仪会遇到的实际困难。不独为此，方苞的主要支持者在关键时刻也让他失望了：该奏议一有受阻迹象，魏廷珍就辞职不干了，虽然现在看来他的胆怯也情有可原。朝廷提出可让方苞在礼部供职，但方苞仍以腿脚不便为由拒辞。最终，葬礼未能按方苞提议的那样举行。[19]

不过，方苞并未就此气馁，反而因为皇帝对其建议感兴趣而深受鼓舞，因此继续就诸多政治与治学问题向皇帝上书。雍正时期，只有极少数军机大臣才能与皇帝秘密议政，在一份奏折中，方苞明确针对这一上谕制度，认为在重大决策上皇帝需要广泛征求所有九卿大臣的意见。[20] 对于先帝重臣田文镜（1662—1733）遗留下来的政治问题，方苞也与其他官员一同上书控诉。[21] 在另外三份奏折中，他还认为刚刚即位的乾隆皇帝应当禁止酿酒以及种植烟草，以迫使农民回归更为基础的生产活动，即种植粮食，但遭到其他官员的一致反对。[22] 方苞的其他奏折则与治学相关。他在上呈皇帝的奏折和给军机大臣鄂尔泰（1680—1745）的私人信函中，都竭力主张朝廷支持"三礼"推出全新注释版。最后，他还举荐士人熊赐履（康熙四十七年被皇帝专门挑出来批评的汉人学者代表）和为康熙皇帝起草诏书并侍读的官员汤斌（1627—1687）入祀贤良祠。[23]

若方苞在上书时曾期望凭借自身关系和治学声望能立即在政治上对新皇帝施加影响，那么他注定会大失所望，因为其政治建议无一被采纳。同时代人将此普遍归结于方苞为人尖刻，特别是与身为河道总督的满族大臣高斌（1683—1755）交恶。[24] 而据现存极少的史料记载，朝廷对方苞政治建议的回应主要是强调其实施难度，而并非有具体的政治反对意见。无论如何，方苞的许多政治奏章既是对雍正朝统治方式的抨击，也是对改善当朝统治的实际建议。但另一方面，他所有的治学建议几乎均被采纳：熊赐履和汤斌入祀贤良祠，分别谥文端和文正。方苞本人也被任命为经史馆总裁，并编纂了《三礼义疏》。方苞在治学领域赢得了在政治领域未能获得的影响力。[25]

然而，进一步研究表明，就1730年代后期的治学项目而言，方苞和乾隆皇帝的动机似乎略有不同。方苞在奏折中提到，编纂《三礼义疏》主要出于两方面的考量：它既是对康熙皇帝统治时期治学传统的延续，并可谓达致巅峰，而且也会满足当时主要的知识精英对于礼学权威文本格外强烈的需求，而方苞自认为是这些知识精英的代表。[26] 他在奏折中一开始便提到了康熙时期"重修四经"的项目。康熙皇帝在统治期间批准了方苞提议编修的四部经学注释集子，这四经分别是《春秋》《易经》《尚书》和《诗经》。而关于礼的文本是传统五经中唯一没有在康熙年间重新注释的作品，因此，作为康熙皇帝的孙子，乾隆皇帝为《礼记》编修一个注释本，也是一种孝道。但方苞提及康熙时期的经学注本，可能并不仅仅出于以上考量，因为他请乾隆皇帝特别留心康熙下诏编纂的《周易折中》这部注释集，[27] 认为它体现了康熙与学者之间的特殊合作。他指出，这是四部编修作品中唯一堪称"折中"而不仅仅是"汇纂"的典籍。它也是唯一一部在康熙皇帝在世时完成的经学注释集。但对方苞而言，或许同样重要的是，它也是编修的四部作品中唯一一部编纂者得到公开认可的注释集，而这位编纂者正是方苞以前的伯乐和救命恩人李光地。方苞让乾隆皇帝注意李光地和康熙之间密切的思想与政治关系，也是为了提醒这位年轻的君主，这种关系是康熙统治晚期得到大部分文人支持以及维护政治生活的基础。

除了隐含的政治理由外，方苞建议编书还出于治学考量。在他看来，编纂礼学文本的注释版对这位新皇帝来说也是特别值得做的治学项目，因为这项工作既重要又复杂。虽然宋代新儒学家已经为其他典籍的编纂工作打下了基础，但礼学文本的初步编纂工作却做得少之又少。因此，这不仅仅是把以前的注释汇总，还需做大量分类和编辑的工作。正如方苞后来在写给军机大臣鄂尔泰的信中隐约所指，他认为这项工作相当复杂，只能托付给少数精心挑选的专业学者，如此方能编出一个权威的注释版本，以满足越来越多受过良好教育以及"意见各殊"的学者的需要。[28]

对早期学术研究资助的援引，以及对精英学者和专业编辑队伍的呼吁，无疑反映了方苞对所要开展的工作的态度。乾隆皇帝批准了这个项目，并命方苞负责，但其诏书与方苞奏折所围绕的重点大相径庭。方苞指出，该项目是对康熙治学研究的延续，这无疑令新君主非常满意：康熙是中国历史上最伟大、在位时间最长的君主，因此，得知能追随康熙步伐，乾隆自然格外高兴。不过，乾隆皇帝可能也深谙康熙统治晚期的派系斗争，故希望在自己的统治中避免出现这种情况。方苞提醒乾隆皇帝注意康熙与李光地之间的个人关系，但乾隆皇帝关注的仅仅是他的祖父康熙召集了一批学者，命他们广收注本，然后对注本作出判断。康熙时期的治学项目，其价值在于结果，而非它所依赖的皇帝与学者的密切合作。此外，乾隆皇帝本人显然更像是礼学文本的"消费者"，而不是研究礼学的学者，他认为这个项目值得做，不是因为它将会带来种种困难，也不是因为它可以纠正学者对之长期以来的忽视，而是因为礼学文本对"人伦日用"非常重要，因此需要阐释得更加清楚。[29]

乾隆元年（1736）七月二十四日，在方苞被指派编纂礼学文本的同一天，皇帝又命他编选一本时文集。事实上，乾隆皇帝选择在同一天向方苞颁布两项不同的任命，强烈暗示出二者间的联系，尽管并无史料佐证。下令修书的两封谕旨表明，朝廷对于编撰时文集持不同态度，这些态度在广义上与编纂礼学文本注释版的两个主要原因相似。此谕旨最先由朝廷草拟，供皇帝审定，最后保存于上谕档，它以宏大修辞宣布了将要完成的工作。编选时文集的目的是为考生写作提供标准，特别针对那些"剽窃陈言，雷同肤廓"的士子。在草拟的谕旨中，方苞被认为是非常适合该项目的主纂修官，因为他是一位"于四书文义法夙尝究心"的学者，能"发挥题义"，"逐一批抉其精微奥窔之处"。[30]

该谕旨最终由皇帝核定后收入《实录》，也成为《钦定四书文》第一卷的内容。它对文集编纂采取了更加实用的观点。比指导困学之人更重要的，是向考生提供从前那些优秀文人写作的时文，向他们展示"清真古雅"的范本，因此，乾隆皇帝将此任务作为该时文集的首要目标。从他的角度来看，此任务与其说是重新制定治学道德，不如说就是编纂文集。此外，在最终颁布的谕旨中，方苞能够编纂该时文集不是因为其经学教育背景，而是他"工于时文"。归根结底，《钦定四书文》是一部由博学多才的散文家所编纂的、具有实用价值的时文集，而非改革学术道德规范的尝试。

当然，在某种程度上，这些变化可能并不重要；而且礼学文本是由方苞负责编纂的，而《钦定四书文》最终也囊括了方苞挑选的文章，并由他来决定整个内容框架。但编纂礼学文本的理由，和要求编纂时文的各种不同诏令里所体现出来的理由，两者之差异的重要性在于皇帝似乎在授予方苞某种权力。不过乾隆皇帝并未将方苞当作一位受过经学教育的亲信，至少不像康熙皇帝那样某种程度上将朝臣学者视为心腹。相反，他似乎只是把方苞看作是一个便于他与学者群体交流的合适代表，因为文人学者的忠诚与稳定对维护帝国统治而言至关重要。值得一提的是，方苞的政治生涯还有一段相当悲惨的经历——这个插曲只能说明方苞作为乾隆皇帝在学者群体中的代表所面临的局限性。乾隆统治初期，方苞以其对谋求官职的考生的强硬态度以及对进士的尖锐质问而闻名。在修书期间，方苞显然有几次面圣的机会，而他也毫不迟疑地上奏自己对于朝廷官员的看法。乾隆皇帝某种程度上对这种做法示以宽宥，但当乾隆四年（1739）夏天，他发现方苞收取了某位方苞举荐过的官员的贿赂时，他对方苞就没那么耐心了。他下旨诘责方苞收取贿赂，徇私推荐魏廷珍，接受魏廷珍款待（方苞在京期间似乎便住魏廷珍家中），批评自己在礼部的继任者。此谕旨或许更多是皇帝在赌气，因为他对方苞的惩罚与方苞的罪行相应：方苞被命继续修书以"效力赎罪"，且无俸禄。[31] 方苞仍可以奉皇帝之命招徕学者及处理礼学问题，只是没有俸禄。这道问责谕旨意味着方苞政治生涯尴尬结束，但以方苞的财富与人脉来说，这肯定并非致命一击。正如谕旨本身所言，修书乃朝廷资助，方苞无须支付任何费用。

方苞就这样结束了自己的政治生涯，作为一位权力相当有限的士大夫，其职业生涯也说明了这个角色的可能性和局限性。很显然，是政治环境——君主对自己想要的那种朝臣的想象——制约了这个角色。在17世纪中期，文人是对君主最有影响力的朝廷顾问之一，因为在某种意义上，是朝廷需要他们来维护统治，增添光彩，而不是他们需要朝廷。然而，在雍正统治时期，清朝统治阶层已经进一步加强了中央集权，传统士大夫由于恪守旧制、坚守气节，似乎在朝廷上显得格格不入。乾隆年间，传统士大夫凭借自身教育、经验、社会地位以及对皇帝的影响力，强烈抵制着雍正统治时期形成的那种趋势。另一方面，在清朝统治秩序下，出于对士大夫地位的尊重，新皇帝也希望将士大夫与朝廷的关系建立在一个新的基础上。

因此，方苞职业生涯的一个教训便是，清朝时期的士大夫身份会受到政治环境的限制，且也许更重要的是，这种限制实际上并不能被完全消除。方苞等士大夫性格高傲，他们中许多人非常富有，自视为中国经学传统的守护者和统治者的老师（比喻义，某些情况下是实际义）。但另一方面，中国政治与社会秩序在很大程度上又和教育与经学研究相辅相成，因此，方苞等士大夫的政治主张也不会被轻易忽略。从实际意义上来说，中国官僚体制中的文人，以及常以地主和纳税人的身份为官僚机构付出钱财的文人，都必须参与选拔那些将要继承文人职位的人才。因此，经学权威以及统治者与文人对科举目标的设想，一直以来都是中国教育的决定性因素。

《钦定四书文》：体例与设想

方苞等士大夫的著作与传记记录了他们对当时政治冲突的反应，以及某种程度上对这些冲突的看法。这些看法，或者更具体地说，他们看待和评价自己的科举生涯以及时文写作的一些范畴概念，在正式著作中并不那么明显。当然，对18世纪传统士人的科举生涯来说，有关科举写作的这些思维习惯和不言而喻的假设，可能至少与他们所达到的任何具体的政治目标一样重要。就此而言，《钦定四书文》意义尤为重大，一方面是因为它对待时文写作标准的观点明确，另一方面则是因为这些标准被视为理所当然。该时文集关于时文的明确论点，无疑可用方苞个人在清廷的起伏经历来例证，即尽管文章的写作风格不断变化，但仍有相对客观的标准可以进行评判，这些标准超越了时间和政治派别。而且无疑，该时文集的内容和体例或许像评注者一样清楚描述了科举考生的思想体系和它所强调的写作技巧。

该时文集明确指明科举考试的一个方面，或许也是经典的一个方面，要比其他方面更加重要。在考取功名的过程中，考生要作几种类型的文章。虽然清朝考题的具体类型和顺序在不断变化，但方苞所处时期基本有三类考题，分别对应三场考试。在第一场考试中，考生面临的考题是对从五经（《尚书》《诗经》《春秋》《礼记》《易经》）和四书（《论语》《孟子》《大学》《中庸》）中选出的两到十字的内容，阐述其意义。在第二场考试中，考生要基于《孝经》作一篇"论"，以及回答关于诏诰表和判语的考题。第三场考试则是道策论题，考官要求考生写篇短文，评论某项特定政策的演变过程。[32]

回答这三类考题所涉及的阐释内容完全不同。本杰明·A.艾尔曼的研究表明，"策论"要求考生评论当时的政策，实际是让他们发誓在政治上效忠当朝统治。

这类考题对应考生的成功来说，当然至关重要，并且很大程度上反映出清朝的政治主张和它所关切的内容在不断变化。但它们并未被当作整个科举考试中最难的环节。事实上，在方苞看来（尽管他当时对科举制度持批判态度），大多数考生都能根据这道考题的形式得出正确答案。[33]关于诏诰表的考题，和策论题一样，对整个科举考试的基本功能来说也必不可少：所有通过考试的人的答题都采用了同一种话语，这显然是让一个庞大而多元的帝国保持团结的主要力量。不过，对于那些像大多数18世纪考生那样精心准备了很长时间的学生来说，这些考题可能并不构成主要的思想挑战——它们是八股文练习，而不是对政治能力或意愿的考查。

真正的挑战似乎来自第一场考试，它会从参加科举的多数人中筛选出极少数人。这场考试的考题主要出自四书五经：每场考试都至少包含出自每类文本的考题。例如，会试进士科要求考生作三篇关于四书的文章、五篇关于五经的文章。[34]但即便如此，不同的考试仍然需要不同的技能。作为由孔子整理编订的古诗、史书、礼记与占卜合集，五经至少在理论上是黄金时代的统治方式和社会体制的集中体现。事实上，它们由各种文本汇编而成，出处和时间不尽相同，而到了17、18世纪，这些典籍不仅变得难以阅读和解释，还经常出现文字错误。理解它们很大程度上需要掌握与文献相关的知识，而许多内容的含义也没有统一的说法。考生的答卷非常清楚地反映了士人对这些争议问题的观点的变化（参见本书第4篇艾尔曼一文）。

但考生关于四书的文章则展现了截然不同的性质。《论语》和《孟子》记录了圣人回答弟子问题和评论重要时政的实际话语。《大学》和《中庸》是篇幅稍短的哲学专著，论述了人的道德、社会和政治义务。这些典籍的含义已经相当明确：考生作答时，需借由朱熹13世纪的著作《四书章句集注》，理解四书中的内容。[35]对于《大学》和《中庸》，考官实际是根据朱熹的注释来出题；而对于《论语》和《孟子》，正如下文所讨论的范文所示，考官会根据考生对朱熹注释的认同度来评判他们的答卷。关于四书的考题考查了考生的理解能力、记忆力以及对新儒学传统核心价值观念的掌握程度，它们构成了科举考试制度的核心竞争部分。

然而，《钦定四书文》要强调的是，在官方划定的四书五经文本范围内，文章仍可以有风格的演变和论证的差异，这便是编纂该时文集的目的。《钦定四书文》分为五集，每集包含了一个时期的优秀时文。这些时期由政治年号划分，前四个时期中有两个都在明朝皇帝统治期间，第五个则是整个清朝时期。第一集包括了化治（成化 1465—1487，弘治 1488—1505）57 篇。第二集是正嘉（正德 1506—1521，嘉靖 1522—1566）112 篇。第三集是隆万（隆庆 1567—1572，万历 1573—1620）106 篇。第四集是启祯（天启 1621—1627，崇祯 1628—1644）211 篇。第五集是国朝（1644—1728）296 篇。每集按典籍内容分为多卷，每卷文章又根据所论述的经学范围来划分。因此，在第一集中，第一卷只有关于《大学》的文章，第二和第三卷是关于《论语》的文章，第四卷是关于《中庸》的文章，而第五和第六卷是关于《孟子》的文章。

因此，《钦定四书文》更像是一部文章选集，而非注本或问答集。事实上，所收文章并未囊括特定典籍的所有内容，甚至都没有包括大部分重要内容。即使是关于《大学》（在四书中篇幅最短）的文章，对原文本的论述也远远不够。例如，《钦定四书文》中没有文章讨论朱熹曾深入研究过的"致知在格物者"这句话，或者他在《四书章句集注》中对此的注释。而造成这个问题的原因并非文集篇幅不够，而是文集中有大量内容重复的文章，比如有五篇文章的内容都是关于"生财有大道"这句相当不符合儒家思想的话。[36] 对于该时文集而言，观点可以重复，而且这种重复甚至是可取的，因为让读者看到（回答同一问题的）不同范文比回答所有可能会遇到的问题更重要。

《钦定四书文》的凡例解释了为何要强调时文写作的演变。该文集前四个时期收录的文章都各有特点。第一个时期，即成化、弘治年间（1465—1505）的文章，作者都紧贴原文及注释，其语言受到时文格式限制。第二个时期，即正德、嘉靖年间（1506—1566）出现了文采堪称一流的明朝时文，其作者能"融液（字面意即融化吸收）经史"，使"题之义蕴，隐显曲畅"。第三个时期，即隆庆、万历年间（1567—1620），写作变得过于取巧，因为考生只想通过对文字的雕琢而不是对内容的掌握来考取功名。因此，第三个时期的一些写作必然语言冗长，从而导致文章意涵变得单薄。第四个时期，即天启、崇祯年间（1621—1644）的文章，"穷思毕精，务为奇特"，写出这些文章的考生已经对时文文体足够熟悉，他们可以按照这个格式表达"胸中所欲言者"。但另一方面,这个时期的一些文人更注重表达自己的主张,而不是回答考试命题,因此文章价值不太高。

总之,每个时期都可以找到范文和需要规避的危险。在《钦定四书文》收录的第一个时期的文章中,值得研究的是那些真正有"气"的文章,而那些仅仅模仿经典及其注释的文章都可置之不理。第二个时期值得阅读的是那些提供新见解("实有发挥")的文章。在第三个时期的文章中,值得研究的是那些完全以经学为基础的文章,而那些只是取巧的文章,无论多有机趣,都可抛之脑后。最后,在第四个时期,值得关注的是那些真正有创造力的文章,而那些"剽剥"经学典籍的文章可以不予理会。[37]

对于第四个时期的文章,方苞的欣赏几无掩饰。他收录的这24年间文章的数量,比任何其他长度相当的年代都要多,而相比收录的整个清朝文章,只少86篇。方苞所欣赏的这一时期的原则——写作重心从雕琢文字转向对原文本的理解——在某种程度上符合政治文学团体"复社"的宗旨,该团体以明末文人为核心,旨在改变科举制度。到了清朝,这类团体和他们编纂的时文集均被禁止。尽管如此,方苞所强调的统一的评价标准,以及对文本哲学意义的关注,都与这些明朝前辈们关心的内容遥相呼应。[38]

对于清朝的文章,方苞面临的任务更为艰巨,必须更加小心谨慎地加以挑选。在中国传统政治与文学想象中,文风和政治功用密切相关,因此方苞对清朝文风的任何看法,几乎都肯定会被理解为对清朝统治历史的评价。另外,正如此书体例及方苞在凡例中清楚表明的,清朝时期的散文家拥有更多正面与负面的范本可以效仿,清朝的考试文风就必然是前朝的综合。前朝已对文类的局限性有所探索,越来越细的区分将考生的考试文章区别开来。因此,可能无法对考生通过考试的具体原因简单定性。

然而,在清朝科举制度下,考生的文章还是会被评判高低,方苞在《钦定四书文》中对清朝文章的挑选也暗示了这一点。该时文集共收录了由122位清朝作者撰写的文章,其中98位都是进士,他们进士及第的日期可以确定,并可划分为五个时期:

1. 顺治年间（1644—1661）——24 位作者
2. 康熙统治初期（1662—1684）——19 位作者
3. 康熙统治中期（1684—1709）——45 位作者
4. 康熙统治晚期（1710—1722）——7 位作者
5. 雍正年间（1723—1735）——3 位作者

由此可见，该时文集中近一半的作者都是在康熙统治中期考取的进士，其中大多数人的科举成绩都极为突出，因此方苞本人很可能也认识他们。由于戴名世案的严重影响，较之康熙统治前期，方苞只收录了康熙统治晚期 7 位进士的文章，到了雍正年间则只有 3 位。

从方苞挑选作者文章的频次中也可明显看出，出现频次最高的作者皆为方苞同人。在《钦定四书文》的清朝集里，大多数作者都有 1 到 3 篇文章。不过，有 8 位作者被收录的文章数量达到 9 篇乃至更多。其中，顺治六年（1649）科举进士刘子壮（9 篇）和熊伯龙（20 篇）在皇帝下令编选《钦定四书文》的诏书中便被认为是值得考生效仿的榜样。其他 6 位中，有 3 人在方苞的文学和政治生涯中占有重要地位：李光地（16 篇），他在戴名世案发生后向皇帝求情，使方苞免于死刑；韩菼（22 篇），方苞的好友及仰慕者；方舟（11 篇），方苞之兄。[39] 方苞可能是在特别强调朋友及同人的文章，但也许同样重要的是，该时文集所收作品的作者都是清朝科举考试中的佼佼者，他们的哲学造诣和文学能力使他们成为考生的合适榜样。

在方苞那个时代，似乎没有必要再捍卫经典普遍解读的客观性了。方苞在总结回顾《钦定四书文》中所收录的时文文体时，也许是为了表明经典普遍释义的重要性，引用宋臣曾巩（1019—1083）之言："诗书之文，作者非一，相去千余年，而其所发明更相表里如一人之说，惟其理之一也。"[40] 尽管文章作者不止一位，但真理惟一；考生在文中可能会以不同的方式表达自己的观点，但他们对经学的基本理解都大致相同。

更重要的应该是基于文体来判断文章，至少方苞在这一客观性上投入了大量精力。为了维护自身在这个问题上的观点，方苞借鉴古文运动倡导者韩愈的作品，明确阐述了对文体的定义。方苞的论证以韩愈回答后生的话为铺垫——后生问韩愈，弟子在学习如何写作时应遵循哪些标准："若人问：'文宜难宜易？'必谨对曰：'文无难易，为其是耳。'"[41] 韩愈认为，文体无须费心，只要它符合文章所传达的内容就好。正如韩愈的弟子李翱所言："创意造言，各不相师。"韩愈认为，"文之清真者，惟其理之是而已。"总之，好的文章要使用恰切的语言，而非任何形式的艺术技巧。因此，对文体的衡量也就是对内容的判断，两者都可以做到客观，因为写作之质量与理解之深浅相关。和韩愈一样，方苞在写作中寻求"清真"，乃至"雅正"，因此，他竭力要求弟子切勿刻意追求某种文体："欲理之明"，则须学习宋朝新儒家的经学注释；"欲辞之当"，则须取材三代两汉之书；"欲气之昌"，则须借鉴历朝的古文大家。优秀的文章会将三者结合起来，并从中实现"清真古雅"。[42]

由于该时文集的教学目的，方苞为自己保留了一些不同于普通文集编者的特权。他收录文章的主要标准是其教学价值：他有权剔除那些形式正确但内容浅薄的旧文，以及那些广为认可但在他看来毫无启发性的新文。该时文集收录的文章具有多个出处，其中包括个别作者的著作集和考生科举的原抄本与重抄本。[43] 即使有些考生未考取科举功名的最高等级——进士，其文章若有教学价值，也会被收录其中，但不包括会试以下等级的考试文章。[44] 若一篇文章只有部分内容有价值，那么则只选录有价值的部分；若考生在考试后认为有必要对文章内容进行调整，那么则会选录修改后的版本。[45] 方苞自身有权出于教学目的直接修改文章，并且不告知读者。最后，方苞与该时文集的其他编修人员还提议在文末进行精要评论（实际篇幅大概在 20 到 100 字之间，不过有时更长）——如果该篇文章的优点不那么显而易见，他们会在评论中明确指出。

因此，方苞编选该文集与其说是要记录时文写作历史，不如说是为科举考生提供写作标准。尽管《钦定四文书》中收录的文章不可避免地反映了时文写作与政治潮流的变化，但方苞撰写的体例表明，其衡文标准相对稳定。该时文集旨在让考生正确理解经学，令其写作清晰明了。而考生能否通过科举考试，则取决于其（按照新儒家的理解）对四书内容的掌握，对清初优秀时文的了解，还有古文写作的天赋。

时　文

时文在中国历史上一直主要被当作是一种文学体裁，这完全有道理，因为时文作者非常注重文体和表述的清晰。但正如前面所提到的，时文的写作模式并不只是对八股文的简单套用，其首要目的是展现作者能够灵活有力地表达古代中国政治智慧传统的不同层面。方苞的编选体例，以及他对集内文章之对比的强调，令《钦定四书文》成为一部格外重要的科举指南，它指出了科举考规框架内可能发生的行文变化以及考官的取舍。该书的目的就是对同类主题的文章进行仔细对比。在 18 世纪，这种比较是为教学服务的，而如今，则服务于史学家，帮助他们再现整个科举制度的内在思想和对文章的区分标准。例如，有两篇清朝时文都是基于《孟子·尽心上》中的"鸡鸣而起"而展开论述的，充分体现了两篇文章的共同前提、写作差异，以及方苞选文标准的实际应用。两篇文章的作者都是进士出身，对孟子这段话和类似时文写作的要求都有自己的理解。两者的区别体现在以下几方面：一篇结构散漫，体现了相对论的思维方式，另一篇则结构紧凑，以理性的思维展开；一篇对人的潜在的政治和社会倾向持消极态度，另一篇则在称赞人的判断能力。

两位作者肯定都了解"鸡鸣而起"的故事背景，才会引用它以及对它的标准解释。孟子认为，鸡鸣是揭示人"为善"还是"为利"的那一刻："鸡鸣而起，孳孳为善者，舜之徒也；鸡鸣而起，孳孳为利者，跖之徒也。欲知舜与跖之分，无他，利与善之间也。"[46]

在这段话中，孟子用中国民间传说中的两个人物代表了人存在的两种可能。舜，中国传说中的第二任君主，代表了人行善、和睦、克己的潜能。跖，春秋时期阴暗邪恶的大盗，代表了人性中逐利的一面。两人都随鸡鸣而起，但他们几乎立即开始追求不同的目标。上述这段话至少在隐喻表达这两个目标之间的差异。

关于这段话的种种注释，已经确切阐述了这些差异的本质。作为《孟子》最早的注释者，赵岐将这段话视为对君子（其使命是为统治者服务）本性的定义。在赵岐看来，"好善从舜，好利从跖，明明求之，常若不足，君子、小人，各一趣也"[47]。朱熹在《孟子集注》中所引的宋代新儒学注家主要关注的是这段话的形而上含义。倘若人生的走向，无论其目标是逐利还是为善，都是在黎明的短暂瞬间决定的，那么每一个人——而不仅仅是君子——就自然都有追求任何一种人生的可能性。因此，在道德层面上，关键是要理解为何有些人为利而其他人为善，并强化每个人心中的为仁之本。朱熹的注释引程颐所言，即黎明时分，人在舜、跖之间做选择时，两者的区别"相去不远"。但程颐又曰："善与利，公私而已矣。才出于善，便以利言也。"程颐的一位弟子补充道，若充分理解了这种差异，则"舜跖之相去远矣，而其分，乃在利善之间而已，是岂可以不谨？然讲之不熟，见之不明，未有不以利为义者，又学者所当深察也"。当被问及在实际事务中应如何区分这两种倾向时，程颐答之："只主于敬，便是为善。"[48]

正如引文语境和评注界定了考生所面临的解释任务的性质，时文的规则则提供了完成这一任务的框架。整个明清时期的时文文体统称为"八股文"。正如涂经诒指出的，顾炎武认为"八股文"这个名字具有一定的误导性，因为文章并不一定非要分为八股。[49]确切地说，这种文体强加给作者的论证逻辑结构与譬如美国大学辩论稿的形式并无不同。作者在这种文体的开头要用几句话点破题义（"破题"），然后用四到五个短句阐述题义（"承题"），之后展开论证（"起讲"）。文章的主体内容为四段"比"（"起比、中比、后比、束比"），大致以排比对偶的格式来论述道理。对西方传统写作而言，论证需举证，而对中国科举文章而言，论证则需优雅地表达观点。最后，还要以"大结"概括论点，并说明其道德意义。

赵炳与道德主义

赵炳，明天启二年（1622）进士，在《钦定四书文》中被选录的第一篇文章便是关于"鸡鸣而起"，也是该文集中篇幅较长的文章之一，总共有 622 字。[50]他从更为消极的层面来探讨这段话——至少新儒家学者是如此理解的——也即，若人人都有可能（至少在鸡鸣之前）在舜或跖之道中择其一，那为何如此多人选择了跖之道。赵炳文章开篇破题便是："以善、利分天下之人，而为利者庶乎其止矣。"

赵炳认为，其原因在于人性。人们天性就倾向于"好舜而不能好善，恶跖而不能恶利"。纵然每个人都知道舜跖之分即善恶之别，并试图教人为善，但人生际遇势必会阻挠善意的实现。为解释这个消极的观点,赵炳整篇文章都在论证人性的双重性:"天赋性以养人之心,而又生物以养人之身,心之所养者身未必乐也,身之所乐者心未必全也。"因此,人在任何情况下都会陷入纠结。赵炳本质上是在用新儒学的本体论来解释孟子这段话,即人类是由自身渴望超越的天理以及将自身与世界其他事物结合起来的气所组成,气乃身心之本。

赵炳在文章主体部分对舜跖进行比较,解释了被赋予这种天性的人类是如何选择追求善或利的。在"起比"中,他考察了这两种选择各自的吸引力。他认为,舜和跖,与其说是人类面临的两种可能性,不如说代表了人性两面的"理想类型"。为善与为利这两种倾向无法完全抽象地表现出来,因此必须将之人格化。而舜与跖这两个人物形象从不同的角度体现了人类行为的动机:舜的形象是要激励人行善,而跖的形象则常常折射出人内心的渴望。尽管如此,在做选择时,二者似乎大同小异:"事物至我前,舜求其美,跖亦求其美也,舜之所美者在乎此,跖之所美者在乎彼,或彼或此,我既不能以一人之身遁于两人之外,则必有所入,既入之,弗能择也。"

在"中比"中,赵炳比较了两者做决定的方式:"我之神智日佐舜以引我也,我之情好亦日佐跖以引我也,舜胜我则得我,跖胜我则失我,为得为失,我既不能以一心和合两人之是……"接着,赵炳暗指朱熹在《孟子集注》中引述的注释("相去远也"),继续道:"则必有所远,既远之,弗待断也,则莫如及其相邻者而断焉。"

选择都在一念之间,赵炳接下来在"后比"中便说明了这一点。在黎明前寂焉不动时,"舜跖同然圣人之心,然而无多时矣,稍迟焉则危矣,动而之于善者,利弗能为之诱,动而之于利者,善亦弗能为之进也;万物皆聚也,而于鸡鸣一散焉"。此乃决定人道德命运的时刻。

由于善恶的吸引力相当不对等,为利的冲动太容易胜过为善的冲动,因此,类似跖的人比比皆是,但舜只有一个:

古来舜一人耳,跖则何限,跖其名者一人耳,彼跖其心者何限,……世之学舜者,细考之皆跖之徒,世之学跖者,苟变之亦皆跖之徒,跖心中亦有舜,自以为舜，故跖也，舜心中亦有跖，惧其为跖，故舜也，吾是以慎之于其间也。不早辨之于先而日求利也，宜乎天下为跖之多也哉！

没有人能随鸡鸣而自动成为舜，因为人内心很大程度上都倾向于成为跖。不过舜和跖的形象还是有用的，因为它们将人们的注意力引向为善。赵炳不是作为愤世嫉俗者，但至少是作为一个认识到道德面临巨大困境的现实主义者，来看待舜和跖这两个形象的。方苞欣赏赵炳的文章，部分原因就是其文章语言贴合论点本质。他评论道："为善为利，人但知为两途。孟子特举出舜、跖而判其机于利、善之间。立言之意，一层危悚一层，非此警快之笔不足以达之。"

但方苞还认为，其文章也存在一些缺陷（"滑处"）：赵炳对于这部分内容似乎写得太急，过于轻率。从新儒学角度来看，赵炳的问题在于他承认或像是承认善恶具有同等的本体论地位。他似乎倾向于一种道德相对主义，认为舜的内心甚至也有跖。方苞总结，把利益抬得过高，就容易滑向相对主义，"学者不可不慎"。如此一来，尽管这篇文章的写作技巧娴熟，但论点却与新儒学正统思想背道而驰，因此在方苞看来，它不及下文提及的吕谦恒的文章。

吕谦恒与识见

吕谦恒关于"鸡鸣而起"的文章篇幅比赵炳的短（吕文452字，赵文622字），且论证的重点不同：吕文主要围绕让人类在两种道德方向间做出选择的重要判断能力。两篇文章一对比，差别便非常清晰地体现了出来。赵炳竭力比较意义间的许多细微之别，总计论述了303字。吕谦恒的"起比""中比""后比"和"束比"部分的篇幅则要短得多，总共192字，不过他的笔触更为尖锐。吕谦恒还间接引用了孟子这段话的更多也更精确的经学注释。他的文章几乎在每一个方面都更有想法，结构也更为严密，仿佛就是为了例证文章所推崇的识见。

从某种意义上讲，吕谦恒文章的开头刚好承接赵炳文章的结尾，即赵炳断言的慎之于德行的重要性。但吕谦恒"劝慎"并非基于对人德行的分析，而是出于圣人的建议："大贤欲人慎所为，而原其所由分焉。"吕谦恒认为，孟子那段话中的基本信息是强调道德判断的重要性。"盖为善为利，"吕谦恒继续论证开篇破题，

"至舜、跖而大分矣。"不过，对于大多数人而言，这个选择并不那么截然。微妙的方向差异，将早起是为利还是为善的人区分了开来："人性不甚相远，而相去或倍蓰而无算。"

在这部分论述的最后，吕谦恒间接提到了朱熹的注释。吕谦恒引用的注释某种程度上更加精确，而且服务于不同的目的，标志出了他的文章与赵炳文章的差异。在原来的注释中，程颐曾指出孟子那段话的主旨便是人性"相去不远"。赵炳也用了类似语句，但他表述的是"则必有所远，既远之，弗待断也"，在语言上将程颐之意往前推进了一步。吕谦恒提到人性原本"不甚相远"，这在某种程度上更忠于程颐的观点，而且他也指出了两条道路之间的关键区别，而非一条路貌似不可避免地比另一条路更远这一事实。

在文章主体部分，吕谦恒从多个不同角度研究了道德判断及其在行动中的后果。正如他在开篇的论述，他重述了自己所要论证的基本方向：

盖诚本无为而几有善恶，其判于方动而成于所习者，辨之不可不蚤也。今夫夜气之所存，发于平旦；而一念之周克，常在几微。时当鸡鸣，固善与利之见端，而可舜可跖之界乎？何以辨之？则于所为辨之。

上段文中的第一句话（"诚本无为而几有善恶"）直接引自新儒家学者周敦颐的著作《通书》，在书中，周敦颐试图阐明能使圣人确定何为正确行为的那些心智的性质。[51] 吕谦恒的引述将读者的注意力导向其文章所围绕的识见。它就正确的判断提出了三个观点：第一，人对识见的理解是微妙的；第二，人未必意识得到识见的时机；第三，在圣人的指引下，人不仅可以而且必须做出这类正确的价值判断。

其中每个观点都通过舜和跖的比较来阐释。"起比"解释所需做出的价值判断的微妙性："其人而为善与，当鸡鸣时而已孳孳矣，虽未必即舜，然而舜之徒也；其人而为利与，当鸡鸣时而已孳孳矣，虽未必即跖，然而跖之徒也。则若是其分矣哉！"而这样一种选择，吕谦恒在"中比"中表明，可能只有事后回顾才清楚显然："顾从其后而观之，舜自舜也，跖自跖也。"——两种不同的选择道路，就如同疯子与圣人，"不可同日而语"。另一方面，若是在做出选择之前就加以审视，那么这一选择更像是道德路上令人费解的急转弯，好像没有什么明显理由，便"为善者此俄顷，为利者亦此俄顷"。吕谦恒对舜和跖的第三个比较表明，选择道路的关键在于准确理解孟子这段话的含义："其分者，利与善也；其所以分者，利与善之间也。"——这便是孟子所强调的舜与跖的区别。"人而不知其所由分，则谓宇宙至大"，仍可能误入歧途。"无如出乎此即入乎彼，天下固未有不舜不跖之途以听人之迁就也。"因此，吕谦恒的文章将孟子的那段话从隐喻转化为标准———种道德选择的准则。

普通人要做出这样的选择，必须了解圣人的道德主张。吕谦恒在总结全文（"大结"）时，开头便论述了这一重要前提，他认为，"人心道心，交集于一念"。此句暗指《尚书》中的一句名言："人心惟危，道心惟微。惟精惟一，允执厥中"[52]，因而特别有力。

随后，吕谦恒认同人可以通过对经学知识的掌握而做出价值判断，这些学问能使智者选择正确的道路："人而诚知其所由分，则当朕兆初萌，幸可抉择自我耳。"以孟子之言为武装，"是必迎而距、平心而察，不使隐微中有一善一利之扰……毫厘千里，力争于一息，而危者使之安焉，则其间殊捷甚也"。普通人经过学习可以做出选择，这一事实的前提是圣人能自然做出正确的价值判断。因此，吕谦恒认为："是以知几者惟圣人，慎动者惟君子。学者希圣以复性，则必于鸡鸣时一察识此善心哉！"

在上述结尾中，吕谦恒再次引用周敦颐，并通过他援引了儒家思想最古老的典籍之一《易经》。周敦颐在《通书》中论述圣人之本性时，曾援引《周易大传》"知几，其神乎"？朱熹反过来以"君子，其知几乎"来点评周敦颐的这句引文。[53] 吕谦恒所谓"知几者，惟圣人"的主张正呼应了这两种评论，从而在新儒家思想的背景下相当巧妙地构建了自己的论点。

至少方苞认为是如此。他认为这篇文章的语言"醇正老当"，干净利落。他还指出，在起讲和大结中引用周敦颐的观点，"恰是题中肯綮。凡作文用五子书，"方苞继续道，"必如此恰当细切，方无漫抄《性理》之弊。"事实上，方苞认为吕谦恒的文章挑不出任何毛病，可作为文雅简练的写作范文。

因此，方苞认为吕谦恒之文要优于赵炳的那篇文章，主要是因为它更好地体现了新儒家传统思想，而此乃整个科举制度的基础。吕谦恒的识见似乎得到了考官的一致好评。虽然他与赵炳在科举整体竞争中的排名相差无几——康熙五年（1666），赵炳科举排名第 57 位；康熙四十八年（1709），吕谦恒科举排名第 51 位——但吕谦恒被选入翰林院，而翰林职位通常只授予科举排名靠前的人。吕谦恒的才学让他得以通过翰林院在京师谋得一席之地，最后成为乡试与会试的主考官。[54]

结论：影响晚期帝制中国教育的要素

在很多领域中，吱吱作响的铰链才会得油，历史写作领域也同样如此。因此，中西方考试制度往往是以持不同意见者的主张为基础来描绘的，这些人要么没有通过考试，要么在通过后不认同该制度所基于的原则。方苞的生平、他编选的时文集及其收录的文章之所以有价值，正是因为它们让人得以了解制度内部人士的想法——它们不仅提供了考取功名的策略，还成为影响晚期帝制中国成功教学的要素。这些要素之一肯定是士人在朝廷的角色。正如方苞自身颇为曲折的经历所表明的，虽然朝廷遍布学者，但他们扮演的角色并非一成不变的。雍正皇帝要求朝臣具备与以往不同的能力，而年轻的乾隆皇帝则对礼学文本感兴趣，这些都不可避免地对学者生活产生了影响。在《钦定四书文》的凡例中，方苞追溯了时文文体演变的过程，这很可能反映了政治上的变化，尽管方苞本人也许受其掣肘，无法将两种变化相提并论。当然，方苞及其友人希望文人对清朝士人政策的控制能够制度化，这充分表明了他们自身对这类政策的重视。然而，控制也是双向的：在帝制中国，知识与权力的共生意味着统治者也受制于自身皇位的意识形态基础。只要儒家思想仍然是政治统治的基础，统治者就需要像方苞这样的儒学大家，哪怕只是为了证明他们选择朝臣的正确性。尽管任何一位学者都可能背信弃义，但整个士人阶层对朝廷而言不可或缺，这一事实对统治者的学习观和教育观至关重要。

知识与权力的紧密联系意味着历朝历代的科举制度在某种程度上都是那些愿意入朝为官的人的政治试金石。但在方苞的朝代，科举制度的另外一个同样重要的作用便是在一群愿意出仕的文人中间，决定谁能担任官职。一种制度化的且随着时间推移愈发激烈的竞争，成为影响18世纪末学者生活的第二个要素，而方苞编选的时文集至少在暗暗针对这种竞争所带来的一些问题。值得注意的是，该时文集忽略了科举制度所维护的政治忠诚，只强调思想才能的体现。方苞对范文和标准的强调，以及这些强调能行之有理的条件，都非常重要。方苞在凡例中生动描述，在18世纪初，已有许多正面或负面的范文可供考生参照。事实上，时文数量之多，导致考官的评判很容易被认为是主观而非客观的。此外，参加科举的考生人数空前高涨。如果要将科举继续作为选拔政治官员的主要机制，那么就有必要对选拔标准进行一些界定。这很可能是年轻的乾隆皇帝委托方苞编选该时文集的一个重要原因。虽然方苞的具体建议最终被废弃，但该时文集的基本理念——在竞争激烈的朝代，考生之间的差异可根据文章的表达水平和对新儒家传统思想的掌握程度进行区分——仍然延续了下来。

中国哲学思想一直以来的人文关怀，构成了影响晚期帝制中国教育的第三个要素。作为教育与科举制度的基础，儒家传统思想决定的不仅仅是科举考试的内容，还有文章写作与评判所要求的各种思想活动。从根本上来说，它并非一种检验真理的传统，尽管对治学准确性的关注肯定是儒家治学研究的特征之一，特别是在帝制晚期。同时，它也不是一个以逻辑论证技巧为核心的传统。相反，儒学思想首先关注的是人类生活与社会的组织性，以及这种组织性如何建立在人性之上。在这个伟大的传统中，不仅包含了学者主张及关注的内容，也有对人类社会本质和真正基础的设想的阐述。在某种意义上，时文写作考查的是考生借由中国思想史阐明并总结这些设想的能力。因此，对于前文所讨论的吕谦恒与赵炳的文章，两者的主要差异就并不在于两位作者的写作水平有高有低，而是在面对具体论题时，他们对人性的基本态度有所不同。尽管中国的科举取士制度在其他许多方面都很官方化，但它同时也考虑到了考生之间存在的这种根本性的差异。事实上，可以说该制度目的之一便是衡量未来官员的这种差异，以及考生表达这种差异的能力（另参见本书第4篇艾尔曼一文）。这并不意味着关于人性的广度，可以允许有大量的假设；也不是说在时文的约束下，表达自己的价值观轻而易举——许多关于落选者的史料充分说明了科举考试的困难程度。但是，科举考试的内容表明帝制中国的教育极为关注道德肌理的体现。

非常感谢"晚期帝制中国的教育与社会会议"的诸位成员，尤其是包弼德教授、本杰明·艾尔曼教授、魏斐德教授以及伍思德教授对本文内容的点评，还有来自匿名读者的建议。

（赵芳译 严蓓雯 校）

注释

1. 司徒琳曾在两篇文章中生动描绘了这一时期的历史，参见《矛盾与行动：康熙晚期的一些失意士人》(Ambivalence and Action: Some Frustrated Scholars of the Late K'ang-hsi Period)，收入史景迁、卫思韩主编《从明到清》(From Ming to Ch'ing, New Haven: Yale University Press, 1979) 一书；《康熙年间的徐氏昆仲与半官方资助》(The Hsu Brothers and Semi-Official Patronage in the K'ang-hsi Period)，载《哈佛亚洲研究学报》(Harvard Journal of Asiatic Studies)，1982 年第 42 期，第 231—266页。关于李光地，特别参见戴廷杰《满汉：康熙与〈南山集〉案》，载《中国研究》1988 年春季号第 7 期，第 78—81、89—91 页，以及恒慕义编《清代名人传略》，第473—475 页。

2. 白蒂《中国的土地与氏族：明清两代安徽桐城县研究》(Land and Lineage in China: A Study of T'ung-ch'eng County, Anhui, in the Ming and Ch'ing Dynasties) (Cambridge: Cambridge University Press, 1979)，第 31—32 页；苏惇元《方苞年谱》，收入《方苞集》(再版，上海：上海古籍出版社，1983) 附录 1，第 865 页。

3. 方苞《兄百川墓志铭》，收入《方苞集》册 2，第 495—497 页。另参见陈鹏年《墓碣》，出自李桓编纂的《国朝耆献类征初编》卷 430，15a—16a。

4. 对于韩菼对方苞的称赞，参见《方苞年谱》，第 869 页，以及沈廷芳《方苞传》，收入《国朝耆献类征初编》卷 69，11a。方苞作品集中的几封书信可证明他与韩菼之间长期的友谊。另参见本书周启荣一文。

5. 周启荣在《礼与德：晚期帝制中国汉人学术研究与氏族制度》(Ritual and Ethics: Chinese Scholarship and Lineage Institutions in Late Imperial China) (博士论文，University of California Davis, 1987) 中深入探索了这种观点的演变（第 158—248 页）。另参见陈荣捷《〈性理精义〉与十七世纪的程朱学派》(The Hsing-li ching-i and the Ch'eng-Chu School of the Seventeenth Century)，收入狄培理编《理学的展开》(The Unfolding of

Neo-Confucianism）（New York: Columbia University Press, 1975），第 543—579 页。

6. 对于方苞对朱熹的看法，参见《学案序》，收入《方苞集》册 1，第 89—90 页。方苞给李塨写信的故事收录于《清代名人传略》中关于方苞的传记（第 235 页）；《清学案小识》（再版，台北：商务印书馆，1969）是方苞与礼学文本之间关联的最有力证明（第 334 页）。

7. 沈廷芳《方苞传》，11a。

8. 洪业（史学家——译注）在清朝参加科举的考生索引中，将方苞列在专门的附录上。

9. 关于储位斗争的细节超出本文范畴，可参见吴秀良《康熙朝储位斗争纪实》（*Passage to Power: K'ang-hsi and His Heir Apparent, 1661-1722*）（Cambridge, Mass: Harvard University Press, 1979），多处；史景迁《中国皇帝：康熙自画像》（*Emperor of China: Self-Portrait of K'ang-Hsi*）（New York: Random House, 1975），第 119—139 页。

10. 戴廷杰《满汉：康熙与〈南山集〉案》，第 89—91 页。

11. 《大清圣祖仁皇帝实录》（Tokyo, 1936—1937），康熙，卷 236，14a。熊赐履当时已辞去大学士一职，留京师充任政事顾问。

12. 司徒琳《传统社会中史学之功用——清代史学史上的南明》（*The Uses of History in Traditional Chinese Society: The Southern Ming in Ch'ing Historiography*）（博士论文，University of Michigan, 1974），第 354 页；另参见《清代名人传略》中关于戴名世的记录（第 701 页），以及戴廷杰《满汉：康熙与〈南山集〉案》（第 67—69 页）。

13. 参见《方苞年谱》，收入《方苞集》册 2 附录 1，第 880—881 页。

14. 《国史馆本传》，收入《国朝耆献类征初编》册 69，1b。

15. 余金《记》，收入《国朝耆献类征初编》册 71，56b。《国史馆本传》，收入《国朝耆献类征初编》册 71，53b。

16. 《雍正朱批谕旨》（再版，台北：文海出版社，1975），第 3898—3899 页。

17. 《国史馆本传》，收入《国朝耆献类征初编》册 71，53b。

18. 全祖望《神道碑》，收入《国朝耆献类征初编》册 69，7b—8a；《方苞集》册 2，第 583—586 页。

19. 全祖望《神道碑》，7b—8a；《方苞集》册 2，第 577—578 页。

20. 《方苞集》卷 2，第 574—576 页；皇帝对于方苞奏折的反应，另参见《国史馆本传》（《国朝耆献类征初编》册 69，4a—4b）。此外还参见白彬菊《君主与大臣：清代中期的军机处》（*Monarchs and Ministers: The Grand Council in Mid-Ch'ing China, 1723-1820*）（Berkeley: University of California Press, 1991），第 164—166 页。

21. 《方苞集》册 2，第 540—542 页。对于乾隆统治初期朝廷官员对田文镜的指控，我曾在《张廷玉与政治调和》（*Zhang Tingyu and Reconciliation*）一文中简述，该文载于《晚期帝制中国》总第 7 期，1986 年 12 月第 1 期，第 50—62 页。

22. 《方苞集》册 2，第 542—555 页。非常感谢华盛顿大学 1987 年中国历史研讨会的成员们对于这些文献的令人深思且饶有趣味的解读。
23. 对于方苞举荐入祀贤良祠的人选，参见《清史稿》（台北，1961），第 4046 页。方苞的奏折收录于《方苞集》册 2 的"集外文"，第 564—568 页。方苞写给鄂尔泰的信，见《方苞集》册 1，第 154—155 页。
24. 全祖望《神道碑》，7b—8a。方苞的《文集》里有一些证据表明，方苞至少参与了河道治理的事务。《文集》显示出关于河道治理，有大量奏折，尤其出自一位从未离开京师的官员之手。关于高斌的内容，参见《清代名人传略》，第 412—413 页。
25. 以上解释参见《清史稿》，第 4046 页。
26. 《方苞集》册 2，第 564—565 页。
27. 《四库全书总目提要》（再版，台北：商务印书馆，1971）册 1，第 83—84 页。
28. 《方苞集》卷 1，第 154—155 页。
29. 《乾隆实录》，卷 21，1a—2a。
30. 《上谕档》卷 1，第 1736 页，条目 1/6/1。非常感谢北京第一历史档案馆允许我在 1984 年访问该馆时查阅史料，以及美中学术交流委员会的财政资助，我的研究离不开二者的支持。虽无相关证据，但若说此诏书最早并非由方苞本人或与他关系密切的人草拟，实在令人难以相信。
31. 《乾隆实录》，卷 92，14a—16b。方苞对进士的质问，参见全祖望《神道碑》，9a—9b。
32. 关于科举考试形式的演变，参见《清史稿》卷 109。
33. 关于策论题的重要性，参见艾尔曼在本书第 4 篇文章所论的内容。乾隆六年（1741），舒赫德在奏折中向皇帝批判科举制度，因此，对于策论题的评论，参见皇帝对舒赫德那次相当出名的上奏的回应，收入《钦定学政全书》（1774；再版，台北：文海出版社，1967）册 1，第 147—155 页。《清史稿》卷 109 中对此也有概括。
34. 宫崎市定《科举史》（New York: Weatherhill, 1976），第 67 页。
35. 《四库全书总目提要》册 1，第 72—73 页。
36. 丹尼尔·贾德纳关于朱熹对"长国家而务财用者，必自小人矣"这句话的理解，参见其《朱熹与〈大学〉：理学对儒家经典的反思》（*Chu Hsi and the Ta-hsueh: Neo-Confucian Reflection on the Confucian Canon*）（Cambridge, Mass.: Harvard University Press, 1986），第 123—124 页。关于此内容的文章，参见方苞编纂的《钦定四书文》（1738；再版，台北：商务印书馆，1979）"钦定正嘉四书文"，卷 1，13a—14a、15a—16b；"钦定隆万四书文"，卷 1，11a—12b、13a—14a；"钦定国朝四书文"，卷 1，64a—65b。
37. 《钦定四书文》凡例，1a—3a。

38. 关于复社，参见艾维泗《从教育到政治：复社》(From Education to Politics: The *Fu She*)，收入狄培理编《理学的展开》，第 333—365 页。
39. 另外三位分别是张玉书、张江和储大文。
40. 曾巩为北宋诗人、史学家。其两部著作均被收录在《四库全书总目提要：隆平集》（册2，第1092页）及《四库全书总目提要：元丰类稿》（册4，第4317页）中。
41. 韩愈《答刘正夫书》，蔡涵墨译，收入蔡涵墨《韩愈与唐朝的统一》(*Han Yü and the T'ang Search for Unity*)(Princeton: Princeton University Press，1986)，第 254 页。
42. 《钦定四书文》凡例，3a—4a。
43. 对于考生科举文章原抄本与重抄本之间的区别，参见顾炎武《程文》，收入《原抄本日知录》(再版，台北：明伦出版社，1958)，徐文珊整理，第 481 页。
44. 该时文集所收录的 122 位清朝作者中，48 位是进士。
45. 方苞以目录里标明文章的章、节的数量来表示自己已对文章有所节略。只有从《钦定四书文》中的作者自评才能了解其文章有过修改，但这种情况甚少。
46. 刘殿爵译《孟子》(*Mencius*)(London: Penguin，1970)，第 187 页。
47. 赵岐《孟子注疏》，第十三卷下，2a，收入《四部备要》(上海，1936)。
48. 《孟子集注》(Tokyo，1974)，第 39、542 页。在理雅格的《孟子》译本中，或许程氏的注释是把两种选择之间的区别明确归为时间而非空间问题。刘殿爵的《孟子》译本认为："欲知舜、跖之分，只需看看义利之间的差别。"而理雅格的译本中提道："舜、跖之分，仅在于——**思考得与德**之距"（强调为理雅格所加）。参见理雅格译《孟子》(*Mencius*)(Oxford: Oxford University Press，1892)，第 464 页。
49. 涂经诒《从文学观点论八股文》(The Chinese Examination Essay: Some Literary Considerations)，载《华裔学志》(*Monumenta Serica*)，1974—1975年第 31 期，第 397 页。
50. 所有引述赵炳和后文提到的吕谦恒的文章内容，均来自《钦定四书文》"钦定国朝四书文"，卷 14，4b—7a。
51. 周敦颐《通书》，收入《周子全书》(台北：人人文库，1973)，第 126 页。
52. 关于这句话在新儒学中的意义，参见本杰明·A. 艾尔曼《义理 vs. 考证：关于人心道心的争论》，第 175—222 页；狄培理《心法》(Message of the Mind in Neo-Confucianism, New York: Columbia University Press，1989)，第 24—52 页。
53. 《通书》，第 145 页。《周易大传》("系辞下传·五")，出自沈仲涛译《华英易经》（上海，1935；再版，台北：成文出版社，1971)，第 321 页。
54. 不出所料，吕谦恒也是方苞的朋友。参见方苞为吕谦恒所写的墓志铭《光禄卿吕公墓志铭》(《方苞集》卷1，第282页)。

6

话语、科举与地方精英：
清朝桐城派的诞生

周启荣（Kai-wing Chow）

乾隆三十年（1765），潜心文本研究的翰林学士卢文弨（1717—1795）被任命为广东乡试的主考官。除了有关四书与宋代新儒学的必考题，他还在考试中考查了考生关于礼经以及《古文尚书》文本真伪的问题。[1] 三年后，山东乡试的副考官姚鼐（1732—1815）在策论题中问考生："夫世言理学者宗闽洛，而考证经义详博者推汉儒。虽然，汉儒行事具在，将谓其第能博闻稽古，为有功于经乎？抑有躬修实践，诚无愧于儒者也？"[2]

卢文弨所出的考题表明，当时的治学群体越来越重视经学研究的文本与文献问题，而考官也更加注重考查考生对这种新学问的掌握程度。相形之下，姚鼐的策论题不仅揭示出学者研究汉代训诂以获取文献知识的压力越来越大，也暴露出那些宋代新儒学的拥护者主要担心强调文本考证会忽视道德学说。不过，二者都清楚表明，儒家思想话语的变化影响到了18世纪中期科举考试的内容（另见本书第4篇艾尔曼一文）。

然而，话语的演变并非与经济、社会、政治制度与政治进程等非话语领域毫不相干。[3] 在帝制中国，科举制度是各种社会群体为维护和促进自身利益努力控制话语的生产和传播，从而控制学问和文本的公共舞台之一。科举的考试科目和评判标准明显决定了谁会在考试中脱颖而出，也由此决定了谁会获得政治权力。因而考生个体之间的激烈竞争在很大程度上早已被对考试科目及其评判标准的争夺所决定。反过来，任何地方的精英群体对科举的影响程度，则由其与朝廷的关系所决定。

本文并非从制度角度研究清朝教育，而是将之视作一个随政治、思想和社会条件变化而发展的过程。透过这个更广泛的教育视野，本文试图通过关注一个想象中的知识分子谱系——桐城派的诞生过程，勾勒出清廷、地方精英、儒家话语和科举考试之间复杂关系的变化轮廓。下文将试着对桐城派进行解构分析，拆解其谱系，将各个成员及其思想还原到具体的历史背景中。这种分析同时伴随着一种重建式叙述，即从17世纪末到19世纪初，在政治变革和话语转变会对考取功名产生影响的情况下，桐城精英家族的命运如何起起落落。

本文研究主要围绕方苞（1668—1749）和姚鼐展开，二者均被视为桐城派代表人物。之所以选择这两个人物进行研究，与接受传统观点没有太大的关系，而是试图将他们看作来自桐城精英家族的成员。此外，另一位土生土长的桐城人士戴名世（1653—1713）也在本文的研究范围内，即便他与姚鼐并无师承关系。戴名世被视为清朝桐城学派的先驱。他的影响很明显，即使按照姚鼐自己的标准，他也能在该学派获得一席之地。[4]

桐城派的旗号最初由姚鼐在1770年代提出。此后，该学派便获得了"历史真实性"，并开始代表儒家思想学习与教育的主要方法。其思想的核心三要素是：对程朱意识形态的信仰、对古文文体的浓厚兴趣以及文章写作义法。[5] 此外，桐城派的另一大特点是完全适应"八股文"的写作，这是科举考生必须依照的高度结构化文体。因此，桐城派与清廷、程朱正统思想以及科举考试之间有着密切联系。不难看出，这些特征与桐城精英都并无特殊关联。虽然该学派的传承谱系由姚鼐一手创建，但姚鼐为桐城派所提出的核心思想，早在清初就被吕留良（1629—1683）、陆陇其（1630—1692）和李光地（1642—1718）等程朱理学的拥趸所严格捍卫。

因此，若不考虑到他们参与科举考试的情况，就无法充分理解桐城精英的经历和该学派的诞生。为了进一步了解这些思想上的张力如何与桐城派相联系，有必要研究自康熙统治时期（1661—1722）以来，令桐城派再度强势崛起的政治与思想环境。

政治与科举考试

在康熙皇帝统治初期，治学、教育和科举继续被高度政治化。早在清初，士人群体便由于思想和政治原因开始学习程朱学说。康熙年间，程朱学说首次成为思想运动倡导复兴的对象，后又作为官方正统思想得以巩固。从程朱学说拥护者的著作中，可以明显看到他们对于主观主义的强烈反对，以及对王阳明心学更激进主张的断然批判。[6] 顾炎武（1613—1682）、张履祥（1611—1674）和吕留良等人直言不讳地批评了激进的阳明学派所谓的主观主义和心理合一。他们对李贽（1527—1602）和"三教合一"提倡者的抨击尤为激烈。很多人认为是主观主义和心理合一导致了儒家教育腐化堕落，从而造成思想贫乏和道德混乱。

其中不少思想家认为，明末士大夫的道德衰败是程朱学说遭到侵蚀的结果。[7] 明遗民吕留良曾直言不讳地批评王阳明的心学，并将发扬程朱学说视作效忠明朝的基础。因此，吕留良开始批判具有代表性的时文，以此作为鼓吹程朱学说和传播其反清思想的工具。[8]

与明朝的考试惯例一样，清廷也采用了朱熹的《四书章句集注》作为科举考试的官方文本。但在清初，朝廷并未完全控制科举文章的标准，考卷评判在很大程度上由主考官和为四书编写讲义的经学大师所决定。[9] 尽管官方要求采用朱熹注释，但自隆庆（1567—1572）和万历（1573—1620）以来，考生答卷不仅背离这些注释，且费尽心思对之加以批评。他们在答卷中不仅提到阳明心学，还有各种异端思想。[10] 这类趋势一直持续到清初。吕留良等程朱正统学说的拥护者以科举需清除异端思想和重建朱熹学说权威为由，证明自己评论时文的正当性。不过，为个人目的而试图操纵科举考试的并非只有吕留良一人，他的这种策略还引起了戴名世的注意。

虽出生于满人统治的清王朝，身为桐城人的戴名世在文人气息浓厚的环境下长大，仍然为明末的英雄轶事和非凡气节所着迷。他和刘献廷（1648—1695）、王源（1648—1710）等诸多同代人都生活在相同的社会环境中。不过，他们这一代人对明朝的同情与对满人统治的怨恨,并不像父辈那样截然分明。[11] 尽管如此,他们觉得有责任要将关于父辈典范的记忆书写下来——这些人拥有气节,在农民起义和满族入侵时遭受痛苦,光荣殉难。戴名世关心的是如何保存正快速消失的关于明末抗清的记忆。[12] 他希望书写一部明史,像司马迁的《史记》和欧阳修的《五代史》那样流传下去。[13]

古文与科举

在常见的文学写作体裁中,散文是最适合历史叙事的文体。戴名世自小专注于练习古文。[14] 不过,"古文"一词的内涵容易令人混淆。在戴名世看来,六经、《孟子》《荀子》《春秋左氏传》《庄子》《国语》、司马迁的《史记》、班固的《汉书》、唐宋八大家及宋朝新儒学的著作都堪称古文典范。[15] 因此,古文不仅仅是一种文体:作为散文,它在思想上以儒家经典和程朱学说为基础,在方法上则完全采用历史学家和唐宋文人朴素而灵活的文体。[16] 它完全不是现代意义上的文学。毫不意外,戴名世批判的是那些在文体上繁复修饰、内容上存在异端思想、表达上缺乏想象力的著作。[17] 对他而言,机械模仿古人的措辞和文体绝不是他所认为的古文。[18]

一定要牢记,"古文"并不一定意味着古代的语言和文体。事实上,唐宋作家的散文之所以吸引人,是因为他们的语言和写作手法更接近明清时期的风格。[19] 正是这种以当下为导向的"古文",使考生可以将这种写作技巧运用到八股文写作中,后者又被称为"时文"。

戴名世的"古文"主张与前人有所不同。"古文"一词,自唐代大散文家韩愈以来便已成为一种道德说教式的写作体裁。[20] 以古人总是以教化为目的而写作为由,古文家不承认写作的内在价值。宋代新儒学家们非常推崇韩愈的文学理论。在关于写作的论述中,他们通常认为写作的目的在于传达义理。著名的"文以载道"便是其典型主张。

在戴名世时期,古文,特别是唐宋八大家的文章广受追捧。[21] 归有光(1507—1571)、唐顺之(1507—1560)等明代散文家被誉为古文大家。[22] 姜宸英(1628—1699)和魏际瑞(1620—1677)、魏禧(1624—1681)及魏礼(1628—1693)三兄弟等散文家尤为提倡这种文体。[23] 许多被选中参与纂修《明史》的人，都是擅长唐宋"古文"体裁的杰出作家。[24] 朱彝尊（1629—1709）和汪琬（1624—1691）在古文的文学写作技巧方面就格外出众。[25]

18世纪上半叶，唐宋古文仍然是一个重要的文学传统。在康熙四十三年（1704）至乾隆十五年（1750）间，至少有六部唐宋散文选集出版。[26] 古文在清初的盛行很大程度上是由于程朱正统思想得到大力复兴，后者长期以来一直提倡古文传统。[27] 事实上，明末著名时文评论家艾南英（1583—1646）早就提出要利用唐宋名家的古文作为传播程朱正统思想的工具。[28] 值得注意的是，古文所传达的思想内容与程朱正统思想之间并没有任何逻辑联系，但对清初的古文家而言，古文写作所提倡的思想道德就是传统的儒家美德，而他们认为明末推崇阳明心学的那些人早已抛弃了这种美德。

随着程朱学派在清初的复兴，古文家所提倡的道德教义也依据程朱学派的传统而得以确定。康熙年间的许多古文家都是程朱正统思想的拥护者。吕留良刊行了唐宋古文评注。[29] 清初著名散文家汪琬则指责学者将唐宋古文与宋代新儒学截然分开。[30]

张伯行（1651—1725），儒家思想中程朱理学的坚定拥护者，也是戴名世和方苞的朋友，在康熙四十八年（1709）重印了一本最早由茅坤（1512—1601）编选的唐宋散文集。张伯行特别注意到这些文章的质量参差不齐。为告诫他人它们在德教思想与意义方面的错误和缺点，他对这些文章进行了评点注释。[31]

和同时代的许多人一样，戴名世认为掌握古文文体对于写史和复兴程朱学说都至关重要。[32] 尽管他崇尚古文和明史写作，但被迫学习和教授八股文——教所有科举考生都按这种高度结构化的文体写作。他早年间曾对科举考试深恶痛绝，一心想要归隐[33]，但为了赡养父母，不得不开始执教。令他失望的是，弟子都只愿意学习如何写作八股文。[34]

后来，戴名世发现了一种适应科举考试制度的形式主义要求的写作方法。康熙三十三年（1694）至康熙四十一年（1702），戴名世开始了自己的编修生涯，在吕留良开了家书铺的南京撰写时文评论。[35] 如前所述，吕留良试图通过批判八股文来传播反清情绪，并将程朱学说作为儒家的正统思想。[36] 戴名世注意到吕留良的时文评论广为流传，由此相信其策略行之有效。[37] 在戴名世领悟到了八股文的用途之后，他开始向人们宣扬古文与八股文在写作方法上并无二致，明确教导弟子"以古文为时文"。[38] 和吕留良一样，戴名世设法通过教授古文来重塑朱熹四书注本的权威。

因此，对戴名世而言，无论是写好史书，还是修正八股文的空洞，都离不开古文。此外，古文也是传播程朱新儒学思想的载体。戴名世的思想预示了陆陇其和汪琬二人为捍卫和阐明朱子注本所做的努力。[39] 但到了1690年代和1700年代初，由于清王朝更为积极地拥护宋代新儒学，重建程朱学说儒学正统地位的想法对汉族文人来说便不再具有紧迫感。[40]

方苞、古文与程朱正统思想

戴名世好友方苞（关于方苞的内容，参见本书第5篇盖博坚一文）的例子进一步反映了汉族文人与满人政权之间挥之不去的紧张感正在消散。方苞在京师准备科举考试时，结识了一群提倡古文写作的文人。[41] 和戴名世一样，方苞也反感科举制度所带来的空洞琐屑的文风，但还是不得不去满足那些只想学八股文写作的弟子的要求。[42] 于是，方苞与戴名世等友人开始一同提倡八股文与古文在写作方法上并无二致的主张。[43]

事实上，并非只有方苞和戴名世二人有这样的想法。讽刺的是，无论他们背后的动机有何不同，像吕留良这样的明末遗民，以及李光地和吕留良的仰慕者陆陇其这类入清廷为官者，实际上都在努力依托八股文来传播程朱学说。尽管钦佩吕留良的忠义，但陆陇其认为，在清廷为官和提倡程朱思想并不矛盾。在他看来，学习古文有助于考生提高八股文写作的能力。[44] 精研朱熹学问的王懋竑（1668—1741）为一本时文集作序，该序认为，学习唐宋古文而获得的写作技巧，对于阐释程朱学说的经学思想以及纠正未能起到教化作用的时文至关重要。[45]

可以说，是方苞最先提出了桐城"义法"的基本主张，其本质指"言有物"及"言有序"。方苞绝非有此文论思想的第一人。[46] 戴名世也曾有过非常相似的主张，只是并未使用"义法"一词。[47] 这个词在方苞的文章中占据了突出位置。在方苞看来，最早是司马迁指出《春秋》写作具有"义法"的特点。[48] 方苞还反复强调"义法"对于史学家而言是重要的写作技巧。[49] 直到康熙五十年（1711）受戴名世文字狱案牵连，方苞才打消了成为史学家的念头，而他将"义法"作为一种史家笔法的兴趣也由此消退。[50]

戴名世于康熙四十八年（1709）中进士，授翰林院编修，但时过两年便遭弹劾——被指控在为纪念烈士和义士而作的传记文章中多次提及南明政权的帝王年号。他因此获大逆之罪而被处死。[51] 该案件前后牵连三百余人，或处死或流放，其中包括那些参与撰写和印刷该文集的人以及戴名世的亲属。方苞因曾为该文集作序而受到牵连，其亲属也因此下狱和流放。虽然他和族人后来免于死刑，赦出后隶汉军旗籍，世代为奴，但方家所遭受的磨难在方苞心里留下了不可磨灭的烙印。[52] 他告诫自己今后千万不要轻率行事。[53] 乾隆七年（1742），方苞将新建的方氏祠堂命名为"教忠祠"，这绝不仅仅是巧合。他在《教忠祠规序》中还提到自己在戴名世案中所受的牵连。[54] 这一惨痛经历极大地打击了方苞对纂修明史的追求，让他转而投身于维护程朱学说的正统地位和对经学"义理"的研究，此后他便一直致力于此。[55]

即便戴名世案未能吓倒那些仍对清廷怀有敌意的程朱派学者，但他们发现，随着清政权开始更有力地维护程朱正统思想，想借由文化和思想主张来反对其统治变得愈发困难。[56] 康熙五十一年（1712），即刑部对戴名世案做出最终裁决的前一年，康熙皇帝谕旨将朱熹在孔庙的牌位升至大成殿"十哲"之列。康熙五十三年（1714），《朱子全书》在皇帝的大力支持下得以刊印。次年，《性理精义》以御纂之名颁行天下。[57] 康熙五十一年，皇帝下令在孔庙大殿放置朱熹牌位，同时规定要以康熙五十年的丁银总数为标准，此后不再征收人头税，试图以此笼络汉族精英。康熙皇帝的种种举措是为了向汉族精英表明，朝廷对他们提出将以程朱学说作为官方正统思想的要求作出了回应，而且更重要的是，朝廷决心保护他们的利益。[58]

儒家礼教主义与净化主义

虽然清朝统治者成功笼络了那些可能仍然心存猜疑和敌意的汉族文人，但17世纪末和18世纪初的儒家经典话语中出现的新张力，引起了强烈拥护程朱正统思想者的注意。到了 18 世纪中叶，这种张力开始令教育的内容发生变化，影响了科举考试及其取士标准的某些方面。

18 世纪末 19 世纪初，程朱学说作为一种国家意识形态和强大的思想潮流逐渐崛起，而此时一股暗流开始侵蚀整个宋学思想的权威，特别是程朱学派的释经传统。事实上，这是 17 世纪中叶演变而来的儒家礼教主义与净化主义潮流的延续。这些思想流派共同塑造了清代的儒家话语。这场新思想运动的核心分为两个部分：一是对道德采取礼教，一是不断通过考证清除经学典籍中的异端成分，重塑经学文本的完整性。[59] 康熙三十九年（1700），胡渭完成《易图明辨》，考证出"太极图"实际源自道教，从而将之从《易经》中剔除。阎若璩（1636—1704）最终证明《古文尚书》乃是伪作。[60] 虽然这些学者主要是在考证经学原文，恢复其完整性，他们大多并不打算背离程朱学说[61]，可是事实证明，这种文献考证有损程朱思想的权威性。

而更令人担忧的威胁来自两个阵营：阳明心学的拥护者，和颜元（1635—1704）的弟子。毛奇龄（1623—1716）公开推崇阳明心学，毫不留情地抨击朱熹。[62] 颜元及其弟子李塨（1659—1733）则严厉批判新儒学的所有变体。毛奇龄和李塨的目的不外乎是通过对经典进行严格的文献考证，来证明宋代新儒学的不可靠，从而彻底瓦解程朱理学传统。[63]

早在康熙四十一年（1702），方苞便被卷入一场对抗程朱学说诋毁者的斗争当中。在与李塨和王源的往来中，他了解到一群断然否认宋学价值的学者的思想。其中，潘平格（1610—1677）和颜元是宋学最早的批评者，他们以自己的方式指责宋代新儒学在阐经中融入了佛道思想。[64]

康熙四十二年（1703），方苞与李塨就"格物"之义展开了激烈的辩论。[65] 令方苞震惊的并非两人之间存在分歧，而是李塨断然否定程朱阐经传统，认为它掺杂了异端邪说。在康熙六十年（1721）写给李塨的一封书信中，方苞说颜元和朱熹二人虽然可能在对经学文本的解释和教育方法上有所不同，但他们关于伦常的基本思想是一致的。[66]

方苞认为自己有责任维护朱熹的经学研究。[67] 不过方苞的尝试属于后来拥护程朱学派的人所发起的更大规模运动的一部分，其目的是通过不断纠正小错误，以及声称朱熹与他人所犯的错误无关,而巩固朱熹经学研究的基础。在这点上,王懋竑算是典例,某种程度上阎若璩也算。[68]

在17世纪下半叶,净化主义者以语文学作为恢复经学文本完整性的方法,此举仍有助于维护程朱正统思想,而统治者在18世纪初对程朱理学的支持则有助于在一定范围内控制住潜在的威胁。考据学直到18世纪中叶才开始对程朱正统思想构成严重威胁。

方苞与《钦定四书文》

从上述讨论可以看出,姚鼐创立桐城派的具体话语基础——对程朱理学的单一信仰、对古文文学手法的浓厚兴趣及对其在时文写作中的应用——可谓清初许多学者共同的思想特征。这些话语绝非姚鼐的同乡人所独有,尽管戴名世和方苞两人也都是来自桐城的著名作家。有趣的是,姚鼐并未把戴名世算为桐城派。原因显而易见:他不想与一位"造反者"有什么瓜葛。而如果方苞没有参与朝廷主持编修的时文集,即便他是赫赫有名的古文家,可能也无法在姚鼐的桐城派行列中赢得一席之地。

与控制考生参加科举的整个过程同样重要的是,统治者还要规定考生写作的标准文本。清廷恢复科举后,刊印考取较高功名的考生文章的明朝做法便又重新焕发出新的活力。自清朝统一中国以来,统治者一直关注私人书院编印的讲章的流通情况。早在康熙九年(1670),吕留良自编自印八股文评语时,清廷便禁止私人书院印刷任何这样的作品,并下令让礼部为考生发布正式的时文选集。[69] 不过这些早期举措的效果似乎并不显著。康熙三十三年(1694),康熙皇帝批准汇编进士文章,并将之作为范本分发给各省书院。[70] 但礼部在康熙四十三年(1704)又停止印刷官方选本。[71]

或许没有哪个清朝统治者比雍正皇帝(1722—1735年在位)更敏感地意识到需要掌控汉族文人的意识形态(参见本书第5篇盖博坚一文)。雍正元年(1723),他下令让礼部和翰林院编选最优秀的时文让私人印刷坊印制出版。[72] 涉及吕留良的那场臭名昭著的文字狱显然令雍正皇帝对私人撰写和出版时文评论更为不安。[73] 雍正七年(1729)五月,皇帝了解到,吕留良时文评论中巧妙掺杂的反清言论深有影响。吕留良的著作在科举考生中广为流传。曾以吕留良文章为范文准备科举的考生曾静（1679—1736）被其时文评论打动，试图鼓动当时的川陕总督岳钟琪（1686—1754）反清。[74] 岳钟琪即具折上奏，曾静被捕并由皇帝亲自审讯。雍正皇帝除了亲自反驳曾静对清朝统治的控诉外，还命朱轼（1665—1736）编撰科举参考文本《驳吕留良四书讲义》，"逐条摘驳"吕留良的思想，并将其抄送所有官学。[75] 此时雍正显然确信要进一步加强对私人出版物的控制。

1736年，礼部和翰林院再次放弃编选优秀时文。同年，乾隆皇帝登基，朝廷又开始尝试为评估时文提供新标准。在乾隆皇帝的几位老师中，朱轼和蔡世远都是方苞好友。[76] 这位新皇帝的登基为士人恢复康熙时期的政治影响力带来了一些希望（另参见本书第5篇盖博坚一文）。朱轼和蔡世远二人均为当时程朱新儒学的主要倡导者。

方苞多次向乾隆皇帝上书，强调编修和出版"十三经"与"二十一史"钦定版的必要性。他还提议为三部礼学典籍修纂义疏。或许是在朱轼的坚持下，乾隆皇帝命方苞负责编选官方优秀时文集。[77] 由于方苞是著名的古文家和时文评论家，皇帝指定他主编一部八股文选集，出版后它将成为评价时文的参考标准。[78]

其最终成果便是《钦定四书文》，它于乾隆四年（1739）完成，次年印刷[79]，按朝代排序收录明清时期的时文[80]（另参见本书第5篇盖博坚一文）。其中收录的许多清朝文章的作者都是方苞的朋友，比如李光地和韩菼（1637—1704）。方苞还小心翼翼地收录了他哥哥方舟的文章。方苞选文明显有自己的偏好，他并未将戴名世的作品收录进去，也未提及古文家的写作秘诀已有派系传承。对于桐城文人写作技巧的优势，他一点没有提到，无论是隐晦暗示还是刻意强调。

挑选时文显然是为了巩固程朱经学传统作为儒家正统的地位，也是方苞及其同伴朱轼、李光地、蔡世远等人的共同追求。[81] 该文集的编选体例中明确规定，收录的文章必须与经学及宋元新儒学的阐释保持一致，这里主要就是指朱熹的注本。因此，程朱正统思想奠定了该文集的思想基础。虽然它也收录了几篇王阳明的文章，但对其中一篇的评论却极力强调，就连王阳明的科举文章，也采用了朱熹的注本。[82]

该文集明显诠释了方苞文论思想中的一些主要概念。"清真""古雅"既是他对"正"文的标准,也是对八股文的要求。[83] 在方苞看来,"清真"即"理正",也即以程朱学说来衡量文章。而"古雅"就是方苞所谓的"文正",他认为这需要避免"俗""口语化"和异端语言,如佛教术语,即便是对话式表达(讲学口语)也要避免。[84]

方苞所主张的"义法"便是由这些写作原理构成的。他对"义法"的偏好成为散文及八股文写作的正确方法。他坚持把古文写作规则应用于时文。[85]

《钦定四书文》自乾隆五年(1740)刊印以来,便成为考生从县试到会试的时文写作标准。清廷反复要求考生按这部钦定选集规定的标准写作。[86] 然而,朝廷的一再强调正说明背离这一标准的情况仍然广泛存在。[87] 尽管如此,该选集一经发行便成为科举考试的官方参考书目,清朝统治阶层也致力于维护其权威性。[88]

乾隆皇帝在统治初期曾继续支持程朱正统思想,恢复了许多在康熙年间开展的典籍编纂项目,并再次向文人精英承诺进行儒家统治。[89] 但各学派关于经学话语权的矛盾开始将儒学家分为两个阵营。因为专注于考据研究的学者们开始对宋元阐经传统不屑一顾,清廷与程朱正统思想的和谐关系并未维持多长时间。这在很大程度上应归咎于净化主义运动,因为它旨在清除经学思想中的所有异端成分。自18世纪初以来,宋学在治学群体中的权威遭到削弱,因为考据研究表明宋学研究者曾篡改经学典籍。[90]

到了1740年代末,由于追求纯粹正宗的儒家学说,一些考据学家对宋学采取了更为激进的态度。[91] 汉学祖师惠栋告诉弟子,原则上要避开宋学研究,他担心这些作品掺杂了太多的道教和佛教阐释,会妨碍对经学原始意义的理解。[92] 18世纪中叶,惠栋(1697—1758)的影响力在苏州变得越来越大。尽管如此,强调汉代阐经重要性的经学家仍未获得朝廷支持。但乾隆三十七年(1772),清高宗乾隆帝主持编修《四库全书》,将考据学和程朱正统思想之间尤为紧张的关系公开化了。

姚鼐与桐城派的形成

乾隆三十八年(1773),姚鼐充任四库全书馆的纂修官。然而,总纂修官纪昀非常厌恶宋元儒家学派的阐经传统。一年后，姚鼐感觉难以继续开展自己的工作，因为那里的纂修官大多对宋元学说不屑一顾。[93] 他写的大部分评论都被否决。[94] 由此可见，程朱学说的拥护者自康熙年间和乾隆统治初期以来所享有的优势开始消失。

参与四库全书馆的工作有助于为经学家带来荣誉和官职。[95] 戴震（1724—1777）并非进士，但治学广博，声名远播，因而也被召为纂修官。尽管他在乾隆四十年（1775）会试落第，但皇帝特赐进士出身，授翰林院庶吉士。[96] 相比之下，姚鼐在乾隆三十一年（1766）未能继续担任翰林院庶吉士，因此完全可以理解他对此感到不满。[97] 得知在参与四库全书馆工作的八位非翰林学士中，有六位在完成纂修后被授翰林院庶吉士，姚鼐一定深受打击。所有纂修官中，只有姚鼐和任大椿（1738—1789）没有得到皇恩。[98] 清代著名史学家章学诚（1738—1801）或许也有类似的不满情绪，他指出："词臣多得由编纂超迁，而寒士挟策依人。亦以精于校雠，辄得优馆，甚且资以进身。"[99]

"桐城派"的旗号最早由姚鼐提出，而要理解其形成过程，则必须基于这一背景：考据学在国家意识形态层面上，在儒家话语体系内和科举考试制度中，造成了越来越大的压力（另参见本书第 4 篇艾尔曼一文）。乾隆四十一年（1776），姚鼐首次暗示古文家之间存在谱系渊源。该谱系的清代成员中，有三位都是桐城人士——方苞、刘大櫆（1698—1779）和姚鼐本人。姚鼐师从刘大櫆学习古文。[100] 乾隆四十四年（1779），姚鼐选编的《古文辞类纂》完成，全书共 75 卷。[101] 但由于他缺乏资源，该书直到嘉庆二十五年（1820）才刻印。在这部清朝文章选本中，姚鼐只收录了方苞和刘大櫆的文章，以此进一步证实他认为存在一个桐城学派的主张。方苞乃《钦定四书文》的主纂修官，这令姚鼐得以宣称桐城作家已掌握了古文写作的诀窍。值得指出的是，虽然姚鼐未将戴名世列为桐城派成员——原因很简单，戴名世因大逆之罪而被处死——但比起受方苞影响，姚鼐的文论或许更多是受到了戴名世的影响。

姚鼐试图将古文的最高成就全部归于桐城作家，引起了同时代人的反对。[102] 他将古文文体当作桐城文人所独有，也招致了一些同时代者的批评。有评论家指出，姚鼐假定存在一条从唐宋八大家，经由明代归有光，一直到古文写作方法的清代直接继承者方苞和刘大櫆的师承脉络,且有意将自身列于这一谱系之末。[103]

需要注意的是,桐城派并不代表一种所有桐城学者都认同的思想传统。来自桐城的学者们并不全都拥护唐宋大家的古文。桐城三大家族张氏、姚氏和方氏,虽彼此姻亲往来,但并未形成一个共同的思想传统——尽管他们之间确实存在思想交流。方氏和姚氏家族出了几位赫赫有名的学者,其学问深植于古文和程朱学说的结合,但来自桐城的著名官员张英(1638—1708),却在骈文而非古文方面更为出色。[104] 土生土长的桐城人士马其昶(1855—1929)指出,直到姚鼐,桐城才开始以唐宋古文的文学传统而自豪。[105] 换言之,是姚鼐最早提出最好的古文家皆出自桐城。但即便到了19世纪初,桐城学者们也未将古文视作自己独特的文学传统。[106]

汉学兴起所导致的越来越大的压力,解释了桐城派为何会在1770年代形成。[107] 这十年间,桐城学者在汉学与宋学传统的有效性问题上出现了更为强烈的分歧。纂修《四库全书》使得不同阵营的学者直接对峙,最终宋学落入下风,姚鼐退出纂修便证实了这一点。而对姚鼐而言更重要的是,宋学的影响力逐渐式微,此时桐城文人早前的辉煌也开始消退。

地方精英策略、文化资源与金榜题名

参加科举的考生无论最终金榜题名还是惨淡落第,都不仅仅是个人之间智力与记忆力的较量——它掩盖了地方精英为获得皇帝特殊恩遇和政治权力而展开的激烈竞争。来自地方精英家庭的考生能够金榜题名,在相当大程度上取决于考生当地精英群体的资源,以及他们在仕途、学习和投入模式方面所采取的策略。这些因素明显决定了他们对人生新境遇的适应能力。

桐城文人自清初以来便在科举考试中取得了相当不俗的成绩。这在很大程度上是因为地方精英要努力将明清过渡时期的农民起义和清军入关所造成的损失降到最低。明确效忠明朝的行为在桐城并不普遍。当江南地区的地方精英还在顽力抵抗清军时,桐城许多精英家族的族人已经开始为清廷效力。[108] 例如,姚鼐的高祖姚文然(1620—1678)曾在明朝任翰林院庶吉士,入清后,他在顺治统治初期任礼科给事中。康熙十五年（1676），他被钦命为刑部尚书。[109]

桐城地方精英愿意与清廷合作，也在某种程度上解释了桐城文人早期在科举考试中取得的辉煌成绩。18 世纪上半叶，每次科举，桐城平均会出 5 到 6 名举人。乾隆元年（1736）有 13 名[110]，那是桐城科举的巅峰时期。当时，它总共出了一位大学士、一位尚书、一位巡抚、一位地方长官、一位全国知名学者和许多小官员。[111] 那些金榜题名的考生都来自方氏、姚氏、张氏、左氏、马氏和戴氏等大家族。更重要的是，这些桐城官员之间大多有姻亲关系。[112]

自康熙和雍正时期以来，张氏可谓在清廷地位最为显赫的桐城地方精英家族。张英（1638—1708）与其子张廷玉（1672—1755）都官至大学士。张氏族人在科举考试中的超高考取率也反映了该家族在清廷非同一般的地位。这个家族前后出了 12 名进士，其中一半都被特授翰林院职位。[113]

张氏家族的非凡成就也助了姚氏家族一臂之力。毫无疑问，张氏和姚氏两大家族正是与其他高官勾结，才得以在科举考试和官僚机构中提拔自己的亲属。因此，控制主考官的任命权是维持科举考试高成功率的关键，这些精英家族对此心知肚明。乾隆九年（1744），有御史指控高官沆瀣一气，只荐举友人担任会试主考官。[114]

清朝统治者并非没有意识到当时能够金榜题名的考生很多都来自仕宦家族。早在康熙三十九年（1700），清廷便试图通过为仕宦家族专门设定配额，来削弱官员后代及亲属的录取优势。[115] 但仕宦家族能够对考官施加个人影响。由于张氏和姚氏族人的科举成绩十分惹眼，乾隆七年（1742），御史刘统勋（1700—1773）曾以夸张的语气称"桐城张姚二姓，占却半部缙绅"[116]。

但在 18 世纪后半叶，桐城学者的影响力日渐衰微。姚鼐在乾隆二十八年（1763）考取进士，而直到乾隆三十七年（1772），桐城才又出了一位进士。乾隆三十九年（1774），姚鼐离开四库全书馆时，朝廷或学界没有一位桐城人士仍居高位。[117] 姚鼐非常在意同乡，特别是其族人在与江浙学人竞争时表现不佳。18 世纪上半叶，桐城文人似乎前程远大，但到了 18 世纪中后期，这份前景遭遇重挫。[118] 姚鼐在一封书信中还曾提到，桐城再无优秀作家。[119] 方苞被特命编修皇帝钦定的时文选集，这无疑使他成为当时最光鲜的桐城人，而姚鼐甚至未能保住翰林院职位。

桐城文人在科举考试中走下坡路，也意味着他们在国家政治中的影响衰落，这在某种程度上是18世纪中期以来考据学影响日益增强的结果。当时，科举乡试开始考查经学文本问题（参阅本书第4篇艾尔曼一文）。乡试和会试第三场的策论题越来越频繁地考查考生对词源和最新经学研究成果的掌握程度。虽然第三场考试不及前两场重要，但它更有利于考官出题。考官在第三场设置有关经学文本的考题，进而选出熟悉考据学的考生。对于考生而言，作四书文章不要求他们展现丰富的学识，但回答那些有关经学文本的考题却能够让他们凭借博学轻松脱颖而出。

当时的朝廷重臣都极力推崇考据学研究，如提督学政纪昀（1724—1805）和科举考官朱筠（1729—1781）。还有像毕沅（1730—1797）这样召集大量名儒修经纂注的官员。[120] 除了纪昀和阮元（1764—1849）等朝廷重臣的拥护，考据学研究也获得了其他私人支持。[121]

只有在各方机构都支持学术研究日益专业化的社会环境中，考据学才能蓬勃发展：要进行校勘、比较不同版本、收集书目信息，需要能方便获取大量藏书。[122] 若科举考查的许多文本都属于善本，那么来自文化落后地区的考生自然很难取得优异成绩。姚鼐曾认为桐城文人竞争不过江浙两省的学人，而他在四库全书馆的亲身经历证明了他的担心。姚鼐认为考据技巧和书目知识是"利于应敌"的方法，这或许是他惨败的真实写照。[123]

事实上，江浙学者的确得到了各方支持。众所周知，扬州盐商慷慨资助考据学家。由于富商通常拥有丰富藏书，因此惠栋、戴震、钱大昕（1728—1804）和王鸣盛（1722—1798）等学者很大程度上是为了有机会接触这些书籍才与商人保持联系。[124]

参与大型典籍编修项目的大多数人都来自江浙。为阮元编修《经籍纂诂》的42名学者中有37位浙江人，4位江苏人，1位徽州歙县人。[125] 道光九年（1829），阮元刊印了清代经学汇编集大成之作——《皇清经解》。若考察那些作品被收录其中的学者的籍贯，同样可以看到各地考据学研究人数的不均衡。在明确了籍贯的68位经学家中，有50位是来自江浙的文人，只有一位来自桐城。[126]

江浙地区的考据学家数量庞大，表明全国各地在经济结构、社会与文化条件方面存在较深层次的差异。尽管桐城在 17 世纪末和 18 世纪的进士考取数量相当突出，但在文化和经济发达程度上仍然无法与杭州、苏州、扬州和常州等地区相提并论。[127] 一个地方能否有学者参与儒家话语实践的构建，在很大程度上取决于非话语实践，即当地精英的投入策略与区域资源。

明清时期，桐城精英对商业几乎不感兴趣。[128] 商业财富的缺乏自然解释了它为何缺少大型私人藏书馆以及对书业内行和藏书家的支持。江浙两省在清朝产生了数量最多且值得一提的私人藏书家，安徽却一个也没有。[129] 乾隆三十七年（1772），皇帝下诏大规模征集藏书，江浙两省对此贡献最大[130]，而整个安徽只贡献了不到百分之一的藏书[131]。不过，这些统计数字具有一定误导性。虽然贡献了五百本以上藏书的四大家族中有三个都定居在杭州和扬州，但他们原本都是来自徽州府的安徽盐商。徽州府由休宁、黟县、歙县、祁门、绩溪和婺源六县组成。上述三个祖籍徽州的家族分别是鲍氏、汪氏和马氏，每个家族实际贡献的藏书均超过五百本。鲍廷博（1728—1814）和汪启淑（1728—1799）的家族定居杭州，而马裕家族则在扬州。这些家族贡献的藏书总量（1855 册）超过了各省所有贡献量的 40%。[132]

徽商移居长江下游大城市历史悠久。自明朝以来，移居扬州的徽商至少有 80 位，还有一些迁往苏州和南京。[133] 但这些徽州移民并未切断与家乡的联系。因此通过商业和亲缘关系，徽州的精英家庭与长江下游地区的文化中心地区关系密切。徽商是学者和私人书院的重要资助者。[134] 他们将积累的巨大财富用于支持治学和教育活动，大大加强了自己与其他地区的精英家族竞争的能力。

当安徽大部分县的学者都在更高级别的科举考试中受到文人话语权变化的影响时，徽州学者却走在了新兴考据学的前列。戴震，考据学的主要代表人物，便来自徽州休宁县。

但需注意的是，即便在考据学兴起之前，徽州学者也具备一定的竞争优势。清初以来，他们一直积极重塑程朱学说的正统地位。尽管徽州深受程朱新儒学的影响，但许多推崇朱熹学说的学者对考据学和文本研究的发展也做出了重要贡献。在徽州学者中，江永（1681—1762）和汪绂（1692—1759）都是这一趋势的杰出代表，而戴震即江永弟子。[135]

同样，江藩的《国朝汉学师承记》不仅是对清代汉学家考据研究的记录，还揭示了文化资源在各地分布的不均衡现象以及地方精英生存策略的差异性。在江藩记载的54名学者中，有35位是江苏人。而6位来自安徽的学者，无一例外都是徽州人，他们分别是江永、戴震、金榜（1735—1801）、洪榜（1745—1780）、程晋芳（1718—1784）和凌廷堪（1757—1809）。[136] 这些学者被称为"皖（安徽）派"。事实上，"徽派"的称呼应更为精确。

姚鼐面对汉学家所产生的挫败感，显然是文化欠发达地区的学者因为无力与徽州、江浙学者竞争而感到的失望。但若认为只有当地文化资源有限的学者才会感受到来自考据派的威胁，那就错了。姚鼐创立桐城派绝非应对考据挑战的个别反应。

清代著名史学家章学诚也对同时代人痴迷考据和文本研究有类似疑虑。章学诚反对的理由是，并非所有学者都对书目学和考据学感兴趣，或擅长这方面的研究。他从他本人特殊的知识能力出发，证明可以有不同的历史写作方法。[137] 他还自称是想象中的一个学派——历史写作的浙东学派——的忠实后学，其成员还包括王阳明、刘宗周和黄宗羲。章学诚认为，浙东学派代表了学习儒家学说的正确途径，因为它不求抽象地理解人性。姚鼐认为桐城派应主张"文道合一"，即程朱新儒学与古文的统一，而章学诚则以"文史"来探究"性命"，并为此感到自得。[138] 但章学诚的史学研究几乎没有受到浙东学派其他学者的影响，他们也并未形成一个独特的史学派别。[139]

不过，对姚鼐和章学诚所创的学派提出异议，并非否认亲缘关系在学术传统延续中的重要作用。我们已经知道章氏、方氏和姚氏家族如何通过婚姻和地域联系在政治上相互扶持[140]，方氏和姚氏家族还彼此分享治学资源。因此，出身于这些家族的学者具备优秀的古文写作能力绝非偶然。姚鼐文宗方苞，方苞乃姚鼐叔父姚范的好友。[141] 方泽（1697—1767）曾孙方东树（1772—1851）又是姚鼐的得意门生。[142] 对于这些家族成员而言，师承传统在某种程度上就是共享话语变化所带来的结果。

教育方式的分歧

考据学的兴起以宋学的衰落为代价——宋元新儒学被认为阻碍了人们理解真正意义上的经学,因而遭到质疑和排斥。认真从事文本研究的考生把戴震的思想作为出发点,即只有阐明经学的字面含义后才能进一步理解礼的原则。[143] 这一前提将当时经学研究的目标重新定义为文本研究和考据研究:要想掌握经学思想,只能靠细致研究汉学家的注释以及复原古代语言在经学典籍中的词义。很自然,人们期望培养考生应对这些新学科的能力。

这种新的学习目标在几个方面挑战了程朱学说的正统地位:宋学的可靠性、教育制度的学习科目以及支持学习该科目的理由。这些方面彼此密切相关,任何一方遇到威胁都会扰乱整个系统。

因此,考据学的盛行创造了新的话语对象,要求考生学习新的学问。由于考生当下的任务是掌握语言和文本研究的基本技能,以及关于古典语言的新知识,因此,他们对宋代新儒学与古文作品的兴趣持续下降。

汉学家坚称,只有放弃已经被异端思想普遍污染的宋元注经,经学研究才能重新获得有效性。[144] 因此,朱熹对四书的注释应被淘汰,因为它们对科举考生造成了不良影响。这种思想立场与科举考试的实际情况相悖,后者旨在考查考生对朱熹注释的掌握程度。难怪当时一流的考据学家非常反感八股文,因为这种文体仍在新儒学层面考查考生复述四书话语的写作能力。[145] 清代著名考据学家段玉裁(1735—1815)在阅读了章学诚的文章后,并不认同章学诚文章与八股文存在相似性。[146]

写作技巧的理论与实践的普遍重要性被边缘化了,考据学家把文学表达降为次要之事——就算要舞文弄墨,也排在考据研究之后。[147] 当时数一数二的经学大师钱大昕对方苞大力推广唐宋古文的行为嗤之以鼻。[148]

考据学家也以去除经学异端、净化学问为由,反对唐宋古文。阮元在其散文《文言说》中反对把唐宋时期的文章抬到"古"的地位。在他看来,古文的正确范式是《易经》注里保留下来的孔子著述:圣人的写作风格不是散文,而是韵偶结合。[149] 阮元认为六朝时期有韵律的骈体"赋"更接近于这种古文范式。[150] 事实上，汪中、孙星衍、凌廷堪等考据学家都曾广泛以赋体写作。[151]

考据学家带来的冲击威胁到了国家意识形态、儒家经典话语以及教育体系自18世纪初以来相对和谐的关系。治学研究的进一步专业化不仅使金石学、书目学和校勘学等分支科目得到发展，还提高了人们对于天文学和数学的兴趣。[152] 这些新的分支科目可能将自立门户，成为自主研究领域，不再与儒家当时所关注的社会道德秩序联系在一起。[153]

姚鼐在南京钟山书院授业的经历清楚地反映了这些教育趋势。从乾隆五十五年（1790）到嘉庆六年（1801），以及从嘉庆十年（1805）至嘉庆二十年（1815）姚鼐去世，他在那里授业解惑。当时几乎没有学生有兴趣学习古文和程朱学说。即使找到了一位门生有心向学，愿意研究朱熹学说，姚鼐也失望地发现几乎没有书商出售相关书籍——无人愿意刊印这些书，书商也没有理由储藏，因为根本没有任何需求。[154]

对姚鼐而言，经学研究专业化程度的提高既令人不安，又对宋学的正统地位构成了威胁。他试图将考据纳入将学问分为三个分支的话语体系中，即义理、考据和辞章。可以说，姚鼐的三分支话语体系试图为实现重振儒学教育的更大目标提供了另一种结构。[155] 该体系有两个目的：首先，通过将文章写作划分为三个方面，姚鼐希望借此适应新兴的考据学。其次，通过将考据纳为学问三分支之一，姚鼐可以将之归入"义理"，也就是对程朱学说的阐释中。事实上，姚鼐坚守的是1750年代以前一直都在维护程朱正统思想的考据和文本研究。[156] 姚鼐的三分支话语体系代表了一种具有象征意义的尝试，即把考据研究不断增强的力量置于他所擅长的经学传统研究之下。

汉学家认为宋学并不可靠，加以攻击。但姚鼐坚称，直到宋代，经文才有了明确的阐释，就算宋代学者在阐释经文时犯了小错，也不意味着就可以过度强调对经文的细抠。在姚鼐看来，这种研究琐碎零散，具有误导性。[157] 既然宋代学者已清楚阐明了儒家学说，那之后的儒学家应该主要关注自身如何更有效地传达儒学道德真理。写作技巧因此是实现这一目标的关键。姚鼐的散文写作理论虽然深受道德主义浸染，但却进一步丰富了"古文"的概念，使之包含了"各种美学考量"。[158]

学习如何写出优秀古文，不仅提高了学者清楚表述宋代新儒学家们所阐述的道德学说的能力，也提高了他们的八股文写作技巧。与方苞一样，姚鼐也反对"俗语""口语"和对话体的表达方式。古文写作运用了"今之文体"，对这一点的强调，使得古文能够让文人理解古代圣人的教诲（"苟有聪明才杰者，守宋儒之学，以上达圣人之精，即今之文体，而通乎古作者文章极盛之境"），从而维护了儒家道德秩序。[159]

虽然考据学家的最终目标是重建古代社会秩序，但对语言和文本问题的考据往往成为他们的当务之急。与此相反，姚鼐及其后学坚持将写作与儒家道德直接联系起来，并允许"每个受教育的人都有机会参与文化话语"[160]，这是写作在晚清思想话语体系中再次兴起的重要原因之一。

尽管宋学与汉学之间存在张力，但这两种经学传统绝非相互排斥且完全不可调和的。两者对于儒家"道统"原则，即忠孝等社会基本伦理以及社会等级结构的主张仍保持高度一致。[161] 它们虽然可能在如何表达这些价值，以及关于古典语言和古代历史的具体细节上存在分歧，但从未将儒家社会伦理作为争论的对象。事实证明，儒学的思想体系足够灵活，既可以包纳不同话语传统之间的紧张关系，也能包纳国家意识形态与思想发展之间的紧张关系。

还需指出的是姚鼐的桐城学派到底有多大的影响这个问题。学习文学和思想史的学生在这个问题上提出了各种各样的意见。最牵强的莫过于刘声木在《桐城文学渊源考》中的说法。这部作品共列举了641名桐城派作家，其中居然包括两位女性和两名日本人！该书实际上几乎列出了自归有光以来所有自称推崇唐宋古文的人。[162] 许多人从字面上理解姚鼐的说法，认为桐城派从方苞到20世纪初持续了大约两百年。[163] 有人把它的起源追溯到了戴名世。[164] 但恰如胡志德所指出的，桐城派在18世纪末和19世纪初"本质上就一个人，姚鼐"。即便在嘉庆二十五年（1820）姚鼐的《古文辞类纂》刻印时，桐城派在文人群体中也未能吸引到大批追随者。[165]

姚鼐的"四大弟子"——方东树、刘开（1784—1824）、管同（1780—1831）和梅曾亮（1786—1856）——都未在朝廷担任要职。[166] 只有梅曾亮在道光二年（1822）考取进士。不论是在文人群体还是在经学研究者中，他们当时都没有什么影响力。在姚莹[167]看来，是长期在户部任职的梅曾亮进一步扩大了姚鼐的影响力。[168]是方东树继续积极传播桐城派关于古文写作技巧的主张。[169]不过方东树对于提高桐城派影响力的主要贡献，更多是靠他对汉学的观点及方法论谬误的有力批判。[170]虽然仅限于小群体，但桐城派仍然受到极少数作家与学者的追捧——他们大多来自桐城。姚鼐弟子通过更高水平科举考试的成功率很低，这或许解释了姚鼐为何将陈用光（1768—1835）视为传承其道的弟子，因为陈用光是姚鼐在世时唯一考取进士的门生。[171]

曾国藩（1811—1872）堪称将桐城派进一步发扬光大的最大助力。[172]但曾国藩对姚鼐的敬仰以及他对古文和程朱学说的推崇（另参见本书第3篇刘广京一文）未能帮桐城当地精英重获政治和学术力量。桐城派的盛行，增强了湖南精英在镇压太平天国运动期间的政治影响力。新文化运动的文学改革家为桐城派传承悠久的神话画上了最后的句点，他们认同桐城派拒绝骈体和韵律的文辞要求。胡适（1891—1962）认为桐城派为文学革命扫清了道路，而后者的目标是教中国人写出朴实无华的散文。[173]

结　论

在戴名世、方苞和姚鼐的生平及思想中，我们看到了桐城地方精英如何对康熙和乾隆时期的政治和思想变革做出了不同反应。为了维护自身在桐城乃至全国的影响力，他们不得不参加科举考试——这是他们获得政治权力和社会地位的主要途径。他们的思想尝试、文学事业以及他们与清廷的关系，在很大程度上都受到他们努力想要考取功名的影响。而他们能否胜过其他地方的文人，又反过来取决于桐城当地提供的人力、文化和经济资源。

清初程朱正统思想的复兴和张氏家族的政治影响力，使桐城精英家族成为其中的受益者。但18世纪中叶以后，考据学的日益兴起大大提高了经济发达地区文人的竞争优势，那些地方拥有丰富的文化资源，令新的治学和教育项目得以蓬勃发展。姚鼐创立桐城派，可以看作是资源匮乏地区的学者试图在意识形态上重新掌握话语领域和科举考试领域的控制权。

我非常感谢本书中的每位与会者，我在伊利诺伊大学厄巴纳-香槟分校的同事易劳逸和伊佩霞，还有印第安纳大学的司徒琳教授，感谢他们对本文初稿的建议和评论。

（赵芳译　严蓓雯校）

注释

1. 卢文弨《抱经堂文集》（上海：商务印书馆，1935）卷23，第321—323页。
2. 姚鼐《惜抱轩文集》（香港：广智书局，出版日期不详），第99页。
3. 我在这里采用了米歇尔·福柯"非话语实践"（non-discursive practices）这一术语。见《知识考古学》（The Archaeology of Knowledge）（New York: Harper & Row, 1971），第169页。福柯在此书和其他早期作品中强调了话语在组织非话语关系方面的调节功能。而在他后来的作品里，他更看重话语塑造过程中的支配关系。关于福柯前后期作品侧重点变化的讨论，参见休伯特·L.德雷福斯和保罗·拉比诺《米歇尔·福柯：超越结构主义和解释学》（Michel Foucault: Beyond Structuralism and Hermeneutics）（Chicago: University of Chicago Press, 1983）。
4. 魏际昌《桐城古文学派小史》（石家庄：河北教育出版社，1988），第1—19页。
5. 这里使用的"意识形态"一词是基于保罗·利科所分析的意义，他认为意识形态的功能除了歪曲之外，还包括通过将统治秩序合法化而进行整合。"意识形态存在于统治秩序要求合法化与我们如何应对信仰之间的空隙中"。见乔治·H.泰勒主编，保罗·利科《意识形态与乌托邦讲座》（Lectures on Ideology and Utopia）（New York: Columbia University Press, 1986），第183页。关于"意识形态"意义的历史简要讨论，参见该书"讲座导论"。
6. 陈荣捷《〈性理精义〉与十七世纪的程朱学派》，第551—555页。
7. 关于顾炎武的论述部分，参见《日知录集释》（台北：中华书局，1965）卷18，19a—19b，21a—23a。另参见牟润孙《顾宁人的学术渊源》，收入《注史斋丛稿》（香港：新亚研究所，1959），第166—170页。关于吕留良的论述部分，参见《吕晚村先生文集》（台北，1967），第73—77、82、402—403页。另参见容肇祖《吕留良及其思想》（香港：崇文书局，1974），第58—62、75—76页。关于陆陇其，参见《陆稼书先生文集》（上海：商务印书馆，1936），第50—52页。
8. 吕留良《吕晚村先生文集》卷1，9a—11a，22a—24b；包赍《吕留良年谱》（上海：商务印书馆，出版年份不详），第101—118页。
9. 为证明科举讲义的巨大影响，参见《吕晚村先生文集》，第401—402页；戴名世

《戴名世集》，第 138 页。

10. 艾南英《天佣子集》（序写于 1699 年）卷 1，18b—29a；《吕晚村先生文集》，第 402—403 页。

11. 司徒琳《矛盾与行动：康熙晚期的一些失意士人》，第 323—356 页。另参见佐藤一郎《从戴名世和方苞的关系看桐城古文派的成立》，载《艺文研究》，1963 年 10 月第 47 期。

12. 《戴名世集》，第 11、30 页。对于万斯同和刘献廷编修明史的讨论，参见司徒琳《矛盾与行动：康熙晚期的一些失意士人》。钱谦益等人也曾私修明史百来卷，参见恒慕义编《清代名人传略》（再版，台北：文学社，1970），第 149 页。顺治三年（1646），钱谦益被任命为编修《明史》的副总裁，参见魏斐德《17 世纪中国的浪漫主义者、坚韧克己者和殉国者》（Romantics, Stoics, and Martyrs in Seventeenth-Century China），载《亚洲研究杂志》总第 43 期，1984 年 8 月第 4 期，第 637 页。

13. 《戴名世集》，第 2—3、11、16、30、59、454 页；王源《居业堂文集》（上海：商务印书馆，1936），卷 7，第 102 页。另参见须藤洋一《戴名世——公私矛盾及其演变》，载《日本中国学会报》，1976 年第 28 期，第 202—203 页。戴名世写了很多传记纪念那些在抗击明末农民起义军中牺牲的人。关于这些传记，参见《戴名世集》，第 159—160、163—165、166—167 页；关于明遗民的传记，参见《戴名世集》，第 160—161、162—163、168—170、207—209 页。

14. 《戴名世集》，第 21 页。

15. 《戴名世集》，第 64、89、99、109 页。

16. 《戴名世集》，第 93 页。

17. 《戴名世集》，第 20—21、104 页。对于戴氏反对佛教态度，参见第 51、399—400 页。

18. 《戴名世集》，第 20 页。

19. 《戴名世集》，第 88、90—91、100 页。欧阳修、苏轼、曾巩和王安石的散文之所以被奉为"古"，方苞解释道，这是因为他们的写作摆脱了复杂难懂的语句。见方苞《方苞集》，第 775 页。

20. 对于韩愈"文道"统一的论述，参见蔡涵墨《韩愈与唐朝的统一》，第 212—227 页。

21. 《戴名世集》，第 64 页。参见青木正儿《清代文学评论史》（北京：中国科学出版社，1988），杨铁婴译，第四章。

22. 汪琬《尧峰文钞》，收入《文渊阁四库全书》（台北：商务印书馆，1986）册 1315，第 491 页。《吕晚村先生文集》，第 85 页。

23. 青木正儿《清代文学评论史》，第四章。

24. 参与《明史》纂修的学者都是在科举博学宏词科中表现优异的考生，参见李晋华《明史纂修考》，收入李晋华、黄云眉等著《明史编纂考》（台北：学生书局，1968

年，第 56 页）。

25. 青木正儿《清代文学评论史》，第四章；尤信雄《桐城文派学述》（台北：文津出版社，1975）。对于明史纂修中主要收录的学者名单，参见黄云眉《明史编纂考略》，收入《明史编纂考》，第 12 页。

26. 青木正儿《清代文学评论史》，第 70—71 页；姜书阁《桐城文派评述》（台北：商务印书馆，1966），第 11—13 页；尤信雄《桐城文派学述》（第 2—3 页）；佐久间重男《明清古文家段落写作的发展过程》，载《东方学》，1981 年 1 月第 61 期，第 4 页。

27. 胡志德《从写作到文学：晚清散文理论的发展》（From Writing to Literature: The Development of Late Qing Theories of Prose），载《哈佛亚洲研究学报》总第 4—7 期，1987 年 6 月第 1 期，第 65 页。关于清初程朱理学复兴的详细讨论，参见狄培理《心法》，第四、五章。

28. 谢国桢《明清之际党社运动考》（北京：中华书局，1982），第 129—131 页。

29. 包赉《吕留良年谱》，第 1 页。（吕留良曾刊行《精选八家古文》。——译注）

30. 汪琬《尧峰文钞》卷 29，2a。王懋竑也有类似观点。见王懋竑《白田草堂存稿》（台北：汉华文化事业股份有限公司，1972），第 623—624 页。

31. 查尔斯·P. 里德利《晚期帝制中国的教育理论与实践：以写作教学为例》（Educational Theory and Practice in Late Imperial China: The Teaching of Writing as a Specific Case）（博士论文，Stanford University，1973），第 417—419 页；张伯行《唐宋八大家文钞》（台北：商务印书馆，1936），序言；《张清恪公年谱》，收入吴元炳编《三贤政书》（台北：学生书局，1976），卷 4，上卷，第 1785—1786 页。

32. 《戴名世集》，第 94—95、101、137—138 页。

33. 《戴名世集》，第 35、54、136—137 页。关于对清初科举制度普遍不满的讨论，参见白亚仁《蒲松龄与清代科举制度》，第 87—109 页。

34. 《戴名世集》，第 123 页。

35. 《戴名世集》，第 507—511 页。

36. 《吕晚村先生文集》，第 61—67 页。戴名世曾暗示，吕留良对时文的评论确实有助于程朱学说在 17 世纪末重塑权威，参见《戴名世集》，第 101—102 页。戴名世的评论在关于程晋芳（1718—1784）的史料中进一步得以佐证，参见钱穆《中国近三百年学术史》（台北：商务印书馆，1957），第 264 页。

37. 《戴名世集》，第 101—102 页。包赉《吕留良年谱》，第 116—118 页。

38. 《戴名世集》，第 88—89、90、92、96、100—102 页。

39. 《戴名世集》，第 75—77、94—96 页。

40. 陈荣捷《〈性理精义〉与十七世纪的程朱学派》，第 555—556 页。与明朝礼制和程朱学派传统有关的文化象征主义及其由于满人采用汉人礼制而消失的讨论,参见周启荣《礼与德:晚期帝制中国汉人学术研究与氏族制度》,第484—490页。

41. 这里指刘言洁、刘大山、何焯和汪武曹等桐城派早期作家。见《戴名世集》,第5—6、10—12、18—20、100页;《方苞集》,第120—122、335、346—347、617、666、678、769页。
42. 《方苞集》,第609、621、659页。
43. 《戴名世集》,第88—89、91、101、105页;《方苞集》,第621、776页。
44. 陆陇其《陆稼书先生文集》卷1,第24页。
45. 王懋竑《白田草堂存稿》卷14,10a—10b。
46. 文学成就颇高的作家钱谦益早前将"言有物"视为写作的修辞手法。见司徒琳《语境中的黄宗羲:重新评价其重要著述》(Huang Zongxi in Context: A Reappraisal of His Major Writings),载《亚洲研究杂志》总第47期,1988年8月第3期,第488页。
47. 《戴名世集》,第6页。佐藤一郎《从戴名世和方苞的关系看桐城古文派的成立》,第41—57页。
48. 《方苞集》,第49、58—64页。章学诚也有此见解。倪德卫教授认为章氏也受桐城派的影响。见倪德卫《章学诚的生平及其思想》,第111—114页。
49. 《方苞集》,第58—59、62—64、111、165、613、615页。
50. 方苞在墓志铭中提到了著名史学家万斯同,方苞表示是万斯同鼓励他以古文"义法"写作,接续万斯同继续完成纂修《明史》的工作。见《方苞集》,第333—334页。
51. 关于戴名世反清言辞的精彩讨论,参见何冠彪《戴名世研究》(台北:稻乡出版社,1988),第259—275页。另参见《记桐城方戴两家书案》,收入《古学汇刊》(台北:力行书局,1964),第1305—1318页;王树民《〈南山集〉案的透视》,载《清史研究通讯》1985年第2期,第54—57、59页。
52. 关于雍正皇帝对方苞及其族人的赦免,参见何冠彪《戴名世研究》,第295—296页。另参见本书第5篇盖博坚一文。
53. 方苞在给李光地的书信中生动地描述了族人流放的痛苦经历。见《方苞集》,第142—143、139页。
54. 《方苞集》,第91—93、886页。
55. 《方苞集》,第874—875页。
56. 陈荣捷《〈性理精义〉与十七世纪的程朱学派》,第543—547页;盖博坚《皇帝的四库:乾隆朝晚期的学者与国家》(The Emperor's Four Treasuries: Scholars and the State in the Late Ch'ien-lung Era)(Mass.: Harvard University Press,1987),第20—21页。
57. 《清代名人传略》,第701页;陈荣捷《〈性理精义〉与十七世纪的程朱学派》,第

555—556 页。
58. 全汉昇《明清经济史研究》(台北：联经出版社，1987)，第 51—52 页。
59. 对于程朱学派崛起和礼教主义与净化主义关系的讨论，参见周启荣《礼与德：晚期帝制中国汉人学术研究与氏族制度》，第六章。
60. 本杰明·A. 艾尔曼《从理学到朴学：中华帝国晚期思想与社会变化面面观》，第 30—31 页。
61. 钱穆《中国近三百年学术史》，第 232—233 页。
62. 钱穆《中国近三百年学术史》，第 229—232 页。
63. 本杰明·A. 艾尔曼《宋明理学的瓦解：晚期帝制中国从理学到朴学的转变》(The Unraveling of Neo-Confucianism: From Philosophy to Philology in Late Imperial China)，载《清华学报》总第 15 期，1983 年 12 月第 1—2 期，第 67—68 页。
64. 钱穆《中国近三百年学术史》，第 51—55、66、69 页。陈确也是批判各种理学思想的一员。见《陈确集》(北京：中华书局，1979)，第 442 页。参见周启荣《礼与德：晚期帝制中国汉人学术研究与氏族制度》，第六章。若方苞对陈确和潘平格的学说一概不知，那他很难不通过颜元弟子李塨而逐渐受到颜氏学说的影响。事实上，与方苞交往密切的万斯同和李塨都了解潘平格的学说。见《方苞集》，第 869、872—873 页。见李塨《恕谷后集》(上海：商务印书馆，1936)卷 13，第 162 页；钱穆《中国近三百年学术史》，第 67 页。吕留良曾维护朱熹思想，反对潘平格的学说。见《吕晚村先生文集》，第 43—46 页。
65.《方苞集》，第 872 页。
66.《方苞集》，第 139—140 页。
67.《方苞集》，第 135—136、659—660 页。
68. 钱穆《中国近三百年学术史》，第 232—233 页。梁启超《中国近三百年学术史》(上海：商务印书馆，1937)，第 100—102 页。
69.《钦定大清会典事例》卷 332，1b—2a。
70.《钦定学政全书》(台北：文海出版社，1973)，卷 6，2b。
71.《钦定大清会典事例》卷 332，2b。
72.《钦定大清会典事例》卷 332，2b—3a。对于雍正皇帝尝试以不同方式进行思想控制的论述，参见黄培《乾纲独断：雍正朝研究，1723—1735》(Autocracy at Work: A Study of the Yung-cheng Period, 1723-1735)(Bloomington: Indian University Press, 1974)，第八章。
73.《十二朝东华录》(台北：文海出版社，1963)，参见其中王先谦纂辑"雍正朝"(第 2 册，卷 7，19a)。
74. 黄培《乾纲独断：雍正朝研究，1723—1735》，第 215—220 页。

75. 包赉《吕留良年谱》，第181—182页。
76. 《方苞集》，第259—262、688—690页。
77. 《十二朝东华录》，参见"乾隆朝"第1册，卷1，45—46a。
78. 《钦定大清会典事例》卷332，6a—6b；《钦定四书文》，收入《文渊阁四库全书》（1451年版），第1—2页。
79. 《方苞集》，第885页；《钦定四书文》，第6页。
80. 共收录486篇明朝文章，297篇清朝文章。清朝文章数量较少是因为该选集不收在世作者的文章。见《钦定四书文》，第4页。
81. 关于方苞属于哪派政治势力的讨论，参见本书第5篇盖博坚一文。
82. 《钦定四书文》，第39页。
83. 《方苞集》，第581页。
84. 《方苞集》，第166、581页。
85. 对于古文的参考，参见《钦定四书文》，第3、88、99—100页。对于需要评述朱熹注释和宋代新儒学的部分，参见《钦定四书文》，第36、38、135页。
86. 乾隆九年（1744），皇帝下诏重申以该选集作为衡量科举时文写作的标准。见《钦定大清会典事例》卷332，6b—7a。乾隆十年（1745），皇帝下诏要求以"清真雅正"为衡文标准。见《钦定学政全书》卷6，14b—15a。
87. 乾隆二十四年（1759），浙江提学使李因培向皇帝上奏，称该省考生的文章"华而少实"，背离了"清真雅正"的标准。参见《皇清奏议》（台北：文海出版社，1967）卷51，7a—8b；钱实甫《清代职官年表》（北京：中华书局，1980）卷4，第2663页。
88. 在乾隆九年（1744）、乾隆十九年（1754）、乾隆二十三年（1758）、乾隆二十五年（1760）、乾隆三十年（1765）、乾隆四十三年（1778）以及乾隆四十四年（1779），皇帝分别下令以该选集为考生写作标准（《钦定大清会典事例》卷358，13b、17a、23b）。
89. 盖博坚《张廷玉与政治调和》，第52—53页。另参见《皇帝的四库：乾隆朝晚期的学者与国家》，第30—31页。
90. 要求清除经学思想异端成分者起先攻击伪作，接着攻击宋代以来的整个训诂传统。关于这部分内容的详细讨论，参见周启荣《礼与德：晚期帝制中国汉人学术研究与氏族制度》，第六、七章。
91. 18世纪三四十年代，随着学者对郑玄经注兴趣的增长，汉代训诂学愈发盛行。关于这部分内容的论述，参见周启荣《礼与德：晚期帝制中国汉人学术研究与氏族制度》，第409—421页。
92. 本杰明·A.艾尔曼《义理 vs.考证：关于人心道心的争论》，第212—213页。关于惠栋在 18 世纪中叶的门生及学术影响力，参见艾尔曼《从理学到朴学：中华帝国晚期思想与社会变化面面观》，第 122 页。

93. 姚莹《东溟文集》，收入《中复堂全集》（台北：文海出版社，1983）卷 6，6b—7a。
94. 叶昌炽《缘督庐日记》（卷 4），引自陆联星《桐城三大家时代学术文化之横观》，收入《桐城派研究论文选》（安徽合肥：黄山书社，1986），第 79—80 页。姚鼐与四库全书馆其他考据学家在个人主张与写作风格方面产生分歧，关于这方面内容的讨论，参见盖博坚《皇帝的四库：乾隆朝晚期的学者与国家》，第 145—154 页。
95. 姚鼐特别提到在《四库全书》纂修工作完成时，八位非翰林学士中有六位被授职。见《惜抱轩文集》，第 146 页。
96. 《清代名人传略》，第 695—699 页。
97. 《惜抱轩文集》，第 65 页；《清代名人传略》，第 695—697、900 页。
98. 陈垣《编纂四库全书始末》，收入《陈垣学术论文集》（北京：中华书局，1982）卷 2，第 5 页。
99. 章学诚《章学诚遗书》（北京：文物出版社，1985），第 85 页。
100. 有学者认为，是姚鼐在 1760 年代最早打出了"桐城派"的旗号。见《清代名人传略》，第 900—901 页。姚鼐在为刘大櫆（1698—1779）八十大寿所作的序中，首次提出了桐城学者文章写作自成一派的主张。该文是姚鼐在离开四库全书馆的几年后所写。见《惜抱轩文集》，第 87 页。
101. 《清代名人传略》，第 900 页。
102. 叶龙《桐城派文学史》（台北：文津出版社，1975），第 154 页；姜书阁《桐城文派评述》，第 15 页。
103. 姜书阁《桐城文派评述》，第 15 页。
104. 张廷玉《澄怀园文存》（台北：文海出版社，1973）卷 15，3a。
105. 马其昶《桐城耆旧传》（台北：文海出版社，1973），第 6 页。
106. 姚莹好友、张英五世孙张阮林以擅长骈体著称。见姚莹《东溟文外集》，收入《中复堂全集》卷 6，3b—4a。
107. 盖博坚认为，纂修《四库全书》推动了宋学的发展。参见《皇帝的四库：乾隆朝晚期的学者与国家》，第 140—145 页。关于考据学的兴起对章学诚史学思想发展的心理影响，参见《论戴震与章学诚：清代中期学术思想史研究》（台北：华世出版社，1980），第 5—13、31—75 页。
108. 桐城地方精英家族对清廷普遍采取合作的态度，关于这部分的论述，参见白蒂《另一种形式的反抗：安徽桐城个案研究》（The Alternative to Resistance: The Case of T'ung-ch'eng, Anhwei），收入史景迁、卫思韩主编《从明到清》，第 256—260 页。关于江南地方精英抵抗清军的详细叙述，参见魏斐德《洪业：清朝开国史》（The

Great Enterprise: The Manchu Reconstruction of Imperial Order in Seventeenth-Century China）（Berkeley: University of California Press, 1985），第八章，第 109 页。

109. 魏斐德《洪业：清朝开国史》，第 864 页。钱实甫《清代职官年表》，第 1、179 页。
110. 关于桐城精英成功考取功名的论述，参见白蒂《中国的土地与氏族：明清两代安徽桐城县研究》，第 50—51 页。
111. 桐城学者姚棻（1726—1801）任湖南和福建巡抚。方观承（1698—1768）累迁直隶总督，后封太子太保。见《清代名人传略》，第 233—235 页。方苞是一位享有盛名的学者和古文家。张廷玉（1672—1755）是康熙皇帝身边的重臣，在雍正和乾隆年间依然具有举足轻重的地位。见《清代名人传略》，第 54—56 页。参见盖博坚《张廷玉与政治调和》，第 57—59 页。
112. 白蒂《中国的土地与氏族：明清两代安徽桐城县研究》，第 51—52、92—93、104—105 页。
113. 陈康祺《郎潜纪闻初笔》（北京：中华书局，1984）卷 5，第 93 页；朱沛莲《清代鼎甲录》（台北：中华书局，1968），第 100—101 页。康熙统治年间，张英的两个儿子考取进士。雍正年间，张氏不只两子考取进士，还有一孙。乾隆年间，张氏考取进士的子孙数量超过三人。和张英本人一样，他们都被授予翰林职位。参见房兆楹《清代进士题名碑录》（再版，台北：哈佛燕京学社引得特刊第 19 号，1966），第 29—90 页。
114. 《钦定大清会典事例》卷 345，3b；卷 333，8a—8b。清朝发生过多起与考官和提学使有关的重大舞弊事件。在道光年间以前，最臭名昭著的几起分别发生在顺治十四年（1657）、康熙五十年（1711）、雍正十一年（1733）、乾隆十五年（1750）和乾隆十七年（1752）。见黄光亮《清代科举制度之研究》（台北：嘉新水泥公司文化基金会，1976），第 258—275 页。
115. 《钦定大清会典事例》卷 345，1a—2a。
116. 陈康祺《郎潜纪闻初笔》卷 2，第 352 页；另参见《清代名人传略》，第 533 页。关于张氏家族考取功名的分析，参见何炳棣《明清社会史论》，第 137—141 页。
117. 参见房兆楹《清代进士题名碑录》，第 109—115 页。对于姚鼐忧虑的表述，参见《惜抱轩文集》，第 64—65 页。
118. 姚鼐曾多次对桐城文人在政治舞台上的颓势和桐城考生在科举考试中的不理想表示不满。参见《惜抱轩文集》，第 65、130 页；《姚姬传尺牍》，收入《精选近代名人尺牍》（台北：新文丰出版社，1974），第 156、160、162—165 页。
119. 姚鼐《姚姬传尺牍》，第 28 页。
120. 《清代名人传略》，第 399 页；艾尔曼《从理学到朴学：中华帝国晚期思想与社会变化面面观》，第 105—108 页。

121. 艾尔曼有力地证明了私人和官方等藏书机构以及各种资助网络的相应发展促进了考据学在江浙的兴起和传播。见艾尔曼《从理学到朴学：中华帝国晚期思想与社会变化面面观》，第 96—169 页。

122. 艾尔曼《从理学到朴学：中华帝国晚期思想与社会变化面面观》，第三、四章。

123. 引自魏源《魏源集》（北京：中华书局，1976），第 510 页。

124. 何炳棣《扬州盐商：十八世纪中国商业资本的研究》（The Salt Merchants of Yang-chou: A Study of Commercial Capitalism in Eighteenth-Century China），载《哈佛亚洲研究学报》，1954 年第 17 期，第 156—157 页。

125. 阮元《经籍籑诂》（台北：世界书局，1969）。

126. 《皇清经解编目》（台北：台联国风出版社等，1974）。只有道光二年（1822）考取进士的梅曾亮曾师从姚鼐，两人有姻亲关系。见马其昶《桐城耆旧传》卷 10，7b—8a。参见艾尔曼《从理学到朴学：中华帝国晚期思想与社会变化面面观》，第 91—92 页。

127. 明朝时期，安徽进士数量居全国第九。在安徽 1036 名进士中，8.2% 来自桐城。见白蒂《中国的土地与氏族：明清两代安徽桐城县研究》，第 39、50—51 页。进士人数最多的两个省份别是浙江和江苏。见何炳棣《明清社会史论》，第 227 页。

128. 白蒂《中国的土地与氏族：明清两代安徽桐城县研究》，第 35 页。

129. 在清朝的 53 位藏书家中，有 28 位来自江苏，15 位来自浙江，两省合起来占总数的 81%。安徽黟县只有一位藏书家。参见洪有丰《清代藏书家考》（香港：中山图书，1972），第 1—70 页。

130. 在各省巡抚上交的所有书籍中，有 4831 本最终被纳入皇家藏书阁。其中杭州是纂修《四库全书》书籍的主要来源。参见盖博坚《皇帝的四库：乾隆朝晚期的学者与国家》，第 47 页。仅一位来自浙江的商人便前后三次总共上交了 685 本书。参见郭伯恭《四库全书纂修考》（上海：商务印书馆，1937），第 81 页。

131. 安徽总共仅贡献了 532 本书，其中只有 327 本被四库全书馆的纂修官选用。而相比之下，江苏共上交了 1726 本。参见吴慰祖《四库采进书目》（北京：商务印书馆，1960），第 5、29 页；盖博坚《皇帝的四库：乾隆朝晚期的学者与国家》，第 90 页。

132. 郭伯恭《四库全书纂修考》，第 79—80 页。鲍廷博和汪启淑两人都来自歙县，马裕则来自祁门。见《清代名人传略》，第 559—560、612—613、810—811 页。参阅艾尔曼《从理学到朴学：中华帝国晚期思想与社会变化面面观》，第 148—149 页。

133. 叶显恩《明清徽州农村社会与佃仆制》（安徽人民出版社，1983），第 135 页。

134. 参见何炳棣《扬州盐商：十八世纪中国商业资本的研究》，第 156—158 页；张海鹏等《明清徽商资料选编》（安徽合肥：黄山书社，1985），第 479—480 页。

135. 参见钱穆《中国近三百年学术史》，第 307—310 页。

136. 江藩在此书中为这 54 位学者作传，其中 35 位（64%）来自江苏，4 位（7%）来自浙江。虽然有 6 位学者来自安徽，但没有一位是桐城当地人。除一人外，其余所有安徽学者皆来自黟县。此人便是戴震，他是安徽休宁人。参见江藩《国朝汉学师承记》（台北：中华书局，1962）。
137. 章学诚《章学诚遗书》卷 2，第 14、84—86 页。
138. 章学诚《章学诚遗书》卷 2，第 14—15 页。
139. 长期以来，史学家金毓黻一直认为章氏所宣称的浙东派的存在非常令人怀疑。参见《论戴震与章学诚：清代中期学术思想史研究》，第 53—62 页。
140. 白蒂《中国的土地与氏族：明清两代安徽桐城县研究》，第 51—52 页。当然，这些大家族在政治与思想层面的关系上并非一成不变。关于常州治学传统与氏族之间的联系的论述，参见本杰明·A. 艾尔曼《经学、政治和宗族：中华帝国晚期常州今文学派研究》。
141. 姚鼐《惜抱轩文集》卷 13，第 157—158 页。
142. 《清代名人传略》，第 238 页。氏族与师承关系在延续治学传统方面扮演了重要角色。另一个突出的例子来自常州的庄氏和刘氏家族，从 1820 年代起，他们便将儒家话语引向治国和今文经学的发展方向。参见本杰明·A. 艾尔曼《学术和政治：庄存与和中华帝制晚期常州今文经学的兴起》（Scholarship and Politics: Chuang Ts'un-yü and the Rise of the Ch'ang-chou New Text School in Late Imperial China），载《晚期帝制中国》总第 7 期，1986 年 6 月第 1 期，第 63—80 页。
143. 戴震《戴震集》，第 191—192、214 页。关于戴震教育思想的论述，参见本书第 8 篇包筠雅一文。
144. 关于反异端思想和考据学家关系的详细论述，参见周启荣《礼与德：晚期帝制中国汉人学术研究与氏族制度》，第 532—536 页。
145. 据钱穆分析，对八股文的厌弃只是考据学兴起的原因之一。见钱穆《中国近三百年学术史》，第 139—142 页。
146. 倪德卫《章学诚的生平及其思想》，第 107 页。
147. 胡志德《从写作到文学：晚清散文理论的发展》，第 59 页。
148. 钱大昕《潜研堂文集》（台北：商务印书馆，1968）卷 17，第 249—251 页；贺长龄编《皇朝经世文编》（台北：文海出版社，1972）卷 5，15a—15b。
149. 贺长龄编《皇朝经世文编》卷 5，17b—18a。强调正统思想的李塨在雍正十年（1732）便称唐宋作家的文体并非真正意义上的古文——经学古文才是。参见李塨《评乙古文》序言，收入《丛书集成初编》（上海：商务印书馆，1960）。
150. 青木正儿《清代文学评论史》，第 171—177 页。
151. 关于凌廷堪的论述部分，参见江藩《国朝汉学师承记》卷 7，10a。关于洪亮吉的论述部分，参见张舜徽《清人文集别录》（台北：明文书局，1982），第 258 页。另参见胡志德《从写作到文学：晚清散文理论的发展》，第 84 页。

152. 艾尔曼《从理学到朴学：中华帝国晚期思想与社会变化面面观》，第 45—55、67—85 页。

153. 盖博坚认为，以姚鼐为代表的宋学的兴起是对汉学"过度专业化"的回应。参见《皇帝的四库：乾隆朝晚期的学者与国家》，第 140、144—145 页。

154. 姚鼐《姚姬传尺牍》，第 27、62、70、155 页。

155. 事实上，这种三分支话语体系并非姚鼐主张。戴震和翁方纲都曾提及这种划分。早在乾隆二十年（1755），戴震便提出学问可以分为义理、考据和辞章。参见《论戴震与章学诚：清代中期学术思想史研究》，第 110—112 页。关于翁方纲的论述，参见翁方纲《复初斋文集》（台北：文海出版社，1973）卷 4，20a—20b。

156. 关于康熙年间复兴宋元经学研究的论述，参见周启荣《礼与德：晚期帝制中国汉人学术研究与氏族制度》，第 356—360、397—409 页。

157. 姚鼐《惜抱轩文集》，第 227、308 页。

158. 胡志德《从写作到文学：晚清散文理论的发展》，第 72 页。

159. 姚鼐《惜抱轩文集》，第 40、46、67—68 页。

160. 胡志德《从写作到文学：晚清散文理论的发展》，第 91 页。

161. 关于将社会伦理作为儒家"道统"的论述，参见刘广京《以社会伦理为正统：一种视角》（Socioethics as Orthodoxy: A Perspective），收入刘广京主编《晚期帝制中国的正统思想》，第 53—100 页。当曾国藩主张以礼调和汉宋之争时，他实际是指，汉学与宋学都与儒家社会伦理相关。见钱穆《中国近三百年学术史》，第 585—587 页。

162. 刘声木认为，"唐宋八家实导源于经史，义法实千古文章之准的，非桐城文学诸家所得而私有"，归有光等人在文运凋敝之际，钻研古文义法，了解到这一古文写作之法的奥秘，"尽以告人，世遂以古文义法归之桐城"。参见其《桐城文学撰述考》，收入刘声木《桐城文学渊源考》（台北：世界书局，1974）序言，1a。关于前者的论述，参见尤信雄《桐城文派学述》第二章，第 70—75 页。

163. 叶龙《桐城派文学史》，第 1—2 页。

164. 魏际昌《桐城古文学派小史》，第一章。徐寿凯《桐城文派绵延久远原因蠡测》，收入《桐城派研究论文选》，第 86 页。

165. 胡志德的论述有所夸大，他认为随着嘉庆二十五年（1820）姚鼐《古文辞类纂》的刻印，桐城派便开始成为流行学派。参见胡志德《从写作到文学：晚清散文理论的发展》，第 70—80 页。

166. 参见胡志德《从写作到文学：晚清散文理论的发展》，第 77—78 页。

167. 姚莹，安徽桐城人，清朝史学家、文学家、政治家，姚鼐侄孙。——译者注

168. 姚莹《东溟文后集》，收入《中复堂全集》卷10，13b。
169. 郭绍虞《中国文学批评史》（香港：宏智书店，1967），第546—548页。
170. 方东树《汉学商兑》（台北：商务印书馆，1978）。方东树批评汉学家们将汉学阐经视为当然，在思想上对宋学存在偏见。章学诚也认为如此。关于章学诚的主张，参见《论戴震与章学诚：清代中期学术思想史研究》，第57—59页。另参见钱穆《中国近三百年学术史》，第517—521页，第十三章；艾尔曼《从理学到朴学：中华帝国晚期思想与社会变化面面观》，第242—248页。
171. 姚鼐《姚姬传尺牍》，第28页。陈用光嘉庆六年（1801）中进士。陈用光曾随舅父鲁九皋学习古文，后者是著名古文家朱仕琇的弟子。见张舜徽《清人文集别录》，第336—337页。梅曾亮直到道光二年（1822）才考取进士。
172.《清代名人传略》，第901页。
173. 姜书阁《桐城文派评述》，第93页。

第三部分

清代教育活动中的专科学习和思想挑战

7

数学科学在清初及清中叶的发展

詹嘉玲（Catherine Jami）

研究科学知识在清朝学术和教育中的地位，可以在比较历史学的视域下进行，比如我们所熟知的"李约瑟难题"。李约瑟在其主编的《中国科学技术史》中问道："为什么带有高技术含义的近代科学，关于自然假说的数学化，只兴起于伽利略时代的西方？"它的另一种问法是："为何中国没有发展出近代科学？"[1] 这一问题发轫于欧洲人对中国的固有观念——早在18世纪，伏尔泰就已经提了出来[2]——它也印证了"晚期帝制中国科学停滞不前或至少发展缓慢"这种观点之普遍。直到最近，在研究中国科学史的文献中，比较历史学的方法始终占据主流。[3]

相较之下，本文讨论的则是晚期帝制中国学术和教育中科学知识的若干方面，以期更好地理解科学在当时的知识生活中所发挥的作用。从17世纪开始，数学科学在中国的地位发生了重大变化，其内容也产生了根本性的革新。随着西方科学知识某些新元素的引进，大量中国学者开始对数学燃起兴趣，数学科学得以复兴。[4]

这里有必要简要说明一下本文在讨论科学知识时所使用的术语。正如席文所指出的那样，在中国的"哲学或其他领域，没有将科学视为独立存在并对其进行全面论述的传统"。席文对传统中国"定量科学"和"定性科学"的概念进行了区分："定量科学，主要涉及数量及其在物质世界的应用"，包括数学、谐波和天文学；"定性科学，主要涉及将'五行'以及其他语言概念应用于人类经验的不同领域"，包括医学、药物学、炼丹术、占星术、风水和物理研究等。[5] 本文讨论的对象主要是前者，尤其是数学，借此说明该类型知识的内部结构与研究模式。要说明的是，这里所说的"科学"（science）和"科学的"（scientific）并非西方所熟悉的概念，而是指上文所说的"定量科学"。

"数学"这一范畴可以参照"自然哲学"的概念。自然哲学是第一批耶稣会传教士引入中国、用来介绍欧洲科学知识的体系。它是指"关于整个物质世界的知识"的统一概念，这一概念对于欧洲文艺复兴时期的世界观举足轻重。[6] 然而，对"西方研究（西学）"感兴趣的中国学者并没有接受这一概念，他们对知识的分类也并没有因为外来的新元素而发生太大改变。受到较大影响的是科学知识的内容层面。17 世纪初，欧几里得几何学的引入为中国数学和天文学提供了新的方法，但数量（数字，与几何物体相对）只是作为这些学科的工具之一，这也是我在本文中使用"数学的"（mathematical）而不是"数量的"（quantitative）一词的原因。值得一提的是，数学这一概念与 18 世纪欧洲"数学"（mathematics）一词所涵盖的范畴颇为相似，天文学、力学（既包括理论，也包括实践）、光学，以及航海学（包括船只建造和航海时计），都被认为属于数学科学（mathematical sciences）。[7]

在中国传统文化中，数学和天文学并不是学者的必备技能。直到明朝末期，众多学者才开始对这些学科产生兴趣，这成为当时知识分子生活的一大显著特征。于是，一系列问题随之而来：为什么学者们开始研究数学科学？他们到底学到了什么？他们是怎么学习的？他们是将学习数学科学视为目标本身，还是仅仅将其视为处理其他问题的工具？他们把学到的知识应用到了什么地方？这些问题从科学史的角度而言也具有一定价值——在评价某部特定的数学或天文学著作时，了解作者的科学教育背景显然是有必要的。

从数学科学内部发展的角度来看，1644 年绝对称不上是个重要的年份，最为常见的历史分期是将耶稣会传教士来到中国视为一个关键转折点。[8] 但不可否认，朝代的更替也对科学发展产生了一定影响。明朝的灭亡促使大批学者更加重视治国之道，同时兴起的还有对天文学和地图学等领域的日益关注。[9] 不仅如此，清廷还新设立了数学和天文学方面的专门机构，尤其是康熙在位期间，朝廷还特别制定了相关政策。

在17至18世纪，中国对数学科学的研究主要在两个不同的环境中开展：位于北京的朝廷，和长江下游地区的众多学院。并非只是在数学领域才存在两大学术中心，这种情况只是反映了学者与官员的分裂，这种分裂是当时的一个特征。在有些方面，学者、官员彼此对立，但与此同时，他们也通过合作不断地相互影响。[10] 关于中央朝廷与民间学术圈之间的对立所呈现出的几个方面情况，本文也将讨论到。

本文引用的一大资料来源是《畴人传》，它于18世纪末由几位学者在阮元（1764—1849）的资助下编纂而成，是一部中国历代数学家和天文学家的传记集。在接下来的一百年里，这本书又被扩充续编了三次。[11] 该书既包括从历史典籍中摘编出来的传记性资料，也有对从古至今的"畴人"所取得成就的简短评论。[12] 仅清朝一个朝代，就有200多个名字在书中被提及。[13] "畴人"中还包括一些在中国广为人知的西方学者。可以说，《畴人传》不仅是本文参考的资料来源，同时也让我们知道谁是当时社会公认的专家。

数学科学的振兴

《礼记》将"数"列为君子应该掌握的"六艺"之一，另外五项分别是礼、乐、射、御、书。正如李倍始所说："尽管人们认为数学不适合作为君子的谋生之道，但是作为一门业余爱好，它是人们最鼓励学习的重要技艺之一。"[14]

明末以前，知名学者在数学领域取得的成就很少被提及。[15] 在隋唐时期，只有少量官员接受过数学知识的训练，当时使用的教材是《算经十书》。[16] 这些官员都是负责解决税务和土木工程问题的小职员，入职前需通过专门考试。如果一位读书人的目标只是通过"标准化"的科举考试，那他几乎没有动力研习数学经典知识。而官方数学家的水平也一直较低，数学研究和主要的考试体系之间无甚瓜葛。

对比之下，天文学则承载着沉重的政治寓意。一方面，制定历法属于皇家的职责和特权，以历法安排人民的生产生活，使人类活动的节奏与天体运行周期相协调；另一方面，预测异常的天文现象并用政治术语对它们做出解释至关重要。因此，天文学知识很大程度上局限于帝国政治机构内部。自汉朝以来就有官方的天文学家，他们通常不是由普通考试选拔出来的，而是在接受完专门训练之后供职于帝国天文机构钦天监的。[17] 尽管偶有学者"私自"研究天文学的例子发生，如明朝末期的朱载堉，但总的来说，天文学始终被视为一项国家事务。[18]

虽然数学和天文学在政治和礼制上的重要性并不相等，但就内容而言，二者始终紧密相连，一般认为，"天文学更加重要，数学只是它的随从"[19]。精通这两门学科的专家几乎没有什么社会声望，他们只是掌握天地运行知识的小官员。宋元时期，数学取得重大进步，特别是代数领域。[20] 与以往有所不同，进步发生在帝国政府机构之外，这主要归功于一批"独立数学家"，也就是那些未被选拔为该领域官员的学者。目前，我们对这一民间传统还知之甚少，它可能是在10至13世纪间发展起来的[21]，传播方式是由老师将数学知识代代传授给学生。到了明朝末年，该传统的精华部分，尤其是天元术，几乎被遗忘殆尽。同时，天文学也在走向衰落。[22] 然而，这两个学科还是被保留了下来，帝国官僚机构之外仍然存在着对数学的一些兴趣。

17至18世纪，中国学者对数学科学兴趣空前，成为当时"实学"发展的一个方面。它与当时社会对理学的批判——更具体地说，对传统宇宙观的批判——以及考据运动的发展息息相关。[23] 实学的其他研究领域也或多或少与数学科学相关，例如在历史研究中起到重要作用的年代学，以及涉及数学和天文学知识运用的地理学，都在这一时期取得了长足发展。[24] 在此背景下，数学研究及其应用之所以得以正名，是因为其有用性，这一点已经得到许多前代儒家学者的支持。梅文鼎（1633—1721）关于线性代数著有《方程论》一书，顾炎武的外甥及弟子潘耒（1646—1708）在为该书所作之序中指出："古之君子不为无用之学。六艺次乎德行，皆实学足以经世者。数虽居艺之末，而为用甚巨。测天度地，非数不明；治赋理财，非数不核；屯营布陈，非数不审；程功董役，非数不练。"[25]

潘耒感慨后世学人没能以祖先为榜样，主管天文历法的官员甚至无法胜任他们的职责。但据说潘耒本人在天文学方面的造诣并不深[26]，他并不是以一位捍卫自己研究领域的专家的身份说出这番言论的，他的看法只是代表了当时众多有识之士的普遍观点。

关于数学科学的社会功用的讨论绝非新创,数学科学的学习甚至被视为回归"真正的儒学"的一部分。在此意义上,古代数学和天文学著作的价值日益显露,同时,所有儒家典籍中有关科学的内容也得到重视和更加全面的理解。为了复原经典本初的意义,当代数学和天文学(包括来自西方的元素)成为其中必不可少的工具,也因此构成文献研究方法的基础之一。[27] 整体上看,这段时期的话语和实践之间是一致的。

然而,学者们关注的"实"有其局限性。总体上,他们更感兴趣的是理解古代的科学文献,比如用数学和天文学来纪年或解释宇宙观,而不是把知识应用到实际问题之中。人们对实学的热情和对公共利益的关心并不代表着数学科学直接进入了解决土木工程问题的阶段,这些任务仍旧落在官员们的肩上。对使用数学科学进行公共管理最感兴趣的仍然是国家,而非学者。这是前面提及的在数学科学研究方面学者与国家的对立的表现之一。

天文学的新发展引发了对传统宇宙哲学的批判。约翰·B. 亨德森指出,清初两位最著名的天文学家,梅文鼎和王锡阐(1628—1682),也是传统宇宙观的主要批评者。[28] 梅文鼎认为,倘若历法制定者力求精准,天文常数应该来自观测和计算,而非星占术。[29] 对于过去的宇宙观能否支撑起当下的天文学,质疑之声频出,这对传统宇宙哲学的地位是一个重大打击。虽然没有明说,但许多学者之所以对天文学产生兴趣,是因为他们将其视作批评传统宇宙观的工具。这让我们对以下事实有了新的认识:直到明末,天文学几乎一直为帝国政府机构所垄断,但到了清初,该领域的主要贡献者却变成了不食朝廷俸禄的民间学者——他们对传统宇宙哲学的批判是关于新儒学国家正统思想的争论的一个面向。[30] 另一方面,钦天监根据"西法"制定的历法符合梅文鼎对精确性和测算基础的要求,因此不能简单地将学术上的"科学态度"与国家正统思想两相对立。

学者们对数学和天文学产生兴趣的动机是在 17 至 18 世纪发展起来的。上面提到的三个方面,即"实学"背景下对学术研究的社会功用性的关注、考据学的发展,以及对宇宙哲学的批判,并不是相互独立的,三者在不同阶段轮流占据主导地位。薮内清认为,这一时期中国科学界最具影响力的核心人物依次是徐光启

(1562—1633)、梅文鼎、戴震（1724—1777）。按照波特的说法，还可以加上阮元。[31] 结合这些学者对数学和天文学的研究方法，我们可以尝试从动机的角度来解释为何列出上述名单。明朝末年，实学主张的经世致用说占据主流。徐光启不仅是一位西方科学著作的翻译者和历法改革的推动者，同时还在农业领域著书立说。他撰写了《农政全书》，强调政府在农业发展中应发挥的作用——不仅要坚持以农为本的原则，还需施行系列适宜的农业政策（不幸的是，他提出的建议从未得到实施）。[32] 梅文鼎对清朝早期知识分子生活的影响之巨，不仅由于他在数学和天文学方面的造诣，也与他在宇宙学方面的著述息息相关。[33] 戴震对数学和天文学领域的直接贡献是整理校订了《算经十书》，收入《四库全书》。[34] 阮元则是《畴人传》一书的资助者和编辑人。[35] 戴震和阮元都是考据派的重要代表人物，他们在18世纪数学科学领域所处的中心地位也反映出科学与考据之间的关系。[36] 在今天的科学史学家们看来，戴震、阮元均称不上是"数学家"或"天文学家"，这些科学史家有时对科学从属于考据的现象表示遗憾，认为这是科学进步的主要障碍。[37] 这一观点背后隐藏的参照系即欧洲的科学发展模式。事实上，数学科学在中国传统学术体系的地位决定了其风格和内容，因此迥异于文艺复兴后欧洲同领域的发展，这点可以说毫不奇怪。这一历史分期只是尝试性做出的：当时，一代学人从不同角度研究数学和天文学。梅文鼎可被视为数学史和天文学史研究的开山之人。与此同时，中国人对西学的态度也发生了显著的变化。

科学知识的更新

进入17世纪以后，由于西方科学知识的引进，中国的数学和天文学发生了巨大的变化。第一批耶稣会士来到中国的时间在16世纪末。为了激发中国学者对基督教的兴趣，他们引介了一些欧洲科学知识原理，其中最主要的集中于数学和天文学。[38] 实际上，这些原理并没有反映当时欧洲科学发展的全貌，但数学和天文学在中国的复兴还是深深地刻上了西方传教士们工作的烙印。[39]

17世纪30年代，钦天监采用了第谷体系，历法系统也随之进行了改革，有些耶稣会士甚至位居帝国官方天文学家之列。[40] 当时中国学者获取到的欧洲科学知识，与实施历法改革所需的数学和天文学知识基本一致。历法改革期间诞生了一批天文学著作，对源于欧洲的观测仪器，根据第谷体系推演的太阳、月亮和五大行星运动的理论，以及基于这些理论发明的天文表及其构造原理等，进行了描述或提供了使用说明。[41] 这一时期的数学著作则为天文学中用到的几何模型提供了必备基础，包括欧几里得几何学、平面和球面三角学等。[42] 同时被介绍到中国的还有作为计算方法之一的笔算和部分计算工具，包括"纳皮尔的骨头"和伽利略发明的比例规。所有这些创新都在耶稣会士撰写的汉语著作中得到了解释，其中部分著作还被编入《崇祯历书》。《崇祯历书》是明崇祯年间编纂的天文学丛书，共有 137 卷，在 1631 年至 1635 年分五部进呈给崇祯皇帝。[43] 另有其他"实学"，如地理学和水力学等，也在耶稣会士出版的书中有所体现。[44] 1645 年，传教士们在《崇祯历书》的基础上稍作修订，将其更名为《西洋新法历书》，呈献给新建的清王朝。该丛书共 103 卷，其中 100 卷首次以《新法算书》为题发表。第三版于 1669 年刊印。对于当时有志于数学学科的学者们来说，这套历书成为主要的资料来源。[45]

在耶稣会士到来之前，人们就感到有必要对历法进行修正，并且已经做出了一些改革天文学的尝试。西方科学知识的引进为解决既有问题提供了新方法。[46] 在此背景下，传教士们带来的是一个在历法和天文现象预测方面精确度更高的系统。

实际上，在传教士来到中国以前，数学已经是一门相当活跃的学科，它使用的计算工具是算盘。[47] 人们一般认为，那时的中国数学建立在商业算术的基础上。明朝末期，在西方数学引入之前，有数部关于商业算术的论著问世。[48] 这一数学传统在长江下游地区发展尤其兴盛，其中最有名的一部商业算术论著就出自一位祖籍安徽的商人程大位之手。1592 年，他完成了代表作《算法统宗》，书中不仅介绍了经商必备的珠算法，还论及可溯至公元 1 世纪《九章算术》里提出的问题，不足之处是它对 13 世纪的代数发展有所忽视。[49]

西方数学则建立在书面算术，即"笔算"的基础之上。因此，当西方数学被中国学者所接受后，使用算盘的"平民算术（珠算）"与学者算术之间就产生了巨大的鸿沟，因为这两种计算方法基于的是对不同计算法则的记忆。[50] 谈及对数学科学持续不断的兴趣，和对该学科内容和方法的巨大变革，这些中国学者可以说是程大位的后继者。[51] 值得一提的是，珠算未能成为学术研究的对象，而笔算一直到明末才被学术圈以外的人们所知,这一事实反映出西方科学方法在社会传播上的局限性。[52] 直到清朝,无论是商人还是官员,负责会计的人员使用的仍旧是算盘,西方数学知识似乎一直没能传到他们的耳朵里。

耶稣会士在中国活动的两百年里,他们的主要对话者也发生了变化。他们在科学上的第一批追随者是作为个人的学者,其中最著名的代表人物就是徐光启。但当徐光启将耶稣会士引荐到钦天监以帮助实施历法改革后,他们的主要交流对象就变成了官方天文学家(传教士在帝国官僚机构中所发挥的教学作用将在后文讨论)。到了清朝顺治和康熙年间,部分传教士进入宫廷,直接接触皇帝本人。这与他们的传教思路是一致的——在他们看来,皇帝的皈依是使中国基督教化的捷径,而科学则扮演推动宗教发展的角色。但在此过程中,他们对那些对数学和天文学感兴趣的学者的影响力在逐渐降低。同时,中国学者对西方知识的态度也发生了转变,他们变得更具批判意识,方法也逐渐走向融合。这一态度转变反映出,他们仅仅将西方科学作为学问的一部分加以接受,因此,西方科学可以被批评,并同本土学问一起被中国学术的整体视野所采纳。

对西方知识的接受由于"西学中源"说的提出而得到进一步的发展。梅文鼎似乎是表达该观点的第一人,康熙皇帝采纳了梅文鼎的思想并加以发扬光大,这是西方科学获得帝国认可的表现之一。随后,18世纪中国的知识阶层普遍接受了"西学中源"说。这种思想是一种将外来知识与中国传统具有同等地位这一事实合法化的方式。其中,康熙皇帝的政治动机显而易见。他一方面清楚西方科学对帝国的作用,另一方面也在寻求与汉族精英的和解,因此他宣称并未引进任何外国的东西,只是恢复最正宗的中国传统而已。除此之外,这一思想还具有一定的启发性——根据西方传教士带来的知识,中国学者对重新被发现的经典文献进行了再解释。梅文鼎本人成就的一个重要组成部分,就是用勾股定理来解释欧几里得几何学。[53] 认为西方科学起源于中国还具有另外一层意义,即承认了传教士们的科学著作(而非他们的宗教著作)所具有的价值。人们认为这些著作中包含的知识是"文明"的,并在认识论层面上给予认可。阮元在《畴人传》中也为"西学中源"说进行了辩护,席文认为,这是"对中国传统天文学和西方天文学有计划的融合,旨在通过鼓励对后者的学习以推动前者的发展"[54]。在以上所有这些情形中,"西学中源"的论旨都与提倡数学科学研究相关。[55]

内容与结构

据我所知,虽然关于中国的数学教育没有系统记载,但对当时人们所学数学知识的内容和结构,我们仍能获得零星资料。成书于1723年的《律历渊源》即具代表性,它介绍了18世纪清廷开设的相关课程。1818年,当时隶属于国子监的算学馆里的学生,要学习数学和天文学知识长达五年——三年学习数学,接下来的两年学习天文学——"教授算法中线面体三部,各限一年通晓,七政限二年"[56]。

学生所学知识在结构上基本遵照《律历渊源》的部分内容。《律历渊源》共由三部分组成,一是《历象考成》(天文测算汇编)42卷,二是《数理精蕴》(数学基本原理精选)53卷,三是《律吕正义》(关于乐理的准确含义)。这套丛书涉及的三门学科构成了席文所称的"定量科学"。直到19世纪,在历法、算学、乐理领域,《律历渊源》一直是最经典的丛书,其中天文学和乐律学部分在1740年代还进行了修订。《律历渊源》包含许多源于西方的知识,但所有的编纂者都是中国人。

《律吕正义》共有5卷,前两卷讨论声学与乐律学,第3、4卷描述中国乐器,最后一卷介绍西方乐理知识。1741年,乾隆皇帝命令其叔父胤禄、大臣张照对《律吕正义》进行修订,并于1746年完成了《律吕正义后编》的编纂,共120卷。[57]此次修订规模之大表明,乾隆时期对乐律的重视程度远远超过《律吕正义》最初问世的年代。

《历象考成》共有42卷,分为三个部分。第一部分16卷,介绍作为历法基础的天文概念。第1卷为历理总论,第2、3卷介绍球面三角学,第4、5卷分别解释太阳和月亮运动理论,第6至8卷讲述日月交食理论,第9至15卷介绍五大行星的运动,第16章介绍恒星的位置。第二部分10卷,介绍了计算用表中的天文常数,对太阳、月亮、五大行星、恒星等均进行了物理解释。第三部分16卷,提供了关于行星与恒星位置的计算用表,最后两卷还介绍了黄、赤经纬相互推算的方法。

《历象考成》的理论基础与《崇祯历书》相同，但表中列举的数值均不相同，因为计算所用的常数根据1714年后在畅春园的观测结果进行了修正。两部作品之间的技术差异取自佛拉芒耶稣会传教士南怀仁的著作。《历象考成》对西方科学秉持的批判态度也反映出该书受到梅文鼎的影响。因此，根据中国的天文传统，《历象考成》使用的坐标是赤道坐标，这与传教士著作中经常使用的黄道坐标形成了鲜明对比。[58]

时隔不到20年，《历象考成》奉敕修订，由钦天监中的传教士戴进贤负责监督。《历象考成后编》于1742年完成编订，在仍坚持地心体系的基础上引入了开普勒椭圆定律。[59]

《律历渊源》这部百科全书中关于数学的部分（《数理精蕴》）的结构，我后面将进行更详细的分析。有趣的是，这本书里只囊括了那些被认为是"有效的"数学知识。换言之，该书仅收录那些通过证明、计算等过程证明与中国传统算学有关联的数学知识。例如，法国传教士杜德美的公式在书中就没有被提及，而本书主编者之一梅毂成在1720年前肯定知道这一公式，但是直到半个世纪后这一公式才被明安图所证明。[60]

《数理精蕴》不再拘泥于"问题-答案"式的传统形式，还包括定义、命题、几何结构等。[61]这是中西数学融合的体现，也是此书特色所在。《数理精蕴》的部分内容改编自西方耶稣会士教皇帝数学时所写的讲稿。因此，传教士们使用的教材《几何原本》是法国数学家巴蒂对《几何基础》的译本，《几何基础》是17世纪末法国耶稣会大学的欧几里得几何学教科书。[62]其他方面，比如线性方程，可以用中国传统方法解释，就无须借助传教士教授的知识。[63]对于中西数学传统都包含的命题或方法，没有按照专门的结构进行分类。例如，在研究三角形时，会首先讨论被视为中国几何基础的直角三角形（勾股）。[64]接下来的一卷介绍"一般"三角形。该卷首段即说明任意三角形都可以简化成直角三角形进行研究，但是在该卷的后续部分，对三角形的介绍其实是在欧几里得几何学的背景下进行的。"勾股"是中国对直角三角形的传统叫法，"勾"和"股"分别指的是小直角边和大直角边。这二者的区分是中国传统数学的丰硕成果，并不属于欧几里得的词汇。[65]另一方面，与17世纪初利玛窦和徐光启提出的欧几里得术语"直角三角形"（也就是说，带一个直角的三角形）不同，"勾股"并不是三角形范畴的一个子类。[66]《数理精蕴》对三角形的处理办法正是中西传统知识相结合的例证，这里以及此书的其他部分，显然可见梅文鼎的影响。当时的中国数学家已经能够进行中西两个数学体系的互相推理。尤其是直角三角形的情况，由于中国和西方关于直角三角形的数学知识各有价值，因此该书对它们均有提及，在书中，选择中国数学解题法还是西方数学解题法取决于数学本身的标准，而非它源出东方还是西方。

《数理精蕴》分为"上编""下编"两部分：上编共5卷，讲述数学基础原理；下编40卷，并附8卷数学用表，介绍从基础原理推导出的方法和结果。上编具体包括《数理本原》（第1卷）、《几何原本》（第2至4卷）、《算法原本》（第5卷）。该部分内容指向数学中基于几何和算术的"二元论"（dualistic）概念。梅文鼎思想对编纂者们的影响再次显现。[67]二元论的概念起源于西方，在中国以前的数学传统中，并不存在离散对象与连续对象（或者数与量）之间的对立。因此，二元论被用来根据中国传统解释数学的起源。第1卷《数理本原》就详细介绍了数学的起源，引用了公元前1世纪《周髀算经》中著名的一段话：

昔者周公问于商高曰："窃闻乎大夫善数也，请问古者包牺立周天历度——夫天不可阶而升，地不可得尺寸而度，请问数安从出？"

商高曰："数之法，出于圆方，圆出于方，方出于矩，矩出于九九八十一。"[68]

在这段引文中，数学再次作为一种工具——通过对数学的钻研来维持世界的井然有序，是帝国职能的一部分。这段对话同时指向从商朝向周朝的权力转移，满族人再次将其作为自己征服行为的先例提及，以证明权力移交的合法化。天和地是数学这门科学应用的两大领域，传统上对应的是需要数学才能的职位。这也证明研究数学科学是儒家治国方略的一部分。

上面引用《周髀算经》的段落中，术语"矩"（木匠使用的矩尺）翻译为"长方形"，"九九八十一"是中国乘法表的首次亮相。《数理精蕴》的编者将这种数字和形状之间的符号二重性阐释为算术和几何之间的数学二重性。尤其是上述引文的最后一句，他们认为这是一个关于等式的表述：乘法与矩形由四边构成是相等的。考虑到这一点，《律历渊源》的内容与利玛窦在《几何原本》序言中讨论的"四大科"殊途同归：认为算术处理的是物体的数量，而几何处理的是物理的度量。其时，乐律学是前者的应用之一，而天文学是后者的应用之一。[69]《律历渊源》的编纂者们对这一背景自然熟稔于心，他们用西方的概念来解释中国传统，这让他们可以通过将这个特定的西方概念（也就是说，算术与几何的二元性）扎根于中国传统，而使之获得合法性。中西这两大学科分类的巧合，也符合"内因论者"的论调，进一步支持了西学中源说。

值得一提的是，《数理精蕴》"上编"第1卷中还包括对《河图》和《洛书》的介绍。《河图》引了《易经》、朱熹和邵雍的论说的部分内容，它被视作数字的起源，而《洛书》则是乘除法的起源。该观点为数学提供了另一个合法性来源，它将数学与新儒家的宇宙观联系起来，更具体地说，与对命理学的关注联系起来，可以说是对帝国正统观念的致敬。然而，它似乎与《数理精蕴》其余的数学内容没有任何关系。

《数理精蕴》"下编"按内容分为五部，具体为"首部"（介绍基础书面算术）、"线部"（论述一维物体）、"面部"（论述二维物体）、"体部"（论述三维物体）、"末部"（主要论述一元一次方程）。[70] 虽然中间三部的标题取自欧几里得几何学，但相应内容中都包含了代数问题。涉及几何问题时，书中会从解决问题的维度给出解释（例如使用何种方程），而不是单纯从几何学维度进行讨论。《数理精蕴》"下编"没有按照题材编排，而是按照内容难易的递进程度来编排的。因此，平方根提取和二次方程的讲解是在"面部"，三次方根提取和三次方程是在"体部"。在"末部"中，这些内容几乎原封不动地再次出现。线面体三部的难度不断增加，这一过程正好对应1818年清廷所设置的三年教学计划，在此之后，该书进行了一次回顾性的概括，但不是按照主题进行总结，而是在前三部分介绍的不同算法基础上提炼出一套共通的规律。通过《数理精蕴》一书的结构安排，我们可以看出，编者不仅对如何组织数学知识进行了思考，也关注到了如何教授学生的问题。

整体而言，《数理精蕴》的内容就是当时学者所能获得的全部数学知识，哪怕他们学习的是不同的教材，《数理精蕴》也已给他们呈现出一个大致的概念，即当他们学习数学时,可以学到些什么。同样,《历象考成》亦是如此。这两部著作都是中国学者在了解西方和中国传统科学长达一个多世纪后,经过精心研究而成的结果。

研究的环境

如前所述,像大多数学术分支一样,对数学科学的研究在朝廷的资助下进行,同时也在从事学术的民间学者那里进行。二者虽然环境不同,但研究对象似乎没有太大的差异。然而,两者研究的目的不同——帝国机构的目的是培养称职的官员,而对钻研数学科学的"布衣学者"而言,这样做是因为他们已经把这些领域视为通识教育的一部分。

帝国机构

某种程度上,当明朝的耶稣会士受命按照西法改革历法时,西方的科学知识已经被当时的钦天监采纳。但是随着新成立的清王朝建立起新的帝国机构,科学教学必须加以重新组织。在此背景下,康熙末年《律历渊源》的编订是一次针对数学和天文学知识库的整理行动,确定了这些领域的帝国标准,代表着康熙统治时期融合西方科学的"内在"层面。下面所讨论的皇帝所制定的政策,对从制度上促成这一融合过程至关重要。

出于政权合理性的需求,新建的清王朝很快采用了依据西法修订的历法体系,这意味着官员们必须经过多年的培训才能掌握所需知识。和以前的朝代相同,清朝的科学教学主要与两个机构相关,皇家天文台(钦天监)和皇家学院(国子监)。[71] 这两所机构进行的科学教育没有详细记载,但仍有些相关资料散见于历史文献中。

1644年,钦天监共有66名学生,到1666年增加到94名。他们在钦天监专门负责教学的部门"天文算学"学习。1668年,康熙皇帝开始对历法之争感兴趣。其时,在将近十年的时间里,杨光先和钦天监其他官员强烈反对耶稣会士。杨光先抨击西洋历法的主要理由是耶稣会士的活动有煽动谋反之嫌,但其理由也有科学依据。[72] 为解决这一分歧,康熙皇帝采取了一种我们可称之为科学标准的方法，即选择测算结果被证明更加精确的一方。这也是当时的小皇帝对抗大臣鳌拜叛乱的重要一步。另一方面，考虑到皇权对历法的垄断，以及将天文推算和天象之间的巧合解释为王朝合法性象征的传统，康熙的选择所代表的政治寓意显而易见：他的做法是要努力建立清政府的权威。这段插曲成为康熙对西学产生兴趣的源头，也让他意识到官员中需要一批有技术才能的人。后来，他组织了对数学科学领域青年才俊的培训，以此鼓励中国人借鉴学习西方科学知识。[73] 1668 年，康熙颁布了一道圣谕："天象关系重大，必得精通熟习之人，乃可占验无误。著直隶各省督抚，晓谕所属地方，有精通天文之人，即行起送来京考试。于钦天监衙门用。与各部院衙门一例升转。"[74]

1670 年，康熙又颁布了一项法令："每旗选取满洲官学生六名，汉军官学生四名，札监分科教习。有精通者，以博士用。又奏准，天文生，满洲、汉军，由监行文国子监，取官学生选补，汉人由监自行选补。"[75] 于是，被选中的官学生将会与钦天监原有的 94 名汉族学生一道学习天文学。按照该法令，挑选进来学习数学科学的门槛是提交一篇"论文"，遗憾的是，关于这些"论文"，我们尚无现成的资料。

满族教育看来相当重视技术科目（柯娇燕在本书第 10 篇文章中也有论及），关于这个问题，尤其需要考虑到旗人在科举考试中不占优势的情况。统治者在八旗子弟中培养科技领域人才，可能只是希望借此实现旗人与汉人在官僚体系中的平衡，这是清朝建立之初面临的重大问题之一。[76] 尽管如此，我们所知的清代数学家中，满族旗人仍然寥寥无几。[77] 上述法令颁布几年之后，学生中旗人所占名额就减少了，这表明旗人中缺少足够多的"精通熟习之人"，甚至已经不足以填补最初的配额了。正如南怀仁所言："在科学问题上，鞑靼人更信任汉人，而不是他们自己。"[78] 精通科学知识的旗人数量不足的结果，与帝国原本的计划形成鲜明对照，同时也印证了一个事实，即从事科学研究的原动力来自个人的专注，而汉族学者比满族学者更熟悉这个关注点。

有关学生的总数，南怀仁提到，有时钦天监有 160 至 200 名学生来听他的天文学讲座。如把上文各项法令中规定的人数相加，得到的学生总数与南怀仁的说法基本一致。学生们听取课程与观测天文的活动轮流进行。对于听众中的普通学生和高级官员，南怀仁没有加以区分，只提及他们是"不同等级的人"。[79]

关于这段时期国子监中数学科学教育的资料不多，有些国子监的学生实际上是在钦天监里学习。在1662年以前，如果国子监学生的经学水平一般，就会被分派到各政府部门当差。[80] 到了19世纪，科学考试在国子监方才变得同钦天监一样普遍起来。[81] 数学科学教育极有可能就是在上述两个时期之间发展起来的。国子监选拔学生的标准反映了学科间清晰的等级体系——作为一门技术学科，数学科学的地位远不及经学重要。

康熙皇帝在其统治末期进一步采取措施，希望将数学研究制度化。1713年，他专门设立了一座与国子监相关联的学校：算学馆。1734年的一份史料记载：

康熙五十二年，设算学馆于畅春园之蒙养斋[82]，简大臣官员精于数学者司其事，特命皇子、亲王董之，选八旗世家子弟学习算法。又简满汉大臣翰林官纂修《数理精蕴》及《律吕正义》诸书，至雍正元年（1723）告成，御制序文镌版颁行。自明季司天失职，过差罕稽，至此而推步测验，罔不协应。际此理数大备之时，正当渊源传授，垂诸亿万斯年。应于八旗官学增设算学教习十六人，教授官学生算法。每旗官学，择资质明敏者三十余人，定以未时起申时止。[83]

法国耶稣会士傅圣泽是当时康熙皇帝的数学和天文学老师之一，他也提到了算学馆的创立一事：

康熙皇帝确实是建立起了某种形式的学校。每天一些选中的人都来到他的面前，皇帝亲自给他们讲解欧几里得的某些原理，享受着显得很精通抽象科学的乐趣，同时也享受着这些新学生一定会给他的赞美，虽然他们通常并没有听懂。但是这个学校没有持续很久，而且只是当时皇帝策划的某种"学院"的起步。皇帝曾经在北京和中国的其他省份寻找精通数学某些方面的满汉人士。那些巡抚大员们，为了讨好皇帝，举荐给他最优秀的精英，和最适合学习科学的人。这些学子，多为年轻人，从四面八方被带到皇帝面前，以建起上文提及的"学院"。皇帝从中挑选了百余人，有监管的官员，有算术家、几何学家、音乐家、天文学家，还有各门学科的学生，这还没有将人数可观的制造仪器的工人计算在内。他将畅春园内房舍众多的大片地域划归这一学院，并且指定他的第三子作为这个新建学院的领导。[84]

这段略带讽刺口吻的叙述记载了康熙皇帝本人参与创建算学馆的过程。有几位学者的传记中也曾提及他们从皇帝那里学习数学的经历[85]，很可能就是上面傅圣泽所描述的情形。虽然皇帝的教导很大程度上只是一个象征，但它的意义绝不止于一项宫廷仪式，它也是康熙作为学者"自我展示"的一部分。同时，这也意味着帝国的认可和西方数学的合法化。算学馆的功能与1677年创建的南书房相似，皇帝可以在这里与通晓数学科学的学者们进行非正式的会面和讨论。[86]

我们掌握的证据显示，在帝国机构中不仅有针对数学和天文学的研究，也有系统性的教学。学生获取知识的渠道不仅包括书本和实操，也包括教师本人。算学馆肩负两项密切相关的职能，一是培养数学家和天文学家（虽然机构在名称上更强调数学），二是编纂《律历渊源》。这次编纂意义重大，不仅是一次史无前例地收集和建构科学知识的行动，而且是对"经典"所包含内容的精心谋划，意图成为一套像唐朝国子监使用的《算经十书》一样权威的教科书。[87]

耶稣会士在科学教学中的作用很难评估。在钦天监，督导学生训练是南怀仁的职责之一。在宫廷，他及其继任者担任康熙皇帝的老师。他们的教学显然沿袭了欧洲耶稣会大学的模式，其中有几位传教士在加入中国使团以前曾在欧洲大学里任教。因此，法国耶稣会士为皇帝学习哲学制定了一项计划，包括逻辑学、（亚里士多德意义上的）物理学和其他学科，他们还用满语撰写了部分学科论著。[88]耶稣会士为康熙准备的"课堂讲稿"（用满语或汉语写作）改编自耶稣会大学使用的教科书，有些便成为后来《数理精蕴》某些部分的基础。就这样，耶稣会科学教育的元素被纳入了帝国机构。

但总的来说，这种影响仍然是次要的。法国耶稣会士最初的计划是在中国建立一所与法国皇家科学院相当的科学院，便于向法国提供有关中国的科学数据和观测结果（主要是在天文学和地理学方面）。[89]实际上，虽然法国耶稣会士确实将自己的观测报告寄给了法国皇家科学院，但这些由路易十四派遣给康熙皇帝、冠以"国王数学家"名号的传教士们，已经演化成为中国的宫廷学者，他们没有建立起新的机构，而是融入了原有的体系。[90] 康熙皇帝使用耶稣会士的方式与他使用中国官员的方式无异——委派他们从事特定的工作，其中最著名的成果当属绘制伟大的中国地图。[91] 这项工作的确是在耶稣会士的监督下完成的，但他们使用的制图技术从未传授给中国人。

耶稣会士实际教给皇帝的东西，没什么内在逻辑，更多取决于皇帝本人的好奇心。只有皇帝赞成的，才能被供职于帝国机构的人员所采纳。皇帝本人坚持充当科学事务的最高仲裁者，有时反而成为西学传播的障碍，这是硬币的另一面。例如，傅圣泽曾经试图教康熙符号代数，但康熙没能理解，因此导致符号代数再未走进算学馆的课堂。[92] 就科目的选择和科学知识的组织而言，耶稣会士与皇帝的关系限制了他们对算学馆科学教学的影响力。另一方面，18世纪也有耶稣会士直接向中国学者传递信息或开展合作的案例，比如杜德美介绍给梅毂成的公式以及对《历象考成》的修订工作等。[93]

对于皇帝而言，在治国中运用数学科学不仅仅是一套话语，它同时也在现实层面产生价值，中国地图的绘制就是一个典型例子。康熙皇帝在他统治的大部分时间里都从耶稣会士那里学习数学和天文学，并亲自监督他的儿子们学习数学科学。他认为这些学科不仅是治国的工具，也是儒家教育的组成部分。他的第三个儿子胤祉对这些学科格外精通，这也许也是1715年康熙指定他掌管算学馆并主持纂修《律历渊源》的原因。这是皇帝对他施加恩宠的象征，意义格外重大。数年后，雍正皇帝令他的兄弟胤禄（康熙皇帝的第十六子）负责《律历渊源》的修订，同样传达了皇帝恩宠的信号（据说，胤禄是雍正最偏爱的兄弟）。[94] 这表明在清朝宫廷，这些学科除了在传统的学术层面发挥作用，同时也与声望密切相关。

1713年算学馆的成立部分显示了清政府挪用西方知识的政策，或换言之，这是试图终止帝国在科学问题上对耶稣会士的依赖。[95]《律历渊源》的编纂者没有一位耶稣会士，也应该从这个角度来理解。

帝国机构中培养的学生日后将成为官员。那么，他们在数学科学领域的造诣在多大程度上影响了其仕途的发展呢？回答这个问题很难。让我们简要介绍下《律历渊源》其中四位编者的职业生涯——他们都在1713年算学馆成立之际被选派来学习——这能让我们一窥这一代学生的情况。在这里，我们只讨论这四位官员履历中与技术有关的部分，使用的主要资料包括恒慕义编的《清代名人传略》和阮元的《畴人传》。能够被这两本著作专门开辟空间介绍，足以证明他们在当时社会的重要地位。

何国宗（？—1767），顺天府大兴人，出生于天文世家，曾从康熙皇帝那里接受数学教育。1712年，何国宗获进士头衔，并入翰林院[96]，次年即受命编纂《律历渊源》。编纂工作完成后，他陆续担任数职，特别突出的是他还曾负责视察水利工程。1730年因办事不力导致洪灾，他被罢免了所有职务。[97] 1737年，何国宗向皇帝上书陈述修订《历象考成》的必要性，于是被再次起用负责这项工程，并于1741年继续负责《律吕正义》的修订。完成这些著作的修订后，他又有了新的职务，主要是在工部。1755年，他被派去新疆测绘由乾隆皇帝新开拓的疆域版图。1757年，他奉命在上书房，即清朝皇子读书之处教书，教的很有可能还是数学。[98]

梅毂成（1681—1764），安徽宣城人，梅文鼎之孙。1712年，梅毂成被引荐给康熙皇帝，获得内廷学习的殊荣。他被授予举人头衔，在没有参加会试的情况下直接参加殿试，并在1715年被授予进士和翰林院编修。梅毂成所获的诸多恩赐和礼遇，多被视为皇帝对他祖父梅文鼎所获成就的奖赏。从1712年至康熙皇帝去世，他一直在蒙养斋专心编纂《律历渊源》。此后，他还担任过数职，但都未与他的科学技能有直接关系。值得一提的是，1729年他还被委派监督漕运。[99] 后来，他与何国宗一起参与了《历象考成》和《律吕正义》的修订。梅毂成对《明史》也有贡献，编写了其中的天文志部分，这一部分的成就也应归功于其祖父。[100]

顾琮（1685—1754），满洲镶黄旗，顾八代之孙。1713年，他被选入算学馆学习数学，编修《律历渊源》，并因此在1722年被任命为官员。在他担任过的诸多官职中，其中有两个省的河道总督。[101]

明安图（？—1765？），蒙古正白旗。他在钦天监学习，一生中大部分时间也在钦天监工作。同样，他是"亲受数学于圣祖仁皇帝"的一员，1713年至1723年参与《律历渊源》的编纂工作。1740年代，他又加入修订《历象考成》

的队伍中。据顾琮所说，当时除了钦天监的耶稣会士外，明安图是唯一懂得新天文表的人。[102] 1751 年，他被授予进士头衔。1755 年，与何国宗一起被派往新疆监督测绘工作。1759 年，被任命为钦天监监正。[103] 明安图所从事的活动让人联想起当时欧洲对"数学"的定义[104]——在欧洲，人们认为更重要的是数学，而不是天文学。传教士们将钦天监称为"数学法庭"（Tribunal of Mathematics），也是这一等级观念的写照。[105]

以上四人都在没有参加科举考试的情况下便进入朝廷任职。作为对他们在科学方面贡献的奖赏，四人都被授予头衔（其中三人还是皇帝授予的进士），尽管并没有总是任命他们担任需要技术才能的官职。他们在负责水利工程、土地测量、粮食运输等事务时，需要监管一些在工作中用到数学技能的官员，这意味着他们除了要承担管理责任，还要为可能出现的计算错误负责——何国宗的职业生涯即为例证。明安图始终是一名官方天文学家，在四人中名望和地位最低，《清代名人传略》第一版和《畴人传》中均没有介绍他的生平——在帝国机构中服务五十余载，参与皇帝亲自委托的重大工程，并没让他理所当然荣登"畴人"之列。虽然在数学科学领域展露的才华没有纳入科举考试考查的范畴，但也确实为入仕开辟了一条新的道路。然而，仅仅运用数学技能的职位并不具备太多优势。在当时，从事一份"专业"工作并非最优之选。法国耶稣会士巴多明在 1698 年至 1740 年期间曾为清廷工作，他对这一情况有很精到的总结："那些凭借科学才能脱颖而出的人并不指望能够飞黄腾达。历史上，只有数学家因为疏忽受到严厉的惩罚，从没有数学家因为尽职尽责而获得回报，也没有人仅因善观天象就能衣食无虞。所有在'数学法庭'中度过一生的人，最大的希望就是在'钦天监'谋得最高职位，但是赚得的收入也只够他们维持生活……总之，天文学家在地球上一无所有，他也没什么可索取的。"[106]

和另外三人比起来，明安图没有什么家学渊源，似乎比较符合上述巴多明的描绘。何国宗和梅瑴成的家族背景意味着当他们刚进入帝国机构时，已经具备了一些数学和天文学的知识（梅瑴成的传记里提到，他幼时即在家学习）。[107] 至于明安图和顾琮，很可能他们在八旗官学接受教育期间曾学习过这些科目（参见本书第 10 篇柯娇燕的介绍）。前文引用的诏谕提到要选拔"精通熟习之人"，但实际上，除了八旗子弟之外，根本没有官方或非官方的机构提供培养这类人才的基础教育。在帝国机构之外，数学科学的学习是在截然不同的环境下进行的。

民间学术环境

我们所知的对数学科学感兴趣的学者，大多从未在帝国机构中学习过。那么，数学科学的知识和实操的传播范围有多广呢？对于与记账相关的基本数学计算，罗友枝认为，"当时不少普通民众都掌握算术书里简单的运算口诀，也在一定程度上会用算盘，即使他们没有像大商行的学徒那样接受过专门的训练"[108]。学者阶层对这些知识的获得和掌握就更毋庸置疑了，只不过这并不是他们正规学习数学科学的第一步，因为正式学习数学是从书面算术开始的。可见，学者们对数学的学习常常依赖于个人的主动性。获取数学知识的来源，一是书本，二是老师。这一现象在16世纪的长江下游地区已经十分常见，作为明代数学传统的代表人物，程大位回忆年轻时曾"博访闻人达士"（但我们不清楚这些人是谁），尔后归隐故里并苦学二十年。就我们所知，程大位还曾收集数学典籍。[109] 数年之后，徐光启、李之藻（1565—1630）、薛凤祚（？—1680）、方中通（1634—1698）也曾私下向耶稣会士教师学习。前两位师从利玛窦，后两位师从波兰耶稣会士穆尼阁。[110] 显然，许多学者之所以借助书本学习数学知识，是因为他们很难找到老师，王锡阐就曾遭遇这一情况，两个世纪后的丁取忠同样如此，他曾抱怨说自己找不到老师。[111]

在中国，从事天文历法之业在某些家族世代承袭的传统源远流长。[112] 到了清朝，一个人的家庭背景非常重要，不仅影响其入仕做官，也影响其成长的学术环境。从梅文鼎的生平中我们得知，他从幼年开始就跟随父亲和私塾老师仰观星象。即便如此，他直到27岁才开始研究历算之学，而且主要是学习书本中的知识。[113] 当时，和他一起学习的还有他的两个兄弟，这两人，连同梅文鼎的儿子、孙子梅瑴成、两个曾孙的生平，均被收入《畴人传》。梅氏是"畴人"中最耀眼的家族。除此之外，何国宗同样生于天文学世家；明安图的儿子明新承袭父业，继续从事与数学相关的工作[114]；还有李光地的两个兄弟和一个儿子，也和他一样在《畴人传》中占得一席之地。尽管如此，精通科学的顶尖学者之间的交往却通常不基于家庭关系。[115]

《畴人传》中提及的清代学者，超过三分之二都是江南人士。[116] 明代江南地区商人辈出，经济发展迅猛，研习数学之风因此兴起。从这个角度看，似乎没有必要将数学和其他学术活动区分开来，尤其在当时，数学本就被视为学术的一部分。整个学术界都呈现出鲜明的地域性，畴人的分布只是其表现之一。

梅氏家族在知识传播和研究定向方面扮演着关键角色。安徽有几位学者或直接或间接地先后从梅文鼎那里学习数学知识。[117] 江永读过梅文鼎的著作并为之做过评注，而戴震极有可能就是从江永那里学的数学。[118] 但梅文鼎的影响并不局限于安徽省或长江下游地区。生活在中国北方的李光地及其兄弟、儿子也称得上是梅文鼎的学生。[119]《畴人传》第40卷中介绍了十位学者（包括一位女性），他们或者直接求学于梅文鼎本人，或者学习了他的著作，据说其中还有两人千里跋涉，只为成为梅文鼎的门徒。[120] 我们尚不清楚数学科学是否称得上当时安徽的"特色专业"，但毫无疑问，梅氏家族以及后来的戴震都是安徽本地人，他们对清朝数学科学领域的影响力是无与伦比的，也和皖南学派紧紧联系在了一起，后者是众多爱好历算的学者组成的学派。[121]

梅文鼎影响其同时代及后世学人的方式，展示出当时科学知识在学者之间传播的过程——他们主要求学于书本，偶有机会与某位"师者"研讨，但没有专门学习数学科学的机构，数学科学只是在学术界流传的知识体系的一部分。尽管如此，还是有在书院中教授数学科目的案例，比如钱大昕（1798—1804）在主政苏州紫阳书院期间就曾教过数学。[122] 不过，书院开设的数学课程并不系统，水平如何主要取决于教师的兴趣和能力。迥异于帝国机构，民间缺少数学和天文学的标准课程，因此，关于在帝国机构之外成长起来的学者们的学习方法和过程的记载极其少见，也就不足为奇了。

然而，我们还是可以稍加讨论数学论著的风格问题。在分析该问题时，我们应考虑到数学论著的使用方式，尤其是作为教科书时老师和学生是如何使用它们的。传统的算术课本最大的特点就是简洁，但到了17、18世纪，它们逐渐更具阐释性（大部分数学教材包含证明和解释），这一转变被认为是受到数学里的欧几里得风格的影响。但我们也不能忽略其他因素，尤其是清代考据学的兴起。当时，在对历算之学感兴趣的学者中间兴起一股流行之风，即对以前的数学和天文学著作进行评注，这与当时学术界的普遍潮流是一致的。此外，自成一体的数学论著问世，也与数学教师的匮乏这一事实有关——对学生来说，这些论著或许就是他们获取和理解数学知识的唯一来源。程大位的《算法统宗》（1592）就是在这种背景下诞生的：人们学习数学知识主要依靠书本，因此《算法统宗》中包含了对珠算的释义，以及对算盘用法的描述。在这本书里，我们已经可以捕捉到风格转变的痕迹。在此意义上，耶稣会士引入的欧几里得证明或许并非推动清朝科学论著发展的最决定性因素。

从前述来看，很明显，数学科学学习的两类环境是彼此不断相连的。明朝末期，徐光启从耶稣会士那里学习西方科学，并将他们介绍到朝廷之中，自此西方天文学逐渐成为新历法的基础。清朝初期尤其是康熙统治年间，一批数学家和天文学家被引荐到朝廷。因此，梅文鼎曾数次受到皇帝召见，他对《律历渊源》的影响也有目共睹。梅文鼎是由他的资助人李光地引荐的。相形之下，在长江下游的学者当中，没有一个人凭借在帝国机构中求学或任职而获得数学家的美誉。有能力的学者纷纷上京（寻找工作机会），因为除了朝廷没有其他任何地方会资助集体编纂项目。

数学科学及"畴人"的地位

"畴人"一词见于《史记》，指父子世代相传、执掌天文历算的官员。[123] 阮元在使用该词时，似乎着重强调这一特定知识在世代之间的传递，被他称为"畴人"的并不全是官员，同样，天文方面的官员也并不一定就能获得"畴人"的头衔。[124] 反过来说，清代"畴人"形成了一个与官方天文学家相对的群体——"布衣学者"，他们中间只有不到一半的人曾经担任过公职。[125] 一些科学史学家对比了"畴人"和需要用到数学技能的官员，认为只有对科学进步做出贡献的人才可被视为"天文学家"，因此得出结论说，只有五分之一的"天文学家"做了官员，那些"成就最突出"的则没有入仕。[126] 将《畴人传》和今天的中国科学史学对照，可以看出关于科学进步的现代观念是如何强烈地影响到对过去科学著作的评价的。无论如何，对于一位学者在什么情况下可以被认定为"畴人"，标准并不明确，一个极端的例子就是潘耒。他只在《畴人传》介绍其兄潘柽章的附录中被提及，而且仅仅是轻描淡写地说，由于潘耒学习历算知识较为散漫，因此掌握并不精深。[127] 然而，我们看到，在他为梅文鼎一部著作所写的序言中，潘耒大力主张数学研究，可见，单从他取得的个人成就来判断他对数学科学的态度是片面的。

《畴人传》第三版对阮元进行了详细的介绍。[128] 虽然阮元没有留下任何严格意义上的数学或天文学著作，但他作为赞助人，在当时的"畴人"社会中起到了轴心作用。他对数学和天文学倾注的心血产生了重大影响："数学和天文学逐渐被重新认定为儒家教育的一部分，而阮元的成就则标志着这一过程到达了顶峰。"[129] 这个时期最为关键的，在于数学科学被认为是儒家教育的一部分，而不在于科学的进步。当然，这并不意味着没有科学知识的进步。在天文学中，进步的概念不仅限于获得更精确的数据，还包括理论的演变。[130] 当明安图的数学著作于1839年出版时，它被誉为史无前例，为该领域做出了新的贡献，这也使得明安图最终出现在《畴人传》第二版中。但明安图在天文学方面的成就仍未被提及，因为数学代表着他的"私人研究"，而天文学是他的官方职责，对此，《畴人传》的介绍中只提及他是钦天监监正。[131] 明安图的数学研究早于同领域的董佑诚（1819），这一点在当时非常重要——无论是数学还是天文学领域，创新受到高度重视，因此在时间上孰先孰后就变得十分关键。[132] 上述关于进步的认识并不为数学科学所独有，考据学同样主张累积渐进的观念并且影响甚广。[133] 但尽管人们相信恢复中国的科学传统举足轻重，创新仍旧未被作为数学和天文学的首要目标。[134] 帝国机构开展的科学教育也不是为了培养该领域的创新性学者，只是为了满足帝国对具有技术能力官员的需求而已。

那么，"畴人"在当时士人中是否具有特殊地位呢？乔纳森·波特使用了"科学界"一词，认为"畴人""自认科学专家，且对知识分子群体有认同感"[135]。但是，他们是否真的认为自己在学者社会中形成了一个特定群体，这是值得怀疑的。在其他学者眼中，他们仅仅是学界的一小部分，只是尤其精通某一专门领域。当时的社会已经形成了共识，即数学和天文学是学术的特定分支，它们与其他学术分支并不抵触，不像在欧洲那样将科学知识和人文知识对立起来。[136] 它们共同构成一个包括音韵学、金石学、考古学等在内的整体，所有领域都遵循"共同的认识论"[137]。基于"独立客观标准"的方法论并非数学科学专有,而是考据学所涵盖的所有学科的共同特征。[138] 换言之,在晚期帝制中国,数学科学融入学术界,更多是对学问的重新定义,而不是开创有别于其他类型学问的新概念:"科学"。尽管数学科学的地位得到了前所未有的重估,但它并没有成为中国古典学问的替代者,更不用说对手了。

我想感谢格里高利·布鲁、许小丽、席文对文章初稿提出了很有帮助的看法和批评。

(禾摇译)

注释

1. 李约瑟《文明的滴定:东西方的科学与社会》(*The Grand Titration: Science and Society in East and West*)(Toronto: University of Toronto Press, 1969),第 16 页;李约瑟主编《中国科学技术史》。
2. "奇怪的是,这个聪明的民族在几何学方面的知识从没有超出基本的范围,他们在音乐方面不知道半音,在天文学和所有科学方面的知识如此古老但成就却又如此有限。似乎自然给予了这一种族——和我们种族如此不同——能帮助他们发现任何他们所需要的东西的器官,但他们却止步于此。我们则相反,获得知识很晚,但却迅速使一切臻于完美。"伏尔泰《风俗论:论各民族的精神与风俗以及自查理曼至路易十三的历史》(Paris, 1756; trans., Edinburgh, 1782)卷 1,第 16 页。
3. 见席文《为什么科学革命没有在中国发生——难道真的没有吗?》(Why the Scientific Revolution Did Not Take Place in China—Or Didn't It?)关于这一研究方法的讨论(载《中国科学》,1982 年第 5 期,第 45—66 页)。
4. 对这一时期中国科学的简要描述,可参考薮内清《17—18 世纪中国科学发展的主要潮流》(The Main Current of Chinese Science in the 17th and 18th Centuries),收入 Y. 梅亚马、W.G. 萨尔策编《棱晶:科学史研究》(Wiesbaden:Franz Steiner Verlag GmbH, 1977),第 449—456 页。
5. 见席文《导论》(Introduction),收入席文编《东亚科学与技术》(*Science and Technology in East Asia*)(New York: Science History Publications, 1977),第 xii—xiii 页。
6. 威拉德·J. 彼得森《西方自然哲学在晚明中国》(Western Natural Philosophy Published

in Late Ming China），收入《美国哲学协会第 117 场会议记录》（*Proceedings of the American Philosophical Association*）总第 117 期，1973 年第 4 期，第 295—322 页。欧洲关于科学的理念变化迅速，因此清朝早中期在中国活动的耶稣会传教士有时持有非常不同的观点。

7. 引自埃蒂安·蒙托克四卷本《数学历史》（Paris，1797—1800）的内容目录。

8. 根据李约瑟的说法，"公元 1600 年是一个转折点，在此之后，世界科学和中国科学之间就没什么质的区别了"（《中国科学技术史》第 3 卷，第 437 页）。虽然并不是所有的历史学家都赞成这一强有力的论断，但他们都将耶稣会士的到来视为中国数学科学史上的一个突破，见中山茂《东亚科学史的分期》（Periodization of the East Asian History of Science），收入《历史综合评论》总第 4 期，1988 年第 3—4 期，第 375—379 页。

9. 见本杰明·A. 艾尔曼《从理学到朴学：中华帝国晚期思想与社会变化面面观》，第 53—54 页。

10. 关于清朝早期帝国资助以及士人与朝廷的关系，可参考盖博坚《皇帝的四库：乾隆朝晚期的学者与国家》，第 16—25 页。

11. 阮元《畴人传》（8 卷，上海，1935）。该书的几部续编分别完成于 1799 年、1840 年、1886 年、1898 年。见李俨、杜石然著，J.N. 克罗斯利、伦华祥译《中国数学简史》（*Chinese Mathematics: A Concise History*）（Oxford: Clarendon Press, 1987），第 232—233 页。另见王萍《阮元与〈畴人传〉》，载《"中研院"近代史研究所集刊》第 4 卷，1974 年第 601—611 期。

12. 在今天的研究中，"畴人"指的是在数学科学领域的才华受到同时代人承认的学者。除了少数遗漏，大部分学者在《畴人传》中均有所提及。

13. 乔纳森·波特《早期近代中国的科学界》（The Scientific Community in Early Modern China），载 *Isis*，1982 年第 73 期，第 529—544 页，尤见第 530 页。

14. 李倍始《中国十三世纪的数学：秦九韶的〈数书九章〉》（*Chinese Mathematics in the Thirteenth Century: The Shu-shu chiu-chang of Ch'in Chiu-shao*）（Cambridge, Mass.: MIT Press, 1973），第 4 页。

15. 当然也有一些例外，如沈括（1031—1095）、朱载堉（1531—1610？）等人。见席文所撰"沈括"词条，收入查尔斯·吉利斯皮编《世界科学家传记大辞典》（*Dictionary of Scientific Biography*）（16 卷，New York: Charles Scribner's Sons，1970—1980）；"朱载堉"词条，收入傅路德编《明代著名人物传记辞典》（*Dictionary of Ming Biographies*）（2 卷，New York: Columbia University Press，1976）。

16. 戴何都《中国唐代诸道的长官：中国唐朝省级官员》（2 卷，Leiden，1932），第 456—458 页；李俨《唐宋元明数学制度》，收入《中算史论丛》（北京：中国科学院，

1955）第四集，第 253—285 页。

17. 中国自汉朝开始就有了掌管天文历法的机构，见李约瑟主编《中国科学技术史》第 3 卷，第 186—194 页。在明朝晚期和清朝，该机构叫钦天监。关于该机构的介绍，见乔纳森·波特《早期近代中国的官僚体系和科学发展：清朝的国家天文台》（Bureaucracy and Science in Early Modern China: The Imperial Astronomical Bureau in the Ch'ing Period），载《东方研究杂志》（Journal of Oriental Studies），1980 年第 18 期，第 64—65 页。

18. 威拉德·彼得森《明代传教士来华之前的历法改革》（Calendar Reform Prior to the Arrival of Missionaries at the Ming Court），载《明史研究》（Ming Studies），1986 年第 21 期，第 49—54 页。

19. 李倍始《中国十三世纪的数学：秦九韶的〈数书九章〉》，第 4 页。"中国剩余定理"（Chinese remainder theorem）（13 世纪秦九韶的"大衍求一术"）就是一个著名的例子，说明数学的重大发展常常得益于对天文学的关注。见李倍始《中国十三世纪的数学：秦九韶的〈数书九章〉》，第 367—369 页。

20. 钱宝琮编《宋元数学史论文集》（北京：科学出版社，1966）。

21. 13 世纪仅有四位数学家的著作存世。

22. 李约瑟主编《中国科学技术史》第 3 卷，第 206 页。

23. 17 世纪末颜元（1635—1704）主持的漳南书院是实学发展的著名场所，在这里，军事训练、战术、射御、技击、机械、数学、天文、历史等多门学科都有教授。见雅克·格内特《中国世界报》（Paris, 1972），第 439 页。关于对宇宙学的批评，见艾尔曼《从理学到朴学：中华帝国晚期思想与社会变化面面观》，第 53—56 页，及约翰·B. 亨德森《中国宇宙论的发展与衰落》（The Development and Decline of Chinese Cosmology）（New York: Columbia University Press, 1984），第 150—155 页。

24. 本杰明·A. 艾尔曼《明清时期的地理学研究》（Geographical Research in the Ming-Ch'ing Period），载《华裔学志》，1981—1983 年第 35 期，第 1—18 页。

25. 马若安《梅文鼎算学著作之研究》（Paris, 1981），第 19—20 页。

26. 恒慕义编《清代名人传略》（2 卷，Washington: United States Government Printing Office, 1943—1944）；《畴人传》，第 448 页。

27. 艾尔曼《从理学到朴学：中华帝国晚期思想与社会变化面面观》，第 180—184 页。

28. 席文所撰"王锡阐"词条，收入《世界科学家传记大辞典》。

29. 亨德森《中国宇宙论的发展与衰落》，第 144—145、166—167 页。

30. 江晓原《十七、十八世纪中国天文学的三个新特点》，载《自然辩证法通讯》总第 10 期，1988 年第 3 期，第 53—54 页。

31. 薮内清《17—18 世纪中国科学发展的主要潮流》；波特《早期近代中国的科学界》，

第 541 页。通过分析畴人间的关系网，波特将钱大昕而非戴震视为二人所处时代的科学界核心人物。

32. 参见"农业"，白馥兰撰，收入《生物学与生物技术》(Biology and Biological Technology) 第二部分，收入李约瑟主编《中国科学技术史》第 6 卷，第 70 页。

33. 亨德森《中国宇宙论的发展与衰落》，第 144 页。

34. 李俨、杜石然《中国数学简史》，第 22—230 页。

35. 艾尔曼《从理学到朴学：中华帝国晚期思想与社会变化面面观》，第 108—111 页。

36. 艾尔曼《从理学到朴学：中华帝国晚期思想与社会变化面面观》，第 83—85 页。

37. 参见江晓原《十七、十八世纪中国天文学的三个新特点》，第 55—56 页；薮内清《中国的科学和日本》(Tokyo, 1978)，第 162—163 页。

38. 詹嘉玲《三角速算法和精确的圆周率（1774 年）：数学方面的中国传统和西方的贡献》(Paris, 1990)，第 23—25 页。

39. 耶稣会士引进中国的欧洲科学是相当过时甚至是扭曲的，在天文学方面尤其如此，这主要是因为日心说具有宗教上的意义。直到 18 世纪下半叶，日心说才被引入中国。见席文《哥白尼在中国》(Copernicus in China)，载《哥白尼研究》（华沙），1973 年第 6 期，第 76—82、89—92 页。

40. 桥本敬造《徐光启与天文改革：中国对西方天文学的接受史（1629—1635）》(Hsü Kuang-ch'i and Astronomical Reform: The Process of the Chinese Acceptance of Western Astronomy 1629-1635) (Osaka: Kansai University Press, 1988)，第 77—103 页。

41. 关于第谷体系与利玛窦最先介绍到中国的亚里士多德世界观之间的区别，西方耶稣会士在著作中没有给予很清晰的解释。见席文《哥白尼在中国》，第 78 页。

42. 欧几里得《几何原理》(Elements of Geometry) 的前六卷是在 1607 年由利玛窦和徐光启从克拉维乌斯的拉丁文译本（Rome, 1574）翻译成汉语的。其他几何论著也收在《崇祯历书》中。参见德礼贤《关于欧几里得第一本汉译本的介绍》，载《华裔学志》总第 15 期，1956 年第 1 期，第 161—202 页。另见李俨、杜石然《中国数学简史》，第 204 页。

43. 亨利·伯纳德-迈特尔《汤若望神父的天文百科全书》，载《华裔学志》，1938 年第 3 期，第 35—37、441—527 页；徐宗泽《明清间耶稣会士译著提要》（台北：中华书局，1958）列出了《崇祯历书》所包含的作品清单并给予了一定介绍（第 239—256 页）。

44. 亨利·伯纳德-迈特尔《欧洲作品的中文改编：按时间顺序排列的书目》，载《华裔学志》，1938 年第 3 期，第 35—37、441—527 页；徐宗泽《明清间耶稣会士译著提要》，第 289—326 页。

45. 江晓原《十七、十八世纪中国天文学的三个新特点》，第 52—53 页。

46. 威拉德·彼得森《明代传教士来华之前的历法改革》。

47. 这里是相比于早期的筹算而言。见李俨、杜石然《中国数学简史》，第 6—19 页。

48. 如《数书九章》《算经十书》等，见李俨、杜石然《中国数学简史》，第 33—56 页。关于珠算以及明代关于珠算的论著目录，见李俨《中国数学大纲》（2 册，北京：科学出版社，1958），第 315—374 页。

49. 李俨、杜石然《中国数学简史》，第 185—189 页。

50. 罗友枝《清代中国的教育与大众识字率》，第 125—128 页；詹嘉玲《17—18 世纪中国算术与欧洲数学的相遇》，收入 P. 伯努瓦、林力娜、J. 里特尔编《分数的历史，历史的分数》（Basel，即出）。

51. 张秉伦《明清时期安徽的科学发展及其动因初析》，载《自然辩证法通讯》，1985 年第 2 期，第 39—48 页。

52. 罗友枝《清代中国的教育与大众识字率》，第 52—53 页。在今天的中国，珠算和笔算在学校里都有教授，想要熟练掌握算盘用法，这两种方法的口诀都需要掌握。

53. 马若安《梅文鼎算学著作之研究》，第 246—249 页。梅穀成将天元术和借根方代数等同论之。拉丁语"代数"（源自阿拉伯语"al-jabr"）一词有好几种中文译法，比如"阿尔热巴拉""阿尔热八达"等。耶稣会士告诉康熙皇帝，这个词起源于东方，于是梅穀成得出结论它来自中国。参见彭小甫《康熙皇帝对西方数学和天文学的吸收及其对科学知识的广泛应用》，载《历史学报》，1975 年第 3 期，第 382—384 页。

54. 席文《哥白尼在中国》，第 99—100 页。

55. 江晓原《试论清代"西学中源"说》，载《自然科学史研究》总第 7 期，1988 年第 2 期，第 101—108 页。

56. 《钦定大清会典》（1899）卷 76，15b。

57. 见恒慕义编《清代名人传略》中的"胤禄"和"张照"。

58. 在当时的欧洲，黄道坐标逐渐被赤道坐标所取代。见李约瑟主编《中国科学技术史》第 3 卷，第 438 页。此外，《历象考成》也吸收了《崇祯历书》之后耶稣会士的其他著作。有关详细信息，参见桥本敬造《〈历象考成〉的由来》，收于薮内清、吉田光邦编《明清时代的科学技术史》（Kyoto，1970），第 49—92 页。

59. 席文《哥白尼在中国》，第 90—91 页。关于戴进贤的生平，参见费赖之《在华耶稣会士列传及书目（1552—1773）》（2 册，上海，1934），第 643—651 页。

60. 詹嘉玲《三角速算法和精确的圆周率（1774 年）：数学方面的中国传统和西方的贡献》，第 42—45 页。

61. 《算经十书》中的大部分典籍都分为几个章节，每一章节由几组问题组成，每组问题对应一种算法，书中一般在列举完问题后给出相应的解决方案。针对这种将问题和算法分组来解释数学术语的方式，林力娜《论分类概念与中国数学著作分析的关系》

一文进行了有趣的探讨（载《远东远西》，1988 年第 10 期，第 61—87 页）。在 1607 年欧几里得的《几何原本》被翻译成中文之前，中国的数学典籍一直使用该模式。

62. 《数理精蕴》上编第 2—4 卷的标题与欧几里得《几何原本》译本的标题相同。法国耶稣会士教授康熙皇帝几何学时，使用的是法国数学家巴蒂的教科书。巴蒂著有《人们可以从欧几里得〈几何原本〉快速学到些什么，阿基米德、阿波罗尼乌斯和古今几何学中最美丽的发现》（Paris，1671）。彭小甫在《康熙皇帝对西方数学和天文学的吸收及其对科学知识的广泛应用》一文中也列举了《数理精蕴》所借鉴的书目。

63. 《数理精蕴》上编，卷 2，第 10 页。

64. 《数理精蕴》上编，卷 2，第 12—14 页。

65. 林力娜《数学陈述的平行性：对 13 世纪中国数学著作的分析》，载《科学史杂志》，1990 年第 43 期，第 57—80 页。

66. 詹嘉玲《数学的分类：百科全书〈御制数理精蕴〉的结构，1723》，载《科学史杂志》，1989 年第 42 期，第 391—406 页，尤见第 397 页。

67. 桥本敬造《梅文鼎及其数学二元论思想》（Mei Wending and His Dualistic Idea in Mathematics），收入《第十四届国际科学史大会第三场会议记录》（Proceedings no. 3: XIVth International Congress of the History of Science）（Tokyo, 1974），第 288—290 页。

68. 参见李约瑟主编《中国科学技术史》第 3 卷，第 22 页；李俨、杜石然《中国数学简史》，第 25—32 页。

69. 詹嘉玲《数学的分类：百科全书〈御制数理精蕴〉的结构》，第 399 页。

70. 这里使用的代数是非符号的。直到 19 世纪下半叶，符号代数才进入中国数学家的视野。见李俨、杜石然《中国数学简史》，第 257 页。

71. 吕元骢《清初（1644—1795）的国子监》（The Imperial College[Kuo-tzu-chien] in the Early Ch'ing[1644-1795]），载《远东史研究集刊》（Papers on Far Eastern History），1974 年第 10 期，第 147—166 页；波特《早期近代中国的官僚体系和科学发展：清朝的国家天文台》。

72. 雅克·格内特《17 世纪基督教和中国的世界观》，载《第欧根尼》，1979 年第 105 期，第 93—115、105—107 页；劳伦斯·凯斯勒《康熙皇帝与〈大清会典〉（1661—1684）》（K'ang-hsi and the Consolidation of Ch'ing Rule 1661-1684）（Chicago: University of Chicago Press, 1976），第 59—60 页。

73. 劳伦斯·凯斯勒《康熙皇帝与〈大清会典〉（1661—1684）》，第 58—64 页。

74. 《钦定大清会典事例》卷 1103，2a。

75. 《钦定大清会典事例》卷 1103，2a。

76. 劳伦斯·凯斯勒《康熙皇帝与〈大清会典〉（1661—1684）》，第 112—124 页。

77. 在这方面，下面将讨论到的蒙古族天文学家明安图是个例外。
78. 南怀仁（1623—1688）是历法争论中维护西方方法的主要辩护者。他在钦天监任职一直到去世，是康熙的老师之一。见高华士、李倍始《范德望口述：南怀仁与欧洲天文学》（Leuven，1988），第146页。
79. 高华士、李倍始《范德望口述：南怀仁与欧洲天文学》，第146、181页。
80. 吕元骢《清初（1644—1795）的国子监》，第159—160页。
81. 《钦定大清会典》卷76，4b。该法令于1818年颁布。
82. 蒙养斋在帝国的监督下对书籍进行整理编辑，见波特《早期近代中国的官僚体系和科学发展：清朝的国家天文台》，第63页。《历象考成》中的天文观测就是在那里完成的。
83. 《钦定大清会典事例》卷1102，10b—11a。
84. 傅圣泽《中国天文学与欧洲的关系，1711年6月到1716年12月》（Manuscript），第3页。
85. 下文将讨论到的梅瑴成、何国宗、明安图即属此列，见《畴人传》第486、518、623页。
86. 盖博坚《皇帝的四库：乾隆朝晚期的学者与国家》，第20页。傅圣泽《中国天文学与欧洲的关系，1711年6月到1716年12月》。
87. 李俨、杜石然《中国数学简史》，第92页。
88. 白晋《康熙帝传》（The Hague，1699；reprint，Tientsin，1940），第99—107页。
89. 费赖之《在华耶稣会士列传及书目（1552—1773）》，第420—423页。
90. 罗马档案馆就藏有其中一份报告。还有一些报告也收录在《耶稣会士中国书简集》（34卷，Paris，1702—1703）中。
91. 西奥多·福斯《西方对中国的解释一种：耶稣会士绘图》（A Western Interpretation of China: Jesuit Cartography），收入C.E. 罗南、B.B.C. 欧编《东方遇见西方：耶稣会士在中国（1582—1773）》（*East Meets West: The Jesuits in China, 1582-1773*）（Chicago: Loyola University Press, 1988），第209—251页。
92. 这是傅圣泽在《中国天文学与欧洲的关系，1711年6月到1716年12月》中提及的事件之一。
93. 詹嘉玲《三角速算法和精确的圆周率（1774年）：数学方面的中国传统和西方的贡献》，第40—41页；席文《哥白尼在中国》，第91页。
94. 据《清代名人传略》"胤禛"和"胤禄"词条，雍正皇帝将监管科学活动的事务转交给了胤禄，以此报复胤禄在他夺权斗争中的对立态度。
95. 这在傅圣泽的叙述中也得到了体现，他将三阿哥描述为"欧洲天文学的敌人"。
96. 《畴人传》，第518页。

97. 水利工程是传统中国应用数学进行水土工程的典型案例,"算经十书"中有几张专门讨论构造土木的计算方法。见李俨、杜石然《中国数学简史》,第 34、101—102 页。
98. 恒慕义编《清代名人传略》。
99. 这一职位也是水利工程,包含数学的应用。《算经十书》包含了漕运计算问题。
100. 见《清代名人传略》《畴人传》中有关梅瑴成的注释。
101.《清代名人传略》,第 271 页。
102. 席文《哥白尼在中国》,第 91 页。
103. 参见李迪《蒙古族科学家明安图》(呼和浩特,1978)。
104. 参见参考蒙托克《数学历史》。
105. 例如,见耶稣会士巴多明 1730 年 8 月 11 日于北京写给法兰西科学院的信,收入 I. 微席叶和 J.L. 微席叶编《耶稣会士中国书简集(1702—1776)》(Paris: 1979),第 360 页。伏尔泰在撰写注释 2 所引那段文字时,已知道这封信。
106. I. 微席叶和 J.L. 微席叶《耶稣会士中国书简集(1702—1776)》。
107.《畴人传》,第 485 页。
108. 罗友枝《清代中国的教育与大众识字率》,第 127 页。
109. 李俨、杜石然《中国数学简史》,第 186 页;马若安《中国数学史》(Paris,1988),第 156 页。
110. 李俨、杜石然《中国数学简史》,第 193、196、204 页。方中通为方以智之子。
111. 关于王锡阐,参见席文《哥白尼在中国》,第 73 页;关于丁取忠,参见马若安《中国数学史》,第 79 页。
112.《书经》记载,天文学在尧帝神话里已经作为家族性事务出现了,尧帝命令何氏和羲氏两个家族(这两家各有三兄弟)观察星象并制作历法。见李约瑟主编《中国科学技术史》第 3 卷,第 186—188 页。
113.《畴人传》,第 459 页。
114.《畴人传》(第 626—627 页)将他们与历史上著名的祖冲之及其子祖恒(公元 5 世纪)相提并论。参见李俨、杜石然《中国数学简史》,第 80—87 页。
115. 根据波特对《畴人传》中提到的清代学者的分析。参见波特《早期近代中国的科学界》,第 539—540 页。
116. 波特《早期近代中国的科学界》,第 540 页。
117. 张秉伦《明清时期安徽的科学发展及其动因初析》,第 39 页。
118. 艾尔曼《清代学者"派别"》(Ch'ing Dynasty 'Schools' of Scholarship),载《晚期帝制中国》,1981 年第 4 期,第 16 页;艾尔曼《从理学到朴学:中华帝国晚期思想与社会变化面面观》,第 205 页。
119. 郭金彬《清代八闽数学略论》,载《自然辩证法通讯》总第 6 期,1984 年第 2 期,第 66 页。
120. 江晓原《十七、十八世纪中国天文学的三个新特点》，第 51 页。
121. 艾尔曼《清代学者"派别"》，第 16 页。
122.《清代名人传略》，第 152 页。
123. 李俨、杜石然《中国数学简史》，第 232 页。
124. 关于明安图，参见李俨、杜石然《中国数学简史》，第 28 页。明安图的弟子陈际新完成了他的数学工作，还曾担任《四库全书》数学卷的编纂者之一，也没有列入第一版《畴人传》。和他的老师一样，陈际新的名字出现在了《畴人传》第二版。鉴于明安图的名字位列《律历渊源》编纂者之列，而陈际新的名字在《四库全书》编纂者名录当中，《畴人传》的编写者不太可能不知道这两人。
125. 波特《早期近代中国的科学界》，第 539—540 页。遗憾的是，波特并没有对需要科学技术背景的不同官职进行区分。
126. 张秉伦《明清时期安徽的科学发展及其动因初析》，第 53 页；席文《哥白尼在中国》，第 100 页。
127.《畴人传》，第 448 页。
128.《畴人传》，第 749—754 页。诸可宝所著《畴人传三编》于 1868 年出版。
129. 艾尔曼《从理学到朴学：中华帝国晚期思想与社会变化面面观》，第 63 页。
130. 亨德森《中国宇宙论的发展与衰落》，第 165—168 页；桥本敬造《徐光启与天文改革：中国对西方天文学的接受史（1629—1635）》，第 34—36 页。
131.《畴人传》，第 623—627 页。
132. 詹嘉玲《三角速算法和精确的圆周率（1774 年）：数学方面的中国传统和西方的贡献》，第 178—180 页；《畴人传》序言；艾尔曼《从理学到朴学：中华帝国晚期思想与社会变化面面观》，第 221—222 页。
133. 艾尔曼《从理学到朴学：中华帝国晚期思想与社会变化面面观》，第 204—207 页。
134. 见阮元为明安图著作所写的序言，收入詹嘉玲《三角速算法和精确的圆周率（1774 年）：数学方面的中国传统和西方的贡献》，第 17 页。
135. 波特《早期近代中国的科学界》，第 539 页。
136.《四库全书》哲学部分收录的著作里，有一部分是关于天文学的，有一部分是关于数学的。
137. 艾尔曼《从理学到朴学：中华帝国晚期思想与社会变化面面观》，第 38—39 页。
138. 波特《早期近代中国的科学界》，第 542 页。许多波特认为的与科学有关的专门知识，实际上也存在于广义的考据学当中。

8

戴震与儒学传统下的学习观

包筠雅（Cynthia J. Brokaw）

  学界普遍认为，18 世纪并非中国哲学史上成果丰硕的时期。直至 18 世纪中叶，"考据"逐渐成为顶尖学者圈子的主导潮流。当时的优秀学者普遍致力于对儒家经典和其他古籍的文献学研究，有意识地、甚至有点自以为是地避开了关于人性和宇宙本体、善恶根源、自我修养等哲学问题的思考，而在过去的儒家传统中，许多伟大的思想家正是在这些问题的指引下展开对经典的阐释的。戴震（1724—1777）是这股潮流中少有的例外之一，在 18 世纪的众多考据学拥护者当中，他独树一帜，或许是唯一一位创建了原创性道德哲学（"义理"）的学者。面对当时考据派研究者的怀疑和公然批评，戴震从重新阅读经典尤其是孟子著作出发，提出了关于宇宙结构以及通向完善知识与德性之路的全新观点。

  与之前大多数的儒家和新儒家思想家一样，"学习"是戴震新哲学的核心问题。毋庸置疑，戴震的教育观源自他的形而上学，而且在某种程度上也只能从他的形而上学观来解释。但他著述的主要目的是阐释如何达到圣人的境界，也就是渴望获得最高智慧与完美德性的学者所必经的道路。学习的对象是什么，学习的正确方法是什么，知识与德行的关系是什么，学习的终极目的是什么？正是这些问题形塑了戴震的哲学。

  戴震学习观的形成，很大程度上源于对两种教育观的批判：一是程朱理学，二是考据运动的支持者们所倡导的实学。早在戴震出生之前，程朱学派所主张的教学体系已在1313年成为科举体系的基础，占据了官方正统地位。尽管受到18世纪诸多杰出思想家的批判，在很长一段时期内，程朱理学仍然发挥着巨大影响，原因就在于它主宰着传统教育体系，这意味着每一个想通过科举考试的人都必须熟悉这套学说。另一方面，考据运动吸引了当时大多数知识分子，拥护者们声称要从几百年来理学家的粗疏解读中恢复儒家经典的真实含义。上述两类学说代表了清朝中期两种主要的教育思想，一个是长期来以程朱理学为基础的正统学说，一个是被同时代思想界认为是更精准、更实在的新学问。戴震没有偏信任何一方，而是在吸收二者的基础上形成了自己的理论体系。

与18世纪大多数学者一样，戴震最初接受的也是正统理学教育。他师从程朱学派的追随者江永（1681—1762），在早期的信件和作品中均表达过自己对宋代理学的欣赏（事实上，戴震的家乡安徽徽州正是朱熹的祖籍地，这或许也是戴震早先亲近这一儒学派别的纽带之一）。[1] 但戴震在1755年写给方希原（生卒年不详）的一封信中，首次提出了对程朱学派的批评。此后，戴震开始了更公开的批判，指出传统理学在研究义理时忽略了对典章制度的研究。[2] 此后，戴震逐渐对程朱理学，至少是对其在清朝教育体系里的体现，提出了更为密集的批评。他关于义理的第一部完整著作《原善》（1766），虽然没有公然挑战程朱学派代表人物的观点，但也提出了诸多与正统理学不相一致的思想。在此后的所有哲学著作中，戴震逐渐明确了自己与正统学派的分野，包括他初步研究孟子的两部著作《绪言》（1769）和《孟子私淑录》（1772），以及他于1777年去世数月之前完成的集大成之作《孟子字义疏证》。[3] 在这些著作中，戴震指出，当代士大夫之所以未能完成儒家"天下太平"的使命，就是因为程朱学派及其对教育的持续影响。在戴震看来，宋代理学家对经典文本的草率解读和主观臆测极大扭曲了他们的道德视野，不仅有悖圣人本意，也催生出一个善于操控理学以满足一己私欲的学术精英团体，其代价则往往是牺牲普罗大众的利益。公平来说，戴震学习观的形成，部分是为了抵抗宋代理学对经典的"臆测"所带来的毁灭性影响，希望发展出取而代之的新体系，从而创造一个由圣贤们（或至少有一个）组成的精英统治阶层，真正致力于人民福祉。

对戴震来说，准确理解经典是首要目标，在这一点上，他得到了考据运动的全力支持。实际上，在戴震生活的年代，他被视为考据派的领军人物之一。因为他对《周礼》、数学、音韵、训诂、《水经注》等的研究，戴震还受到钱大昕（1728—1804）、朱筠（1729—1781）、纪昀（1724—1805）、王鸣盛（1722—1798）等人的推崇。[4] 某种程度上，戴震的学习观也是对考据运动的升华。如我们所见，他将学习视作成圣的必经之路。既然如此，又凭何将他称为考据运动的反对者呢？

原因在于，戴震将考据作为手段运用到一种新的实践，即义理之学的构建中，这令他受到同时代人的非议。戴震首次引人注目的尝试，是从对经典的考据研究中提取出富有哲学意义的解释。为此，他撰写了两篇文章论述《易经》和《孟子》关于人性的思想，却被钱大昕和朱筠斥之为"空谈义理，可不必载"。[5] 事实上，在同时代人眼中，戴震的哲学著作不过是对宋代理学的拙劣的老调重弹。但在戴震看来，同时代人将文献学和哲学区分乃至对立起来的做法才是错误的。考据运动的先驱们认为，文献学的目标是哲学，戴震不仅认同这一观点，且立场更加激进。对他来说，文献学，若运用得当，就是哲学。同时我们也看到，戴震相信，对经典的正确理解本身就是对"理"的揭示。

了解这一不同寻常的观点，有助于我们理解戴震的研究，理解他在从事文献学研究的同时，顶着批评，坚持不懈地努力确定一套道德学说。他的第一部哲学著作《原善》写于 1757 年。这一年，他与汉学派领袖惠栋（1697—1758）相识，并成为其狂热的崇拜者。从 1760 年代至 1777 年去世，戴震坚持进行哲学写作，在这段时期的大部分时间里，他还完成了数部关于考据的学术著作。因此，当时许多人认为，戴震始终在"好的"、扎实的考据学研究和"空洞的"哲学思考之间摇摆，而一旦我们理解了他的观点，就会发现，这份摇摆正是他作为一名知识分子试图弥合文献学实践与成圣之道而不懈努力的证据。

本文想要基于戴震最为成熟的哲学著作《孟子字义疏证》，重构其关于学习的思想体系；也偶有涉及其早期著作和书信，但仅仅当其中表达的观点与戴震晚期著述相一致时才会被提到。《孟子字义疏证》由一系列发散式的，对"理""天道""性""才"等哲学术语的阐释所构成。戴震在每一个条目中阐述了他对这些术语真实含义的理解,即他认为的孔子和孟子的原意,以及宋代理学家是如何曲解它们的。实际上,整部著作并没有连贯的哲学"体系",也未在框架中清晰简明地列出关于"学习"的章节。要了解戴震的学习观,需要将他在《孟子字义疏证》以及其他作品中的相关论述拼凑起来,重构他对教育目的、教学方法等的见解,一窥他试图校正儒家哲学术语真正内涵的努力。

在这里,我的目标是重构戴震的学习观,而非他的整个哲学体系,因此只选取了戴震思想中对理解其学习观至关重要的方面。同样,无论是对他的整体思想还是具体的学习观,我没有进行面面俱到的评论。不可否认,戴震的思想也存在一定的局限性,例如他对宋代理学家的批判有时候是缺乏根据的,他对某些哲学术语(尤其是"理")的解释存在前后不一致的地方,他对孟子的阐释某些方面甚至还不及他批评的人准确。我在注释中列举了诸多存疑之处,但在本文主体部分,我仍旧专注于阐述戴震其人的学习观,以及它在当时学术话语体系中的地位。

很明显,戴震的学习观在当时不太具备代表性,在他生活的年代,鲜少有人理解或赞同他的学说。[6] 然而,这些观点的重要性不容低估,因为它们反映了一个清代伟大学者如何致力于重塑新儒家学习观(对此,戴震本人或许会纠正说,是"回归"儒家传统),引导优秀的读书人掌握经典真义,从而进行社会和政治体制的改革。在中国教育思想史上,戴震是一个有趣和重要的人物,他试图遵循考据运动的普遍主张,将内化于考据研究的学习技巧应用于培养新儒家圣人的教育中。

戴震的学习观

戴震学习观的基本目标是实现潜藏于人性当中的内在美德,即向道德完善的转变,用戴震自己的话来说,就是从"自然"到"必然"。人身上的"自然",是通过"气"(宇宙精神、物质力量)的不断转化,以及"道"的不断生产和再生产的过程,作为"本性"而赋予他的。[7] 与许多明代晚期和清代思想家一样,戴震认为"气"是宇宙和万物的起源,从根本上也是人类一切美德的起源,美德亦是由"气"而生的,通过"道"转化而成。[8] 毫无疑问,戴震同大多数儒学思想家一样,坚信创造的过程从本质上来说是好的,因此他才会感叹道:"以是生生,仁也。"[9]

这当然意味着，人的本性——他身上如此自然的东西——有潜在的善在其中。[10] 人性的发展亦有其自身的原理和模式，也就是它的"理"（或称之为"分理"），这是当人的本性意识到自身善的潜能并转变成"必然"时将遵循的颠扑不破的原则。这一原则存在于人类和万物之间，源自主宰"道"之生生不息的"条理"，为原本完全随机和偶然的过程带来秩序：

天地、人物、事为，不闻无可言之理者也，《诗》曰"有物有则"是也。物者，指其实体实事之名；则者，称其纯粹中正之名。实体实事，罔非自然，而归于必然，天地、人物、事为之理得矣。夫天地之大，人物之蕃，事为之委曲条分，苟得其理矣，如直者之中悬，平者之中水，圆者之中规，方者之中矩，然后推诸天下万世而准。[11]

世间万物之理就是当它以最完整、最适当的方式实现自己的本性，从自然走向必然时所遵循的道路。[12]

戴震指出，人性的"自然"和"必然"是一体两面："必然之于自然，非二事也。就其自然明之尽，而无几微之失焉，是其必然也；如是而后无憾，如是而后安，是乃圣贤之所谓自然也。"[13] 从广义上讲，教育的目的就是引导人们对"道"的"明之尽"，使他能充分认识到自己内心的善。正是学习使人得以实现他的本性（"自然"），认识到自身的善（"必然"）。

戴震认为，认识到这一点并不像乍看上去那么容易。如果人天生具备实现至善的潜能，并都掌握实现这一潜能的规律，那么教育似乎只是加深自我认知的自然过程罢了。但问题恰恰在于，人性在这个世界的运行过程中常常出现错误。人性在每个人身上以不同的"物质"形式"展开"或显现，反映出每个人客观存在的固有事实（"实"）及其与其他事物的区别，以及代表个人能力或才华（"能"）的心智能力（"心知"）。[14] 反过来，"实"和"心知"这两方面又是人类"欲""情""知"的来源。物质产生欲望（能区分声色臭味）和感觉（能区分喜怒哀乐），心智产生认知能力，使人能分辨美丑是非，在培养得当的情况下还能产生知识或智慧（"智"）。欲望、感觉、认知都是善的，因为它们是人与世间万物建立联系的渠道。对此，戴震指出：

> 人生而后有欲，有情，有知，三者，血气心知之自然也。给于欲者，声色臭味也，而因有爱畏；发乎情者，喜怒哀乐也，而因有惨舒；辨于知者，美丑是非也，而因有好恶。声色臭味之欲，资以养其生；喜怒哀乐之情，感而接于物；美丑是非之知，极而通于天地鬼神。[15]

对戴震来说，欲、情、知都是人之本性的体现，是"气"的载体，对人类在这个世界上的生存同等重要。

戴震更进一步说明，欲、情、知三者也是善在人身上得以实现的途径。针对正统理学对欲望的贬低，戴震特地进行了批判，并声称欲（情、知也同样如此）是道德伦理的源头之一。他解释道："天下必无舍生养之道而得存者，凡事为皆有于欲，无欲则无为矣；有欲而后有为，有为而归于至当不可易之谓理；无欲无为又焉有理！"[16] 情同样如此，当情有所节度时，理亦存在其中：

> 理也者，情之不爽失也，未有情不得而理得者也。凡有所施于人，反躬而静思之："人以此施于我，能受之乎？"凡有所责于人，反躬而静思之："人以此责于我，能尽之乎？"以我絜之人，则理明。天理云者，言乎自然之分理也；自然之分理，以我之情絜人之情，而无不得其平是也。[17]

因此，对戴震来说，欲和情如果符合理性的一般标准，就都是善在人身上的体现，通过"欲"和"情"，他将自身的"自然"发展成"必然"。

然而，自然和必然之间可能存在着脱节，因此问题出现了，教育的重要性也随之浮现。人类表现内在美德的机能，也可能成为犯错和作恶的渊薮。如果欲、情、知失去了平衡，不管是过度放纵还是被过度压抑，都会将人引向歧途。当欲望得不到控制，不能使其适应人类普遍的合理需求，就会导致自私（"私"）。[18] 很明显，基于上述原因，戴震认为，否定欲望正如过度放纵欲望一样，必然导致自私。过度放纵意味着忽视了人类欲望的共同基础，即所有人都拥有的"合理"欲望，进而侵犯了其内在本性。但另一方面，否定欲望也同样危险，它使得人们对他人"自然""合理"的需求麻木不仁。在这里，戴震批判了以朱熹"存天理，灭人欲"为代表的正统理学思想。[19] 戴震认为，这一思想之荒谬在于，它培养出的所谓圣人却对人类的基本需求置之不理，自然也就无法满足这些需求。对此，戴震从孟子那里得到了支持：

> 孟子言"养心莫善于寡欲"，明乎欲不可无也，寡之而已。人之生也，莫病于无以遂其生。欲遂其生，亦遂人之生，仁也；欲遂其生，至于戕人之生而不顾者，不仁也。不仁，实始于欲遂其生之心，使其无此欲，必无不仁矣。然使其无此欲，则于天下之人，生道穷促，亦将漠然视之。[20]

因此，对欲望的否定不仅不会使人对他人产生更大的同情，还会让人感受不到生活本身的价值，无论对己还是对人。

同欲望一样，人的情感也需得到正视。不论是否出于本能，也不论它是否美好，情感的适当表达是达到真正的善的必要条件。同样，否定情感和放纵情感一样危险。《孟子》中有一个关于救孩子的著名典故，对此，戴震指出，正是对他人的同情（同情他人对生的渴望和对死的恐惧）驱动人类做出这样的举动。如果没有同情心，善良就会成为无源之水。一个人的情感如果得不到控制，使之既不被压抑也不过度放纵，就会导致偏心和片面性（"偏"）。[21]

最后，心智亦是如此。"失知"使得善被模糊、被遮蔽（"蔽"），进而不可避免地导致判断以及行动的失误。戴震总结这三种"失败"如下：

> 欲之失为私，私则贪邪随之矣；情之失为偏，偏则乖戾随之矣；知之失为蔽，蔽则差谬随之矣。不私，则其欲皆仁也，皆礼义也；不偏，则其情必和易而平恕也；不蔽，则其知乃所谓聪明圣智也。[22]

人性的三大内容（欲、情、知）因此在戴震的教育观中占据重要地位。教育不可缺席，因为它是引导这些功能充分实现善的一种手段，因此，在戴震的哲学中，这三者正是教育的对象。

那么，如何才能避免私、偏、蔽的"失败"呢？戴震认为，人性当中有项品质能够避免或纠正这些失败，那就是心智能力，即"心知"。它支配着三大机能中的"知"，也就是获取和运用知识的能力，以及区分和判断的能力。推而广之，这种能力也支配着"欲"和"情"，因为正是"知"能够适当调节自身的欲望和情感："惟有欲有情而又有知，然后欲得遂也，情得达也。"[23] 在这一点上，戴震的观点与宋明理学家非常相似（与荀子更是如出一辙），强调心智的力量，特别是知识的能力，它能够引导人们认识什么是正确的。实际上，戴震赋予心智能力一种几乎不可思议的启迪与教化作用，认为知识可以自动揭示真理，就像光照亮物体的形状一样：

凡血气之属，皆有精爽。其心之精爽，巨细不同，如火光之照物，光小者，其照也近，所照者不谬也，所不照斯疑谬承之，不谬之谓得理；其光大者，其照也远，得理多而失理少。且不特远近也，光之及又有明暗，故于物有察有不察，察者尽其实，不察斯疑谬承之，疑谬之谓失理。失理者，限于质之昧，所谓愚也。惟学可以增益其不足而进于智，益之不已，至乎其极，如日月有明，容光必照，则圣人矣……故理义非他，所照所察者之不谬也……理义岂别若一物，求之所照所察之外？[24]

正如火光照物一样，知识几乎自动"照亮"道德准则，清晰指明人类应该遵循的道路。戴震还在别处指出，求善之人如若没有掌握必要的知识，就将面临失败的命运："圣贤论行，固以忠信忠恕为重，然如其质而见之行事，苟学不足，则失在知，而行因之谬，虽其心无弗忠弗信弗恕，而害道多矣。"[25]

正是心智能力（"心知"），即学习的能力，使得人类有别于其他物种："物不足以知天地之中正，是故无节于内，各遂其自然斯已矣。人有天德之知，能践乎中正。"[26] 只有人类能区分何为自然，何为必然，进而通过实现内在的良善而使人性得以实现。只有学习方能使人成为一个善良的人——学者在积累真正的知识尤其是经典知识的同时，也在积累对道德准则的认识。[27]

因此，戴震提出一套非常理性和学术的方法来解决人类的道德困境——用知识造就人（这种学院派的解决方案与18世纪陈宏谋等平民教育家的方案形成鲜明对比，后者对人类生来就有的道德持简单乐观主义，参见罗威廉在本书第12篇的论述）。然而，那些不幸天生智力有限的人又该怎么办呢？戴震认为，差异化是造物的一部分，命运的随机性赋予每个生命不同的身体和心智能力，因此，有些人天生就不如别人聪明或敏锐。但是这些相对愚笨的人就没必要甚至没机会接受教育吗？如果心智能力的运用会带来知识，并最终通往善，那么愚笨会注定使人走向邪恶吗？

戴震认为事实并非如此。虽然他承认聪明的人更有优势——他们更加敏锐，因此也更容易看到善，但对于那些智力有限的人来说，提升自我、获取必需知识以最终达到圣人的境界，也并非没有可能。[28]"愚非恶也"，戴震如是说。懂得何为适度，仅仅拥有敏锐的头脑是不够的，正如孔子所说，它还需要"学"和"思"。一个不学习不思考的人，即便再聪明，也会堕落成恶。同样，一个被命运赋予有限智力的人，也可以通过刻苦学习和勤奋思考，达至善的境界。[29]人类不同于其他生物之处，就在于它具有改变的能力："虽古今不乏下愚，而其精爽几与物等者，亦究异于物，无不可移也。"[30]因此，要实现人的道德必然，教育不可或缺：智商高的人必须保持学习和思考的习惯，否则就会走向恶；天赋平平的人必须努力扩充能力，通过学习走向善。

那么，什么样的知识才能让人认识到其本性中的道德必然呢？戴震认为，学生必须学习世间万物的自然之理，这样方能在为人处世时不受阻碍。考察事物，就是"于物情有得而无失，思之贯通，不遗毫末"。"致知"在这个过程当中得以实现——摆脱了自身的错误认识，就可以"在己则不惑，施及天下国家则无憾"[31]。由于人类的本性是善的，只有人才能通过学习万物之理洞察道德准则："理义也者，心之所通也。天之气化生生而条理，人物分于气化，各成其性，而清者开通，则能知性知天，因行其所知，底于无失，斯所以还于天地之德而已矣。"[32]因此，对戴震来说，"理"是学习的对象，这一点和程朱理学是一致的。

但戴震认为，正统理学对"理"的理解存在谬误，因此建立在其基础上的方法论也是错的。宋代理学家认为（至少戴震这样声称），"理得于天而具于心"，这本质上是将"理"视为孤立的存在。如果像二程、朱熹所言，"理在物先"，那么"理"就变成一种抽象的、超验的、单一的原则，一种凌驾于所有具体事物并与之分离的存在。实际上，它甚至高于宇宙的终极存在"气"，也因此与一切我们所认识和了解的事物区别了开来。[33]

戴震坚决认为，"理"并非一个与其他事物截然不同的超然原则，而是存于各个事物之中并给它们带来秩序的多个分散的原则。事物的"理"，或者说它们各自不同的"分理"，从来不以单一原则的形式出现，也从来不会从它们所定义的真实、具体的事物中分离出来："是故就事物言，非事物之外别有理义也。"[34] 因此，对"理"的研究不是理解某个超然原则的归纳过程（戴震认为宋代理学家所做即是），而是对事物和事实背后的规律或模式的探求。他解释道：

语天地而精言其理，犹语圣人而言乎其可法耳。尊是理，而谓天地阴阳不足以当之，必非天地阴阳之理则可。天地阴阳之理，犹圣人之圣也；尊其圣，而谓圣人不足以当之，可乎哉？圣人亦人也，以尽乎人之理，群共推为圣智。尽乎人之理非他，人伦日用尽乎其必然而已矣……举凡天地、人物、事为，求其必然不可易，理至明显也。从而尊大之，不徒曰天地、人物、事为之理，而转其语曰"理无不在"，视之"如有物焉"，将使学者皓首茫然，求其物不得。[35]

戴震指出，如果承认"理"存在于事物之外，那么它就变成一种超越客观认定、超越普遍共识的东西，从某种意义上来说，人人都可以按照自己的意愿去定义它。于是，学"理"的学生就有可能，甚至是有必要，对什么是"理"给出自己的解释，"理"的概念将不可避免地沦为个人观点（"意见"），这是相当危险的。[36]

对戴震来说，对"理"的错误认知是一种哲学层面的错误，会对社会和政治产生悲剧性影响。下面这段话经常被人引用，戴震在其中解释了朱熹定义的"理"实际所造成的恶劣影响，而这一定义在清朝早已被视为正统：

尊者以理责卑，长者以理责幼，贵者以理责贱，虽失，谓之顺；卑者、幼者、贱者以理争之，虽得，谓之逆。于是下之人不能以天下之同情、天下所同欲达之于上；上以理责其下，而在下之罪，人人不胜指数。人死于法，犹有怜之者；死于理，其谁怜之？[37]

戴震认为，在朱熹那里，"理"成为一种独立于事物之外的抽象概念，不能用人类普遍共识框架下的客观标准加以衡量和认识。这势必使"理"成为权势和腐败的帮凶。在肆无忌惮的人手中，"理"（或者声称对"理"的正确理解）不仅不能对建立起一个好政府有帮助，反而成为压迫弱者的武器。

为了防止上述现象的发生，戴震坚持应以谨慎、公正、"客观"的原则在万物当中寻找"理"。但他同时提醒道，有两个普遍存在的问题会成为学"理"途中的拦路虎，一是"人蔽"，即为众人所接受的意见，一是"自蔽"，即自身的观念或偏见。在写给郑牧的一封信里，戴震解释道：

其得于学，不以人蔽己，不以己自蔽，不为一时之名，亦不期后世之名。有名之见其弊二，非掊击前人以自表襮，即依傍昔儒以附骥尾。二者不同，而鄙陋之心同，是以君子务在闻道也。[38]

戴震甚至对同时代一些最杰出的考据学者也持批评态度，认为这些人过于沉湎于汉初儒学的解释："今之博雅能文章善考核者，皆未志乎闻道，徒株守先儒而信之笃，如南北朝人所讥，'宁言周、孔误，莫道郑、服非'，亦未志乎闻道者也。"[39] 戴震生活在一个以考据运动为主导的时代，尽管对汉学报以同情，但他仍然清醒地意识到，过分相信汉学的权威性是危险的——无论何时，一位学者都不应该允许别人的意见，包括他的汉代前辈，妨碍自己对经典真实含义的理解。

而针对宋代理学家在阐释经典时所犯的错误，戴震持更激烈的批判态度：他们犯了"自蔽"之罪，凭借自己未经证实的观点，甚至仅仅依靠直觉来解读文本。他们把自己想读出来的东西塞进经典，从而为自己的哲学关切和偏好提供意义支撑："宋以来儒者，以己之见，硬坐为古贤圣立言之意，而语言文字实未之知。其于天下之事也，以己所谓理，强断行之，而事情原委隐曲实未能得，是以大道失而行事乖。"[40]

宋代学者对经典以及后来的评注缺乏足够仔细的考察，他们空凭想象构建自己的思想体系，除此之外别无他物。因此，他们太容易陷入"自蔽"，其见解应被视作未经证实的个人意见而予摒弃。

戴震主张，求道的最佳策略是在阅读时避免任何先入之见、众人之见或个人偏见，而是要对经典文本的字词进行客观仔细地研读，了解它们代表的真义。戴震将自己的成就归功于这一方法，对自己偶尔的失误也进行了剖析：

凡仆所以寻求于遗经，惧圣人之绪言，暗汶于后世也。然寻求而获，有十分之见，有未至十分之见。所谓十分之见，必征之古而靡不条贯，合诸道而不留余议，巨细必究，本末兼察。若夫依于传闻以拟其是，择于众说以裁其优，出于空言以定其论，据以孤证以信其通。虽溯流可以知源，不目睹渊泉所导，循根可以达杪，不手披枝肄所歧，皆未至十分之见也。[41]

为了避免重蹈前代学者的覆辙，戴震发出警告：应该将前人的观点抛诸脑后，专心研读古代典籍，直到形成自己对经典的完整认识。

因此，学生在细读经典的过程当中，不应存在什么个人权威之见，即使是备受推崇的汉代经学大师也不例外。戴震格外强调这一点，他在自己的生活中不愿接受传统的师生关系，或许也与此有关。他不承认任何一位同时代的学者是他的"师父"，包括他的老师江永。同样，他也极其不愿接收弟子，他在写给一位热切的追随者的信里说："古人所谓友，原有相师之义，我辈但还古之友道可耳。"[42]

在戴震看来，完整准确地理解经典，很大程度上取决于学者个人。他一再强调准确客观地研究经典文献的重要性："宜平心体会经文，有一字非其的解，则于所言之意必差，而道从此失。"[43] 真正的知识是个人专心研读的结果，既不依赖古代或当代的权威——不管他如何有名——也不依赖可能导致误解产生的一己偏见。

从上面引用的段落可以明显看出，学者专心研读的对象必须是正典。尽管这些文本写就于两千年前，但对戴震来说，它们仍然是了解圣人思想的基本指南。戴震极力主张经典对学"理"的绝对必要性，他赞同顾炎武（1613—1682）的看法，认为"经学即理学"。[44] 理义在经典里是实实在在存在的，对经典文本的准确理解本身就是通往真理的道路。

这就意味着，语言对戴震来说至关重要。只有通过逐字研究，弄懂每个字的真实含义，才能逐渐理解整个文本，最后理解道德准则。从字到词，最后到"道"，一个人的知识就是这样构建起来的，这是一个渐进而缓慢的过程："经之至者道也，所以明道者其词也，所以成词者字也。由字以通其词，由词以通其道，必有渐。"[45] 哪怕只有一个字没弄懂，也会妨碍对"道"的准确理解："有一字非其的解，则于所言之意必差，而道从此失。"[46]

可以说，戴震对完整准确理解经典语言的强调程度再怎么夸大也不过分。他在写给是镜（1693—1769）的一封信（通常被认为写于1753年）中说道：

诵《尧典》数行至"乃命羲和"，不知恒星七政所以运行，则掩卷不能卒业。诵《周南》《召南》，自《关雎》而往，不知古音，徒强以协韵，则龃龉失读。诵古《礼经》，先《士冠礼》，不知古者宫室、衣服等制，则迷于其方，莫辨其用。不知古今地名沿革，则《禹贡》职方失其处所。不知"少广""旁要"，则《考工》之器不能因文而推其制。不知鸟、兽、虫、鱼、草、木之状类名号，则比、兴之意乖。而字学故训音声未始相离，声与音又经纬衡从宜辨。[47]

因此，对戴震而言，"知"不单单指掌握某个字词在字典里的意思，还要准确掌握它们的古音，充分理解它们所处的语境。此外，戴震还指出，要对经文中出现的字词进行前后一致的解读。在描述自己早期研读经典的体会时，他解释道："一字之义，当贯群经、本六书，然后为定。"[48] 正典之中的每一个字都是圣人的话语，都具有神圣的重要性，误解任何一点都无法领会圣人的本来意图。

准确理解经典的每个字词，可以让学生深刻领会其代表的历史和道德所指，清晰掌握经典中的典章制度、圣人使用的名物和概念等。[49] 通过这些知识，后世学生得以分享圣人对人类普遍需求和情感的洞察，以及对人类采取必要手段实现这些需求和情感的理解。显然，戴震本人觉得自己已经获得了这种知识。在生命最后一年写给其"弟子"段玉裁（1735—1815）的一封信中，戴震总结了自己的学习方法，以及他自求道以来所取得的进步："仆自十七岁时，有志闻道，谓非求之六经、孔、孟不得，非从事于字义、制度、名物无由以通其语言。为之三十余年，灼然知古今治乱之源在是。"[50]

尽管戴震从未正式制定过一套指导学生学习的教学体系，但通过他对某些经典的反复引用，以及他对这些典籍文本的高度关注，我们得以重构他心目中学道之人的阅读范围。他将"六经"，即《诗》《书》《易》《礼》（《周礼》《仪礼》《礼记》这三部礼制典籍）、《乐》（已失传的《乐经》）、《春秋》（及其三部注解之作《左传》《公羊传》《谷梁传》）视为学习的基石："圣人之道，在《六经》。"[51] 根据个人经验，戴震指出，研读这些经文时，许慎（58—147）的《说文解字》很有帮助；另外还可参考东汉时期的词典《尔雅》，戴震称其为"六经之通释也"[52]。这里，我们再次看到对语言的畅通理解之于经典研究的重要性，而古代辞典为此提供了最好的帮助。

另外，戴震还经常提及另外一组被他称为"七经"的典籍——这里，他去掉了"六经"中的《乐经》，加上了《论语》和《孟子》。[53] 如果说戴震试图定义过一套严肃的教学体系，那么这七部经典可能代表了他最认真的努力，他甚至打算写一本叫作《七经小纪》的全面指南。戴震最杰出的弟子段玉裁曾说，这本书是老师最大的关切："先生朝夕常言之，欲为此以治经也。"[54] 然而戴震未能完成《七经小纪》的写作，因此段玉裁对这本书计划内容的介绍成为我们所能得到的最接近戴震理想教学大纲的材料。按照戴震的计划，他将以专题的形式处理上述七部经文，因此《小纪》中将包含"诂训""原象""学礼""水地""原善"等篇：

> 治经必分数大端以从事，各究洞原委，始于六书、九数，故有《诂训篇》，有《原象篇》，继以《学礼篇》，继以《水地篇》，约之于《原善篇》，圣人之学如是而已矣。[55]

这本书的部分篇章已经完成，比如《原象篇》和《原善篇》，而其他几篇则没能最终成形，但段玉裁指出，即便如此，《诂训篇》《学礼篇》《水地篇》部分内容的片段也可在戴震的著作集中找到。[56]

戴震提倡将"六经""七经"的学习作为研究义理的源头，同时也指出了为此需付出的艰辛。但戴震虽然提倡这一学习体系，却未必是"博雅"的倡导者，尤其当"博雅"意味着要牺牲某些狭窄领域研究的"精深"时，就更非他本意。虽然戴震以博学著称，但他更注重精辟的分析和深刻的见解，而不是肤浅的广度。他在给一位朋友建议时就曾说过："知得十件而都不到地，不如知得一件却到地也。"[57] 当然，真正专注的学者需兼顾知识的广度与深度，他要把对细节和精确度的热情，与对各种问题都怀有兴趣的通才结合起来，以便成为一个志向远大的圣贤之人，他能透彻理解整个儒家经典中的所有个别事物的"理"。

对于戴震而言，成为圣人之道始于对经典语言的细致研究。借助古代词典和戴震本人的诸多著作，学生可以逐渐掌握这些经文中的字词含义，继而通晓字词指向的更大概念，比如典章、制度、名物等。简言之，学生最终在经典当中发现了"理"。

学生在圣人之言中发现、辨明了"理"之后，需在实践中应用和"扩充"他的知识。而因为他已经在学习经典的过程中获得了相关知识，自然能澄明或启迪心智，因此将知识付诸实践并非难事，就像用食物和饮料滋养身体一样：

如血气资饮食以养，其化也，即为我之血气，非复所饮食之物矣。心知之资于问学，其自得之也亦然。以血气言，昔者弱而今者强，是血气之得其养也；以心知言，昔者狭小而今也广大，昔者暗昧而今也明察，是心知之得其养也。[58]

心智通过学习受到启发，因此获得的知识自然能"智通礼义，以遂天下之情，备人伦之懿"[59]。当意识到自私和偏袒的危险，学者就能践行互惠主义和仁爱之心（"恕"），即在有所行动前首先考虑他人的欲望和情感。[60] 这时，他就实现了圣人的目标："然后遂己之欲者，广之能遂人之欲；达己之情者，广之能达人之情。道德之盛，使人之欲无不遂，人之情无不达，斯已矣。"[61]

通过学习而养成的智慧也赋予圣人辨别是非和轻重的能力。"权"揭示了亘古不变的行为规则："权，所以别轻重也。凡此重彼轻，千古不易者，常也，常则显然共见其千古不易之重轻。"[62] 更加微妙的是，权还使得圣人能够体察事物的变化，研究主导变化发生的标准。因此，遵循这一严谨的教学计划取得成功的学者，不仅能全面认识宇宙当中显性的不易之则，还能捕捉隐藏在变化背后的恒常之"理"，简言之，即实现"尽是非之极致"[63]。

但是，戴震反复强调，这些"理"不是程朱学派所说的抽象的、超然的、本质上无比费解的原则，相反，它们是人道之"理"，具体表现在平常的人伦日用之中。人道就是天道在人类日常生活中的实际表达。戴震指出："古圣贤之所谓道，人伦日用而已矣。"[64] 因此，"尽乎人之理非他，人伦日用尽乎其必然而已矣"[65]。同样，戴震始终强调学习是达到这一目标的手段："学以讲明人伦日用，务求尽夫仁、尽夫礼义，则其智仁勇所至，将日增益以至于圣人之德之盛。"[66] 在戴震看来，仁义礼这些"人伦日用"的美德，实则是智力劳动的果实。当智力得到充分发展，仁义礼就会很自然地表露出来，实际上，"仁义礼智非他，心之明所止也，知之极其量也"[67]。

当然，并非每个人都有能力达致这里所说的智慧和美德的层次。对此，戴震指出，"不移"非"不可移"。[68] 意思是，即使是非常愚笨的人，在圣人的指引下也可以发生改变。但事实上，戴震认为，大多数人，甚至那些相当聪明的人，也都需要依靠圣人的教导来理解善行的规则。教导是圣人的伟大使命："君子之教也，以天下之大共正人之所自为。"[69] 如同大禹行水般，今天的圣人也应该懂得怎样导引人类欲望和需求的河流，使其符合大道：

禹之行水也，使水由地中行；君子之于欲也，使一于道义。治水者徒恃防遏，将塞于东而逆行于西，其甚也，决防四出，泛滥不可救；自治治人，徒恃遏御其欲亦然。能苟焉以求静，而欲之翦抑窜绝，君子不取也。君子一于道义，使人勿悖于道义，如斯而已矣。[70]

所谓圣人，就是通过运用自己的心智，在从经典里学"理"的过程中习得人类的欲望和感情，然后有能力引导他人顺应自身欲望和感情，管理其需求。由此，圣人创造了和谐与秩序，充分实现了世界之"必然"。

戴震与新儒家教育传统

纵观戴震一生的哲学著作，最明显的特点之一就是对宋代理学的抨击逐渐升级。早期，戴震只针对宋代理学家对经典的解读提出过轻微的批评，但从写于1769年的《绪言》，也就是《孟子字义疏证》的初稿开始，他对宋代理学展开了持续不断的批判。[71] 当《孟子字义疏证》最终完成，抨击官方正统思想已成为戴震的首要目标。这部著作很大程度上也是通过阐释《孟子》，而与程朱学派**抗衡**。当然，那时候戴震也已经将自己视为正统理学的反对者，同时也反对后者主张的学习观和修身观。

然而，戴震的许多教育观点却与朱熹颇为相似。[72] 关于行知关系，戴震站在朱熹一边，而与王阳明（1472—1529）的看法相左，强调知识先于行动："圣人之言，无非使人求其至当以见之行；求其至当，即先务于知也。"[73] 朱熹和戴震二人都认为，知识本质上就是对经典的理解，研读正典文本是学"理"的不二法门，同时，两人都承认，文献学研究是解开经典真正内涵的钥匙。[74]

最引人注目的是，朱熹和戴震关于如何阅读经典这一问题的见解高度一致，两人均强调阅读经典过程中保持客观的必要性。朱熹的学习观建立在这种方法上——他一再督促自己的学生以开放的、不带偏见的心态来阅读文本，也就是说，对文本可能揭示的内容不带入前人或大多数人的观点。朱熹曾如此向学生说明学习经典的正确方法，与戴震提醒的"自蔽"如出一辙："不要自作意思，只虚此心将古人语言放前面，看他意思倒杀向何处去。"[75] 同样，朱熹也告诫学生，解释经典时不要过分依赖注解，这与戴震后来所说的提防"人蔽"也极其相似："圣经字若个主人，解者犹若奴仆。今人不识主人，且因奴仆通名，方识得主人，毕竟不如经字也。"[76] 朱熹提醒学生，要尽可能避免依赖注解，最好能用自己的开放思维理解经文之意。

此外，朱熹和戴震一样，主张钻研的精而深，胜过学识的广而浅。他建议学生少读，以理解得更深刻，因为在他看来，透彻理解一篇经文的启发性远胜过模糊而肤浅地阅读许多篇经文。[77] 可以说，这两位思想家均强调经学在通往圣人之路上的价值，但经学反过来也必须基于对经典顺畅而精确的阅读。二人都终生致力于对圣人言语的"客观"理解。

但可以肯定的是，戴震本人并不承认这些相似之处。如果他被告知实际上自己和朱熹在阅读经典的方法上极其一致，他一定会感到非常震惊。因为在戴震看来，朱熹作为一位哲学家的最大失败，就在于理解和阐释经典文本的草率与偏颇。用戴震的话说，朱熹和其他宋代理学家"讥训诂之学，轻语言文字，是犹渡江河而弃舟楫，欲登高而无阶梯也"。[78]

如果说戴震在对朱熹的猛烈批判中忽略了他与朱熹诠释学之间惊人的相似之处，那么，他的以下说法还是比较准确的：他阅读的经文，和他对经文的实际阐释，相当不同。因为在对经典的理解上，戴震至少有一点与朱熹存在分歧，那就是对"理"及其与"气"的关系的理解。这一点非常重要，它奠定了戴震与朱熹不同的学习观。戴震强调"气"先于"理"，"理"存在于事物之中，而不超越事物之上。这是戴震与18世纪其他几位重要哲学家的共识[79]，这一观点进而导致了戴震与朱熹对义理截然不同的理解。对戴震来说，认识"理"，不过是认识隐藏在经典所含之"物"中的诸多不同模式罢了。可以肯定的是，对朱熹而言，"理"同样最能体现在经典所含之"物"中，但朱熹秉持以开放心态阅读经典，他最感兴趣的始终还是从文本中提炼出"理"，并将其视为宇宙超然的道德原则。这里，"格物致知"本质上是一种极致的归纳过程：学生从经典中快速学习"理"的概念，再将其从某些特定事物推广至对"理"的整体连贯的理解——"理"某种意义上即独立于物质世界的超然的道德标准。这时，他甚至可以将经典抛诸脑后，因为他已经掌握了"理"。[80]

戴震认为，鉴于无法从事物当中抽象出一个包罗万象、超越一切的原则，上述过程在本质上是没有意义的。万事万物都有其"理"，有它自身恒常不变的原则，但这个原则并不属于某种抽象的、超然的原则，也不可能合并或升华成这样的原则。既然"理"仅仅内在于物当中，只有研究具体事物才能了解它们，那么，最有效的方式就是逐一学习经典包含的各种事物。学者首先积累起对经典中的字词和段落的知识，在此基础上建立起对制度和名物的知识，再进一步获得对"理"的知识。"贤人圣人之理义非它，存乎典章制度者是也。"[81]

如果我们将戴震研究"理"的逻辑应用于学习，就会发现，他将教育描述成一个艰苦的、渐进的、经院式的过程，完全并始终依赖经典。学习者必须掌握经典包含的所有事物的规则，通过对字词的精确研读，逐步建立起一套综合知识。这意味着研究"理"之于戴震而言，是一项更坚实可感、有迹可循的事业，因为学习者总可以回到经文的具体制度或事物当中，去检验自己对"理"的理解是否正确。他计划写作的《七经小纪》虽然也包括"原象""原善"等篇，但更多篇幅仍是在解释经典中出现的制度、礼法、数理方法、地理典故等，意在表明，理解圣人本义必先熟悉这些具体"事实"。在戴震的学习规划中（与朱熹的学习规划不同），不存在一个归纳性的飞跃，可以从文本一跃跳到对一个普遍、恒常、超验的道德**原则**的抽象理解，没有一个学者，哪怕是圣人，可以在这个点上将经典抛诸脑后。因此，对经典的理解就是道德知识，道德知识是在理解的基础上逐步推进的。很难想象戴震会建议学生远离经典。作为事实意义上涵纳万物不变规律的宝库，经典具有极其神圣的本质，这使得它们成为研究"理"的不可或缺的部分。远离经典，就是远离了"理"。

戴震和朱熹关于学习和经典的态度上的分歧，最明显地体现在二人所倡导的基础教学课程上。朱熹从"十三经"中挑选出他认为最能深刻完整体现先哲思想的四部著作：《大学》《中庸》《论语》《孟子》，他将此"四书"（连同《易经》）置于"五经"之前，作为理学教育的基础教材。人和宇宙的本质、自我修养的过程、圣人的权威性，所有这些为宋代理学家所重视的主题，都在这些经典著作中得到了直接阐述。朱熹认为，四书凝聚了先哲教导的精华，将引导学习者领会"理"这一超然的道德原则。当然，"理"在其他儒家经典和历史著作中也有所体现，而且显然朱熹希望他的学生也能掌握那些著作，但他坚信"理"在四书中得到了最集中有效的体现。[82]

然而在戴震以及大部分考据派学者看来却并非如此。当然，戴震从未贬低过四书，事实上他引用四书简直是顺手拈来，但他显然认为，其他更关注制度的经典应成为教学的重点：既然"理"存在于具体的制度、名物和历史事件中，那么侧重于这些方面的经书可能对学生最有用。因此，讲述古代礼法制度、记载具体历史事件和著名人物的"七经"就取代更偏隐喻性的四书，成为学习的核心对象。同时，造成这种转变的另一个原因是，戴震希望将注意力重新放到更古老的经书——《诗经》《书经》《易经》《春秋》上。这些经典极具价值和必要性，因为它们，尤其是《书经》和《礼记》，描述了许多具体的制度、礼仪和名物，而这些正是"理"最丰富的源泉。戴震认为，朱熹的学习观会导致某种倾向，仿佛成为圣人是件十分简单的事，学习者也容易将他们对普遍超然之"理"的追求与其个人观点的培养混为一谈。通过重新定义基础性教材的范围，同时坚持对"理"的研究只能在具体语境，即经书中典章制度的不同语境下实现，戴震既指出了义理研究的困难，也强调了文本考据的必要性。要掌握事物的规律或原则，必须进行艰苦而烦琐的文本分析，逐步积累基于文本的真理，而且需要不断对照经典文本进行考据。

戴震与考据运动

作为正统理学的反对者，戴震提出的学习观乍看上去像是对考据运动的支持。戴震认为知识是通由训诂学实现的事实积累，这一点似乎也与考据派不谋而合。此外，戴震声称学习及学术知识，尤其是经学知识，将自然导向义理知识，虽然这并未获得考据派学者们的支持，却在儒学层面拔高了考据派研究方法的地位。在戴震那里，"理"的知识就是关于"七经"中制度和名物的知识——因为"理"内化于经文当中，对经文的烂熟于心必然会产生关于"理"的知识，进而发展为对全人类共同需求的知识。因此，在戴震那里，考据技巧的完善成为达到圣人境界的必由之路。

然而，大多数考据派学者对此并不赞同。对他们来说，训诂学不是培养自己成为圣人，训诂本身就是目的。对经典字句真义的理解与理学研究无关，事实上，学者关注天人相关的深奥问题其实是在浪费时间，这些问题连圣人孔子都不愿意触及。朱筠就曾劝说给戴震做传记的人不要提及戴震的哲学著作："唯性与天道不可得闻，何图更于程朱之外复有论说乎！"[83] 因此，对大多数考据学者而言，从经学中获取的知识远比戴震愿意承认的有限。训诂学家希望获取经典的真实含义，但并不认为这种知识能够揭示出天道或圣人之责。

戴震本人似乎也认识到了这两者的区别，即对他而言，训诂是达到道德完善的途径，面对其他研究者而言，却是他们研究的目的。据说他曾谈及自己在考据派学者中的地位："六书、九数等事，如轿夫然，所以舁轿中人也。以六书、九数等事尽我，是犹误认轿夫为轿中人也。"[84] 也就是说，考据之于戴震是通往圣贤之路，之于他同时代的人来说却是目的本身。

戴震的学习宗旨

最能将戴震与考据派信徒区分开来的是戴震对成为圣人可能性的信仰。在戴震那里，学习的目的不仅仅是读懂古代经典，通晓先哲言语含义，更是创造一位当代圣贤。他曾为此辩护道："学以养其良，充之至于贤人圣人。"[85] 他还在其他地方向学生强调：

惟学可以增益其不足而进于智，益之不已，至乎其极，如日月有明，容光必照，则圣人矣。此《中庸》"虽愚必明"，《孟子》"扩而充之之谓圣人"。神明之盛也，其于事靡不得理，斯仁义礼智全矣。[86]

戴震对荀子一个最尖锐的批评就是，荀子认为圣人的本性和普通人的本性差别巨大。戴震极力反对是人的本性阻碍他成为圣人一说，在戴震看来，拒绝通过学习来培养自己的天性才是阻碍一个人成为圣人的真正原因。[87]

因此，达至圣人境界仍然是戴震倡导的学习的终极目标，而学生可以通过修身实现这一目标。[88] 当然，这里所说的"圣人"和"修身"与宋明理学家所定义的非常不同。戴震认为修身的主要途径是学习，尤其是学习经典中分散的"理"，人通过学习，"养"其本性，从而在其"自然"中实现"必然"。因为对戴震而言，"自然"和"必然"之间没有绝对的鸿沟，后者只是前者最高的表达形式而已。换言之，在物质存在与心智能力、身体与精神之间，不存在认识论层面的障碍，对其中一个的培养和启迪，自然会对另外一个起到培养和启迪作用。既然"理"代表至善的欲望和感情，与此同时，探求"理"的精神与表达欲望情感的身体并不对立，那么思维知识自然意味着欲望与情感的适度表达。

因此，没有必要像朱熹所主张的那样，用某种行为准则或精神专注（"敬"）

来区别后天培养的道德本性。[89] 戴震提出，此类做法不必要地割裂了修身过程，似乎学者必须先学习，下一步才能培养他的道德本性。这种二分法也会使得学习者把精神和身体看作是两个截然不同的东西，认为身体次于精神并受精神的制约。戴震认为，这种身心二分法和高下之分是错误的："天之生物也，使之一本，而以性专属之神，则视形体为假合；以性专属之理，则苟非生知之圣人，不得不咎其气质，皆二本故也。"[90]

对"分理"的研究可以滋养一个人的全部，这是因为一个人的精神和身体是同源的，其存在是相联系的，任何一方的改变都会自动改变另一方，而不需要任何干预力量或行为准则。因此，一个人对经典的了解程度越高，他调节自己的情感和欲望，使之符合理性适度原则并与他人和谐相处的能力也就越高。对戴震来说，没有必要将"道问学"和"尊德性"分开，因为"道问学"包含了"尊德性"。根据戴震的本体论，"道问学"必然会滋养人的本性，在他身上实现道德必然。[91]

同样，关于修身的效果，戴震也与宋代理学家有所不同。戴震把学习"分理"作为一种修身方法，它产生一种逐渐启蒙或启迪精神的效果，戴震称之为"神明"。许多明代理学家所称的顿悟，或者宋代理学著作中所说的宇宙万物合一的狂喜，戴震都未曾提及。[92] 至于宋代理学家对统一性或合一性的追求，戴震表示怀疑，他认为这种追求注定要失败，因为它建立在对"理"的错误认知上。由于宋代理学家将"理"视为存在于事物之外的实体，任何试图与之"合一"的尝试都将把他们带离由事实和事物构成的具体世界，离开现实而陷入幻觉和空虚中。戴震指出，孔孟"未有空指'一'而使人知之求之者。致其心之明，自能权度事情，无几微差失，又焉用知'一'求'一'哉"[93]？相反，戴震专注的是智慧的完善，以及成为圣人所应具备的深邃透彻的洞察力（"如日月有明，容光必照"）。此时，一个人就洞察了"道"的本质。[94]

因此，对戴震而言，达到圣人境界与传统理学家所认为的很不相同。在朱熹（对一些明代理学家来说更甚）那里，达到圣人境界意味着思想的转变：它使得人对自身以及与万物的联系和共振有了全面的理解。对经典的研读会让人几乎产生一种神秘感：似乎万物合一，似乎人分享了宇宙的伟大而超越的原则。[95] 而对戴震来说，达到圣人境界是一项更务实的事情。可以肯定的是，在他的思想体系当中，学习经典具有一种改造的力量，如前文所说，学习可以自动"激活"一个人的道德本性。戴震否认一个超验的、统一的"理"的存在，同时也否认朱熹式的圣人所带有的神秘色彩。戴震式的圣人应熟练掌握经典中的"分理"，因此他能理解人类的普遍情感和欲望，并与之产生共情。但是戴震心目中的圣人从未有过宋明理学家所推崇的与万物合一的宗教意识。这位圣人无所不知，不是为了与天道合一，而是为了满足人的需求，恢复社会和谐。

戴震的许多观点在 18 世纪并不新鲜。他对"理"内在于物的定义，对"理"与人类适度欲望和情感的相提并论，在明末清初几位思想家那里都有所体现。他罗列的教学科目，以经典为真理之源，非常符合儒家传统，他对文献考据的重视也与程朱学派以及当时的考据运动相一致。[96]

不同之处在于，戴震将这些内容都融入他的教育观之中，借此对占据主导地位的官方正统教育提出全面的挑战。因此，他对教育过程，即人在学习过程中所学习的内容，以及学习目的的理解很有独创性。无疑，他对"理"的新诠释改变了学习的本质——不是通过对经典的归纳性推理以获取某种超验的原则、某个揭示万物合一的神启，而是学习经典中的众多"分理"，经由不断累积的启示，逐渐收获完美的智慧和人性。

戴震思想中最引人注目的，是他肯定了知识，即对经典著作的学习，与保持适度的欲望和情感之间的因果联系。对他来说，畅通的"心知"，若应用于学习经典，会自然而然地自动确保"好的"欲望与情感的产生。所谓圣贤，就是技艺高超的研究者，是愿意潜心研究的学习者，他们通过真正理解经典中的典章、制度和术语，进而洞察满足人类普遍需求的路径，实现"天下太平"。

讽刺的是，就在考据研究（戴震本人也参与其中）开始质疑经典的真实性时，戴震的学习观却要求学生完全依赖于对这些文本精确、完整的理解。他的主张实际上重申了考据运动的理论根基，同时也给经学家施加了一定压力——戴震将先哲的原始著作视作成为圣贤的唯一指南，也就意味着经学家们需要对典籍付出更加细致的鉴别与研究。

本文研究受美国学术团体委员会和俄勒冈州人文委员会的部分资助。我要感谢约翰·艾维尔、奈地田哲夫以及本次会议其他与会者的意见和建议。我特别感谢菲利普·艾凡赫提出的非常有帮助的建议，感谢丹尼尔·贾德纳对本文不同草稿版本的锐利批评。

（禾摇 译）

注释

1. 有关戴震早年生平，参见钱穆《中国近三百年学术史》（台北：商务印书馆，1936）册1，第307—318页。《论戴震与章学诚——清代中期学术思想史研究》（香港：龙门书店，1976），第151—178页。
2. 《与方希原书》，收入汤志钧校点《戴震集》。
3. 有关戴震哲学著作与书信的写作发表日期，参见钱穆《中国近三百年学术史》册1，第327页；钱穆《中国学术思想史论丛》（台北：东大图书有限公司，1970）册8，第206—212页；山井涌《明清思想史研究》（Tokyo，1980），第414—421页；《论戴震与章学诚——清代中期学术思想史研究》，第21、251—289页。
4. 了解戴震关于上述研究的具体成果，参见恒慕义编《清代名人传略（1644—1912）》（Washington D.C.: United States Government Printing Office，1943）卷2，第695—697页。
5. 《论戴震与章学诚——清代中期学术思想史研究》，第96—99页。
6. 戴震的考据研究在清代学术圈占有一席之地，但他的哲学思想不论对他的同代人还是下一代却影响甚微。如上所述，他的考据派同僚普遍对哲学思辨不感兴趣，而那些置身于考据运动之外的学者又往往是宋代理学的坚定支持者，因此也不赞同戴震的观点。戴震拒收弟子的举动也在一定程度上限制了他哲学的影响力。参见胡适《戴东原的哲学》（台北：商务印书馆，1966），第90—196页；钱穆《中国近三百年学术史》卷1，第364—379页；金安平、曼斯菲尔德·弗里曼《戴震的孟子研究：词语和意义的探索——〈孟子字义疏证〉翻译》（*Tai Chen on Mencius: Explorations in Words and Meanings: A Translation of the Meng Tzu tzu-i shu-cheng*）（New Haven: Yale University Press，1990），第14页；本杰明·A.艾尔曼《从理学到朴学：中华帝国晚期思想与社会变化面面观》，第20—22页；刘昭仁《戴东原思想研究》（台北：台湾师范大学，1973），第208—215页。
7. 见《孟子字义疏证》"天道"，收入《戴震集》，第287—288页。

8. 见山井涌《明清思想史研究》，第 361—364 页。

9. 见《原善》，收入《戴震集》，第 332 页。

10. 戴震在《原善》（第 332 页）中说："善，以言乎天下之大共也；性，言乎成于人人之举凡自为。性，其本也。所谓善，无他焉，天地之化，性之事能，可以知善也。"参见成中英译《戴震〈原善〉》（*Tai Chen's Inquiry into Goodness*）（Honolulu: East-West Center Press，1970），第 71、73 页。

11. 见《孟子字义疏证》"理"，第 278 页；参见《诗经·颂》（260，265），安田二郎、近藤光男《戴震集》，收入《中国文明献》（Tokyo，1971）第 8 卷，第 41—42 页。

12. 戴震在《绪言》（《戴震集》，第 371 页）中解释道："自然者，散之见于日用事为；必然者，约之各协于中。知其自然，斯通乎天地之化；知其必然，斯通乎天地之德，故曰'知其性则知天矣'……"见《孟子引得》，收入《哈佛燕京学社汉学引得丛刊·附录 17》（Peking: Harvard-Yenching Institute，1941），50/7A/1。

13. 《绪言》，第 367 页；钱穆《中国近三百年学术史》册 1，第 341 页。

14. 这里对戴震关于上述差异分化（区分）过程的观点稍加解释。生的过程不可避免涉及差异，差异又不可避免地产生不平等。上天决定了事物在此过程中获得的份额，每个事物的本性就是这种分配的结果。同时，戴震认为天地生物是有规律可循的：事物各自获得不同的分配结果，其中有些物种或"类"得到大致相似的分配，但即使是同类之中也有差异。因为阴阳五行在成化过程中"杂糅万变"，"是以及其流形，不特品物不同，虽一类之中又复不同"。

    事物一旦获得各自的分配结果，就会据其所分展开各自的本性，它与其他事物的区别也就通过它的能力（"才"）呈现出来。正如成熟的花朵潜藏在种子当中一样，人的成长和性格也潜藏在他出生时的本性当中，他的天赋决定了他后天的发展。因此，天赋使得每个人的特殊本性得以显现。

    实际上，真正在人身上显现的是他的物质实体和心智能力。客观的身体是自然的具体存在，为"实"；心智能力是本性的能力，为"能"，人运用它在智力和道德层面培养自己。这就是人通过阴阳五行气化得到的东西。"实""能"等都是人类与生俱来的品质，是人天然的样子。见《孟子字义疏证》"性""理""才"，第 271、291—294、305、307—308 页；钱穆《中国近三百年学术史》册 1，第 342 页；冯友兰《中国哲学简史》（*A History of Chinese Philosophy*）（Princeton: Princeton University Press，1952），卷 2，第 658 页。

15. 见《孟子字义疏证》"才"，第 308—309 页。

16. 见《孟子字义疏证》"权"，第 328 页；同见《孟子字义疏证》"理"，第 273 页；钱穆《中国近三百年学术史》册 1，第 347—348 页。

17. 见《孟子字义疏证》"理"，第 265—266 页；钱穆《中国近三百年学术史》册 1，第

347 页。

18. 见《孟子字义疏证》"才",第 308 页。

19. 这里,像戴震对朱熹的其他许多攻击一样,没有对朱熹思想的复杂性做出充分的公正评价,戴震或许将被广泛接受的宋代理学阐释和朱熹本人的思想混为一谈了。诚然,朱熹对欲望在自我修养中的作用理解并不完全是积极的,他认为欲望代表着**潜在的恶**。在注释《大学》时,他指出:"明德者,人之所得乎天,而虚灵不昧,以具众理而应万事者也。但为气禀所拘,人欲所蔽,则有时而昏;然其本体之明,则有未尝息者。故学者当因其所发而遂明之,以复其初也。"这段话表明,欲望威胁着人类对其本性之理的认识。朱熹还在别的地方说过,要想达到圣人的境界,"人欲"是路上的障碍。但这并不一定意味着他认为所有欲望都是邪恶的,是应该一直被压抑的。然而,戴震认为这就是朱熹的观点,他将朱熹与道教、佛教一同加以攻击,认为它们所持的是完全否定欲望的立场。参见丹尼尔·贾德纳《朱熹与〈大学〉:理学对儒家经典的反思》,第 89 页;《孟子字义疏证》"理""天道""性""权",第 273—274、279—281、285—286、290—294、297、302、326—327 页;金安平、曼斯菲尔德·弗里曼《戴震的孟子研究:词语和意义的探索——〈孟子字义疏证〉翻译》,第 43 页;沟口雄三《中国前近代思想的折射与展开》(Tokyo,1980),第 300—313 页;本杰明·A. 艾尔曼《批判的哲学:清代考证学的变化》,第 172—174 页。

20. 见《孟子字义疏证》"理",第 273 页;《孟子引得》,58/7B/35。

21. 见《孟子字义疏证》"性""才",第 295—296、309 页。

22. 见《孟子字义疏证》"才",第 309 页。

23. 见《孟子字义疏证》"才",第 309 页;冯友兰《中国哲学简史》卷 2,第 660 页。

24. 见《孟子字义疏证》"理",第 270 页。

25. 见《绪言》,第 385 页;钱穆《中国近三百年学术史》册 1,第 343 页。

26. 《读孟子论性》,收入《戴震集》,第 164 页;冯友兰,《中国哲学简史》卷 2,第 661 页。同见《孟子字义疏证》"理",第 270、281—283 页。

27. 冯友兰《中国哲学简史》卷 2,第 662 页;《戴震与朱熹传统》,收入《纪念冯平山图书馆 1932—1982 金禧庆典论文集》(香港:香港大学冯平山图书馆,1982),第 392 页。

28. 《孟子字义疏证》"性",第 315 页;参见毛礼锐、瞿菊农、邵鹤亭编《中国古代教育史》(北京:人民教育出版社,1979),第 520—522 页。

29. 《孟子字义疏证》"性",第 298 页;《论语引得》,收入《哈佛燕京学社汉学引得丛刊·附录 16》(Peking: Harvard-Yenching Institute,1940),3/2/15。

30. 《孟子字义疏证》"性",第 297 页。然而,戴震认为,对大多数智力一般的人来说,最快捷的途径就是请一位圣人来教他们做正确的事。因为改变的过程过于漫长和艰辛，不能指望天赋有限的人独立完成，最好的办法就是由那些已经洞察理义的人来对他们施行家长式的教育。见张光甫《戴东原教育思想之研究》(硕士论文，台湾：政治大学，1968);《嘉新水泥公司文化基金会研究论文》第 116 种。

31.《原善》，第 347 页。

32.《绪言》，第 359 页；钱穆《中国近三百年学术史》册 1，第 341 页。

33. 见《孟子字义疏证》"理"，第 277 页。严格说来，戴震并没有准确反映朱熹的思想，因为朱熹曾多次强调"理"绝不存在于气或实体事物之外。但尽管如此，我们还是能够理解戴震为何会如此理解朱熹，因为朱熹确实赋予了"理"优先地位，尤见其弟子整理的他的著作。参见丹尼尔·贾德纳《学而成圣：朱熹语录精选》(*Learning to Be a Sage: Selections from the Conversations of Master Chu, Arranged Topically*)(Berkeley: University of California, 1990)，第 90—92 页。也可以说，朱熹通过理为一、气依理而行的主张，确实使"理"成为一个独立的存在，一个内在于其他事物之中但又超越其他事物的存在。

34. 见《孟子字义疏证》"理"，第 272、277—278 页。了解对戴震"理"的定义的批判，可参考冯友兰《中国哲学简史》卷 2，第 655—657、671—672 页。

35. 见《孟子字义疏证》"理"，第 278 页。

36. 见《孟子字义疏证》"理"，第 274、267—269 页。

37. 见《孟子字义疏证》"理"，第 275、280 页。见艾尔曼《义理 vs. 考证：关于人心道心的争论》，第 216—217 页。

38.《答郑丈用牧书》，收入《戴震集》，第 186 页。同见张光甫《戴东原教育思想之研究》，第 68—70 页。

39.《答郑丈用牧书》，第 186、185 页。《孟子字义疏证》"天道"，第 290 页。正是这段批评让戴震及皖派追随者有别于以苏州为中心的汉学派。虽然戴震的治学方法受到惠栋等汉学代表人物的极大影响，但他仍然坚持，不论是来自汉代还是宋代的文献都应该受到严格审视。见艾尔曼《从理学到朴学：中华帝国晚期思想与社会变化面面观》，第 59—60 页。

40.《与某书》(1777?)，收入《戴震集》，第 187 页。参见张光甫《戴东原教育思想之研究》，第 68—69 页。

41.《与姚孝廉姬传书》(1755)，收入《戴震集》，第 184—185 页。

42. 段玉裁《戴东原先生年谱》，收入《戴震集》，第 466 页；金安平、曼斯菲尔德·弗里曼《戴震的孟子研究：词语和意义的探索——〈孟子字义疏证〉翻译》，第 14 页，第 180 页注释 50。

43.《与某书》，第 187 页。

44. 梁启超《清代学术概论》(*Intellectual Trends in the Ch'ing Period*)，徐中约译

（Cambridge, Mass.: Harvard University Press, 1959），第 30 页。

45. 《与是仲明论学书》（1753），收入《戴震集》，第 183 页。16 年后，戴震在《古经解钩沉序》中再次发出几乎一模一样的告诫，见《戴震集》，第 192 页。
46. 《与某书》，第 187 页。同见张光甫《戴东原教育思想之研究》，第 69—70 页；艾尔曼《从理学到朴学：中华帝国晚期思想与社会变化面面观》，第 28—29 页。
47. 《与是仲明论学书》，第 183 页。钱穆《中国近三百年学术史》册 1，第 313—314 页。
48. 《与是仲明论学书》，第 183 页。
49. 《题惠定宇先生授经图》（1765），收入《戴震集》，第 214 页。段玉裁《戴东原先生年谱》，第 455、480 页。参见艾尔曼《从理学到朴学：中华帝国晚期思想与社会变化面面观》，第 45 页；杜维明《清朝早期思想中"学"的概念》，收入冯爱群编《唐君毅先生纪念论文集》（台北：学生书局，1979），第 29—30 页。
50. 段玉裁《戴东原先生年谱》，第 480 页。
51. 《与方希原书》，第 189 页；同见《凤仪书院碑》，收入《戴震集》，第 221—222 页。关于戴震的课程体系，可参考张光甫《戴东原教育思想之研究》，第 65—67 页。
52. 《与是仲明论学书》，第 183 页；《尔雅注疏笺补序》，收入《戴震集》，第 52 页；张光甫《戴东原教育思想之研究》，第 65—66 页。
53. 段玉裁《戴东原先生年谱》，第 482 页。参见张光甫《戴东原教育思想之研究》，第 65—66 页。
54. 段玉裁《戴东原先生年谱》，第 483 页。
55. 段玉裁《戴东原先生年谱》，第 483 页；钱穆《中国近三百年学术史》册 1，第 315—316 页。
56. 段玉裁《戴东原先生年谱》，第 481—483 页；钱穆《中国近三百年学术史》册 1，第 315—316 页。
57. 段玉裁《戴东原先生年谱》，第 489 页。张光甫《戴震教育思想之研究》，第 70—72 页。《论戴震与章学诚——清代中期学术思想史研究》，第 83—85 页。
58. 《孟子字义疏证》"理"，第 272—273 页。心知"自得"（对事物获得某种个人理解）的观点来自孟子，见《孟子引得》，31/4B/14。此处感谢菲利普·艾凡赫提供的帮助和关于翻译的建议。
59. 《原善》，第 331 页。成中英译《戴震〈原善〉》，第 70 页。
60. 《孟子字义疏证》"理""权"，第 284—285、324—325 页。
61. 《孟子字义疏证》"才"，第 309 页；《论戴震与章学诚——清代中期学术思想史研究》，第 20 页。据此推断（虽然戴震从未明确说过），推理或知识"扩充"的过程不仅让学者理解经典含义，矫正自身欲望和情感，也让理解"人类共有的欲望和情感"成为可能，因为人和人都属于同一物种，都拥有某些该物种共有的特点，因此圣人才能凭借自己完备的知识认识到所有人共同的、"合理"的欲望和感情。见《孟子字义疏证》"理""性"，第269—272、298—306页；侯外庐《中国学术通史》第5卷《中国早期启蒙思想史》（北京：人民出版社，1956），第450—451页。

62. 《孟子字义疏证》"权"，第321—322页。
63. 《孟子字义疏证》"才"，第309页。
64. 《孟子字义疏证》"道"，第314页。
65. 《孟子字义疏证》"理"，第278页。参见杜维明《清朝早期思想中"学"的概念》，第30页。
66. 《孟子字义疏证》"仁爱理智"，第320页。
67. 《孟子字义疏证》"性"，第298—299页。
68. 《原善》，第344页。同见成中英译《戴震〈原善〉》，第103页。
69. 《原善》，第332页。同见成中英译《戴震〈原善〉》，第73页。
70. 《原善》，第342页。这里，戴震使用了孟子常用的大禹治水的典故，见《孟子引得》，24/3B/9；32/4B/26。
71. 钱穆《中国近三百年学术史》册1，第339—340页。
72. 关于戴震在理学传统中的地位问题，《论戴震与章学诚——清代中期学术思想史研究》一书里有详细论述，尤见第83—147页。参见《戴震的选择——考证与义理之间》，载《亚洲专刊》（*Asia Major*）第三辑，1989年第2期第一部分，第79—108页；《戴震与朱熹传统》，第376—392页；《清代儒家智识主义兴起初论》，载《清华学报》第11辑，1975年12月第1—2期，第105—136页。
73. 《戴震与朱熹传统》，第282—283页；《孟子字义疏证》"权"，第326页。
74. 丹尼尔·贾德纳《朱熹与〈大学〉：理学对儒家经典的反思》，第44页。
75. 丹尼尔·贾德纳《化道：朱熹及其学习观》（Transmitting the Way: Chu Hsi and His Program of Learning），载《哈佛亚洲研究学报》总第49期，1989年6月第1期，第159页。
76. 丹尼尔·贾德纳《化道：朱熹及其学习观》，第160页。
77. 丹尼尔·贾德纳《化道：朱熹及其学习观》，第157页。
78. 段玉裁《戴东原先生年谱》，第455页。
79. 见山井涌《明清思想史研究》，第149—171页。
80. 丹尼尔·贾德纳《化道：朱熹及其学习观》，第151页。
81. 《题惠定宇先生授经图》，收入《戴震集》，第214页。参见《论戴震与章学诚——清代中期学术思想史研究》，第23—24页，作者从另一个角度分析了朱熹和戴震在"理"的看法上存在的分歧。
82. 丹尼尔·贾德纳《理与教：朱熹与"四书"》（Principle and Pedagogy: Chu Hsi and the

Four Books），载《哈佛亚洲研究学报》总第44期，1984年6月第1期，第57—82页。

83. 江藩《国朝汉学师承记》（台北：广文书局，1966），卷6，5b。这里所指的是《论语》中有关孔子从不论及人性、天道之类的话题。见《论语引得》，8/5/13；《论戴震与章学诚——清代中期学术思想史研究》，第99页，第127页注释41。

84. 段玉裁《戴东原集序》，收入《戴震集》，第452页；钱穆《中国近三百年学术史》册1，第332—333页。

85. 《孟子字义疏证》"才"，第311页。

86. 《孟子字义疏证》"理"，第270页。引用《中庸》的部分参考理雅格译《中国经典》（The Chinese Classics）（香港：香港大学出版社，1960）卷1，第414页；引用《孟子》的部分参考《孟子引得》，13/2A/6。关于翻译，我参考了罗多弼《戴震对〈孟子〉字词意义的考证》（Dai Zhen's Evidential Commentary on the Meaning of the Words of Mencius），载《瑞典国家远东文物博物馆》（The Museum of Far Eastern Antiquities），1988年第60期，第184页。

87. 了解戴震对荀子的评价，见《孟子字义疏证》"性"，第298—299页；冯友兰《中国哲学简史》卷2，第669—672页。

88. 学界在这一问题上有不同见解，参见山井涌《明清思想史研究》，第407—409页。山井涌认为，戴震对儒家传统最关心的两大问题，即修身和治国，都不感兴趣。他的著作，尤其是《孟子字义疏证》，表现了他对纯粹理论的兴趣，相比于大多数儒家思想家关注的实际问题，戴震对探究哲学问题显示出了更大的热情。

89. 《戴震与朱熹传统》，第384、387页；《孟子字义疏证》"理"，第280—281页。

90. 《孟子字义疏证》"理"，第284页；参看罗多弼《戴震对〈孟子〉字词意义的考证》，第212页。引文第一句话来自《孟子》，见《孟子引得》，21/3A/5。其中提及的"生知之圣人"暗指《论语》，见《论语引得》，34/16/9。此处感谢菲利普·艾凡赫提供的帮助和关于翻译的建议。

91. 这里戴震批驳了陆王学派主张的"尊德性"，他认为无论何时"尊德性"都不能与"道问学"割裂开来："然舍夫'道问学'则恶可命之'尊德性'乎？"见《与是仲明论学书》，第184页；《戴震与朱熹传统》，第378—379页。

92. 《戴震与朱熹传统》，第390页。了解前代理学家的启蒙经历，参见陈荣捷《中国哲学文献选编》（A Source Book in Chinese Philosophy）（Princeton: Princeton University Press, 1963），第497—498、593—595、659—666页，以及杜维明《青年王阳明：行动中的儒家思想》（Neo-Confucian Thought in Action: Wang Yang-ming's Youth[1472-1509]）（Berkeley: University of California Press, 1976），第118—121页。

93. 《孟子字义疏证》"权"，第325—326页；此处翻译参考了罗多弼《戴震对〈孟子〉字词意义的考证》，第288页。

94. 《孟子字义疏证》"权",第 325 页。
95. 朱熹在注释《大学》时给出了他对启蒙过程的理解:"是以大学始教,必使学者即凡天下之物,莫不因其已知之理而益穷之,以求至乎其极。至于用力之久,而一旦豁然贯通焉,则众物之表里精粗无不到,而吾心之全体大用无不明矣。"参见丹尼尔·贾德纳《朱熹与〈大学〉:理学对儒家经典的反思》,第 105 页。
96. 明代思想家已经开始否定程朱学派的"理""气"二元论,而主张"气"的一元论。薛王宣(1389—1464)和罗钦顺(1465—1547)也坚称"理"必须在具体的事物当中加以研究。同样,罗钦顺像戴震一样,批评宋代理学和王阳明对人欲的压抑,他认为欲望并不是恶的。这些思想,尤其是"气"的一元论,影响到高攀龙(1562—1696)、刘宗周(1578—1645)等明末思想家,以及黄宗羲等清初学者。颜元(1635—1704)、李塨(1659—1746)与前面这些思想家虽没有很清晰的联系,但也提出了类似的观点。因此,在戴震生活的年代,"气"的一元论以及对身体欲望的正面肯定已经成为广被接受的概念。此外,18 世纪考据学者对文献学的关注也可追溯到顾炎武之前的陈第(1541—1617)、焦竑(1541—1620)等晚明人物。参见冯友兰《中国哲学简史》卷 2,第 636—650 页;狄培理《新儒学传统与 17 世纪"启蒙"》(Neo-Confucian Cultivation and the Seventeenth-Century "Enlightenment"),收入狄培理编《理学的展开》,第 200—903 页。

9

清代的法学教育

张伟仁（Wejen Chang）

每个社会都有其规范及教导规范的方法。传统中国有着大量规范标准，在人们头脑中形成了等级观念：天理，或道，是最宽泛、最合理的规范，因此也是最重要的最高原则；德（道德）、礼（礼节礼仪）和习俗（习惯准则）是被广泛接受的中间层面；而法（成文法）作为最狭隘、最专制的原则，是位于底层的最不重要的原则。它们一起形成了某种倒置的金字塔结构。[1] 传统中国社会也由此发展出一套教导民众更高规范的详细方案。那么，它有没有一套教授民众成文法的方案呢？我们以为肯定有，因为它有完备的法律体系，也一定会有培养法律专家的方法，来制定法、阐释法、执行法，以及让民众遵守法。

清代这一问题十分突出。按照现行标准，清朝法律体系人员严重匮乏，然而，因为国土浩瀚、人口众多，当时有大量人员参与了这一体系。例如，尽管每个行政区只有一个行政长官——此人既是这个区的法官、首席执政官，也是地方法令的制定者——但是清朝有一千多个行政区域，因此也就有逾千名行政长官。[2]

除了行政长官之外，还有审核下属判决、聆听上诉、制定条例法律的更高级官员，执法官吏，政府书吏差役，官员及一些高官的私人幕友，地方保安系统人员，帮助人们起草法律文件的状师，以及提供法律咨询的收费讼师，等等。[3] 这些人总计万余人。他们或多或少都需要法律知识。而且，要让法律体系正常运作，普通公众也必然需要一些法律知识。

问题是，所有这些人是怎么学法的？说得更具体些，他们是从哪里学习法律知识的？谁是他们的老师？教学课程、教学材料和教学方法是什么？这些问题和清代法律教育相关吗？有没有可以提供答案的材料？

通常来说，研究清朝的相关文献材料非常充分，但不幸的是，却没有可以直接回答以上问题的文献。因此，本文的研究非常宽泛。自然，我们会首先去考察公众的一般学校教育。因为这一教育和科举制度密切相连，因而也必须简要地考察一下科举制度。无论科举考试是否考"法"，一般学校是否教"法"，我们都要探索个中缘由。然后我们要考察清代法律制度所涉及的各种类型人员的背景，希望能探明他们是如何习得法律知识的。

有幸的是，能间接帮助我们研究法律教育的文献非常丰富。清代的许多法律书籍留存至今，它们显然是教学材料。另外还有一些对司法体系、对深度参与司法之人的职责的详细研究。从这些材料中，我们能推导出这些人拥有什么样的思想、伦理和实际培训。

因此，我们应该接受文献的导引。但因为它们远不够充分，我们无法描绘每类需要了解法律知识的人是如何学到这些知识的。我们最多希望可以大致勾勒出他们是怎么学到这些知识的。我们希望能展示清朝法律教育的大致轮廓，以及某些方面的细节。可惜许多地方仍将模糊不清。

不管从这些文献中了解到什么，我们都应该努力尝试回答上面提出的问题。我们将从社会、政治、经济和意识形态方面来探究。最后，我们要针对普遍接受的标准以及如今的中国法律教育，来尝试评估清朝的法律教育。

清代民众的法律教育

人们生活于法律制度之下，对它必然拥有一定的了解。问题是他们是从哪里了解的？他们的了解又有多准确？按说人们都是在学校中习得知识的，那么清朝有没有教授法律的学校？如果没有，民众还能从什么别的地方学习？由此习得的知识又有多准确？

学校教育

在传统中国学校，青年人主要学习儒家经典、一些历史和一点点文学。[4] 在清初和清朝中期，更多文献添入阅读书目，其中包括雍正皇帝的《圣谕广训》、杨士奇的《历代名臣奏议》，以及宋朝学者关于性理的一些著作。[5] 这些阅读文献大部分是关于社会规范的，有些专门谈及法律。1729 年，一份诏令要求公立学校的学生学习《大清律例》，以便将来从政时可以正确运用。[6]

这种教育是为学生参加科举准备的。其中，面对最重要的两次考试——乡试和会试——清朝中期的考生需要：（1）撰写几篇文章（"文"）、一首诗歌（"诗"）、一篇议论（"论"）和五篇提议（"策"）；（2）起草一份上呈朝廷的诉状（"表"），或一份朝廷诏令（"诏"），或政府诏书（"诰"）；（3）上交五份假定的司法裁决（"判"）。[7]

显然，要求考生起草司法判决就是要鉴定他的法律知识。其余考试是要评估考生的其他才能，但我们可能会认为，它们也可以，而且可能应该被设计成有助于确定他的法律知识，因为整个科举考试制度，说到底是为了挑选未来的官员。有鉴于此，最合适的考题应该事关社会问题，而大部分社会问题都包含法律问题。

可惜事非所愿。无论是皇帝还是考官出的考题，通常只是没有争议的问题。[8] 原因主要是政治方面的。清初那些据称用考题来诽谤或抨击清朝政权的人，遭受了残酷的文字狱，让后来的考官心生恐惧。[9] 皇帝自然没有这种担心，但即便他出一些敏感考题，也没有人会直接给出批判性的答卷，因为既然考官害怕，考生也同样畏惧。无论如何，朝廷也并不很想征求批评意见。在儒家经典中，只有有限的一些章节可以安全出题，因此被反复使用。[10] 显然，也是出于同样的理由，1745 年颁布的一份诏令要求考生在撰文中"代圣人言"，也就是说，重复或复述古代儒家思想家的表述。[11] 与早先 1645 年颁布的一份诏令一起来看，这份诏令的目的就更为清楚——前者要求考生遵循宋朝注疏，探究圣言大义。[12] 其中的信息明确无误：政府对考生关于经典的个人见地并不感兴趣。

其他考试亦然。考官会在儒家经典的基础上，构思政治无虞的考题，而且以一种呼唤考生吹捧政权的方式表述出来，而考生也会给出政治安全、奉承有加的答案。[13] 其中很难找到考生对严肃社会问题的观点，这也是为什么要求考生起草诏诰以及撰写"表"的考试，在1681年、1756年和1757年被一一废除的一个原因。[14]

"策"试本该不同。考题本该关注具体问题，比如灾荒救济、水利、粮食运输、边防安全、军事供给、地方秩序、经济发展、犯罪、刑罚运用、公共教育等[15]；但是，因为这些问题大部分都在政治上相当敏感，所以，所有这些问题都被仔细加以审查。朝廷也颁布无数诏令，警告不许出题不慎，或责令对出题不当的考官施以处分。[16]

为了应对，考官求诸两个策略：要么重出熟题，要么自问自答。[17] 前者诉诸先例的权威，后者则排除了非计划中的答案，确保正确答案。[18] 运用惩罚作为社会控制手段的这类考题，就可以作为例子。多次考试都出了这道题。它总是指出，很不幸，社会需要惩罚，但它会详细说明滥用刑罚的危险，并提出一些预防和保护措施——所有这一切都是用考题的形式表述出来的。它常常非常详细而广泛，几乎没有给考生留下什么发挥余地，考生能做的只有复述问题，转换成回答。[19]

这两种策略都遭到清廷的谴责。1771年一份诏令禁止自问自答这种形式，将考题限制在三百字内。[20] 然而，根据文献材料来看，整个清朝，类似考题显然一直在出。[21] 这让那些野心勃勃的学者们撰写标准答案，卖给考生，考生则在考试前默记于心。[22] 其结果是，尽管策论都是实政考题，却并不能够从考生那里得到什么创见。

最后，让我们考察一下法律考试。设计一个假想的案例，要求考生做出合理的判决，这是考查考生法律知识的一般方法。如果清朝考试用了这一方法，那么我们就有理由相信，它也将有助于促进法律教育。但是，不幸的是，情况再次非如此，而问题也再次始自考题。那些我们在清代内阁大库档案里找到的考题并非关于假定案例。[23] 相反，"考题"经常引自清律某一部分的条目。例如，1661年会试中，"判"的第二道题是"欺隐田粮"。[24] 这是大清律例的户律"田宅"的首则条款。[25] 这一条款有四条法令和五条附属条规，列出了纳税人和收税人的各种违法行为。考官考的是什么呢？考生应该如何回答呢？看一眼通过考试者的考试答案，就可以发现，他们仅仅是猜测"考题"的含义，给出一些通常的评论，这些评论总是一成不变地由寥寥几行说教组成，没有引用任何特定的法令或附属条规。例如，榜上第九名的罗仁宗写了101个字。他的文章说，事实上，地税对国家来说十分重要；如果有人欺骗制度，必须得到惩罚。[26] 要如此回答一个"问题"，考生显然根本无须任何法律知识。1756年，这门考试被皇帝诏令废除。[27]

要求那些有心当官的考生参加法律考试，这一政策合乎情理。但是，为什么它无法正确实施？可能的原因之一，是那些掌管考试制度的人是儒家，他们通常对成文法不够重视。[28] 但是满族并没有儒家传统，为何清政权让儒家传统妨碍自己的政策呢？有人认为，那是因为清廷对科举制度并不上心。满人当官毕竟有不同渠道[29]，科举考试主要是为限制汉人的野心而设计的。

不管理由为何，清廷的手段——最初让法律考试并不能真正考核考生的法律知识，最后索性废除了这门考试——肯定没有鼓励人们学习法律。因此，尽管有1729年的诏令，但法律并没有成为常规学校教育认真对待的科目。

公共教育

明朝期间，传统刑法增添了《讲读律令》一章。这一新添章节所给出的法令是，懂法的普通人或没有犯罪前科的人，若由于错误或疏忽，犯了没有叛逆罪那么严重的罪行，或只是被牵涉进别人的罪行中，那么，他有一次、不过也只有这一次免于刑罚的机会。[30] 这是条相当奇怪的法令，但其目的十分明确——鼓励普通民众了解法律知识。清朝继承了这一条款，且清朝的《吏部则例》规定，每个乡或镇，必须建一个"讲约处"，每月月初和月半召集乡镇居民来此聆听关于法律和圣谕广训的讲解，由地方官挑选的长者讲授。[31] 许多官员强调这类讲习的重要性，但没有人解释长者们又是如何懂法的。[32] 更意味深长的是，一位执行这一命令的官员写道，他这里之前从来没有人听说过此类讲授。[33] 他当然是在吹嘘自己支持这类讲授的善举，但很可能实情是，大部分地方官根本不在乎这一规定，而他是个例外。这里再次体现出好的政策没有得到应有的贯彻，结果是一般公众并没有获得政府指定的法律教育。

非正规教育

尽管正规学校并没有提供法律教育，而政府要求向普通公众教授法律知识的命令也大致遭到漠视，但是，可以想象，人们还可以有其他许多方式学习法律。首先，对那些识文断字的人来说，并不缺乏相关的教育素材。大部分经典都探讨标准规范，包括法律。法典及其注释也通常可以接触到。[34] 许多执法或从事法律行业的人，留下了他们所讥嘲或了解的案件的描述。[35] 案件记录也由学者编纂刊印，这显然是出于教学或参考的目的。[36] 大部分宗法包括了一些成文法和习俗法的条款。[37] 而且，法也是小说、戏剧和其他文学形式的流行主题。[38] 而对不识字的人来说，也有着丰富的口头文学传统——许多戏曲和民间故事都将司法程序戏剧化了。[39] 最重要的是，当有人牵扯进诉讼或其他司法或执法程序中，他的事情就会在亲戚、朋友和邻居间传开，让他们懂得了一些法律。有着这样的素材和信息，有人也许会觉得，就算缺乏正规的法律教育，中国人对法大概都所知颇多。

这一看法有根据吗？让我们先来看看经典。诚然，它们大部分都事关标准规范，尤其是道德准则和礼（礼节的准则）。既然这些理和礼被认为比成文法更高级、更全面，有人也许会认为，学习经典、效法经典，就能间接地了解法、遵守法。但是，礼主要事关态度教养、得当举止，而且以大体稳定繁荣的社会秩序为前提。对那些身处贫穷困苦、社会动荡之中的人来说，礼在此意义上几乎毫无意义。有教养的态度和得体的举止是那些悲惨灵魂负担不起的奢侈品。

同样，诚然，传统中国法律受道德原则影响很大，而且在许多例子中，法与礼相辅相成；[40] 但是法律从来没有完全体现出所有的道德原则，而且，虽然两者都是规范，法和礼在很多方面都不相同。甚至，就如韩非所说——儒家出于策略也承认了这一点——理和礼常常彼此冲突，也与法相冲突。[41] 因此，即便普通人学习了所有礼和理，他并不必然懂得法。

大清律例及其注释虽然容易可得，但它们是高度技术性的，很难理解。很可能一般人都懒得去读。宗法里所引的法令条规很容易理解，但它们只是律例的一小部分，而且常常被大大地简化了。[42] 甚至就算彻底精通大清律例，也无法让人对清朝法律体系有多少了解。

案例记录可能很有趣，但它们大多相当简短。[43] 除非熟悉法令和附属条规，否则不太可能从这些记录里学到什么。

司法官员关于个人经历的著述可能引人入胜。可不幸的是，作者常常自以为是又自私自利，结果他们故事的准确性大打折扣。[44]

更为流行但没那么确切的法律知识出自小说、戏剧和戏曲。首先，被转化成小说或其他文学形式和表演艺术的，总是些耸人听闻、不上台面的故事，但这些案例常常是根据特别的规则来处理的。其次，为了吸人眼球，这些小说或其他作品常常夸大其词。例如，一种特殊的文类，即结合了侦探小说和法庭戏的公案小说，致力于描摹司法和执法过程。[45] 可是与我们从法典、注释、案例记录和法律官员著述里学到的知识相比，这类小说里体现的法律制度总是模糊、夸张或歪曲的。[46]

最后，我们可以从那些牵涉诉讼或其他司法或执法过程的人那里了解法律知识，但准确性同样是个问题。首先，这些过程常常激起了强烈的情感，而对某些事情情绪激动的人常常无法客观讲述它们。其次，这些过程是很复杂的。因此，即便没有掺杂个人情绪，外行总是不容易掌握它们的细节，理解它们的意义。第三，个人经历是充满主观性的，任何笼统概括都有危险。

因此，人们可能从常规学校之外的许多来源、以多种方法习得法律知识，但是他们学到的东西常常是碎片化的，而且也不准确。他们对法律的理解只是关于法律的通俗印象、想象或信仰，而非关于法律的准确知识。揭示出这个事实，并不是说要将这种理解作为无关紧要之事打发了事。关于法律的通俗想象也是法律制度的很大一部分，有力地影响着它的运作和效力。关键是要阐明这种理解不是严肃的法律教育想要灌输的内容。

对在清朝法律体系中工作的人的法律教育

所以问题仍然存在：清朝人，尤其是那些在法律体系中工作的人，他们是从哪里、又是如何获得关于法律的准确知识的呢？

对官员、书吏、状师和差役的法律教育

官吏

让我们从官员开始。根据大清律例，所有官员都必须学习法律，参加年度考试，若没有通过考试，就要受到行政处分。[47] 但是，正如我们所了解的，他们并没有在正规学校里获得什么法律知识，我们也知道，他们任职后，对他们也没有什么特定的法律培训课程。事实上，没有证据表明，所谓的年度考试曾定期举办。不过，尽管如此，我们知道，有些高级司法官员精通法律。他们是在哪里学习，又是如何学习法律知识的呢？他们的著述和生平没能给出清晰的答案。[48] 而对下级官员来说，我们可以合理假定，他们必须了解足够的法律知识才能开展工作。而我们也知道，他们中有些人相当自得地刊行了他们的判决意见。[49] 但是仔细阅读这些判决意见，我们发现大部分不是基于法律而是基于习俗规矩和更高一级的规范。这些判决也许遵循了之前的判例，但从未将之征引出来。很难说它们证明了作者的法律知识。而且，很可能这些判决事实上是由幕友写的。无论如何，无论是这些判决意见，还是这些下级官员的其他著述，或关于他们的著述，都没有什么材料可以证明他们受到的法律教育。他们很可能是以和高级司法官员同样的方式获得了法律知识，但在他们这里，细节甚至更为模糊。

书吏

理论上，书吏，尤其那些省里和乡里的书吏，只负责记录、誊写、储存档案和搜寻旧例。但事实上，官员处理政府事务时，常常会咨询他们。几个因素导致了这样的结果。首先，清朝，在大部分政府部门，书吏职位几乎是世袭的。一个书吏可以终身就职，然后将职位留给后代。漫长的任期和职位的继承，让书吏们习得了大量法律知识和判例。其次，在省府以及下级政府，大部分书吏是当地人，他们熟悉这个地方和它的习俗。第三，清廷档案总体没有得到完善保存。除了归档的书吏，没有什么人可以找到它们。[50] 相形之下，清朝官员照例都是很快就从一地调任另一地，且他们不得在家乡任职，因而根本不容易拿到档案。[51]

因此，书吏获得了相当的法律知识。但很难确定这些知识到底有多少，因为

当官员咨询书吏，尤其是下级政府里的书吏时，后者通常只会口头告知意见，或拿出一些档案材料供其参考。官员也许还会要求书吏严格根据已有样式起草一些简单的材料。在这些材料中，很难找到证明书吏受到法律教育的证据。他们中也很少有人留下其他著述。

总之，我们并不知道书吏到底是如何获得他们的法律知识的。他们当然从工作中学到了不少，而因为他们的职位是世袭的，我们推测他们也从家族长辈那里学习了相关知识，但是我们并没有找到任何记录显示这是如何做到的。[52] 问题是，事实上，书吏通常被认为是低级工作。很少有自重的知识分子会愿意去干这一行，而那些干了这行的也觉得脸上无光。这就是为什么他们没有留下任何描绘他们所受教育和工作情况的著述。有些官员和学者的确写到了书吏，但很少有人探究他们的法律教育情况。

状师

状师替人撰写诉状和其他法律材料。我们自然认为他们一定懂得法律、惯例和判例。但是，根据大清律例，要成为状师，唯一需要的资质就是诚实正直、识文断字。地方官挑选出具有这样资质的人，许可他如实记录客户告诉他的内容。如果重要部分有任何增删，他都会受到处罚。[53] 因此，他并不需要懂法。

《淡新档案》里收录的诉状，似乎确认了状师并不需要什么法律知识，或者，要是他们懂法，也无须在他们所写的诉状中证明这一点。一份诉状必须写在这样的表格上：三百个方格，每个方格一个汉字。这点空间表述事实根本不够。要在一纸诉状中提出法律论点，引用法条或判例，根本不可能。[54] 有人会说，以有限空间陈述事实以留下有利印象，需要真正精通法。但许多诉状因为指控前后矛盾或不合理立刻被驳回。[55] 这一事实表明这一论断似乎夸大其词了。

尽管状师并不需要很多法律知识，但如果他们研究了他们所写诉状的诉讼结果，也可以获得一些知识。但是没有证据表明他们研究过。很可能代人撰写诉状也被认为是低贱行当，很少有状师对自己的职业自豪到要写下他们是如何为这一行做准备的。

差役

我们也许会认为地方政府的差役也有一些法律知识,因为他们拥有执法责任。但情况再次是,他们并无这一需求,因为他们的任务应该很简单,也就是根据传票实行拘捕。另一个理由是,他们大部分是文盲,因为他们的职业被认为有损身份——被地方官指使着为他的工作杂事或个人杂务跑东跑西——接受过一点教育或有一点技能的人都不愿干这一行。只有那些除此之外别无他法去过一种体面而可靠的生活的人会成为差役。这样的人,不可能指望他学习多少法律,而且他们肯定也没有一个人会留下关于他们所受过的法律教育的任何记录。

讼师

在清朝法律体系的边缘,有一群从业律师。他们就像状师一样,替当事人撰写诉状。此外,他们可能还会向客户建议诉讼策略。倘若这么做的人并没有因此煽动挑起诉讼,或诬告某人犯罪,清朝法律便并不禁止此类行为。[56] 不过,要是他干这行收取费用,就会被称为讼师,或,说得更难听些,讼棍,并有可能被流放至最偏僻的、瘴气肆虐的边境。[57]

因此,不太可能有人公然干这一行或公开教授法律知识。如果是私下传授的,这种教育方式的记录也没有留存下来。更有可能的是,有心干这行的,不得不自学。有为此目的专门撰写的书籍,但被贬为"构讼之书",和色情文学归为一类,并被下令焚毁。任何撰写或刊行此类书籍的要判竹杖重击百下,并被流放至离家三千里之外的地方;任何重印或传播这类书籍的人,会被竹杖重击百下,并服三年劳役。[58] 不过,这样的书一直都有,甚至今天我们也还可以找到一些抄本。[59] 还有,大清律例及其注释、案例记录和其他许多相关材料都很容易得到。有心要当讼师的人可以自己学习这些内容。

讼师必须懂得多少法?让我们且看看他实际做的是哪类事情。大清律例列出了撰写诉状和挑唆诉讼。有些作者提到了许多其他罪行,包括指导虚假证词,建议操纵证据,以及安排与差役和书吏串通,妨碍司法程序。[60] 要做到这些事情,讼师也许需要法律知识,但很难说出他们有多少知识,因为除了诉状,他们没有留下什么记录。一些据说是臭名昭著的讼师撰写的诉状留了下来。[61] 它们大部分是对事实的简单陈述，但往往经过歪曲或是编造的。撒一个聪明的谎，或在叙述事实时玩一点文字游戏，以便对自己有利，也许需要法律知识，也许也不需要。就这些诉状而言，没有什么证据证明讼师懂不懂法，因为它们并没有附上法律论据或引用法典，诉状的有限空间也不允许详细叙述。

如果讼师被允许在庭上代表他的委托人，他的法律论证将被保留在庭审记录中。但除非委托人正好是他的家族成员，否则他并不被允许在庭上代表委托人。[62] 当然，可以想象，他可以教委托人自己进行法律论辩，但要是后者智商欠奉，也很冒险。事实上，几乎不曾有这样的论辩记录。《淡新档案》里的上百份庭审档案中，没有双方的任何法律抗辩记录。就算这些诉讼后面有讼师坐镇，讼师们也没有展示出他们的法律知识。

因此，尽管清朝官员、书吏、状师、差役和讼师都需要法律知识，但他们都没有接受正规的、体系化的法律教育。他们很多人也许是通过自学大清律例和其他材料以及通过工作训练而获得法律知识的，但他们中很少有人写下自己的经验，而且这些经验怎么说都太主观了，无法形成一般通用的规则。

幕友的教育

幕友在清朝法律体系中发挥了重要作用。在前朝，许多官员也雇佣私人助手处理法律事务，但清朝，省官和地方官依赖幕友成为普遍现象。这一发展主要是两个机构的变化造成的。首先，明末清初，中央政府的高级官员被任命为巡抚或布政使，派去协调省级当局（行政、司法和军事长官）的工作，而类似的，省府官员被任命为按察使，派去监管府、州的政府运作。作为临时任命的纠纷解决人，这些特员并没有固定的属下。[63] 其次，1667 年，推官（府判官）这一职位被废除——推官是帮助知府聆听诉讼、监督州府官员司法工作的人——使得州府官员失去了专业的法律帮助和指导。[64] 因为这些原因，总督巡抚、布政使、按察使、知府和知县都发现必须雇佣私人助理，尤其是幕友。不久之后，省里其他官员以及一些高级职衔的军官也采用了这一做法，因为他们都明白幕友比常规下属所受的教育更好，提供的服务更优秀，而且私人助手也更忠诚、更容易控制。

清政府容忍这一做法，是因为，首先，它并没有扩大政府官僚规模，也没有增加政府预算。其次，幕友被认为在帮助政府而非叫板政府。个别来说，也许有人出于个人原则并不认同雇主，而且，少部分人也会从事谋求私利的可疑活动。[65] 但是，幕友作为一门职业，从业者从未对政权造成威胁，因为他们是在为官员工作，而且大部分都怀抱着做官的希望。因此，尽管不是政府的正规成员[66]，他们是政府忠实的仆人。

也不可过于夸大幕友工作的重要性。在省府和地方政府，他们为所有的法律工作做准备，因此是清朝法律体系的一部分。就他们自身而言，他们需要拥有比其他政府人员（除了刑部的一小撮官员和书吏）更多的法律知识。因此，他们的法律教育非常重要。

考察他们的法律教育并不容易，因为直接相关的材料微不足道。有两本著作非常出名，一是汪辉祖的《龙庄遗书》，一是陈天锡的《迟庄回忆录》。[67] 两位作者都是清朝的幕友：汪辉祖（1731—1807）做了 34 年（1752—1785），陈天锡（1885—1980？）做了 14 年（1891—1904）。人们原以为会从这两部著作中了解到两人的教育细节，但他们对之所言甚少，陈天锡的访谈也几无增添。[68] 不过，仔细考察他们的著作，会揭示出一个有趣之处：尽管两位作者相隔一个世纪之久，但关于他们的法律教育，他们所提供的零碎信息惊人相似。这很重要。我们可以因此合理假定，这么多年，法律教育没有大幅改革，因此也无须寻找不同时期可能有的微小差异。我们可以至少对清中期至清末期做一个总体论述。

间接材料相当丰富。首先，有少量清朝幕友谈论工作经验的书籍存世。[69] 其次，关于清朝法律体系有大量信息：法律、案例记录、官员著述等。我们可以将这些材料与汪辉祖和陈天锡的著作结合在一起，尝试揭示谁有志成为幕友，他们的幕师是谁，他们的教育如何，这一教育又产生了什么样的结果。

谁有志成为幕友？

在清朝，大部分能由家庭承担其教育费用的学生，会继续研习常规科目，参加科举考试，只有贫困但有天赋的学生选择学习法律，成为幕友。通常他们是在 20 岁左右（结束基础教育后的几年）做出这一决定的，此时他们开始感觉到养家的压力，汪辉祖和陈天锡都是这样的情况。[70] 这并不是一个容易做出的决定，因为，首先，这一行当被认为没有公职那么体面，其次，它被认为有风险——幕友很有可能给别人造成巨大伤害，而最终会报应到他本人和家庭头上。汪辉祖不得不对着母亲发誓，他当幕友后，会遵从最高的道德原则行事，其母才很不情愿地允许他继续学习法律。[71]

幕师是谁？师生关系是如何建立的？

当一个年轻人决定学习法律后，他通常是通过家庭关系找一个幕师。汪辉祖最初跟继父朋友的幕友学习[72]，陈天锡则从同样是幕友的哥哥那里学习最初的知识[73]。这个幕师必须是一个能提供实践训练的人，因此，他必须是从业的幕友。汪辉祖退休后，为许多想要从事法律工作的人提供建议[74]，但他无法将任何人正式收为学生。

当幕友被官员雇佣后，那些为地方官员工作的人最为活跃，他们的工作也最复杂繁重。因此，陈天锡说，想要学习法律的人，最好从在地方官的幕友手下干活开始。在那里学习三四年后，他可以在更高级官员的幕友那里继续学习一两年，但这并不是必需的。[75]因此，后文的讨论主要关注学生在地方官幕友那里的法律学习。

当幕友正式收某人为学生后，他会带着这人在衙门里他的住处一起生活，教育他，给他膏火，而学生则辅助其幕师的工作。因而，他们形成了一种师徒关系。在陈天锡看来，这种关系十分亲近。[76]

幕友的工作和幕徒的实际训练

陈天锡记录，幕徒的教育由两部分组成：书本学习（阅读跟幕友工作相关的书籍）以及实践训练（帮助幕师处理实际法律事务）。先开始阅读，之后不久就是实际训练。现有几份幕徒的阅读书目留世，其中一些书籍明显与法律有关，另一些则没有那么相关。为什么有些书籍会被收录在内？如果对幕友的工作有一些了解，就能更好地回答这个问题。

关于实际培训，陈天锡表示，学了几个月的大清律例后，幕师会教幕徒阅读案卷、浏览书吏报告，起草不同文件，包括回复诉状、司法判决和不同类型的官方照会。[77]这一简短陈述（"拟批讼案呈司、试核房科拟稿、起草通常文件、拟办上行文件、拟办命盗案件勘词")是我们能在陈天锡著作里找到的关于实际培训的唯一直接描述,而汪辉祖则对实际培训未置一词。但是幕友的工作相当复杂,幕徒还需要得到许多其他方面的实际训练。

因此,为了理解幕徒的阅读书目,对他的实际培训有更多了解,我们应该考察幕友的工作,因为幕友的工作与实际培训关系更加密切。我们应该先考察这份实际工作,然后再钻研那份阅读书目。

让我们从陈天锡提到的头一项开始,即阅读案卷。案例报告由许多种文献组成。例如抢劫案,有原始诉状("呈词")、地方政府要求加快速捕嫌犯的无数申请("催呈")、地方官向上级的最初汇报("禀词""申词")、地方官给差役的指令("差票")、地方官要求地方绿营将领的帮助("保领状")、来自上级的给地方官的指示("批")、拘票、传票、验尸官对强盗对受害人造成的伤口(如果有的话)的记录("伤单")、被窃物品清单("失单")、受害人和被捕强盗(如果有的话)的陈述("供词")、地方官给上级的后续汇报、地方官的判决、地方官的总结报告("结状")等。[78]在其他犯罪或民事案件记录中,也包括相似的或不同类型的材料。每种类型材料都有自己的格式、语汇和写作技巧。阅读这些材料能让幕徒看到他将要做的不同类型的工作以及每种工作的要点。

阅读了足够多的案例报告后,幕徒接着学习如何起草地方官对诉状的最初回复。这一回复,被称为"批词",是附在诉状末尾的陈述。它表示地方官接受("应准")或拒绝("应驳")这一诉讼。若是拒绝,它事实上就是否决听讯的即决。起草这样的批复,教会了幕徒如何分析问题,找到适用法律。[79]

可能在最初阶段,幕师会培养幕徒浏览书吏报告。地方官通常将日常工作分派给书吏,让他们根据既有规则和先行判例进行处理。例如,诉状被接受后,被分派该案件的书吏提议发出拘票或传票,准备类似文件。幕友会审核这一请求,并将自己的意见上呈地方官。[80]这一工作需要幕徒了解政府事务和相关规定及先例的许多细节。

地方官一直与其他官员和当地民众进行交流。文件会送至官吏、平级或下级官员,各种指示会下达给书吏、差役及辖区人民,包括备忘、通知、命令、公示、拘票和传票("咨、移、札、谕、牌、票")。每种类型的文件,都是出于特定目的发送给个人或专职人员的,每种都采用专门的格式及特定的语言风格。[81] 起草这些文件,幕徒们会了解许多专业技术性细节。

审判之后,当幕友要撰写判决时,他也许会让幕徒先拟草稿。幕徒必须分析事实,运用法律,或者,在许多民事案件中,运用习俗法,又或者,一些棘手的案件没有适用法或习俗法可以采用时,就要运用基于儒家经典的公平原则或伦理原则。[82] 这一工作必须小心谨慎地完成,因为错误判决会让地方官受到行政处罚甚或刑罚。[83]

因为清廷实行高度的中央集权,对政府有影响的事情,地方官几乎需要事无巨细都向上级汇报。例如,事关抢劫案,他必须汇报案件的发生、他的调查、他搜捕疑犯的努力、抢劫物的找回、被捕嫌犯是否遭到差役或狱卒的虐待、在押嫌犯的死亡、审判、判决、罪犯的押送、向上级部门请求核查的报告、行刑,以及在某个阶段末尾,弹劾没有阻止罪行的官员。[84] 不同的汇报使用不同的格式和不同的语言风格。比如,案件的总结报告必须由三部分组成——事实陈述,司法程序,事实分析——每部分必须表述并阐明特定问题。[85] 因此,对一份报告来说,内容和表达一样重要——它们反映了官员的能力。起草报告对经验丰富的幕友来说亦非易事,而幕徒必须在严密监督下进行大量实践,才能学会这项工作。

上面列出的六项内容陈天锡显然都提到了,因为,显而易见,它们十分重要。而这份清单无疑可以再增添许多内容。例如,司法程序中,一直到给出判决,有许多步骤,而每一步都会要求幕友提供帮助——如果幕友允许幕徒帮助或旁观,幕徒便可以从中学到许多。比如,当犯罪行为上报治安官后,后者必须调查犯罪现场,检查受害者的身体伤口(如果有的话)。如果是关于土地的争讼,地方官必须核查财产所有权。[86] 通常,地方官的此类行动并不需要幕友陪同,但幕友必须仔细研究案件,向地方官指出案件的调查要点。

勘验结束后,会确定审理日期。在提出关于日期的建议前,幕友必须考量案件的事实、诉讼双方和证人的上庭时间,以及地方官的日程。根据汪辉祖的记录,他还会把地方官的能力牢记于心,使其不至于超负荷工作,而诉讼双方和证人也不至于来衙门浪费时间等待。[87]

然后,幕友必须替地方官的庭审做好准备。他分析案件要点,向地方官建议查明真相的技巧与策略，包括询问什么问题，观察什么迹象，猛追什么事件，避免什么陷阱，采取什么态度，期待什么反应，等等。[88]

当地方官主持审判时，幕友可以坐在屏后听审。汪辉祖就曾这么做。当他注意到地方官有忽略之处，或问错了问题时，会递给地方官一张纸条，建议如何补救。[89]

据汪辉祖所言，如果首次听讼无法断案，幕友必须与地方官讨论案情，决定第二次听讼的技巧与策略。[90]

除了刑事案件中引向判决的这些步骤外，民事案件以及执法工作中也有许多东西幕徒可以学习。而如果他能在更高级官员——例如提刑——的幕友手下进一步受训，则能学到更多。提刑必须协调整个省的执法工作，复核下级官员判决的案件，聆听上诉，下令重审或改判，主持秋审，发起对无能官员的弹劾，建议制定新的省府条例甚至新的国家法律。[91]这些职责与地方官的职责相当不同，了解这些职责是幕徒所受教育的额外方面。

幕友的阅读

尽管实践训练非常重要，但幕徒在能着手实际工作之前，也必须拥有一些关于法律和政务的基本知识。他必须阅读法典和其他材料。由于我们不知道他要做的是哪类工作，看一看他的阅读书单可以帮助我们更好地理解。

汪辉祖在著作中反复说，幕友在闲余时间应该"踏书"而"读史"，而且，"律例不可不读""名例切须究心"[92]。但他没有提供阅读书目，也没有说明如何从事这些研究。陈天锡则在回忆录里列出了八本书名：（1）《大清律例》（清朝法典）；（2）《刑案汇览》（刑事案件概要）；（3）《洗冤录》（验尸官指南）；（4）《大清会典》和《大清会典事例》（清朝法律摘编）；（5）《六部则例》（六部的各种规定）；（6）《六部处分则例》（六部的纪律条例）；（7）《佐治药言》（对幕友的建议）；（8）《福惠全书》（善政大全）。[93]他还解释了为何以及如何研究这些书籍。[94]在《清代幕府人事制度》中，缪全吉教授列出了30部幕友需要阅读的书籍。[95]不知他是从陈天锡那里还是从别处获得了这份书单。1966年他曾与陈天锡面晤。

陈天锡所列出的八本书当然只是基本书目，甚至连缪全吉的书单也不全面。到目前为止，我们发现仍然有百余部清朝著作显然和幕友这个职业相关，因此那些幕徒很可能学习过。下文分析了这些书籍的六个种类。这将有助于我们更好地了解清代的法律教育。

法规

清朝法典由"律"（法令）和"例"（条例）构成，它部分继承了明朝法典，部分是清朝颁布的。清初，有436条律、3121条例。之后，又增添了30条律和1572条例。[96] 它们根据六部的职责被分成六类。但是分类并不完全合理，条目也没有编号，此外，没有索引，因此学习起来很困难。陈天锡认为记住目录非常重要。[97] 而汪辉祖更进一步，坚持应该记住全部律例。[98]

汪辉祖和陈天锡都强调"名例律"这章的重要性。[99] 此外，汪辉祖还说，不仅应该知道条款，而且更重要的是，应该领会它们的"精神"。[100] 在他看来，一旦领会了"精神"，就"很容易理解枝蔓，矛盾之处也豁然统一"[101]。陈天锡很熟悉这种学说，还给出了一些例子予以证明。[102]

《大清会典》和《大清会典事例》是清朝中央政府不同部门所行法律的汇编（主要由刑部执行的《大清律例》因此也被包括在内）。这两部书卷帙浩繁——例如这两部书的1899年版有1320卷，逾38300页——令人生畏，艰涩难读。陈天锡建议幕徒只挑选重要的几卷阅读即可。[103]

除了国家法律，还有许多省级法规和地方法令。[104] 幕徒也许没有时间学习它们，但应该知道上哪里可以找到它们，需要时又该如何使用。

值得指出一点，"习俗法"并没有包含在幕徒的课程中，尽管现在许多归法律调解的民事事件在当时都是由习俗法处置的。有些规定记录在地方志、宗法书、社会契约和行会章程中，但是没有什么人去收集、比较和分析它们。[105] 这一定让教授和学习这些规定十分困难。但将它们排除在课程之外，似乎并没有让幕友和幕徒觉得有何不妥。这可能出于以下两个原因：首先，从思想上来说，这些规定并没有被承认是法，而是另一套规范；其次，从实践上来说，这些规定因时因地而有所不同，幕徒在知道自己将在何处工作之前，学习它们无甚益处。

将习俗法排除在幕徒的课程之外，并不意味着清朝幕友不用了解它们。他必须将它们作为习俗而非"法"加以学习，而且要在任职之后开始学习。汪辉祖建议新到任的幕友和当地长者建立联系，向他们咨询习俗。[106] 汪辉祖担任地方官时，常常停下听讯，与听众里的长者交谈，了解相关习俗。[107] 晚清地方官刚毅也提出了相似的做法。[108]

诠释、整理律例的书籍

因为大清律例不易研读，许多清朝的法律学者都提供了解读帮助：有些人撰写注释，来解释难点或调顺矛盾。其他的则用更符合逻辑的方式重新整理律例，将相关法令和条例集合成组，或增加交叉参照。[109] 还有一些人，分析重要条款，用图表或诗歌重新加以表述，帮助人们记忆。[110] 这些著作很有可能是考虑到幕徒的需求而写成的。

判例

在做出判决时，尤其涉及严重的刑事案件，清朝法官必须运用成文法。先前判例常常被用来说明刑部是如何阐明晦涩法律的——若这些阐释是由刑部官方以"通行"的形式发布的话。[111] 这种"通行"会对将来的案子产生约束，之后也许会正式成为法令。除了此类专门得到认可的判例之外，由清朝法庭、刑部所判决的普通案件，其判决并没有定期发布、研究和作为法律来源而加以引用。然而，法律官员、幕友和幕徒发现刑部的判决非常有用，可以作为教学和参考资料，因此，许多这种案例的汇编得以刊行，有些是刑部自己编纂的。[112] 陈天锡提到的《刑案汇览》就是一个例子。他说，要理解应该如何实际运用法律，仔细研究这本著作是幕徒的必修课。[113]

除了有刑部判决的案件汇编，还有知府知县汇报的他们所判案件的汇编。[114] 这类案件不会成为具有约束力的判例，但因为它们常常汇报得非常详细，对幕徒来说可谓具有相当的教学价值。

要是一个幕徒特别刻苦勤奋，他可以找到许多前朝的案件记录和官员报告。[115] 它们非常有用，因为清朝法律几乎继承了中国传统法律制度的所有基本特征。

与地方管理相关的书籍

大部分幕友都是为地方官员工作的,所以他们必须了解地方政府的运作规程。这些规则大部分都可以在法典、省级法规和地方法令中找到。其他相关材料收在地方志和前任地方官的著作中。除了陈天锡提到的《福惠全书》,还有更多类似书籍,有些是总体介绍地方政府的,其他一些描绘了作者本人的为官经历。[116] 而且,还有关于地方官员专门职责的著作,例如陈天锡列出的《洗冤录》。在这类书中,还有关于审讯技巧、灾荒救济、地方安保、粮食运输等方面的著作。[117] 幕徒无须学习所有著作,但应当知道如何利用它们。

幕友关于自己经验的著作

少部分清朝幕友会记录自己的经历。最著名的著作就是汪辉祖的《佐治药言》及其自传《病榻梦痕录》和《梦痕录余》。其他著名著作有王又槐的《刑钱必览》和《办案要略》,王又槐是汪辉祖的同代人,当了30余年的幕友;万维翰的《幕学举要》,万维翰是乾隆初期的幕友;无名作者所作《刑幕要略》,张廷骧认为作者一定是位成功的幕友,跟他本人一样,他在晚清服了好几任地方和省府官员。[118] 张廷骧将上述四个作者的著作编成一卷,题为《入幕须知》。[119] 这是对清朝幕友和幕徒最为有用的材料汇编。

一般都认为幕友有一些秘密手册,会传给最喜爱的幕徒。陈天锡否认了这一点。[120] 事实上,无须什么秘密手册,因为幕徒要看的东西太多了,而他们的阅读材料本身就是优秀的幕友撰写的。

关于政经文化的一般书目

幕友的工作涉及许多学科,他不光需要掌握关于法律和政府机构的知识。这就是为什么汪辉祖坚持说,除了法律,幕友还必须"读书"。这里所谓的"书",汪辉祖显然指的是关于政治和文化的一般书籍。所以,有记录说,汪辉祖当幕友的时候,书房四壁摆满了儒家经典和历史著作,与之相比,法律著作的数量几乎可以忽略不计。[121] 对像汪辉祖这样仍然想要通过科举考试的人来说,儒家经典和史籍当然是必读的。而且处理棘手案件,也需要阅读这些书籍——当现有法律并不适用时,汪辉祖常常求助于这些书籍。[122]

因此，我们看到，幕徒需要阅读的书籍非常多，从法律到哲学，从实用的到理论的，从特别专门的到广泛综合的。没有人能在短短几年内读那么多书，他们的要务自然还是集中于法律书籍。但是，就像汪辉祖和陈天锡都强调的，幕徒自始至终需要广泛阅读。

幕徒的德育

中国传统教育强调培养学生成为有德之士，清朝的法律教育也不例外。这就是为什么阅读书目上仍然有儒家经典的原因。此外，许多早期幕友的著作，对如何成为品性正直的幕友，也给出了专门的建议。这些著作中，最为全面的，要数汪辉祖的著作。事实上，正如我们将看到的，他的所有著作都是这种性质的，几乎涵盖了幕友生活的方方面面。他的作品备受同代人尤其是官员和幕友的重视。[123] 汪辉祖在世期间，这些著作被反复大量翻印，且一直延续至陈天锡所列的必读书目中。[124] 因此，我们可以假设，从18世纪至19世纪末，它们被幕徒广泛阅读，也对幕徒的道德观产生了不容低估的影响。下面是对汪辉祖学说的分析，关于幕友应该拥有什么精神和生活方式，应该追求什么样的目标，对待权威和法律应该持什么态度，在法律体系中应该扮演什么样的角色，应该对抗什么恶行，应该负起什么责任，应该避免什么陷阱，应该坚持什么原则，应该做出什么让步，以及最重要的，应该如何执行这些道德决策。

培养公正精神，将追求正义作为个人目标（"立心立品"）

汪辉祖指出，因为幕友的工作关系到人们的生命和财产，所以他会经常受到不正当的影响。汪辉祖本人就曾有类似经历。[125] 因此，他必须从一开始就是一个有正义感的人，而他也必须不断抵抗诱惑和威胁，坚持不懈地寻求正义。[126]

过清白而有意义的生活，保持人品正直（"修身持家"）

根据汪辉祖所言，幕友的薪水只够支撑一个小家庭的简朴生活。要避免困苦，每个家庭成员都必须节俭节约。幕友自己尤其要克制铺张浪费，以免陷入债务，落入债权人之手。他也不能沉迷于饮酒、下棋、读小说或其他坏习惯，或结交恶友。所有这一切都会让他陷入危险处境。他要在闲余时候"读有用之书"，也就是说，法律书籍、儒家经典和史籍。[127]

谋职时小心谨慎，工作中依循某些原则（"择主事官"）

因为幕友必须与雇主密切合作，所以他一定要小心谨慎地选择服务的人。他要寻找那些与自己同气相求的人。一旦被雇佣，他要尽最大力为雇主服务，负起责任，勤奋而忠诚。他不能对食物（一般规矩都是由雇主提供）或礼节（尤其是雇主对待他的方式）这样的小事情过分挑剔，但在重要的事情上——原则和法律问题、会影响到百姓利益的事情——他要清楚表明自己的看法。如果雇主立场严重错误，而他无力改变，他便要辞去工作。为了有力地论证自己的观点，他要让自己值得尊敬，永远不跟雇主过于亲近，而且他永远也不能欠雇主钱。[128]

对书吏差役既严格又讲理（"检吏制役"）

与书吏和差役的关系，难在他们都倾向于"压榨"百姓。幕友的工作，很重要的一部分就是防止他们干坏事。幕友可以揭发他们的罪行，或可以减少他们作恶的机会。例如，要是幕友没有不必要地唤人出庭，差役和书吏敲诈当事人的机会就少很多。[129] 但幕友也必须明白，差役的薪水很微薄，而书吏没有固定薪水，他们不得不依赖那些前来寻求他们服务的人所支付的不同费用。因此，幕友必须既严格又讲理：只要他们的索求并不过分，就随他们去；但如果他们欺诈百姓或滥用法律，那他要立即上报他们的罪行，并让他们接受惩罚。[130]

献身工作，关怀百姓（"敬业爱民"）

陷入诉讼的人总是不幸的。当他们来到地方官面前听候判决时，他们将自己的切身利益交在地方官手上。幕友代表地方官处理诉讼，要对当事人心怀同情，不要背叛他们的信任。他不能偏心，而要寻找真相与正义；他不能松懈，而要全心投入案件工作。[131]

汪辉祖还有一些更专门的建议。首先，发起诉讼的人常常倾向于夸大案情的严重性。幕友需要仔细阅读诉状。如果他发现是亲戚或邻居之间的纠纷，要建议撤销此案，指示双方庭外和解。甚至在正式听讯开始以后，也可以允许民事诉讼或轻微刑事案件的原告撤回诉状，如果原告和被告同意和解或仲裁的话。这些做法，目的是保证家庭和社区团结，减少双方被差役、书吏和讼棍剥削的机会。事实上，如果有这样的恶人参与教唆或敲诈，他们会被立即带上庭，受到严厉惩罚——对他们是毫不留情的。[132]

其次，如果审判是必须的，那么，幕友要仔细研究将要呈庭的各种记录和判决，要知道有多少差役去送达传票或执行搜捕。如果是官员的私人随从揭发的犯罪案件，做判决时尤要小心，因为它也许牵涉各种形式的腐败和罪恶阴谋。无论如何，传唤或逮捕的人要尽可能的少。女人，除了直接涉案谋杀或通奸，一般不会被带上法庭。证人无须逮捕监禁。所有这些还有其他很多细节，都要在幕友起草的传票或拘票里讲述清楚。他这边，任何不当决定都会对相关人士造成不必要的麻烦，所以应当避免。[133]

第三，当幕友要在庭审之前及庭审期间给地方官建议时，他必须保持镇定，自觉地避免偏见。审判的目的是寻找真相。要恰当设计问题，有技巧地提出问题。如果听讯还不够做出判断，要做更多的安排。要建议地方官耐心且心怀怜悯——他不应该随意下令上刑。尽管严刑逼供作为一种手段，可以允许，但应尽尽量避免；因为它可能会导致严重的不公，另外，可能会导致案件在上诉或复核时，受害人撤诉，令司法程序延期或复杂化。[134]

第四，庭审之后，幕友要调查每一个证据，研究每一个论点，考虑围绕案件的所有情况，最终做出判决。对此，他同样需要小心谨慎，让自己摆脱偏见和预设，仔细寻找适用的法律。后一个任务总是非常艰难，因为法律通常相当简单而严格，但事实却常常复杂而多变，每件案情都不一样。因此，即便有基本的适用法律，但总是需要对它们加以阐释、调整，以符合实际案件的案情。因此，幕友不仅要知道法律条文，更重要的是，他还要领会法律的精神。而且，不可避免的是，有些案子没有现有法律可循，或运用现有法律会导致不公，在这样的案件中，幕友必须从儒家经典中找出更高的规范来作为他的判决基础。[135]

寻找合适法律或更高规范的目的，是让手里的案子获得最恰当的判决。判决结果当然必须公正。而且，结果也必须有益于争讼双方的持久和平，并对同一社区的民众进行普法教育。因此，当对受伤者的补偿适当充分时，对过错方的惩罚也须刚好足够——要避免过度惩罚。[136]

最后，如果幕友的判决得到雇主认可，向上级汇报时却被驳回，幕友要仔细研究上级的意见，对判决做出恰当的修正。但如果他发现上级的意见毫无根据，他要替雇主起草回复，为原始判决做出辩护。他永远不可仅按指示行事，牺牲正义。[137]

以上是汪辉祖对幕友的一些道德教诲的总结。汪辉祖的底线是，若人不能遵循这些基本的道德准则，他就不该当幕友，而若环境不允许幕友遵守这些道德准则，他应该辞去工作，寻找更合适的雇主。汪辉祖自己在当幕友期间，就因为这种情况七次辞去工作。[138]

清朝法律教育的优秀产物

因为材料的缺乏，我们无法说出清朝法律教育的"平均"结果是什么，但我们对其中一个成果——汪辉祖——拥有足够的材料。虽然汪辉祖是孝子、慈父，但他首先是一个律师，一位优秀的幕友，一名出色的司法人员。对清朝法律教育所希望获得的成果来说，他这个例子值得更为详尽的研究。[139] 但对本文来说，对他简单加以评价就足够了。

汪辉祖跟随幕友学习法律，而且显然学得不错。因此，他能够运用那些可以实现公正的法律，调整甚至避免那些用了会导致不公的法律。他理解法律的精神，精通儒家经典，因此，他脑海中总是有更高的规范，他从来不是一个狭隘局限的法律"工匠"。他的目标不仅仅是对手头案件判决公正，而且要为争讼双方所生活的社区寻求和平共处。他严于律己，宽以待人。他献身工作，忠于自己的原则。通常，他站在弱势和被压迫的一方，抵抗强权霸道（在许多案子中，他为犯罪嫌疑人辩护，让他们免受错误指控，而在无数其他案子中，他利用法律和更高规范保护孤儿寡母的利益）。身为贫穷的幕友，为了保持高洁品性、坚持自己的原则，他七次放弃工作（以及他非常需要的收入）。而作为一位地方官，他则拒绝与省提刑结私，拒绝听从指示判决案件。他甚至违抗官府的命令，让他辖区的人民能够获得廉价的盐。最后，他对原则的强烈忠诚让他处境艰难：提刑因他不服从命令而弹劾了他。但他保持尊严，辞官退隐。他的确是有史以来最伟大的律师之一，清朝法律教育能产出这样的人物，值得表扬。

机制和实践背后的原因

我们看到，在清朝，法律教育并不普遍。但如今许多"中国通"对此并不信服。他们不断问，一个复杂的社会，怎么可能缺乏法律知识的普及？没有大量帮助政府、也帮助人民处理法律难题的律师，社会如何运行？他们认为，之所以无法回答这些问题，是因为现在的研究还不够充分。有些人指出：清朝社会和其他社会一样好讼，因此法律知识一定很普及；许多生员（通过了院试的学生，有资格进入当地公立学校学习）都是法律专家，他们构成了新兴的律师阶层；状师肯定了解大量法律和判例，因为他们要帮助决定是否发起诉讼；而且，还有24类谋杀，普通人一定知道。[140]

这些是关于信念的陈述。举证责任在其信徒身上，且责任很重。例如，要证明清朝社会好讼，他们需要统计、访谈，和用于定性和定量分析的调查。未来是否能找到这样的材料，很难预料。

目前，现有证据则表明情况正相反。首先，让我们看看"好讼"。"中国通"很可能是从清朝官员的著述中产生了这一想法：这些著作让人觉得，在清朝，诉讼可能为时数年甚至数代，反复上诉很常见，有些上诉直接递到了朝廷。[141] 事实上，是有这样的情况，且每一起都会引起过度关注。但没有统计数据——我们不知道这样的案件具体有多少，以及它们在任何给定时间和地区的案件总数中的占比。考虑到将上诉递交省级和朝廷的成本和风险，难以想象这些案件会数量众多。无论如何，它们更多反映出法律体系允许这么做，而非人们的性情乐于去这么做。中国传统司法程序对上诉没有设定任何限制，而向皇帝申冤可以是最后的求助手段。[142] 这些特点表明司法系统对自身并不确信。事实上，中国人甚至都不把皇帝看作最高司法权威。这就是为什么那些觉得自己遭受了巨大不公的受害者，会不等司法程序走完就先自尽，以求得神灵的公平审判。[143] 这绝不是好讼。相反，它表明人们对司法系统几乎没有信心。

"中国通"曾被另一个事实引导而认为清朝是好讼的社会，那就是中国人会为了许多琐事上庭，比如言辞攻击或因一些价值不大的东西起了纷争。[144] 这就是好讼的证据吗？我们应该认识到，在关系紧密的共同体中，出言不逊会造成严重伤害，而因为普遍贫穷，一些对我们来说无甚价值的东西，对那时的许多人来说却意义重大。而且，我们应该知道，许多诉讼不是为了寻求判决，而是要给被告找麻烦，或诱使他和解——这就是为什么提出诉讼后，原告常常不理会反复的传票，拒绝上庭。为何提出诉讼会产生原告想要的效果？因为走司法程序代价高昂而且非常危险。部分因为这个原因，调解仲裁的机制和手段在清朝十分发达，它们精心设计，运用习俗法而非法律来解决问题。[145]

调解发达的另一个原因是司法体系缺乏效率。数万人的辖区只有一名地方官及寥寥几个下属。[146] 他不仅是法官，也是行政主管，要为税收、本地安保、教育、公共工程以及其他许多事务负责。他能处理多少诉讼？汪辉祖是一位极其勤勉的地方官，他记录道，前任留下的每个案件，他平均都要花上三天时间来处理。[147] 他还写道，他作为幕友接手的许多案件，早在好几年前就已经开庭了。[148] 若没有足够的法官来裁决案件，清朝社会又能多好讼？

真的有许多执业律师帮助平民解决法律问题吗？我们知道，有状师和讼师，但究竟有多少人？黄六鸿在《福惠全书》里写道，作为地方官，他只在所任两个辖区内，每地任命了几个状师。[149] 嘉庆年间（1796—1820），地方官刘衡建议每个区可以许可两到三个状师从业。[150] 浏览《淡新档案》可以发现，任何时期淡水-新竹地区的状师都不超过两个。

讼师数量很难统计。因为许多清朝官员会杖打那些滋事者，人们便觉得他们为数众多。[151] 但是我们有什么确凿证据？汪辉祖非常擅长查明谁是讼师，但身为两个辖区的地方官，任期四年里他只查出了两个讼师是谁。[152] 蓝鼎元在雍正年间（1723—1735）在几个地区任职，他的《鹿洲公案》里只提到三个讼师。[153] 清末，社会秩序崩坏。1901—1902年任秀山知县的吴光耀在他的《秀山公牍》里记录了五起涉及讼师的案件。[154]

上面所说的几个数字当然并不能作为充分的统计数据，但它们证明，有许多状师和讼师介入诉讼的这种印象被夸大其词了。相反，因为诉讼成本高昂，法官数量不够，每个地区只有几个这样的人很正常——否则就没有足够的事情需要他们做。

当然，律师要做的不只是诉讼，清朝律师大概也要为客户起草合同和其他法律文件。考察台湾地区的一批此类材料[155]，揭示出两个事实：首先，这些文件语言平白通俗，内容符合常识，没有引用任何法律，无论是成文法还是习俗法。因此，需要律师帮助准备这些文件的需求很小。其次，大部分文件是卖地和分割家产。即便这些文件是由律师起草和撰写的，他们也没有足够的业务，因为这样的交易并不频繁发生。就此而言，任何识文断字的人都可以靠此业为生，所以，难以想象有许多生员加入"新兴的律师阶层"。此外，皇帝诏令和条例明确禁止生员介入他人诉讼。[156] 当然不可避免会有人违背这一命令，但不可能整个"阶层"都这么做。

如果人们不能从正规学校获得法律教育，又被禁止在庭上代表客户或介入他人诉讼，也没有足够的非讼事务可做，他怎么成为法律专家？又怎么可能有大量的人员以律师为业生存？

然而，如果律师数量寥寥，为什么清朝许多文人会指责人们好讼？[157] 为何所有官员谈及讼师，都认为他们会多生事端？为什么会有针对讼师的运动？说得更根本些，在机制和实践背后，是出于什么样的原因，要阻止私人律师成为传统中国的新兴阶层？一个复杂社会，没有普遍的法律知识，如何能运作？

要回答这一系列问题，我们需要理解传统中国对诉讼的态度。诉讼从来不是社会交往的正常部分。它被认为会扰乱社会秩序，是一种社会疾病。更重要的是，它被认为是官员无力教导人民和谐生活的结果，表明他没有能力以身作则治理辖区，反映出他道德品质不佳。若地方官的辖区里有诸多诉讼，在官员定期考核中，他的评价会很低。如果他不能令人满意地解决事端，就要被处分或惩罚。那么，他讨厌诉讼，怨恨那些引发诉讼的人，尤其是那些自己并不涉及纠纷却挑唆诉讼或让司法程序陷入纠葛的人，有什么奇怪的吗？而他通常没有太多法律知识这一事实，也让他的情绪更为激烈。

因为这些原因，许多地方官夸大了民众的好讼以及讼师的数量。他们不仅公开抱怨这一"事实"，而且还向上级汇报。反复提起之后，他们和他们的上级开始相信事情就是如此，而且不断下令围剿、惩罚那些"肇生事端之徒"。但是所有这些行动都敷衍了事，收效甚微。原因是，其实周围也没有那么多专业讼师。这个"事实"不过是神话，是失意官员为掩盖自己无能而编造出来的神话。

相反，熟悉法律、能有效处理诉讼的地方官，则常常吹嘘，尽管民众那么邪恶，提出了各种稀奇古怪的诉讼，但最后自己的道德教诲打动了他们，他们深感悔恨，不仅放弃指控，还抛开了对彼此的敌意。[158] 这样的故事和对诉讼和讼师的夸张描述，是同一个意识形态和政治现实的两面，同样都是为了地方官及上级的自身利益。

在机制和实践背后，是什么原因阻止了清朝律师阶层的兴起？要回答这一根本问题，我们需要进一步考察中国传统的思想和行为。正如此文开篇所指出的，传统中国有许多规范，在人们的思想中，它们有高低等级之分。成文法垫底，因为它被认为远离理性、人类的情感和天然的正义感。这样的法律是人为制定的，而且并不必然是由最聪明的人制定的，因此，这些法律常常任意武断，也通常是临时性的。它们的任意性使得法律的适用十分困难，因为严格解释会导致不公和荒谬，而自由阐释则常常导致法律的滥用。另一方面，它们的临时性本质也使得成文法充满漏洞，因而对广泛全面的社会规范来说不够充分。比如大清律例基本是刑法，而其他政府机构应用的法律多数是行政法规。普通百姓牵涉最多的自然是民事案件，它们大体被成文法忽略，留给习俗法解决。毫不奇怪，普通百姓大部分人都过着非暴力的、私人的生活，他们认为成文法是低级规范，不值得留意。

而且，在传统中国，法律完全是权力精英制定的。普通民众被排除在立法过程之外，他们通常认为法律是压迫和剥削他们的手段，因而是可恨的。我们可能会好奇他们为什么不寻求法律专家帮助，去挑战和改变法律。答案是，首先，他们无法做到，因为政府雇用了所有"合法的"律师，并将其他人贬为讼棍。其次，普通民众并不认为法律可以得到完善。他们显然悲观地认为，"法越多，公平越少"[159]。考虑到他们完全缺乏政治权势，这一想法也不能说毫无根据。所以他们反之想出了其他的解决方法。首先，他们试图避开法律和司法系统，在别处寻找正义。因此，他们广泛求助调解和仲裁，而且，在极端情形中，求助于自杀，将他们的案情上呈冥府神灵。其次，他们中的有些人通过歪曲和诬告来滥用司法，这就是他们为何需要讼棍的原因。最后，万不得已，他们会起来反抗法律和整个权力结构，因此过去会有那么多人民起义。

讽刺的是，权力精英事实上鼓励这些解决办法，因为他们也高调宣扬更高规范，压制成文法，而事实上他们只运用法律和司法体系作为控制手段来发挥自己的优势。至高权力拥有者皇帝最常听到的格言是，他应该"以孝治天下"。对更高规范的强调，让权力精英可以摆脱法律的僵化，令它可以操纵或罔顾自己的规则。而因为权力精英将法律视为有力工具，他们并不希望他人染指。这就是为什么权力精英既忽视法律教育，又发起针对讼师的运动，即便讼师并不构成真正威胁。[160] 因此，权力精英帮助人们忽视法律，鼓励人民鄙视它。

权力精英使用的另一策略是创造和传播神话，即统治者是"民之父母"，而地方官则是"父母官"，普通民众是他们的"子民"。[161] 简而言之，神话就是将国家类比为家庭。在传统家庭中，有两个基本假设，父亲最明事理，他也自然爱护子女。这些假设给了父亲极大的权力制定家规，解决纠纷。因为他应该是爱护子女的，所以他们毫不怀疑他的用心；因为他据说知识最为广博，所以他们需要完全信任他的决定。如果两个孩子起了争执，他们只需陈述事实，而无须争辩对错或援引规矩。父亲总会查明真相，因此程序保障是不必要的，而为了查明真相，也允许实施体罚。[162] 父亲觉得什么规矩适用，就用什么规矩。在此过程中，很显然，若第三方参与其中，代表一方或为双方提出建议都是不合适的。这样的干涉是对父权的挑战，不能容忍，因而被怒拒——这就是为何讼师会受罚。但如果父亲需要一些帮助，他雇佣助手则是完全可以的——因此幕友被雇佣。

在长期的压迫和剥削之下，大众喜欢这样的神话，盼它成真。这就是为何但凡官员对人民表露一点点关心，就会大获民心。[163] 这也解释了为何人民在无法从当地法庭获得正义后，会千辛万苦、冒着极大风险去向皇帝上呈诉状。不幸的是，许多官员并不体恤民众，而且常常是根据贿赂的多少或受到的压力大小来判决诉讼。甚至皇帝也不一定可靠：在许多情况下，很显然，是政治权宜而非公正正义指引皇帝做出决策。对那些被灌输父母神话的人民来说，这一事实尤其难以接受。这让他们怀恨在心，愤世嫉俗。他们相信，权力精英都是骗子，法律和司法系统只是压迫和剥削的工具。当人避开或违背法律，以及滥用司法制度时，这一信念也让他们抛开悔恨内疚，觉得自己是在与邪恶的制度及其腐败的受益人斗争。

因此，传统中国轻视成文法和司法制度，其背后有思想原因，也有政治原因。这种观念成为普遍态度时，律师阶层想要兴起也就无甚机会了。社会也没有对法律知识的明确需求。但是，这些因素在中国传统社会导致了什么问题吗？使得社会失灵甚至崩溃了？显然并没有。因为法之上还有更高规范，而虽然没有许多律师，却有无数精通更高规范的专家。传统上，中国人也许并不"守法"，但他们遵从"天理人性"。他们关心对错，尽管并不关心那合不合法。

总结及评价

　　传统观点认为，中国传统法律教育并不普及。今天的"中国通"挑战这一观点，但也没有给出足够证据证明情况并非如此。此文显示，清朝的法律教育大致局限于幕友，而清朝为何实施这一限制，存在许多社会、政治和哲学方面的原因。受我们自身经验制约，我们现代人无法想象一个没有私人律师、法律知识并不普及的社会，尽管我们也不能相当自信地说，我们现代社会，法律知识就很普及。比如说，有多少人知道美国法律中"一级谋杀"和"二级谋杀"的区别呢？

　　关于清朝幕友的教育，此文描述了在思想、实践和伦理方面的培训，而且，本文也研究了此种培训所能培养出来的优秀例子——感谢汪辉祖。但是，汪辉祖很有可能超群拔类，而关于其他幕友，我们几乎没有什么材料。因此，最后问题仍然是：如何评价这种教育？我们不可能将之与现在的法律教育相比，因为背景相当不同。然而，教育要有成效，必须遵守某些公认的原则。而且，将现代法律教育与清朝的体系相比，甚至可以让这些原则的长处与短处都更为显见。

　　教育系统原则上应该向所有符合资质的学生开放。这点清朝法律教育没有做到：它对教育官员、书吏、辩护律师、执法人员或普通公众，都没有任何规划。它应该培训幕徒，但即便对他们，它提供的机会也相当有限：并非所有的幕友都收幕徒，而那些收徒的，通常只收几个年幼的亲戚或家里的朋友。毫无疑问，随着传统中国社会的转型，对律师和法律知识的需求日益增长，必须创办有能力培养上千名学生的新的法律学校，来取代清朝的体系。

　　如果课程很多，普遍认为可以由不同专家来教。清朝的幕徒只跟一位幕师学习，他所受的教育可能很不充分。幕徒经常就是唯一的学生，没有什么机会可以和同等身份的人交往或互相学习。对年轻人的思想和情感成长来说，同学之谊相当重要，清朝幕徒不幸孤身一人，而现代中国法律学校有几十名老师，上百个学生，当然就没有这个问题。

　　法律是非常复杂的科目，触及生活的许多方面。因此，研习法律需要掌握许多领域的知识作为前提准备。清朝法律教育对这点相当严格。年轻人开始学习法律之前，必须在经典和历史方面有足够的熏陶。因此，可以假设，在成为幕徒之前，他已经十分熟悉自己的文化传统。更重要的是，清朝制度设计了相当宽泛的课程，在学习法律的同时，幕徒需要熟悉、掌握许多其他科目，也要继续学习经典和历史。这种宽泛的教育，加深了他对传统价值观的理解，也让他能够更清楚地看到社会所走过的道路以及它前进的方向。结果，他不仅学习了法律，也领会了建立在那些价值观基础上的法律的精神；不仅掌握了如何运用法律，也懂得如何遵循它的精神，来保持或纠正社会的发展方向。不幸的是，如今中国大部分学习法律的学生，还没有为这样的使命做好准备。

就像医学，法律既是理论也是实践，而良好的法律教育会提供这两方面的培训。然而，在现代法律学校，书本学习占据主导地位，大部分学生直到毕业以后才开始了解法律实践。在这方面，清朝体制更好：幕徒从书本和他辅助处理的实际案件中学习法律，理论和实践在他脑海中一直不断对抗，所以他的学习更有成效。

法律在应用中就是一种工具。要使用它，不仅需要技能，还需要正派的心态。但现代法律学校只关注教授法律技能，对法律道德并不在意。其结果是，它最多培养出心智狭隘的法律技匠，只知道法律的技术性细节，而忘记了更高的原则——要知道，支配着法律本身、律师、律师的客户和作为整体的社会的，是更高的原则。而清朝法律教育则相反，法律道德是课程的主要部分，它让幕徒知道要根据一些更高的规范来运用法律。幕徒还需要研读像汪辉祖和张廷骧这样清正廉洁的律师的著作。这些著作不仅探讨了基本原则，也提供了实践建议。它们虽不能解决幕徒成为幕友后会遇到的所有伦理问题，但肯定能帮助他对这些问题了解得更加透彻，也为他寻找自己的解决方式做了更好的准备。

因此，与公认的良好法律教育的标准相对照，清朝对幕徒的培养，有一些缺陷，但令人惊讶的是，它也有许多值得赞扬的特色。现代中国因为社会的重大变化，如日益都市化、工业化、国家与世界经济一体化、西方观念和实践的普及等，需要更多律师——那些不仅知道规定也领会法律精神的好律师——和更多的法律知识。要达到这些目的，现代中国的法律学校还没有做足准备，尚需许多改进。若它们可以从清朝幕徒的教育中学得一二，将是良好的开端。

（严蓓雯 译）

注释

1. 在中国传统中,"法"总是意指"成文法"。它经常和"术"一词连用,表示控制和管理的手段。

   在西方法律体系中,一些道德原则被称为"自然法",一些早已得到承认的习俗规定被称为"习惯法"。这些术语在 19 世纪末被介绍到中国,如今在法律话语中普遍使用。但是,在传统中国法律思想中,"自然法"和"习惯法"属于用词不当。它们自相矛盾,因为法从其定义而言,是人尤其是权力精英制定的。

   因为"法"这个词在西方的广泛使用,法律知识意味着对自然法和习惯法以及成文法的知识。但在传统中国,法律知识只是指关于成文法的知识。人们当然知道还有其他规范存在,了解那些规范至关重要。事实上,大部分民事案件都不是根据成文法而是根据习俗规定和道德原则来调解的,传统中国教授这些规定和原则的精心方式众所周知。但是,它们不是当作"法"来教的,而是当作比"法"更高或与"法"相类似的规范来教授的。

   此文讨论清朝的法律教育,这个"法"要从中国传统意义上来理解。本文并非讨论"习惯法"或"自然法"的教育与学习,因为它们被认为是不同的学科。

   关于金字塔概念,见张伟仁《传统观念与现行法制》,载《台湾大学法学论丛》总第 17 期,1987 年第 1 期,第 1—64 页。

2. 在清朝,行政区域的数量在 1200 个和逾 1300 个之间浮动。有关分析,见张伟仁《清代法制研究》("中研院"历史语言研究所,台北,1983)册 1,第 163、236 页。

3. 更高级官员包括府丞、按察使、提刑、总督、巡抚、刑部官员以及其他具有司法责任的中央政府官员,有关描述,见张伟仁《清代法制研究》册 1,第 169—179、249—262 页。

   执法官吏包括民事方面的知府、知县的副手,以及军事方面的守尉、参领和参将。有关描述,见张伟仁《清代法制研究》册 1,第 165—172、241—242 页。

   关于胥吏、听差的不同种类及其责任,见张伟仁《清代法制研究》册 1,第 160—163、227—236 页。

   有关私人幕友及其职责,见张伟仁《清代法制研究》册 1,第 158—160 页。

   地方保安人员包括保甲、里加、团练和地方。有关描述,见张伟仁《清代法制研究》册 1,第 152—155、216—222 页。

   有关幕友及其作用的描述,见张伟仁《清代法制研究》册 1,第 156—157、223—224 页。最后一类在清朝法律体系中发挥作用的人,是讼师或状师。关于他们的简略研究,见张伟仁《清代法制研究》册 1,第 157—158、224—225 页。

4. 关于这些科目的描述,见张伟仁《清代的法学教育》(上),载《台湾大学法学论丛》

总第 18 期，1988 年第 1 期，第 7 页。

5. 《圣谕广训》在 1734 年被加入阅读书目。见嵇璜等编《皇朝文献通考》（1761；再版，台北，1962），卷 1，第 5498 页。其学说主要是敦促人们过讲究道德的生活，避免争端（例如诉讼）。关于此书及其不同版本的研究，见张伟仁《中国法制史书目》（"中研院"历史语言研究所，台北，1976）册 1，第 172 页。

   《历代名臣奏议》在 1652 年加入阅读书目。见昆冈等编《大清会典事例》（1899；再版，台北：启文，1963）册 13，第 10215 页。关于这本书的介绍，见张伟仁《中国法制史书目》册 3，第 1147 页。

   关于"性理"的著作，主要包括周敦颐《太极图说》；周敦颐《通书》；张载《西铭》；张载《正蒙》。这些书籍 1700 年加入书目。见昆冈等编《大清会典事例》册 12，第 9505 页。它们是主要的道德学说。关于这些著作的简单介绍，见张伟仁《清代的法学教育》卷上，第 17 页注释 47。

6. 昆冈等编《大清会典事例》册 13，第 10127—10128 页。

7. 昆冈等编《大清会典事例》册 12，第 9504—9505 页。这些考试很多始于唐朝年间（619—907）。那时不同类别的学生参加不同考试。专治法律的可以只参加"明法"科目的考试，考题都是关于法律的，通过了就有资格为政府工作。唐朝年间及之后，常常会增添新的考试科目，去除旧的科目。清朝也发生了同样的情况。比如 1681 年废除了诏和诰的考试，但 1702 年又重新恢复，那些参加五经考试的学生要考诏和诰。见昆冈等编《大清会典事例》册 12，第 9505 页。但因为参加五经考试的学生很少，诏和诰的考试因而也事实上被废除了。1756 年，论、表和判的考试也从院试中去除，但乡试仍然保留了表的考试。见昆冈等编《大清会典事例》册 12，第 9508 页。1757 年，首次引入"诗"的考试，取代了"表"。见昆冈等编《大清会典事例》册 12，第 9508—9509 页。

8. 最初，所有考题都是监考官出的。1676 年之后，关于四书的乡试考题基本由皇帝出题。1685 年之后，顺天府乡试的此类考题也由皇帝出题。见昆冈等编《大清会典事例》卷 12，第 9504—9506 页；商衍鎏《清代科举考试述略》（台北：文海，1956），第 65 页。

9. 例如，1726 年江西省监考官查嗣庭从四书里挑选了两个句子作为考题，一题出自《论语》："不以言举人，不以人废言"；另一题出自《孟子》："山径之蹊闲，介然用之而成路。为闲不用，则茅塞之矣。今茅塞子之心矣"。雍正皇帝认为查嗣庭在恶意批评他要求地方官向中央举贤荐能的政策。查嗣庭被判死刑，兄弟被判流放，老家浙江的学生不许参加次年的科举考试。见商衍鎏《清代科举考试述略》，第 327—328 页；萧一山《槐厅载笔》（1799；再版，台北：文海，1963）卷 13，第 7 页；《清代文字狱档》（1934；再版，台北：华文书局，1969）。

10. 1713、1715、1735、1764、1775、1796年的数份诏令指出了这一事实。见昆冈等编《大清会典事例》册12，第9505、9506、9507、9509、9511页。

11. "代圣人立言"这一命令在1745年、1759年和1814年诏令中重申。见昆冈等编《大清会典事例》册12，第9517—9521页。根据儒家正统，所有基本真理都已在儒家经典之中，任何人就儒家先圣早已说过的主题发表言论，只能进一步阐明他们的理论。因此，"代圣人立言"的做法并非清朝的发明，它其来有自。

12. 昆冈等编《大清会典事例》册13，第10213页。

13. 有关例子，可见张伟仁《清代的法学教育》（上），第20—21页注释63。

14. 见本文注释7。

15. 这些科举试卷中反复出现的论题，保存在"中研院"历史语言研究所。逾31万份明清档案（清代内阁大库档案的一部分）如今在历史语言研究所名下，被保存、编辑，并自1988年起以《明清档案》为名出版。它们大部分是试卷。

16. 此类诏令于1697年、1730年、1732年、1811年、1882年、1883年和1886年发布。见昆冈等编《大清会典事例》册12，第9505、9506、9512、9513、9514页。

17. 正如注释10所指出的，出熟题是文章考试的一个严重问题。"策"考也有同样问题。1745年诏令指出了这点。见昆冈等编《大清会典事例》册12，第9508页。这就是为什么1788年诏令禁止学者刊行"策"真题的标准答案。见昆冈等编《大清会典事例》册12，第9511页。

"自问自答"会详细描述一个问题，这一做法在清初并不普遍，那时问题通常相当简短，在两三百字之内。康熙年间（1662—1722），考题常常有之前的几倍长，而且几乎都是自问自答。

18. 1754年一份诏令怀疑另一个动机，即考官想要影响学生对考题的思考。见昆冈等编《大清会典事例》册12，第9508页。情况也许是如此。但考官出的考题不仅可能被学生误解，也可能被政敌曲解，对他造成严重危害，所以更有可能是他想用这种方式安全出题。

19. 1685年乡试就出了这样一道考题，而中举的考生陆肯堂（之后他又通过了殿试，高中榜首）的考卷，在张伟仁《清代的法学教育》（上）中全文引用。考题逾700字。它提出了许多问题，也建议了许多回答。陆肯堂的答题大概是同等的篇幅，除了重复那些建议，基本没有增添什么个人见解。在清朝中期地方官福格看来，要回答这样的考题相当容易：考生所需要做的只是将问题改换几个字词即可。见福格《听雨丛谈》（再版，台北，出版日期不详）。

20. 1745年诏令谴责了出熟题这一做法。见昆冈等编《大清会典事例》册12，第9508页。1788年，另一份诏令禁止学者传播"策"真题的标准答案。显然，考试仍然在出熟题。1736年礼部条例禁止出自问自答题，见昆冈等编《大清会典事例》册12，第9507页。1771年诏令的目的不太清楚,但它肯定阻碍了自问自答的出题做法。见昆冈等编《大清会典事例》册12,第9509页。

21. 除了上文提到的多年反复出现的考题,还出现了几个新问题,它们非常流行,在晚清反复出现,包括如何镇压叛乱、恢复社会秩序以及如何实现各种改革。

22. 这一做法在1788年被禁止。见注释20。

23. 有关档案见注释15。

24. 清朝内阁大库档案,档案号65830。

25. 李翰章《大清律例汇辑便览》(再版,台北:文海,1975)第4册,第1509—1517页。

26. 张伟仁《清代的法学教育》(上),第22页注释64,全文引用了这份答卷。同一考试的其他四个考题,也是大清律例的条文标题。罗仁宗对这些考题的回答,就像对第二题的回答一样,也是用程式化的语言表达普通常识,没有专门提到任何相关法令和条例。对清内阁大学士档案里的众多其他考卷的考察,证明罗仁宗的情况非常典型。

    有意思的是,这一修辞传统显然始自唐朝。一个名叫张鷟的人在科举考试中表现相当出色,这部分是因为他很会写"判"。他选了一些他那个时代涉及官员不端行为的实际案例,并撰写了虚拟的判决。因为这些判决用精美华丽的辞藻写就,所有句子都两两对仗,后来被收集刊印成书,名为《龙筋凤髓判》(唐朝刊本;湖海楼1811年再版本)。但它们也是道德判决,是基于儒家经典的道德原则而不是法律。这一传统的另一个例子可见焦竑的《标律判学》(焦山堂,1596)。这是根据大明律条款所出"判"题的答案合集。这些答案都是道德评论,也都辞章华美。

    除了极少数的例外,官员撰写实际判决时不会遵循这种修辞传统。大部分判决都用朴素经典的风格写就。因此,"判"试对官员撰写判决并没有起到什么有用的作用。不过,传统的"判"的考试答案,有一点与审案官员对民事诉讼或轻微刑事案件的判决是一致的。就是在这样的判决中,并不经常引用和运用法律条款。相反,理性、常识和地方习俗常常是审判基础。《淡新档案》里的大部分判决都是如此,朱熹等人编纂的《明公书判清明集》(北京:中华书局,1987)等集子也是一样。关于这些集子的例子,见张伟仁《中国法制史书目》卷2,第804—813页。

27. 昆冈等编《大清会典事例》册12,第9508页。诏令宣布,取消"判""论""表"试。它给出了三个理由。首先,大部分学生对这些考试的回答,都是"雷同剿说"。其次,考官对这些考试的结果不太在意,他们更关心文章考试,尤其是对那些基于四书的考题的回答。第三,学生对"论"和"策"的回答,已经足够展示他的知识、道德品性和志向,不需要他在其他考试中再详细写出一样的答案。见庆桂等人编《大清高宗纯皇帝实录》(北京:1807;再版,台北:华联,1964)册2,第7631页。学生们的回答怎么会"雷同剿说"呢?这是因为,正如1745年一份诏令指出的,考官经常出一些熟悉的、可以预料的考题。见昆冈等编《大清会典事例》册12，第9508—9509页。这种问题会产生学生竞相模仿的标准答案。而考官对判、表和论的考题为什么不予关注呢？因为他们觉得文和策更加重要。为什么学生关于儒家经典的知识、他的道德品质以及他的志向是政府要考核的最重要的事情呢？有许多理由，其中最关键的可能是传统中国更偏向于让"通才"而非"专才"在政府部门就职。但是，这里不必要讨论这些。问题关键是，1756年诏令清楚表明，清朝政府在进行科举考试时，并不真的关心考生知道多少。

如此，有个问题不可避免：如果法律考试并不能真正衡量学生的法律知识，统治阶层对之也并不重视，那么为什么这样的考试自唐代以来一直在延续？这很可能是出于传统儒家知识分子的惯性。大部分考官和考生都习惯了这种考试。清朝皇帝（位于儒家传统之外）看清了它的徒劳无益。但即便是清朝皇帝也不能大张旗鼓地改革，它会影响知识分子的既得利益。例如，1663年，清朝取消了八股文考试，这在朝内外的文人中间引起了骚动，见昆冈等编《大清会典事例》册12，第9505页。仅仅两次考试改革（1663—1664，1666—1667）之后，旧的八股文考试又恢复了。见昆冈等编《大清会典事例》册12，第9505页。

28. 见张伟仁《传统观念与现行法制》，第1—64页。
29. 见《满洲铨选》《满洲开列》《满洲遴选》和《满洲升补》的部分章节，收入昆冈等编《大清会典事例》册6，第5481—5602、5683—5722、5735—5792、5957—5970页。
30. 《大明律集解附例》（1610；再版，台北：成文，1969）册2，第469—473页。
31. 有关大清律例的相同法令，见李翰章《大清律例汇辑便览》第4册，第1240页。关于"讲约处"，见昆冈等编《大清会典事例》册13，第10332—10333页。
32. 例如，见徐文弼《吏治悬镜》（清朝刊本；再版，台北：广文，1976）卷1，第189页；程炎编《州县须知》（宝仁堂，1862）卷1，7—9b；何耿绳《学治一得编》（宝仁堂，1841），34—34b；田文镜《钦定州县事宜》（宝仁堂，1871），6—7b。
33. 汪辉祖《病榻梦痕录》（江苏：江苏书局，1862）卷2，第16页。
34. 大清律例的官方版本会分发到公立学校和政府部门。见昆冈等编《大清会典事例》卷13，第10215—10227页。而其商业版本（例如李翰章《大清律例汇辑便览》）及其注释（例如薛允升《读例存疑》[北京：翰茂斋，1905]）亦方便可得。
35. 例如，李之芳《棘听草》（作者刊行，1654）；蓝鼎元《鹿洲公案》（作者刊行，1732）；徐士林《徐雨峰中丞勘语》（圣译楼，1898）；蒯德模《吴中判牍》（作者刊行，1874）；汪辉祖《病榻梦痕录》；李钧《判语录存》（作者刊行，1833）；邱煌《府判录存》（作者刊行，1840）。关于更多例子，见张伟仁《中国法制史书目》册2，第807—813页。
36. 通行的包括全士潮《驳案新编》（再版，台北：成文，1968）；祝庆祺和鲍书芸编《刑案汇览》(序写于1834年；再版，台北：成文，1968)；祝庆祺和鲍书芸编《续增刑案汇览》；潘文舫和徐谏荃《新增刑案汇览》(序写于1886年；再版，台北：成文，1968)；吴锡俨等编《刑案汇览续编》(序写于1884年；再版，重庆，1900)。有关更多例子，见张伟仁《中国法制史书目》册1，第306—313页。

37. 见刘王慧珍《中国传统族规》(The Traditional Chinese Clan Rules) (New York, 1959)；多贺秋五郎编《宗谱研究（资料篇）》(Tokyo, 1960)。

38. 关于最出名的小说和戏剧的分析，见游国恩《中国文学史》（北京；再版，台湾，1982)。

39. 关于清朝和民初最流行的京剧的简要描述，见陶君起《平剧剧目初探》(台北：明文，1982)；胡菊人编《戏考大全》(台北：宏业，1986)。有关早些时期的著名戏曲，见罗锦堂《元杂剧本事考》(台北：顺先，1976)；梅初《明人杂剧选》(台北：顺先，1979)；郭云龙《中国历代戏曲选》(台北：宏业，1990)。有关著名的民间传说，见《笔记小说大观》(台北：新兴，1973)。

40. 在大部分社会，统治阶层都试图让成文法符合它认可的道德原则。在传统中国，由儒家做出了这一努力，自汉代开始，儒家就一直处在非常具有影响力的位置上。结果就是法律的儒家化。见瞿同祖《传统中国的法律与社会》(Law and Society in Traditional China) (Mouton, Paris and The Hague, 1961)。

41. 见《韩非子》里《诡使》和《六反》篇。孟子清楚承认这些冲突，这就是为什么他在著作中花很大篇幅帮助人们找到这些冲突的解决办法。见《孟子》的《离娄》《公孙丑》《告子》《万章》《尽心》和《滕文公》诸篇。

42. 在刘王慧珍和多贺秋五郎的著作中可以找到许多例子。见注释37。

43. 例如，《刑案汇览》将大部分案子的案情归纳为寥寥几行，也没有关于法律推理的详述。大部分案件记录的风格和实质都与此类似。

44. 注释35里列出的大部分著作都是如此。甚至汪辉祖的著作也显然对自己作为法官的能力有夸大其词之处。

45. 例如，《龙图公案》(出版日期不详)；《海公奇案全传》(紫云轩，上海，1893)；《施公案传》(序写于1839，出版日期不详)；《刘公案》(清朝刊本，出版日期不详)。关于更多例子，见张伟仁《中国法制史书目》册2，第816—821页。

46. 实际上，所有的公案小说都对案子没什么钻研，写得也很差。这就是为什么没人愿意署名。它们似乎就是对说书人所说内容的抄录。当然，它们也无意对中国传统法律体系做准确描述。

47. 李翰章《大清律例汇辑便览》第2册，第2139—2140页。

48. 清朝最著名的两位法律高官是薛允升和沈家本。薛允升做了七年刑部尚书（1893—1897, 1900—1901），撰写了两部伟大的法律著作《唐明律合编》(退耕堂，

1922）和《读例存疑》。沈家本一直在刑部（1906年改名为法部）任职，将近30年。1901—1911年，他先是（刑部）法部右侍郎，之后为尚书。他负责晚清的法律改革，撰写了许多法律条款，其中一些被收在《沈寄簃先生遗书》（清朝刻本；再版，台北：文海，1964）中。但是，无论是他们的生平传记，还是他们自己的著作，都没有告诉我们太多他们所受的法律教育情况。另一个例子是胡季堂。他在刑部的时间比清朝任何人都长（1774年至1779年是侍郎，1779年至1798年是尚书）。但他似乎没有留下任何法律著作，而关于他所受的法律教育，他的传记也一字未提。

49. 见注释35。

50. 见缪全吉《明代胥吏》（台北：中国人事行政月刊社，1969）；缪全吉《清代胥吏》（台北：未刊印手稿）。

51. 一般任命清代官员在一地为官三年。任期结束，他要么被升职，要么被降职或去职，要么调任同级但或多或少更为重要的职位。见昆冈等编《大清会典事例》册7，第5793、5849、5980、6095—6106、6123—6141页。但因为人选比职位多，候补官员常常被任命为署理官。如此他可以更频繁地从一个职位调任另一个，或从一个职位上退下来，恢复之前的候补地位。

有关禁止在家乡省份当官，参见"本籍回避"部分，见昆冈等编《大清会典事例》册7，第5663—5666页。

官员不亲自整理档案，他们依赖胥吏做这些事情。但是胥吏并没有将档案有序保存，方便检索，或者他们有自己的一套系统，别人并不知道。鉴于传统在前现代非常重要，这点难以置信，但却是实情。陈天锡说，他身为幕友，却没办法找到不过是几年前的档案。见陈天锡《迟庄回忆录》（作者刊行，台北，1970），第75页。汪辉祖提到，他判决的一个案子，档案是放在胥吏家里的。见汪辉祖《梦痕录余》（江苏：江苏书局，1864，76b）。

52. 缪全吉的《明代胥吏》及其关于清代胥吏的手稿，是目前为止对胥吏的最广泛的研究，但他对他们所受法律教育的描述只是个大概。有几部著作，书名令人期待，但内容却几乎全是对胥吏的道德规训，或关于政务的技术知识，而非胥吏所受的法律教育的描绘或分析。例如，徐元瑞《胥吏幼学指南》（苏州，1301）是一本专业名词和简略阐释的集子；陈宏谋《五种遗规》（清朝刊本；再版，台北，1970）有一章名为《在官法戒录》，提到胥吏从家族长辈那里习得他的行业，但这就是关于胥吏教育的唯一一句描述了，该章其余部分列出了胥吏应该及不该做的308件事。

53. 条例根据1729年和1735年圣谕执行。见李翰章《大清律例汇辑便览》第11册，第4354—4357页；昆冈等编《大清会典事例》册20，第15363页。

54. 《淡新档案》有一百多分诉状。例子可见张伟仁《清代法制研究》册2，第14—15页。

55. 《淡新档案》的大部分诉状都附有告示，说明这些诉状被驳回的原因。例子可见张伟仁《清代法制研究》卷 2，第 15 页。

56. 李翰章《大清律例汇辑便览》第 11 册，第 4347 页；昆冈等编《大清会典事例》册 20，第 15362 页。

57. 李翰章《大清律例汇辑便览》第 11 册，第 4352—4353 页；昆冈等编《大清会典事例》册 20，第 15364 页。

58. 李翰章《大清律例汇辑便览》第 11 册，第 4351—4352 页；昆冈等编《大清会典事例》册 20，第 15363—15364 页。

59. 例如《惊天雷》（清代刊本；作者无名；出版地点不详，出版日期不详）抄本提到禁止这类书籍的条例，此抄本现藏哈佛大学的哈佛燕京图书馆。图书馆还藏有《新刻法家萧曹两造雪案鸣冤录》（清代刊本，作者刊行，出版日期不详）；襟霞阁主《刀笔菁华》（上海：新亚书局，1923）；襟亚阁主《中国大讼师》（广东：中国法学社，1927）。后两部著作记录了清朝许多讼师的行迹及著述，它们应该都是在襟霞阁主和襟亚阁主（也许是同一人）撰成书稿之前已在民间故事中流传的。

60. 例如可见白汝珍《论批呈词》以及王元曦《禁滥准词讼》，收入徐栋《牧令书》（出版方不详，1838）；汪辉祖《地棍讼师当治其根本》《治地棍讼师之法》《禁士子干讼之法》，收入《学治臆说》（江苏：江苏书局，1862）卷 2，4—5b。

61. 例子可见蓝鼎元《鹿洲公案》，45b、59、68b；襟霞阁主《刀笔菁华》；襟亚阁主《中国大状师》。

62. 李翰章《大清律例汇辑便览》第 11 册，第 4180—4181、4345—4346 页；昆冈等编《大清会典事例》册 19，第 15322、15362 页。

63. 关于总督和巡抚的官职起源及其职责与助手的分析，见张伟仁《清代法制研究》册 1，第 259—262 页。

64. 见昆冈等编《大清会典事例》册 1，第 173—174、175—176、178 页。

65. 汪辉祖就是这种有原则的幕友。因为与雇主意见不一，他七次辞职。见汪辉祖《病榻梦痕录》卷 1，14—14b、17b、25b、27、33b；卷 2，49、53。陈天锡因为同样的理由，也提出过一次辞职。见陈天锡《迟庄回忆录》，第 75 页。对这两位幕友的分析，见张伟仁《清季地方司法：陈天锡先生访问记》，载《食货月刊》，1971 年 9 月第 6 期，第 319—339 页；1971 年 12 月第 7 期，第 388—397 页。张伟仁《良幕循吏汪辉祖》，载《台湾大学法学论丛》1990 年 1 月第 1 期，第 1—49 页；1990 年 6 月第 2 期，第 19—50 页。

一门其知识与技能只传授给亲友的职业，自然倾向于在小团体内吸引成员。幕友大多出自浙江绍兴。因为有着家族亲戚关系或师生关系，他们自然会给予对方一些提携。见詹姆斯·H. 科尔《绍兴：19 世纪中国的竞争与合作》（*Shaohsing: Competition and Cooperation in Nineteenth-Century China*）（University of Arizona Press, 1986），第 118—129 页；施坚雅《晚期帝制中国的流动策略：地区系统分析》（Mobility Strategies in Late Imperial China: A Regional Systems Analysis），收入卡罗尔·史密斯编《经济制度》第一卷《地区分析》（*Regional Analysis*, vol.1 of *Economic Systems*）（New York, 1976）。他们有些人最后不可避免地牵涉可疑行动。有关例子，见昆冈等编《大清会典事例》册 8，第 6360—6361 页。

66. 作为官员的私人助理，幕友并非政府职员。政府没有向他们支付酬劳。尽管他们的行为会严重影响到政府和人民，但他们对后果并不负法律责任，除非他们个人犯了法。因此，政府用来控制他们行为的许多规定，实际上只用于聘用他们的人。见昆冈等编《大清会典事例》卷 8，第 6358—6363 页。

67. 《龙庄遗书》是汪辉祖的著作文集，包括《佐治药言》（序写于 1785 年）；《续佐治药言》（序写于 1785 年）；《学治臆说》（序写于 1793 年）；《学治续说》（序写于 1794 年）；《学治说赘》（序写于 1800 年）；《病榻梦痕录》（序写于 1796 年）；《梦痕录余》（序写于 1798 年）和《双节堂庸训》（序写于 1794 年）。这个文集刊行及再版了多次。此处所引版本由江苏书局刊行于 1862 年。关于陈天锡的《迟庄回忆录》，见注释 51。

68. 这次访谈是在 1970—1971 年进行的。其书面版，见注释 65。

69. 它们包括汪辉祖《佐治药言》《续佐治药言》《病榻梦痕录》和《梦痕录余》；张廷骧《入幕须知》（浙江：浙江书局，1892）（汪辉祖《佐治药言》和《续佐治药言》也收入其中）；王又槐《刑钱必览》（出版方不详，1793）；王又槐《钱谷备要》（出版方不详，1793）；王又槐《办案要略》，收入张廷骧的《入幕须知》，第 429—533 页。

70. 见汪辉祖《病榻梦痕录》卷 1，第 10 页；陈天锡《迟庄回忆录》，第 33 页。

71. 见汪辉祖《佐治药言》序，卷 1，1—1b。

72. 见汪辉祖《病榻梦痕录》卷 1，第 10 页。

73. 见陈天锡《迟庄回忆录》，第 34 页。

74. 见汪辉祖《梦痕录余》，第 61—63 页。

75. 陈天锡《清代幕宾中刑名钱粮与本人业此经过》，收入缪全吉《清代幕府人事制度》（作者刊行，台北，1971），第 288 页。

76. 陈天锡《清代幕宾中刑名钱粮与本人业此经过》，第 145—147 页。

77. 陈天锡《清代幕宾中刑名钱粮与本人业此经过》，第 228 页。

78. 在《淡新档案》中有许多这样的文献。对各种不同类型文献的描述，见张伟仁《清代法制研究》册 2，第 11—12、16—21、33、98、122、225、354、481 页。

79. 对起草"批"的人要注意的重要事项，见汪辉祖《佐治药言》，第 6—7 页；王又槐《办案要略》，收入张廷骧《入幕须知》，第 483—485 页；何士祁《词讼》，收入徐栋《牧令书》卷 18，11b—12。

80. 因为拘票和传票可以被用作敲诈工具，幕友必须十分小心，只对那些必须上庭的人发出拘票和传票。见汪辉祖《佐治药言》，第11—12页；徐栋《牧令书》卷18，26—26b。
81. 《淡新档案》里有各种公文样式。缪全吉在《清代幕府人事制度》（第150页）里列出了一些专门词汇。尽管有些书讨论了公文的用词和不同格式，例如同宝廉《公文式》（出版地不详，出版日期不详），但若有老师帮助学徒学习要点，那么他肯定会写得更好。
82. 在许多案子中，援引儒家经典是必须的，汪辉祖就经常这么做。见《病榻梦痕录》，第35、44、68、92、110页；《梦痕录余》，第12、48、59页。
83. 见昆冈等编《大清会典事例》册20，第15576—15579页。
84. 关于汇报记录和弹劾程序，见张伟仁《清代法制研究》册1，第319—321、329、330—363页；册2，第20—21页。
85. 见王又槐"论详案"，"叙供"，"作看"，收入张廷骧《入幕须知》，第491—514页。
86. 关于对调查审查的描述，见张伟仁《清代法制研究》册1，第311—314页；册2，第18、48、49、74、83、368页；册3，第251页；昆冈等编《大清会典事例》册8，第6779页；册20，第15662页。关于财产调查，见汪辉祖《学治臆说》，21—21b。
87. 汪辉祖《佐治药言》，6b—7。
88. 这样的建议，可以在有名幕友的著述中见到。例如王又槐《办案要略》，万维翰《幕学举要》（序写于1770），收入张廷骧《入幕须知》，第11—105页。
89. 汪辉祖《佐治药言》，4b；《病榻梦痕录》，第25页；《梦痕录余》，第13页。
90. 汪辉祖《梦痕录余》，第74页。
91. 关于提刑的职责，见张伟仁《清代法制研究》册1，第175、258—259页。
92. 汪辉祖《佐治药言》，12—14b。
93. 陈天锡《迟庄回忆录》，第34—35页。《洗冤录》是宋代宋慈所作，在之后的朝代，此书被反复修订和注释。关于现存版本，见张伟仁《中国法制史书目》册1，第314—318页。《六部则例》和《六部处分则例》也有多个版本，见《中国法制史书目》册1，第67—69页。黄六鸿《福惠全书》初版于1694年。
94. 陈天锡《迟庄回忆录》，第34—35页。
95. 缪全吉《清代幕府人事制度》，第154—156页。
96. 许受衡《刑法志》，收入赵尔巽等编《清史稿》（序写于1927；再版，台北，1977）册1，第1294页。
97. 陈天锡《迟庄回忆录》，第34页。
98. 汪辉祖《学治说赘》，8—8b。

99. 汪辉祖《学治说赘》, 9b—11；陈天锡《迟庄回忆录》, 第34页。
100. 汪辉祖所用的词为"法之神明"和"法外意"。见汪辉祖《梦痕录余》, 第29页；汪辉祖《佐治药言》, 10—10b。另见邵晋涵《汪辉祖行述》（清朝刊本；再版, 台北：广文, 1977), 第38页。
101. 汪辉祖《梦痕录余》, 第29页。关于类似思想, 见汪辉祖《梦痕录余》, 86b；汪辉祖《佐治药言》, 10—10b；汪辉祖《学治续说》, 7b；邵晋涵《汪辉祖行述》, 第37页。
102. 陈天锡《迟庄回忆录》, 第34—35页。
103. 陈天锡《迟庄回忆录》, 第35页。
104. 见张伟仁《中国法制史书目》册1, 第94—100页。
105. 国民政府司法部最早在1930年代开始这么做。其成果为《中国民商事习惯调查报告录》（再版, 台湾, 1969）。
106. 见汪辉祖《佐治药言》, 18—18b；汪辉祖《学治臆说》卷1, 13—13b。
107. 见汪辉祖《病榻梦痕录》卷2, 46b—47。
108. 见刚毅《牧令须知》（江苏：江苏书局, 1889), 卷1, 6b—7。
109. 见张伟仁《中国法制史书目》册1, 第30—32、34、36—39、40页；册3, 第1232—1233页。
110. 见张伟仁《中国法制史书目》册1, 第38、39页。
111. 关于一般"通行", 见张伟仁《中国法制史书目》册1, 第307、309、310、313页。
112. 见张伟仁《中国法制史书目》册1, 第307、309、313页。
113. 陈天锡《迟庄回忆录》, 第35页。
114. 见张伟仁《中国法制史书目》册2, 第807—812页。
115. 见张伟仁《中国法制史书目》册1, 第302—306、318—321、804—806页。
116. 见张伟仁《中国法制史书目》册1, 第146—155页。
117. 见张伟仁《中国法制史书目》册1, 第314—318、320—322、454—459、514—515页。
118. 见注释69、88。关于《幕友要略》, 见张廷骧《入幕须知》, 第533—561页。
119. 见注释69。
120. 见缪全吉《清代幕府人事制度》, 第157页。
121. 见张廷骧为汪辉祖《佐治药言》写的跋, 收入张廷骧《入幕须知》, 第178页。
122. 张伟仁《良幕循吏汪辉祖》（第21—26页）里分析了这样的例子。
123. 见张廷骧《入幕须知》, 第107—110、177—180页；陈天锡《迟庄回忆录》, 第35页。
124. 见汪辉祖《病榻梦痕录》卷2, 59—59b、65b—66；《梦痕录余》, 92—93b。陈天锡《迟庄回忆录》, 第35页。
125. 汪辉祖的同僚、雇主和雇主上司多次要求他改判。见汪辉祖《病榻梦痕录》卷1,

25b、27、29、49。

126. 见汪辉祖《佐治药言》，3b、19—19b。

127. 见汪辉祖《佐治药言》，4—5、10b—11b。

128. 见汪辉祖《佐治药言》，1—2b、3—3b、19—20b；汪辉祖《续佐治药言》，6b—8b。

129. 见汪辉祖《佐治药言》，6—6b、11b—13；汪辉祖《续佐治药言》，1、2—2b、3b—4。

130. 汪辉祖《佐治药言》，5—5b、6—6b。

131. 汪辉祖《佐治药言》，7—7b、13—13b、14b—15b。

132. 汪辉祖《佐治药言》，7—7b、9b—10；汪辉祖《学治臆说》，19b、21b—22b、23—23b。

133. 汪辉祖《佐治药言》，11b—12b、14—14b；汪辉祖《续佐治药言》，1、2—2b、3b—4；汪辉祖《学治臆说》，21b—22。

134. 汪辉祖《佐治药言》，6b—7、18b—19；汪辉祖《学治臆说》，第14—19页。

135. 汪辉祖《病榻梦痕录》卷1，11b—12b、14b—15、17b—19、20、20b—21b、23—24、24b—25b、26、26b—28、28b—30b、31—32、32b—33、36b—37、37b—38、46b、47b—48b、49—51；卷2，23b—24b。有关分析见张伟仁《良幕循吏汪辉祖》，第16—26页。

136. 汪辉祖是儒家，但他也相信鬼神、来世和报应。他最喜欢的一本书是葛洪的《太上感应篇》，这是汉代描写报应的书籍。当他起草判决时，他总是想着报应，努力要实现正义。见他的《双节堂庸训》卷2，6—6b、7—7b；卷4，13—14；卷5，11b、22—22b。关于他记下的许多报应例子的分析，见张伟仁《良幕循吏汪辉祖》，第68—69页。和《太上感应篇》相似的还有许多被称为"善书"的书籍。它们通常由两部分组成：其一，一套道德准则和日常行为规矩；其二，关于那些遵守或违背准则与规矩的人的故事。这些书的主题永远是善有善报，恶有恶报，此世未报，来世会报，其目的是敦促人们行善避恶。人们认为，刊行这样的善书本身就是善举。因此，明清时期有许多富裕的人士资助这类书籍的撰写和刊印。这些书由此非常流行。不过，高级知识分子对这些书并不太在意，这可能是他们觉得道德准则太过基本，而那些故事并不完全可信。惠栋也许是唯一一个为此种书籍做注的清代著名学者。见惠栋《太上感应篇笺注》（安徽，1798）。但近期有些西方和日本学者使用这些书籍进行各种研究。例如，艾伯华《传统中国的过与罪》（*Guilt and Sin in Traditional China*）（California，1967）；酒井忠夫《儒教和大众读物》（*Confucianism and Popular Educational Works*），收入狄培理编《明代思想中的自我与社会》（*Self and Society in Ming Thought*）（New York: Columbia University Press, 1970）。

137. 汪辉祖常常替雇主写信与其上司争执，因此人称"汪七驳"。见邵晋涵等编《汪辉祖行述》，第131页。关于他跟雇主的上司起争执的这些案件的分析，见张伟仁《良幕循吏汪辉祖》，第 44—45 页。

138. 汪辉祖身为幕友，辞职八次。除了一次是因为经济原因辞职，其余七次都是与雇主关于一些原则意见不一的结果。关于这七次辞职情境的分析，见《良幕循吏汪辉祖》，第 39 页。

139. 见《良幕循吏汪辉祖》，第 39 页。

140. 我在"晚期帝制中国的教育与社会会议"上表述了这些看法。

141. 关于拖延诉讼和反复上诉的例子，见汪辉祖《病榻梦痕录》卷 1，14b—15、17b—19、23—23b；卷 2，21—22b。安守廉《砒霜和旧法：重审晚期帝制中国的司法正义》(Of Arsenic and Old Laws: Looking Anew at Criminal Justice in Late Imperial China)，载《加州法律评论》(California Law Review)，1984 年第 72 期，第 6 页。关于清朝法律允许直接向皇帝上诉，见李翰章《大清律例汇辑便览》第 11 册，第 4171—4179、4185—4187、4188—4189、4193—4200、4201—4225、4349 页。

142. 清朝法律要求上诉先递交到初审法官的直接上司那里，然后按司法等级一级级上呈，禁止上诉人绕过低级官员越级上呈给更高官员。见李翰章《大清律例汇辑便览》第 11 册，第 4171、4173—4174、4179—4180、4182—4183、4184—4187、4188 页。

143. 《刑案汇览》里记录了 569 起自杀案件，其中 62 起是害怕诉讼引发的。传统思想认为，没有得到公正审判的人可以自杀，在神灵那里寻求正义。《左传》记录了几个这样的例子。汪辉祖也叙述了不少这样的案件，他自己就涉及一件。1761 年，他做出了一个法律正确但道义有亏的判决，令一位女性原告自杀，她将她的案子带去了阴曹地府。有次，他梦见自己被传唤，去面对她的指控。见汪辉祖《佐治药言》，12—12b；汪辉祖《病榻梦痕录》卷 1，21b；卷 2，75；汪辉祖《梦痕录余》，64、76。

144. 例如，前一条注释提到的 1761 年一个案子，该名妇女自杀，是因为被告向人公开了提议发生性关系的隐秘建议。《淡新档案》里有许多牵涉到小额金钱的案子。

145. 这一做法被称为"图准不图审"（寻求当局不经审理接受诉状），显然相当普遍。人们谴责它是诉讼增多的原因之一。见徐栋编《牧令书》卷 18，1b；魁联《后守实录》（序写于 1853；1874 刊印，出版方不详）卷 1，18b。《淡新档案》里有无数这样的例子。清朝的司法程序非常花钱，而且风险也大。诉讼当事人与证人会被"压榨"、折磨、合法或非法地长期拘禁以等候判决或重审，导致经济损失、严重的人身伤害甚或死亡。这就是为什么大部分族规都会谴责家族成员之间的诉讼，而且警告他们不许与外人发生法律纠纷。许多官员也重复了这一警告。例如可见李渔编《新增资治新书》（序写于 1663，天月楼，第 2 卷，第 9 集，16—27b）收集的清初政府和地方官发布的宣告、公告和命令；何耿绳《学治一得编》，37b—38b、43；胡衍虞编《居官寡过录》（青照堂，1775）卷 1，7、13b；卷 3，20—20b；袁守定《图民录》

（序写于 1756，出版地不详）卷 2，5—5b、6—7、13b、17b—18b；包世臣《齐民四术》（1851，出版地不详）卷 8，7—8b；刘衡《庸吏庸言》卷 1，30b、37—37b；卷 2，1；裕谦《戒讼说》，收入徐栋编《牧令书》卷 17，46—48。

146. 大部分清朝地方官有两到四个下属，一两名幕友，十到十二个胥吏，及数十个听差。关于地方官人员及其职责的分析，见瞿同祖《清朝地方政府》（*Local Government in China under the Ch'ing*）（Cambridge, Mass., 1962）；张伟仁《清代法制研究》册 1，第 163—166 页。

147. 见汪辉祖长子汪继坊的回忆，收入邵晋涵等编《汪辉祖行述》，第 135 页。

148. 例如，1758 年，汪辉祖判决了一起对簿法庭十余年之久的关于墓地的纷争。1760 年，他又判决了一起打了 18 年官司的领养案。见汪辉祖《病榻梦痕录》卷 1，14b—15、17b—19。

149. 黄六鸿《福惠全书》卷 3，21b。

150. 刘衡《理讼十条》，收入徐栋编《牧令书》卷 17，34b。

151. 例如可见黄六鸿《福惠全书》卷 11，14b—16；汪辉祖《佐治药言》，7—7b；汪辉祖《续佐治药言》，1、1b—2；汪辉祖《学治臆说》卷 2，4—4b；刚毅《牧令须知》卷 1，14b—15；曾国藩《直隶清讼事宜十条》，收入盛康编《皇朝经世文续编》（江苏：思补楼，1897；再版，台北：文海，1972）卷 19，第 4726—4728 页；魁联《前守实录》（序写于 1853，1874 年刊行，出版方不详）卷 1，10b、17b—18；刘衡《议覆理讼章程书》，收入盛康编《皇朝经世文续编》卷 19，第 4749—4751 页；吴光耀《秀山公牍》（序写于 1903 年）卷 1，27、35、45、48、54。徐栋编《牧令书》（卷 1，27、35、45、48、54；卷 17，26b—27、40b—42、46—46b；卷 18，1—4b）里还收入了更多这样的攻击。

152. 见汪辉祖《病榻梦痕录》卷 2，7、28、45b。

153. 蓝鼎元《鹿洲公案》卷 2，45—50b、59—64、68—73b。

154. 吴光耀《秀山公牍》卷 1，35b、38b、45b、48b、54b。

155. 王世庆在 1974—1984 年间收集了超过六千份文件。这些文件的影印本名为《台湾公私藏古文书影本》，如今藏于哈佛燕京图书馆、胡佛图书馆和傅斯年图书馆。

156. 1652 年诏令不仅谴责生员介入他人诉讼，包括做证，也禁止他们在那些与他们自身利益相关的案件中出庭，并命令这些案子要由家族的非生员成员提交法庭。见昆冈等编《大清会典事例》册 13，第 10228 页。这些规定在之后的诏令中被反复强调。见昆冈等编《大清会典事例》册 13，第 10228—10229、10379 页。在 1771 年，一条条例被采纳，规定了对这些被禁行为的处罚。见李翰章《大清律例汇辑便览》第 11 册，第 4281—4282 页。

157. 例如见汪辉祖《病榻梦痕录》卷 2，2b；蓝鼎元《鹿洲公案》卷 1，5b；夏声桐等编《循吏传》，收入赵尔巽等编《清史稿》册 3，第 3497、3498、3503、3507、3513、3520、3525、3530 页。

158. 例如，见袁守定《听讼》，收入徐栋编《牧令书》卷 17，25—26；蓝鼎元《鹿洲公案》卷 1，51—53b；邵晋涵《汪辉祖行述》，第 140—141 页。

159. 老子简洁地表达出了这一感受（"法令滋彰，盗贼多有"）。19 世纪末的法国有类似认知，十分有趣；见《上帝救我们脱离正义！》（From Justice, Lord, Deliver Us!），收入尤根·韦伯《成为法国人的农民：法国农村的现代化，1870—1914》（*Peasants into Frenchmen: The Modernization of Rural France 1870-1914*）（Stanford, 1976），第 50—66 页。

160. 皇帝颁布了诏令，而且，1725 年、1736 年、1815 年、1825 年和 1850 年通过的吏部章程要求省级和地方官吏发起针对讼师的运动。省府和地方转而发布了逮捕或驱逐讼师的命令。有关这些诏令、章程和命令的分析，见张伟仁《清代法制研究》册 1，第 383—384 页，注释 27。

161. 这一神话可能最早记录在《诗经》中。见理雅格《中国经典 4：诗经》（*The Chinese Classics IV: The She King*）（再版，香港，1949），第 273、489 页。父母官和子民这两个词最早什么时候出现并不太清楚，但在清朝，它们十分普及。

162. 大部分针对滥用司法权力的现代程序保障，在清朝还是陌生事物。法官大体可以自由地按自己的方法查明真相。例如，有些地方官在当地土地庙里主持听讼。见蓝鼎元《鹿洲公案》卷 1，18；汪辉祖《病榻梦痕录》卷 2，23b。其他一些成问题的方法，比如引导问题、严厉斥责、威胁有可怕后果，都会经常使用。在很多刑事案件中，法律允许严刑拷问。见李翰章《大清律例汇辑便览》第 12 册，第 4954—4955、4957—4960、4961—4967 页。有关例外，见李翰章《大清律例汇辑便览》第 12 册，第 5035—5037 页；第 13 册，第 5261、5263、5305—5306 页。

163. 汪辉祖提及他辖区人民（湖南宁远）热烈响应了他的大部分计划。因为他名声在外，是个好法官，其他地区的人也到他这里来打官司。当他辞去知县一职后，地方士绅写了一首长诗，纪念他的大部分事迹。他引退之后很久，他辖区的一些人还一直去浙江萧山拜访他。见汪辉祖《病榻梦痕录》卷 2，13、14、16、17、23、27b、48；《梦痕录余》，8b。每个朝代的官方正史中的《循吏传》也记录了类似的反应。

10

满族／满语教育

柯娇燕（Pamela Kyle Crossley）

此文题目有意含混，既指用满语教育非特定的人，也指用非特定的语言教育满族。[1] 这是两个独立的问题，但它们联系在一起的方式，揭示出清朝制度及其意识形态的独特特征。某种程度上，满语和满族都是清廷的发明——朝廷试图调控它们的发展，以服务于自身的权重。它强行将满族文化从口耳相传的文化转变成经典化的遗产，并制定计划培养八旗子弟成为国家行政的基础。最后，朝廷还希望能重新定义满族，对它加以详细阐述，并让满族重新适应新的文化。此文将分析促进了这些变化的国家态度的转变，以及这些政策整体失败的原因。

清朝的语言和权威

对于八旗教育计划的开展，以及在其中发挥作用的满语来说，18世纪晚期是个分水岭。在乾隆皇帝弘历（1735—1795年在位）晚年监督下，这些教育改革从根本上来说可能是为了追求意识形态绝对化，这一趋势早已开始，且一直持续不断。[2] 这些教育计划的变革发展，大部分超出了此文论述的范围，但对理解满语在乾隆年间的历史和文化重建中所扮演的两个角色，非常重要。第一个角色是象征性角色。就像蒙古可汗一样，弘历也自视在统治一个宇宙王国，它没有外部界限，但内部存在历史、文化和地位的差异。在多语言主义的表达中，我们可以找到描绘这个集历史特殊性之宇宙大成者,即皇帝,或转轮圣王（čakravartin,弘历这么形容自己）的不朽表述。建筑和文学都可以用来塑造不朽。就像之前的蒙古可汗们利用展示居庸关遗迹来表达他们的大一统思想一样,弘历也效而仿之。事实上,弘历王朝极为依赖蒙古语,蒙古语自元朝起就和王朝大一统话语紧密相连。满语作为满人出身及本质的标准表达,也是这种展示的必要视觉成分。结果之一就是满语与蒙古语在视觉上的混杂,这点在北京和沈阳的建筑遗址上依然清晰可见。另一结果就是将满语的文学、出版和展示用作象征。

在清朝官僚和知识分子的生活中,满语是一个很成问题的元素。17世纪晚期和18世纪的皇帝觉得满族贵族语言能力不行,旗人几乎完全不懂满语,而皇帝本人要对译成满语或译自满语（蒙古语）的诏书亲力亲为,以便尽可能减少因粗心或无能而导致的错误。不免有点讽刺的是,这种语言——它是所谓阿尔泰语系通古斯语分支的最早也是经证实无误的后裔——满人自己写来都很费劲,让人（皇帝）身心疲惫。[3] 相对来说,女真语与中国东北地区及苏联沿海各省的鄂温克语、戈尔德语、赫哲语和其他部落语言更为接近,也显然与韩语、日语和冲绳语关系较远。在清朝和近代,满语除了标准语,还有一个重要的方言,即锡伯族方言,它被中华人民共和国政府认为是一门独特语言。[4] 尽管18世纪清廷大力减少方言,消除其他不合文化规范的语言形式,但从古至今,满语一直有多种方言。

就像女真先辈一样,在那些受汉族商业或定居者影响的地区,说满语的人随意采纳汉语外来词,这些外来词很多都被满语同化了,即根据满语规则,动词减少、名词增多,结果就是满语词汇量大大增加。但皇帝对此并不满意,特别是乾隆皇帝,他哀叹满语混杂不堪。而且,任何处理满语文献的人立刻会发现,很多方言和口语都被融入满语书面语中,而这些字词,清朝编纂字典的人几乎一个不识。这样的"错误"很可能是那些撰写者犯下的,他们懂得满语的发音规则,可以记录下自己的言语。考生——无论是旗人还是平民百姓——通过奏折或抄本死记硬背满语著作,他们不太知道或者压根不知道满语怎么念。他们在考试中很有可能一路过关斩将,直到最后,却因硬背这些错误翻译,试卷被驳回。[5] 需要强调的是,朝廷对满语衰退的关注,严格局限于标准满语的口语（清语或"国语"）及书写（清文或"国文"）,它们都是朝廷的创造,是其权威的延伸,并不涉及满语的通俗形式、锡伯族语和满-汉（或汉-满）方言。据说一直到 20 世纪，满人社区还在使用这些方言。[6]

女真文/满文的正字法历史相当复杂，大大挫伤了清廷想让满人普遍识字的努力。12 世纪，东北女真族创立了金朝，有段时期（1121—1234）控制了中国北方的部分区域。他们的语言（满语即从女真语而来）的书写形式几乎全盘采用契丹族文字，没有改动。契丹人的口语可能比跟任何现存的其他语言都更像蒙古语，因此它和女真语不尽相同，但作为阿尔泰语的一种，契丹语常被称为"黏着语"，意思是其所有格、时态取决于词尾（以及其他设定），因此其基本语法结构很像女真语。相反，中世纪汉语是单音节的，没有格助词。契丹人发明了一种所谓的"大字"写法，采用汉语的表意字，但汉人读不懂。他们还创造了"小字"写法，这些小字是表音符号，能组成一种表意形式，从概念上来讲，类似于朝鲜的"朝鲜语"（han'gul），带有词缀标记。[7]女真文采纳了这种小字写法，且历经时间变化，这些小字与女真文自身的特殊特征更为协调一致。在女真金朝，似乎许多汉籍，例如《易经》《书经》《诗经》《论语》《礼记》《孟子》《老子》《文中子》《春秋》《刘子》《新唐书》《史记》《汉书》和《贞观政要》（参见本书第 4 篇艾尔曼的文章），都被译成了女真文。这些书籍中，有些内容成为女真文进士考试的基础——女真族在这样的考试中竞争，谋取官职。[8]

金朝倾覆之后（1234 年被蒙古人推翻），女真文字留了下来，并在元朝至少获得了一些官方的承认，后者将"真言"刻在主要通道及其他一些纪念性标志物上。明朝，女真文字是东北驻防制度（卫所）中的女真官员与朝廷的通信形式。位于卫所（黑龙江入海口）的永宁寺，就铭刻着汉文、蒙古文和真言。[9]

然而，后来，女真族抗拒在官方通函中使用这种古老的书写方式，它在东女真那里就失传了。东女真与朝鲜李朝的关系比与中原政权更为密切，建州女真是东女真的一支，后来建立了清朝。女真族是什么时候停止使用女真文字的，这点我们并不清楚，但四夷馆 1444 年收到西女真的信函，上面写道，"臣等四十卫无识女真字者，乞自后敕文之类第用达达字（蒙古语）"[10]。16 世纪末来到建州卫所的朝鲜大使反复指出，酋长要求使用回鹘字母的蒙古文而非女真文通函。很显然，女真族确实说女真语，但是为了书面交流，他们将母语译成蒙古文，也将蒙古文译成母语。

文化传说将这一巨大政策变化归因于努尔哈赤。据载，1599年某日，努尔哈赤不想再使用蒙古文，而是想要用表音的蒙古文书写形式来书写女真文，因而指示他的两个巴克什（这个词出自蒙古语的baksi，其源头是汉语"博士"），噶盖和额尔德尼，来设计一套合适的体系。这两人起初均持反对意见。他们抗议说，现在使用的蒙古文历史悠久，无须改变，惹得努尔哈赤雷霆大怒："汉人念汉字，学与不学者皆知；蒙古之人念蒙古字，学与不学赤亦皆知。我国之言写蒙古之字，则不习蒙古语者不能知矣。何汝等以本国言语编字为难，以习他国之言为易耶？"根据传说，这两位博士告退，设计了新的女真文字。[11] 相关传说将努尔哈赤建构为文化创新者，既为满族文化提供了历史延续性，也为清朝统治者提供了榜样。满族新文字的创造是真言终结、满文开始的标志。而努尔哈赤所表达的区域特殊主义，直到清朝结束，都是清王朝不断吸取的观念。

向新书写形式的转变困难重重，而且也没有证据显示，之后女真族当中会读能写的人数量激增。朝鲜人既懂女真语，又懂蒙古语，但他们并不了解女真文这一新生事物，因而很长一段时间内，他们一直按照以往方式进行通函交流。蒙古文仍然是通用语。[12] 而且，女真文这一新的语言形式，和它所源自的古叙利亚语先辈，一直到这一脉的蒙古文，都不是口头语，因而让读者头昏脑涨，他们无法将书面字词与口语相联系起来，这部分是因为实际上根本无法用蒙古语的元音和谐律[13]来破译女真词汇。一直到1632年，在下一任可汗皇太极的许可下，噶盖开始运用一种通过添加圆圈和点而将文字元音化的手段，创造出了"圈点文"。[14]这让女真族第一次可以表达语言的语音，而这一语言不久就被称为"满语"。

在努尔哈赤的继任者皇太极治下，新近被正规化的满族正字法得以保存，延及满语也得以存留。在王朝初创阶段，难免会部分依赖汉人阶层和朝鲜文士，他们懂汉语、蒙古语或新近的满语，或者三者皆通。然而这个新兴的政权有种强烈的愿望，要将日益增多的国家部门掌握在女真／满人手里。或许就是这一政治关切，加上努尔哈赤公开表达出来的区域特殊主义，在背后推动着正规满语文学的创造、满语教育的开展和满语考试项目的设立，适应东北选拔性政治传统的国家机关的细化，八旗基本军事角色的塑造，以及满语作为官方交流媒介的战略优势和象征意义的日益提升。在皇太极时期的双语官僚统治之下，汉语译成满语的运动飞速发展，最后以1636年建立"文馆"而完美收官。吏部最初由1634年中举的［瓜尔佳·］刚林执掌。他与另两位满人及三位瓦剌蒙古人（皆为举人）一起，继续为文官政府的详细分工起草计划。为了国家发展，必须建立考试制度，因此，第一次为满人、蒙古人、八旗汉军举办的考试，于1638年在奉天府举行。[15] 随后的考试内容有满语和汉语两种形式，是查布海和蒋赫德于1639年制定的。[16]

　　满语在清政府和18、19世纪的中国社会中持续发挥作用，这足以继续满足对至少是有限的满语教育的需求。事实上，当政府官僚制度，尤其是其内部交流渠道（康熙帝加以改进的"秘密奏折"系统）在17世纪末、18世纪初越来越精细复杂后，满语在书面上的作用较之以往更大。而像理藩院和军机处这样的国家机构，出于战略原因以及外交礼节，继续使用满语和蒙古语。理藩院和军机处均代表了清朝在帝国官僚结构方面的创新。[17]

　　值得一提的是，满语在清朝中期还发挥了其他方面的作用。[18] 清廷希望驻防[19]官员跟朝廷的礼仪交流（例如请安折）用满语写成，而八旗的大部分行政事务也用满语处理。满语也是1727年《恰克图条约》之前俄罗斯与中国官员外交照会的正规媒介，纳贡国家与清廷交往时也使用满语。[20] 语言在统治中的作用，必然使得一定数量的文官要接受满语教育，朝廷也会选拔满人进士去翰林院学习。高级文官接受一些满语训练非常平常，而关于此类语言学习的证据，事实上可以在17、18世纪所有杰出官员的生平背景中找到，但先行研究对于此点没有给予足够重视。18世纪下半叶，在《四库全书》编纂项目中，清廷要求编纂人员有使用正规满语和蒙古语的才能。与此相关，更多材料也显示，满语读者——无论是旗人还是平民——尽力创造并维持着一个远远超出了国家要求的满语消遣文学领域。在18和19世纪，还出现了个人对满语和蒙古语的学术研究，这显然是由对地理问题和比较语言学的兴趣而引发的。前者例如龚公襄学习两门语言，就是为了和父亲龚自珍就地理方面的策论进行辩驳，后者便是梁济（梁漱溟的父亲）和王国维的情形。最后，在18和19世纪，尤其是19世纪，外国人对满语有着强烈的兴趣，满语常常被用作研究中国经典的桥梁。满语文献的"非法交易"，帮助建立了欧洲的巨量"东方"收藏，这其中还保留着大量未被利用、可以用来研究清代文化的文献。[21]

从清朝初期，朝廷就重点引导满语教育。清政府将汉语的历史、法律和伦理文献引入满语，使之成为必要的教育材料，之后又让说汉语的人能够用满文进行书面交流。满文发明之后，仍然没有满语文集跟上，皇太极便委任儒臣——他们不独为汉人，也包括了刚林、查布海和其他一些满人——将挑选的著作译成满语，"以教国人（旗人）"[22]。尽管原文没有留世，但是有记录表明，皇太极治下，《刑部会典》、四书、《三略》、《孟子》、《三国志》、《通鉴纲目》、《性理》诸书和《大乘经》都译成了满语，而对辽、金、元（皇太极声称自己的合法性来自这三朝）历史的翻译也安排在列。[23] 皇太极翻译计划的王牌是《金史》，皇太极声称他本人是这部书的热心读者，他从中知道了满族双语教育的必要性和风险。[24] 皇太极资助这些翻译，其中有个明显意图就是想要引进那些有关皇权及其配套权力的术语和概念，并将之合法化。在金朝末期，这些术语和概念还没有完全确立起来。

清朝确立在全国的统治后，继续创建学习满语所需的教育手段。康熙帝授权编纂的词典《御制清文鉴》于1708年刊行，而最常用的是1729年的《清文启蒙》。《清文汇书》1750年由李延基编撰。1772年，《御制增订清文鉴》修订并细化了早先的康熙版本，而［爱新觉罗·］宜兴的《清文补汇》初刊于1786年，之后由其女婿于1802年修订重版。[25]

清廷保留了一些历史机构（四夷馆、太常寺和鸿胪寺），也保留了它们的某些制度形式，这些机构早先曾设法与非汉语地区进行书面交流。在残留政体与新兴政体的接触上，译员发挥了他们的作用。清朝可以选择依靠汉人——在皇帝眼里，这意味着在历史、意识形态、战略和个人方面做出巨大牺牲；或依靠译员，这意味着系统地培养翻译技能，但这一主张始终问题重重。无论是从满族文化，还是从中国古典文化的角度来看，译员总是低人一等。清初，朝廷译员总是那些被掳来（且常常遭到奴役）的汉人、朝鲜人或蒙古人，他们是为王公贵族服务的高级杂役。清初皇帝希望旗人能精通帝国的所有语言，免得沦落至要么作为译员服务他人，要么需要译员的服务，但是，这是不切实际也实现不了的愿望。汉族官场也很反感译员，这绝非因为译员显然与入主中原的他族政权有关：中国早就有译员，尽管他们从未像在朝鲜那样，在有段时间里形成了一个阶层，但他们一直都被精英文人鄙视，也处于精英文人的阴影之下。[26]

我们只能部分勾勒出中国早期的口译和翻译历史。很显然，只有在唐朝，它才被当作一门专业。在宋朝，负责翻译和纳贡礼仪的部门因相似而被合并。一直到了元朝，翻译部门和礼仪隶属机构才被拆分。尽管明朝声称在对待他族和他国文稿时，语言要恢复主权在仪式上的一致性，但我们有理由相信，与洪武帝的意识形态相反，蒙古语仍然是重要考虑因素。当然，明朝很快就在他们的交流机构中做出调整，明白了掌握蒙古语具有战略上的重要性。初步措施就是继续维持1376年特许在南京成立的蒙古翰林院，它和1407年恢复的四夷馆完全不同。四夷馆尽管隶属正规的翰林院，但其声誉并无任何改善。[27] 其工作不被重视，教员与学生也极不负责，以至于1580年时他们遭到自己的主管，四夷馆提督李开先公开批评。[28]

尽管满族在入主中原之前与四夷馆打交道的经历，会让他们蔑视这一机构，但清廷还是出于意识形态方面的考虑，保留了这一机构。对于这样的机构，清廷自有其用处。事实上，当左懋第于1645年从南明朝廷赴京议和时，就被直接带到了四夷馆。[29] 然而四夷馆是帝国官僚体系中一个微末而空洞的附属机构。清朝极为看重某些语言——早期是蒙古语、满语和藏语，后期增加了回鹘语，它不允许四夷馆的尴尬历史妨碍用这些语言进行交流。在国家形成的早期阶段，清廷建立了自己的蒙古衙门，1638年后，这个部门成为理藩院，其管辖范围扩展至突厥、西藏及一部分俄国事务。因此，在清朝，四夷馆只保留了象征性的、展示性的作用，而它偶尔想要履行的所有官僚行政功能，都被新的形式取代了，这些形式大部分是在之前的朝代里逐渐发展起来的。

无论是在国内事务、纳贡事务还是外交事务上，对汉语作为唯一表达工具这一说法，清廷都非常谨慎。虽然积极培养熏陶满语是清朝统治者古老而必不可少的工作，但蒙古语（因为它与蒙古大汗及当代蒙古贵族有历史渊源）、藏语（因为它可以让清廷获得在精神上的合法性）和回鹘语（作为清廷统治在中亚的表达）也都备受重视，当然，汉语（作为汉族官僚自我证明道德有效性的工具）也不可或缺。事实上，在18世纪，当朝廷越来越清楚自身的文化杂糅的大一统主张时，用两种或多种语言"合璧"表达皇权，在帝国文化中发挥了根本的象征作用。不过，朝廷对于社会不同部分应使用什么语言，表述并不明确，也不一致。直到18世纪中期，帝国计划中的语言还是和功能以及（某种程度上）品味联系在一起，而不是与身份认同挂钩。乾隆时代的语言文化改革已为时太晚，社会影响太过浮表，已无法改变自入主中原后一个半世纪里强劲的文化认同势头了。

"八旗以骑射为本，右武左文。"[30]《清史稿》里这条充满怀旧但难说优美的表述，试图总结的正是国家对旗人教育的矛盾目标。在入主中原初期，清廷为旗人制定的教育政策是一种风向标，表明清廷统治方向尚不确定。很显然，清朝朝廷并没有像元朝朝廷为蒙古人设想的那样，为旗人预想一种正当的职业生涯。贵族没有封地，驻军没有得到直接土地权，在全国各省人口流动受限后，满族的经济生活经历了意义深远却无法挽回的变化。普通军人长久占据着国家，却没有对经济做出任何贡献，这曾是他们在东北发挥作用的一部分。军队精英则受制于一系列教育政策，而若脱离17、18世纪满族社会发展的总体语境，我们就会错误理解这些教育政策的目的。

旗人教育和清廷统治

在入主中原的初期，清廷希望旗人能学会成为全能的统治阶层。旗人官员受令学习汉语，以便更好地处理国家事务。康熙皇帝的官方形象，就是文武双全的范例，他坚决要求旗人都以他为榜样。"国语骑射乃满洲根本，无碍书本学习[31]……凡乡会试必先试弓马。"[32] 所谓书本学习，是指学习经典汉籍。尽管康熙和雍正年间对这一政策有所偏离，但最迟至1750年代，乾隆皇帝仍然认为满语是大部分满人的第一语言，而通过教育取得的唯一进步就是旗人汉语理解能力的提高。这一教育大计里潜藏着几个误解，但是几乎没有证据表明人们明确意识到了这些误区。相反，它们被新的、甚至更加难以实现的国家野心给取代了。

无论旗人科举考试在识别人才和培养才能方面发挥了怎样的作用，对考试的管理也受到社会和政治发展的影响。朝廷从未表示会永远供养日益增长的旗人人口，相反，它似乎利用科举考试作为手段，吸引一部分旗人（及他们的家庭）从驻防出来，完全脱离行伍，成为自力更生的文职官员。根据这一目标，朝廷常常会用奖励来刺激旗人，尽管科举考试对旗人从未构成朝廷所希望的那种吸引力。

满族优先进入官僚阶层的特权，就是逐渐减少靠国家养活的旗人人口的早期政策的反映。关于科举考试的社会和政治意义，更为鲜明的例子是时刻改变配额方案，严格限制八旗汉军参加考试，这个政策与清朝初期和中期的许多社会和意识形态发展相一致。朝廷逐渐减少八旗汉军参加考试的名额，其结果便是，到18世纪末，很大比例的八旗汉军被排除在旗人考试名额之外。空出来的配额很多情况下给了满人。最近发布的数据表明，在清军入关后，八旗汉军约占八旗军的40%，而在统一中国北部之后的几十年里，八旗汉军的数量增长到70%，这让满人在科举考试中被赋予的极大优势也变得十分明显。[33] 满族旗人被激励去占用配额，条件允许就参加特殊的旗人考试，跻身官僚，而八旗汉军（在清朝统治的前十年，他们的作用非常重要，因为他们能熟练运用汉语）则渐渐不被允许使用旗人配额，不被允许参加考试。

早在皇太极治下，渐渐成熟的文官机构便设立了挑选未来旗人官员的考试。不过，在随后几年里，科举考试作用不大，因为家族关系、世袭地位和在持续进行的征战中赢得的军功，仍然是在八旗内进行选拔的更为有力的决定因素。1644年之后，两个主要因素提高了科举考试的作用。首先是，朝廷致力于巩固北部和内陆区域的战果，由此缩小了军功的竞争范围，使得通过考试进行系统选拔成为必须。其次是，在首都和各省建立的驻防，产生了对管理驻防的新官员的前所未有的需求。

1643年，皇太极下令，识字旗人必须被送至顺天府的书院参加考试——直到1814年，所有旗人考试都是在那里进行的。旗人获准去那里参加乡试，通过考试者最后会成为官员。这一政策一直实行到1657年。曾有一个短暂时期，专门为旗人设计了一种考试，其特色是可以选择全部用满语答题。但事实上，旗人对这样的专门考试也准备不足。在1659年至1675年间，旗人科举考试有时会举办，有时又没有，因为完全取决于是否有最低数量的考生参加。1663年至1685年，旗人再次获准参加顺天府的乡试。[34] 1653年，确定的旗人乡试的绝对配额为50名满人、50名汉军、20名蒙古人。之后比例变为满人与汉军各五人中一，蒙古人四人中一。重新让旗人参加顺天府的乡试后，绝对配额也在1671年重新设定，固定为50名满人、50名汉军、20名蒙古人。[35]

1669 年，朝廷首次明确区分了满人、蒙古人和汉军的考场：满字号（考场）用于满人和蒙古人考试，合字号（考场）用于汉军考试，各有十个考项。汉军人口数量明显更多，这一考场比率对他们来说相当不利，也隐隐显示出他们的机会（常常是通过颠倒蒙古人和汉军配额比例）在 18 世纪日渐减少。总体来说，只有很少量的旗人去参加会试。1662 年，礼部试图通过保证让参加考试的博士和笔帖式（也就是"抄写员"，但也受训成为文书和译员）自动成为六品或七品官，且相应脱离兵役，而让进士头衔更具诱惑力。三年后，在驻防衙门的管辖下，宗族领袖（族长）接受指示，要帮助旗人为参加新的乡试和会试做好准备。[36] 旗人的所有初试都在顺天府辖下举行，1661 年之前的岁试和科试（院试的两种形式），遵循以下绝对配额：满人、汉军各 120 名，蒙古人 60 名。康熙年间，这一配额发生了变化，而且，十分重要的是，蒙古人和汉军的比例颠倒了，即满人和蒙古人各 40 名，汉军 20 名。[37]

1687 年，礼部起草了一个旗人参加科举的新计划。1688 年，旗人参加了这一新设计下的科举考试。满字号的作用，就是要让满人和蒙古人考生在同一组（一榜）里打分，而不是像之前那样分开各自打分。[38] 新计划还规定，满人和蒙古人可以参加汉语考试，也可以参加满语考试，而奉天府进士（之后会去京师参加殿试）的绝对配额，固定在满人和汉军各 20 名，蒙古人 10 名。同时，朝廷还下令恢复旗人乡试，在衙门工作的博士和笔帖式需要备考奉天会试。[39]

1687 年计划似乎是最接近骑射为本、文武平衡的方法了。它让驻防和省府官员得以事先确定考生精通骑术和箭术的程度，因为在允许考生参加岁试、科试或乡试之前就已经对这些才能进行了分别的考核。到了这时候，便要求参加满字号考试的旗人在乡试和会试中都准备一篇用满语或蒙古语撰写的考试文章。汉军考生则必须准备书艺、经艺[40]文章。事实上，采取用满语或蒙古语撰写文章这一考试手段，看来是为汉军和平民考生都提供了一种选择，来证明他们在这些语言上的才能，且至少有几个例子证明，有些人利用了这个机会。旗人在证明了自己令人满意的军事才能后，可以参加开放的乡试和会试。如果是在满字号参加乡试和会试，那么则必须在考试中递交用满语或蒙古语撰写的文章。尽管为了试验，乡试和会试曾暂停了很短一段时间，但它们仍然是 18 世纪的一般考试模式。1744

年会试采用了比例限额，将满人及蒙古人的上榜比例限制在十中一，绝对总额不超过 27 名，汉军不超过 12 名。

"译员"或翻译考试的逐步完善，提供了另一条成为举人和进士的路径。1653 年首次举办旗人乡试时，那些不懂汉语的人用满语撰写文章，进而准备专门的会试。1661 年首次举行翻译考试：考生要么将满语译成汉语，要么将汉语译成满语。1772 年，翻译头衔里也采用了生员、举人和进士等级。有人似乎担心，若将科举考试的一部分变成翻译考试，而翻译说到底是一种技术才能，就像数学或天文学那样，会降低考试在知识思想层面上的威望。因此 1738 年朝廷增加了规定，除翻译之外，还必须有原创的作文考试，文章限制在 300 个满语词以内。1742 年规定，会试第一场考试中，每个人都需要就四书、《孝经》和《性理精义》撰写一篇满语文章，第二场则集中考翻译技能。所有八旗的贡生、监生和笔帖式，无论满汉，都需要参加乡试。那些备考常规考试的人，以及那些曾经备考军事考试但也会翻译的人，都有资格参加会试，只要他们都通过了规定要求的骑射考试。

1730 年翻译考试增加了蒙古人名额。[41] 其后，在乡试和会试中，蒙古人可以从四书里挑选章节，将其从满语译成蒙古语。1735 年这一政策做了些微调整，规定蒙古人可以和满人一起参加《性理精义》和《小学》的翻译考试，但各自作为单独组别分别判分。无论动机为何，朝廷对蒙古人参加考试相当宽容，而当时的乡试配额也反映出这一大度：500 或 600 名满人可以中举 33 名，而 50 或 60 名蒙古人当中就可以中举 6 名。不过，在现实中，这两类人中都没有足够的考生。对此，进一步的刺激做法便是，参加会试的考生将自动成为六部其中一部的秘书（主事）。1757 年到 1778 年，翻译考试被暂停，因为旗人对之兴趣寥寥，参加考试的也成绩不佳。1778 年后，翻译考试进行微调后恢复，且作为一种考试制度一直延续到 19 世纪末。[42]

旗人参加科举考试，但成绩令人失望，一个原因是国家没能为旗人设计出一个普遍而有效的基础教育手段，这一失败可能与国家公立教育制度在民间的缺席有关，也可能与驻军经费的许多特色有关。国家没有创办学校体系，反而创立了考试制度并加以监督，其原则显然是想以考试作为媒介来控制标准，就不用再去控制教育机构（也就不用承担维持教育机构的责任）了。

　　清朝授权为皇室、贵族和旗人建立的学校体系，应该被视为一组向中央集中的同心圆，从中心越往外，声誉、国家资助和政治需求也越减弱。大部分教育模式的模本是国学，它是国子监一个附属机构。[43] 最初受特许建立国学，就是为了给那些朝廷册封的贵族（勋臣）提供教育。在清朝建立对全国的统治后，贵族身份囊括了松散的旗人世界里的许多人。国学的精神和设计，都直接承继了元朝的蒙古国子监，过去的蒙古翰林院就附属于国子监，蒙古贵族也在那里接受教育。必须强调，国学的旗人入学政策，也标示出清朝与普通旗人的关系特征：入学大体是自愿的，而那些"有志向学"者"被请送监（国子监）"。[44]

　　随着时间的推移，满族学生和教习的身份地位在国学里得以界定。教学课程来自查布海和蒋赫德在清朝建立对全国的统治后设计的科目，并调整为涵盖科举考试的范围，由四书五经、《性理精义》、《资治通鉴》、十三经和二十一史组成，所有这些都用满语或汉语教学。挑选出来在国学里学习的旗人都是官员，且数量非常之少。在入学层面，国学致力于遵从并强化阶层区分，阶层区分一直是八旗和驻防体系的结构特征。在完成基础课程后，学生依次集中学习在国学里教授的两个细分领域，天文和算学。[45] 1739年，在学习最后阶段的算学班中，额设满人学生12名，汉人12名，蒙古人6名和汉军6名。学习课本是《御制数理精蕴》。旗人学生完成算学学习后，接替他们入学资格的是本旗学生。[46]

　　在精英教育的同心圆概念图中，下一个圆是宗学。宗学至少在形式上（若不是在名称上），是清朝国家内部建构所需要的创新。[47] 那些满足正规要求而成为帝国宗族成员的人，其子弟会按照朝廷最严格的文化要求接受教育。宗学仍然是高标准骑射的最后堡垒，而在弘历治下，当文化形式主义遭受冲击时，宗学也最先遭到最猛烈的冲击。宗族成员若缺乏军事技能，很容易受到惩罚。不过，即便对爱新觉罗家族的教育是重中之重，清朝的宗学（尽管是在宗人府辖下）仍然不是由国家而是由八旗资助的。1654年，每个旗都受命建立自己的宗学，而那些已有生员资格的满人则被选作教习。

　　所有未封爵位的八旗子弟，以及所有十岁以上的八旗子弟，都要上学学习满文。[48] 1724年建立了这样的制度：京师左右两翼分设一所满语学校和一所汉语学校，每个学校都由爱新觉罗贵族监管。这些新学校接受王公子弟、驻防将军子弟，以及18岁以下未从业的（闲散）爱新觉罗贵族子弟入学，学习满语、汉语和骑射。学校的总管、副管，都是从皇室家族里论资排辈挑选的：从闲散的旗人官员，或从精于翻译的进士、举人、贡生或生员里，挑选两名满语教习。另外从闲散的旗人官员，或从精于箭术的护军中，挑选两名为骑射教习。每个学校，每十名学生设一名汉语教习，由礼部从举人或贡生中挑选出来的人担任（任期三年）。1734年，两所学校每所都由两名翰林监督课程，分日讲授经义、文法。

为庞大皇室里的低级成员寻找合适教习是个难题，这使得朝廷优先考虑对国学学生进行考试（以备挑选）。1736年，以满、汉京堂[49]各一人总稽学课，月试经义、翻译及射艺。1745年，朝廷决定每五年任命一名宗人府官员合试两翼学生，由朝廷钦定名次并以会试中式注册[50]。每年举行会试时，两所学校习翻译者和八旗的翻译贡生一起接受考试，而那些赐为进士的可以被朝廷任何部门录用。习汉语者则与天下贡士一起参加殿试，赐进士（甲第）的会派去翰林院当官。

1746年，朝廷指出，那些在国学里学习汉语和翻译的，考试汉文、翻译均无佳作。弘历如此预言未来的变化：

我朝崇尚本务，宗室子弟俱讲究清文，精通骑射。诚恐学习汉文，流于汉人浮靡之习。世祖谕停习汉书，所以敦本实、黜浮华也。嗣后宗室子弟不能习汉文者，其各娴习武艺，储为国家有用之器。[51]

1747年京师国学的入学名额定为左翼70名，右翼60名。到1756年，停习汉书这一政策发生变化，使得国学裁汉语教习9人，改为翻译教习，左右翼各增骑射教习1人。

类似的思想方针指导着清朝旗人精英教育同心圆的下一个圆，即觉罗学，努尔哈赤父系叔伯的子侄便在那里接受教育。其教学以宗学为模式，觉罗旗人如果不善骑射会受到处罚。觉罗学建于1729年，毗邻京师衙署，设满、汉学各一。8至18岁的觉罗子弟可以入学，学习阅读、书写和箭术。其总管是王公贵族，春秋举行考试。每三年，觉罗学生和宗学学生一起参加考试，分别奖惩。当他们完成学业后，与旗人一起参加岁试和乡试，并考用中书或笔帖式。其学额似乎反映了觉罗氏在满族各个旗内的比例。[52]

同心圆模式中心外的另一个圆是内务府书院，内务府负责管理上三旗的随从奴仆，即包衣。内务府在景山和咸安宫有自己的官学。[53] 景山官学建于1685年，是位于皇城北墙北上门附近的两座建筑。从内务府三旗佐领、管领[54]治下幼童中选360名入学。学校有三个班学习满语，各设教习三人。另三个班学习汉语，各设教习四人。起初，选用内务府退休官员担任满语教习，礼部生员中文理优通者担任汉语教习。后改为选用内阁既善书法又精射术的中书担任满语教习，而汉语教习则要么从新晋进士中挑选，要么从退休的内阁中书中挑选。雍正朝之后，汉语教习通过考试从举人和贡生中选出，三年期满，调任其他部门。学生学习三年后，考列一等的选充笔帖式，考列二等的选充库使或库守[55]。1779年，允许添补四名回童入学。

咸安宫官学建于1728年，诏选内务府三旗佐领、管领治下幼童及八旗子弟俊秀者入学，1747年添补蒙古人入学。学校位于西华门内武英殿附近，总共90名学生，由咸安宫翰林担任教习。有12个班学习汉语，3个班学习满语，各设教习一人，教授经义、射术和满文。内务府负责考核学生，取用方法与景山官学相同（但可能不是一起考核），一、二等录用为笔帖式。1735年，乾隆颁布诏令要求汉语教习必须从新进士中挑选，尽管朝廷似乎对具有如此高资历的有志之士会蜂拥而至追逐这个机会并不太抱希望。[56]另外还增加了一些吸引优秀教习的奖励刺激：三年教职期满，这些进士会被录用为六部的主事或知县，举人则会被录用为知县或担任教职（书院学监）。1758年后，无论学生年资，都被允许去参加翻译考试，考任中书、笔帖式、库使。在那个时期，汉语教习定为9名，满语教习为6名。[57]

同心圆模式中心外的下一个圆则是京师旗人平民。他们可以去八旗官学读书，这些学校独立于国学，不过在基本方面以国学为模本。1644年，朝廷鼓励每旗各建一所学校（学舍），每佐领治下取官学生1名，以10名学习汉语，其余学习满语（包括了那些想要掌握文言以参加科举考试的人）。在17世纪，这些学生总计70余名。第二年，学校的规模和范围都缩小了。诏令规定合两旗的学校为一学，也就是说，总共4所学校，每个学校有学生10人，教习酌取京省的生员，这和国学的结构设置完全对应。

与给觉罗和包衣创办的大型学校相比，这些为平民建立的小一些的学舍实际数量少，要来读书的学生多，入学竞争相当激烈。那些之前已经考取恩（贡）、拔（贡）、副（贡）或岁（贡）的，不再被接收入学。当有空位富余时，只有监生被允许参加入学考试。1723年，官学增加了用蒙古语进行教学，从蒙古旗的护军、领催、骁骑中挑选16名担任教习，学生由各旗佐领选送考试入学。

到1728年，京师的八旗官学从建制、入学和声望上都渐臻成熟。学生增至800名左右，每个旗有100名学生。其中，严格的配额使满族学生获得了实质性特权。该配额规定，100名学生中，满人学生60名，蒙古人、汉军各20名。在60名满人学生中，一半学习汉语，一半学习满语，且根据年龄划分，年幼者学习满语，稍长者学习汉语。[58] 为了维持学校运行，拨八旗教养兵（满人30名，蒙古人、汉军各10名）的钱粮分给学生。这是旗人通常分配模式中的一个做法，以牺牲下层百姓为代价，让精英获得极大的特权。每个班定5个汉语教习。有趣的是，语言和年龄的匹配是颠倒的。于是，1735年，诏令才资聪颖且有志于学者归汉文班，年长且原学翻译者归满文班。1743年，学制定为三年，期满进行考试，通过考试的要么继续升入太学学习，要么任命为官。

早在定都京师后不久，京师衙署的满族官员即开始抱怨，为旗人所设书院僻处城内东北一隅，京师畿辅各地的旗人子弟跋涉就学，殊为不便。由此，朝廷允许京师八旗每旗各办一所方便可达的地区书院，教育本旗旗人。在这一时期，国家设定种种计划，要为旗人教育建立一个中央标准体系。在这个宏大的计划下，每个佐领都要向本旗书院输送一名学生。考虑到近代以来对旗人入学人数的修正，这意味着每两三百名旗人中，就有一人接受了官学教育，总入学人数在600名左右。这些学生中，一半学习汉语，一半学习满语。可是，在这一计划实施之前，国家的计划制定者们很快就用另一个更为温和的方案将之取代了。新计划号召每两旗建一所学校，每所学校只收10名学生，总数只有40名学生。[59] 此意似是要将财政压力从国家转移到旗人自己身上（这个政策具有八旗和驻防供给体系的典型特征，八旗和驻防供给体系与教育体系同步变化），并随之调整教育计划的规模。[60] 我们也知道，朝廷在此时相当确信，满语教育对满人来说并非人人都需要，这些学校的主要目的就是提供最低数量的精通汉语的旗人，以便更好地监督管理以汉人为基础的官僚机构。

同心圆最外面的那个圆圈终于触及各省旗人。驻防科举考试于1645年建立，所有能读书的旗人及其子弟都被允许前往顺天府参加考试。乾隆年间，这条规定改为允许各省将军在岁试、科试中先考核学生骑射，然后再将他们送去京师接受下一步考试。驻防教育的模式和目标，受京师的考试和教育政策的变化所影响，因为在省府和京师层面（从地理上来说，对所有旗人是一回事），驻防考生要与上述学校的毕业生竞争。他们应对竞争只能靠他们自己，而且，很可能许多省的驻防很少有考生去顺天府参加考试，因为在1814年以前，旗人并没有像平民那样通过地区配额而享受优势。有传闻证据显示，在许多驻防，学生要么在驻防内的私人书院——它们大部分是按传统中国书院的模式建立的，而且大部分是任用汉人学者作为教习——接受教育；要么就在旗人或一些宗族所办的义学里接受教育。

京师旗人若没资格或没能成功进入国家官学学习，也会转去私人书院或义学读书。[61] 朝廷要求各省将军定期考核旗人的军事技能，亲自负责为他们参加京师的考试做准备。这也许给各省将军增加了负担，实际上也影响了驻防考生的培养——这些考生将来要去京师参加考试并在那里任职。有充分证据表明，若驻防军官手下旗人在京师考试时说满语或骑射表现不佳，驻防军官会受到处罚；而与之相反，没有证据表明，若其驻防根本没有考生前去参加考试，他们会受到处罚。无论旗人是否有意前往顺天府参加考试，各级驻防在开展工作时，都需要具备满汉读写能力的人，而要拥有"领催"军衔，则需要精通满语，这一点通常是通过驻防书院或义学的基础教育来实现的。

国家期望学生承担自己的大部分教育费用，尤其是在初级教育阶段。有时是直接提出，即要求学生为上学支付钱或物——比如粮食、木材、煤或泥煤；但更经常是间接提出，即要求驻防和旗人官府建立和运行国家控制的学校。少量学生的津贴由国家支付。1643年（创建八旗汉军后不久），国家为汉军制定了廪生和增生[62] 的定额，1671年则制定了满人和蒙古人的廪生和增生定额。在任何一年，汉军廪生的数量通常都只有满人或蒙古人的一半，这再次与他们的人口比例很不相称。在直隶省——京师驻防所在地,廪生和增生设为每府 40 名,每州 30 名,每县 20 名,每卫 10 名。[63] 入学六年或不满六年的优秀学生,有资格领取廪膳。这意味着,若科试失利两次(在某些情况下是一次)[64],就会失去津贴。科试一、二等送乡试,廪膳增加;考列三等,若自己支付上学费用,可以留在学校;考列四等以下则停给廪膳,必须离校。

乾隆朝之前,上述教育体系的结构性缺陷就已十分明显。只有京师尝试实行系统化教育,且只波及旗人人口里的一小部分成年男性。在上述任何时间,符合入学年龄条件的旗人男性,在数十万人口里都必然极为有限,其中只有不到 1000 人在京师高等学校里接受了教育。而且,在受教育学生中,爱新觉罗氏、觉罗氏和包衣的占比是压倒性的:看起来在 18 世纪中期,所有在京师高等学校入学的旗人,一半是这群人。而更造成危害的,也许是清朝初期的旗人教育计划极为暧昧模糊。弘历在位后期多次明确表示,无论是旗人,还是任何人,都不太可能以骑射为本,文武并举。曾为旗人设想的管理者角色,早在清朝初期就已经黯然失色:当时清廷面临难以克服的巨大压力,既要应对持续的军事挑战,而在民政事务上,又不得不让位给根深蒂固的汉族官僚阶层。但是教育培养计划却依然不仅要求学生具有理解四书和其他科举考试基本著作的能力,也要具有军事、翻译、算学和天文学方面的专业能力。难怪少有旗人会被旗人教育体系的挑战或回报所吸引。

旗人身份和乾隆嘉庆改革

严格意义上来说,旗人教育的中央集权化和改革是在乾隆朝末期以后才开始的,但事实上旗人教育一直在弘历掌控之下,也非常清楚地印刻着弘历在乾隆年间反复灌输的对待满人身份和满族文化的新态度。具体来说,就是早期那个相当模糊的观念,即旗人应该熟练掌握军事和民事的所有统治技能,被弃而置之;旗人要成为受过良好教育的统治阶层这个观念,也被一并抛弃,而代之以对满人究竟是谁、他们该做什么的日益专业化的认识。新的改革规定,满人必须刻苦学习满语,包括口语和书面语,也要严格训练军事技能。这个教育计划的设计,非常刻意地将八旗子弟以及驻防军人或前程远大的旗人都包含在内,而且,这一设计要求对一大部分满族人口进行管理，其范围远远超出了那些能在管理国家中发挥新技能的人。与他的父亲及祖父不同，弘历对通过提高旗人能力来改善统治没什么兴趣。相反，他倾向于提炼满族的文化特征，在他眼里，满族如今不仅代表着清朝的文化起源，也是他宇宙王国的一个专门组成部分。

从清初开始，清廷就对允许受过充分教育的旗人全面供职朝廷和中央官僚机构持谨慎态度。朝廷不信任满族，这很可能导致清初有段时间倾向于雇佣中层八旗汉军。1687年朝廷恢复汉军配额，也反映了这一倾向。[65] 到了乾隆治下，他同样谴责旗人满语和汉语能力相当薄弱，指责他们总是通过转换科举考试专攻方向，来躲开真正掌握满语或军事才能，或来自文言文的挑战。[66] 乾隆认为他们不仅无用，而且，还有可能会成为危险人物。这位皇帝对"粗略的"读写能力始终心存疑虑，伍思德便生动地探究了这种能力在民众层面的后果。事实上，18世纪中期，大量旗人的受教育程度并不足以让其领会四书的精义，却让其"读起中国小说和异教传单来'十分轻松'"。[67]

起初，与他的父亲和祖父一样，弘历倾向于鼓励更有效地学习汉语，并延续其先祖的做法，奖励旗人汉语学识的进步。[68] 后来，更了解驻防情况、更清楚满人表现之后，弘历开始重新考虑他所继承的、他自己也曾支持鼓励过的这些政策。[69] 1765年之后，他建议旗人不必再向他通报他们家族在科举考试中取得的成功，除非考生在骑射方面成绩也十分优异。[70] 而且他再次强调满语的根本重要性。"满人说满语是旧道"，弘历在1762年冬的一次会见中，如此告诫理藩院的四位满族官员。尽管康熙皇帝将自己塑造为旗人的伟大榜样，时常在他们面前展示自己的文学才能和军事才能，以促进他们进步，弘历却对自己与旗人的关系有着完全不同的看法：他自己是多语读写能力的完美典范，心慕一切文化的唯美主义者，普天之下的伟大皇帝，而他们不是。早先他让国学停习汉语，现在他将这一禁令推广到所有旗人。他们要说自己的语言、信仰自己的宗教，掌握自己的骑射。"你们学不学经文，我根本不关心。"[71]

乾隆帝在他的改革中重新强调满族军事技能，这在某种程度上也有例可循。入主中原后的清朝皇帝担心城市化会影响旗人，便将骑射作为所有旗人正规学习的一部分。弘历保留了这些规定，而且进一步要求旗人子弟和八旗军都要遵守。

《满洲源流考》的编者以乾隆的名义说道:"恐日后子孙忘旧制,废骑射,以效汉俗。"[72] 骑射合格,才允许入场屋参加科举考试。皇朝宗室和满人觉罗若骑射出色,就会得到奖励;若表现乏善可陈,就会被罚。

除了越来越抽象地强调身体训练,弘历还对官员满语能力的下降表现出真正的担忧。尽管他坚持要求那些将在官场和军队中任职的满人学习满语正字法,但不通满语口语仍然严重妨碍了满人和蒙古人的交流。1779年,弘历一怒之下命令用蒙古文发布的诏令必须先呈交给他检查译文语法,而之前他已经在检查诏令的满语译文了——皇帝自己成了满语和蒙古语教习,增加了自己的日常职责,即检查诏书。[73]

在其统治后期,弘历一步步将他所谓的满族"旧道"规范化。正如有人指出的,这是意识形态建构,是旗人生活准则,在满人的军事才能、满语口语和书写、萨满教和对宗室的敬畏之中,都充满了"旧道",对国家认定为满人的人来说,这些都是他们正确生活的基本要素。[74] 教育政策迅速改革,将提高满语会话与书写能力作为主要目标。1791年,弘历大概描绘了他的计划,要在所有驻防建立标准的旗人官学。然而,直到他退位之后(但此间他仍然掌控国家基本事务),他才致力于实施这一计划,即为驻防建立中央集权化的标准教育体系。在随后的20年中,基本计划不断扩充,强化了全国旗人教育的改革。

改革从京师高等学校开始。就国学而言,入学压力一直在稳步增长,内府学校的臃肿已经成为严重问题。1796年,住在国学附近(也即包括了大部分内城地区的大兴县和宛平县)的旗人和学生家庭被内务府取消直接入学资格,以后只能通过"考到"[75] 才能入学。那些考列一等或二等的,才能参加下一轮考试。然后考列贡生一、二等,监生一等,才允许入学学习。这意味着那些通过"恩""荫"而获得监生头衔的旗人(恩监,荫监),或习翻译或骑射的旗人,都被排除在外,甚至都不能参加考试。而且,他们在外班的学习也不保证——离学至三次就会被除名。[76]

为了回应朝廷新的教育规定,精英身上被施加了特殊压力。18世纪晚期,宗学入学率下降得非常厉害(尽管皇室自身人口稳定增长)。1795年,右翼增加10名学生(被不菲的津贴吸引而来)。每个学校各增派三名满语教习和四名汉语教习。1808 年，两翼各增学额 30 名，各计 100 名学生，这个数量之后就固定了下来，成为永制。[77] 皇室学生参加考试的条件也改变了。1801 年之前，国学学生并不一定要参加乡试或会试，而是由宗人府单独考核他们的骑射、制艺和律诗。如今，所有宗室学生都被要求参加翻译考试，除非他们请求参加定期的乡试和会试。[78] 他们参加顺天府乡试的比例配额是九中一——鉴于宗室在高等学校体系里长期占比过高，这个配额看来很严格。在会试中，他们的中举人数与一般的满字号分开计算，但在殿试和朝试中，他们没有名额比例，要和其他人一起竞争，而那些考中的会被奖励高官职位。

最大的变化在省级驻防，那里，首次设立了礼部管辖之下的官学，所有旗人都有资格竞争入学。学校课程并不意在创新，而是以国学和京师八旗官学的大纲为基础：满语、汉语、天文和算学，外加频繁且严格的骑射考试。学校章程内化了弘历的不断要求：要在旗人中复兴满文。"人皆有责习练清文，以务根本！"皇帝谆谆训诫，但没什么人在意。学校教习的薪金以及学生的生活费大部分由政府支付，部分由各旗和宗族慈善机构支付，有时可能会有个人解囊相助。[79] 很难获知不同驻防为学校寻找校舍、教习和学生究竟有多迅速，但到 1800 年，大部分驻防都已经从建在自身驻防之内的新学校里挑选官员了。[80]

但是，驻防内部高等教育的改革，很快被视为毫无用处，因为它没有相应强调对男童的培养。通过 1800 年诏令（弘历驾崩后）可以感受到驻防人口的文化条件与社会状况：这份诏令要求驻防佐领鉴定有才能的男童，从每五到六名童生中，挑选一个接受强化指导，学习满语、骑射和一小部分管理才能。同时，清廷也申明了自己的意图，即永远也不会再回到之前时代那种漫无中心、全面广泛的教育政策上了。"我满洲根本，骑射为先。若八旗子弟专以读书应试为能，轻视弓马，怠荒武备，殊失国家设立驻防之意。嗣后各省驻防官弁子弟，不得因有就近考试之例，遂荒本业。"[81]

当然，清廷同样也认识到，只有极少数驻防才是培养军人献身精神的合适土壤。它也逐渐接受了这样的事实：驻防内的书院传统已培养了一批满族文人，他们认同自己所在的驻防地区，并打算当文官。[82] 1814 年，清廷废除了所有驻防旗人必须参加顺天府乡试的要求，各省旗人可以参加他们驻防所在地的考试。朝廷的这一认可，其象征意义十分深远，即，旗人不再是帝国中心顺天府的原住"民"，相反，各省是他们的所在地。清廷还为开放的乡试设定了比例配额，旗人十人中一，多不逾三名。[83]

顺治、康熙认为旗人是万能人才，他们既适应翰林院，也能指挥精锐骑兵，乾隆和嘉庆放弃这一观念，转而采取文化净化、体能振兴和精神重组的严格制度，这一转变的影响远远超出了乾隆和嘉庆的预料。后朝皇帝所鼓吹的，本质上是旗人的职业学习甚至专业学习，其中，精于满语——军事部门的语言——至为根本，而更为开明的、显然更是公民教育的元素几乎没有任何位置。有证据表明，嘉庆朝对乾隆改革的专业化方面的兴趣，远远大于对其意识形态的兴趣。[84] 这方面的重要性，直到鸦片战争后的军事和教育改革时期才显露出来。驻防官学里增加了关于清朝及外国军备的课程，而这在 19 世纪中期之前不可避免地导向了有限的技术性研究——大部分与弄懂和制造雷管有关。

同时，自江南建立大军试图击退 1840 年英国人入侵开始，军队混合组织形式的发展，产生了对翻译才能的新需求：朝廷要求分派到混编军队的八旗官员用汉语和满语记录这些兵力的行动和内部的权力勾结，并用安全语言，即满语，向朝廷汇报。事实上，因为国家的军事机构越来越复杂，道光帝预见到会重新需要精通满语的旗人，所以他要求 1843 年以后所有旗官都要参加至少生员级别的翻译考试，这条规定一直保留到 1865 年朝廷对驻防的管理全面减弱为止。[85] 而且，根据极有力的证据可以做出这一假设：在外交部门（总理衙门）管辖下创办的外语学院（同文馆），实际上是按照八旗官学的样式办的，它由驻防官员管理，也几乎只让满族旗人入学。[86] 到世纪末，同文馆除了原来的英语馆，又增添了法语馆、德语馆和日语馆，而京师的俄语学校也被京师同文馆合并和改革。之后课程又加以扩充，最终纳入算学、天文和化学（旗官识别及制造雷管的副产品），因而同文馆及其各省分校露出了成为京师大学堂（1896 年建立）前身的苗头。[87]

如果旗人官学因其对职业以及后来对专业的强调，成为同文馆和京师大学堂的先驱，它们也只是先驱而已，它们自身并没有进行现代化转型。事实上，至晚到 1870 年代，醇亲王奕譞仍然要求旗人抵制现代改革，因为那会推翻他们忠于先辈骑射技艺的承诺。在［瓜尔佳·］文祥、［瓜尔佳·］荣禄的领导下，有些旗兵被改编为精锐部队，其他一些则成为领导了辛亥革命的新部队的基本盘，后来成为袁世凯和许多其他军阀的先锋部队。然而，八旗军自身走上了和八旗官学一样的道路，变得过时、老旧，在他们自己孕育出的新形势下黯然失色。就像八旗一样，八旗官学经历了漫长的衰退，直至最终被清政府解散。一直到1902年，在翰林学士保熙（满人）的专门要求下，国家才允许腾空、清扫、修缮和粉刷京师国学、觉罗学和官学的校舍，改建为新教育局辖下的小学和中学。[88]

满语是全面的国家语言、旗人是全面的国家官员，这一清朝统一全国之前的理念，似乎继续塑造着统一后国家的教育政策。虽然环境最终逼迫朝廷放弃了这一想法，但对满语、蒙古语和汉语这三者挥之不去的强调，以及为旗人在军队和官府当官所做的准备，仍然镌刻着教育和管理政策的印记。这些政策，直到18世纪末，都不仅关系到旗人的入学，也关系到其子弟的入学。随着乾隆皇帝的文化杂糅的大一统风格开始改变知识储备和思想探索的形式，朝廷更加关注满语在满族人口中的地位（在当时这依然是一个难懂的、某种程度上也是矛盾的概念）。旗人忽视了满语和军事技能的培养，对这方面情况的报告似乎促使皇帝屡次告诫旗人要弥补这些缺陷，避免"流于"汉人之习。由此而导致的旗人身份和旗人教育的专门化，为19世纪末军队的重新职业化创造了基础，也为语言、科学和军事艺术方面的技术化、职业化和专业化教育的出现奠定了基础。

考试和少数民族政权

乾隆朝对语言和正字法的看法包含着意识形态，若对这点缺乏敏感，就难以重构清朝关心满族教育和满语教育背后的推动力。从现代角度来看，无法证明旗人或满族的身份认同从根本上取决于他们用一种独特的语言说话和书写。满族在中国曾保持也依然保持着民族身份，尽管他们已经是城里人，已经说汉语。然而，对弘历来说，若没有一个个构建完好的特定文化原型，是不可能在帝国内实现由各种文化复合构成的大一统的，而满族将要承担这一任务。同样明显的是，弘历仍然深深依恋这一概念：东北是满族历史、文化和合法性的源泉。对他来说，满族也许代表了活着的传奇，这令他更为坚持文化重建和文化净化。

无论满族对 18 世纪的清廷有多重要，为复兴满族而制定的政策和创办的机构，只具有国家层面的象征作用。作为少数人群的语言，满语的衰退和事实上的消失也许无须解释，不过，导致国家无法强化语言教育的某些因素值得留意。它们部分是结构性因素。虽然以下这点太显而易见，不值得多说，但事实的确是，直到 19 世纪晚期，驻防内的教育计划也完全只针对男性。男人学习说标准满语，女人则继续说汉族方言（或满语-汉语混杂的方言，许多驻防地区都可证明），这样的驻防文化主张显然站不住脚。此外，普通旗人能找到的发挥其满语能力的就业机会也并不多。而一直到很晚的时候，国家都完全忽视了给普通男童和年轻男子创办教育机构。在驻防，官学数量很少，只有世袭的旗人精英（官员子弟）才有机会入学。在北京，学校由世袭贵族和家底深厚的精英所把持。

除了这些因素，我们还必须回望满族的历史，以及它在清朝之前和清朝时期与蒙古的关系。首先，满语和满文未能在清朝统一全国之前获得很高的声望。自 13 世纪以来，内亚有一种伟大的通用语言——蒙古语，女真就以这种语言为基础构建了自己的读写文化。像之前的明朝统治者一样，满族统治者也总是不得不处理（即使是以简化、间接的方式）与蒙古势力的关系以及保持蒙古语读写能力的问题。清朝皇帝通过与蒙古人的历史关联（而且他们也愿意认为自己与蒙古大汗有关），也通过自己的蒙古皇后和蒙古旗人，与蒙古人／蒙古语紧密相连。在他们的修辞中，"满""蒙"总是连在一起，无论是语言、文化，还是民族。换言之，皇帝从来没有只强调满语，而弘历自然也从来没有认为满语真的可以承担起他的文化杂糅的大一统重任。相反，他的政策是要将语言独立出来，就像珠宝藏品中的一颗宝石，磨光润色，加以展示。

满语作为文化载体难堪重任，这与清朝皇帝忽视古老的女真文献有很大关系。从努尔哈赤到弘历，皇帝们出于这个或那个理由，对他们祖先与女真的关系雀跃不已，但却不曾做出任何努力，重新利用或复苏中古女真"经典"文本——无论是原文，还是翻译成新文字。原因也许就在于长久以来对翻译部门（四夷馆）的轻蔑（清朝也持同样态度），而在四夷馆的藏书中，其实保留了古老的女真文本残稿和女真寄来的公文。清廷并不认为四夷馆及其藏书有任何值得品鉴回味的东西。既然翻译部门的机构体制玷污了女真的文献史，满语因此在17世纪开始成为没有任何文献的新文字。

满语作为标准书面文字，与活生生的语言不同，是国家的发明，这点也更加清楚地表明了皇帝对女真文献的忽视。满语的发展在每个阶段都受到国家指引，由国家目标所推动：努尔哈赤的民族主义让他要求帝国有一种独特的交流模式；皇太极要求发明一种简单容易的文字，让重要的汉语历史著作和政治著作可以翻译成满语；顺治、康熙和雍正帝的愿望则是满语能成为处理国家敏感事务，包括秘密奏折往来、某些军事通信以及与罗曼诺夫王朝统治者代表的交往的有力媒介；最后是弘历的诉求，他希望满语既成为对满族的文化分类，也成为他自身文化杂糅的大一统意识形态的表达。国家对满语的发明和控制，与对满族的塑造并行不悖，这点毫不奇怪，因为满族也是由国家命名和组织起来的。在随后的世纪中，"满族"由国家合法确定，并直到19世纪都是国家文化政策的实施对象。

撇开清朝对待王朝语言及其臣民的专门考量，满语的教育和考试以及对满族的教育，其特征均有助于进行更广泛的比较，而这正是此文的目标。满语教育的特点也可以与清朝教育和考试体系的其他组成部分进行纵向比较。明清考试的一个常规特征，是在配额和一定程度上的考试内容（尤其是军事考试）方面，为专业多样性留出了空间。在这种情况下，可以看到考试系统中的一部分专门用来考核旗人。事实上，从这个视角来看，清朝八旗考试和翻译考试的创设延续了明朝的制度，只做了些微调整[89]（然而这种观点不仅忽略了旗人教育改革在很大程度上为19世纪技术研究的兴起奠定了基础，也忽略了18世纪朝廷展现意识形态野心的模式）。从明到清，科举考试的基本模式没有很大变化，科举制度与朝廷意识形态的密切关系也没有减弱。事实上，这种相似之处却正是最后两个朝代的巨大分歧点，因为，在乾隆治下，文化杂糅的大一统思想的膨胀深刻地改变了朝廷对知识的实质及意义的看法。这些变化的冲击，在满族教育这个微观小世界中，生动而明显。

也许可以将满族教育和科举考试，与中国之前的少数民族政权的同类政策作纵向比较。契丹、女真和蒙古人在他们各自的朝代里，都面临着这些问题：民间文化正规化，授权和执行正字法，让某些关键人群熟悉稳固其政权所必需的汉语知识。在每种情况下，朝廷做出的选择不仅要考虑贵族精英接受的教育方式，还要考虑是否用考试来擢升那些被视为"平民"的人成为统治阶层，或让世袭精英合理当上高官。

不出所料，满族处理这些问题的方式和之前的女真最为接近。契丹和蒙古人，至少在官方政策上，还保留着对民族游牧生活方式的强烈依恋，以及对传统细分型政治结构的宽容。他们似乎不愿意将地位或成就与耗费时间的"学而优则仕"联系起来，因为这么做会使得经济和社会生活发生巨大改变。国家对通过科举考试的要求，并没有影响到他们传统的身份标志，包括出身与亲属关系。事实上，诏令禁止契丹人参加辽朝举办的科举考试，而元朝大部分时间暂停了科举考试，这使得蒙古人在考试中获得的成绩毫无意义。[90] 必须强调的是，这一观点是针对科举成为职业晋升标准，并扩展为形塑其臣民文化生活和政治影响的国家工具这点而言的。很显然，科举考试的缺席，或官方对蒙古经典教育的漠视，都没有妨碍出现了脱脱（Toghto）或火尼赤（Qoninci）这样的蒙古学者。

然而，就女真和满族而言，双语考试的建立和鼓励有关人员参加考试的官方尝试，都证明了一种完全不同的国家姿态。与契丹人和蒙古人不同，女真人和满人在内地都没有被赐予封地，他们也没有致力于建立具有游牧特色的文化规条或政治结构。金朝和清朝试图用科举考试来提拔平民百姓，限制世袭精英担任高官，这是国家积极限制贵族权势的典型做法，以便集中国家权力，同时培养臣民在维持文官制度方面发挥重要作用。

我要感谢在会议上与我探讨的两位学者包筠雅和罗威廉对文章初稿的大量讨论，也要感谢所有与会人员（尤其是伍思德和魏斐德），这篇文章就是这次会议的成果。随后阎崇年、古鲁伯，尤其是包筠雅，又对此文进行了专门的讨论。我与包筠雅合作研究满语文献，学到很多。此文也从与陆西华的多次交流中获益良多。在对这篇文章进行进一步研究及修订期间，作者得到了达特茅斯学院青年教师奖学金以及玛丽恩与贾斯珀·怀廷基金会资助，谨表感谢。

（严蓓雯译）

注释

1. 遍及本文的"满族"（Manchu）一词，指从1635年认可八旗，一直到1911年清廷瓦解期间那些在八旗之内，被合法归类为满族的人。正如我在其他地方讨论过的，八旗内部的登记注册是个行政程序，并不绝对意味着他拥有女真/满族祖先或满族文化身份；相反，从清朝一开始，有些可证明祖先为女真/满族的人出于各种理由，并没有被登记为满族。最后，必须指出，在官方话语和平民话语中，"满族"（满族、满族人、满人、满洲人）和"旗人"两个词之间语义交织，暧昧模糊。就此文所探讨的话题，所有满人都是旗人，但有些旗人是蒙古人或汉人（汉军八旗），或在17世纪晚期，有些旗人是俄罗斯人。关于八旗和满族一般背景的近期研究，见任桂淳《清朝八旗驻防兴衰史：广州、杭州和青州驻防》（The Rise and Decline of the Eight-Banner Garrisons in the Ch'ing Period [1644-1911]: A Study of the Kuang-chou, Hang-chou, and Ching-chou Garrisons）（Ann Arbor: University Microfilms, 1981）；柯娇燕《孤军：满人一家三代与清帝国的终结》（Orphan Warriors: Three Manchu Generations and the End of the Ch'ing World）（Princeton: Princeton University Press, 1990）；柯娇燕《乾隆朝对汉军八旗的反思》（The Qianlong Retrospect on the Chinese-martial[hanjun] Banners），载《晚期帝制中国》总第10期，1989年6月第1期，第63—107页。

2. 更广泛讨论，见柯娇燕《〈满洲源流考〉和满族遗产的形成》（Manzhou yuanliu kao and Formalization of the Manchu Heritage），载《亚洲研究杂志》总第46期，1987年11月第4期，第761—790页；柯娇燕《乾隆朝对汉军八旗的反思》；柯娇燕《孤军：满人一家三代与清帝国的终结》。

3. 关于女真，见顾路柏《女真语言文字考》（Leipzig, 1896）；石田干之助《女真语研究的新资料》，收入《东亚文化史丛考》（1943；再版，东京，1970）；康丹《翻译局汉-女真词汇》（The Sino-Jurchen Vocabulary of the Bureau of Interpreters）（Bloomington: Indiana University Research Institute for Inner Asian Studies, 1989）；清濑义三郎《女真语言文字研究：重构与解读》（A Study of the Jurchen Language and Script: Reconstruction and Decipherment）（Kyoto, 1977）；金光平和金启孮《女真文辞典》（北京，1984）。

4. 如今被认定为是锡伯族的人，他们的祖先大部分在17世纪中晚期被作为"新满族"并入八旗之中。他们定居在新疆，保留着相当程度的传统文化。以汉语为书名的锡伯族历史《锡伯族简史》是吴元丰和赵志强用锡伯语写成的，1984年于北京出版。不过，关于锡伯族的最重要的著作是乔瓦尼·斯达里的《满洲锡伯族的历史》（Wiesbaden, 1985）；读者也可以参考斯达里对当代锡伯族作家郭基南的极富价值的研究《锡伯族诗人兼作家郭基南的生平与著作》，收入《17和20世纪满语、文学和历史研究杂集》（Wiesbaden，1987）。

5. 之前有很多材料提到这一现象，可见《大清高宗纯皇帝实录》中的一个例子（卷1417，17a）。汉人在进士考试的满语部分，也采用这一方法。加州大学洛杉矶分校的研究图书馆所藏"韩玉珊特藏"的满语文献里可以找到例子。我要感谢本杰明·A.艾尔曼和詹姆斯·程让我检索这些材料。

6. 这一方言留存下来的最好证据有鼓子词抄本，尤其是被称为"子弟书"的这类鼓子词。见关得栋和周中明《子弟书丛抄》（2卷，北京，1984），尤见第1—18页。另见柯娇燕《孤军：满人一家三代与清帝国的终结》，第82—86页，第251页注释18—21。

7. 与朝鲜语相比是要传达汉字的视觉结构。朝鲜语是很晚才创造的。很可能回鹘表音文字（后来被蒙古人采用）是受契丹小字的语音原则的启发。契丹大字仍然还有很多没有破译。关于契丹小字，虽然有部分字的意义被破解，但无法相当自信地重建它的读音，见格尔泰等著《契丹小字研究》（北京：中国社会科学出版社，1985）。

8. 陶晋生的《12世纪中国女真人的汉化研究》（*The Jurchen in Twelfth-Century China: A Study of Sinicization*）（Seattle: Publications on Asia of the Institute for Comparative and Area Studies, University of Washington, 1976）对金朝期间女真考试的历史和社会层面进行了研究（第57—61页）。另见包弼德《寻找共同基础：女真统治下的汉族文人》（Seeking Common Ground: Han Literati under Jurchen Rule），载《哈佛亚洲研究学报》总第47期，1987年12月第2期，第477—478页。关于辽朝的科举考试，当时只有国家认定为汉族的人才允许参加考试，见朱子方、黄凤岐《辽代科举制度述略》，收入陈述编《辽金史论集》第三辑（北京：书目文献出版社，1987）。

9. 奴儿干地区的永宁寺，其石碑建于永乐年间，之后碑上刻了女真文、蒙古文和藏文，两本著作对此进行了描述。见塞缪尔·格鲁伯《清初满族皇家信仰：奉天大黑天护法密宗殿的文本和研究》（*The Manchu Imperial Cult of the Early Ch'ing Dynasty: Texts and Studies on the Tantric Sanctuary of Mahâkâla at Mukden*）（博士论文，University of Indiana, 1980），第37页注释34，第39页注释40、41；杨旸等编《明代奴儿干都司及其驻防研究》（河南：春华书局，1982），第52—68页。

10. 尽管四夷馆在清朝规模很小，政治上也不重要，但它在整个帝国晚期经历了漫长的、象征意义上非常重要的阶段。对四夷馆有许多研究，但关于基本信息研究，伯希和的《明史上的火者及写亦虎仙》中的《四夷馆和会通馆》（载《通报》，1948年第38期，第2—5页；附录3，第207—290页）无人能超越；更近期的阐释，见柯娇燕《明清四夷馆的结构与象征》（Structure and Symbol in the Ming-Ch'ing Translator's Bureaus），载《中亚和内亚研究》（*Central and Inner Asian Studies*），1991年第5期，第 38—70 页。

引文出自阎崇年《努尔哈赤传》（北京：北京出版社，1983），第 134 页。李盖提在其 1958 年的文章《清太宗碑》中详细指出了蒙古文作为建州女真人的书写媒介的优势地位。克利夫斯在《清崇德五年蒙文诏令》（载《哈佛亚洲研究学报》总第 46 期，1986 年 6 月第 1 期，第 182—200 页，尤见 182—183 页）一文中更为详细地论述了李盖提的论点。另见柯娇燕《明清四夷馆的结构与象征》。

11. 《满洲实录》（再版，台北，1964），第 109 页；《皇清开国方略》（再版，台北，1966），第 75—76 页。最终在 18 世纪定稿的文字，记载了努尔哈赤教导额尔德尼和噶盖如何完成他们的任务。

12. 在蒙古文交流复兴遮蔽了女真文交流之后很久，朝鲜人仍然保留了女真文材料和女真文课程表说明，它们是其朝廷官僚体系的一部分。另见旭烈《朝鲜的满语学习》（Bloomington, 1972），第 14—17 页；宋基中《朝鲜李朝（1392—1910）的外国语言学习》（The Study of Foreign Languages in the Yi Dynasty [1392-1910]），载《韩国研究中心通报：社科人文杂志》（Bulletin of the Korean Research Center: Journal of the Social Sciences and Humanities），1981 年第 54 期，第 1—45 页。

13. 元音和谐律，又称元音调和（vowel harmony），是阿尔泰语系的语言特色之一。这个定律指一个词语的后缀一定会跟词根的元音在某种程度上相一致。——译注

14. 另见 J.R.P. 金《1632 年满文改革的朝鲜元素》（The Korean Elements in the Manchu Script Reform of 1632），载《中亚杂志》（Central Asiatic Journal）总第 31 期，1987 年第 3、4 期，第 252—286 页。

15. 章中如等编《清代考试制度资料》（出版日期不详，影印本，台北：文海，1968）卷 1，3a。

16. 《清代考试制度资料》卷 1，9a。

17. 关于军机处，见白彬菊《君主与大臣：清代中期的军机处》。

18. 有关更详细的讨论，见柯娇燕与罗友枝《满语文献对研究清朝的价值》（The Value of Manchu Documents for Ch'ing Research），载《哈佛亚洲研究学报》（即出）。

19. "驻防"指关后驻各地的八旗，是相对于"禁旅"（入关后驻于京师）的八旗而言的。八旗驻防制度是清朝特有的制度。——译注

20. 18 世纪，出现了一所为北京的俄罗斯旗人创办的小学校（俄罗斯文馆），此后中国就开始教授俄语，它在创办时期或大约那个时候，开始让满人入学，但是没有什么可见的影响。关于它的历史发展和创办，见埃里克·魏德曼《18 世纪俄罗斯驻京使团》（The Russian Ecclesiastical Mission in Peking during the Eighteenth Century）（Cambridge, Mass.: Harvard East Asian Research Center, 1976），第 109 页。学校在东华门外，由内阁管理。18 世纪中期，学校校址校舍被并入改革后的四夷馆。另见柯

娇燕《明清四夷馆的结构与象征》。

现存的与纳贡国家的满语通函,作者不太了解,但琉球王尚穆乾隆二十一年（1756）的奏折（纸张已变脆）,可作为示例,这曾是傅礼初收藏文献,现属哈佛燕京图书馆。

21. 进一步的讨论,可见柯娇燕《内部的边缘：汉人学者和清朝知识》（The Inside Edge: Chinese Scholars and Ch'ing Knowledge）（亚洲研究学会新英格兰年度会议提交论文,1990）;柯娇燕和罗友枝《满语文献对研究清朝的价值》。

22. 爱新觉罗·昭梿《啸亭杂录》卷1,1b。

23. 孙文良、李治亭《清太宗全传》（吉林：吉林人民出版社,1983）,第310页。

24. 《啸亭杂录》卷1,1b—2b。

25. 这是最常见也最常被抄录的文学选集。进一步讨论见柯娇燕和罗友枝《满语文献对研究清朝的价值》。

26. 在朝鲜李朝初期,阶层制度使得专业知识成为社会现象,译者成为中人（文书、技工、翻译等非精英技术骨干）的一部分。从新罗朝开始,骨品制的精英（两班）就对高级管理部门维持专制控制,这一制度的基本特征一直贯穿于高丽和李朝初期。高丽晚期和李朝的中人包括了通过杂业考试（三层考试制度的最低一层）可以有资格去做技术管理和手工任务的平民,或者那些接受了一些技术教育的两班阶层文盲的后代。翻译是中人中最基本、最可见的工作,对李朝后期十分重要,当时李朝与日本、中国和女真的交易繁荣昌盛,有些翻译挣了很大一笔财富,可以打破囿于世袭身份的社会限制。参见李基白著,爱德华·威利特·瓦格纳译《朝鲜史新论》（A New History of Korea）（Cambridge, Mass.: Harvard University Press, 1984）,第118—119、174、230页;爱德华·威利特·瓦格纳《文人清洗：朝鲜李朝的政治冲突》（The Literati Purges: Political Conflict in Early Yi Korea）（Cambridge, Mass.: East Asian Research Center, 1974）,第12页。

27. 这个时期的四夷馆分设蒙古、女真、西番、西天、百夷、高昌、缅甸等八馆。1511年,增添了八百（云南方言）馆;1579年新添暹罗馆。国子监38个学生被指定为翻译（"译书"）。这些学生通过了乡试,但没有通过会试,他们有资格参加经过微调的会试——包括用外文写几段文章。此后,他们的成绩被提交到翰林院审核,翰林院可以录取他们,也可以不录取。见《明人传记字典》（Dictionary of Ming Biography）,第362页。

28. 《明人传记字典》,第1121页。李开先的声名当然不仅是因为他和四夷馆的关联,他被认为可能是《金瓶梅》的作者。另见玛丽·伊丽莎白·斯科特《青出于蓝：〈红楼梦〉脱胎于〈金瓶梅〉》（Azure from Indigo: Honglou meng's debt to Jin ping mei）（博士论文,Princeton University, 1989）。

29. 见恒慕义编《清代名人传略》（Washington, D.C., 1943）,第792页;柯娇燕《明清四夷馆的结构与象征》，第 63 页（其中，由于作者的疏忽，关于这一事件的那行字有部分遗漏了）。

30. 赵尔巽等编《清史稿》，卷 108，第 3160 页。（此文涉及《清史稿》内容有不少错误，译文均按《清史稿》原文更正，无特别不一一指出。——译注）
骑射，字面义就是"骑马射箭"，是汉语尝试用单词来传达出在飞驰的马匹上射箭的一种技艺，所有内亚和中亚语言都是用一个单词描绘这一技艺的（满语就是 *niyamniyambi*）。另见柯娇燕《孤军：满人一家三代与清帝国的终结》，第 15、22—24 页。

31. "无碍书本学习"这句根据英文原文译出，原文所给文献里并未查到相应语句。——译注

32. 刘世哲《满族"骑射"浅述》，载《民族研究》，1982 年第 5 期，第 53 页。

33. 尤见郭成康《清初牛录的书目》，载《清史研究通讯》，1987 年第 1 期，第 31—35 页；在文章中，郭成康提出，就在 1644 年前，500 个牛录里有 100 个汉军牛录，在 1643—1644 年，增加到 500 个里有 160 个。另见柯娇燕《乾隆朝对汉军八旗的反思》，第 13 页。

34. 《清代考试制度资料》卷 1，8b。政策变化部分是因一份礼部奏折推动，该奏折建议送旗人回去参加定期乡试："八旗子弟多英才，可备循良之选，宜遵成例开科，于乡、会试拔其优者除官。"（《清史稿》卷 108，第 3160 页）

35. 《清代考试制度资料》卷 1，7a。

36. 《清代考试制度资料》卷 1，12b、16b。

37. 《清史稿》卷 106，第 3115 页。随后调整为满人和蒙古人 60 名，汉军 30 名。

38. 《清史稿》卷 108，第 3161 页。

39. 《清代考试制度资料》卷 1，7a。

40. 书艺即四书文，阐述四书的文章。原文误以为是关于书法和艺术的文章，译者改正。经艺即阐述经学的文章。——译注

41. 陈金梁《清朝的蒙语教育和北京及其他城市的科举考试》（Mongolian Language Education and Examinations in Peking and Other Metropolitan Areas During the Manchu Dynasty in China[1644-1911]）（载《加拿大蒙古评论》[*Canada Mongolia Review*] 总第 1 期，1975 年第 1 期，第 29—44 页）介绍了蒙古教育通史。除了此文中提到的例外，蒙古语教育在很多方面和满语教育完全相同。不过，引入蒙古语课程常常比满语课程晚。例如，它在 1691 年进入驻防学校，1723 年进入八旗官学，1734 年进入咸安宫官学。

42. 正如昭梿提到的（《啸亭杂录》卷 1，18b—19a），章佳·阿桂和兵部官员要求恢复翻译学位，以便鼓励更多旗人去参加并通过这样的考试，这一目标虽然令乾隆不快，

但还是被他接受了。

43. 有关国子监，见吕元骢《清初（1644—1795）的国子监》，第147—166页。
44. 《清史稿》卷106，第3099页。关于国家与旗人关系的更广泛讨论，见柯娇燕《孤军：满人一家三代与清帝国的终结》，第13—30、47—73页。
45. 我用的材料和吕元骢用的相同。他得出结论说，天文算学指单门课程，见《清初（1644—1795）的国子监》，第150页。而我认为它们是不同而连续的课程，因为材料不仅指示出顺序（天文，然后是算学），而且文本里也提到算学课程，明显并不包括天文。天文算法（宇宙天文的计算）不是一门课程，而是一个学科。关于对明清"算法"之差异的论述，见《啸亭杂录》卷1，6b—7a。
46. 《清史稿》卷106，第3110页。
47. 《清史稿》（卷106，第3111页）指出，唐宋记载里可以找到"宗学"这个名称，但无法确定其目的及架构细节。女真金朝建立了国子学（附属于国子监），为女真贵族提供女真语和汉语教学，见《金史》（北京：人民出版社，1974）卷56，第468页。清朝的蒙古教育没有直接的先例可循，其"国学"继承自元朝的蒙古国子监，地方蒙古人在内务府管理下的蒙古子学里接受教育，见《新元史》（北京：人民出版社，1976）卷64，第621—623页。宗学校舍位于如今白石桥路的民族学院。这种环境下的皇室宗族教育，不可与有资格做皇帝的皇子及其兄弟姐妹所受的教育相混淆，后者在皇宫内接受辅导，直到朝代灭亡及之后，他们都一直可以流畅阅读和书写满语。
48. "子弟"字面义为"儿子及弟弟"，在清末大致指所有满人。不过，在19世纪之前，这个词的含义更为明确，是指从军者的男性后代（中国之前的朝代就是如此）。该教育政策公告的重要性在于，不仅八旗，而且子弟——任何可能成为八旗的人，以及所有被包含在"满人"这个名称下的人——最终都清楚地被包含在所有旗人教育规划中。见柯娇燕《孤军：满人一家三代与清帝国的终结》，第17、24页。
49. 京堂，清朝高级官员的称呼。都察院、通政司、詹事府、国子监、大理寺、太常寺、太仆寺、光禄寺、鸿胪寺等的长官，概称京堂。——译注
50. "中式"指科举考试被录取。此处指这些人算作通过考试，可以参加会试。——译注
51. 《清史稿》卷106，第3110页。
52. 记载为：镶黄旗，61；正黄旗，36；正白旗、正红旗，各40；镶白旗，15；镶红旗，64；正蓝旗，39；镶蓝旗，45。每旗配满汉教习各二人，唯镶白旗满汉教习各一人。我怀疑最后镶蓝旗的数字5（根据《清史稿》原文改为45——译注）是50之误，这样这段话才合理。见《清史稿》卷106，第3112—3113页。
53. 《清史稿》卷106，第3113页。正黄旗、镶黄旗和正白旗被称为"三上旗"，他们是皇帝的财产，完全由内务府管理，景山官学和咸阳宫官学受内务府资助。这是内务

府所办的五所学校里最出名的两所，它们还有教习教授阿拉伯语和缅甸语。见陶博《康雍乾内务府考：机构与主要功能》（*The Ch'ing Imperial Household Department: A Study of Its Organization and Principal Functions, 1662-1796*）（Cambridge, Mass.: Harvard University East Asian Monographs, 1977），第37—39页，该著对所有学校都有说明。

54. 佐领既是清朝旗人组织基层单位，也是这一组织单位的首领名称。佐领为满语"牛录"的汉译。原则上每旗应该包含二十五个牛录，每个牛录有三百人。管领既是清代八旗包衣的基层编制单位之一，也是这一组织单位的首领名称。此处提到的佐领、管领均指官职。后文按语境有时指基层单位，有时指官职。——译注

55. 库使为清代某些部、院、府、寺之守库官，受司库管辖。——译注

56. 新规定宣布，若没有足够的进士应征，也可以考虑明通榜（清雍正、乾隆年间，在会试落卷内选文理明通的举人于正榜外续出一榜，名为"明通榜"。——译注）举人。表面来看，这似乎是学校标准的妥协，但事实上可能代表了提高学校标准的努力。比如，1686—1689年间在学校教书的戴名世，还在努力通过会试。他在学校教完书以后，朝廷给了他一个官职，这表明1735年规定可能只是将古已有之的习俗正式化了。见《清代名人传略》，第701页。

57. 《清史稿》卷106，第3113页。

58. 《清史稿》卷106，第3110页。

59. 《清史稿》卷106，第3110页。

60. 对于这点的更深入看法，见柯娇燕《孤军：满人一家三代与清帝国的终结》，第47—55页。

61. 《清史稿》卷106，第3114页。北京的义学位于偏远的驻防、炮兵驻地、圆明园和护军驻防等地。

62. 廪生是科举生员的一种，由官府给廪膳，补助生活。在廪生正式名额之外增加的生员名额，名为增生，名额有定数。——译注

63. 新建立的学校由等级中与它最近的更高一级学校监管。也就是说，府学监管州学，州学监管县学。若学校一分为二，将由它们分配配额与资源。见《清史稿》卷106，第3117页。

64. 科试三年考一次，所以六年中学生有两次考试机会。——译注

65. 高级的汉军官僚就是这种情况，在清朝统一全国后的前25年，他们的官职与人数不成比例，此后比例还逐年递减。见劳伦斯·凯斯勒《清朝地方领导的民族构成》（*Ethnic Composition of Provincial Leadership during the Ch'ing Dynasty*），载《亚洲研究杂志》总第28期，1969年5月第3期，第489—511页。

66. 关于详情及讨论，见柯娇燕《孤军：满人一家三代与清帝国的终结》，第25—26页，

第 136 页注释 40、41。

67. 伍思德《大众教育的明清理论家：他们的改革、压制和对贫穷人群的态度》(Some Mid-Ch'ing Theorists of Popular Schools: Their Innovations, Inhibitions, and Attitudes Toward the Poor)，载《近代中国》总第 9 期，1983 年第 1 期，第 23—24 页。

68. 《清代考试制度资料》卷 1，40a—b。

69. 关于驻防的语言风俗，见柯娇燕《孤军：满人一家三代与清帝国的终结》，第 84 页，第 250—251 页注释 15、16。

70. 《清代考试制度资料》卷 1，41a、50b、51a。

71. 朱维信和威廉·G. 赛维尔《清朝总督官场生涯模式》(Career Patterns in the Ch'ing Dynasty: The Office of Governor-General) (Ann Arbor: University of Michigan Center for Chinese Studies, 1984)，第 52 页。

72. 刘世哲《满族"骑射"浅述》，第 54 页，转引自《满洲源流考》卷 16，13b。

73. 《清代考试制度资料》卷 1，60b—61a。这段在柯娇燕《孤军：满人一家三代与清帝国的终结》中有部分译文（第 27 页）；陈金梁在《清朝的蒙语教育和北京及其他城市的科举考试》里译出了另一部分文字（第 40 页），转引自席裕福《皇朝政典类纂》（1903，再版，台北：成文书局，1969）。

74. 见柯娇燕《〈满洲源流考〉和满族遗产的形成》，第 779—781 页；柯娇燕《孤军：满人一家三代与清帝国的终结》，第 19—30 页。

75. 清朝学校沿明制，设六堂为讲肆之所，六堂肄业，则分内、外班学习。后大兴、宛平两县肄业生离家近，不许补内班，要补，须赴国子监应试，曰"考到"。——译注

76. 《清史稿》卷 106，第 3100 页。(《清史稿》原文为："内班生原依亲处馆，满、蒙、汉军恩监生习翻译或骑射，不能竟月在学者，改外班。旷大课一次，无故离学至三次以上，例罚改外。"说的是无故离学三次，改为外班，并非说从外班除名。——译注）

77. 《清史稿》卷 106，第 3111—3112 页。

78. 《清史稿》卷 108，第 3170 页。

79. 雷方圣《荆州旗学的始末及其特点》，载《民族研究》，1984 年第 3 期，第 57—59 页。

80. 柯娇燕《孤军：满人一家三代与清帝国的终结》，第 87—88 页。

81. 《清史稿》卷 106，第 3117 页。

82. 18 世纪，驻防内的住所、财产和职业规定早已在承认这些变化的前提下发生了变化。见《孤军：满人一家三代与清帝国的终结》，第 56 页以下诸页。

83. 《清史稿》卷 108，第 3161 页。

84. 例如，尽管书院的运转和教育标准的改革在持续，却没有文化文学的大量产出和制度化。松筠的《百二老人语录》是教诲社会道德的满语著作，显然是响应乾隆朝改

进满族计划而撰写的，18世纪末，其手稿被送至北京，但并没有获得嘉庆朝的赞许。后来，此著被译成汉文，如今也是珍品。见柯娇燕和罗友枝《满语文献对研究清朝的价值》。

85. 密迪乐《满文原文译本》(*Translations from the Manchu with the Original Texts*)（Canton: S. Wells Williams, 1849），第19页。

86. 南茜·埃文斯《广东同文馆的旗学背景》(The Banner-School Background of the Canton T'ung-wen Kuan)，收入《中国论文集》(*Papers on China*)，1969年5月第22A期，第89—103页。另见《孤军：满人一家三代与清帝国的终结》，第143—144页。

87. 谭毅（音）《晚清同文馆与近代学校教育》，载《清史研究》，1986年第5期，第349—350页；雷方圣《荆州旗学的始末及其特点》，第57页。

88. 《清史稿》卷106，第3114页。

89. 我认为这是王德昭讨论清朝科举考试的《清代的科举入仕与政府》（载《香港中文大学文化研究所学报》，1981年第12期，第1—21页，尤见第5页）一文的内涵。

90. 辽朝似乎一直到末期都在严格执行禁止契丹人参加科举考试的诏令，甚至契丹人要求参加考试都可能受到处罚。但这并没有妨碍契丹人在耶律大石（皇孙，1121年逃到中亚，建立了西辽。他于1114年考取进士，入翰林院供职）末年，普遍识得契丹文和汉文。清朝皇帝赞许地指出，耶律大石也通晓契丹文字，擅长骑射。见朱子方、黄凤岐《辽代科举制度述略》，第7页。

第四部分

学校与地方教育的理论与实践

11

17、18 世纪长江下游地区的基础教育

梁其姿（Angela Ki Che Leung）

    罗友枝关于清朝基础教育的开创性研究，对这个领域进行了富有价值的综述，不过清朝基础教育这个重要问题还有待进一步探索。[1] 针对罗友枝显而易见的乐观主义，伍思德关于大众文化水平相对悲观的态度，是少数几个激发人思考的回应之一，尽管我们必须承认，就识字率这个棘手问题来说，盖棺论定还为时过早。[2] 此外，罗友枝在著作中所探讨的基础教育的其他方面，如教育的内容，国家、地方以及家族在教育上的作用等，也仍然需要加以研究。[3]

    这篇文章想要勾勒晚明及清初国家、地方和宗族或家族在教育问题上的相对重要性。它也将更细致地考察 6 至 15 岁儿童学堂教育的形式与内容，以便确定国家、地方和家族关于儿童教育的各自目标。这篇文章将考察领域限定在长江下游地区，那里毫无疑问是 17、18 世纪中国最富裕的地区，从文化上来说，也是最发达成熟的地区。它并非"典型"地区，但应该可以向我们展示最接近中国理想状态的基础教育版本。

国家、地方和宗族的政策

    前现代中国的小学，主要由国家、地方和宗族或家族三者创办。每一方都有自己的优先考虑，不过这些权重有时也会重合。比如，通过科举考试便是许多儿

童和他们家庭的终极目标。事实上，尽管孩子进学校读书，离他开始考虑参加科举的可能性，还有很长一段时间，但是这一最终的可能性，的确影响了基础教育的课程设置。不过，鉴于大量儿童并不会参加科举，许多教育者认为，基础教育应当脱离科举考试体系，着重道德教育和社会规训。在整个文化再生产过程中（科举制度位于其中心），基础教育的作用极其含糊，这解释了为何国家、地方和家族对这一问题有着不同的目标、需求和政策。[4]

国学和社学体系

1375年明朝开国皇帝建立了社学（地方学校）制度，这显然是为了在国家中努力维护儒家正统价值：此时明朝刚刚结束了蒙古的"蛮夷"统治，反精英等级的庶民运动推翻了蒙元朝。[5] 明初学校没有固定的样式。1504年一份诏令可能是对当时情况的陈述：它规定15岁以下的儿童必须入学学习仪礼[6]，尤其是农村要建立学校，这样农村孩子也能接受儒家文化的熏陶。[7] 洪武皇帝本人及之后几位皇帝在1375年、1436年、1465年和1504年多次重颁这一诏令。[8] 整个明朝，在地方志中也有当地官员不断重建或资助社学的记载。不过，这一创举，不该视为试图普及大众识字文化的国家政策，它更多的是一种象征姿态，赞美儒家正统的回归——明朝的政治秩序是建立在这一道统之上的。但少数几个地方知县的确认为，学校是为那些想要参加科举考试的孩童准备的预备机构。[9] 不过，不管如何看待学校，事实是，国家并没有持续的政策支持社学。以下两点可以证明：国家没有能力也没有意愿，克服这一体系最初遇到的困难，同时，很多地方学校的作用很边缘，它们的存在也时断时续。

皇帝要求创办社学体系后不久，便得知其开展困难重重。在1385年刊行的《大诰》中，洪武帝将这一体系的失败归咎于地方官员的无能与腐败，他们"有愿读书者，无钱不许儒学，有三丁四丁不愿读书者，收财卖放，纵其愚顽，不令读书……"洪武帝对地方官员管理无能的直接反应，就是要求暂停这一体系。[10]

国家支持力度如此微薄，地方学校要稳定办学，便端赖于地方官员的支持。一个典型例子便是高邮。诏令颁布后，该地建了172所社学。到1467年，这些学校无一存留，高邮知府不得不在此地又开办了5所学校，但是，到1572

年，据载，这 5 所学校再次不复留存。[11] 在句容，据载，当陈于王（1606 年进士）——嘉善晚明学者陈龙正（1585—1645）之父——身为县令时，于 1597 年恢复了 5 所学校，这些学校之前自 1570 年代重办后已湮没不存。[12] 金坛也重复着同样的故事，1375 年兴办的学校，在 1462 年、1466 年和 1480 年代几度重办，最后一次是 1515 年。每次，县令都觉得有必要重建废学。可到了 1520 年代初，学校又满目疮痍。[13] 尽管学校时有时无，这显示出办学的难度，但重要的是，始终是地方官员在重办学校，是他们在资助办学。他们认为，维护国家制度是他们的责任。在这个意义上，尽管地方学校缺乏国家持续不断的支持，但它依然证明了国家在教育上的介入，国家关心基础教学，认为它是文化控制手段。

然而，到了明末，一些官员开始采取新的办学政策，这一政策在日后的实践过程中慢慢获得了不同的意义。1599 年，金华知府张朝瑞在两名知县的帮助下，尝试将学校融入一个更大的地方体系，包括乡约（地方规约体系）、保甲（政策保障体系）和地方粮仓。这一尝试想要"简化繁文缛节，落实具体政策"。事实上，这样做就是通过加强保甲制度和意识形态教化系统（基本上由地方官员所把控），在地方层面重新恢复对社会的控制。[14] 这一尝试算否成功，难下定论，但其结果是学校拥有了新的地位。同样，1570 至 1574 年的（福建）惠安知县叶春及（1552 年举人），在其编纂的著名县志中详细描绘了当地地理情形后，也只提及四个地方机构，乡约、保甲、里社（当地祭祀机构）和社学。[15] 显然，社学被认为是地方系统的一部分，建立社学的目标是巩固地方社会，地方官员对它负有必然的责任。

这一转变并非偶然。早就有越来越多的社学被用作宣讲乡约之处，或用作地方粮仓。比如，松江知府于 1520 年代初在上海重建上洋社学，也借这所学校普及乡约；而在青浦，建于 1590 年代初的社学，被改作粮仓。[16] 更值得注意的是，明末的一些社学早就开始发挥新的功能。早先，学校通常被认为是培养"才童"的地方，1465 年朝廷甚至颁布诏令禁止官方强迫穷人家庭的孩子上学。[17] 但是，16 世纪晚期以来，学校宣称要培养"地方贫困子弟"。常熟一所建于万历年间的学校就是如此。而常州有一家学校，在知县于 1530 年建立时，已被称为"义学"。1586 年和 1587 年，常熟的学校收到了大量地方捐资。有些学校索性被当地民众接管，比如1617年的如皋社学。[18] 所有这些零零星星发生在16世纪晚期和17世纪的变化，表明在当时，国家公立小学的兴办并不稳定，而地方则小心翼翼地将这些学校吸纳进地方体系之中。

晚明官员、思想家吕坤（1536—1618）可能是最后一个呼吁国家恢复原初地方学校体系、强化国家权威的人。在他的著名建议中，关于恢复社学，有两个新思想：由国家财政资助，进行系统性的教员培训；所有儿童都要接受三年义务教育。[19] 吕坤的同代人，比如之前提到过的叶春及，则建议从制度上将社学体系与国家科举联系起来，即只有社学学生才能参加乡试，以此来巩固社学。[20] 这些变化必然要求更强硬的国家控制手段，以及更一以贯之的中央政策。但是，社会对于这样的政策没有需求，朝廷也没有实施这一政策的动机。吕坤和叶春及的改革建议不合时宜，像在对牛弹琴。

地方与义学制度

在许多清代文献中，"社学"和"义学"这两个词是同一个意思，前者指明代的制度，后者指清代的制度。[21] 这种简化处理掩盖了两套制度的根本性质差异，而对理解学校的社会性发展来说，这一差异非常重要：比起国家的社学制度，义学是更货真价实的地方学校，它根本上是慈善性质的（但关于1700年代中国西南地区义学与国家的特殊关系，参见罗威廉的描述）。这是上述所描绘的晚明时期社学发展的自然结果。

清初地方官黄六鸿（1651年举人）意识到了义学的这一新特点。在写给准地方官员的著名的《福惠全书》（书名意为"关于幸福与善行的完整著述"，1699）中，黄六鸿称赞用"义学"替代"社学"：

今者富贵子弟，有力而不多学。贫贱子弟，无力而不能学……而有司又视教化为迂阔不急之务，财力为有限之资，而社学之制，不能修复于今日……

然则斟酌于塾庠之间，合力于绅衿之乐助，而有司先为之倡者，其惟义学乎。夫义学者，专为贫穷无力之子弟而设也……大约城厢视民贫富之多寡而置之。至于乡视镇集村庄之大小而置之。少则或一或二，多则或四或五……[22]

黄六鸿非常清楚，无论从形式还是内容上，社学制度如果说不是失效的话，也已奄奄一息了，而唯一还能让国家对基础教育仍然拥有某些间接影响的做法，就是鼓励有财力的地方士绅积极支持和参与教育。

官方记录表明，就在黄六鸿著作刊行的同时，准确来说，即1702年，朝廷也颁布了建立义学的诏令，而之前所有诏令无一例外都是要建立社学。直到1713年，诏令都清楚规定，义学是为贫穷学童而设。需要指出的是，晚至1670年，康熙帝都在试图恢复荒废的社学制度，当时他颁布了一份基本上就是1652年顺治帝诏令的复本——顺治帝可能想让这一诏令成为一个象征，表明在满族统治下，中国文化一直持续未断。[23] 1670年之后的30年，清廷开始获悉地方学校的真实情形，采取了更为恰当的文化政策。

同时，在清初最初几年，地方上继续恢复或兴建学校。因为没有明确的国家指导，地方学校越来越呈现出慈善特点，常常由地方乡绅管理。表11-1是对1702年之前清初长江下游地区小学的初步考察。[24] 很显然，大部分学校至少名义上仍然是代表国家的地方长官所建（15所里有9所）。但是，与16世纪晚期的寥寥几所由当地民众正式所办的学校相比，这样的学校数量越来越多，这一现象十分显著。而且，大部分学校（15所里有13所）被称为"义学"，这一事实清楚揭示出，在创办者眼里，这些学校的功能发生了变化。这里，值得再次强调的是，清初学校的这一重要发展，是16世纪晚期早已发生的变化的延续。

表 11-1 清初长江下游地区的小学

县/府	义学/社学	年份	建校者
常州	义学	1661年	平民
昆山	社学	1673年	平民
丹阳	义学	1681年	知县
杭州	义学	1681年	知州
华亭	义学	1682年	知县
华亭	义学	1682年	知县
高淳	义学	1682年	知县
余杭	社学	1683年	知县

续表

县/府	义学/社学	年份	建校者
平湖	义学	1688年	知县
平湖	义学	1692年	平民
松江	义学	1699年	知县
泰兴	义学	康熙年间	平民
甘棠	义学	康熙年间	平民
甘泉	义学	康熙年间	平民
太仓	义学	康熙年间	知县

18世纪，义学制度遍地开花，晚明兴起的所有变化此时都全面展开。我们（根据地方志记载）对长江下游地区11个州县的初步考察表明，清朝1820年前建立的所有83所学校中，有50所由乡绅兴办，33所由知县知州设立（前者约占60%，后者约占40%）。这还没有包括那些一般慈善机构所内含的学校，这些慈善机构基本上由地方乡绅兴建管理。[25] 上述比例也许并不突出，但如果看一眼王兰荫对明代地方学校的考察，就会明白清朝的这一变化并非不值一提：在明朝建立的记录了创办者的1438所社学中，超过99%的学校由各级官员建立，只有不到1%的由平民创办。[26] 地方领导在民众教育问题上所获得的支持是相当可观的。而义学是为那些贫困家庭的孩子，而非预备参加科举考试的"有才"少年提供基础教育，这一点也已越来越成为共识。"平民小学"这一新概念深入人心，以致社会对雍正帝1723年诏令充耳不闻——那份诏令要求重拾社学制度，令人费解。[27] 江阴县志显示，1743年之后，义学开始在城乡普及。[28]

正如黄六鸿手稿里所形容的模式，大部分义学由当地领袖在国家认可下进行管理。一位名叫戴三锡（丹徒人，1793年举人，1830年去世）的官员上呈奏折，提议创办更多义学。他指出："至于设学处所，如房屋、桌椅及延师脩脯等费，劝谕该处士民量力捐赀，集有成数，即公举诚实可靠之人妥为经理，或交商生息或置买田产。"某位钱塘人士陈文述也在其《义学章程》中提出了相同看法："则且就一乡一邑中，倡捐一二塾，以为好义士民之倡酬拟条目，请于上官鉴核行之。"[29] 代表国家权力的官员和地方"义人"，都认为在官方核准下从地方开始办学是恰宜之举。在国家许可之下，就像18世纪江南地区的其他慈善机构一样，地方上兴办了越来越多的义学。然而，整个清朝，尽管地方领袖的重要性日益增强，地方官也从来没有停止直接或间接地推进地方小学的兴建。从这个意义上来说，17和18世纪的教育投入和教育资源都得到了真正的发展，而这构成了19世纪教育进一步发展的基础。[30]

尽管在17、18世纪的观念和对大众基础教育的管理中出现了这些明显的变化，有一点依然模糊不明：尽管基础教育不再是明初有钱或有才之人的特权，但它从未被完全视为是慈善救济。在地方志中，那些专门记录学校和书院的特定章节里总是会记载关于学校，包括那些具有慈善性质的小学的信息，描绘当地的文化氛围。相形之下，关于其他慈善机构的历史，则集中在"建置沿革"或"善举"章节中，这些机构有的本身就内设义学，有的则资助郡县其他地区的义学。而且，直到18世纪末，据载，仍然有数量虽少但不容忽视的义学由地方官员创建，这与当时其他慈善机构已完全由地方领袖创办形成了对比。[31] 换言之，尽管民间慈善已经在实践中将小学建设纳入规划，但从观念上来说，在18世纪中国人的心中，基础教育和救济仍然分属不同范畴[32]：教育这项任务对国家意识形态的长存永续非常重要，不能完全交予地方乡绅之手。

教育首先是维持文化稳定的神圣工具。对中国人来说，国家就是他们的文化。正规教育的最佳典范，一直是中国文化的基本单元——宗族和家族——所提供的教育。家族教育是所有儒家文化的基本特征和独特特色。一直要等到下一个世纪，西方影响长驱直入后，中国人才始得一瞥"国家学校"的样貌。

宗塾和家学

当然，也有一些私塾并非宗族或家族所办，但是作为教学机构，它们没有宗塾或家塾那么重要。宗塾或家塾堪与公共义学相比，在本文所探讨的时间段内，它们也更为典型。[33]

义学从形式上显然是对宗塾的模仿。宗塾是令人艳羡的基础教育类型，它们中的佼佼者组织严密，由宗族资产提供的经费十分充裕。宗塾通常极度排外，只接受家族主要支系的儿童和少数近亲子侄。[34] 这样的限制使得学童数量局限在十个左右，规模易于管理。许多宗塾设有两个等级的课堂，蒙馆（"开蒙"）和经馆（"学经"），后者基本上是为那些想要参加科举的学童而设的。进入宗塾的学童基本不用考虑费用支出。大部分学校管食宿，提供桌椅、文具、膳食，有时还免费提供衣物。幸运的孩子甚至每月还有适度津贴。寄宿制度严格的，只允许学生在特殊情况下离校；宽松一些的，则允许他们每月回家一次。[35] 在18世纪的著名小说《红楼梦》中，贾家一个穷亲戚的孩子被送进宗塾，这不仅是因为他父母请不起塾师，也因为学校免费提供三餐，可以为家里省下不少花销。[36] 在理想状态中，宗塾倾向于接管孩童的整个日常起居。学生的进步由老师，尤其是管理学校的宗族成员定期监督。每两周（每月月初和月半）或每月头几天，会进行一次测验。族长监督考试，他会要求学生背诵课文，解释字句，默写汉字。学生的成绩通常分为三等。那些表现优秀或进步明显的会奖励文具甚至金钱，表现不佳的会受罚，或让他们因成绩不尽如人意而感到羞愧。有时宗塾会要求学生随身携带日志或手册，老师在上面记录每天功课完成的情况、取得的进步、学生到校和离校的时间，以及特殊情况的请假记录。每天放学后，学生要把日志交给父母查阅，学年结束后，由宗族族长统一保管。[37]

　　宗族基础教育的组织管理和资金投入相当可观，这可以理解，因为只有这些孩子日后仕途成功，才能确保宗族兴旺稳定（事实上，大部分宗塾由宗族里的官员提供资助，《红楼梦》第九回里的情形就是如此）。在这一教育事业中，学童最终成功的可能性，大大取决于基础教育的质量。大多数宗塾的学规，都清楚表明它是为宗族培养"人才"。"夫族之大者，非日生齿之繁己也，必也人才挺生为世仰望，然非教育有自何以能然［培养此种人才］？"[38] 宗塾的这一最终目标解释了学生每日祭祖的重要性。[39] 他们时时刻刻被提醒，应该用功读书，有朝一日光宗耀祖。仪式的意义在仪式的缺席中得到了更好的揭示（若没有这些祭祖仪式，反而会揭示一些宗塾的办学意义）。当宗塾的唯一目的是为宗族里的失怙儿童提供基础教育，以便他们可以尽早谋生立业时，宗塾便不会向他们谆谆教诲光宗耀祖的使命。仪式简化为每天开始上课和放学之前向塾师鞠躬致敬。[40] 这类宗塾的办学动机显然没有那么志向高远：它更多的是资助贫困宗族成员的救济手段，而不是培养强化宗族文化资本的"人才"的谋划策略。

理想主义的宗塾并不总能达致其最终目标，这也许和教育质量关系不大，而是宗族的结构问题以及社会经济环境的不断变化所导致的。[41] 章学诚（1738—1801）在1796年论及孙氏家族学校时写道："义塾合族之举，寥寥无甚著者，必其立法未周而难垂久矣。"[42] 我们不知道17、18世纪的宗塾平均存续时间是多长，但根据我们所参考的19世纪宗塾记录来判断，它们大部分的创办时间都非古早。在那些记载了创办日期的宗塾中，只有绍兴孙氏宗塾诞生于18世纪初，且显然一直开办到1830年代——长久的记载显示它持续未断。[43]

在许多方面，宗族和家族都为公共义学提供了办学模式。和宗族义塾一样，公共义学声称是为贫困子弟提供教育。有些义学同样有两位老师（教授不同等级的两个班级），每一个负责十来个学生。[44] 有些资金充裕的学校也给学生提供文具和书本，加上老师薪水，预算总共约一年两百两银子。[45] 公共义学很少为学生提供膳宿。宗族义塾和公共义学这两类学校的财政来源也非常相似：它们的长期资金靠土地捐赠、房屋和银两来保证。公共义学的捐资来自地方官或乡绅。[46] 资金来源和结构的相似性，也让公共义学和宗族义塾一样，状况并不稳定：一般来说，义学似乎都维持不久，有时，随着热心的地方官任期结束，或私人不再捐资，这些学校就停办了。[47]

事实上，大部分家境良好的家庭，都会聘请私人老师，低调一些的则将孩子送到附近私塾，或由家族成员负责教育。浙江人陈确（1604—1677）是著名思想家，据他回忆，父亲给哥哥上课，之后哥哥教授他和两个弟弟，同时他负责教授幺弟。对他来说，除了将孩子送到学堂，由地方上令人敬重的老师教育，家学也是非常合适的另一种教育方法。[48]《红楼梦》的主人公贾宝玉曾去宗族义塾读书，那是因为他的塾师有段时间不在，于是宝玉父亲希望他一边去学堂温习学过的功课，一边等候塾师回来（第7回）。

尽管公共或私人小学都并非明清中国传承基础教育必不可少的机构，但是学校科目的确揭示出当时普遍认为的必须传授给孩子的价值体系和知识体系。

小学教育的形式和内容

对明清基础教育来说,一个非常有意思的特征是,尽管对其形式和内容,国家没有积极干预,但对它们该是什么样子,社会意见却惊人一致。在这点上,18世纪法国与中国正好相反,尽管它并未明文规定基础教育的内容,但创办"小学"却是出于"王室意愿"。[49]

17、18世纪的教育家或思想家,尤其是长江下游地区的,他们所撰写的小学"章程"不仅揭示出学校实际进行的基础教育,也有助于我们重新复原彼时彼地关于教育的观念体系。指出以下这点非常重要:这些教育家或学者在撰写章程或建议的时候,是立足自身的经验或信念,而绝非为国家代言。[50] 这些章程所征引的文本,大多时候是雷同的。甚至到19世下半叶,广东省偏远地区一个只有三十户左右的小村庄,它的学校章程也采用了这些标准文本。[51]

形式

理想的学年,与自然年相一致,始于正月十五,终于腊月二十五左右,其间各种节日放假总计约十天。完整的学年包括十一个整月。[52] 不仅学年相当长,而且每天上学时间也几乎从日出一直到日落。一天的典型课程设置分为四部分:早餐前的晨读,早餐后的日课,下午的日课,以及短暂的晚修。[53] 很显然,学年规划和日常课程都反映了对农业社会来说相当自然的时间观念。

学校接收8岁至15岁的孩子入学,尽管还有些年纪更小的孩子,在家已经识得一些字,在6岁或7岁就开始上学了。[54] 孩子们在学堂的这七八年,并没有控制学习进度的统一学年规划。教育工作者似乎有种默认的共识:孩子应该因材施教,"授书……不可人人画一"[55]。因此可以想象,从六七岁一直到15岁的孩子,都坐在同一个课堂,由同一个塾师上课,若他尽职尽责,就必须留心每个学生的进步,给予相应的指导。这就解释了为什么理想中具有代表性的小学,学生数量应该控制在寥寥几名。

塾师要么受聘家庭,要么由社学管理者所聘,要么他本人就是学校管理者。不管何种情形,除非他名闻遐迩,不然薪资区区可数。[56] 更糟糕的是,他并没有获得多少社会尊重。很多教育家警告众人，父母对挑选优秀的启蒙老师不够重视，此错大矣："人仅知尊敬经师……抑知蒙师教授幼学……其苦甚于经师数倍。"[57]有条建议说，一旦择定教师，则其在课堂的权威不容挑战，这其实也揭示出教师的地位通常都不高。[58] 18世纪著名书画家、兴化人郑板桥（1693—1766）在殿试中榜之前，曾在穷山村里设塾教书。对那些时日，他显然并无多少愉快回忆：

教馆本来是下流，
傍人门户渡春秋。
半饥半饱清闲客，
无锁物枷自在囚。
课少父兄嫌懒惰，
功多子弟结冤仇。
而今幸作青云步，
遮却当年一半羞。[59]

事实上，郑板桥认为教书不过是个人功名立业的过渡，这种想法绝非个例。从18世纪早期直至1789年，在孙氏宗塾教书的前后24位塾师中，有14位后来通过了会试或殿试，当官从政。[60]但是，更有才赋或更走运的老师在教育孩子方面的缺乏耐心，不应掩盖那些上进心没那么强的老师的奉献精神——多年来他们默默坚守，献身自己的职业。杭州人士陈芳生就是这样一位塾师。他当了十来年蒙师后，写下了自己关于如何好好训蒙从教的想法。他虚心承认，"［若］儒者……出仕必不可得，训蒙乃分内事"[61]。出仕难也意味着师资相当充足，如孙氏宗塾便是如此，24位塾师中只有2位不是绍兴本地人。在文化底蕴深厚的地区，很少需要到外地去寻找师源。稳定充足的师资也说明了为何小学教师薪资平平。[62]

知识的习得

跟大多数人认为的相反，至少在17和18世纪，基础教育的最初几年并不让人特别厌烦：孩子显然可以按自己的节奏学习。除了那些入学前已经认了些字的，入学的第一件事情就是识字，老师教了后，定期温习。教孩子认字有几种不同方法。除了通过三本主要启蒙读物，《三字经》《千字文》《百家姓》，来识字认字——这是宋朝以来的经典做法——老师也常常将汉字单个写在纸上或方木块上，教孩子识字。[63] 每个木块上写一个汉字，每个孩子每天识十个字。教过的汉字串在绳子上，不停温习，同时还教他们认新字。[64] 通常都认为，在教孩子背课文之前，他应该已经认得一两千个字了。如此，要是文章里出现生字难字，老师就会把它们单挑出来，张贴起来。学生们继续学习其他课文，过程中便渐渐记住了这些生字。[65] 这一基础学习的预备阶段，为时多长，并无精确规定，一切再次取决于孩子的能力。

　　用毛笔写大字，稍晚或同步于这一起始阶段。老师必须手把手向学生示范如何正确握笔，如何运笔，然后他们才可以自己练习。初学者只允许照着正楷描红，写一些简单的大字。最开始写的那些大字，并非和学生们已经认识的启蒙读物里的千余个汉字完全相同（那些汉字在眼下的初级阶段还太难写）。等到学生能熟练用大笔写字后，才开始练习小楷。每天他们都要在上午的日课练字，写得好的、坏的，老师都会圈出来，鼓励或纠正学生。[66]

　　除了三本启蒙课本之外（几乎所有学生在第一学年都要学会默诵），一旦孩子们掌握了足够的汉字可以阅读，老师就会要求他们学习其他课本。这些文本包含所有种类的知识，以歌谣或诗歌体裁写成，既有趣，又易于记忆。一些更为普及的文本则包括历史读本（《鉴略》），它用短短三章，以五言诗形式概括了从神话时代一直到明朝末年的历史。之后的版本则沿用原来的风格，增添了明朝之后的历史事件。[67] 另一本被广泛使用的教材是《名物蒙求》（百科知识初级读本），它以四字文的形式，解释了关于宇宙、地理、生物、社会和技术的各种词汇。另外，给孩子读的一系列包含了通俗化的儒家价值观的诗歌，比如《神童诗》及其续篇，还有浅显易读的历史小故事、传记故事集，也非常受欢迎。[68]

　　同时，有些孩子开始学习经典课文。几乎所有老师都觉得，孩子们认够了一千个左右的汉字以后，就必须在某个时刻开始教他们默诵四书五经。[69] 然而，如何教授这一核心课文，教育者们的方法略有不同。有些老师认为，孩子满八九岁就有足够的领悟力，能理解经典学说。因此，在孩子们背诵课文之前，老师必须向他们讲解课文，以便"激发其悟性"。在晚明学者刘宗周（1578—1645，浙江山阴人）看来，每篇文章都应该先逐字逐句地讲解，然后再阐明整篇文章的意思，尤其要强调文章的道德意蕴。[70] 与之相反，另一些权威教育者却认为，这个年龄的孩子不可能理解经典的真正含义："儿童止用口耳，不用心目……"，"自十五以前，则多记性少悟性。自十五以后，多悟性少记性"。[71] 但是，不管老师们如何看待年幼孩子的学习能力，他们都同意学习经典的基本要素是：拼命灌输，死记硬背，这也是经典启蒙教育广为人知的特征。

经验丰富的蒙师陈芳生提供了灌输孩子知识的一个典型办法：

读书惟童时理熟，可终身不忘，每日背生书须带前十首以为常，生书每日读百遍，百遍足，更理以前所读书。自第一本起，依所读次序，限定日理几叶，周而复始。书卷前记理起日月，后记理完月日……更将各徒已读书，开列一单，粘揭座右。每部理过一次，即用朱笔一点。[72]

事实上，只有能迅速背出大量课文，孩子才被视为聪慧。所有教育者都建议在第一堂课即晨读时大声诵读之前学过的课文，这可能是因为这时候孩子的头脑最为清醒。第二堂课则讲解和朗读新课文。

对于教材的使用，是否采用《孝经》和朱熹（1130—1200）的著名开蒙读物《小学》，教育者有不同看法。很显然，清廷认为这两本书是启蒙教育的标准读物。两位重要的清朝官员、教育家陈宏谋（1696—1771）和汤斌（1627—1687，1684年任江苏知府），都认为这两本书是国家蒙学的首读课本。[73] 但是，并非每一位17和18世纪的教育家都欣赏朱熹的文本。晚明学者、桐乡（浙江）人士李乐在其杂文集（1632）中说，他还是个孩子时，老师在课堂教授《孝经》和《小学》，但"迨予四十以后读者鲜矣……"[74] 他的同代人陆世仪（1611—1672）试图解释《小学》被淘汰不用的原因："今俗开卷多难字，不便童子，此《小学》所以多废也。"[75] 对这一现象，著名江苏文官李兆洛（1769—1841）却给出了相反的理由：

《小学》以资论说则有余，以资肄习则不足，其文又皆浅近习见，故成学者多厌薄而不观。朱子本以开幼小而非以示成学耳。此其所以抱发蒙善世之深心而卒不克观化民俗之成效者也。[76]

看起来，似乎这本阐明五伦、启发修身的课本，对那些不打算参加科举的孩子来说太难，而对那些想要考取功名的学生来说，又毫无用处。不过，不管真正的理由为何，从明末开始，《小学》(《孝经》也是同样)似乎不像人们认为的那样普遍用作小学教材了。[77]

一首刻画乡村小学的18世纪打油诗，极好地总结了当时一般小学里通常使用的课本：

一连乌鸦噪晚风，
诸徒齐逞好喉咙。
赵钱孙李周吴郑，
天地玄黄宇宙洪。
《千字文》完翻《鉴略》，
《百家姓》毕理《神童》。
就中有个超群者，
一日三行读《大》《中》。[78]

很显然，并非所有人都准备好了学习更艰深的课文，他们大部分在上学的前几年都在学习浅显押韵的启蒙读物。

等学生掌握了基础知识后，他们可以进入更高阶段，即学习音韵，这是吟诗作对、撰赋作文的必要知识。这些都在每天的第二堂日课上学习。[79]这一训练通常会留到高年级基础学校即"经馆"学习。有些人告诫说这两个等级不可混杂，因为它们需要老师采用不同的教学方法。[80]

教化和纪律

无论哪个年代，无论哪种类型的学校课程，它们传授的实用知识和试图传达的价值体系总是难以区分。

上面提到的所有课文，甚至更为艰涩的经文，都有教授学生认识生字的实用功能。有些启蒙读物教授学生历史、地理、重要文化背景、器物名称、常见动植物、社会规则等知识。所有这些知识对明清社会的日常运作都很有用：能让人读懂告示和家规、撰写公文和其他文章、记账、记录简单商业交易、看戏、读通俗小说。[81] 但是，同样是这些课本，同样是这样的教育过程，也传授了其他东西：对当时普通中国人来说共有的世界观，关于时间和空间的共识，以及共享的一套价值体系。对许多教育者来说，相比实用知识，这些才是基础教育的主要目的。

事实上，就像陈确所说，六七岁以上儿童所获得的教育，"先须教以循礼节，知孝敬、敦忠实为本，而读书习字次之"[82]。李兆洛提醒同代人，古时并无所谓"小学"，孩子从父亲及长辈那里习得礼仪：先教他们孝敬、谦逊、自律和守信，随后才让他们读书识字。[83] 浙江平湖人士陆陇其（1630—1692）是著名的士大夫，他教导儿子读《左传》(《春秋左氏传》)的正道："[至若左传一书,]其中有好不好两样人在内。读时，务要分别。见一好人，须起爱慕的念，我必欲学他。见一不好的人，须起疾恶的念，我断不可学也。"[84] 而在刘宗周看来，每天学习的最后一课，应该专门用来进行道德教化：塾师要讲解两则忠孝勤学的故事，而且要不断查问学生这些故事的含义，令他们牢记不忘。[85] 吕坤的父亲吕得胜（1568年去世）用韵文撰写了蒙书《小儿语》，融汇了传统的价值观念，体现了通俗化的中国人生哲学。明朝末年以后，这本书成为最流行的一本小学教材。[86]

关于道德教化这一敏感问题，明朝末年开始，基础教育方面似乎有了新的发展：日常阅读书目中收入了"善书"。李乐曾指出朱熹的《小学》渐渐被弃而不用，同样是他，关注到越来越多的小学开始采用袁黄（1533—1606）的经典注书。袁黄是苏州地区著名思想家，博学多才，提倡每日记录"功过格"。[87] 清初教育家崔学古提倡阅读晚明学者颜茂猷 1631 年刊行的《迪吉录》(记录善举和吉运)这样的善书，以及"功过格"，还有其他一些关于善恶报应的书籍，并在闲时向学生讲解。[88] 从李兆洛那里我们知道，他那个时代的大部分教育者都用"功过格"，或吕得胜的《小儿语》，或刘宗周的《人谱》（主要记载当时人们的善举），替换了朱熹的《小学》。[89] 清初的一些小学校规，则直接模仿了"功过格"形式。[90] 清朝后期，有些义学甚至将包括《三字经》《太上感应篇》《小儿语》及其他四本书在内的"善书"，列入教学大纲，而四书则要等下一个阶段再学习。[91]

伴随着教育儿童要行善举这一新潮流，人们也越来越强调禁止儿童阅读通俗小说。识得几个汉字的儿童可以看懂一些浅显的书籍，这一情形让当时的文人和教育者大为焦虑："余尝见不学好之子弟及稍识字之市井，往往嗜［艳情小说］而不厌"；"年轻人识得几个汉字，便可唱述［艳词小说］……十人中无一二懂得圣人之言，但八九个却非常了解那些恶心下流的小书"。社会上流传着恐怖故事，警示不监督孩子阅读习惯的下场："金陵一名家子，过目成诵，年十三，博通经史。一日偷看西厢曲本，忘食废寝。七日夜，而元阳一走。医家云心肾绝矣，乃死。"[92] 确实，当时社会认为，对妇女儿童这种这些略通文字但心智未熟的群体来说，一知半解过于危险。[93] 有些学校因此规定明确禁止读淫书或闲书，也强烈建议家里不要藏有此类书籍。[94]

在西方，教育者和忏悔神父认为年轻人道德败坏、沉迷色欲是本性所然，应该靠严格的禁欲来压制；而在中国，人们普遍认为年轻人的诱惑主要来自外界，包括淫秽书籍。[95] 抵抗外界不良影响，因此被认为是修身的第一步。约束儿童的目的，不是压制不良本能，而是为提高自我修养做准备。

明清小学的纪律约束，通常可分为三类：身体规训、社会规训和思想规训。身体规训主要是培养孩子懂得干净整洁，要锻炼身体。根据经典儒家的培养，每个学生都要轮流值日，扫地、擦桌椅、整理教室，每个人都要保证自己仪容干净得体。陆世仪称，到他那个时代，也就是17世纪后期，打扫家里的房间和教室几乎全由仆人完成，没有什么人再坚守过去的教育了。[96] 但是，对大部分教育者来说，事实上，每天清扫教室就是学生最好的身体锻炼。[97] 清洁打扫是锻炼身体的象征行为。基础教育中，社会规训是最重要的一个方面。要教会儿童如何称呼塾师和年纪比他大或小的同学，以及如何及何时作揖，如何坐立行走，如何用餐。换言之，这样的规训是要让学生对自己的社会地位有基本的认识，了解日常社会交往中长幼尊卑的基本规则和礼仪。[98]

　　思想规训则并非想象中的那么严厉。肯定会有严格而唬人的蒙师，但他们肯定不是当时被普遍接受的类型，至少那些更开明的教育者并不认同这类老师。开明教育家从不体罚六七岁的幼童。只有在对八九岁以上的儿童进行口头警告没有效果时，才会对他们施以严厉的体罚，包括罚站、罚跪和鞭笞。鞭笞分轻重，也很少使用（每 2 到 6 个月用一次），这样孩子就会对挨打心生敬畏。有罚也就有赏：表现优秀的孩子会得到纸笔扇等奖励。[99] 奖惩制度只是规训孩子的一小部分方法。对大部分教育者来说，至关重要的就是让学生心无旁骛："收其放心"。[100] 老师每天都板着脸，以无限的耐心日复一日不停地训练学生。毕竟，我们之前强调过，大部分小学生将来都不会去参加科举考试，因此，基础教育的目标就不是短时间内让学生成为学者，而是熏陶他们渐渐成为顺从听话的社会人。[101]

　　在最后这点上，明末清初出现了新的挑战。王阳明（1472—1529）是第一位批判如此规训幼童的人："大抵童子之情，乐嬉游而惮拘检……若近世之训蒙者……责其检束，而不知导之以礼……鞭挞绳缚，若持拘囚。彼视学舍如图狱而不肯入，视师长如寇仇而不欲见……"王阳明推荐的是"泄其跳号呼啸"于咏诗唱歌，以及由磕头和其他身体动作构成的礼仪，可以"动荡其血脉……因束其筋骸……"[102] 大约一个世纪以后，陆世仪呼应了相同的建议，提倡学习音乐和礼仪，以满足儿童喜欢唱歌跳舞的天性。他还呼吁教育者关注其时已被大体遗忘的六艺（礼、乐、射、御、书、数）这类古代科目。[103]

　　然而，这一挑战似乎对随后的基础教育并无太大影响。他们的建议某种程度上代表了"回到"古代贵族教育的更为自然主义的形式，对明清时期的社会需求来说已不合时宜。在这一时期，基础教育必须发挥两个功能：一是为优秀人才日后的进阶学习打好基础，帮助他们将来走上仕途；二是培养普通孩子成为顺从的主体，遵从现有的社会等级秩序。要达到这些目的，规训的"正统做法"显然更加有效。而且，新挑战也没有对孩子作为教育主体这一观念带来什么新思想。事实上，它与明清时代早已拥有的共识相符：儿童性本善，教育不是压制他内心的邪恶，而是帮助他抵抗外界存在的邪恶影响。王阳明和陆世仪倾向教育的更为

"解放天性"的形式，而其他教育者则认为教育更是一种"限制约束"，但两者的基本前提并不冲突。

结 论

大致考察了17、18世纪基础教育发生的变化后，我们现在可以更为详细地来探讨这些变化的意义。基础教育按其内容，可看出它有两个主要目的：一是传递知识，二是道德教化。为了达到这两个目的，国家、地方和家族怀抱不同的动机，因而也解释了在教育问题上它们角色的演变。

理论上来说，国家和家族都专注于学校教育，学校是传递知识的主要工具。对家族来说，无论是争取阶层晋升，还是维持早已拥有的显著社会地位，学校都事关重要。但是，作为国家基础教育设施的"社学"，和为国家选材举能的科举考试之间，却缺乏制度上的重要连接。基础学校，无论社学还是私塾，都分为蒙馆和经馆，而教育者们一直说，大部分小学生将来不会追求仕途，这都向我们表明，大部分基础学校并非仅仅是更高级别的书院的预备学校（因此，学校课程里并没有过量的对艰深经典的学习和文章的写作练习）。叶春及曾建议，只允许强调礼仪教育的社学的学生参加科举考试，这一建议是想要在基础教育和科举考试的沟壑之间建立起制度上的桥梁，以此提高考生的道德修养，复兴奄奄一息的社学制度。[104] 但是，这一计划不可能实现。整个帝制中国晚期，国家利益都与高等教育更直接相关。[105]

另一方面，家族在为年轻成员提供高质量的基础教育方面更为上心——年轻后代身上寄托着家族的未来。他们在高等教育和科举考试中的竞争力，很大程度上取决于基础课程的学习，这一点很好理解。其结果是，家族或宗族设立宗塾，聘请私人家教，或要求年长的家族成员担任老师，提供了这一时期也许最让人艳羡的基础教育。事实上，这些精英家族认识到，在基础教育方面，家族和国家的联系非常微妙。陆世仪便清楚指明："家庭之教又必原于朝廷之教，朝廷之教以道德 [为上]，则家庭之教亦以道德 [为上]。朝廷之教以名利 [为念]，则家庭之教亦以名利 [为念]。"[106] 一语道出了家庭在基础教育领域的具体作用。国家提供遥远而终极的行为典范，它不必发挥任何具体作用。既然宗族和家族有强烈动力要为其成员提供有效的基础教育，那么，国家淡化自身在促进基础教育（作为传递知识的工具）方面的作用，也就无甚损失。

学校作为道德教化的机器，并非前现代中国所独有。在19世纪的法国，基础教育"仍然服务于劳动人民的'道德教化'，后者是根本目的。整个19世纪……基础教育从未向增长的需求和新兴的工业社会低头……"[107] 17、18世纪的中国教育也并不旨在满足社会经济的需求。学校一直在教授的当然是更利于维持现状的价值体系，不过，明末及明末之后，当社学制度与乡约制度紧密结合在一起后，这一点似乎更得到强调。这也是地方开始在公共教育领域发挥重要作用的时期。公共基础教育逐渐成为地方领袖所领导的慈善运动的一部分。这一运动有着强烈的道学色彩：变化的社会混乱失序，主要原因就是道德堕落，而慈善运动和基础教育被视为疗治社会不安的药方。在此意义上，慈善和教育，从概念上来说与救济并不相同，救济是实际的社会经济政策。慈善和基础教育的联系，甚至在明末及明末之后的基础教育课本里也有所体现：善书越来越流行，义学成为对抗"教化的两大敌人"——淫书和戏曲的一个主要建制。[108]

换言之，在对抗"具有破坏性的"大众文化的道德战争中，义学被认为是重要的对抗手段，而这场战争的主力军是地方慈善家，他们在19世纪后期"设局收毁淫书"，作为慈善运动的一部分。[109] 其目的显然是重建某种失落的社会秩序。16世纪后半叶开始，长江下游地区的慈善运动十分普遍，国家并不直接控制这种民间慈善运动，而是乐于居高临下旁观这一"圣战"。[110] 如果说，那些更为艰深的文本，比如国家曾向基础学校推荐的较难的课本，比如《孝经》或朱熹的《小学》，渐渐地被通俗易懂的善书所替换，那么这也说明地方对教育的影响力日益扩大。就基础教育而言，地方和国家怀有相似的目标，只是地方的考虑更为实际，或许也获得了更为可观的效果。但在对抗"伤风败俗"的大众文化的过程中，基础教育本身也在内容上变得更加通俗化，令自己几乎沦为它想要鄙视的文化。[111]

家族对教育的执着以及地方对教育的兴趣日增，是17、18世纪中国基础教育发展中的主要趋势。在这一场景中，国家从来没有缺席，甚至在17世纪公共基础学校改造及随后鼓励它们建设的这些方面，扮演了间接的角色，发挥了积极的作用。但是，与地方领袖不断增长的影响力相比，国家所承担的真正责任相应减少了。19世纪，这些趋势进一步强化，直至清朝政府渐渐失去了对地方的控制力。

但是，在国家、地方和家族之间，关于教育，其实并没有重大的利益冲突。采用的课本，一般的教学形式和教学方法，以及儿童性本善、孺子可教的观念，这些大体都由文化决定，三个群体也几无差异。对17、18世纪的中国人来说，基础教育首先关乎文化，而非政治经济。学校对儿童的管教，与地方民风的净化并行不悖，正如善举的目的主要是恢复社会道德秩序。

清朝政府在鼎盛时期的强势，显然并没有削弱地方和家族的力量，相反，地方的影响范围在逐渐扩大。而这一时期相当高的识字率（如果我们采纳罗友枝的统计数字），也和任何"国家和个人之间的新型关系"无关——17世纪英国和18世纪法国就产生了这些新关系。[112] 这一时期中国的高识字率可能和个人与地方的新关系有点关联。通常认为，对儿童来说，最理想的学习环境是在宗族和家族内，而社学事实上是效仿了宗塾。这些都表明，中国的学习并非像西方那样是"与环境脱离"（将孩子从家庭中迁出，放在专门的权威监管之下）的过程。[113] 国家与个人的那种直接联系从未真正建立。我认为，所有这一切，背后的原因在于，清朝与西方现代国家，以及它们与各自社会的关系，存在着根本的差异，而我们对这些差异仍然所知太少，不能贸然定论。一直要等到20世纪，中国才开始效仿西方（有些人称这一过程为"现代化"），开始通过基础学校，用"洋化"的形式和课程有意识地提高大众文化水平。而即便到那时候，普及教育也是建立在由传统社会所创建的已有的学校网络基础之上的。国家在其中的作用仍然相对有限。[114]

附　录

1644—1820年长江下游地区创建的公共基础学校

州/县		平民创办的义学（社学）数量	官办义学（社学）数量
江宁		2	
	句容		1（4）

续表

州/县		平民创办的义学（社学）数量	官办义学（社学）数量
苏州			
	吴县	1	2
	吴江	4	2
	昆山	2（1）	
	长洲	1	
松江			1
	青浦		1
	金山		1
	奉贤	1	
	华亭		2
	上海	1	1
	南汇	3	
常州			
	武进	10	
	江阴	许多（并不精确）	
	无锡		2
镇江			
	金坛	1	
	丹徒	许多（并不精确）	1
	丹阳		1
	溧阳	1	
扬州		4（5）	1（3）
	东台	1	
	泰州	1	
	仪真		1
	高邮	1	
太仓			
	崇明		4
	嘉定	1	1

续表

州/县		平民创办的义学（社学）数量	官办义学（社学）数量
通州			（1）
	泰兴	1（1）	1
	如皋	2	1
杭州		2	1
	余杭		（1）
	昌化		1
嘉兴		4	2（1）
	平湖	1	4
	海盐		2
	石门	1	
	桐乡		1
	嘉善		1
绍兴		1	
	绍兴		1（1）
	新昌		1
	诸暨	3	

所参考地方志：《江宁府志》，1880；《六合县志》，1883；《高淳县志》，1881；《苏州府志》，1883；《吴江县志》，1747；《青浦县志》，1879；《金山县志》，1878；《奉贤县志》，1878；《松江府志》，1817；《华亭县志》，1878；《上海县志》，1872；《南汇县志》，1927；《武进阳湖县合志》，1886；《武进阳湖县志》，1906；《江阴县志》，1878；《无锡金匮县志》，1881；《金坛县志》，1921；《丹徒县志》，1879；《丹阳县志》，1885；《溧阳县志》，1813；《扬州府志》，1733；《扬州县志》，1810；《扬州府志》，1834；《东台县志》，1817；《江都县志》，1881；《太仓州志》，1919；《崇明县志》，1930；《嘉定县志》，1881；《通州直隶州志》，1875；《泰兴县志》，1885；《如皋县志》，1808；《杭州府志》，1922；《余杭县志》，1899；《嘉兴府志》，1879；《平湖县志》，1886；《桐乡县志》，1887；《绍兴府志》，1792；《绍兴府志》，1922。

我要感谢戴维·斯特恩德对此文初稿的点评,他的见解非常宝贵。我也要感谢蒙特西脱会议的参会者,以及美国学术团体委员会的匿名读者,他们的批评和点评对文章的修订非常有帮助。

(严蓓雯 译)

注释

1. 罗友枝《清代中国的教育与大众识字率》。
2. 伍思德《大众教育的明清理论家:他们的改革、压制和对贫穷人群的态度》,第3—35页。
3. 在此,鲍雪侣的《中国教育与社会变革:现代时期之开端》(Education and Social Change in China: The Beginnings of the Modern Era)(Hoover Institute Press, 1983)非常令人关注,该作大致探讨的是晚清民初的教育。与现代法国教育的比较,可参见弗朗西斯·富勒和雅克·奥祖夫的《阅读与书写:法国的读写能力,从卡尔文到茹费理》(Reading and Writing: Literacy in France from Calvin to Jules Ferry)(French original, 1977; Cambridge: Cambridge University Press, 1982)。
4. 关于明清时期通过科举考试进行文化再生产这一过程的详细讨论,见本杰明·A.艾尔曼的《晚期帝制中国科举的三重属性——政治、社会和文化再生产》,第7—28页。
5. "社"是25个家庭一组的古代管理单位。在明朝,"社"不再严格根据家庭数量来定。"社学"可以大致解释为"社区学校"。
   关于明朝建立后重建社会秩序这一问题,详见范德《明初的社会秩序:洪武帝时期的一些法典规范》(Social Order in Early Ming China: Some Norms codified in the Hung-wu Period),收入B.E.麦克纳特编《传统东亚的法律与国家》(Law and the State in Traditional East Asia)(Honolulu: University of Hawaii Press, 1987),第1—36页。
6. 《大明会典》(1587;台北:新文丰出版公司,1976),卷78,23a。
7. 《明实录》洪武帝八年正月,卷96,4a。
8. 关于这方面一系列诏令的描绘,见王兰荫《明代之社学》,载《师大月刊》,1936年第21期,第49—52页。
9. 王兰荫《明代之社学》,第53页。
10. "社学",收入《大诰》(1385)卷44,23b—24a。暂停这一体系的要求事实上在两年前,即1383年就宣布了,见王兰荫《明代之社学》,第50页。
11. 《高邮县志》(1572),卷4,16b—17b。

12. 陈龙正《几亭外书》，收入《几亭全书》（序写于1631年；刊行方不详），卷3，18a；《江宁府志》（1880 [1811]）卷16，15b。这本地方志告诉我们，14世纪末至15世纪初期间，这一地区（包括乡村）曾经有16所学校。
13. 《金坛县志》（1921）卷6，9b。
14. 《保约仓塾》，收入《皇明经世实用篇》（万历版，台北：成文书局，1967），第26页。
15. 叶春及《惠安政书》（序写于1573年，福州：福建人民出版社，1987）。
16. 《松江府志》（1815）卷32，17a；《青浦县志》（1879）卷9，29a。
17. 有关1447年和1466年吴县的社学情况，见《苏州府志》（1883）卷26，25b—26a。有关15世纪末学校建设的情况，见《溧阳县志》（1813）卷7，7b。有关1497年学校复建的情况，见《江阴县志》（天一阁版［明末］）卷7，5a。有关1465年诏令，见王兰荫《明代之社学》，第52页。
18. 《苏州府志》（1883）卷26，46b—47a；卷27，36a。《如皋县志》卷26，46b—47a；卷27，36a。
19. 吕坤建议说，每县选二十余名四十岁以上正直可靠人士，教授《孝经》、朱熹《小学》和一些简单的训诂知识。一年课程结束后学生参加考试，成绩优秀的就去地方社学任教。吕坤还提议说，所有儿童每年在十月秋收之后须入学学习至少三个月后才回家，如是三年。那些成绩优秀的可以继续学习，成绩不佳的可以允许再也不用上学。吕坤《兴复社学》，收入《实政录》，见《吕子全书》（云南图书馆编，20世纪初）卷3，7b—8a。
20. 叶春及《惠安政书》，第361页。
21. 罗友枝认为它们是一回事，参见罗友枝《清代中国的教育与大众识字率》，第35页，注释56。本杰明·A.艾尔曼似乎将"义学"置于与书院同等的地位，见本杰明·A.艾尔曼《从理学到朴学：中华帝国晚期思想与社会变化面面观》，第119—120页。但我认为，他有时过于强调朝廷在这一领域的控制，也过于强调清朝这些义学的思想意义。

    当时一些人也认为，义学和社学是一回事，见《宜兴荆溪县志》（1882）卷4，15a。关于清朝义学的建构、财政和规章，参见小川佳子《清朝义学设立基础》，收入林友春编《近代中国教育史研究》（Tokyo, 1958），第273—308页。
22. 英译文出自章楚《福惠全书》（*A Complete Book Concerning Happiness and Benevolence*）（Tucson: University of Arizona Press, 1984），第536—537页。
23. 《皇朝政典类纂》卷231，1a。该类纂为《钦定学政全书》（1774）（卷73，1a—b）中所载内容的更为完整的版本。
24. 《松江府志》（1817）卷30，35a。《华亭县志》（1878）卷5，23a。《苏州府志》（1883）卷27，16a、17b；卷26，46b。《丹阳县志》（1885）卷10，10b。《泰兴州

志》（1885）卷3，21b。《扬州府志》（1733）。《江都县志》（1881 [1743]）。《高淳县志》（1881）卷5，32a。《平湖县志》（1886）卷3，22a。《太仓州志》（1919）卷9，7a。《绍兴府志》（1912）卷20，29a。《余杭县志》（1808）卷5，32b。《扬州府志》（1784[1778]）卷16，26b。

25. 见附录。如果我们将清初那些年的大部分官办社学包含在内，那么数字如下：103 所学校中，民办57所，官办46所（占比为55.3%与44.7%）。

   至于慈善机构内含的学校，我们没有掌握所有数据，但是，有些例子已足以显示出它们的重要性。著名的同善堂1745年建于上海，其中设有义学，见《上海县志》（1872）卷2，22a—b。吴县也有一个类似机构，建于1801年，见《武进阳湖合志》（1842）卷5，33a—34a。兴化县也是如此，有个综合慈善机构建于1714年，设有义学，见《兴化县志》（1852）卷1，3a—b。在江都，类似机构创建于1797年，见《上江两县志》（1874）卷11，17a—b。我们很肯定，18世纪长江下游地区还有更多这样的学校存在。

   有关地方领袖的作用，见梁其姿《明末清初民间慈善活动的兴起》（Rise of private charitable institutions during the end of the Ming and the beginning of the Ch'ing periods），载《食货月刊》总第15期，1986年第6/7期，第52—79页。另见梁其姿《明清中国的医疗建制：长江下游地区的国家和私人医疗机构》（Organized Medicine in Ming-Qing China: State and Private Medical Institutions in the Lower Yangzi Region），载《晚期帝制中国》1987年第1期，第134—166页。

26. 王兰荫《明代之社学》，第63—75页。

27. 《钦定学政全书》卷73，3a—b。这份朝廷诏令是建立在1652年顺治诏令基础上的，那份诏令要求在城市里建立社学，培养有才赋的青年。据《震泽县志》（1746，卷7，16b），实际上当时社会对这份诏令并无任何响应。该县志还显示，明朝以后，仅剩的几所社学也几乎废置，康熙帝1686年下诏停办这些学校，这一命令得到了很好的执行。

28. 《江阴县志》（1878）卷5，29b。

29. 《学仕录》（1867，刊行社不详），16，34a；《得一录》（苏州：得见斋编，1869）卷十之三，2b。

30. 在1820年代，据载有3000所义学以得见斋模式在全国兴建，见《学仕录》卷16，34a。在19世纪中期，兴办"更为灵活的"义学这一想法开始出现，老师可以一个村一个村开办临时课堂，教授学生认识一两百个汉字，以及一定的词汇量，让他们可以读懂包含道德教义的简单课文，见《得一录》卷十之五，3b—6b。

31. 见梁其姿《清代慈善机构与官僚层的关系》（Charitable institutions and the bureaucracy under the Ch'ing），载《"中研院"民族学所集刊》，1989年8月第66期，

第 85—103 页。

32. 伍思德认为，中国教育理论作为一种程式化话语，由令人敬畏的历史先辈所形塑，也被他们固化而失去了活力，这解释了它为何无法被轻松采纳为救济穷人的职业训练，而 19 世纪末中国社会更需要的是后者。见伍思德《大众教育的明清理论家：他们的改革、压制和对贫穷人群的态度》，第 27、29 页。

　　另一个可能的解释是，传统职业训练与各行各业的学徒制结构密切关联，从技术上讲，很难将它从传统结构中脱离出来，放入尚未定型的新结构中。比如说，训练抽象推理的数学是现代教育的重要科目，但原来只用来教给那些被认为不那么"聪明"、没资格接受更高等教育的学生，这样他们可以早早从商。寺田隆信的《山西商人研究》（Kyoto，1972，第 321—324 页）即描绘了对未来将从商之人进行实用数学教育的情况。《皇明经世实用篇》里描述的数学课程也仅是商业数学。

33. 罗友枝《清代中国的教育与大众识字率》，第 24—28 页；鲍雪侣《中国教育与社会变革：现代时期之开端》，第 17—18 页。

34. 在宗塾的规章中常常提到这一点，比如《山阴安昌徐氏宗谱》（绍兴，浙江，1884）；《姚氏家乘》（嘉兴，浙江，1908）。这些规章清楚表明，只有特殊情况才接收外姓子侄。若无特殊说明，只收本族子弟天经地义。

35. 姚氏和孙氏宗塾（后者建于 18 世纪早期）有两个班级，见《姚氏家乘》；《阳川孙氏宗谱》（绍兴，浙江，1830）卷 28，3b。苏州陆氏为学生提供除寝具以外的所有物品，屠氏宗塾也为孤儿提供除寝具以外的所有物品，见《陆氏蓟门支谱》（吴县，江苏，1988）；《屠氏毗陵支谱》（武进，江苏，1856），引自多贺秋五郎《中国宗谱研究》（Tokyo，1981），第 572—573 页。陆氏和姚氏宗塾是供膳宿学校。姚氏宗塾允许儿童每月回一次家，而陆氏宗塾的学生无专门事由均不可离校。财力雄厚的姚氏家族根据学生级别向他们提供每月 160—300 文不等的津贴（在 18 世纪江南，800 文等于 1 两白银），那些特别穷困的学生还会得到额外的生活费用补助。

36. 《红楼梦》第十回。

37. 陆氏和王氏宗塾对此有着固定要求（分别是每两周一次和每月的前五天），屠氏宗塾的要求没有那么固定。前两所学校根据学生的表现分为三个等级。屠氏和陆氏宗塾各自向成绩优秀的学生发放文具和金钱作为奖赏，不过，这三所学校的惩罚制度都不明确。只有屠氏宗塾暗示成绩不佳的学生"知耻而后勇"。王氏宗塾尤为详细地叙述了日志制度，见《家塾》，收入《菱湖王氏宗谱》（吴兴，浙江），3a—4b；《陆氏蓟门支谱》卷 13，60b—61a；《屠氏毗陵支谱》，引自多贺秋五郎《中国宗谱研究》，第 573 页。

38. 《阳川孙氏宗谱》卷 28，7a。陆氏、王氏、姚氏的宗谱里均可找到类似的学校规章。

39. 这通常是宗塾规章的第一条。《陆氏蓟门支谱》（卷 13，60b）记载，每天早上上课之前，年龄最大的学生带领其他学生向孔子牌位和宗族先人牌位鞠躬，每月月初和月半，由老师带领学生在这些牌位前跪拜。菱湖王氏宗塾有同样的要求，见《家塾》，收入《菱湖王氏宗谱》，2a。

40. 屠氏宗族为孤儿设立的学校，则没有在先人牌位前鞠躬跪拜的要求，这点饶有意味。事实上，它揭示出这些没有父亲的孩子，大部分会在十二三岁离开学校，出门学习手艺，族里并不期待他们成为高官，光宗耀祖。菱湖王氏宗塾仍然有跪拜仪式，尽管也有孩子早早离校，学习手艺养活自己，但很显然，宗塾的重心仍然放在那些有望通过科举考试的人身上。规章最后规定，学子会得到赶考补贴，而那些中榜的会得到各种津贴，见《家塾》，收入《菱湖王氏宗谱》，2b、5b。安昌徐氏宗塾（建于1819年）显然是为宗族里的贫困子弟所办的，但没有学校规章，见《文海家塾志》，收入《山阴安昌徐氏宗谱》，1a—b。

41. 宗塾的命运自然与义庄相连，崔瑞德的《范式家族的义庄，1050—1760》(The Fan Clan's Charitable Estate, 1050-1760)（收入倪德卫、芮沃寿编《行动中的儒教》，第96—133页）令人信服地阐明了这一事实。

42. 《阳川孙氏宗谱》卷28，7a。

43. 《阳川孙氏宗谱》卷28。

44. 如武进县某村的"青山"义学，见《武进阳湖合志》(1842)卷12，50a—b。另如建于1682年的高淳的义学，见《高淳县志》(1881)卷5，32a—b。

45. 东台义学，建于1808年，见《东台县志》(1817)卷12，19b。

46. 如皋义学在县令令下，于1774年重建，地方乡绅资助了660两白银。1805年，当地领袖又出资重修。这个县还有另两所学校于1747年和1816年兴建。有意思的是，后一情形中，学校的一位捐资者对1775年起该县就没有出过进士表示遗憾，建学的目的之一就是培养未来的官员。在此意义上，该义学和宗塾很像，见《如皋县志》(1875)卷9，64a—68b。在高度商业化的苏州县，义学的办学资金常常来源于捐赠土地的租金，震泽建于1735年的两所义学便是如此（《震泽县志》，1893年，卷7，15b）。"义人"有时也会资助某位老师的俸禄，南汇某所学校即是如此，有人在1767—1768年这两年支付老师薪资，见《南汇县志》(1927)卷7，33a。

47. 就像上述南汇那所学校一样，私人不再出资支付老师薪资后，学校也就停办了，见《南汇县志》(1927)卷7，33a。同样，1682年由华亭县设立的义学，于1699年和1737年由地方官出资维持。而1737年之后这所学校就停办了，1795年曾由当地官员出资短暂重办，见《华亭县志》(1878)卷5，23a。

48. 《陈确集》，第514页。我们可以在明清时期著名学者的传记中，找到许多由家族中的年长成员教授儿童的案例。另一个例子是浙江著名思想家刘宗周，他是由外祖父教育培养的。见黄宗羲《子刘子行状》，收入《黄宗羲全集》（浙江古籍出版社，

1985）册1，第208页。

49. 米雷耶·拉吉特《18世纪朗格多克的小学》，载《经济·社会·文明年鉴》，1971年11至12月号，第1398页。

50. 后文的讨论主要来自这些材料：陈芳生（清初钱塘地区一位富有经验的启蒙老师）《训蒙条例》，见《檀几丛书》（1695，二集，新安版）卷13，1a—5b；刘宗周（1578—1645，浙江山阴人）《小学约》，收入《刘子全书》（益善堂刻本）卷25，9b—13b；吕坤《兴复社学》；张履祥（1611—1674，浙江桐乡人）《学规》，收入陈宏谋《养正遗规·补编》，收入《五种遗规》（四部备要版，台北：中华书局，1981），33b—43b；崔学古（江苏常熟人，清初教育家）《幼训》，收入《檀几丛书》（二集）卷8，1a—13b；陆世仪（1611—1672，江苏太仓人）《小学类》，收入陆世仪《思辨录辑要》（江苏书局，1877）卷1，1a—6b；王筠（1784—1854，山东人）《教童子法》，收入《云自在龛丛书》（江阴：缪氏刊本，光绪间［1875—1908］刻本）卷二之十二，1a—12a；唐彪（18世纪浙江兰溪人）《父师善诱法》，收入陈宏谋《养正遗规》；李兆洛（1769—1841，江苏武进人）《乡塾读书法》，收入李兆洛《养一斋文集》（1878光绪四年版）。除了这些主要材料，还有一些当时的其他著述作为补充。

51. 我指的是香港沙田图书馆所藏的翁仕朝藏书。翁仕朝是19世纪末海下村（今属香港新区）的一位乡塾师、风水师、代笔、大夫，但他没有通过任何科举考试。在他的约五百余种藏书中，有一大部分是儿童课本，包括各种版本（有些还有插图和白话解释）的《三字经》、《百家姓》、《千字文》、《千家诗》、《孝经》、《幼学故事琼林》、《昔贤文》、四书五经注、史书（《左传》）、经典的词典《五经集字》、《杂字》、《声律启蒙》、《日记故事》，还有数十种关于文章写作的手稿，外加一些小说。除了一些用粤语写成的更为现代的课文（清末，20世纪初）之外，这些藏书让人觉得大体反映了张志公（见注释63）和罗友枝所描绘的课程。对这些藏书的更为详细的描写，见王尔敏和吴伦霓霞《儒学世俗化及其对民间风教之浸濡》，收入《"中研院"近代史研究所集刊》，1989年6月第18期，第75—94页。我想感谢科大卫和夏思义博士引介我接触到这份迷人的藏书。

52. 陈芳生《训蒙条例》中（卷13，10b）对此有专门论述。

53. 下述五套不同的小学规章，都建立在这样的日程表基础上：刘宗周《小学约》，9b—13b；吕坤《兴复社学》；张履祥《学规》；陈芳生《训蒙条例》；黄六鸿《福惠全书》（山根幸夫编，Tokyo，1973）卷25，14a—15b。

54. 不同的基础学校规章都提到了8—15岁的年龄范围。元朝程端礼所撰的《读书日程》详细说明了这点，之后的教育家对此十分推崇。见陈宏谋《养正遗规》，6b—7a。然而，有些人，比如唐彪，则建议儿童三四岁即开始认字，六岁左右一旦识得了2000个汉字，就入学读书。见唐彪《父师善诱法》，41b。这也是陆世仪的看法

（《小学类》[1a]）。而对 15 岁这个年龄上限，似乎没有太多异议，儿童到 15 岁就得决定将来的方向：要么在"大学"继续读书，要么学门手艺。无论哪种情况，都必须离校。

55. 刘宗周《小学约》，10b。
56. 罗友枝《清代中国的教育与大众识字率》，第 26—27、42—43 页。经验丰富的塾师陈芳生提醒父母，一定要支付蒙师合理的报酬，这样，他们就"无内顾之忧，而后吾之子弟得有专心致志之益也"，见《训蒙条例》，4b—5a。
57. 唐彪《父师善诱法》，40b。李兆洛《小学》（23a）写道："世之延师者皆轻童蒙师，但求稍识句读，不问品诣。"刘宗周也告诫不要聘用那些只待一年就是为了获取报酬的蒙师（"最忌年年换师，馆如驿舍"），见刘宗周《小学约》，12b—13a。
58. "师傅严于馆而父兄狭于家"，见崔学古《幼训》，3a。
59. 《郑板桥集》（台北：宏业书局，1982），第 209 页。
60. 《阳川孙氏宗谱》卷 28，10a—11a。
61. 陈芳生《训蒙条例》，1a。
62. 参见罗友枝《清代中国的教育与大众识字率》，第 15—17、192 页。
63. 对不同蒙书的起源衍变，更详细的描述见张志公《传统语文教育初探》（上海：上海教育出版社，1964），第 4—31 页。另参见刘子健《比〈三字经〉更早的南宋启蒙书》，收入《两宋史研究汇编》（台北：联经出版社，1987），第 303—306 页。
64. 崔学古《幼训》，5b—6a；王筠《教童子法》，3b—4a；唐彪《父师善诱法》，41b。这些著作都推荐用木块（每个木块上有一个汉字）教小孩认字，然后再教他们阅读那三本经典启蒙读物。
65. 刘宗周《小学约》，11b。
66. 关于应该开始学写字的年龄，王筠建议说八九岁开始学并不晚，因为此前年幼，"小儿手小骨弱"，见王筠《教童子法》（7b—8a）。关于教授初学者书法的正确之道，见崔学古《幼训》，10b—11b；刘宗周《小学约》，11b。另见张志公《传统语文教育初探》，第 37—39 页，此处讨论了基础学校里通用的书法范本。
67. 该著据说由明末大学士李廷机（1583 年进士）所撰，但并无直接证据。长沙岳麓出版社 1988 年出版了该著最新版本。明末历史学家谢肇淛告诉我们，他在基础学校里获得的历史知识，就来自于此类蒙书。见谢肇淛《五杂俎》（台北：伟文出版社，1966），第 344—345 页。
68. 张志公《传统语文教育初探》，第 72—73、87—91、92—97 页。
69. 有些教育家反对让那些无意参加科举的儿童习经，在他们看来，这些文本只能在基础学校之上的等级，即经馆教授。见陈芳生《训蒙条例》，10b—11a。
70. 唐彪《父师善诱法》，41b、43b；王筠《教童子法》，6a—b；刘宗周《小学约》，

10b—11a。

71. 崔学古《幼训》，7b；陆世仪《小学类》，2a。

72. 陈芳生《训蒙条例》，2a—b。几乎所有的老师和教育者都采用或推荐类似的方法和原则：崔学古《幼训》，9b—10a；刘宗周《小学约》，10b；王筠《教童子法》，6a—b；唐彪《父师善诱法》，42a。

73. 陈宏谋《义学汇集序》，收入《湖海文传》（经训堂刻本，1866，1837年版重刻）卷29，3b。汤斌《兴复社学以端蒙养告谕》，收入《汤子遗书》，收入《三贤政书》（序写于1879年）卷4，25b。

74. 李乐《见闻杂记》（序写于1632年，上海古籍出版社，1986）卷8，39a。

75. 陆世仪《小学类》，1b。关于这一文本的详细介绍，见 M.T. 凯莱赫《回归根本：朱熹〈小学〉》，第219—251页。贾志扬也表明，相比幼童，这一文本更多是成年人以及年龄大一些的学生在读。

76. 李兆洛《小学》，19、22b。

77. 比如，崔学古的《幼训》便提及那些用作课本的经典，但《小学》并不名列其中。陈确也提到经典和四书，还有断代史，但在他关于基础教育的推荐书目中，并没有提到朱熹的著作，见陈确《陈确集》。

78. 这首诗是某个叫郭臣尧的人所写，此人是钱塘文人梁绍壬（1792—1837）的友人。第三行和第四行诗句是《百家姓》和《千字文》的首句。见梁绍壬《两般秋雨盦随笔》（上海古籍出版社，1982），第214页。

79. 最通用的音韵学导读当然是《声律启蒙》，这是17世纪末文人车万有所撰。刘宗周和吕坤都将音韵训练放在第二堂日课上，黄六鸿则推荐在晚课上学习音韵。

80. 陈芳生《训蒙条例》，1b—2a。

81. 见酒井忠夫《儒教和大众读物》，第331—364页；狄培理《明代的日用类书和庶民教育》，收入《近代中国教育史研究》，第27—154页。

82. 陈确《陈确集》，514页。

83. 李兆洛《小学》，22a。

84. 陆陇其《示子弟帖》，收入陈宏谋《养正遗规》，36b。

85. 刘宗周《小学约》，11b。

86. 吕坤的续篇《续小儿语》进行了总结，收入陈宏谋《养正遗规》卷2，7b—17b。李兆洛也建议此书幼童必读。张志公《传统语文教育初探》里介绍了其他此类通用蒙书。

87. 李乐《见闻杂记》。李乐明确指出学校经常采用袁黄的四书注解。关于这些书籍，见酒井忠夫《中国善书研究》（Tokyo，1960），第323—324、330—332页。

88. 见包筠雅《袁黄和功过格》（Yuan Huang[1533—1606] and the Ledgers of Merit and

Demerit），载《哈佛亚洲研究学报》（*Harvard Journal of Asiatic Studies*）总第 47 期，1987 年第 1 期，第 137—195 页。崔学古《幼训》，12b—13a。

89. 李兆洛《小学》，22b。
90. 宋谨《根心堂学规》，收入《檀几丛书》（余集）卷上，5b—6b。此书分为两部分：学习及行为的功和学习及行为的过。
91. 见《得一录》卷十之三，陈文述《义学章程》，3a。
92. 温序《病余掌记》，引自王利器编《元明清三代禁毁小说戏曲史料》（上海古籍出版社，1981），第 246 页。《得一录》卷十一之一，11a—b、2b—3a。
93. 明清家规和其他著述中都描绘了通俗文学对识字女性的危害。见王利器编《元明清三代禁毁小说戏曲史料》，第 173—180 页。
94. 彭蕴章《问心堂示生童条约》，引自王利器编《元明清三代禁毁小说戏曲史料》，第 292 页。
95. 让-路易·弗兰德林《性与西方》（Paris, 1981），第 296—299 页；菲利浦·阿利埃斯《儿童的世纪：旧制度下的儿童和家庭生活》（Paris, 1973），第 140—176 页。
96. 陆世仪《小学类》，4a。
97. 李兆洛《小学》，21b；陈芳生《训蒙条例》，3b—4a。
98. 关于此种规训的详细情况，见崔学古《幼训》，4a—5b；刘宗周《小学约》，10a—b、12a—b。大部分建议当然是朱熹《小学》的简化版或微调版。
99. 关于体罚，崔学古给出了最为详细的建议，见崔学古《幼训》，1b—2a、3b。
100. 崔学古《幼训》，1b；李兆洛《小学》，29b；唐彪《父师善诱法》。
101. 崔学古《幼训》，2b—3b；刘宗周《小学约》，13a—b；唐彪《父师善诱法》，44a。
102. 王阳明《训蒙大意示教读刘伯颂等》，见《传习录》，第 67—68 页，收入《王阳明全集》（台北，1983 年）。
103. 陆世仪《小学类》，4b—5a。
104. 叶春及《惠安全书》，第 361 页。
105. 见何炳棣《明清社会史论》，第 177 页。
106. 陆世仪《小学类》，4a。
107. 弗朗西斯·富勒和雅克·奥祖夫《阅读与书写：法国的读写能力，从卡尔文到茹费理》，第 123 页。
108. 《教化两大敌论》，收入《得一录》卷十一之二，12a—b。
109. 《收毁淫书局章程》，收入《得一录》卷十一之一，7a—13b；《翼化堂章程》，收入《得一录》卷十一之二，1a—21b。
110. 梁其姿《明末清初民间慈善活动的兴起》。
111. 在这一点上，中国基础教育想要达到的目标与当时的瑞典正相反，后者强化了社会阶层的分层和两种文化的分野：精英文化和大众文化。见本特·桑丁《教育、大众文化和 1600—1840 年间斯德哥尔摩的大众文化监控》(Education, Popular Culture, and the Surveillance of the Population in Stockholm between 1600 and the 1840s)，载《持续与变革》(Continuity and Change) 总第 3 期，1988 年第 3 期，第 357—390 页。

112. 罗友枝估计，在 19 世纪中期和末期，中国 30%—45% 的男性和 2%—10% 的女性已经能读会写。见罗友枝《清代中国的教育与大众识字率》，第 140 页。关于英法读写能力的进展，见弗朗西斯·富勒和雅克·奥祖夫《阅读与书写：法国的读写能力，从卡尔文到茹费理》，第 314 页。他们的讨论是基于英国人类学家杰克·古迪的名著，见古迪《人类社会的起源》(Paris, 1986)，尤见第 97—102 页。

113. 古迪的《书面语与口语的衔接》讨论了在文化社会里，在学习中"与环境脱离"这一观念（第 184—185 页）。有意思的是，尽管中国与西方不同，两种文明的"重复、抄写和背诵"过程是一样的。

114. 鲍雪侣《中国教育与社会变革：现代时期之开端》，第 86 页。根据 1906 年一份推动"现代教育"的提议，最好的办法是"就旧有之数百万私塾而改良之"，见《私塾改良会章程》(上海，1906 年)，收入《中国近代教育史资料》(北京：人民教育出版社，1961)，第 103、105 页。

中国西南地区的教育和国家意识塑造：
1733—1738 年间陈宏谋在云南的活动

罗威廉（William T. Rowe）

在被纳入西方人主导的"世界体系"、成为这一体系的受害者的几个世纪之前，中国曾是根基深厚的皇皇大国。就像西方一样，在中国，政治从属关系的形成和地方经济的重新定位，都被文化优越性这一假设证明是正当的，它激励人民既尝试创造"尊重的文化"，同时也促进文化同化的变革。和西方一样，这些尝试充满着内在的张力和矛盾；而且，也和西方一样，这些尝试通常由男性承担，他们真诚地相信自身文化的优越性和目的的崇高性。这一过程的一个突出例子就是本文探讨的主题，即 1733 年至 1738 年间，在年轻的儒家狂热信徒（后来成为典型的"经世"官员）陈宏谋的领导下，云南省少数民族地区创建或重建了近 700 所地方小学。

这篇文章的意图，是要考察陈宏谋的建学事业诉说了 18 世纪文人精英有着什么样的经验世界和思想世界。教育实践既阐明了国家与社会、中心与边地、精英与平民之间的实质关系，也清楚显示出清朝精英对人之本性以及人在世界中的作用的观念变化。

自汉代以来，外来人口进入西南地区的第一次重要迁入是在 14 世纪，其时大量蒙古军人被派往那里拓荒。不久，明太祖（1368—1398 年在位）下令南京

(他择为首都)的大量本地汉族人口迁入云南。但是，正如李中清所言，此次"首度移民"对当地社会只造成了轻微影响，明代在那里推行的政治文化融合政策犹犹豫豫，徒有虚名。西南地区由被赐封的当地头人（土司）统治，这套政治统治体系在之前朝代已尝试推行，也被确定下来，但到了明朝，朝廷时不时地想用政府直接管理（"改土归流"）来取代这一制度。一些儒家学校被建立起来[1]，不过大部分都是地方办学，且受到严格限制。

满族于 1644 年入关后，情势大变，西南成为军事重镇，先是明朝忠军的避匿之处，后来成为清朝将领吴三桂（1612—1678）的叛乱据地。之后，随着叛乱在 1681 年被镇压，正儿八经的融合进程开始了。17 世纪末、18 世纪初出现了规模前所未有的汉族移民。清朝中期，向更广泛地区的人口迁移，部分减轻了都市区域的人口压力，也为农业的持续发展及农产品的商业贸易开辟了新的土地。就扎根定居和商业发展的规模和模式而言，这次"二次移民"大大改变了西南地区社会，引发了日益增多的冲突事件。清朝官员留意到这一点，并着眼于当地耕地和矿产开发（比如为了满足清朝增长的货币需求对铜的开采），发起了叛乱后"重建"（善后）计划。这一计划空前激进，目的是一劳永逸地消除那些阻碍完全融合的生态边境和文化分界。矿山被开采，土地被改造，庞大的军队永久驻扎，本地土司被流官取代，行政区域被划分和重新划分，城市建起围墙，交通运输通信设施得以布局，区域经济有效货币化。[2] 这些进程，既是对当地一系列非常血腥的"起义"（"起义"这个词本身就意味着清朝统治在西南地区的合法性）的回应，同时也进一步刺激了起义的发生，包括以贵州古州为中心的一次大起义。起义最盛时，正是云南建校运动如火如荼之际。

康熙朝后期，融合大计一直在积聚力量，但直到 1722 年，惊人能干、精力旺盛、思维开阔的雍正皇帝执政，这一大计才真正开展起来。此后，清朝的西南政策便带有这位杰出统治者和孔武有力的"新人"队伍的明确烙印：从现有官僚机构、皇室家族以及江南文人圈的常规人才之外，雍正帝征募了满人和汉人组成了这一"新人"队伍。这些人当中，大部分杰出人才都是鄂尔泰那样的高度汉化的满族士官，不过雍正帝的西南特遣部队也包括了其他人——尹继善、张广泗、张允随、鄂弥达、晏斯盛等，他们尽管观点不同，取向各异，但都热情地投入王朝的融合事业，并愿意采取大胆的手段来取得胜利。[3] 对这些人来说，他们在西南的任期是出人头地的好机会，而且，尽管因雍正皇帝英年早逝、继位皇帝类型完全不同而遭受了一定挫折，他们大部分人都在之后的 20 年里跻身皇帝资深幕僚之列。这一群体的代表是陈宏谋，他是边地广西省人，极其自信、野心勃勃，刚被朝廷从扬州知府擢升至云南布政司这一关键岗位。陈宏谋为自己设定的任务是，既要成为云南经济发展的先驱，同时也要保护当地少数民族的利益。[4] 不管是接受朝廷指派，还是出于个人初心，他开始在云南着手建设儒家学校体系。他一心一意献身于此，既让同代人刮目相看，也成就了自己的事业。

对清朝官员来说，18 世纪对西南地区的开发，首先是一个对少数民族人口进行"化"的过程，而建学的目标就是"教化"（通过教育进行改造）。作为最为古老、位于起源阶段的儒家话语之一，"化"在 18 世纪肯定是及物动词。尽管像陈宏谋这样注重内省的道德家，也许会通过不断的学习改变自己的性情，但"化"更通常是**由人施与**另一个人。[5] 陈宏谋从政期间反复写道，他的职责是"化民正俗"，官员的核心要务就是"化导"地方人民。尽管陈宏谋倾向于将"化"和"养"（"滋养"人民的物质需求）等同起来，但在雍正王朝，"化"更经常被视为控制手段。陈宏谋本人就时时从修辞上以"化民"对"致治"，并写道，需要通过促进人民遵守儒家社会义务和等级制度来"治化"。[6]

面对逆臣曾静（1679—1736）对满人统治的公然挑战，雍正帝在 1730 年强令所有举人阅读他编著的《大义觉迷录》（意为"关于正义驱散迷误的记录"），这本著作出色地归纳了儒家论点，捍卫道：皇帝及其臣民本是一体（"天下一家，万物一理"），民族区分是自私狭隘的人为之举。[7] 这一观点既有国家使命感，又有适时的政策紧迫性，就像经济衡量和军事考虑一样，极大激励了西南地区的文化积极性。

正如县志里的"风俗"篇和中国行动派官员的记载所证明的，小民的大众文化通常被社会地位优于他们的人视为是浪费时间、懒散放纵的行为。像陈宏谋这样讲求道学的官员，就会定期限制或禁止烟酒和地方戏，以此树立道德规范（儒家抨击地方在戏剧演出上支出"浪费"，实际上预示了 20 世纪进步改革派想攫取这些资金用来建立西方风格的学校）。[8] 陈宏谋从政期间一直尝试用更为正统、更可效仿的剧目，替代那些民间自然流传下来的地方戏，以此施加控制。[9]从这个角度来看，相对于普通人民，无论汉族、少数民族，精英文化都认为自己具有领导权。

在西南地区，汉族面对着极其多种多样的当地少数民族，他们的民族血统、文化、宗教体系、物质文明、社会和政治建构都极为不同。[10]西南民族都仍然从事一些狩猎采集活动，但相对于他们主要的经济基础农业，这早就已变成业余爱好或副业了。大部分人还刀耕火种，但另一些已定居农耕，有些还采用了令人惊艳的灌溉系统。大部分族群有着相对复杂的商业经济，种植经济作物，有贸易往来。无论个人还是集体，西南地区少数民族在视觉艺术、神话、仪式和口头传统方面，都展现出惊人的文化丰富性。有些少数民族，比如纳西族，已经发展出自己的文字书写系统。这些民族在中华文明的形成阶段贡献了许多元素。[11]

清朝时期对这些人的认知及描绘，相当复杂。一方面，清朝人的确真诚地想要准确地理解他们，甚至怀抱"同情的理解"；但另一方面，将他们简化为单一的、神秘的"他者"这一进程也清晰可辨，这个"他者"是同质化的刻板印象，用来对照占据主流的儒家文化。18世纪，实事求是的汉人和满人都很清楚这一点，即他们面对的是多种民族，其多样性浩瀚无比。例如，1736年《云南通志·风俗篇》就煞费苦心地为每个少数民族一一编目，详述它们的独特特征。[12]然而，自元朝开始，这些民族就在民众甚至官员的用词中渐渐坍缩为一个总体类别——"苗"或"苗人"，而实际上"苗"只能指代西南民族里的一小部分。正如贵州布政使鄂弥达在1730年左右写到，苗族事实上"种类不一"，但"生性"相类。[13]在清朝对边地部落的描绘中，这套用词出现得极为频繁。

尽管清朝人对西南地区人民的描绘通常带有优越感，但这些刻画并不总是负面的。18世纪一位贵州官员画了82幅系列画作，刻画了当地少数民族的风范，在我看来，很难说心怀不恭，反倒如田园牧歌般浪漫动人。[14]陈宏谋本人对边地有着自觉意识，他看不上文人纤弱无力的高雅，私下对西南少数民族不乏溢美之词：这些民族坚忍、自立，拒绝朝廷提供的饥荒赈济。[15]

当地少数民族究竟是谁、到底为何，在汉语的概念中也同样复杂。他们更有可能被认为与汉族和满族完全不同，但具体有何不同，并非完全清晰。[16] 最能说明问题的、也许也是最广为认同的观点是，当地部分少数民族代表了人类社会进化这一线性进程的初始阶段。比如，云南总督张允随写道，云南仍然显得"尚在创世之初"。[17] 明末学者焦竑（1540—1620）的研究，提出了一个相关概念，非常流行，即当地部分少数民族的生活精确体现了中国人的远古生活（的确，这些族群对中国文化构成的实际贡献，肯定为这种观点提供了充分证据）。[18] 这一看法当然与将西南民族视为各个不同的民族完全不同，它清楚暗示了他们是可以被儒家文化教化的。正如陈宏谋写道："汉夷一体，无不可转移之俗。"[19]

总之，18世纪汉族和满族对"蛮夷"的语言描绘和想象，充满了各种各样的手段。所有这些刻画（因论者的视角或直接意图不同而有所变化）都很类似，即强化了论者自身的文化优越性，而将"他者"视为工具。但是，"蛮夷"也体现为一种威胁，而且不仅仅是军事威胁：他们始终在场，真切而实在地提醒"文明人"，这是他们曾经的模样，而且他们还可能变回那样。正如尹继善所云，若夷人爱学，则进而为汉；汉人忽学，则堕而为夷。[20]

当地部分少数民族的什么文化特征最亟须矫正？其一就是当地社会的暴力程度。有些族群有猎首和食人行为，但这相当罕见；更为棘手的是他们日常携带和使用武器——其正义是建立在复仇法则上的。在康熙王朝，清朝官员试图制定法律来阻止西南地区的"世仇"，并在1726年展开了大规模的刀剑搜查运动。抨击地方宗教行为也与此相关。有些宗教实践的确十分可怕，汉族对它们的抨击，部分是出于实用目的（动摇祭司精英的基础、将"徒耗"的节日开销用于别处），而更大程度上是出于对儒家基本情感的维护。

对宗教的抨击超越了单纯的功利主义，这一点从清廷在西南地区大力推行儒家仪礼即可看出。鉴于葬仪在中华文明中的重要性，陈宏谋想用正统土葬和祭祖来取代火葬或天葬不足为奇，也大体获得了成功。让人更感兴趣的是，他同时还想改革婚姻制度和两性道德。随着新儒家朱熹学派在其之后朝代的思想领域里取得了支配性优势，朝廷推广儒家文化的愿望呈现出更深层的宗教和心理上的紧迫性。朱熹对两性礼仪十分严苛，认为男女授受不亲就是文明本身，他用一丝不苟的清清楚楚的方式，将儒家道德规训阐释为"廉耻"，许多18世纪儒家信徒都内化了这一观点，其中尤数陈宏谋为甚。

　　清朝官员坚持自己对"耻"的标准。西南地区少数民族的家庭显然是用一种对清朝官员来说难以想象的相当随意的方式维持着［因而对子女照顾也相当随意］，因而强制推行文化改革的一个借口就是，出于同情，要确保当地少数民族后代得到充分关注。[21] 这个事实最令人震惊：许多（绝非所有）西南民族遵守母系制度和母系社会秩序，妇女在这个制度和秩序中享有明确的社会和经济主导权。清朝官员用了很多方法试图改变这一点。他们尝试让当地少数民族穿上汉族风格的服装，遮蔽裸露的身体。他们将汉族"子随父姓"这一做法引入当地，并让姓氏和财产一起，通过男性家系传承，且令父辈安排子女的婚姻。[22] 陈宏谋个人花了很大力气，灌输汉族寡妇的守节（"节孝"）观念，而且，正如我们所见，他将家庭美德教育置于学校基础课程的核心。[23] 其中当然可见务实目的，但事情不止于此。清朝开发西南的进程，诚然对各方意义不同，但对陈宏谋和许多其他人来说，它首先是重申"自然"社会等级的过程，这也是他们自身"中华性"的核心所在。教化实际上就是"治乱"（在混乱无序上"强加秩序"）。[24]

　　同时，亲缘改革也被认为是经济发展的先决条件。以男性为主导的家庭单位，定居的农业耕作，以及私有（家有）财产制度，都不可避免地和某种土地理念相连，这种理念与洛克时代的西方思想无甚不同。从这点来看，"通过从自然中取得一些东西，依靠劳动而变成自身的一部分，人类以此获得了最高的人性。从农业社会的紧密人际关系来看，他的个人财产，是他获得社会意义上的成熟的手段"[25]。农业用地的家庭所有权，在中国、在西方，都是"社会生活建构中的重要概念"，而土地私有是"文化中的主要积极价值之一"。[26] 家庭单位的所有权带来了经济上的稳定（"恒业"）和社会责任感，也为努力工作、勤奋高效提供了关键动力，因此会获得更大的生产力。它让农业新技术得以引进，这也许会将西南变为农业产量过剩地区，至少某些产品是如此。[27] 而且，从国家角度来看，家庭财产所有权也是中国民法（因而也让西南地区从族群司法转向国家司法）和财政问责的根本。国家同样也期望以此产生本地有产精英，借由新学校制度提供的教育机会，他们也许会成为新社会秩序的中流砥柱。

上述关于西南民族文化改变的美好神话和希望,将云南的政策决策者团结在一起,这些人里面既有理想主义者,也有追求功利之徒。他们对云南当地少数民族早已农耕定居的程度,或者对当地人民在与环境的几千年互动中为自己制定的效率更高的另类生产体系的认识,很多情况下都是基于误解。但是他们希望能通过引入汉族家庭形式或私人拥有土地的方式,不可逆地改变当地状况。

从1380年代起,明朝即宣称儒家学校的建立是西南政策的基石,积极能干的当地官员便沿着当地少数民族居住范围,在不同地方定期启动建校计划。据统计,明朝期间,整个云南大约建立了72所县里和乡里的学校,以及33所私塾,不过到了清朝,还留存的不足1/5。[28] 在统治初期,满族对明朝发起的这一建校运动只是敷衍对付,只有在18世纪,他们才开始当真在西南民族地区办学,最初是1704—1705年在贵州,然后1720年在陈宏谋的家乡广西。[29] 雍正年间办学速度加快了。1725年诏令规定云南和贵州的每个县都要办学,之后的诏令又延至四川、湖南和广东的少数民族聚居区。1727年,鄂尔泰在云南东川县开启了集中建学进程,而尹继善则于1733年在贵州开展了更为广泛的建学运动。[30] 在清朝统治的第一个世纪,云南的建学时间(见表12-1)清楚表明,陈宏谋所做的具体推动工作基本上是长期趋势达到的顶峰,但其规模之大前所未有。

表12-1 云南1644—1737年间建立的地方学校

时期	数量	年度平均数
1704年前	10	0.17
康熙末(1704—1722)	91	4.79
雍正初(1723—1732)	82	8.20
陈宏谋任期(1733—1737)	465	93.00
总计	648	

材料来源:《云南通志》(1736)卷7,第43—60页;《全滇义学汇集》(1738)

与西南和其他地区突然兴起建学计划并开始实施紧密相连的,是关于术语命名的漫长争论,并由此延伸至对当地教育机构应该具有什么样的特点的讨论。"义学"（公共或免费学校）这个词汇本身就是清朝的新生事物，尽管它所描绘的机构类型并不新鲜。这个名称第一次被使用时，显然是指1701年北京城外一所县办的中等学校，然后康熙帝在诏令中采用了这个词汇：他在1704年命令贵州建立义学，到了1712年则责令全国建立义学。[31] 在雍正皇帝的强烈背书下，"义学"成为清朝盛期指代地方学校的普遍用语。

"义学"某种程度上是个折中词汇，它调和了晚期帝国教育形式中的两种地方学校模式：一是完全官办的县一级和乡一级的学校（府学，县学），一是完全私人办的学院（书院）。前者是明朝为赢得西南民族民心而采取的主要手段，而且，清朝建立时，朝廷强制要求全国每个行政区域都建立这样的学校。但是，早在18世纪初，它们的不足与缺陷就一目了然。府学和县学是晚期帝国教育趋势的最声名狼藉的例子：原本是为培养真才实学而创办的机构，却渐渐屈从于狭隘得多的要求，成为科举考试的"热身"，学校作为真正的学习中心的主动权最终让给了其他类型的组织。[32] 府学和县学的情况显示出这一趋势事实上已朝更为恶化的方向发展：它们甚至连作为科举考试预备学校的角色也大体失落了，仅剩在地方社会中扮演一定的仪式角色，而没有任何实际的教学功能。因此，当鄂尔泰于1727年开始在东川实施建校计划时，他在府学的基础上增加了崭新的义学制度，让它真正担任起教育任务。在陈宏谋1730年代的更为全面的方案中，"府学"和"县学"这两个词汇被一并取消，甚至，现存的府学和县学都被改名为"义学"。

起初，清廷当然对书院心存疑虑，因为它们在明朝最后几十年扮演了煽风点火的角色。1652年，清朝禁止建立新的书院，并且对原有书院严加管控。1723年，雍正皇帝下令所有现有书院都更名为"义学"，并将它们置于先辈所定的管理指导方针之下。如此，书院——它曾得到了王阳明（1472—1529）这样的人的拥护——在清朝失去了相应的地位。尽管雍正帝在1730年再次允许使用"书院"这个词，而云贵总督鄂尔泰也确实在陈宏谋到来之前，已在昆明建立了云南省的书院，但是这里所说的书院，其性质和明朝的同名机构几无关联。在朝廷的管理下，清朝书院遵循了之前府学和县学的经验：管理官僚化，课程形式化。书院作为独立学术研究中心的地位逐渐削弱。[33]

但是，在清朝，地方学校还有第三种中间模式，它与清廷和陈宏谋选择的新儒家朱熹，都有着特殊而神圣的联系，那就是所谓的"社学"。这种基础学习机构的创建和资金投入，既不靠国家，也不靠文人，而是靠"人民"自己，靠地方社区（见梁其姿对这一学校类型的广泛讨论）。鉴于陈宏谋整个仕途生涯都在为这种地方社区的自助行为附丽高尚的血脉和神圣的氛围，那么为什么这个名称没有在云南被采用？云南学校很像社学。明朝期间一些民族地区建立的社学，在清初得到了朝廷的强烈支持。早在1652年，顺治帝就要求在每个县的下一级分区（乡）建立社学，雍正帝则在1723—1724年重复了这一诏令，陈宏谋在他的地方学校创建工作指导中就明确予以引用。[34] 在清朝官员的安排中，社学由地方乡绅在中央任命的县教官监督下进行管理，但不受乡官僚机构干涉。它们也不受国家直接资助，而是靠地方捐款和捐资维持。

但是，社学模式也有其问题，朝廷在1685年诏令中便指出了这一问题，整个晚期帝国时代的文人改革家也意识到了这点。在教学读物《养正遗规》中，陈宏谋本人便引用了明末江南士人吕坤（1536—1618）的批评：所谓的社学，经常忘了自身根本，即要为当地所有学生提供"对社会有用的儿童教育"，反而变身为替那些富有子弟服务的科举预备学校，或为文人小圈子服务的"会所"。因此，将在云南建立的新学校命名为"义学"而非"社学"，显示出陈宏谋和他的上级一方面试图吸收社学传统中的地方赞助元素，一方面则比朱熹或吕坤更为全面地强调标准化、道学正统和机会均等，而这些都处于国家监管之下。[35]

换言之，云南办学的目的就是建立由国家发起的所有男童都接受教育的体系。雍正帝要求建立社学，云南省府特别要求建立义学，这些主张都反复援引古代党庠制度，因为这一神圣制度让他们充满怀恋地回想起那个"无乡无学，无儿无读"的时代。[36]

这一理念内含两个关键假设：所有儿童都在某种程度上是可教的，而教育他们至少部分是国家的责任。对晚期帝国教育者来说，"普遍可教"这个假设存在这样的问题：就像人并不确定生来就有道德感一样，人是否天生就拥有智慧？早期现代欧洲的教育者认为，可以，也应该系统地引导儿童从善，对于这点，中国教育家与他们的看法相同。但与他们不一样的是，对儿童道德本性的认识，中国教育家们没有什么异议。[37] 虽然对不同儿童"孺子可教"的程度，他们看法不一，但每个人内心都拥有"良知"（良善和理性），是儒家信念的核心。在公开的言论和私人的通信中，陈宏谋都反复表示出一种充满激情的、实实在在的信念，即"人性皆善"，且无论其日后经历为何，都无法抹去这种善，而且，通过精心指导，这种善还会发扬光大或重焕新生。[38] 有时，他甚至认为儿童性本天真："夫在山泉水清，出山泉水浊……而凡所以笃伦理砥躬行兴道艺者，悉已引其端，由是以之于大学之涂，庶几源洁流清。"[39] 而且，他明白无误地对下属说，对人之本性的这种认识，对汉族和其他民族都同样适用："不听其夷终于夷。"[40]

因此，与中国漫长历史中的先驱一样，也与早期现代欧洲的新教改革者一样，陈宏谋认为"广行教读"（大众文化熏陶）是国家的基本责任。[41] 他认为，若没有决心对所有人都进行道德教育，那教育便毫无意义。他认定国家有能力完成这一任务。尽管陈宏谋认为社会活动的其他领域可以倾向于市场运作，但是，他以科举考试用书销量要比经典文本大得多作为例子来证明，将大众启蒙委托给市场力量是徒劳的。[42] 为了与自己对地方社会自助的强烈信念保持一致，陈宏谋想要比他的官僚上级更多地强调家庭、血缘和村落社会的补充作用，但他也认为，贫困或文盲父母的孩子（无论是何民族）有权免费接受国家资助的教育，来补偿他们家庭和社区无力提供的东西。[43] 正如我们所见，陈宏谋将国家责任的重担，断然放在行政级别最低的县官的肩膀上。这一政策不是单纯出于实用目的，而是总体认知（完成帝国的文化融合和政治整合）的一部分。在陈宏谋的保护人尹继善的有序规划中，由官方资助的社学，要同时体现出"地方自助"和"地方与中央政府相结合"的原则。[44]

陈宏谋采取非常系统的方式在云南推广儒家教育，这也成为他漫长仕途中管理风格的标记。这一方式潜藏着双重焦虑——其他许多汉族官员也怀抱同样的焦虑，理由十分充分——他所起草的教学章程很可能会是"纸上谈兵"（有名无实），而一旦他调任，它们便不复留存。于是，为了确保教学章程的实质性和持久性，陈宏谋采用了一个关键策略，就是编纂全面的记录手册或案册，将全省每个地区每所教学机构的信息都包含在内，其详细程度令人难以置信。现存的云南地方学校记录《全滇义学汇记》1738年在尹继善支持下刊行，其中一一记录了云南当地每一所学校的位置、管理、资金、运作和设施，这是陈氏风格的绝佳例子，而事实上，这只是陈宏谋积累归档的有关学校事务的海量信息的一小部分。[45] 他的方法基本上是将行动责任放在当地下属官员身上，之后，通过一系列日益细致的巡视调查，让他们担心若被调查发现玩忽职守，后果会很严重。

陈宏谋到云南上任时，将近两百所地方学校在形式上在是办学，但他的初步调查揭示出，其中大部分实际上已经名存实亡。因此，在1734年春，他命令所有地方官员汇报现存学校的实际情况，同时要提出新学校可以在哪里选址以及资助手段是什么。地方官员对他支吾搪塞。毫无疑问，他们之前接到过类似要求，这位新任布政司意图的严肃性，还待慢慢消化。但陈宏谋得到了行政上司的支持，此后三年，他反复对地方官员重提这个要求，且用词更不客气。在陈宏谋的任期内，云南有百余个行政区域（县、司、自治府、军事都督府）。他的最初计划是在每个行政区内，每四个乡建一所义学，外加行政区政府所在地建一所。最后实际学校接近700所，学生逾两万人，几乎全靠地方官员赞助。这表明陈宏谋最终成功地将他对待这件事的严肃态度传达了出去，地方官员层面的办学热情超出了最初预期。[46]

陈宏谋在云南创办的义学，最为突出的特征，除了数量之多外，就是它们的选址。朝廷关于建校的命令，长久以来当然早就专门规定了在主要的城市地区之内和之外都要建校，但这一指示很少得到遵循。陈宏谋指出，他到达云南后，发现义学选址比例失衡，它们大部分都集中在省城以及发达的府城内，县里几乎找不到义学，或只在县府外边有一所。陈宏谋不仅着手纠正这一失衡，还想要将其倒转过来。他自身的边地出生背景以及根深蒂固的反文人倾向，让他认为政府在城市地区兴办的学校，主要是为"成才"（成熟的学者）服务的，换言之，这种教育是最不需要国家扶持的。陈宏谋强调要在"乡村"（乡下农村）和"边方"（周边地区）这些地点创办学校，他的一个目标是"就地教育"，这样就不会"地僻而无师"。[47]

表 12-2　云南义学和各府人口密度

府/县/州	义学数量（1736 年）	人口密度/平方千米（1775 年）
云南	102	62
曲靖	56	18
临安	51	9
楚雄	49	10
大理	45	26
澂江	30	65
镇沅	26	12
广西	25	6
武定	25	10
昭通	24	16
景东	16	4
开化	12	11
普洱	12	—
顺宁	12	2
永宁	12	7
元江	11	7
广南	9	4
东川	9	16
蒙化	7	21
永北	5	3
丽江	4	—

材料来源：关于义学，见《云南通志》（1736）卷 7，第 43—60 页；关于人口密度，见李中清《中国西南 1250—1850 年间的粮食供给和人口增长》（Food Supply and Population Growth in Southwest China, 1250-1850），载《亚洲研究杂志》总第 41 期，1982 年 8 月第 4 期，第 730 页。

表 12-2 将 1736 年云南义学的数量与 1775 年的人口密度关联起来，显示出陈宏谋如何忠于自己的目标，即避免义学过于集中在中心地区。因为两套数据之间

还有时间差异，所以它们只是一种提示。然而相对较低的关联系数（系数 =0.612）也清楚显示出，陈宏谋成功避免了地方学校向中心集中的态势，而且甚至很有可能颠倒了这一态势。

同样，在县镇等行政区域内，陈宏谋新建的义学也大都建在县府所在地之外，且通常在庙宇内，这些庙宇地处交叉路口、村庄或农村集市，因而被征用为学校。例如，在昆明县，陈宏谋到来前有三所学校，都位于县府所在地；他任期内新建了 18 所学校，都位于乡村庙宇内。在呈贡县，之前曾有的一所学校同样在县城，而在陈宏谋管理下新建的 7 所学校都是乡学。在偏远的永胜县永北镇，之前没有学校，在陈宏谋治理下建了 7 所学校，都在少数民族地区；而县府所在地的第一所学校直到 1747 年陈宏谋离开云南十年后才出现。[48]

陈宏谋以及云南其他办学者所面临的最令人气馁的难题自然是资金问题。最根本的问题是资金的**运作**。雍正时期的官员（就像 20 世纪他们的继任者一样）发现，以"改革"为名，占用当地民众出于"迷信"所建的庙宇很容易，而若没有这样的地方可以征用，那通常可以从地方乡绅那里获得财产资助。所以，办学者最关心的开销首先是老师的薪资，尽管偶尔也要留出一小笔钱，用于购置文具或支付学校的维修和保管费。另外朝廷诏令明确禁止给义学学生膏火。[49]

云南义学的办学预算和其他地方一样，被认为是"公共"领域（"公"）的一部分，而不属于私人（"私"）或公务（"官"，也就是说由正规税收或国家拨款提供资金）领域。就像修缮大坝或地方活动的许多其他领域一样，地方学校的"公共"管理意味着办学责任、设施所有权和捐款资金（通常来自农地收入，但并不总是如此）归于或多或少大致确定的地方共同体名下，由当地官员或多或少间接监管。陈宏谋的一项重大胜利就是，他的建学计划最终在云南完成时，没有直接动用土地税收，尽管该省极为穷困，而且朝廷后来不得不向贵州（1737 年）和湖南（1745 年）少数民族地区的地方学校授权动用这样的款项。[50] 一方面要维护公共/社区财产不受私人侵占（"侵隐"），另一方面又要保护它们不受低级官僚的侵占（"中饱"），这可以说是晚期帝国土地管理者面临的最棘手的任务，而在冲突频发的西南地区，相比其他地方，这一困难尤为突出。陈宏谋立刻发现，大部分之前建立的地区学校，其捐资早就无人问责，而他承担的一项主要工作就是收回这些财产，并防止今后出现类似的捐资流失。

他开始命令地方官员为计划建立的每一所学校提交详细预算，每一处都明确注明财政来源。他所提议的吸资来源，范围极其广泛，创造性地增加了地方官员为此类目的而能运用的常规手段。其中包括：（1）使用"公钱"或"公项"，这是一项地方预算，通常是过往税收结余，由地方官留存，在修建城墙和有相关需求时使用；（2）使用"陋规"，即虽不合法但通常已成为习惯做法的当地收入来源，地方政府的实际事务支出端赖于此；（3）附属于特定官职的地产（官庄）的租金收入；（4）从之前的定居者开垦的土地上征得的收入，这笔收入因垦荒者此前向税收人员隐瞒而缺失（"应垦"）；（5）新近用官方本钱开垦的土地的收入；（6）从地方士绅处募集的捐款；（7）为其他地方学校捐资的结余款项。然后，陈宏谋评估每个地方官员的汇报，在剔除其中几个对筹资缺乏干劲的官员之后，他将云南各县分为两组，分组依据是它们是否有望从地方资源中为必须建立的学校筹集资金。[51] 为帮助那些确实缺乏足够资金来源的区县，他从自己的附加薪资（"养廉"）中总共拿出1252两白银。在这一明显的暗示下，他的很多下属也捐出了类似的款项。[52] 陈宏谋还记录了自己的希望，即在将来，这些学校捐资数额的扩大，将依靠名就功成的校友的捐款。

看一看以下几个特例，可以更好地了解这一制度在实践中的复杂性：

昆明县。在这个大城市，州和府在1735年共同建立了7所义学，另有1所之前由地方乡绅建立的义学，它们都由集体捐资筹建。这笔捐赠一点点累积增加，包括省府在1690年捐助的919亩地产（陈宏谋治下重新收回，并重新测量为639亩），加上后几年由省府和两位地方乡绅捐助的小额款项。税后总收入为171.8石米，其中，3.8石支付给看管人（只给城市义学），其余168石为教师薪资，用粮食支付。另外3所义学在1736年建立，完全由陈宏谋本人出资捐建。陈宏谋任职的省司库名下有地产，他到任时，据说所收租金相当高。陈宏谋减少了租金，折算成现钱，用来支付那3所学校老师的薪资。[53]

呈贡县。县官1734年创办的3所义学以及1所更早的学校，教师薪资出自共同捐资。这份资金包括：很早之前由当地军事部队（左卫）捐给县里的124亩土地，文献记载"最近"被县官"发掘"；1734 年被县官"突然找到"的一块官方土地（官地）；最近被县官重新要回的一块地，以及他捐资购买的另一块土地的地租；1734 年用陈宏谋的 100 两捐资、县官的 40 两捐资购买的水稻田。1735 年新建的 4 所学校，由县官"发现"的一大片沿岸土地的地租提供经费，县官在这片土地上招募佃户、分发稻种、永久减免税收。[54]

宝宁县。当地官员在 1734 年建了 5 所义学，外加之前的 4 所，资金来自以下捐款：陈宏谋出资 200 两，县资金拿出 40 两，凑在一起买了块农田；两县居民为之争讼的一块田地，随后被县官判给义学；商人捐赠的县府所在地的六间房——三间房给义学学生，另外三间出租营收；城里一座大型铜矿仓库的租金收入。[55]

永北镇。在这一郊区，由府、县和当地头人集体筹资建立了 7 所学校，其资金来源为：每年从县府官地获得的 302.5 石大米的补助，还有当地少数民族首领捐赠的一块稻田，每年可从中收获 28.1 石粮食。[56]

从这些例子中可以感觉到，地方官员做出了各种灵活安排，来满足省府的建学要求。捐资来源既包括从官员、军人、地主、行商和本地头人那里筹措的资金，也有新要回的土地、法律诉讼的赃物、被官员"新发现的"的公共领域内的地产。小川佳子曾总结说，遍布全国的义学是底层士绅的遗产，他们名义上是为了社区共同体，实质是出于自身利益来经营自己的财产。[57]但 18 世纪云南的情形证明这一观点似乎太过简单。而且，我们也在其中看到陈宏谋称之为"零星"（工作批量法）的创新做法，即每所学校由多种创收地产支持，且每一地产常常同时捐助几个学校。

在这些复杂的情况下，为了防止某类捐资损耗（这类损耗过去是云南学校的特征），陈宏谋建立起了新的管理程序。捐资收入的收取和支付，如今直接交托给地方官员，而不是像以前那样留给老师本人或学校。官员继任时会非常仔细地审计账目，低级官吏完全不能经手（陈宏谋规定，捐资的租金须由村长亲自收取，不能由县吏去收）。县财政支出应严格保留义学整体预算（特别警告县官不得挪用学校捐资弥补地方土地税收的不足）。每所学校的财产持有和预算的具体明细必须在县衙公开可见，随时更新，且定期向司库汇报。这些报表所有人都能看见，它们不仅被收进了陈宏谋的地方学校记录簿，也能在范围更大的省志中看到。最终，陈宏谋让地方学校财政收入变得有序合法的新方案，被采纳为全国范围内反腐运动的基础——乾隆皇帝即位后不久便打响了这一战役。[58]

清朝在西南的各种发展目标交织着种种忧虑，它们是如何结合起来，形塑了陈宏谋的云南义学教学课程的？比如，通过公立学校向当地少数民族传授技术，让他们可以使用这些技能增加经济产出，这不是很有意义吗？我们早已指出，雍正时期的中国，想要推行文化变革，这一努力怀抱着这样的愿望：希望能更大程度上让边地制造可供交换的产品，促进当地与城市地区的贸易，此往来至少在理论上对双方都有利。[59] 就西南地区而言，类似要务就是为增加财政收入而提高周边地区的经济发展水平。陈宏谋本人任职云南期间，便非常关注某种程度上通过官方认可的"农户模式"制度，引进新作物和新技术。然而，值得注意的是，利用当地学校作为职业教育手段这一认识，却似乎从未在关于政策的讨论中出现。

相反，在云南，基础教育的目的非常狭隘——在明末吕坤（陈宏谋心中的楷模）的笔下，就是"识字明理"（通过认字而懂得道德原则）。[60] 值得强调的是，识字被认为是必不可少的。这不是出于任何现代观念——要在一个识字的世界里工作，阅读能力是一种实际的需要——而是将识字作为获得文化价值的手段。[61] 但是，难道不会有这样的担忧：经典学问传授过于广泛，会让知识分子过剩，相应的便是体力劳动者的短缺？我没有见到1730年代对这一观点有任何阐述——欧洲同期对此争论十分普遍——但是，从陈宏谋对他的教育方案的各种辩护中，我们可以推断出他对这点的焦虑其实已经溢于言表。例如，他指出："非必令农民子弟，人人考取科第也。"[62] 而且，正如我们所见，在他构建的相当成熟的教育制度中，内含某种跟踪设置。这既是为了区分人才，也是社会实际需求："俊秀者可以泽躬于尔雅，耳濡目染，椎鲁者可以渐娴于礼仪。"[63] 非常典型的是，在陈宏谋的教育计划中，不是平民得到了技术培训，精英被保证可以自省反思，而是几乎恰恰相反：**所有**学生都被教授道德和社会礼仪，而只有更有才华的人，才进而学习与经世治国相关的技术才能。[64]

一个与之相关的问题关注的是少数几个当地少数民族青年在新的教育环境中

展现出的优秀才能。在晚期帝制中国,人们通常认为教育有两个目的:一是对平民进行道德教化,一是收获最有才能的人为国家服务。每个在西南地区投身于教育发展的官员,都声称他会同样致力于这两个目的,像重视前者那样重视后者,但他们任何人,包括相对来说带有乡土气息的陈宏谋本人,又在多大程度上真正相信这个"穷乡僻壤"(陈宏谋之语)会被证明是为国家培养、招募大官的肥沃土壤呢?至少对陈宏谋来说,重要的是要保证儒家理念在实践中的诚信,即全面**搜刮**人才,以及保证各民族享有平等机会的原则,即"不论汉夷"。[65] 实际上,通过学校教育而促进当地少数民族成员向上流动这一目标,是要孕育一个精英群体,其成员将来会回到家乡,成为当地其他青年学习的榜样。一个受过教育的本土精英群体由此产生,其身份仍然是民族身份,他们仍更忠于民族共同体,这样的可能性并没有让陈宏谋觉得困扰,尽管会让他的批评者深感焦虑。在陈宏谋的精神世界中,对一个儒家学者来说,无论其民族出身为何,根本不可能有这样的顾虑。

陈宏谋设想的云南教育制度分为三个层级:初学者(蒙童)在乡一级的乡村学校上学;更有前途的学子去县府所在地的高一级的义学读书;而真正有天赋的,则挑选去位于昆明的省一级学院(书院)学习。在那里深造后,他们最终也许会入读京师翰林院。学生因而被有效地分为两类:仅仅适合普通教育的;值得专业培养(肄业)而成为士大夫的。为此,建立了一个精心设计的监控系统,来确定学生要走的道路,以及他进入高一级学校的时机。在此,国家的作用又一次是克服社会和经济背景的阻碍,让真正有天赋的学生涌现。另外,国家还建立了一个精细的助学金制度,让贫穷但有前途的学生能离开家乡进入高一级学校。[66]

陈宏谋的大部分注意力集中在初级学校上,这与他本人多次重复的观点是一致的:培养未受教育儿童的德行("养正"),是教育最神圣的使命。西南地区以往的教育计划聚焦于对部落头人的儿子进行儒家教化,陈宏谋的目标与此不同,他的目标是**所有**当地儿童都能入学。因为缺乏合法的强制就学措施,陈宏谋规定,阻碍儿童入学的当地头人将受到刑事处罚,而县官必须孜孜追求一切手段,诱使或帮助最多数量的当地孩子入学。同时,他还采取了一种堪称平权行动的有利于少数民族学生的措施。他认为,就像儿童比成人更需要教育一样,少数民族也比汉族更需要教育，这一类比深刻揭示了他的思想。他也由此命令校长在年终报告中要详细记录每所学校其他民族与汉族孩子的入学百分比，以及每组孩子的相对进展情况。[67] 在1720年代，整个中国西南地区都设置了特殊的"苗瑶"科举考试，1734年贵州也为少数民族学生参加定期考试确立了特定的录取额度。[68] 陈宏谋本人似乎避开了这么明显的优惠政策，但他的确尽一切可能保证少数群体能够在有利的基础上参与定期科举考试的竞争。例如，他完全禁止新近的汉族移民进入书院学习，而若汉族学生将其法定学籍地更改为少数民族为主的地区，以便更顺利地竞争分配给那些地区的总体中举名额，将会受到制裁。[69]

陈宏谋在云南建立的学校主要是为儿童创办的。尽管雍正帝在1723年将地方教育的目标群年龄定位为12岁至20岁（按西方的计算方法，即11岁至19岁），陈宏谋本人则更倾向于招收8岁甚至年龄更小的儿童。这是朱熹、吕坤和程畏斋（元代教育家，其著作被清初朱子道统拥护者陆陇其［1630—1692］重新发现，陈宏谋本人在1472年重印）所提倡的入学年龄。[70] 部分是因为这些学生年龄尚幼［可教］，部分是因为陈宏谋本人深信礼仪的社会效用——他设置的学校课程主要就是教导礼仪规范。他写道，除了接受文化教育外，学生还要被"训以拜跪坐立之礼仪，君亲节孝之大义"。每月，先生带领学生在当地孔庙祭拜两次，在那里，学生先向圣人鞠躬，再向先生鞠躬，然后彼此恭敬问候。之后，在一种连接当地社区与帝制国家的仪式中，他们会和村里长者一起，环立聆听当地士绅背诵圣训。[71]

在帝制中国，行礼在多个层面上都是非常有力的象征工具。一方面，它是顺从权威的可见的表达。正如华琛近期指出的，通过将也许是唯一一个最重要的共通做法标准化，整个国家被凝聚为一体。而且，更主要的，它是对人作为人（"做人"）以及作为人类共同体成员的认定——人是这个共同体中完全社会化了的一员。[72] 人的行为举止，最为日常的细节，也要合乎礼仪。在陈宏谋最喜欢的《童蒙须知》一文中，作者朱熹写道："夫童蒙之学，始于衣服冠履，次及言语步趋，次及洒扫涓洁，次及读书写文字，及有杂细事宜，皆所当知。"对此，陈宏谋评论道："蒙养从入之门，则必自易知而易从者始……尤择其切于日用……皆以闲其放心，养其德性。"遵循朱熹的训令，陈宏谋的学生要在个人卫生、节俭、礼貌、学习方面反复练习："大抵为人，先要身体端正……宽慢，则身体放肆，不端严，为人所轻贱也。""凡日中所着衣服，夜卧必更，则不藏蚤虱，不即敝坏。""不可疾走跳踯，不可高言喧哄。""凡读书，须整顿几案，令洁净端正，将书册整齐顿放，正身体，对书册，详缓看字，子细分明读之。须要读得字字向亮，不可误一字，不可少一字，不可多一字，不可倒一字。"[73]

云南义学里用汉语教学，汉语用标准官话发音（"官语"）。尽管陈宏谋并非不重视与当地少数民族接触时使用他们母语的重要性——比如，他发布法令，要求关于征税估值的信息要用当地文字书写，以避免税收人员的剥削——但他清楚感觉到当地少数民族语言不适合道德教化和书面教育。[74] 因此，陈宏谋的教育方案在两个层面上展开："先通汉音，渐识汉字。"陈宏谋一再强调，这一进程必然相当缓慢，学生将一步步积累建立可以理解、可以重复的词汇量。他还坚持，这一"开启"孩子心智的过程，可以通过谨慎渐进的课程设置而完成。就此而言，陈宏谋在云南创办的学校，采用的教学方法与菲利浦·阿利埃斯所认定的在欧洲特别"现代"的方法相符，即教育过程的完成，不是靠反复阅读同一个文本、直到学生彻底熟悉课文这种便利手段，而是靠建立起一个逐渐增加难度的年度"分级"制度（"分年日程"），从更为基础的课文开始，然后逐渐增加难度。[75]

陈宏谋的教学理念在去云南当官前已大致成形，深刻反映了他对儒家传统学问的认识。简单来说，他主张"实学"（实际学问），并一边将之与文人出于自身兴趣的审美欣赏相区别，一边又与考据之学相区分，后者以"汉学"为名，形成了他那个时代的主流思潮。他认为这两者都是琐细无聊的智识嗜好。不过，陈宏谋也没有将"实学"等同于单纯的实用务实（正如其通常的英译"practical learning"［实用问学］所表明的）；因为陈宏谋是"拥有专门技术知识是儒家学问的必要组成部分"这一观点的早期拥护者（这一看法非常公正），因此，对他来说，"实学"指的更是对"实实在在的"道德价值的钻研。应用到基础教育上，就转化为反复学习课文段落，将它们的意涵内化于心（类似于新教教育理论家在早期现代欧洲所复兴的亚里士多德式"习惯训练"），但又**不是**相应强调死记硬背或口头背诵。陈宏谋抱怨，最近几个世纪的教育者们，误入"涉猎"（浮表）和"苟简"（空洞）的学问之途，要么为了广泛阅读而诋毁反复学习的功用，要么坚持记诵数不清的课文段落。对他来说，正确的权衡做法应该是，缓慢仔细地阅读课文，确保掌握每段文字的字面意思和道德内涵，更通常来说，就是确保学习书本（"读书"）和对个人行为（"行止"）的熏陶能齐头并进。[76]

陈宏谋本人在这方面的强烈信念，促使他为云南学校亲自设计课程。他就任时，省府课本短缺，他捐出自己的薪资，引进、重印和分发他认为恰当的课本，并且责令县官也照办，在当地复印课本。在这些年里，陈宏谋个人也积极钻研学问，致力于满足他所认为的基础教育的需求；在他为云南义学所做的工作中，还包括亲自编纂了吕坤的著作、顾锡畴的《纲鉴正史》和丘濬的《大学衍义补》节略本。[77] 他明确规定了这些书籍的分发模式，以便（在他看来）最基本的课本能随时提供给所有人，而较为艰深的课本只有在选定地点才能获取。他想让当地学校融入社区生活之中，为了达到这一目的，他下令学校书馆的书籍可以让私人借阅，以引导家庭户主和私人教师的家教内容（同时他设计了一个他的官衙可以监控的书籍流通管理系统，特别具有代表性）。[78]

表 12-3　云南每所义学所藏课本

课本	册数
《古文渊鉴》	24
《纲鉴正史》	16
《大学衍义补辑要》	12
《斯文精粹》	12
《性理精义》	5
《小学篡注》	4
《近思录》	4
《吕子全书》	2
《孝经注解》	1
《朱子治家格言》	1
《圣谕广训》	1
《书院条规》	1

来源：《全滇义学汇记》（第二册）

表 12-3 给出了陈宏谋授权当地学校图书馆收藏的准确书目。我们没有直接证据可以获知在学校的每个年级，教师采用哪些书籍作为课本，很可能相对于这一令人生畏的书目，实际上会有一些不那么正式的教材作为补充，但它们没有留存下来。不过，至少也没有任何证据表明陈宏谋**无意**将这份书单作为他的标准课程教材。在每所义学，这些书籍大部分都有好多册，这也支撑了这一假设。

如果这份书单中的书目确实是被陈宏谋用作基础教学的课本，那么值得立刻指出的是，有些书籍不在其列，令人惊讶。首先是没有任何重要诗集。陈宏谋同中国伟大的诗歌传统关系并不融洽，一方面他承认它在文化上的重要性，另一方面，他又蔑视它如此关注那些琐碎无聊之事，将之视为天性之美。其次，尽管少数学生会准备参加科举，但课程中没有对科举范文的学习。陈宏谋和其他许多人都认为，八股文导致中国文人普遍只会口若悬河、人云亦云。[79] 第三，课程设置几乎完全忽略了五经，而日占主流的汉学一再重申这些最古老的儒家文本极为重要。陈宏谋命令只在 12 个县（那里文人最为成熟）的孔庙保留四书五经和断代史的完整版本。相形之下，他为基础学校选择的教材具有明确的说教性，在定位上也更具实用性。[80]

陈宏谋选作基本蒙书的是朱熹编纂的《小学》（基础学问）。这是饶有意味的选择。尽管自宋朝以来，《小学》被广泛地用作蒙书，也定期得到保守儒家比如陆陇其的背书，但正如梁其姿在本书所收文章里指出的，在明末清初，事实上它已经逐渐被不那么难读的其他书籍所取代。陈宏谋本可以选择极为易懂的《三字经》，他所敬重的吕坤便推荐此书，但是，虽然《三字经》也具有类似的新儒家精神，却不像《小学》那么注重道德，后者是儒家经典中最讲究严格等级、最具压迫性的书籍之一。作为坚守道统之人，朱熹尝试将古代社会模式以最直白的方式应用于他自身所处的复杂的 12 世纪世界，因此《小学》教导蒙童首先要"明伦"（明确社会关系）。对朱熹来说，这意味着在为长辈、丈夫和统治者服务的过程中，要强调绝对无私的服从，这是实现自我价值（"敬身"）的正途。[81]

更令人震惊的是，陈宏谋将《朱子治家格言》收入课本。他认为这是朱熹所作（显然不确），为此刊印了逾万册，在整个省内分发。这篇短小精悍的作品鼓吹家务劳动、家庭节俭（"自奉必须俭约，宴客切勿留连"）、个人简朴（"居身务期简朴"），做事未雨绸缪，尊敬祖先，用心培养儿童，长幼有序（"长幼内外，宜法肃辞严"），避免与邻居起争端，尽早纳清税款。陈宏谋私下承认，他那个时代许多人都觉得这些规矩过时而含糊，但他坚持说，对他来说，这些是永恒之道。陈宏谋特别辩护说，他之所以在基础学校教学生这些，是因为在古代，一个男人被认为在30岁才成年（"壮"），而事实上，当代大部分年轻男性在十几岁时就已经结婚，担当起一家之长的责任；所以，传递这些认知已事不宜迟。[82]

如果我们假定，陈宏谋提供给每所学校图书馆的书籍，其相对册数至少大致反映了课堂教育集中于这些著作，那么，就可以觉察出陈宏谋对实际社会政策的强调相当突出。目前为止册数最多的（24册）是1685年的《古文渊鉴》。这是康熙帝下令为学生编纂的古代散文标准范文，但实质上里面有从周朝到宋朝的大量政治文章——政论、奏折和诏令。陈宏谋明确辩护说，他采用此书为教材，就是因为它"有关于经济"。[83] 书目稍往下，是陈宏谋本人的《大学衍义补辑要》，此书以《大学》注疏的形式指导实际管理才能，是在《大学衍义》和《大学衍义补》的基础上节略而成，前者是真德秀（1178—1235）在宋代的著名汇编，后者是丘濬（1421—1495）在明朝时的补编。[84] 事实上，甚至《性理精义》这一程朱学派的正统文本（5册，1715年由朝廷下令编纂，专门用作清朝科举考试官方用书），也微妙地调整了宋朝文本的次序，用以强调它们在社会实际和经济层面的作用，对此陈宏谋本人非常欣赏。[85] 除此之外，陈宏谋还命令定期刊印书院关于社会政策的讲稿和讨论，分发给全省低一级的学校学习。

总之，陈宏谋所做的远远不止是延续已被一致认可的儿童教育传统。尽管他非常钦佩元代学者程畏斋的教学理念，后者赞成经由四书五经而循序渐进的一套核心课程，但陈宏谋本人更关注更为晚近的汇编选辑。[86] 正如陈宏谋反复指出的，他自己的教学大纲的双重重点是，新儒家道德教化和实用政治经济。换言之，就像他之前的朱熹和其他许多人一样，陈宏谋积极地重新阐释经典传统，来体现他本人和同代人对儒家意涵的解读。

陈宏谋主要因其教育工作而在云南享有神话般的地位，位居省书院"七贤"之一，而且，至少在某部分人群中，他也被视为道德模范和政治典范。雍正和乾隆年间的诏令更清楚表示，陈宏谋在云南创立的学校体系被推举为国家模范，这一体系在19世纪依然得到改革派文人的赞扬。[87] 然而，因为缺乏更多像他这样积极主动的官员，随后的建校计划在密度和范围上都远远没有达到他那时的规模，而全国范围内的义学运动也随即熄火。据载，陈宏谋此后于1738年任天津道台，期间他再次发起了劲头十足的建校运动，但这是他漫长仕途中最后一次在管理手段中突出义学，尽管总体来说他一直对教育兴趣浓厚。[88] 到1751年，乾隆王朝显然开始了截然相反的进程。那年，朝廷命令关闭贵州少数民族地区的地方社学。

在云南当地，义学制度似乎根基深厚，而且也没有像邻省贵州那样招致朝廷对这一制度的不悦。事实上，1761年一份诏令显示云南学校都运转良好，并专门提及那里非常有效的做法，即省府仍然掌握着当地学校资金的管理、汇报和审计[89]（朝廷支持云南办学，有一个未明说的理由很可能是这些学校仍然无须国家花钱——正如我们看到的，云南学校不需要来自地税的直接补贴，而贵州及其他边境省份则需要）。晚至1835年，《云南通志》记述道，陈宏谋所办的学校几乎都仍在运转，且学校数量自他建校以后一直有少量增加。[90] 总而言之，似乎可以得出这样的结论，陈宏谋努力寻求提供制度保障，以永久维持他在云南新办的学校，在这方面他取得了显著的成功。

但是这些学校发挥作用了吗？陈宏谋本人在公开和私下里都一直重申，他认为这一进程会比较缓慢。他写道："嗣今之后，千百人中岂无一人蒙诗书之泽，而化其嚚陵者乎！"又说："千百人中培植得一二人，此一二人又可转相化导流风余韵，收效虽迟，其功实可久远。"[91] 李中清的研究表明，陈宏谋的第一个目标——培养出几个通过科举考试的名人——已经惊人地实现了。大约就在他任职云南之后的那个世纪里，西南地区有超过70个当地少数民族学子获得了科举考试最高学位（进士），这是该地区之前四个世纪里所有考中进士人数的三倍。[92] 考中低一些级别的人数也显然比之前多许多。然而，在贵州，根据贵州官员的说法，学校停办时期，最终结果是完全预想得到的"人才流失"，只有少数几个优秀学生留在家乡或返回家乡，成为同伴的楷模。

陈宏谋的义学在多大程度上促成了云南的重大文化变革？零星证据表明，在云南省内，各地进度不一，但在任何地方都没有完全渗透到大众文化层面。然而，陈宏谋在云南的教育计划至少在两个层面上是建立在理想主义的假设之上的，而这些假设远非18世纪中国精英的普遍共识。首先，陈宏谋在整个仕途生涯中都顽固坚持孟子学说，即相信所有人内心都有与生俱来的道德观念，这种道德观念若加以正确引导，就能促使人的行为对社会负责。陈宏谋对妇女教育也持类似看法：少数民族，和女人一样，**都应该接受**教育，通过教育来激发他们内心的判断力，而不是单纯命令他们遵守外在规范和等级权威。[93] 当时更为普遍的观点认为需要推行正确的礼仪实践，这样可以强行纠正过度的道德个人主义，陈宏谋尽管也赞同这点，但他显然非同寻常地相信，所有上天造物，都有道德自主性。

与此相关的是，1730年代的云南教育在很大程度上是要弥合而非强化优势族群和弱势族群、精英文化和平民文化之间的分界。清朝中期普遍担心这样的分界遭到侵蚀，然而陈宏谋及其地方长官的政策，却正是要摧毁文人与文盲之间的分界。

陈宏谋此时站在清朝中期官场的重要意识形态分歧的一边，而这种分歧与派系政治相关，这一点已日益清晰，尽管目前的研究状况无法对其样态进行准确或详细描绘。不过，陈宏谋在1744年调任陕西巡抚时写给军机大臣张廷玉的一封信，却清楚地显示出这点。张廷玉家族是安徽桐城派文人和高官世家，作为张氏后裔，他既是当时最有权势的汉人政治家，也是派系领袖，他这一派反对陈宏谋所属的鄂尔泰派系。陈宏谋的信，恭敬与招惹奇怪相掺，对比了西北的质朴与长江下游地区的张廷玉及其社会背景的高雅精致。他似乎在贬低前者，但事实上，他最后却在主张其优越性。他写道：

关中民情愚而多朴，较南方为易治，然亦当悯其愚朴，而思所以教之。盖朴则易教，非朴则可以不教也。[94]

其中的暗示很明显，正是张廷玉派系的文化精英主义，阻碍了陈宏谋在西南地区发起的大众教育进程。

义学运动背后的平民冲动在陈宏谋身上特别强烈，他的边地出身让他鄙视文人的装腔作势，尽管他的清朝恩主，即雍正皇帝和云南总督尹继善，都以各自的方式认同这种文人做派。在雍正皇帝驾崩、陈宏谋和尹继善调任后，更为保守的官僚对大众教育计划再次心生疑虑，而更为谨慎的文化保护主义政策也越来越普遍。[95] 到18世纪中期，人口持续增长，经济问题已十分紧迫，政府开始普遍有种情绪，要紧缩开支，教育积极性也因而元气大伤。[96] 然而，在1730年代的某刻，在一个对自身能力、对其统治所代表的文明优越性极度自信的统治者治下，陈宏谋的理想主义儒家教育思想在帝国计划里找到了安身之地。

本文作者想要感谢海伦·乔瑟、菲利普·科廷、诺玛·戴蒙德、路易·高拉姆博什、梁其姿、刘广京、濮德培和伍思德对此文草稿给出的极有帮助的点评。

（严蓓雯 译）

注释

1. 黄开华《明代土司制度设施与西南开发》，收入《新亚学报》总第6期，1964年第2期，第447—459页；穆四基《明代书院与政治》（Academies and Politics in the Ming Dynasty），收入贺凯编《七论明代的中国政府》（Chinese Government in Ming Times: Seven Studies）（New York: Columbia University Press, 1969），第157页。

2. 对这一通政策的精彩综述，见尹继善1734年（？）碑文，收入《云南通志》（1736）卷二十九之六，第29—52页。

3. 对其中大部分人的生平介绍，见恒慕义编《清代名人传略》（Washington, D.C.: Library of Congress, 1943）。关于鄂尔泰的详细研究，以及关于雍正"新人"的总体讨论，见肯特·史密斯《清朝政策和中国西南地区的发展：鄂尔泰的总督治理，1726—1731》（Ch'ing Policy and the Development of Southwest China: Aspects of Ortai's Governor-generalship, 1726-1731）（博士论文，Yale University，1970）。

4. 陈宏谋在云南的政策，详见陈宏谋《培远堂偶存稿》（1896），卷1—4；陈锺珂《先文恭公年谱》（1766），卷2。

5. 王赓武发现复合词"教化"最早在公元前3世纪就已开始使用，见王赓武《中国的开化冲动：反思变革》（The Chinese Urge to Civilize: Reflections on Change），载《亚洲史杂志》（Journal of Asian History）总第18期，1984年第1期，第3页。

6. 《培远堂偶存稿》卷3，第14页；卷5，第3、6页。陈宏谋《全滇义学汇记》（1738）。陈宏谋《学仕遗规》（1879）卷4，第86页。唐鉴《国朝学案小识》（1845）

卷 5，第 11 页。

7. 雍正皇帝《大义觉迷录》（1730；再版，台北：文海，1969），尤见卷 1，第 1—13 页；《清代名人传略》，第 747—749 页。柯娇燕的近期研究指出了这一文献的重要性。

8. 有关 20 世纪进步改革派对戏剧演出的攻击，见罗杰·汤普森《治国与自治：晚期帝制中国关于社区与国家的冲突观念》(Statecraft and Self-Government: Competing Visions of Community and State in Late Imperial China)，载《近代中国》总第 14 期，1988 年第 2 期，第 199—202 页。

9. 《先文恭公年谱》卷 5，第 8 页。

10. 关于 20 世纪对这些民族的描述，可见林耀华《凉山彝族》(The Lolo of Liangshan) (New Haven: Human Resources Area Files, 1961)；鲍克兰《中国西南的部落文化》(Tribal Cultures of Southwest China) (台北，1974)；鲍克兰《人种志研究》(Ethnographic Studies) (台北，1986)；云南省编委会编《云南苗族瑶族社会历史》(昆明，1982)。

11. 比如可见蒲立本《史前与早期帝国时代中国与其邻居》(The Chinese and Their Neighbors in Prehistoric and Early Imperial Times)，收入吉德炜编《中国文明的起源》(The Origins of Chinese-Civilization) (Berkeley: University of California Press, 1983)，第 423—429 页。

12. 《云南通志》卷 8。

13. 引自苏尔梦《汉化之例：18 世纪贵州省》(Un Example d'Acculturation Chinoise: La Province du Guizhou au XVIIIe Siècle) (Paris, 1972)，第 355 页。

14. 18 世纪中期一位并不出名的中国官员所画的这套画作，对苗族生活远非讨好，收入丘昌港的《苗族文化》(Hamburg, 1937)。

15. 陈宏谋《陈文恭公书牍》（北京，1936）卷 1，第 3 页。

16. 陈宏谋《规条汇抄》卷 2，第 65 页。

17. 张允随《全滇义学汇记》序。

18. 王赓武《中国的开化冲动：反思变革》，第 16 页。

19. 《培远堂偶存稿》卷 1，第 33 页。

20. 尹继善《全滇义学汇记》序。

21. 《云南通志》卷 8，第 1 页。

22. 黄培《乾纲独断：雍正朝研究，1723—1735》，第 297—298 页。

23. 《培远堂偶存稿》卷 2，第 13—16 页；卷 3，第 14—15 页。《培远堂手札节要》（1921）卷 1，第 2—3 页。

24. 韩书瑞、罗友枝《18 世纪中国社会》(Chinese Society in the Eighteenth Century) (New Haven: Yale University Press, 1987)，第 92 页。

25. 洛伊·哈维·皮尔斯《美国的野蛮人：对印第安人的研究及文明观》(*The Savages of America: A Study of the Indian and the Idea of Civilization*)(Baltimore: Johns Hopkins University Press, 1953)序。

26. 罗兹比克《种族移居》(Transplanted Ethos)，第 423 页。(具体出版信息原文阙如。——译注)

27. 何伟恩《中国向热带进军》(*China's March to the Tropics*)(Hamden: The Shoe String Press, 1954)，第 234—235 页。

28. 黄开华《明代土司制度设施与西南开发》，第 463—475 页。

29. 《钦定学政全书》(1810)卷 64，第 1—2 页。

30. 《钦定学政全书》(1810)卷 64，第 3—5 页；《大清世宗宪皇帝实录》卷 60，第 11 页。

31. 《钦定学政全书》(1810)卷 64，第 1—2 页。

32. 官崎市定《科举史》(New Haven: Yale University Press, 1976)，第 34—35、117 页；李弘祺《宋朝的政府教育和考试》(*Government Education and Examinations in Sung China*)(New York: St. Martin's Press, 1985)，第 53、263 页。

33. 《培远堂偶存稿》卷 2，第 8—10 页；《钦定学政全书》卷 64，第 3 页；穆四基《明代书院与政治》；本杰明·A. 艾尔曼《从理学到朴学：中华帝国晚期思想与社会变化面面观》，第 119—121 页。有关昆明书院，见鄂尔泰关于其创建的公告，重刊于贺长龄编《皇朝经世文编》(1826，卷 57，第 58—61 页)和本书第 13 篇伍思德的文章。

34. 黄开华《明代土司制度设施与西南开发》，第 451 页；《钦定学政全书》卷 64，第 1—3 页；《培远堂偶存稿》卷 5，第 6—7 页。

35. 陈宏谋《养正遗规》，收入《五种遗规》(上海：中华书局，1936)卷 3，第 29—32 页。关于社学与义学的稍微不同的阐释，见本书第 11 篇梁其姿的文章。

36. 《全滇义学汇记》陈宏谋序和尹继善序；《培远堂偶存稿》卷 5，第 6 页。

37. 见李弘祺《儿童的发现：宋朝的儿童教育》(*The Discovery of Childhood: Children's Education in Sung China[960-1279]*)，收入西格里德·保罗编《中国和日本的文化和词汇》(Berlin, 1982)，第 159—189 页；杰拉德·斯特劳斯《1530 年教育理论状况：新教改革者的教育认识》(*The State of Pedagogical Theory, c. 1530: What Protestant Reformers Knew about Education*)，收入史东编《学校教育与社会：教育史研究》(*Schooling and Society: Studies in the History of Education*)(Baltimore: Johns Hopkins University Press, 1976)，第 69—94 页；琼·西蒙《都铎时期英国的教育与社会》(*Education and Society in Tudor England*)(Cambridge: Cambridge University Press, 1966)。

38. 《培远堂手札节要》卷 1，第 2—3 页；《培远堂偶存稿》卷 1，第 33 页。

39. 陈宏谋《养正遗规》序。关于陈宏谋承自朱熹的这一比喻的广泛意涵，见孟旦《人性的形象：宋代肖像》(*Images of Human Nature: A Sung Portrait*)（Princeton: Princeton University Press, 1988），第43—57页。
40. 《培远堂偶存稿》卷1，第36页。
41. 《培远堂偶存稿》卷2，第6页。参见杰拉德·斯特劳斯《1530年教育理论状况：新教改革者的教育认识》，第87—88页；琼·西蒙《都铎时期英国的教育与社会》，第134页。我的观点与本书第11篇梁其姿的文章不同，我认为，陈宏谋真诚地希望提供"大众教育"。陈宏谋能在现实中坚持这一目标吗？如果我们假定1730年代云南人口在600万至700万之间，而目标群体，即8—17岁的男性占总人口的15%，那么，陈宏谋为这一目标人口提供的学校比例应该是15000人里有1人可以接受教育。换言之，在实际入学的社会条件和经济条件的限制下，他希望给所有**可能**的人群都提供教育设施，这一目标虽看上去非常乐观，但并不见得不切实际。
42. 陈宏谋，引用乾隆二年十一月二十八日谕令，收入《全滇义学汇记》第二册。
43. 陈宏谋《全滇义学汇记》序。陈宏谋《养正遗规》序。《培远堂偶存稿》卷3，第5页；卷5，第6页。
44. 尹继善《全滇义学汇记》序。
45. 尽管《全滇义学汇记》据说是由陈宏谋编纂的，但实际上，此书是在他因不相干的过错而被贬至天津后不久刊行的。因而这本书的刊行，似乎是陈宏谋的恩主和行政上级尹继善的政治行为，他想要挽救陈宏谋在朝廷中的名誉，证明陈宏谋有优秀的管理才干。
46. 《培远堂偶存稿》卷2，第7页；陈宏谋，引用乾隆二年十二月七日谕令，收入《全滇义学汇记》（第二册）。
47. 《培远堂偶存稿》卷2，第6页。
48. 《云南通志稿》(1835)卷82，第27—29页；卷83，第3—4页；卷87，第4—5页。
49. 《钦定学政全书》卷64，第1页。
50. 《钦定学政全书》卷64，第6—8页。
51. 必须指出，陈宏谋一边推动地方官员发挥出更大的积极性，开发当地办学资金的来源，一边也警告他们，不许掠夺私人田地（"民田"），这一关切与他整个仕途生涯的更广泛政策相一致。见《先文恭公年谱》卷2，第8页。
52. 《培远堂偶存稿》卷4，第16页。贵州总督张广泗（死于1749年）1731年的做法为此树立了温和一些的先例。见苏尔梦《汉化之例：18世纪贵州省》，第356页。
53. 《昆明县志》(1901)卷4，第18—19页；《云南通志稿》卷82，第27—29页。
54. 《云南通志稿》卷83，第3—4页。
55. 《云南通志稿》卷85，第1—2页。

56.《云南通志稿》卷87，第4—5页。
57. 小川佳子《清代义学设立基础》，第292页。
58.《培远堂偶存稿》卷3，第5—11页；《钦定学政全书》卷64，第6页；《云南通志》卷二十之十一，第61—68页。
59. 关于欧洲的例子，见科廷《非洲形象：不列颠的理念与行动，1780—1850》(The Image of Africa: British Ideas and Action, 1780-1850)(Madison: University of Wisconsin Press, 1964)，第260页。
60. 引自陈宏谋《养正遗规》卷3，第30页。
61. 关于这一问题的总体讨论，见菲利浦·阿利埃斯《儿童的世纪：旧制度下的儿童和家庭生活》(Centuries of Childhood: A Social History of Family Life)(New York: Vintage, 1962)，第141、303—305页。
62. 陈宏谋《养正遗规》卷3，第30页。
63.《培远堂偶存稿》卷5，第7页。关于欧洲的类似情形，见杰拉德·斯特劳斯《1530年教育理论状况：新教改革者的教育认识》，第79页。
64.《培远堂手札节要》卷1，第4页。
65.《培远堂偶存稿》卷2，第9页。
66.《培远堂偶存稿》卷2，第8—10页；卷3，第5—11页。
67.《培远堂偶存稿》卷3，第8页。
68.《大清世宗宪皇帝实录》卷60，第11页；尹继善和袁占诚的奏折，雍正十二年六月一日，收入《宫中档雍正朝奏折》(台北"故宫博物院")卷23，第141—242页。
69.《培远堂偶存稿》卷2，第10页。通过公布这一做法，陈宏谋贯彻了中央政策，使得雍正皇帝1724年扩充详述的诏令成为基础教育和地方礼仪的共同基石。在大村兴道看来，这一强调体现了雍正王朝非常关心重振官僚、发展农业和将清朝的直接统治延伸到少数民族地区。见大村兴道《圣谕广训在清朝教育思想史中的地位》，收入林友春《近代中国教育史研究》，第231—271页。
70. 陈宏谋《养正遗规》卷3，第5—15、29—32页。
71.《培远堂偶存稿》卷3，第8—9页。
72. 见华琛《中国葬仪的结构：基本形式、礼仪顺序和表演的重要性》(The Structure of Chinese Funerary Rites: Elementary Forms, Ritual Sequence, and the Primacy of Performance)，收入华琛、罗友枝编《晚清帝国和现代中国的死亡仪式》(Death Ritual in Late Imperial and Modern China)(Berkeley: University of California Press, 1988)第3—19页；李弘祺《儿童的发现：宋朝的儿童教育》，第179页。
73. 朱熹的文本和陈宏谋的评注，见陈宏谋《养正遗规》卷1，第5—6页。英文翻译采用了莫安仁的译本，见莫安仁《文理风格和中国理想》(Wenli Styles and Chinese

Ideals)(上海：广学会，1912），第 150—163 页。

74. 《培远堂偶存稿》卷 3，第 10—11、31—34 页。
75. 陈宏谋《养正遗规》卷 3，第 40 页；菲利浦·阿利埃斯《儿童的世纪：旧制度下的儿童和家庭生活》，第 187 页。
76. 陈宏谋《养正遗规》卷 3，第 5—6，16—17、31、35—39 页。
77. 陈宏谋编《吕子节录》（1736）；陈宏谋编《纲鉴正史约》（1869）；陈宏谋《大学衍义补辑要》（1736）。另见《先文恭公年谱》卷 2，第 8、19 页。
78. 《培远堂偶存稿》卷 4，第 20—21 页。
79. 《培远堂偶存稿》卷 4，第 3—4 页。
80. 陈宏谋，引用乾隆二年十一月二十八日诏令，收入《全滇义学汇记》第二册。
81. M. T. 凯莱赫《回归根本：朱熹〈小学〉》，第 219—251 页。另见李弘祺《宋朝的政府教育和考试》（第 111 页）和李弘祺《儿童的发现：宋朝的儿童教育》（第 170—171 页）。
82. 《培远堂手札节要》卷 1，第 1—2 页。陈宏谋在《养正遗规》（卷 2，第 6—7 页）里重印并讨论了这篇文章。翻译引自莫安仁《文理风格和中国理想》，第 188—193 页。《朱子治家格言》的作者，如今通常被认为并非朱熹，而是相对无名的元朝学者朱用纯。对他的课程设置来说如此根本的一篇文章，陈宏谋却搞错了作者，这一事实当然表明他不像他那个时代的思想家那样对文章作者身份那么在乎。
83. 徐乾学编《古文渊鉴》（御序写于 1685 年）。另见徐乾学年谱，收入《清代名人传略》，第 310—312 页。陈宏谋对这部著作实用性的点评，见《培远堂偶存稿》卷 4，第 19 页。
84. 真德秀 1229 年的原作探讨统治者这方的个人道德和家庭管理问题：丘濬 1487 年的补遗则探讨朝廷的实际管理问题。前者备受乾隆皇帝喜爱，但陈宏谋在结合两者的辑要的序（1736）中说，他那个时代的文人已经不读此书，他们更喜欢丘濬那本更注重治国才能的补要。在他自己的作品中，陈宏谋坚持两种方法互相补充，相当具有代表性。见朱鸿林《丘濬〈大学衍义补〉及其在 16、17 世纪的影响》（Ch'iu Chün's *Ta-hsueh yen-i pu* and Its Influence in the Sixteenth and Seventeenth Centuries），载《明史研究》，1986 年秋季号第 22 期，第 1—32 页；张春树《18 世纪中国的皇帝权力》（Emperorship in Eighteenth-Century China），载《香港中文大学中国文化研究所学报》总第 7 期，1974 年 12 月第 1 期，第 555—556 页。我没有看到陈宏谋的辑要本，但他的序收入李祖陶编《国朝文录》（1839）卷 44，第 1—2 页。
85. 李光地《性理精义》（御序写于 1716 年）。另见《清代名人传略》所载李光地生平（第 473—475 页），尤见陈荣捷《〈性理精义〉与十七世纪的程朱学派》，第 543—579 页。

86. 陈宏谋《养正遗规》卷3，第5—15页。这一经典课程设置遵循了张广泗在贵州1729—1732年间的教学计划模本。见苏尔梦《汉化之例：18世纪贵州省》，第356页。
87. 关于20世纪两位云南文人的回应，见秦光第和刘树堂为《培远堂手札节要》所作的序。陈宏谋和尹继善为《全滇义学汇记》所作的序，都收在王昶1837年编辑的典范文本《湖海文传》中（卷29，第1—4页）。
88. 《培远堂偶存稿》卷5，第3—7页。
89. 《钦定学政全书》卷64，第9—10页。
90. 《云南通志稿》卷82—87。通志只是简单地复制之前的信息，因而会呈现出对实际情形的年代错误的刻画，很显然这是通志撰写的倾向。不过1835年的《云南通志稿》对当前几年教育机构的变化提供了详细的信息，也反映出其主要编纂者阮元的学术倾向，因而至少具有相对的可靠性。
91. 陈宏谋《陈文恭公书牍》卷1，第2页；《培远堂手札节要》卷1，第4页。
92. 李中清《中国西南的移民遗产，1250—1850》(The Legacy of Immigration in Southwest China, 1250-1850)，载《历史人口统计学》(Annales de démographie historique)，1982年，第304页。《清史稿》（北京：中华书局，1977）中的陈宏谋生平也记载了对其成就的称赞（卷35，第10558页）。
93. 陈宏谋关于妇女教育的热情洋溢的观点，见《教女遗规》序（收入《五种遗规》）。另见韩德琳《吕坤的新读者：女性的文化水平对16世纪思想的影响》，尤见第36—38页。另参见本书第1篇曼素恩的文章。
94. 陈宏谋《陈文恭公书牍》卷2，第3页。
95. 乾隆继位后，几乎立刻召回并禁止刊行前任皇帝极为强调民族大一统的手册《大义觉迷录》，这是朝廷政策转向的标志。见《清代名人传略》，第749页。
96. 关于18世纪中期政府紧缩开支的例子，可见高王凌《一个未完结的尝试——清代乾隆时期的粮政和粮食问题》，载《九州学刊》，1988年第3期，第13—40页。

13

晚期帝制中国的政治权力与教育创新的分裂

伍思德（Alexander Woodside）

精英对公共和私人教育机构的不满

  对比前现代中国和欧洲社会所追求并公开奖励的教育形式，最重要的差异是内容的差异，还是结构的差异？1911年以来，中国改革者回顾历史，大多都选择宣称差异在于教育内容。极端个例就是梁漱溟（生于1893年）。1922年他告诉山西的书院山长说，从苏格拉底到杜威，西方教育既提升了"知识"在人类事务中的指导作用，也提升了与知识相关的成就的整体优越性；相比之下，中国教育则致力于完善道德情操和道德宗旨，没有让集体积累的专门知识成为不同行为领域的重要指导方针，因此，个人意见和经验的独断仍然在诸如中医这样的领域十分普遍。[1]

  不过，本文意图研究晚期帝制中国存在的一种值得注意的不满形式，即"亚革命"领域内对教育的不满，这种不满情绪既关心学校的建制，也关心它们教育的内容。本文研究的理据，首先在于它试图找回鸦片战争前后中国政治改革和教育改革动力的失落的连续性；其次是，这一研究落点，鼓励我们反思中国和欧洲学校体系的制度差异，以此反驳培根思想信奉者梁漱溟只强调内容差异的观点。

  本文强调学校是一个观念不断更新的制度体系，但这并不意味着清朝对学课程改革的思考，或对形塑了学校课程的科举考试改革的思考，不像之前朝代那么重要。就如贾志扬指出的，和前朝一样，科举考试常常使得学校学习"既形式化，又以利益为动机"，这一情形让清朝学子十分反感。[2] 对科举考试内容的重要改革——比如 1787 年改革要求轮流考试所有五经，以此强制学生不只专治一经——很可能就是书院山长施压的结果。显然，从规章制度看，当时各省书院都支持这些改革，因为学生们可能由此获得崭新而强烈的道德热情和学习热情。[3]

然而，在清朝（如果说不是更早期的话），在更有名望的书院里，除了梁漱溟非常强调的道德教育，对中国以往学校体制的研究，本身成为高深学问中十分突出的一部分内容。西方学者倾向于将这些书院看作"去地方化"（de-parochialization）或"去语境化"（de-contextualization）的技术机构：学生离开家庭，投入越来越抽象的、没有即刻回馈的学问研习中。[4] 但本文先略过学校所做的并不仅仅是去语境化这一事实——作为机构，它们也许体现了社会更广泛的集体梦想，有时甚至是政治梦想。在中国，情况尤其如此。许多精英政治是以成员受教育为前提的，因而常常扬言要将政治行动转移到学校。18 世纪，朝廷编纂中国伟大经典文库的人，担心的并不是中国经学的僵化，而是不成熟的文人对它们未受控制的方面有害无益的错用。他们对那些想要复兴井田制的心态失衡的泥古学人，还有那些想让中国话符合"古音"的迂谬的"顾炎武之流"提出了警告。[5] 在这些直接或间接地想要将晚期帝国政治体系的某些或所有方面重新理论化，或重新加以想象的努力中，学校都不可避免地发挥了作用。

重新将过去理论化，或藏着重新理论化的用意重新建构过去，就是我所谓的"亚革命"（sub-revolutionary）。研究它们，不像研究法国大革命政论那么令人兴奋。但是，即便是在乾隆这样强势的皇帝治下，这些"亚革命"尝试也比我们通常以为的要多得多。其重要性在于，它们证明了知识界内部广泛存在着对学校的不满情绪，这种不满反过来增强或加剧了国家意识形态的内在复杂性，预示了这种不满情绪在削弱国家意识形态自我合法化方面的能力，相比乡村农民异端思想对国家意识形态的削弱，这种方式更为隐蔽，但一样真实。政府的每一个参与者，从皇帝往下一直到县学校长，在脑海中都有各自对理想政府的想象与描绘。这座冰山的可见一角，包含了政治"封建"模式和"官僚"模式之争。清朝各种各样的思想家，比如顾炎武（1613—1682）、雍正皇帝和袁枚（1716—1798），都投身于这场著名的论战之中。[6] 但是，还有很多其他清朝文人也在重思政治体系，尽管他们不太有名，无法尽兴施展所长。乾隆年间，一位书院山长提议研究并采纳蒙古朝廷制度，以便最终消除宦官恶政；另一位文人则建议，以不同的精神气质作为区分，模仿前帝国时期[7]的政治地理学，将中国本土重组为三个区域（南方、北方和中原），从而将官员调动从"回避法"规定的令人疲惫的长途旅行模式中解救出来。[8]

这种对帝国机构的独有的重新构想，其首要兴趣是重塑教育机构以及学习过程中的一些根本原则。我们也许可以从清末，从20世纪初中国学校新制的构思者张百熙（1847—1907）开始考察。张百熙在1902年奏疏中提出：欧洲中世纪大学历史上所教授的主要科目，与中国唐宋时期的法律、数学和医药教育并无明显不同；像司马光（1019—1086）和朱熹（1130—1200）这样的宋朝教育者，提出设置学习期限固定的专门课程，其知识积累的方式也与西方教育中的各科学习及选修课程的知识积累大致相同；而如今要努力克服的，是晚期帝制中国与西方的教育结构的性质不同所带来的消极影响，而非教育内容在观念上的文化差异。这显然与梁漱溟1922年所论正相反。

张百熙继续说，前帝国时期的古老教育体系，是一种密集覆盖、目的明确、分为四层的学校等级制度。为家庭、500人社区、12500人社区所办的三类学校，分别与西方的幼儿园、小学和中学相应。然后，在其顶层，这一学校体系还有为整个封建国家所办的学校，类似于欧洲的大学。自汉代以来，随着科举考试的兴起，这一四层学校体系失落了。1902年教育改革的整个关键，就是要设计出这一古老学校制度的现代摹本，这样，中西教育的结构又能再次彼此相像。[9]

我们在此关心的，并非张百熙对中西学校的描绘的历史正确性。毫无疑问，这种描绘就是为了要让中西文明之间的差距，对1902年四面受敌的北京朝廷改革者来说变得更小、更能轻松跨越——比起激进的文化转型，倡导结构性变革更为容易。相反，我们关注的是，清朝精英对学校的不满，有一种不太为人所知的模式，张百熙在1902年奏折里只是延续了这种不满模式。此外，我们还关注，在19世纪末，这种不满可以通过论战的方式变得现代化，刺激教育改革。我们通常以为，中国政府欣然授权私人群体，比如家庭和宗族，来打造教育，这种模式是欧洲教育传统断然不会允许的。在16世纪欧洲，蒙田说，儿童不该由父母来培养，甚至不该由服从父母的家庭教师来培养，这是"普遍被接受的观点"——显然，很少有中国儒家哲学家会愿意这样说。[10] 但是，要理解清朝存在的关于学校的整体批判思想，我们必须认识到，中国教育权力的私人化（与欧洲相比，要厉害得多）不是从来没有受到过挑战，而像张百熙这样的20世纪初的改革者，可以在这一事实基础上进行教育改革。

在理论层面，陆世仪（1611—1672）这样的学者便提出了自己的看法。陆世仪是17世纪最重要的政治理论家，也是明朝建立之后朝廷新儒家思想的重要重建者。他相当直截了当地写道，学校不该由社会"在下者""私下"创办。他谴责私人创办的书院，认为它们不合礼制。他觉得，朝廷不该从教育中抽身而出，只有在上者不重学，在下者不得已才能私创书院。[11] 还有很多证据表明，部分文人厌恶教育权力分散到私人手中，也从来没有完全承认教育领域中公共利益与私人利益之间的所谓一致，在我们看来，教育领域公共利益与私人利益相符是晚期帝制中国历史的标志。在18世纪，一本著名文化词典甚至抨击当时对"学生"一词的用法，指出"学生"应指公立学校的学生，这一隋唐时期的严格含义，如今已被错误地用来形容私人教师的弟子。[12]

在实际层面，表层之下存在着大量利益冲突。在著名的1733年诏令中，雍正皇帝假意解释他之前为何不许可国家扶持大型省立书院——他比较了自己心目中的书院类型和省府士绅对书院的看法：他认为书院应该是致力于"实政"（实际管理）、为他的帝国培养有能力的下属官僚的机构，而当地士绅却视它们为促进地区自我扩张和提高"名望"的手段。[13] 在遍布少数民族的边境，帝国的"实政"需求（在此情形中是多民族管理）和早已在当地扎根的省府汉族精英的野心之间，冲突尤为激烈。1767年，湖南18个家族试图抢夺贵州府为苗族单设的举人配额，国家予以反击，就是这种冲突的切实可见的表现。[14]

而且，一般来说，只有少量出自权贵家族的中国人，才常常被描绘为国家在教育领域的合作者，他们跟国家的关系相对和睦。一位人类学家最近推算，即便在以大家族闻名的广东乡村，也最多只有30%的男性出身于组织有序的大家族。¹⁵ 这肯定让家族之外的穷文人会怨恨相对封闭且拥有特权的家族教育环境，会考虑去修正有利于更强大国家的受教育权力分配模式。整个 17、18、19 世纪，相对贫穷的省份的知识界的显著扩张，必然迫使受教育阶层中的一个关键人群越来越细致地重新审视晚近整个传统教育体系，并导致受过教育的公众的舆论对由国家而非世家主导的教育计划越来越感兴趣。

我们已经提到在中国存在这样一个神话：曾经有过一个教育的前帝国时期黄金时代。这个神话源自《周礼》（周朝的礼仪，18 世纪许多文人非常迷恋它对礼的阐释）。在它的某个版本中，中国在夏商周三代，在县一级以下，有充足的公立学校，旨在服务 25 户、100 户、500 户和 2500 户的社区。在清朝，这幅画面受到陆陇其（1630—1692）的追捧。作为极具影响力的新儒学哲学家，陆陇其显然担心宗族教育会将大部分人拒之门外，且它本身不足以维护中国文明的道德准则。¹⁶ 像大学士张廷玉（1672—1755）这样的朝廷高官也支持这一神话，他对政治了如指掌，他对这一神话的支持根本不是为古而古。¹⁷

在古代教育原型的另一个想象版本中，中国前帝国时期的君主们被认为在一个传奇的大堂（明堂）内统治和教育他们的臣民和封建藩主。18 世纪中国学术界最严谨的作品之一《明堂大道录》，为苏州历史学者惠栋（1697—1758）所撰，有些人认为该著最终证明了这个大堂真实存在，它将精神力量与尘世力量完美融合，或者说协调一致。在惠栋的读者眼里，它几乎就像那些在乾隆皇帝的京城里看到的、远非那么规整的官方建筑群一样真实。¹⁸ 这样一个代表了"政""教"合一的、非常具有向心力的模型，与将精神力量与世俗力量区分开来的西方基督教传统如此不同，在象征意义上暗示着学校教育与其他所有政府行为共生共栖的平等性。

这个关于封建教育黄金时代的梦想，虚构了陌生的异域和潜在的救赎，它可谓同一时期欧洲思想中的阿卡迪亚神话在中国的大致对应物，尽管其尚古气息没有那么浓厚。如果说美洲的发现，以及那里生活着据说快乐但相对没什么财产的土著居民，强化了欧洲传说的可信度，那么，与此相对，清朝文献学能力的突破，以及由此掌握和清楚理解古典文本、机构和地理的能力的突破，则增强了中国传说的可信性。当欧洲传说暗暗批判不平等和财产拥有时，中国传说则含蓄批评教育与直接行使的政治力量的分离。邵廷采（1648—1711）写道，在古代，中国上层社会的所有不同阶层，从天子一直到封地贵族最低阶层的"士"，他们的能力无一例外都是由学校培养的："天下之政教会于一。"[19]

帝制中国关于无所不包的古代学校制度的这个传说，与欧洲相应传说一样，无疑充满幻想和自我欺骗。但它所反映出来的未曾实现的期待，却表明18世纪对实际教育现状存在着根深蒂固的不满。而且，这个传说本身，也可以变成义和团运动之后中国学校改革的补充范式，改革派官员张百熙在1902年就表明了这一点。不过，这样一个补充范式是必需的吗？我们也许夸大了1902年乃至1905年的这一转变的全面与迅速，即，所有受过教育的省府士绅，都转变成西化的讲求国家崇拜的民族主义者。当时，在中国各省，依然有着牢固的既得利益阶层，他们倾向于支持教育领域继续维持私人办学，学校不受上级指导，没有广泛的国家规章约束，更不用说来自中央教育局的管理了。因此，不难理解为什么张百熙会认为，古代存在广泛的公立教育，没有人不听从指导。相对新近从西方和日本传入中国的教育启示而言，这一前工业时代的神话至少在意识形态上有一点点补充作用。

这个神话的存在表明，晚期帝制中国教育机构的疲软，并非因为在混杂而难以彼此区分的国家利益、地方利益和家庭利益内，所有真正的力量都丧失了，无法构想出一个强有力的、明显由国家主导的教育使命，也无法批评这一使命的缺席；而是说，19世纪末之前，政治上最有权势的人群都无心运用这种力量。1840年之前，想要在清朝普及和复兴公立教育的愿望肯定存在，但实际上教育力量却离心（尽管并非多元）而分散，并非向心式或垂直式集中。接下来我们会通过考察18世纪中国两所官办学校，来阐明这一点。这两所重要学校处于彼此对立的两极：一是云南昆明一所成功的边地书院，其创新尝试启发了其他省的教育人员；另一所是北京相对死气沉沉的帝国大学（国子监），它位于意识形态所谓应该存在改革动力的中心，但真正的改革却并未在那里发生。

1840年之前，中国公立教育横向发展，国家顶层或中央对教育都没有什么改革，这与欧洲大部分地区形成了鲜明对比，这些地区甚至在法国大革命之前，就已经强化了教育和研究领导权的中央集权。从更具政治意义的层面来说，乾隆皇帝对国子监的兴趣流于浮表，这与路易十四在法国科学院拥有大量政府科学家、腓特烈大帝资助柏林皇家科学与文学学院也对比强烈。而清朝皇帝经年与一小撮欧洲耶稣会天文学家和制图师往来，或偶尔赞助像《四库全书》这样的学术编纂，并不足以弥补这一差异。培根哲学认为，知识就是力量，因此，清末中国对培根思想的新兴趣是必然的，这一新兴趣引发了对清朝皇帝的攻击，因为是他们让中国在知识积累方面落后于欧洲。这当然是时代错置的批评。但是，这一批评可以以早先不那么现代的不满为动力，吸收它们的力量。

梁启超（1873—1929）论述学校的专题长文，刊行于1896年，也许是最好的例子。文章开篇便概述了古代教育的黄金时代，在那个时代，国家内没有人不受到教导。梁启超认为，中国民智和议政能力的普遍下降，是因为形成了一个无须担心外患的帝国。[20] 而且，确实，相比欧洲统治者，在国家建设方面，中国皇帝无须参与竞争，既不用跟受过高度教育的国际对手抗衡，也不用跟国内封建"地主"较量。而在欧洲，封建领主的失利或臣服，唤起了皇室培养律师、法学家和科学家的极大兴趣。国外的竞争压力和国内的治国压力（并非简单纯粹的君主独裁）的相对缺乏，也许也导致了以下兴趣同样发展不够充分，即中央政府没有很大兴趣精心打造一个更为垂直一体化的教育体系，尽管在朝廷之外，文人学者的通信和交流已大大增加（比如，有人认为，18世纪大学者、教书授徒的钱大昕［1728—1804］，与圈子里两千个友人及弟子有私人通信往来，这些私人通信替代了当时中国还未出现的学术期刊。这一说法不无道理）。[21]

无论如何，清朝皇帝允许公立教育在各省扩张，但他们却几乎没有采取任何中央措施，来为公立教育提供有效保障。与之前朝代相比，省书院的废弃比例，在清朝可能在加速攀升。有研究总结说，大约1900所清朝书院很快就近半废置。其中306所因"自然"倾颓和失修而废置，100余所毁于战火或洪灾，34所改为庙宇或政府机构，另外470多所因为其他原因没有继续办下去。[22] 对广东书院的经典研究，推算出清朝广东书院的平均寿命只有53年，而且，这份研究认为，即便是这一时长也在不断缩短。[23] 欧洲的皇家学院和大学，根本没有这种资产的不稳定性与损耗。对此还可以再说一句，中国朝廷并没有在省书院创立个人教授席位，而欧洲大学的管理者就会这么做，以便让一些专门科目合法化。

在鸦片战争之前，清朝文人很少将教育体制与国际环境联系起来。然而，即便在鸦片战争之前，经济人口增长和民众叛乱已经越来越残酷地暴露出中国君主治国能力的不足，"政教会于一"这一古老信念依然让越来越多的人反对政治权力与教育创新的分离。文人心里都暗暗怀抱乌托邦理想，渴望某种以教育为基础的大一统世界的回归，这种思想并非遥不可及。人们希望，在这样一个重获新生的世界里，君主将不得不更服从于学校教育。黄宗羲（1610—1695）便尝试在理论上重新调和"政教会于一"，在他的激进论说中，君主甚至将由学校来仲裁对错。

晚期帝国思想中学校的重要性：黄宗羲的理论

在政治困境期，人们相信重申"政治""教育"同质（或更完美的相互渗透，古代学校模本即其具体体现）这一信念的可取性，这种信念不是要终结对学校与政治权力的关系的讨论，而是使这种关系的整个本质更为公开化。而且，清朝（如果不是更早期）大部分教育思想，也可能反映了一种错位的制定法则的冲动，即一大批对政治感兴趣但常常相对没什么权力的知识分子，不得不将他们的制定法则的野心从政治结构转移到学校上去。

对晚期传统帝国种种能被觉察到的病症的一份最有力的分析，为我们提供了最好的证据。这一材料当然是黄宗羲写于1660年代的《明夷待访录》，这个艰涩的标题最后译成英语是"A Plan for the Prince"（等待君主采纳的大计）。[24] 这部名著指责皇帝只关心将中国变成巨大的个人私产，留给自己后代享用。梁启超认为这是一部鼓吹限制君主专制的著作，因此，1897年，他和其他改革者刊印了数千册删节本，在湖南时务学堂分发。然而，尽管这部著作也曾在18世纪被阅读、被批判，但它却并非清朝皇帝文字狱的主要针对目标。[25] 像黄宗羲这样一个潜藏颠覆理念的思想家，如何能融入环境，而完全没有让朝廷焚书的人注意到？无论文字狱目的为何，或黄宗羲在多大程度上是明朝忠臣，还是专制政府的民间批评者，撇开关于这些问题的无数争议不谈，我们大概可以赞同他最伟大的英译者狄培理教授的看法，即，尽管黄宗羲的著作是"对传统帝王体制的激进攻击"，但它与其他文人的一般思想并不"冲突"，黄宗羲"只是更尖锐地表达了他那个时代其他思想家也同样拥有的政治观点"。[26] 对此，我们还可以补充说，黄宗羲坚定不移地认为，学校是中国所有政治权威的合法的、主要的来源，这一重要观点至少有着哪怕是最敏感的皇帝也无法否认的抽象合法性，即便没有一个皇帝想要或能容忍这样一种观点即刻成真。关于学校和学者的章节可能是《明夷待访录》里最关键也最有胆量的部分。

黄宗羲极为大胆，在这些章节中提出要广泛重建帝国政治体系，重建方式就是最高和最低级别的政府机构都要"学校化"（school-ized）。这个词有点奇怪，但非常贴切。[27] 学校将变成公开的立法机构和政治监督机构。"政"和"教"将不仅合一，而且"政"将从"教"衍生而来。

该书一开篇，黄宗羲就让读者回想那些最值得嘉许的高等教育机构，它们据说是前帝国时期的周朝皇帝为他们的都城所办的学校，名为辟雍，粗略翻译过来就是"有护城河围绕的圣殿"（Moated Sanctuary，这是英语对中国词汇"辟雍"相对具有想象性质的翻译。"辟雍"的字面意为"像被水包围的片玉"。这个词很难翻译——难以既传递出其复杂性，又方便西方读者理解）。辟雍是一块如意，装饰在晚期帝制中国的古代学校神话的中心，周围还镶嵌着对其他不那么重要的古代高等教育中心的记忆，后者被大致译为"半被护城河围绕的圣殿"（"半宫"，字面意为"半个宫殿"，只在半边有护城河），据说属于周王之下的世袭封地诸侯。那些没有什么政治倾向的文献学者，尤其是18世纪那些学者，喜欢用贵族化的细节来装点辟雍原型。与他们不同，黄宗羲用它来阐明自己的观点：古代圣王通过学校治理天下。黄宗羲表示，辟雍曾是建构朝廷（"班朝"）、发布政令（"布令"）、策划军事战役（"师旅"）和讨论执行司法（"狱讼"）的地方。而如今的学校失去了政治管理功能，成为皇帝觉得无关紧要的下属机构，一切委之"俗吏"。[28]

为了改革现有学校，黄宗羲试图从教育体系的顶层或政治权力的中心开始改革，让17世纪的国子监（太学），这所离皇帝最近的学校，来代表古代的辟雍——在所有充满神话氛围的论述中，辟雍能调和政治权力与教育诉求。在实践中，黄宗羲要求太学总管——祭酒从当世大儒里挑选，且与宰相或退休宰相地位相当。每月朔日，皇帝本人须由高官陪同，临幸太学。在那里，他将倾听祭酒对其政策缺失的批评，且在仪式上对批评内容不加任何禁止。所有皇子都必须与其他学子一起在太学学习，这样他们就可以了解民情。他们也必须体会劳苦，获取皇宫之外的实际经验，由此避免妄自尊大。

如此，黄宗羲将太学塑造为"政教会于一"这种重新构想出来的理想综合体的母体和至高道德体现。然后，他提出，太学应该成为"学校作为政治仲裁"的缩影，并推广到下属各县。地方学校应该成为重获生机的太学的小型复制品。地方官员，则像皇帝在太学那样，定期改变身份为学生，聆听更有学问的官员对他们的行为进行批评训话。一些批评黄宗羲的现代学者，认为黄宗羲在这份提议中巧妙伪装，想要将掌管学校的权力，从官员那里转移到各省在野的知识分子手上。

但这种阐释将一位重要思想家局限在太过狭隘的框架内了。黄宗羲关于学校的整个论述显示出，他几乎无法抑制自己的着急心情，因为学校教育的总体潜力已大大超出了他所熟悉的17世纪学校体系的建构方式。在这方面，他的思想在我们看来似乎具有先见之明。比如，《明夷待访录》提出，应该扩展以学校为基础的医学教育。学医者学成后，要由省教育长官（提学）来考核和管理。年末，他们病人的死亡率要记录在册，作为考核结果，最差的要被解雇（"下等黜之"）。黄宗羲相信，公立学校甚至能提高中国的公共卫生标准。这一信念只是其乐观主义的又一方面——他相当乐观地认为"学校是变革的中介"。

但是《明夷待访录》中没有什么关于民主的预言。当黄宗羲想复兴公立学校，将之作为道德和政治标准以及道德和政治批评的中心时，他并没有像西方民主理论那样，将公立学校视为一种独立的"制衡"力量。相反，对"政教会于一"理念的信仰，让黄宗羲想要调和学校与朝廷的关系，打破它们的隔阂，让两个分裂的世界合二为一——当然，君主是更受道德约束的行政主管，而帝都太学则类似于作为中介间歇性存在的"教育教皇"（而没有教皇的独立地位）。

即便如此，黄宗羲的理论也显示出，近千年的期待，至少是上层社会的期待，部分从君主政治转向了公共教育。在此，学校被视为政治腐败的解药，这点没有任何法庭可以做到。黄宗羲甚至委派学官在他们的管辖范围内，保证所有祭祀、衣饰，甚至鄙语和音乐的得体。据说，在爪哇、缅甸或暹罗等邻近国家中，这些神奇的净化功能仍然可以由他们的国王掌握。

对黄宗羲的弟子来说，问题症结在于，要将这种"学校化"的千年传说在17

世纪末转变成现实，将耗费多少人力成本。邵廷采也许是黄宗羲最重要的一位弟子，他赞同黄宗羲的看法——学校是帝国管理体系的发源地，也是决定政府所依据的道德原则的地方。但是，他抛弃了黄宗羲的这些提议：让大儒成为一手遮天的地方学官，太学祭酒成为总理大臣一般的校长，有当面批评皇上的自由。他警告说，文人要重建这样一个"学校化"的社会，将耗费大量税收和人工。因此，针对教育衰败，他退而求其次，提出了另一些更模糊但也更常规的解决办法：一个办法是在教育中重新发现内化道德规范的正确行为指导模式；另一个办法就是抛弃那种据说在中国已经失败的玄虚空洞、拘泥字词、追名逐利的教育类型。[29]

猜想出来的学校历史和精英的危机

在晚期帝制中国，对重新恢复公立学校权力的重要性，有着多方面的思考。其中有相对讲求平等的新儒家版本的学校传说。就像黄宗羲的著作所反映出来的，它主要关心的不是区分贵族社会与下层社会，而是推广"民贵君轻"的孟子学说。由此，通过恢复公立学校，文人及其弟子的影响将恢复为检验人民自身重要性的标准。

但同样也存在与此相对的、远非平等主义的信念，它认为需要重申帝制中国某种转变的正当性和明确性，即，凭借出身血统而获得的贵族特权，应转变为通过教育成功而获得的本质上是后贵族政治的特权。有人公正地指出，中国早先朝代确立了文人的思想智慧要高于贵族的世袭权利和商人的财富的意识，这是中国政治传统的杰出成就。在前现代的西方，哪怕柏拉图的"保护人"也是贵族；而允许有识之士在形式上拥有政治领导权，也只在托马斯·莫尔的《乌托邦》这样的边缘作品中才会出现。[30] 不过，在越来越多自称为文人的野心勃勃的受益者看来，中国政治传统的杰出成就，并不永远安全可靠。皇帝们的使命是要扩大教育，但他们又不情愿与文人分享实权，或确保后者的社会地位，虽然文人阶层的形成是皇帝本人鼓励促进的。两者之间的矛盾在清朝变得十分尖锐，这也部分预示了20世纪中国的"知识分子危机"。担心教育成功所获得的实实在在的特权越来越快地遭到侵蚀，担心老师学生内化"自己不过是'无用'的外人"这一认识造成危险后果，这些担忧在18世纪日益增强。焦虑的文人由此将他们对古代教育原型的兴趣，与对社会秩序的有限的再封建化的兴趣结合起来，以便阻止文人阶层的贬值，压制心中升起的越来越多的不安全感。而他们对再封建化的兴趣更多出于利己，而远非贯彻孟子思想。

古代理想中的高等教育，被认为是为"国子"（国家的子孙）而设。清帝国高等教育的最重要的学校太学，就在它其中一个常用名称里保留了这一称呼，不乏煽动性——其字面意为"国子管理局"，即"国子监"。谁是国家的子孙？18世纪作家对它们的社会定义表现出相当的兴趣。金榜（1735—1801）的著作《礼笺》对古代学校进行了更为重要的描述，明确指出"国子"是周朝高级贵族的子孙。也就是说，他们是贵族官员的后代，与低一级的贵族，比如"士"相比，他们的家族有权拥有至少三座家庙，而"士"只能有一座，一般平民一座也没有。古代高等学校的学生，只包含"国子"及一小部分最聪明的"地方儿童"，后者之前被皇室预备学校拒之门外。这样的安排恰当地维持了"贵贱"之分，金榜写道。[31]

18世纪学者运用他们的文献学才能，对前帝国时期的"国子"进行了前所未有的详细刻画。这一画面中的贵族式光芒，重新唤醒了中国古代教育理念与隋唐至明朝教育理念之间的紧张关系。这种紧张也暴露了学校与政治权力之间的关系的本质。正如金榜指出的，古代高等教育致力于保存社会的"贵贱"之分，在那个社会中，家庙数量由等级地位严格限定，因而那样一种教育并不许诺人人有望成为圣人，而这可是后来许多新儒家教育者的主题。

但大部分18世纪崇古主义学者并没有被这种"人人成圣"的许诺所迷惑，而是心仪于他们自己详细描绘的无所不能的、团结一致的前帝国时期统治阶层——这种团结正是18世纪文人阶层所缺乏的。他们想象，这个前帝国时期的统治阶层全年都在从事非常广泛的教育活动——礼仪、音乐、箭术、写作和算术，而且随季节变化，从古老教育机构的这一处去往另一处。统治者本人就是这些活动的密切参与者。他主持贵族宴饮，在这些宴会上，长者得到尊重和给养，贵族子弟的教育也于此开始。在仰慕古代学校的崇古主义学者眼里，古代学校根本不是单独或专门的教学机构，它们就是一个完整的舞台，贵族的公共生活和社会活动在这个舞台上尽情上演——它们不仅是学校，也是会馆、议厅、俱乐部和竞技场。

这种自立自足的贵族自治，夜夜笙歌，盛典纷呈，在其中，学校教育本身就是一种表演，展示了享有高度特权的上层阶级的社会化模式。它与新儒家的热情并不和谐一致，新儒家的阶层意识没有那么浓厚，更具后贵族政治意识，他们热情地想要创造讲求道德责任的个人自我。它也与例如"大学"这样的西方教育概念离得很远，"大学"一词意味着局限于师生的一个相对自治的团体。18世纪的中国文人，像学生一样仰慕这一遥远的封建教育图景，但以下情形让他们非常不安：后世的文本错讹暗示，在古代世界，治国、教育和宴饮以及其他贵族礼仪，它们的功能是各自分开的，这使得人们想象中的作为整体的古代教育原型瓦解了。拯救这一原型成为从苏州到广东的书院学子的重要任务。18世纪末，在阮元主持的杭州著名的"诂经精舍"书院，一位学生撰写了关于辟雍的文章，他哀叹，人们后来认为国子监和辟雍也许是不同的机构，这一认识导致辟雍被误认为是娱乐休闲的去处，而非学校——它因此被人遗忘。[32]

如果认为18世纪文人脑海里都有一幅共同的画面，笃实而精确地描绘了古代学校如何运作，那就错了。古代学校在前帝国时期的皇家领土中到底位于何处，甚至辟雍这个词到底是意指有护城河围绕的建筑，还只是指某个类似池塘的所在，围绕着这样的问题，18世纪文人对文本的解读存在着严重的分歧。那些定义了学校和与学校有关的各种人的古代词汇也深奥难懂，其中大部分已不再使用，像"国子""庶子""国长子""人长子"这样的词汇，甚至让那些晚期帝国的思想家们譬如邵廷采都大伤脑筋，这些思想家们最是醉心于对比古代学校和他们自己那个时代的学校。[33]

而如果认为，18世纪那些让大众更加意识到古代学校之辉煌的学术运动领袖，无论在政治目标还是思想方法上，都与黄宗羲持有共识，那也错了。"学校将有助于拯救中国、控制皇帝"，黄宗羲的这一政治理论是推测性的（speculative）。而那些运动领袖则是在撰写猜想性（conjectural）的历史，其中，学校正好是政治权力中心的一部分（而18世纪真实世界并非如此），统治者也在一个教育意识更为浓厚的环境中，卸下了自己的责任。18世纪大部分的古典研究都只是出于单纯的热爱，没有打破偶像崇拜的意图。说它们都有天然的获取社会或政治权力的决心，就像说爱因斯坦的相对论回应了我们这个世纪显而易见的社会和政治需求那样,并不公平。

不过,生活在几千年后的晚期帝国知识分子,在想象中夸大中国贵族时代原始的、非专业化的教育,将它理想化,既是单纯的研究,也是在编造神话。而且,他们自己那个时代的论敌也是这么看的。扬州盐商之子程晋芳(1718—1784),其著作因尊崇宋朝理学的教育方案而出名,便讥嘲汉代对前帝国时期教育设置的详细描述夸大了它们的规模,不可采信。程晋芳认为,古代学校是什么模样,位于何处,只能听信孟子。程晋芳嘲笑当时文人既认为辟雍代表了多所同时存在的学校所构成的大型综合体,同时又声称学校教育只限于高级贵族。程晋芳坚称古代教育规模很小,戳破了文人的夸张言辞。他指出,在三皇五帝那个时期,对王室和贵族的两三百个需要接受教育的儿童来说,一所学校就足够了,用不着一个大型的学校综合体。程晋芳承认,在古代,随着后来世袭官员人数的增加,才新建了几个高等教育的小"屋",教育他们的孩子,但规模根本不大,占地也不广。[34]

编造神话也引来了一些政治上的评价,即便没到黄宗羲《明夷待访录》所引发热议的程度。这种政治评价首先注意到,对古代教育的夸张描绘,即,受教育阶层团结一致,靠近政治权力中心,且与未受教育的"鄙陋"人群截然两分,其流行与18世纪中国受教育阶层实际上越来越焦虑是一体两面的,18世纪中国文人觉得他们并没有什么团结,也不靠近政治权力中心。18世纪末,理念与现实如此不同,让省府书院青年学子的幻想世界焦虑不安。

清朝文人精英的困境是什么?工业社会喜欢社会流动性指数和社会流动性测量法,以此为研究前提的现代分析家对这一问题的看法,与当时那些有识之士的看法,其实并无太大区别。先来看现代分析家。何炳棣总结道,对大部分进士来说,"在清朝谋取高位,比在之前朝代困难得多"。[35] 他将他们的挫败追溯至这样一种情形:在有多民族自觉意识的清帝国,受过高等教育的汉族人,不得不与满族人、蒙古人一起分享官位,而1644年之前,他们却不用如此。王德昭也强调,许多没受过什么教育的满族人和蒙古人,牢牢把持着官位。他说,据不完全统计,在清朝,六部官员744人,只有399名进士;585个总督中,只有181名进士;989个巡抚中,只有390名进士。[36]

当时，从皇帝一直到持异议的知识分子，都了解这一困境。他们几乎都从统计数字上敏锐意识到，政治权力与教育成就之间的关联在弱化。那个身居顶层的人（皇帝）是造成这一现象的终极权威，虽然他自己并不希望如此。1765 年，乾隆皇帝公开计算，若把常规科举和"恩科"都算在内，中国每十年就培养出 5000 多个举人。然而，这些人中只有不到 500 人能在十年内被任命为其梦寐以求的知县一职，而大部分人都不得不等上"三十余年"，才有可能被选用，那时他们已年华老去。迫于"无知"文人的愤怒聒噪，乾隆皇帝承认并探讨了这一问题。他辩解说，对他们的失落，"朕尝中夜思维"。[37] 若视线从皇帝那里，转向受"学位在政治上被贬值"所害的名人，我们遇上了直言不讳的龚自珍（1792—1841），他高中进士，却没能在翰林院谋得一官半职。他估算说，学子中举之后不得不平均等上 30 或 35 年，才能入职翰林院，然后再等上 10 年才能成为大学士。到那时候，他们已经老得精力不济了。他总结说，野心勃勃的满族和汉族官员，总体来说都需要服务 30 至 35 年，才能当上一品大官。因此，"贤智者终不得越"，不能真正上升到顶层。[38]

政府用人机制的缺陷，加上社会的变革，进一步加深了各省学人的被剥夺感。清朝，文人阶层之外，财富在前所未有地增长。这种财富的差别意味着在获取合法地位及其回报方面，资源差异越来越大。对考取举人的文人来说，实际上也是对清朝 500 万左右受过古典教育的男性平民来说，"学而优则仕"这一人人接受的观念，似乎因为这样的差异而受到了严重的损害，而这些人正在或已经通过学校教育和考试竞争更高的地位。[39] 面对比"王公贵族"还富有的帝都米商，或面对中国北方富豪——后者前来拜见乾隆皇帝和皇亲国戚，每天食宿开销就要十万两银子——对于如何为自己的高贵头衔和高贵地位（"名士"）辩护，文人阶层的焦虑越来越明显。[40] 意味深长的是，"名士"这个已有 2000 年历史的前帝国时期词汇在清朝仍在使用，用来描述距离当下时间近得多的考试制度所分配的等级与特权。文人阶层由此想象自己既是贵族又是后贵族。

清廷时不时地公然向富人出售学位，这种做法显然加剧了文人精英的焦虑，他们感到高贵头衔和高贵地位的分发很不得法。为了维护对真才实学的尊重，朝廷应该谨慎控制地位体系及其象征代表。大部分贫穷位卑的文人认为，拥有帝国高级学位的官衔和官翎,相当于前帝国时期武士贵族的军衔和盔甲,应该只保持有限而合理的数量。鉴于文人在心理上自诩贵族,他们很少有人会赞同政府职位走市场多样化路线这样的想法。对这样的文人来说,重建公立学校制度的实际首要作用,可能是拯救"选贤举能"这一学说的第一步(或者是朝廷这种意愿的最初迹象)。

既然任何政治制度的稳定性,都有赖于其(想象和现实中的)精英的品质,那么,与明朝朝廷相比,清廷大肆出售科举考试学位,就既是政治赌博,也是教育赌博。卖学位有时是为打仗筹钱,有时是为运输军备,有时是为筹集应急粮食储备,因为政府税收太单薄,难以调用,尤其是中央政府权力减弱之时。[41] 孙嘉淦(1683—1753)是著名的学校改革家,他鄙视出售监生资格,即进入所谓庄严的京师国子监学习的入学资格。在1730年代,他亲自调查学位买卖,结果发现,户部粮食采购,靠的是卖出大约43个政治官职或豁免权,范围从各部官职到免于死刑不等。尤其让他震惊的是,每年这样筹集到的150万两银子里,有2/3全都来自一项出售:国子监学生("监生")的身份。[42]

在有识之士看来,朝廷最终在1833年突破了教育精英明显掺假的底线。一个名叫潘仕成的富翁,捐了12000两银子给直隶救济饥荒,以此买下"举人"头衔。这是这样高的学位(它拥有就任政府高官的资格)第一次是买来的而非努力考取的。这一事件在一些文人中间激起了恐慌:一个教育名义上被认为具有最高价值的政治体系,即将无可挽回地改变或崩溃了。西方读者很难理解传统中国科举考试各种头衔的微妙差异,例如"秀才""举人""贡士""监生"等,在中国考生自己的心中,它们的差异之大,可以用一个古代成语来体现——一位大胆勇敢的云南监察在1833年争议中便引用了这一词汇:在论及购买"举人"头衔的富人也许会更进一步,甚而去买进士头衔时,他预言他们会"得陇望蜀"。[43] 在此,学位的不同等级被想象为代表了易被掠夺征服的整个省份,这一看法并非没有道理。

当上千个高级学位拥有者,他们受教育就是要走仕途,却发现几十年无法做官时,我们便不难看清清朝买卖学位所冒的风险。任何具有社会学意识的历史学家,懂得知识分子"过剩"在现代社会中的后果,都可以列出这些危险:相对于官僚体系之外受过高等教育的人数日益增长，官僚执政能力的水平却在降低；或换句话说，统治精英越来越容易被统治体系之外的人所替换。长期来看，这是可能发生革命的预兆，因为一个意识形态上讲求任人唯贤的社会，人们更愿意服从那些能力明显超过自己的人。

但这是长期而言。短期来看，那么多18世纪中国文人对上古三代未专门化的贵族教育模式的热爱，很难说具有什么革命性。这些文人远非想要找到新的身份，而是更在乎重新获得和掌握大范围的贵族和后贵族身份，这是他们的教育传统早就允许他们拥有的身份。这样，统治者就可以更彻底地了解他们的价值，而不仅仅是纳贤养士。比较而言，与其说这样的文人像现实中的欧洲同代人，即那些要求更多思想自由的启蒙思想家，不如说更像后来魏玛德国那些崇拜普鲁塔克的无能的古物学家们。

然而，当时的中国批评者认为，问题在于教育范围扩大了，政治信息的流通却缺乏相应增长，它们之间存在落差。像陈宏谋这样的高官观察到，18世纪公众将省里的学子（"读书人"）视为无用之徒，因为他们沉迷于遥远的过去，罔顾当下事务。但是，陈宏谋写道，他们"无用"的真正原因，是省里学人几乎完全接触不到重要的"邸报"或北京公报，或该公报的商业文摘，后者也在北京刊行。他还进一步写道，要拯救省里的生员阶层，就要在中国每个乡镇学校都安装阅读朝廷公报的设施，并作出安排，确保哪怕是穷困潦倒的学生都能读到它们。[44]

然而，值得注意的是，18世纪有人谴责当时的欧洲大学无用，因为它们的教权主义和中世纪性质阻滞了科学的发展，而陈宏谋和其他中国批评家则发现，中国教育的无用在于它毫无政治成效。陈宏谋认为，生员慢慢地不再在政治上有用，是因为中央政府没有尽力将府学吸纳到自己活跃的政治世界中联系起来。这是从略微不同的角度抱怨教育与政治权力中心的分裂。但是，在陈宏谋建设帝国的实用主义背后，在不切实际的学子的崇古背后，可以感觉到一种共有的焦虑。

从更为纯粹的教育层面来看，文人倾心于远古的教育模式也不像看起来那么异想天开。一边是以人为的书本教育为基础的现实存在的学校，一边是学校之外的"真实"世界，两者之间的关系日益紧张——清朝中国正遭受着这样的分裂危机，而这在一个复杂文明中是不可避免的。更为简单的古代教育使得学校与外部世界是同质的，或至少将更多的外部世界带进学校里来，因此（似乎）能更有力地鼓励学生相信自己所受的教育是有意义的。如何调和校内的世界与校外的社会，是教育的永恒难题。晚期帝国那些鼓吹古代"国子"回归的信徒想要解决这一难题，想让文人阶层更具凝聚力、让统治者更像同僚，这不是像现代批评者有时说的那样，仅仅反映了他们对社会发展规律的仇恨，这是18世纪中国在运用一厢情愿的考古研究来解决如今也许会委托给心理学家的教育问题：他们坚持学校必须是公众生活的一种形式，而非仅为授课机构。

总之，社会上存在着一种活跃或潜藏的愿望，即想要建立那类更向政治权力集中的公众教育。从黄宗羲的破除偶像理论，到文献学家猜想中的历史，再到陈宏谋这样的官员的普通信件中，我们都可以找到这种愿望的蛛丝马迹。这更是一种心态而非一种运动，但这是普遍心态。

政治权力中心与教育创新实践的分裂

在所有现存的公立学校中，国子监在理论上最有望成为改革的温床。鉴于中国学问的活力，以及在野文人彼此交流通函的大幅增加，帝都国子监为何没能像欧洲皇家学院那样代表及完善那些教育改革，成为晚期帝国教育史中最有趣的问题之一。

国子监是一些野心勃勃的政治改革家希望展开中国政治革新的所在。正如我们看到的，黄宗羲希望政治上占据优势的国子监，能够作为实际有效的机构，纠正皇帝的虚浮，并被各省规模小一些的公立学校所模仿。另一些同样强势、也许其著作被更广泛阅读的理论家，比如陆世仪，以不那么激烈的方式回应了黄宗羲的愿望。陆世仪与黄宗羲生活在同一个世纪，他提议对中央政府的整个结构进行简化重组：废除翰林院、钦天监、光禄寺这些空洞机构，或将其纳入六部，但保留国子监，提高它的独特地位，超越普通各部。[45]

有些人没有那么具有政治头脑，像孙星衍（1753—1818），他是中国东南地区著名的考据研究大本营"诂经精舍"的主讲，他也在公开思考国子监的更好形式。对孙星衍来说，唐宋时期的国子监一直是重要堡垒，抵御着那些会动摇文人阶层神圣使命的文化进程和其他以高就低的齐平进程。他指出，一千年前的伟大的唐朝国子监,向帝国学生传授适合他们社会领导地位的古典知识。其学生据说识得万余个汉字的多种书写样式,与后一千年的学子形成了鲜明的对比,后者只具备简单得多也通俗得多的古典文化水平,认识的汉字只有两千个左右——此时,国子监已非学人的灯塔。[46]

但乾隆皇帝在其治下开始摧毁所有这些想要提升国子监地位的愿望。历史学家曾以为,清朝皇帝对各省书院心怀戒备,一直到1730年才迟迟接受它们的复兴,但事实上,皇帝真正担心的,可能是宝座旁边有一个强大的国子监。黄宗羲在《明夷待访录》中的描绘有助于显示个中原因:他颂扬东汉太学三万监生"危言深论"。这些人威胁到了朝廷高官。

在1736年,皇帝承认,帝国教育体系在纵向层面上发展不够,缺乏大家都认可的"学术递升之法"或上升阶梯。但他不承认振兴京师学校就可以弥补这一点,借口是帝国领土浩瀚,天下学子难以集聚国子监。因此,乾隆皇帝全力提升省书院的地位,准备让它们替代国子监,而无须从真正的政治意义上恢复国子监。1736年,他颁布官方说法,宣布如今的书院就是"古侯国之学"。由此,他将一座必需的桥梁安全地安放在了外省。这座想象出来的桥梁,连接起了当代帝国教育和前帝国时期高等教育的贵族模式。皇帝许诺,在当代的"侯国之学"学习了六年后,准令举荐一二"材器尤异者"为官。[47]

但即便是乾隆皇帝,也无法不受公共舆论影响而完全罔顾国子监。事到如今,它既是现实存在的学校,也是可以召唤出理想世界的意象。乾隆翻新了国子监的建筑;而当1788年,有御史指控国子监一位学官公开出售"考取分数",贫困学生不得不借钱支付,人人皆言国子监"非钱不取",这样的传闻足以产生威胁时,皇帝连忙派一位刚镇压叛乱归来的满族军事指挥官福康安(死于1796年)前去控制事态。[48] 之前的1783年,乾隆皇帝甚至下令在国子监原址打造一个实打实的古代辟雍复制品,像《周礼》中描绘的那样,这是他著名的京师建设计划的一部分。[49] 辟雍最后一次如想象里的模样在历史中亮相,其实际效果就跟17世纪罗马同样浪漫地引入阿卡迪亚学院、其院士都乔扮为牧羊人一样。但是,连礼部大臣都反对在18世纪的北京真的重建一个辟雍。他们告诉皇帝,"实干的政府"并不会抓住象征的过去不放。

究竟是真正地恢复国子监，还是就装装样子，要了解这其中涉及的利害关系，光看黄宗羲或陆世仪的论说是不够的，还必须掌握实际学校的近况。追求东西方对照的人，将中国的国子监与中世纪欧洲大学，例如博洛尼亚、巴黎或剑桥的大学进行了比较。[50] 但这种比较颇有难度。国子监从来就没有相对的独立性，也不能代表学问的多元。正如本文早已指出的，它的根基并不在于像西方大学那样是"专门的学习机构"，而在于它是贵族的一种公共生活，其中的政治功能和教育功能是可以互换的。

国子监的形态在 14 世纪末最终落定，对那时以及之后的拥趸来说，这是一个既得意又绝望的时期。明初皇帝在北京和南京各拥有 2 个"国子监"。明史修撰者声称，南京国子监在其巅峰的 1422 年，登记在册的学生多达 9972 名，但一个世纪以后，这一数字迅速降为 1000 名左右。但无论规模如何，明朝开国皇帝在 14 世纪末对国子监充满了浓厚的兴趣。他显然参与了国子监的事务：除了亲自设计学生的绸布长袍，以便将他们与"官僚下属"区分开来，他还禁止学生入学校庖厨、执掌烹饪。[51] 在这点上，明朝国子监似乎成为新兴的学术重地，作为当时的学校，它萌生出培养国家行政力量的能力。它的学生被分派去政府部门担当官员助手，这使得这些学生与大部分中世纪欧洲大学的学生相当不同，但它似乎的确调和了古代对"政教会于一"理论的关注与 14 世纪专制君主对新型公务员的需求。

受宋朝学校发展的启发，南京国子监也建立了一个内部教学结构，在接下来五个世纪的不同国子监中，这一结构至少在书面上保留了下来。它尊奉一套三层金字塔式递进结构的教学课程。文字能力和经文理解力相对较弱的学生，被指定进入三个预备"堂"（学堂）学习。一年半后，他们也许会晋升到两个更高级的学堂，而最终他们也许会进入位于金字塔顶端的学堂"率性堂"学习。[52] "六堂"体系能保证多少真正的教育进步，目前尚不得而知。不过，当清朝皇帝于 1650 年将南京国子监变为府学时，仍然在北京的国子监保留了"六堂"这一内部结构。

对于中国捍卫中央高等学府的人来说，学府展现精英主义一贯原则的能力，比它的内部结构更为重要。当批评国子监的人抱怨这个特定学校名称时，他们攻击的是"监"这个词，而不是看上去更古老的"国子"这一词汇。17 世纪，陆世仪便谴责明朝开国皇帝最初称学校为"学",后来改回"监",降低了学校的声望,使之沦为微不足道的政府机构。他说,更糟糕的是,学校总管被称为"祭酒"——这是对老人的称呼——而不是更受尊敬的"国士"(他认为应该称为国士)。[53]

事实上,14世纪以后,"成为国子"这一理念,已经沦为实际上不合逻辑的理想。晚期帝制时代的"国子"相当于古代贵族继承人,但明初国子监的学生包含翰林院挑选的地方生员、由府学和县学提名的贡生,以及靠继承而得的荫监,即官员之子。荫生最接近于前帝国时期"国子"的意涵,但即便是这一苍白而简化的世袭原则形式,也被明朝皇帝专横滥用,他们将之作为"恩典"随便赐予,跟官职地位(更别说贵族地位)无甚关联。1450年之后,"民生"(平民学生)通过在危机时期向政府捐粮或捐钱,购买监生资格。随着这一变化,大部分地区自尊自重的生员开始避免在学生成分如此混杂的学校学习。

在清朝,"国子"概念比以往更加含糊暧昧。真正在国子监学习的,或随时前来参加考试的,似乎只有不到300名学生。但在全国各地,在那些远离国子监的省份,成千上万的人被允许拥有"监生"(国子监的学生)头衔,包括头衔是买来的富家子弟。因此,国子监已经去中心化,监生头衔可以买卖,它不再体现教育的中央集权和社会的阶层分层。

当国子监失去了教育声望,无力明确学生的社会分层,而外国统治者从外部将真正的精英学生送进国子监以示尊重时,保留它渐渐消失的贵族神秘气息,就成了相应最为重要的事情。17和18世纪,在国子监学习的外国学生,显然有助于保留更古老、更严格、没有那么"面向市场"的"国子"概念,他们是琉球国国王和大臣的子孙,出身上层,无可挑剔。作为回报,琉球国学生受到极为慷慨大方的对待。我们碰巧得知,他们享有很高的地位,可以主动与1760—1761年间拜访京师的越南大使交谈。[54]

在政府最高学府,其学生群体本该预示未来精英的性质,但国子监的学生越来越混杂,这种毫无意义的异质性使它丧失了自身的教育目的论,即,意识到自己本该是持续展开的教育目标和政治目标的一部分。因此,除非皇帝突然改信黄宗羲或陆世仪的思想,不然,复兴这一教育目的论的唯一方法,就是让国子监成为某类更加集中的国家管理学校。

在1644年至1905年间国子监最重要的改革尝试中，刑部尚书孙嘉淦的1737年改革虽然没有达到目的，但毕竟是个开始。前文已经提到过，雍正皇帝公开表示疑虑，担心各省书院只想着促进地方利益而非"实政"，这启发了孙嘉淦和其他改革者。吸取宋朝学校改革者胡瑗（993—1059）的思想，孙嘉淦要求省属学校送往国子监的学生人数严格限制在300人以内。然后，这群精挑细选出来的学生将直接分入"经义"和"治事"两"斋"，分别学习两类学问。在经义斋，学生专门研习一部或多部儒家经典。在治事斋，学生将学习诸如法律、边境防御、水源控制、历史税收模式和算术等科目，也同样是专门研习其中一"务"或多"务"。[55]

但孙嘉淦在1737年提出的国子监改革，其推行只流于浮表，很快就形同虚设。个中原因值得一问。一方面，18世纪的皇帝对诸如受过大学训练的法学家这样的人才，显然没什么需求。马克斯·韦伯在其著名文章《政治作为一种志业》（Politics as a Vocation）中描绘过这样的人才，他们对民族政治更为多元、更具竞争的欧洲国家来说不可或缺，比如，17世纪英格兰王室和议会的法学家，或帮助法国君主削弱贵族庄园主统治的法国皇家法学家。因此，中国在政治上对培养国家管理人才的专业化学校的需求，就相对较小。孙嘉淦于是不得不强调非政治的社会需求。他形容他的教育改革是为了改善国子监毕业生的边缘化状况，而不是尝试从形式上重新划定知识体系。例如，通过创立专门的"两斋"制度，孙嘉淦希望，在复杂的官僚体系中，国子监祭酒能拥有更多权力，确保优秀毕业生被迅速任命为知县，而不是只当个县里的学官，再苦苦等上几十年。

另一方面，在政治权力中心完善教育精英主义，必然会威胁到国子监外的几千名年轻学子，他们无法得到行政能力的专门培训，被取代或身处边缘地位的情形将更为恶化。18世纪的大学者警告说，他们所受的更为传统的经典教育，在他们自己眼里，也在其他人眼里，将显得更无关紧要。[56]这些过剩的省知识分子仍然无法跻身当今"国子"之列，考虑到需要缓解他们的焦虑，孙嘉淦的改革在高级官僚中并没有得到足够的支持。

就像其他具有煽动性的教育理念一样，胡瑗和孙嘉淦的革新精神代表了在帝都偃旗息鼓但在省里仍然活跃的精神。对它的讨论本身变成了教育的主题。比如，在阮元1820年建于广东的"学海堂"，几个广东学生写下了赞美胡瑗的文字。意味深长的是，这些学生的文章抨击了有关政治的书籍是"不洁的"这一偏见，并提出，行政事务方面的专门教育可以让资质平平的学者或准学者脸上有光——他们不够聪明，无法成为从事考据之学的优秀古典学者。[57]这次大胆的尝试想要表明，引入胡瑗的更为专门化的教学安排，可以复兴学校的力量，有益于数千名无名学子，而不是相反。但是，胡瑗学说显然局限于省内，局限于孙嘉淦离开这一争论之后的学子一厢情愿的文章中——在一个总体来说前景越来越黯淡的时期，大部分努力向上攀升的高官都抵制这一思想。

还需要补充一点，胡瑗的思想以及清朝对其思想的扩展，并没有最终承认政治领域可以成为道德哲学的独特分支，也因此并没有呼应西方这一古老的假设，而马基雅维利这样的思想家的影响，以及西方多种政治和宗教权威的根深蒂固的多元性，在不断强化这一假设。不过，尽管中国拒绝将政治从形式上从道德中区分出来，或者像欧洲的马基雅维利主义那样，认为政治自身拥有独立于道德和宗教的理论法则；但就在"政教会于一"的表象之下，中国仍然想要建立一个更强大也更专门化的国家管理的学校。而此类教育并不像一些西方人以为的那样，必然需要马基雅维利主义的帮助。恢复位于政府学校体系顶层的国子监的引领地位（1840年以前清朝高等教育历史中没能发生的最重要事件），显然可以成为成功发现这样一种学校并阐明其机制的关键。

随着国子监无法阻止的衰落，中国成为教育中心更加分散多元的社会。最引人关注的学校实验，发生在各省和边远地区。只有在极少数情形下，朝廷本身才会鼓励这些学校实验，比如它断断续续地尝试在官员阶层消灭方言，以便让全国范围的教导灌输更为通畅。1728年之后，朝廷资助在广东和福建建立学习官话的语言学校，那里的学生（诏令的未来传播者）听不懂中国其余地方在说的中国话。不过这些学校运气不佳（根据著名学者俞樾[1821—1907]的记载，雍正时期福建每个县都有"官话学校"，但地方官员对它们毫不在意，到19世纪末，这些学校只剩下名义上的一所）[58]。在河南，1770年代末，政府的教育官员和学校会教授河南学生正统音韵学——以平仄为基础的中国诗歌韵律规则——但这些学生分不清音韵，这让朝廷大伤脑筋。[59]

在边疆，官员可以扮演更全面的教师角色，尝试建立共享的公共教育，恢复贵族社会化的公共精神——中心地区学者将这种精神与古代黄金时代相连。但他们这么做，并没有去促进贵族原则本身。边地书院重申，每个人都可以力所能及获取某些知识，拥有道德品质，这些知识和道德品质的获得并不只限于那些社会或文化环境更优越的成员。晚期帝制社会的成熟并没有强化对教育的伪贵族化的期待，照说其向上流动率不断下滑本会造成这样的情形，这部分是因为不断扩张边疆并在那里办学。如果边疆学校的建设与金字塔学校体系形成了鲜明的对比——金字塔学校体系在帝国中心巩固了知识的积累，它没有得到任何大资金投入——那它们仍然因为一些更正面的原因而值得关注。

雍正时期，鄂尔泰（1680—1745）主办的昆明书院便是一个很好的例子。当时还有多少跟它一样的其他公立书院，我们尚不得而知。广东总督非常欣赏昆明书院，认为它是在本省传播官话这一伟大事业的教育试点，因而在1732年要求广东重建粤秀书院，在那里实施鄂尔泰的云南教学法。[60]

然而，鄂尔泰在云南所要处理的问题是，云南本地官员和外省来任职的官员都认为西南边疆非常落后，没有可教之材。所以，他在昆明建立的边疆书院面临着社会化和文化适应的巨大任务，例如真正建立起阅读习惯，让记忆力好、理解力强的云南穷文人能进入乍看上去相当陌生的学术领域。这些书院不太关心智力开发，也不想去模仿什么在古代称霸的"国子"——大部分云南人对此几乎一无所知。鄂尔泰说，他想让他的书院培养的并非圣贤，而是"成人"。这个词完美地捕捉了学校的性质，就是要让学生社会化或适应社会，这与其他地方模仿古代贵族学校的书院不同。提到古代学校神话时，鄂尔泰会尽量改变它在社会意义上的性质，以符合西南边境的需求。因此，他将学生的注意力吸引到备受鼓舞的入学率上来：大部分人都能入学读书（可收几千个学生，与云南当时可怜巴巴只有少数人能参加科举形成了对比）——古代学校据说就有这样的入学率。但对古代学生的社会地位，他却不置一词，因此，在他对古代学生的描述中，他们几乎是没有阶级属性的。[61]

一个教育中心更为多元、中心学校却相对疲弱的社会，并不必然暗示学术也是多元的。中国广泛的科举考试体系表达了帝国对内在统一的需求，这一需求需要在地理边境上复制出同样的传统价值，也需要对边境的可能能量持续保持焦虑。在这一背景下，社会化就是权力，而并非培根主义世界观所认为的知识就是权力。再加上并没有什么国际压力会迫使高等教育加强纵向整合，在边境地区复制传统价值这一需求，便提供了阐释晚期帝制学校历史的重要途径。

鉴于这一需求，鄂尔泰的课程设置明确表示，书院里的"成人"要阅读全部十三经来打好基础。然而，在这种适应型的边境书院中，尽管课程设置与帝国其他地区的学校类似，历史和政治却显得更为重要。相比新儒家的"反躬自省"、向内探索纯粹的道德原则，边境书院更强调理解朝代兴衰或外部政治事件发生的原因。鄂尔泰在昆明的教育规划，似乎有一个非常有趣的特色，就是它尝试将学问分类的发展，与连续不断、起伏不定的争夺地理和文化边地的政治斗争直接联系起来。当云南学生阅读《史记》或汉族历史中对边区人民的阐释时，鄂尔泰指引他们钻研仁爱与恐惧的各自"用处"，而对这些情感的内在道德不予置评。当鄂尔泰的学生阅读这些书籍中关于法律、惩罚和战争的专论时，他要求他们去研究其"大计"的相对价值而非永恒原则。此外，努力在云南人中间唤起接受教育的动力，以及在边疆创建可用的知识分子群体，也显然需要这类书院：它的入学标准更为宽松，无须像中国东南地区的同类学校那样有非常繁复的内部考试，也无须研究太多理学或考据学。鄂尔泰亲自出钱为书院招收没有学位的云南人（在大型成熟书院，入学学生必须拥有学位，即便只是"初级学生"或童生），他也彻底废除了清朝书院里仍然普遍存在的古老的内部考试制度，在这一制度中，学生要通过考试，才能从"外舍"进到"内舍"再到"上舍"学习。

因此，要说18世纪中国高等教育的终极价值在北京和昆明没有两样，也没有错，但这种认识会掩盖教育实践中的一些重要区别。正如鄂尔泰所言，鄂尔泰的昆明书院致力于"国荣"（国家荣耀），是为"国家"执行"人才培养计划"。这样的语言几乎已经不再用来描绘位于帝国中央的国子监了。在这个意义上，在一般的儒家框架内，边疆学校仍然比衰颓的国子监更接近对现代高等教育的实用定义，即高等教育是国家权力资产，它提高了接受教育者把握外部世界的能力。

1901年秋天，义和团起义之后，学校改革者张百熙沉思，北京的高级学子，从形式上来说是整个帝国受教育阶层的精华——每个省都有逾千名这样受过教育的人才——然而，那些与外国人打交道的"沿海中国人"，他们虽然大字不识，却比京师学人更明白时事。[62] 之前教育体系的独特结构部分解释了这点，而且，1839年之后，沿海中国人总体上也能更多地接触到西方文化。1839年之前，专制君主可以接受政治权力中心与教育创新的分离，因为当时帝国既没有知识上更为先进的国际敌人，又有巨大的需求，要将儒家价值观传送到日益扩张的帝国地理边境，而非在帝国中心巩固知识的积累。但这并没有改变以下事实：这种分离违背了文人的普遍渴望，他们渴望政治与教育的关系更为密切。鸦片战争之后，我们可以如此重新理解这种密切关系的缺失，它既表明中国痛苦地偏离了古代国王与贵族精诚团结的传说，也是当时中国易受帝国主义侵略的主要原因。新的时代证实而非削弱了"政教会于一"的古老重要性。

结　语

在1898年戊戌变法中，康有为（1858—1927）直接抨击中央对中国教育掌控不足。他请求朝廷命令省官在中国历史上首次对书院、义学和社学的数量，其学生的人数以及资金情况进行全国性清查。对他来说，仅有传统书院是不够的，这不是因为它们与古代贵族学校原型不同，而是因为它们是协调不力的政治秩序的一部分——与美国的教育花费相比，这一秩序对教育的投入太少。[63] 对中国的王朝来说，一个基于国际标准而竞相建设国家教育的时代终于到来。

1905年，科举制度被取消，张百熙及其同仁在北京创办了教育司，无甚作用的国子监最终被吸收在内。政治权力中心与省级教育者之间的分裂在形式上被终结了。1905年成立的教育司是中国最早的教育管理的现代中央机构。在帝都创办的这一管理部门有权在中国所有学校强加规章制度，检查省立学校并监督它们的预算——没有人想到，这一新野心的背后，潜藏着的不是黄宗羲的思想，而是大量的外国输入思想。教育是强国之基础，严复（1854—1921）写道，心里想的却是培根和牛顿。袁世凯（1859—1916）和其他一些人在1905年告诉皇帝，"有识之士"都将普鲁士战胜法国、日本新近战胜俄国归功于国家基础学校的优秀老师；是学校，而非科举考试，才是国家繁荣昌盛之源。[64]

然而，如果要从中国在帝国末期的教育改革中，获得一种多维度的认识，我们就必须不仅关注那些最大胆的西化理论家，也要关注政府第二、第三层级的官员，他们需要有比严复或康有为所能提供的更强烈的想象力，才能连接起过去与未来的断裂。他们转而认为中央应强化对教育的控制，这一转变非常关键，尽管常常被忽视。我们完全有理由相信，对更籍籍无名的官员来说——比如山西巡抚胡聘之，1896年之后他帮助关闭了传统书院——他们脑海里关于传说中的前帝国时期学校体系的生动画面，对其认识的改变仍然相当重要。

换句话说，中国省级书院体系的教育力量在19世纪末远非已经枯竭（见秦博理文章），甚至像毛泽东（1893—1976）这样的年轻的共产主义革命家，也在它们消失后心生怀恋。1921年，他坚持说，湖南自修大学兼取"古代书院和当代学校"所长。[65] 因此，1911年前突然推翻这样的书院需要得到更多解释。1901年至1911年间新学校的迅速扩张，通常被认为是对义和团起义和外国持续侵略的震惊反应。但这一事实也证明，几个世纪以来，相当一部分文人期待建立公立学校——这几乎已是千年梦想。张百熙，新教育部门的设计师，完全是教育的局内人。在1901年成为朝廷主要的学校改革者之前，他曾是山东、四川和江西乡试的正考官，山东和广东学政，国子监祭酒，太子太傅。他还是最好的例子，展现了我们在此讨论的并没有完全西化的教育改革过程。我们已经提到过他在1902年提出的看法，即首要要务必须是复兴中国古代学校传统，并实现现代化，而且他相信，中国古代，学校密集覆盖，与现代西方从小学到大学的学校体制并无不同。张百熙对这种相似性的信念，想来至少引发了他在中国创办大学的热情。这也使得在"政教会于一"信念持续影响下的中国第一批现代大学的创办，根本不是明确的"西化"行为。

西方的教育刺激，被更传统的、想象中的晚期帝国教育替代品，如古代学校原型所吸收，这一点有助于阐释为何张百熙和其他晚清改革者并不理解也没有采用近代西方大学的某些特点。这样的特点包括西方大学在决定教育内容时相对自治，纯研究之于他们非常重要，以及西方大学与公务员招聘的直接过程并不挂钩。

而且，古代学校传说的基础，以及将它描绘成有着上下等级秩序的、不同规模的多层次教育共同体，是对共同体的亲密关系和彼此理解的想象和愿景，就像已经失落的宴饮仪式中的贵族秩序被认为是学校教育的一部分。这种传说没有考虑到，复制这样一种多层级的教育体系，滋生出的不是亲密而是疏离。通过学校来实现"政""教"亲密合一，张百熙和他的同仁被这一古代理念打动，他们没有意识到清廷突然投身于异化的现代教育扩张而面临的政治风险。1911年的辛亥革命便应验并展现了其中的大部分风险。

（严蓓雯 译）

注释

1. 梁漱溟《东西人的教育之不同》，载《教育杂志》（上海），1922年3月20日，第1—5页。
2. 贾志扬《朱熹在南康：道学和教育政治》（Chu Hsi in Nan-k'ang: Tao-hsüeh and the Politics of Education），收入狄培理、贾志扬编《新儒学教育：形成阶段》，第423—424页。
3. 例如可见江西友教书院1789年章程中对1787年考试制度改革的讨论。王昶《春融堂集》（1807）卷68，9—9b。
4. 作为相对比较随机的两个强调学校"去语境化"效果的现代西方学者，可见杰罗姆·布鲁纳《教育的相关性》（The Relevance of Education）（New York: W.W. Norton and Co., 1973），第12页；杰克·古迪《书面语与口语的衔接》，第184—185页。
5. 《凡例》，收入《钦定四库全书总目》（广东书局，1868），9—9b（第14条）。
6. 这一杰出研究是孔飞力、卜正民编，闵斗基著《国家政策与地方势力：晚期帝制中国的转变》（National Polity and Local Power: the Transformation of Late Imperial China）（Cambridge, Mass.: Harvard Council on East Asian Studies, 1989），第89—136页。
7. 西方学界将中国的秦朝至清朝称为帝国时期，"前帝国时期"指秦朝以前的时代，也是文章中提到的贵族时代。又，文章提到的"古代"指夏商周上古三代。"后帝国时期"指清朝以后的时期。——译注
8. 储大文《侍中之职》，收入贺长龄编《皇朝经世文编》（台北：文海出版社，1972）卷13，13b—14；王心敬《问答选举》，收入《皇朝经世文编》卷17，9b—10。
9. 有关张百熙写于1902年8月15日的奏疏内容，见《十二朝东华录》（台北：文海出版社，1963），朱寿朋编"光绪朝"，卷9，第4884—4885页。
10. 蒙田《随笔》（Essays），J.M. 科恩译（London and Baltimore: Penguin Books, 1958），第58—59页。

11. 陆世仪《思辨录辑要》卷 20，4b，收入唐受祺编《陆桴亭先生遗书》（北京，1900）。
12. 翟灏《通俗编》（1751）卷 7，11。
13. 关于这一文本，见《大清世宗宪皇帝实录》卷 127，7b—8b。
14. 欧多恒《浅析清代贵州教育发展的原因》，载《贵州社会科学》，1985 年第 2 期，第 103 页。
15. 华琛《重思中国血缘关系：历史研究的人类学角度》（Chinese Kinship Reconsidered: Anthropological Perspectives' on Historical Research），载《中国季刊》（*The China Quarterly*）（伦敦），1982 年 12 月第 92 期，第 606 页。
16. 陆陇其《三鱼堂文集》（1701，1867 再版），"外集"卷 3，19b—22。
17. 张廷玉《澄怀园文存》卷 10，第 37—39 页。
18. 见王昶的评论《惠定宇先生墓志铭》，收入王昶《春融堂集》卷 55，2—2b。
19. 邵廷采《学校论》，收入邵廷采《思复堂文集》（1712）卷 8，7—11。
20. 梁启超《学校总论》，收入舒新城编《近代中国教育资料》（北京：人民教育出版社，1962）卷 3，第 936—944 页。
21. 杉村勇造《乾隆皇帝》（Tokyo, 1961），第 141—142 页；本杰明·A. 艾尔曼《从理学到朴学：中华帝国晚期思想与社会变化面面观》，第 203 页。
22. 陈元晖等编《中国古代的书院制度》（上海：上海教育出版社，1981），第 97 页。
23. 刘伯骥《广东书院制度沿革》（长沙：商务印书馆，1939），第 116—117 页。
24. 这一翻译借自西方对这部著作的基础开拓性研究，成果自然是狄培理《中国专制与儒家理念：17 世纪观点》（Chinese Despotism and the Confucian Ideal: A Seventeenth-century View），收入费正清编《中国的思想与制度》（*Chinese Thought and Institutions*）（Chicago and London: University of Chicago Press, 1957），第 163—203 页。
25. 例如，程晋芳（1718—1784）对黄宗羲的批评，见程晋芳《读〈日知录〉》，收入《皇朝经世文编》卷 2，11—11b；谢刚《〈明夷待访录〉与清初文字狱》，载《中国史研究》（北京），1983 年第 3 期，第 71—84 页。
26. 狄培理《中国的自由传统》（*The Liberal Tradition in China*）（New York: Columbia University Press, 1983），第 3 页。关于黄宗羲与其自身所处时代的关系，参见司徒琳《语境中的黄宗羲：重新评价其重要著述》，第 474—502 页。
27. 我从邱椿那里借来这个词来论述黄宗羲的这一思想。见邱椿《古代教育思想论丛》（北京：北京师范大学出版社，1985）卷 2，第 97 页。
28. 黄宗羲《明夷待访录·学校》，收入《黄宗羲全集》册 1，第 10—14 页。
29. 邵廷采《学校论》；胡楚生《邵念鲁〈学校论〉析义》，收入胡楚生《清代学术史研究》（台北：学生书局，1987），第 148—150 页。

30.《中国思想传统的现代诠释》（台北：联经出版事业公司，1987），第 35 页。
31. 金榜《大学》，收入《皇清经解》（广东，1829；1861 再版）卷 556，第 15—16、23 页。
32. 孙同元《辟雍太学说》，收入阮元《诂经精舍文集》（1801）卷 2，32—33b。
33. 比如可见邵廷采对"庶子"（贵族家庭中没有继承权的儿子，地位比"国子"低，古代高等教育针对的是国子）一词的困惑，以及其师毛奇龄的回答，见毛奇龄《经问》，收入《皇清经解》卷 165，1—2b。
34. 程晋芳《古学校考》，收入《皇朝经世文编》卷 57，1b—2b。
35. 何炳棣《明清社会史论》（New York: Sciences Editions, John Wiley and Sons, 1964），第 119—120 页。
36. 王德昭《清代科举制度研究》（香港：中文大学出版社，1982），第 59—61 页。
37.《大清高宗纯皇帝实录》卷 745，17b—19b。
38. 龚自珍《明良论》，收入《龚自珍全集》（上海：人民出版社，1975），第 33 页。
39. 我的这一看法，引自姜士彬的文章《晚期帝制中国的交流、阶层和意识》，第 59—60 页。
40. 例如可见昭梿《啸亭续录》里的回忆，何英芳编（1880；再版，北京：中华书局，1980）卷 2，第 434 页。
41. 许大龄《清代捐纳制度》（北京：哈佛燕京学社，1950；再版，香港：龙门书局，1968），第 85—86 页。
42. 孙铸编《孙文定公奏疏》，收入沈云龙编《近代中国史料丛刊》（台北：文海，1970），第 55 期，卷 4，19—19b。
43. 朱嶟《许慎重名器疏》，收入盛康编《皇朝经世文续编》卷 66，78—79b。
44. 陈宏谋《寄张墨庄书》，收入《皇朝经世文编》卷 2，9b—10。
45. 陆世仪《思辨录辑要》卷 13，7b—8。
46. 孙星衍《问字堂集》（1795；1886）卷 4，19—21。
47.《大清高宗纯皇帝实录》卷 20，2b—3b。
48.《大清高宗纯皇帝实录》卷 1312，28—29b、44—46b；卷 1313，4b—6b、7b—10。
48.《大清高宗纯皇帝实录》卷 828，1b—3b；卷 1174，16—16b。
50. 比如，见柳诒徵《五百年前南京之国立大学》，载《学衡》（上海），1923 年 1 月，第 1—12 页；《学衡》，1923 年 2 月，第 1—24 页。
51. 在此，我的论述参考了柳诒徵编《南雍志》（南京：江苏省立国学图书馆，1931）卷 1，44b；卷 9，5—5b。这部著作初版编纂于 15 世纪，最广为人知的版本是黄佐编纂的，他本人是 16 世纪中期南京国子监的祭酒。
52. 柳诒徵编《南雍志》卷 9，7b—8。有关南京国子监内部结构在宋朝的前身，王安石有所描绘，见李弘祺《朱熹之前的宋朝学校和教育》（Sung Schools and Education before Chu Hsi），收入狄培理、贾志扬编《新儒学教育：形成阶段》，第105—136页。

53. 陆世仪《思辨录辑要》卷13，10b—11。
54. 熊明安《中国高等教育史》（重庆：重庆出版社，1983），第292—294页。关于清初1680年代国子监祭酒对琉球学生的看法，见王士祯《琉球入太学始末》，收入《带经堂集》（1712）卷51，23—25。关于越南大使对自己与琉球学生的交谈的叙述，见《黎贵惇全集》第二卷《见闻小录》（河内，1977），第223页。
55. 《大清高宗纯皇帝实录》卷48，10—11b。关于孙嘉淦奏折的一个略微不同的版本，见《钦定国子监则例》（1824）卷34，6—7。关于朱熹对胡瑗的看法，见狄培理《朱熹作为教育家的目标》，第200—201页。
56. 王昶《经义制事异同论》，收入《春融堂集》卷33，1—2。另见《皇朝经世文编》卷1，14—14b。
57. 例如可见吴监《胡安定先生论赞》，收入金锡龄编《学海堂四集》（1886）卷16，第47—49页。
58. 俞樾《正音书院》，收入俞樾《茶香室续钞》（1883）卷15，第15—16页。
59. 《大清高宗纯皇帝实录》卷907，0b—51b。
60. 《朱批谕旨》（1738）；杨永斌奏折，第16册，卷4，第17—18页。
61. 见鄂尔泰《征滇士入书院敕》，收入《皇朝经世文编》卷57，18—19b。
62. 引自熊明安《中国高等教育史》，第346页。
63. 关于康有为奏折的内容，尤见翦伯赞等编《戊戌变法》（上海：上海人民出版社，1957）册2，第219—222页。
64. 《十二朝东华录》，朱寿朋编"光绪朝"，卷9，第5372—5375页。
65. 关于毛泽东对传统书院的仰慕，见汪澍白编《文化冲突中的抉择》（长沙：湖南人民出版社，1989），第426—427页。

1865—1911 年间上海龙门书院的发展和江苏文化精英群体的扩大

秦博理（Barry Keenan）

后太平天国时期江苏书院的扩张

同治年间（1862—1874），复兴儒家学问、革新教育机构是同治中兴基本政策的一部分。[1] 在人口稠密、文化发达的长江下游地区，这一政策在 1862—1900 年间促进了古典书院的复活。对这一书院教育扩张的分析揭示出，同治中兴时期复兴儒家教育的基本原理，并非太平天国运动后清廷对古老秩序的盲目重申，相反，这一扩张迎头还击了战争造成的社会混乱和战后其他政策所造成的新的社会和政治张力。战后的一项政策就是卖官和增加科举考试录取比例，这是帝国财政疲软导致的局面。另一项战后政策国家势在必行：采纳西方军事技术，阻挡外国不断入侵。

镇压太平天国起义之后，一直到 1911 年，清朝所有官员中大概有 2/3 的人并非通过正规科举考试而获得官位。[2] 相反，县官靠卖出他的衙门官吏职位而获利，再一路去购买自己的官职。[3] 1860 年代，因为江苏在战争时期出了大力，朝廷增加了当地生员（政府学生，可谓地方精英）的名额，社会混乱也随之加码：每次院试都会增加 360 名当地生员录取名额，底层士绅由此不断增加，至清末，江苏生员人数增加了30%。[4] 这一大群低学位拥有者既需要一官半职，也需要更多书院让他们可以准备举人考试。

除此之外，后太平天国时期的政策，也验证出一些新的替代方法富有实效，它们可以取代依靠掌握儒家经典而获得社会进步的传统手段。这一政策就是在国家自强的计划内引入外国军事和工业技术，通常被称为"洋务"。毫无疑问，在太平天国运动期间及之后，清朝官员已经认识到了洋枪洋炮的威力。[5] 军械库、同文馆、西方交通运输通信技术的引进，成为同治年间重振王朝的一部分。这种西化进程即便受到控制，也增加了非传统成功方式的吸引力。因而，创建书院既提供了具有诱惑力的膏火（学生津贴），也表达出日益增长的验证儒家学问及其官员制度能有效恢复官僚权威的需求。

长江下游地区的十年混乱，也积压了大量野心勃勃的文人，他们一直在寻找机会获取生员身份。胡适（1891—1962）父亲的经历，便展现了战时一代的难题。胡传（号钝夫，1841—1895）在安徽省徽州长大，那里的基础教育在1853年被太平军的到来所中断。那时，因为家族积极从商，胡传早已开始将家族茶叶运到长江入海口附近，在江苏川沙销售。1859年，胡传在靠近家族茶业的上海参加并通过了童试。[6]

不过，在上海通过童试之后，他去松江参加院试，却未考中。在相对太平的上海周边地区，人才济济，要通过考试极为困难。一直到1865年太平天国运动结束之后，时隔6年，24岁的胡传才回到老家安徽，在重新恢复的科举考试中考取了生员资格。[7]

之后，胡传参加乡试，并未中举，最后选择去考上海新建的龙门书院，并获得了接下来3年的年度膏火。当他1871年离开龙门书院时，仍然多次没能通过乡试，但他获得了3年的优秀高等教育，这无疑帮助他获得了一位国家重要官员的私人秘书职位，接下来他在那个职位上工作了6年。[8]

书院扩张

书院在包括江苏在内的几个省内不断扩张，表明同治中兴成功促进了整个国家书院教育的增长。林懋教授的统计分析表明，1850—1874年间，广东每10年平均新建 24 或 25 所书院，这在明清历史中是前所未有的增长率。[9] 对安徽的统计则确定了广东数据里暗含的另一倾向，即两个省书院扩张最快的地区都与商业资本和都市化有关。[10]

后太平天国时期的中国，财库匮乏，似乎也让地方对创办书院拥有了越来越多的控制权。在某些省份的富裕地区，私人资助的书院如雨后春笋——18 世纪，这些地区的商业资本长年增长。乾隆年间，浙江士绅——大部分和生产及贸易丝绸有关——为书院作出了空前的贡献。[11] 而且，正如梁其姿在本书文章中所论证的，在 18 世纪，长江下游省份社区对基础教育的控制稳步增加。这一切都增强了士绅的作用，提供了 1865 年之后地方精英作用扩大所需要的初始条件。

从 1850 年到 1900 年，江苏邻省浙江的书院数量显示出惊人的增长。冉枚铄仔细研究了这一时期的浙江省后指出，若对比同期浙江人考中进士人数的低迷状态，这一增长非常奇特。在迅速发展的商业城镇，新建书院的数量超出了相应的比例，冉枚铄以此向大家阐明了一个非常有趣的论题：后太平天国时期的书院扩张，意味着"与国家的联系在衰退而非强化"。[12] 当后太平天国时期中央政府与地方官僚之间的纽带日渐松散时，浙江地方精英建立的多种机构却一直在持续扩张发展，直到 1911 年。[13]

在浙江，同治中兴的复苏政策，往往有助于将新的公共机构融入滋生地方精英行动的母体之中。比如，1864 年之后，在福利机构工作的新的管理精英，很容易就与运营新的教育机构的人重合。[14] 如果浙江具有代表性，那么，地方精英对太平天国运动及其余波这一国家危机的回应，则逐渐在农村和都市地区的公共管理方面产生了新的积极行动方向。一个新进展就是士绅管理者（"绅董"）显著增长，这些出自不同背景的个人运营管理着地方机构。在浙江，"地方"社会地位的逐渐提高，已经无须靠中央政府通过科举来为其背书了。[15]

新的管理精英在建立书院方面也很积极。[16] 在浙江，从 1850 年到 1900 年，平均每 10 年就新建或复建 16.8 所的书院，与清朝其他任何时期相比，这都是该省的最高速率。同一时期，在江苏省，新建学校包括改建翻新在内的速率，几乎高达每 10 年 16 所。在同一时段的广东，新建和翻新学校的速率是每 10 年 22 所。与乾隆年间的数据对比，三个省的新建书院数量都有显著增长：[17]

表 14-1 两个时期三个省的新建书院数量对比

	乾隆年间	1850—1900 年
广东	每 10 年 17.2 所	每 10 年 22 所
江苏	每 10 年 10.3 所	每 10 年 16 所
浙江	每 10 年 8.8 所	每 10 年 16.8 所

就书院数量的增长而言，江苏的特殊性在于，长江以南最为繁荣富裕的核心郡县，正是受太平天国运动影响最大的地方。长江以南，江苏遭太平天国运动破坏最大的地区，是靠近安徽省边界的江宁府。从镇江府到常州府、苏州府，最后到松江府（包含了上海县），破坏程度由西向东逐渐减弱。[18] 1865 年之后，书院开始以与各府富裕程度成正比的比率善后复原。在江苏东部，太平天国运动之后迅速发展起大量书院；而在被战争毁坏、没那么富裕的江苏西部，书院发展则没有那么快，新建书院也没那么多。[19]

表 14-2 江苏省南部各府书院数量

日期	府（由东往西）					总计
	松江[a]	苏州[b]	常州[c]	镇江[d]	江宁[e]	
1900 年（自 1862 年起所有新建或翻新的书院）	20 (20%)	32 (31%)	29 (29%)	10 (10%)	10 (10%)	101 (100%)
1820 年[f]	8 (18%)	11 (25%)	10 (23%)	7 (16%)	8 (18%)	44 (100%)

a《松江府续志》（1844；再版 1974），第 1646—1647、1673—1681、1703—1735 页；《华亭县志》（1878；再版 1970），第 406—409 页；《娄县续志》（1879；再版 1974），第 285—289 页；《奉贤县志》（1878；再版 1970），第 337—340 页；《金山县志》（1878；再版 1974），第 631—632 页；《南汇县志》（1927；再版 1970），第 647—648、660、665 页；《青浦县志》（1879；再版 1970），第 701—709 页；《青浦县续志》（1934；再版 1975），第 403—423 页；《川沙县志》（1879；再版 1975），第 104—109 页；《川沙厅志》（1937；再版 1974），第 283 页；《上海县志》（1882；再版 1975），第 686—700 页；《上海县续志》（1918；再版 1970），

第 637—652 页。

b 王树海《中国》，第 57 页，按《苏州》（1883；再版 1970）修订总数；《吴县志》（1933；再版 1970），第 410—416 页；《昆新两县续修合志》（1880；再版 1970），第 80—82 页；《常昭合志稿》（1904；再版 1974），第 779—790 页；《吴江县续志》（1879）卷 3，4a—5a。

c《常州府志》（1886），14a—16a；《武进阳湖县志》（1906；再版 1968），5，5b—7b；《无锡金匮县志》（1881；再版 1970），第 114—117 页；《宜兴荆溪县新志》（1882；再版 1974），第 425—430 页；《宜兴续志》（1920；再版 1970），第 109—110、172—183 页；《江阴县志》（1878；再版 1968），第 5、9—28 页；《江阴县志》（1921；再版 1970），第 361—388 页。

d《丹徒县志》（1879；再版 1970），3，39ab，351—353；《金坛县志》（1885），5，7，14ab，41b，106，300—302；《丹阳县续志》（1885；再版 1974），10，10a—11b；《丹阳县志》（1927；再版 1961），102—106；《溧阳县续志》（1899；再版 1971），5，6a—8a。

e《（续纂）江宁府志》（1880；再版 1970），第 51—52 页；《江浦埤乘》（1891），12，10a—12a；《溧水县志》（1905；再版 1970），第 539—540 页；《高淳县志》（1881），5，33a—36a；《（续纂）句容县志》（1904；再版 1974），第 154—156、296—297、307—308 页；《六合县志》（1883），3，12a；4，9a。

f 王树海《中国》，引自《一统志》（嘉庆版，1820；修订版，1844；再版，台北：商务印书馆，1966），第 6、106 页。

表 14-2 显示出长江下游江苏南部各府重建书院的情况，从 1862 年一直统计到 1900 年这一重建时期结束。此表将后太平天国时期书院的总数，与根据 1820 年国家县志所载各县所存的书院总数进行了比较。数字清楚表明了变化的地理分布。例如，在 1820 年东部沿海的松江府，其书院数量与西部两个府的书院数量相同，但到了 1900 年，松江府的书院数量是西部镇江府或江宁府的两倍。到 1900 年，所有五个府的书院数量绝对值相比 1820 年都增加了。三个最东面的人口稠密经济富裕的核心县府，书院扩张数量尤为显著：松江府是 1820 年的两倍，

苏州府和常州府是三倍。

在常州府，地区重建一直在延续，至光绪年间（1875—1908）时，书院的创办数量还在增长。常州在上海以西，从头开始修建被毁坏的设施和建筑费时更多。虽然县志条目只记载了后太平天国时期常州创办（有些是复建）的 29 所书院里一半的创建日期，但请注意这些书院有多少是在同治朝于 1874 年结束以后所建的：

道南书院（1869 年）

高山书院（1875 年）

礼延书院（1877 年）

江阴书院（1878 年）

溪南书院（1878 年）

三近书院（1879 年）

金台书院（1880 年）

竹西书院（1880 年）

岘阳书院（1881 年）

临津书院（1881 年）

南菁书院（1884 年）

道乡书院（1885 年）

相比江苏东部地区，西面的镇江和江宁两府，不得不筹资来更全面精心地重建书院。遣散清军也耗尽了地方资源，很多县根本没有财力来重建之前的书院，或筹资新建。例如，在江宁县府，奎光书院再未重修，邻县江浦的英华书院也未能重建。溧水的高平书院被毁，手头拮据的县令无法加以重建，他决定将剩余捐款分给地方考生，资助他们去参加举人或进士考试。[20]

最大的开销是重建学生宿舍和藏书，然后是学生每月的膏火。在江苏东部，县官协调和补充从宗族、村庄、行会以及富人那里筹来的各种资源。地方志赞誉道，有时书院创办全靠当地名流。在江苏西部，乡村管事有时候会直接去找县令，1863 年高淳县就发生过这样的事情，然后县令就不得不四处筹资，一点点捐给书院。在江宁府，地方长官在任期里（每人任期三年）常常会花两三年时间筹集足够的捐款，来彻底重新开张书院。镇江府和江宁府重建了10所书院就是地方管理者坚持不懈的证明——他们除了自身的预算之外，几乎没有什么别的资源。[21]

尽管重建书院遭遇了经济上的压力，到1900年，江苏南部所有五个府的书院总量，都超过了太平天国运动之前的数量。如果将此五府的书院总量单挑出来，后太平天国时期书院扩张的密度就变得清晰可见：到1900年为止，此五府总计有101所书院，而在1820年，这个数字是44所。[22] 1862年之后，江苏南部书院的增长数为平均每10年25.3所，几乎是破纪录的数据，若它们不是集中在人口稠密的东部各县，那么1900年，江苏南部35个县平均每县就有3所书院。[23] 加上北部各府，以及江苏省其余地区，1900年，江苏总计有168所书院，相比之下，1820年是70所。[24]

据称，江苏南部的101所书院几乎全为官办。私人创办的书院在数量上可以忽略不计，这延续了整个清朝时期江苏的趋势：在江苏，官办书院占主流，尽管很显然，地方受教育士绅也提供了资金。[25] 后太平天国时期书院的重新分布，同样明显显示出，江苏东部城市化发达的核心地区，有一批地方精英介入其中，这决定了什么地方书院会兴盛。一代人的壮志雄心曾被压抑，他们有商业资本，有管理才能，因此，1862年至1900年间，江苏东南地区的书院如雨后春笋般遍地开花。当时比较难看清的是，为了满足战后混乱社会的需求，高等教育机构在不断扩张，加上自1865年积压下来的学生，到1895年，将会产生供过于求的地方受教育精英。

平均三年时间的学习之后，学生将离开书院，加入当地非官方社会的重要阶层，即所谓地方受教育精英阶层。这一阶层包括了所有没有举人头衔的学位拥有者，其中最大组成成分就是大量生员或童生。后太平天国时期，江苏大约有53754个生员可走仕途，但国家配额限定，每三年只有87个人可以获得举人头衔。[26] 其余的就成为乡村知识分子，他们自然对教育革新或可以发挥其才能的管理机会很感兴趣。

同治中兴期间的龙门书院

1733 年，雍正皇帝在每个省府资助一所省立书院，结束了压制私立书院的王朝巩固期。在江苏，1733 年诏令让两所精英书院得以创建，因为该省管理中心分成了两个：一个在江宁府，管理江苏北部各县；一个在苏州，监督江苏南部核心府县。这两所成熟书院是府、郡和县一级 62 所书院的模本，这些书院都是在随后 60 年乾隆治下创办或复建的。乡绅的捐资非常关键，让办校官员能够从土地或当铺的有息银行账户中建立起持久的基金，以维持这些新机构的运作。[27]

官员和士绅在筹资办学上存在合作的必要性，这样可以让学校远离政府控制，防止政治对这些学校的掌控和压制。学校主管并没有被归类为官员，而一旦任命，他们就必须在所在的地方社会现实体系中工作。各地情况都有不同，在入学人数方面，甚至从最少的只有 10 个学生，一直到 130 个学生左右。书院山长的品性，以及任何时间点上接受的官方和私人财政资助的性质，通常决定了该学校学问的性质。[28]

同治中兴政策清楚呼吁建立书院。[29] 在江苏，从众多县一级的重建和新办书院中，一所高质量的地区书院浮现出来。上海道台所建的龙门书院，吸引了文化繁荣、经济富裕的长江三角洲地区的学生慕名而来。道台创建了龙门书院，并与书院的杰出山长一起，在书院的最初 14 年里支撑着它的发展，使其质量可与苏州和江宁的两所创建于 1733 年的官办省立书院相媲美。

1865 年创办龙门书院的官员，是江苏复兴运动中的重要人物。1864—1868 年间，丁日昌（别名禹生，1823—1882）和应宝时（字敏斋，生于 1821 年，1844 年举人）相继担任江苏东部的军事道台（苏松太兵备道）。历史学家常常将他们和李鸿章（1823—1901）及其幕僚冯桂芬（1809—1874）一起列为洋务运动家——1860 年之后，这些人在制度的最大许可范围内鼓吹洋务运动。[30] 然而，作为书院的创办者，他们主要关心的却是西方价值观和重商主义在江苏沿海地区留下的灾难性后果。

丁日昌在 1868—1870 年间担任江苏总督，他不知疲倦地重建行之有效的全权政府管理——从乡村讲学制度，一直到省级司法公正和财政廉洁的示范标准。

在此过程中，他确保西方异端思想不会损害儒家之邦的优势。[31] 在 1864 年担任上海道台时，他拨了 1000 两银子，要在上海城建立一座先进的高水平书院。他的继任道台应宝时开展了这个计划：不让职业教育或迂腐学问成为这所新机构的标准，这所书院要严格培养有德、能干和高效的学生。在回忆创办过程时，应宝时指出，龙门书院要培养出能为国家做出突出贡献的有才干的学者。[32]

尖子生被龙门书院录取后，应宝时道台会在他们入学时跟他们面谈。沈祥龙（字约斋）后来写道，应道台告诉他自己创办书院的目的："[应敏斋先生]虑上海互市以来，风气日变，思有以挽救，乃创建书院于李氏吾园旧址。"[33] 应道台本人对龙门书院的回忆，也仔细描绘了致力于实践儒家价值观的宋朝书院传统。然后他解释了在上海创办一所独特的儒家书院的需求："地属濒海，中外杂处，闻见易纷，砥柱中流，尤须正学……庶区区之意，可幸寡愆，而丁公教育之初心，不且大慰也哉！"[34]

龙门书院大致制定了章程以后，第一位书院山长草拟了章程草稿，应道台拿去向当时最受尊敬的汉学家俞樾（号曲园居士，1821—1907）讨教，请他予以品评。当时俞樾在苏州 1733 年建成的紫阳书院讲学。他称赞该章程比紫阳书院的章程要好，并指出："他日文经武纬，光辅中兴，不独为东南多士幸也。"[35]

然而，像俞樾这种地位的学者，他们与国家的关系是个问题，同治中兴的设计者们必须加以警惕。1850 年代，俞樾被永久罢官，因为御史认为他在乡试中出的一道题侮辱了皇后。[36] 清廷努力调和学者与国家对学术生活的控制之间的紧张关系，但是这一关系在 1864 年之后进入了一个新的阶段：国家既需要约束难以控制的学者，同时又极为需要制造出更多的忠君文人。之后几任龙门书院山长便包括了各种杰出学者，有些曾一直拒绝当官，不肯进一步出仕，有的，比如像孙锵鸣（号蕖田，1817—1901，见表 14-3），在 1860 年代中期因不当批评县官被弹劾后转向了学术界。[37]

大致是因为长达 14 年之久的太平天国运动集中在长江中下游地区，上海遂成为全国西方知识引入及传播的中心。西方的军械库和军队都驻扎在上海，清政府小心翼翼地用它们将太平军连根逐出江苏。1863 年李鸿章创办上海同文馆，1865 年又在上海建造了江南制造局。此后，同文馆和印书局在上海发展起来。[38]

在通商口岸上海的洋务运动中，龙门书院于1865年建立，这重申了培养精英形式的传统儒家知识的重要性。

不菲的膏火支撑了生员去参加科举考试。龙门书院的教育哲学不是直接培养学生为科举考试做准备，而是让人回想起早先广东学海堂的做法。龙门书院要求学生每人都置两册日记，每天记录，一册是行事日记，记载精挑细选出来的当天学习的书籍与篇章，另一册读书日记则记录读书的思想汇报。阅读书目集中于经史性理。课程里没有诗歌创作。书院形成了一种独立研究的学习氛围，认定通过研习经典和相关著作而获得的自我修养，将培养出思想卓越、道德高尚、富有献身精神的老师、学者和公众领袖，而不是只关心仕途的官僚。[39]

龙门书院的理念和办校原则，再次仿效了著名的学海堂，这也清楚表明，在复兴书院时，学者们在明确保护自己的利益。1870年左右修订书院章程时，有人挑衅说，龙门书院有可能会教八股文。保存在江宁总督府的这一修订版章程，成为书院禁止教授八股文的证据。[40] 学者们在五年前已经获得了开办严肃书院的机会，在1870年，他们保卫自己的学术特权不受国家政治需求或学生职业诉求的侵蚀：

兹已将书院课士之法详定督抚各宪永为定章，此后，或有官长拟改课时文者，董事及肄业生即援定章详禀，或董事及肄业生禀请官长改课时文及诗赋等，致与定章不符者，官长即行谕止。须知书院之设，专为人材起见，有体有用，学问始真，非仅习进身之具也。至时文为功令所尚，则自有本郡县各书院在。[41]

龙门书院董事

龙门书院一直处于江苏东部苏松太地区道台监管之下，直至清朝于1911年被推翻。1867年，应宝时道台将最初借燮珠书院的办学设施移至吾园，并建了一个有15间宿舍的校区，给原来26个依靠膏火学习的住宿学生提供了住处。1871年，涂宗瀛道台（号朗轩，1812—1894）在应道台的10000两银子基础上又拨款12000两，存在上海一个信誉良好的典当行。这一投资利息稳定，可以支付学校运营的开销。[42] 到1876年，又添了13间学舍。1880年，享有膏火的住宿学生增至 36 名。[43]

龙门书院的董事委员会由当地名流组成。县志里对董事任期并无记载，但学院作为道台资助的官方机构，其章程揭示了董事实际履行的一些职能。他们最主要的职能就是管理捐资。

道台的捐款，并非由道台下属而是由上海县府衙门的可靠人士打理。县官挑选出尽责的典当商，后者会上交记录所有交易包括应计利息的正规账目。[44] 安排完这些金融事务后，县官必须知会书院的地方董事会。此后，董事和书院自身的一名管理人员，可以要求提取一定数额的资金，用以经营书院。

每次取款都会知会道署。四个负责部门——书院院务，书院董事会，县府以及道署——形成了某种相互制衡的关系。比如，若有任何董事辞职，董事会里剩下的地方士绅会挑选正直能干（"公正廉明"）的董事替代，并知会道台和相关县官。新任董事必须先得到道署的正式批准，才可以就职。同样，当县府或道署有相关人事变动时，去职官员也必须结算账目，书写离职报告交给董事会，并向新就任的官员提供一份辞去书院事务的官方材料。[45]

至 1900 年，在江苏南部各县，平均每县都有三所县一级的书院，书院董事大部分由受教育的当地精英担任。董事发挥的是地方作用，但因为江苏一般县级书院的功能与通过国家科举考试直接相关，因此，原则上书院招募地方精英更多是为了促进国家利益而非当地利益。但是，同样显然的是，长江下游地区的受教育精英，特别是优秀的学术精英，他们有着自身的兴趣所在。他们拒绝只培养学生就业，也排斥书院仅仅被当作科举考试的预备学校。书院各位山长会赞同创办和支撑书院的官员的需求，即在渐渐西化的上海维护儒家标准，然而，同样是这些学者——他们大部分已远离官方权力——也赞同批评政府本身没有充分坚持儒家标准。

在龙门书院学习

恪守程朱理学，创办龙门书院，1865—1870 年

龙门书院在 1865—1866 年间的创办远非一帆风顺。受聘于应宝时道台的首

任山长是广东人顾广誉（号访溪，1799—1866），他上任两月就仙逝了。第二位山长是万斛泉（号清轩，1808—1904），他只讲学了半年，就因父亲去世，按习俗回湖北守孝三年。之后，1866年，应宝时任命江苏本地人刘熙载（号融斋，1813—1881）为山长。刘熙载极负名望，此后他执掌书院14年，为龙门书院建立了声誉。[46]

分析最初几任山长的背景，可以揭示出江苏中兴运动初期的一些目标。最为显著的事实也许是，头两位被选为山长的学者都是程朱理学的狂热拥趸。此外还有一个事实，即书院强调程朱理学与曾国藩掌握中兴运动的地区领导权并没有形成什么冲突。1864年太平天国运动失败，当时曾国藩的官职为两江总督。

首任山长顾广誉，在他那个时代非常出名，不是因为他提倡汉学，而是因为他强调程朱学派仍然应是科举考试的正统。[47]他的名望不是因为他获得了科举考试的成功——太平天国叛乱某种程度上打断了他的科举晋升之路——而是因为他的丰富著述以及多年的教学经历。[48]他在江苏松江府师从姚椿（字春木），而姚椿本人是著名桐城学派大家姚鼐（字惜抱，1732—1815）的学生。[49]桐城学派基本以宋学为学问根基，而顾广誉师从姚椿学习，也是沿着程朱理学的理路。[50]

应宝时道台选用的第二位山长也是程朱学派的著名学者。在清朝汇编的文集中，万斛泉的生平反复诉说着一个事迹，将身为学者的他刻画得近乎圣人：太平天国叛军从江苏进入万斛泉的家乡湖北时，他选择待在兴国县，继续在一所简朴的学校讲授经典。肆虐的战火蔓延到了他的茅舍，叛军发现他端坐室内，背诵古文，惊讶不已。叛军未伤他一发一毫，不久也撤出了村庄。万斛泉的凛然正气被村民视为极具操守，也打动了许多官员，他们赐他头衔，并试图命他为官——战争期间，曾国藩和李鸿章都想给他一官半职。对他们来说，他代表了儒家的英勇抵抗。但是万斛泉拒绝了所有官方任命，留在书院教书做学问，度过了余生。[51]

其间，应宝时在1869年从上海道台擢升为江苏按察使。继任其官职的是前面提到过的那位涂宗瀛，他相当慷慨地投资重建龙门书院。曾国藩极为赞赏这位年轻的官员。涂宗瀛是其安徽老乡吴廷栋（号竹如，1793—1873）的学生。[52]他一就任上海道台这一肥差，就让已辞任的龙门书院第二位山长万斛泉回湖北筹备朱熹著作全集（《朱子大全》）的编纂。[53]

涂宗瀛对宋学的提倡,承自一群高官——包括曾国藩在内——这些人一直努力将清朝时期非常有势力的考据之学,与恪守程朱道德哲学的论述相调和(一些中国学者对所谓"空洞"的程朱学派抱有敌意,而这些官员已经努力克服了这一局限。关于这点的证明,可见此书第 8 篇包筠雅论戴震的文章。关于对曾国藩复杂思想的进一步分析,见本书第 3 篇刘广京的文章)。原翰林院庶常唐鉴(1778—1861)将这些官员团结在北京。他及其同道、惊人自律的倭仁(字艮峰,1804—1871),在中兴运动开始时都受朝廷重用。[54] 龙门书院的历史帮助我们勾勒出他们的理念在同治中兴初期意识形态中持续的重要性。和龙门书院最初两位山长一样,他们都认可同样的思想谱系,也即清初崇尚程朱理学的理学家:张履祥(字考夫,1611—1674)、陆陇其(字稼书,1630—1692)和张伯行(字孝先,1651—1725)。[55] 唐鉴称赞陆陇其是朱熹在清朝的正宗后学,将"道"之正统传给了清朝。[56] 陆陇其和张履祥、张伯行,再加上陆世仪(字道威,1611—1672),被并称为清初程朱思想四大家。[57] 倭仁去世那年(1871),一份"上奏"也许很好地反映出这一高官群体的影响:张履祥被恩准正式入祀孔庙。1878 年,张伯行紧随其后也位列孔庙。[58]

涂宗瀛的老师吴廷栋和曾国藩都是唐鉴的学生。1867 年,曾国藩在前太平天国都城安顿之后,就邀请吴廷栋作为著名客座讲师前来讲学。[59] 曾国藩尊吴廷栋为中国"在世三圣"之一,视其为中兴管理者可以效仿的学者 - 官员的典范。

曾国藩希望,在驱除太平天国异端的过程中,吴廷栋的个人榜样以及他对儒家理学的讲授可以鼓舞人心、成为儒家领袖的典范。几年前,在北京那群友人中间,他曾感受到这样的鼓舞。他的日记里记录了唐鉴与这个小圈子讨论过的那种标准:"[又言]'近日河南倭艮峰仁前辈用功最笃实,每日自朝至寝,一言一动,坐作饮食,皆有礼记。或心有私欲不克、外有不及检者,皆记出。'……听之,昭然若发蒙也。"[60]

倭仁去世前的最后一个举动,就是赞扬涂宗瀛道台在 1871 年给龙门书院捐资。[61] 无论是中兴时期书院的官方创办者,还是学富五车的山长们,他们都希望,书院作为道德哲学的鲜活环境,将成为社会的缩影,而这个社会的领导人则已经学会了如何超越个人私利。

龙门书院的择生和教学

就读龙门书院是需要竞争的，随之也有实实在在的膏火补贴。到1870年，书院共颁发了26份住宿膏火，还录取了另外24个不住校的学生。住宿膏火为每月4两银子。虽然不住校的学生没有膏火，但学校每月会为8篇文章提供奖赏，他们可以去争取这份奖金。[62] 要成为这50名学生——无论有无膏火补助——都需要通过每年11月份举行的严格的入学考试。其学生身份能否延续至下一年，则取决于他在第11个月之前完成的每月8篇文章的累计总分，下一年班级学生由此成绩决定。

校外考生若想要成为24名不住校学生之一，需要呈交在其他书院（或科举考试）的两份考卷。然后在书院内参加书面考试。如果申请不住校的学生此后想成为26名"优生"之一，即成为享有膏火的住宿生，他必须将此愿望告知书院董事。之后他所有的月度文章都需要提交审阅，包括他最初入学考试的分数。要从校外生变成享有膏火的住宿生，还必须有一名目前的住宿生亲自推荐。推荐信必须对候选人的学问和道德品质予以评价。一个住校名额一般会有几个校外生竞争，其结果由书院山长和道台商议决定。[63]

书院的基本教学方法就是每月提交八篇文章和公布文章题目之前的每日独立学习。一旦宣布文章题目——都在每月13号——住宿生有两天时间写完文章，而校外生回来提交文章的时间，根据学生离校近远（从上海到苏州）逐步延长。除此之外，书院山长每五天进行一次专题讲学。[64]

每月13号之前，龙门书院的学生要向他的老师提交两次日记，一次在初五，一次在初十。这个老师就是书院山长，他负责教导每个学生。他要回应学生阅读中遇到的障碍，也要对学生日记里的想法做出回复。老师的评判以及他与学生的交谈是教学的基础。[65]

书院刊印的章程，描绘了日记作为日课之法：

章程三：严日课

诸生宜各置《行事日记》册、《读书日记》册，于《行事日记》册内分"晨起""午前""午后""灯下"四节，按时定课大要。以"晨起""午前"治四子各经（一书精熟，然后再读一书）及性理（每日读数章）[66]，"午后"读诸史纲鉴（专取一书，从首读起，不得杂乱）及各家书（择其要，撷其精，不得观无益之书）[67]，或旁通时务（须有实际），有余力或作文辞（须当于理，不得作闲杂词章），或习书法（须端楷），"灯下"或兼及科举之业（宜多读先正阐发义理之文）。

虽间有参差，总以绵密无间为主。每日课程及事为，按候记于《行事》册；读书有心得，有疑义，按日记于《读书》册。所记宜实，毋伪，宜要，毋泛，不得托故不记。逢日之五、十，呈于师前以请业请益，师有指授，必宜服膺。每月课文一次，岁终甄别，以验所学之浅深而进退焉。[68]

龙门书院的一个清晰教育理念就是：按所学来生活，或将学到的东西付诸实践。道德原则（"体"）及其贯彻（"用"）是书院的一部分，下文1865年创办时的课程章程便体现了这一核心观念——书院要求每个学生都将这份章程贴在书桌右上方。以下这些书院章程提到了儒家概念"体"和"用"，清楚体现出张之洞（1837—1909）在19世纪末的激进体用观，即洋务可以成为"用"，而不会侵犯到基本的中国价值观（"体"）：

章程一：重躬行
学者读古人书，工夫从知上起，即当从行上尽，知而能行，其知乃真。故《中庸》言博学、审问、慎思、明辨而必归于笃行。诚以既知为学，则必反身以践其实。况书院之设，所以讲求正学者，正欲诸生于己分上做工夫，使之尽强恕而行之功，以渐造乎反身而诚之境，特虑立志未坚，不能力行，其所讲求者以归实践，则于己分上究无裨益。诸生宜随时省察所行之事，与平日所读之书相合不相合，苟有未逮，切切焉自责自励，无令宽假。

章程二：勤读书
读书贵于循序，先以四子各经考其道也，次以诸史及《资治通鉴》、朱子《纲目》扩其识也，而以《小学》《近思录》及《性理》诸书[69]为之阶梯，所以窥义理之精微，定事为之规范也。至百家之书，有足发明经史及有关学问、经济者，各随其能而博览焉。然后以余力学为文辞和科举之业。至其为功，固不容怠忽间断，又不可骛广贪多，当自谅材质之高下，优游渐进。总期明体达用，实能有益斯为，于读书无负也。[70]

后期山长治下的儒家学派的融合

表 14-3 列出了龙门书院 1865—1904 年间的历任山长。其中任期最长、贡献最为出名的一是刘熙载，1866—1880 年，他担任了 14 年的山长。另一是孙锵鸣，他是 1884 年至 1894 年的山长。在刘熙载独具典范作用的山长生涯中，可以提炼出两个特点来形容他对书院的贡献。

表 14-3　龙门书院山长，1865—1904 年

任期	姓名（字或号）	籍贯
1865 年	顾广誉（号访溪）	浙江平湖
1865—1866 年	万斛泉（号清泉）	湖北兴国
1866—1880 年	刘熙载（号融斋）	江苏兴化
1881—1884 年	鲍源深（字华潭）	安徽湖州
1884—1894 年	孙锵鸣（号蕖田）	浙江瑞安
1894—1898 年	朱琛（字献廷）	江西贵溪
1898—1900 年	吴大澂（字清卿）	江苏苏州
1900—1904 年	翁斌孙（字弢夫）	江苏常州
1904 年	汤寿潜（字蛰仙）	浙江山阴

首先，江南大学者俞樾提到刘熙载非常用心尽职地评估学生的日记。俞樾是书院创办时应宝时请教的学者，他深情撰写了刘熙载的墓志铭，说，刘熙载坚持 14 年评阅学生提交的文章，一篇篇予以评析。刘山长的评点纠正了每个学生的弱点，并鼓励他们发挥所长。俞樾不无钦慕地指出，这位曾入值咸丰皇帝上书房的学者，有时候会在凌晨两三点亲自查看宿舍，以确保学生都在宿舍内。[71]

其次，俞樾形容刘熙载的教学方法不强调中国学问的派系之别，不党同伐异。刘熙载不是只依据宋学或汉学来教学，而是强调它们都可以促进学生的道德

进步。俞樾本人显然也同意这一观点。俞樾的思想兼容并包，似乎比1865年唐鉴小团体所崇尚的自我修养更为圆通，他的立场代表了儒家派系的融合——1880年代之前，大部分严谨笃实的江苏书院都拥有这一共识——"学术大明，贵在择守，无取更张"，俞樾如此说道，他赞同龙门书院刘山长的看法，"云河汉宋若判井疆"。[72]

曾国藩1867年第二次回到江宁时，在他的指导下，龙门书院所传授的儒家思想融合得以在1870年代延续。当曾国藩提及书院应该传授什么样的思想立场时，他坚持汉学与宋学的结合。在清朝中兴这一关键时刻，曾国藩想要避免让国家变得衰弱的派系之争。此后建立在曾国藩声名之上的书院，都呼吁宋学汉学的整合，提倡学习桐城派的文章——曾国藩曾称赞姚鼐的著作。在曾国藩看来，宋学汉学的基本原理交织成一种综合性的意识形态，促进了实在且实用的学问（"实学"）。[73] 程朱理学追求的自我修养是曾国藩所提倡的后太平天国时期综合学问的核心，这一元素也影响了19世纪的儒学共识。[74] 在曾国藩的思想、江苏书院的复兴，以及一些"清议"（纯粹意见）中，有一个共同的主题，那就是这一自明之理：儒家国家的复兴意味着对高度中央集权政府的革新，而其基础就是拥有没有派系之争的共同政治意识形态。[75]

在孙锵鸣奉献给书院的十年里，我们必须注意到他生平中的一件事，它解释了为何像他这般才能出众之人，会选择当书院山长。取得进士功名后，孙锵鸣出仕为官。然后，从1853年到1862年，他在家乡浙江瑞安组织民兵，抵抗太平军侵略以及相关叛乱。[76] 1863年，他开始担任科举会试考官——太平天国运动之前他就曾在广西担任过学政——但他忍不住批评瑞安管理的低劣。他所抨击的无能，可能就是令人悲叹的县府管理，这种情形因卖官而愈发严重，不久丁日昌就试图在江苏北部纠正这一现象。[77] 但因为孙锵鸣说话不合时宜，巡抚弹劾了他，阻止他继续当官。直到1896年孙锵鸣79岁高龄时，他才最后官复原职。

太平天国运动及其余波，影响了长江下游地区许多年。1866年，刘熙载借口身体欠佳，伺机辞去官职，然后献身于书院教学和学问钻研。而孙锵鸣的情况则是，弹劾让这位才干超人之士被剥夺了官职，他去了新建的地区书院，而书院就是为未来培养更多的优秀人才的。[78] 1900年，在获得进士头衔（1841）60年之后，孙锵鸣被赏赐侍郎衔。孙锵鸣应该还是很高兴自己恢复了名誉，而当朝廷于1900年避乱西安时，这位太平天国时期经验丰富的民兵将领当众洒泪。不久他就病倒了，并于当年去世。[79] 这些山长留给两代龙门学子的面对20世纪的遗产，就是实践儒家道德原则，呼唤一种超越所有派系的道德领导权。

长江下游地区向现代公立学校的转变，1895—1911年

1894—1895年甲午战争失利造成的民族创伤，对长江下游地区受教育精英产生了重大影响。在将近两代人的时间里，江苏书院的复兴扩大了受教育的机会，也提高了整个省当地士绅的创新精神。1895年，来自日本军队的重击，让中央政府出离震惊，清廷由此放开了对许多国家机构的控制。虽然伴随着这一变化的分权革命在1898年百日维新后遭到狠狠镇压，但由于国家在危急时刻的管理中断了许多中央政府职能，当地精英不得不面向更大的范围施展力量。1901年新政便尝试重新实施中央集权控制。

1895年，长江下游地区数量增长的地方受教育精英，早已在同治中兴所预见的那些正统社会流动路线之外行动。在龙门书院众多富有才干的学生中，张焕伦（字经甫）就是一个很好的例子，可以显示1865年之后，上海地方精英如何逐渐重新调整自己精力投入的方向，扩大自己学问能够做出贡献的范围。张焕伦是刘熙载的学生，1876年，当上海道台在上海创办了一个像龙门书院那样的新的传统书院时，他被任命为山长。和龙门书院的多位山长一样，张焕伦也曾被高官看中，要命他为官。曾纪泽（1839—1890）和张之洞都试图让张焕伦当官，但未成功。[80]

张焕伦更想做的事情，并非领导传统书院，而是在上海创办一所他自己的改良书院。1878年，他开办了一所学校，其办学目标将龙门书院这样的传统书院的办学宗旨推向了极致。他的新学校正蒙书院传授性理之学，但学生要将之与时务联系起来。[81] 除了程朱理学，书院不教授其他与科举考试相关的科目。书院聘请外国人成为专业学科的主讲，军事训练也是课程的一部分。而且，书院还教授英语和法语。[82]

另外两位原龙门书院学生，和张焕伦一起创建了这所持不同意见的学校，而

且至少还聘请了一位原龙门书院学生在那里讲学。地方县志表明，不久，龙门书院的年轻人里有一个甚至跑去一个明确主张强国的机构，即上海的江南制造局教书，此后其他那些原龙门书院学生也都跑去那里教书了。[83]

甲午战争战败之后的十年，即1896年至1906年，对增加长江下游地区地方精英的自主权、扩大他们的权力具有决定性意义，他们大部分人都像张焕伦那样在尝试建立新的机构。其中前五年，国家危机使得地方自治事实上增强了。例如，上海第一个市政府的诞生，就是因为清朝官员没有能力开展早已在进行之中的长期计划，比如拓宽街道、加强公共安全。1894—1895年与日本的战争占据了主管官员的时间与资源，他们都分身乏术。1896年，上海市政府首次默认由当地官员管理。[84]

1896年，上海市有一个激进的自强机构的分支，名为强学会。接下来几年，留日归来的学生以及上海南洋公学的学生也推动建立了早期的一些革命性机构。上海南洋公学由盛宣怀（1844—1916）建于1896年，不久就由张焕伦管理，即之前提到的那位在1878年创办改良性质的正蒙书院的前龙门书院学生。[85]

1895年之后，上海和全国各地都创办了很多教育机构、学会和社团。1898年变法被镇压后，大部分机构都在没有任何国家支持的情况下悄悄延续。1900年之后，上海地方教育者以惊人的速度在上海建立新的机构，虽然大多数都没有明确的政治纲领，但它们的成立完全表明地方精英在教育方面的作用越来越大。[86]

例如，1904年，沪学会建立，会员必须每月捐款。他们创办了一所慈善性质的义务小学、一个体育社团和一个夜校，教授的科目相当广泛。1905年，另一个主要由原龙门书院学生组成的社团也加入了这个学会，该社团最终于1908年与沪学会联合成立了上海县教育会。1905年的社团名为教育研究会，袁希涛（生于1866年）是创立者之一，他是龙门书院的学生，在前一年龙门书院转变为师范学校的过程中，他发挥了重要的作用。[87]

到1905年，全省范围的专业教育者组织也都集中在上海。江苏省教育会的前身于1905年10月在上海建立，江苏教育界的老前辈张謇（字季直，1853—1926）当选为主席。[88]这让江苏受教育精英在全省范围内有了一定的组织发言权。接下来的几年，有组织的江苏教育工作者行使的特权，与政府官员拥有的特权之间一直存在着冲突。他们之间的许多妥协推动着改革向前迈进。[89]

1906年的政策便包含了引人深思的妥协。很显然，新政官员需要控制不断增长的公立学校数量，而现实是，只有现有的地方精英才能让新学校发挥作用，因而官员的需求已经调整并适应了现实。1906年，朝廷下令建立了中国第一个精细完备的省教育管理机构。它包括了基本由地方受教育精英管理的县一级教育机构。从1906年开始，每个县都必须建立劝学所，虽由县令监督，但政府公开表示，同意由各学区的地方精英管理。[90]

1906年另一个饶有意味的与学校有关的政策，是清廷大力推广突然冒出来的省教育学会。前一年9月宣布废除科举后，很显然，新办学校将成为地方士绅们展开积极行动的落脚点。新政改革家既想利用地方的这些积极行动，事实上又试图将这些积极行动与日益增长的省自治的威胁分离开来。但正如玛丽安娜·巴斯蒂-布鲁吉埃所证明的，到1909年，省教育学会成员与省议会成员的关联使得这一目标落空了。也许，最为重要的是，从1906年到1911年，这些学会惊人增长，而它们与1890年代学会的关联清楚表明，江苏地方受教育精英正无可阻挡地组织起来。[91]

20世纪的头十年，长江下游地区不断增长的地方受教育精英，从政府那里获得了教育的主动权。1902年初，江苏省省官开始贯彻1901年诏令，将所有书院改为公立学校，并创办全新的学校。1902年末，江苏有67所公立学校，这一最初的数字后来年年翻倍，到1905年已达564所。之后在1906年，随着科举考试的废除，以及官方政策认可地方精英及其学会在组织新学校方面的领导地位，学校总数在一年内又翻了个倍，达到1182所。这一增长趋势一直延续到1911年以后：到1915年，官方记载江苏总共有5982所公立小学、中学和大学。[92] 随着1900年以后政府逐渐承认有必要让地方精英管理当地公立学校，后太平天国时期增多了的受教育精英已经准备好要大干一场了。

结语：龙门师范学校

1904年秋，龙门书院彻底转型为道台资助的师范学校。当时，四位上海地区的学者被当地政府送去日本考察那里的师范学校。接受这一任务的有两位原龙门书院的学生，沈恩孚（字信卿）和袁希涛，他们后来分别成为新龙门师范学校的首任和第二任校长。[93] 附属小学也很快建立起来。不过，这一转型远非顺利。

1904年初，颇有建树、进步开明的浙江学者汤寿潜（1856—1917）接受龙门书院的任命，担任新山长。[94] 1870年以来的学校章程中，龙门书院一直坚持相对独立，不受政府命令所缚。当书院要变为师范学校的流言1904年在校园传开时，汤寿潜山长要求相关监管人员汇报他对当局做法的异议。一旦书院成为培养教师的学校，它将会处于官府严密控制之下，这是汤寿潜不肯接受的。[95] 但是，当局非但没有制定协商的时间表，反而开始翻新并扩建书院的宿舍和教室容量，让它能发挥师范学校的功能。对此，龙门书院最后的这位山长公开表示反对，愤而辞职。

之前提到过的沈祥龙，是1865年入学的龙门书院优秀学生，也于1904年辞职以示支持。1915年，回顾了40年来在各位杰出山长管理下他所看到的龙门书院的进步后，他感到在民国初年转型的师范学院里，这些进步大部分都丧失了。他如此论道："龙门院长，皆理学纯儒，以程朱之书为教。群弟子亦多励品节、研义理，所学者正不务浮华，故出而用世，皆能自树立。迨后学堂，日兴争言西学，遂目性理为迂阔无用，致以改为师范学堂。特不知彼之所谓师范者，能如曩日诸先生之教乎？能令门人心悦诚服如服刘鲍诸先生乎？"[96]

胡适是美国进步教育运动的一些最先进教育方法的支持者，但他后来与这位清朝学生一样哀叹（理由有点不同）龙门书院转型所代表的牺牲。1920年代，胡适将龙门书院与另两所江苏省书院一起挑出来作为清朝传统书院的最佳典范。他痛惜，20世纪之交，将一千年来的古代书院制度完全推翻了，而以在德国只行一百余年的公立学校传统代替。[97]

无论后来的阐释者在龙门书院的古典教学中看到了什么优势，汤寿潜1904年辞职所奉行的原则，在长江下游地区的地方士绅中已是普遍共识。从1865年以来，当江苏书院开始扩张时，长江下游地区的书院在重建后太平天国时期的机构时，便主张书院的目的就是为了教育而教育。这两代人，从山长到董事到学生，都享有创办新机构的相对自主权，而这些机构的存在又进一步扩大了受教育精英阶层。1895年之后的国家危机继续解放了长江下游地区的地方受教育精英，并最终让他们得以组织起来。到1906年，在江苏，前40年里发展起来的地方受教育精英，已经把地方自决当作目标。因此，毫不奇怪，汤寿潜不久就支持立宪和此后的孙逸仙共和政府。[98]

此文修订版将收入秦博理《帝制中国最后的古典书院：长江下游地区的社会变革，1864—1911》(Imperial China's Last Classical Academies: Social Change in the Lower Yangzi, 1864-1911)（Berkeley: Institute of East Asian Studies, University of California, 1994 ）。

（严蓓雯 译）

注释

1. 芮玛丽《中国保守主义的最后立场：同治中兴，1862—1874》(The Last Stand of Chinese Conservatism: The T'ung Chih Restoration, 1862-1874)（New York: Atheneum, 1969），第 130 页。
2. 这个数字在太平天国运动之前只有 50%。见玛丽安娜·巴斯蒂-布鲁吉埃《社会变革的潮流》(Currents of Social Changes)，收入费正清、刘广京编《剑桥中国史》(The Cambridge History of China)（Cambridge: Cambridge University Press, 1980）卷 11，第 2 册，第 538 页；张仲礼《中国士绅》(The Chinese Gentry)（Seattle: University of Washington Press, 1970），第 116—137 页。
3. 刘广京《清朝中兴》(The Ch'ing Restoration)，收入费正清编《剑桥中国史》(1978)卷 10，上册，第 439 页。
4. 张仲礼《中国士绅》，第 88、100 页。
5. 刘广京《清朝中兴》，第 425—435 页；郭廷以和刘广京《自强：追求西方技术》(Self-Strengthening: The Pursuit of Western Technology)，收入《剑桥中国史》卷 10，上册，第 496—500、519—525 页。
6. 胡传《钝夫年谱》，收入胡适《胡适自述》(台北：远流出版公司，1991)，第 189—191 页。
7. 胡传《钝夫年谱》，第 191、228 页。另见胡适《胡适口述自传》，唐德刚译注（台北：传世文学出版社，1986），第 11—14 页。
8. 胡传《钝夫年谱》，第 221—228 页；胡适《胡适口述自传》，第 12—15 页。
9. 林懋《广东的书院和都市体系》(Academies and Urban Systems in Kwangtung)，收入施坚雅编《晚期帝制中国的城市》，第 481 页。

10. 林懋《广东的书院和都市体系》，第484页。
11. 大久保英子《清代江浙地区的书院和社会》，收入多贺秋五郎编《东亚近代教育史研究》（Tokyo，1970），第246、384—388页。
12. 冉枚铄《中国精英激进主义和政治改革：1865—1911年的浙江省》（*Elite Activism and Political Transformation in China: Zhejiang Province, 1865-1911*）（Stanford: Stanford University Press, 1986），第53页。
13. 冉枚铄《中国精英激进主义和政治改革：1865—1911年的浙江省》，第54页。
14. 冉枚铄《中国精英激进主义和政治改革：1865—1911年的浙江省》，第98页。
15. 冉枚铄《中国精英激进主义和政治改革：1865—1911年的浙江省》，第18—21页。
16. 冉枚铄《中国精英激进主义和政治改革：1865—1911年的浙江省》，第97页。
17. 关于江苏，可见大久保英子《清代江浙地区的书院和社会》，第239页；关于广东，可见林懋《广东的书院和都市体系》；关于浙江，可见冉枚铄《中国精英激进主义和政治改革：1865—1911年的浙江省》（附录B）。这些数据提供了新建或重建书院的数量。书院在每个时间点上的总量很难清楚区分，因为一个县志的记载有可能与另一个县志的记载相差一年。大久保英子的统计，让人并不清楚江苏书院的总数。王树槐没有按省份和时段来统计书院。北方各县将近60所书院也许没有在太平天国暴行中全被摧毁，而且可能没有记录在大久保英子对新办学校和翻新学校的统计中。见王树槐《中国现代化的区域研究——江苏省：1860—1916》（台北：近代史研究所，1984），第57页。
18. 刘石吉《明清时代江南市镇研究》（上海：中国社会科学出版社，1987），第73—80、94页；王业健《太平天国叛乱对江南人口的影响》（The Impact of the Taiping Rebellion on Population in Southern Kiangsu），收入《中国论文集》1965年第19期，第120—129页。
19. 见刘石吉《明清时代江南市镇研究》（第89—97页）和表14-2。沿海的松江府在太平天国肆虐破坏之际越来越都市化，苏州府和太仓州也是如此。长江下游地区其他地方家族躲避太平天国战乱迁至此地，可以解释这一地区都市人口的稳定增长。
20. 《江宁府志》，第51页；《江浦埤乘》卷12，1a—2b；《溧水县志》，第539—541页。
21. 《江宁府志》，第52页；《高淳县志》卷5，33a—36b；欧中坦《丁日昌与同治年间的江苏吏治改革，1867—1970》（*Bureaucratic Reform in Provincial China: Ting Jih-ch'ang in Restoration Kiangsu, 1867-1870*）（Cambridge, Mass.: Harvard Council on East Asian Studies, 1983），第137页；《句容县志》，第154—155、297—298页；《六合县志》，第3、12页。
22. 见表14-2和王树槐《中国现代化的区域研究——江苏省：1860—1916》，第57页。
23. 这一速率在江苏南部显得高得有点不自然，因为1862年的基准线是一所书院也没有，当时太平天国基本上关闭了所有书院，并摧毁了五个府的大部分书院。清廷规定，每个县至少要有一所书院，这的确是那一时期直隶的平均数字，见理查德·奥博《晚清直隶书院和其他学校：机构考察》（Chihli Academies and Other Schools in the Late Ch'ing: An Institutional Survey），收入约翰·斯科莱克、柯文编《19世纪中国的改革》（Reform in Nineteenth-Century China）（Cambridge, Mass.: Harvard University Press, 1976），第236页；另见冉枚铄《中国精英激进主义和政治改革：1865—1911年的浙江省》。在江苏，只有江宁府的确是每个县只有一所书院，数量很少。值得注意的是，江苏南部地区出现的这一迅速增长，在广东省也同时发生了。从1851年到1861年，广东每十年增加25所书院，私人办学数量也迅猛飞涨，这也许跟逃离太平天国战乱有关。见林懋《广东的书院和都市体系》，第481页。

24. 这个数据王树槐引用了国家通志《大清一统志》。我查阅了更为详细的县志，来检验《大清一统志》里给出的江苏统计数据，发现是可信的。见我文中的表14-2，在王树槐给出的数据上增添了长江北部省份的数据，以便给出整个省的数据。见王树槐《中国现代化的区域研究——江苏省：1860—1916》，第57页。

25. 大久保英子《清代江浙地区的书院和社会》，第245—247页；小川佳子《清代义学设立基础》，第292、305页。

26. 闵斗基《国家政策与地方势力》，第21—49页；张仲礼《中国士绅》，第100页；徐劢《中国科举制度之实践》（上海，1894），第5期，第118页。

27. 大久保英子《清代江浙地区的书院和社会》，第239—246页；本杰明·A. 艾尔曼《晚清帝国政治与儒家社会：翰林院和东林书院》（Imperial Politics and Confucian Societies in Late Imperial China: The Hanlin and Donglin Academies），载《近代中国》总第15期，1989年第4期，第392—402页；本杰明·A. 艾尔曼《从理学到朴学：中华帝国晚期思想与社会变化面面观》，第119—130页；陈元晖等编《中国古代的书院制度》，第91页。另见下文注50。

28. 伍思德《国家、学者和正统：1736—1839的清朝书院》（State, Scholars, and Orthodoxy: The Ch'ing Academies, 1736-1839），收入刘广京主编《晚期帝制中国的正统思想》，第166—171页。刘广京《清朝中兴》，第485页。

29. 刘锦藻编《皇朝续文献通考》卷100，第8591页。

30. 毕乃德《中国早期公立学校》（The Earliest Government Schools in China）（Ithaca, N.Y.: Cornell University Press, 1961），第8页。房兆楹《丁日昌》（Ting Jih-ch'ang），收入恒慕义编《清代名人传略》（Washington, D.C.: Government Printing Office, 1943），第722页。

31. 陆宝千《清代思想史》（台北：广文书局，1983），第349—361页；欧中坦《丁日昌与同治年间的江苏吏治改革，1867—1970》，第61页。丁日昌在政府重新夺回苏州和常州的过程中扮演了重要角色,也在遣散查尔斯·"汉治"·戈登的常胜军中发挥了重大作用。他被擢升为直隶州知州,1864 年,他官至上海道台。见欧中坦《丁日昌与同治年间的江苏吏治改革,1867—1970》,第 18 页;《上海县志》,卷 9,34a。1867 年,他从两淮盐运使升为江苏布政使。作为广东本地人,丁日昌在担任江西县令时赢得了李鸿章的垂青,他的官运也自太平天国战后稳步上升。1868 年起,他任江苏巡抚,一直到 1870 年母亲去世才辞任奔丧。1864 年至 1870 年间,丁日昌一直是富裕的长江三角洲地区的同治中兴领袖。

32. 应宝时《巡道应宝时龙门书院记》,收入《上海县志》卷 9,第 693—694 页。

33. 沈祥龙《潭东杂识》,载《文艺杂志》,1914—1915 年第 7 期,第 69 页;1914—1915 年第 9 期,第 83 页。

34. 应宝时《巡道应宝时龙门书院记》,34b。

35. 俞樾《与应敏斋同年》,收入俞樾编《春在堂全书》(414 卷,台北:文海,1968),第 502—504 页;《续定上海龙门书院课程六则》(上海:龙门书院,1870),4b。

36. 冉枚铄《中国精英激进主义和政治改革:1865—1911 年的浙江省》,第 134 页。(俞樾出了三个题目,第一个是"君夫人阳货欲",被认为是在暗指"皇后出墙",被御史曹登庸劾奏"试题割裂经义",咸丰皇帝将其罢免,"永不叙用"。——译注)

37. 缪荃孙《清故侍郎衔翰林院侍读学士孙先生墓志铭碑》,收入《清代传记丛刊》(台北:明文书局,1985)卷 119,第 545—548 页。

38. 郭廷以、刘广京《自强:追求西方技术》,第 499 页;毕乃德《中国早期公立学校》,第 35—36、157 页;《上海市通志馆期刊》(1933—1934;再版,香港:龙门书店,1967),第一年第二期,第 506—525 页。

39. 应宝时《巡道应宝时龙门书院记》,34b;《上海市通志馆期刊》,第一年第二期,第 503 页;胡传《钝夫年谱》,第 221—222 页。参见艾尔曼《从理学到朴学:中华帝国晚期思想与社会变化面面观》,第 174—176 页。

40. 《续定上海龙门书院章程六则》(上海:龙门书院,1870),1a。

41. 《续定上海龙门书院章程六则》,1b—2a。

42. 《上海县志》,卷 9,第 695 页;潘敏德《中国近代典当业之研究,1644—1937》(系列专著 13,台湾师范大学历史研究所专刊,1985),第二章。

43. 《上海市通志馆期刊》,第一年第二期,第 503 页;《松江府志》卷 17,第 1704 页。

44. 运用典当行制度让公共基金生出利息,被称为"发商生息"。关于完整说明,见潘敏德《中国近代典当业之研究,1644—1937》,第二章。龙门书院最初的一万两银子捐款,交给了上海两家典当行,每年利息 1140 两。见《续定上海龙门书院课程六则》,3b—4a;韦兰《中国典当行》(*The Pawnshop in China*)(Ann Arbor: Center for Chinese Studies, University of Michigan, 1979),第 10 页。

45. 《续定上海龙门书院章程六则》，3b—4a。
46. 陆宝千《清代思想史》，第 36 页；沈祥龙《潭东杂识》，第 83、85 页。
47. 《清代传记丛刊》卷 104，第 332 页。
48. 《清代传记丛刊》卷 17，第 593 页；卷 104，第 332 页。
49. 沈祥龙《潭东杂识》，第 85 页；《清代传记丛刊》卷 17，第 593 页；卷 94，第 757 页。
50. 叶龙《桐城派文学史》（香港：龙门书店，1975），第 5 页。
51. 《清代传记丛刊》卷 19，第 885—889 页；卷 7，第 633—639 页。
52. 张灏《倭仁的仇外角色》（The Anti-foreignist Role of Wo-jen [1804-1871]），载《中国论文集》1960 年第 14 期，第 6 页；《清代传记丛刊》卷 202，第 507 页。
53. 也许是万斛泉恳求涂宗瀛让他从事这一项目，因为杰出的外交官吴大澂（字大淳，1835—1902）早就说服万斛泉这么做。吴大澂之前是万斛泉的学生，1898 年他成为龙门书院山长。见《清代传记丛刊》卷 4，第 887、895 页。
54. 刘广京《清朝中兴》，第 423 页；曾国藩《唐确慎公墓志铭》，收入《曾文正公全集》，第 12918 页。
55. 《清代传记丛刊》卷 4，第 887 页；卷 104，第 332 页。张灏《倭仁的仇外角色》，第 5—6 页。《清代传记丛刊》卷 7，第 241 页。谢正光《曾国藩：19 世纪一儒将》（Tseng Kuo-fan, A Nineteenth-Century Confucian General）（博士论文，Yale University, 1975），第 19 页。托马斯·瓦特斯《孔庙牌位指南》（A Guide to the Tablets in a Temple of Confucius）（上海，1879），第 235、243 页。
56. 见《清代传记丛刊》卷 2，第 76—77 页。另见张君劢《中国新儒学的发展》（The Development of Neo-Confucianism in China）（New York: Bookman, 1962）卷 2，第 318 页，引自唐鉴《国朝学案小识》（上海，1935）前言，第 4 页。陆陇其 1724 年入祀孔庙，见托马斯·瓦特斯《孔庙牌位指南》，第 242 页。
57. 见《清代传记丛刊》卷 2 内所收《国朝学案小识》，第 85—151 页。另见陈荣捷《〈性理精义〉与十七世纪的程朱学派》，第 549 页。
58. 托马斯·瓦特斯《孔庙牌位指南》，第 234 页。有意思的是，这个小团体的一员，于 1872 年去世的曾国藩，也在 1903 年被讨论是否可以入祀封圣。张之洞成功地驳回了这一提议，理由是在天津教案中曾国藩曾下令处死为首杀人的 16 人。见张达骧、李石孙《张之洞事迹述闻》，收入《文史资料选辑》第 99 辑（北京：文史资料出版社，1984），第 87 页。另见《清代名人传略》，第 52 页。
59. 冯煦《蒿庵随笔》（台北：文海，1966），第 67—68 页。
60. 谢正光《曾国藩：19 世纪一儒将》，第 27 页，引自《曾文正公手书日记》（再版，台北，1965），第 149—151 页。
61. 陆宝千《清代思想史》，第 331—334 页。

62. 每个月总计有 32.5 两银子作为奖学金奖励学生。顶尖学生最高可以拿到 2 两, 最少 0.5 两。50 名学生中, 有 40 名学生每月都有一些奖金。见《续定上海龙门书院章程六则》, 6a。
63. 《续定上海龙门书院章程六则》, 6b。
64. 胡传《钝夫年谱》, 第 222 页。
65. 见沈祥龙对刘熙载的赞赏, 收入沈祥龙《潭东杂识》, 第 83—84 页。另见俞樾对刘熙载批阅学生功课的论述, 见俞樾《左春坊左中允刘君墓碑》, 第 2 页。
66. 见陈荣捷《〈性理精义〉与十七世纪的程朱学派》, 第 543 页。括号里的内容原文显示是用更小的字体书写的, 有点像是经典的注疏。
67. 指朱熹的历史书《通鉴纲目》。有关进一步定义, 见张灏《倭仁的仇外角色》, 第 17 页。
68. 《续定上海龙门书院课程六则》, 2a。
69. 文中的"《性理》诸书"指的是性理之学方面的书籍, 而不是单独一本书的书名。
70. 《续定上海龙门书院课程六则》, 1b。
71. 俞樾《左春坊左中允刘君墓碑》, 第 2 页。(墓志铭原文为:"与诸生讲习, 终日不倦。每五日必一问其所读何书, 所学何事, 讲去其非而趋于是。丙夜或周视斋舍, 察诸生在否。"——译注)
72. 俞樾《左春坊左中允刘君墓碑》, 第 3 页。
73. 姜穆《曾国藩的幕僚群》(台北: 黎明文化事业公司, 1987), 第 101—103 页; 黄体芳《南菁书院碑记》(江阴: 碑, 1885, 农历九月); 刘广京《清朝中兴》, 第 487 页; 张灏《梁启超和中国的思想转型, 1890—1907》(Liang Ch'i-ch'ao and Intellectual Transition in China, 1890-1907)(Cambridge, Mass.: Harvard University Press, 1971), 第 42 页。
74. 张灏《危机中的中国知识分子: 寻找秩序与意义, 1890—1911》(Chinese Intellectuals in Crisis: Search for Order and Meaning[1890-1911])(Berkeley: University of California Press, 1987), 第 15 页。
75. 张灏《倭仁的仇外角色》; 玛丽安娜·巴斯蒂-布鲁吉埃《清议和自强运动》(Ch'ing-i and the Self-strengthening Movement), 收入《清季自强运动研讨会论文集》(台北:"中研院"近代史研究所, 1988), 第 877—879 页; 陆宝千《清代思想史》, 第 331—333 页; 约翰·斯科莱克《1898 变法和作为对立面的清议改革》(The Reform Movement of 1898 and the Ch'ing-i Reform as Opposition), 收入约翰·斯科莱克和柯文编《19 世纪中国的改革》, 第 290 页; 刘广京《清朝中兴》, 第 487 页。
76. 太平天国时期, 孙锵鸣亲自领导地方乡绅镇压金钱会起义。见冉枚铄《中国精英激进主义和政治改革: 1865—1911 年的浙江省》, 第 116 页, 引自刘祝封《钱匪纪略》,

收入《瓯风杂志》，1924年，第8—11页。

77. 弗兰克·A. 巴克利斯《丁日昌在江苏：克服晚清地方官僚失能的传统方法》(T'ing Jih-ch'ang in Kiangsu: Traditional Methods of Surmounting Dysfunction in Local Administration during the Late-Ch'ing Period)，载《近代史研究所集刊》，1979年第8期，第235—253页；欧中坦《丁日昌与同治年间的江苏吏治改革，1867—1970》，第6章。

78. 缪荃孙《清故侍郎衔翰林院侍读学士孙先生墓志铭碑》，3a—3b。

79. 缪荃孙《清故侍郎衔翰林院侍读学士孙先生墓志铭碑》，3a。

80. 《上海市通志馆期刊》，第一年第二期，第504页。

81. 书院名字取自张载（1020—1077）最著名的著作《正蒙》。见朱熹《近思录》(NewYork: Columbia University Press, 1967)，第xxvii页。

82. 《上海市通志馆期刊》，第一年第二期，第504页。

83. 《上海县志》卷18，第42—44页；《上海县续志》，第50页。

84. 《上海市通志馆期刊》，第二年第四期，第1213—1215页。

85. 革命活动集中在中国教育会和爱国学社，直到它们双双在1903年镇压《苏报》的运动中被平定；见《上海市通志馆期刊》，第二年第三期，第832—840页。张焕伦1904年在上海另办了一所学校，名为梅溪学堂，课程很简单，但却很先进。因为父亲和张焕伦在龙门书院缔结的友谊，胡适去了那所学堂。见胡适《胡适自述》(台北：远流，1991)，第47—50页；《上海市通志馆期刊》，第二年第二期，第628—629页；第二年第三期，第832—840页；《上海县志》卷18，42a—43b。

86. 冉枚铄《中国精英激进主义和政治改革：1865—1911年的浙江省》，第197—201页；《上海市通志馆期刊》，第二年第二期，第531页；魏斐德《自治的代价：明清政治中的知识分子》(The Price of Autonomy: Intellectuals in Ming and Ch'ing Politics)，载《代达罗斯》(Daedalus) 总第102期，1972年第2期，第61页。

87. 《上海市通志馆期刊》，第二年第三期，第842—846页。

88. 玛丽安娜·巴斯蒂-布鲁吉埃《20世纪初的中国教育改革》(Educational Reform in Early 20th-Century China)，第246页注释1。（出版信息原书缺。——译注）

89. 玛丽安娜·巴斯蒂-布鲁吉埃《20世纪初的中国教育改革》，第57页。

90. 蒋维乔《江苏教育行政概况》(上海：商务印书馆，1924)；玛丽安娜·巴斯蒂-布鲁吉埃《20世纪初的中国教育改革》，第43页。玛丽安娜·巴斯蒂-布鲁吉埃关于1906年政策的法文专著的英文版，强烈阐明了行政的作用。中文原文是"监督"，即监视或监管。地方行政精英的薪水确实是由行政预算支出的，但是，在1906年的中国政策中，地方只选择一名当地人（"县视学"）负责县里的每个学区。此人从地方士绅中挑选，关注"教育、拥有能力和高洁的道德品格"。见多贺秋五郎编《近代中国教育史资料》(1972；再版，台北：文海出版社，1976)；布鲁纳特、哈盖尔斯特洛姆《当代中国的政治建构》(Present Day Political Organization of China)(上海，1912)，第409页。

91. 玛丽安娜·巴斯蒂-布鲁吉埃《20世纪初的中国教育改革》，第62—64页；魏斐德《自治的代价：明清政治中的知识分子》，第55—60页。

92. 见玛丽安娜·巴斯蒂-布鲁吉埃《20世纪初的中国教育改革》，第44页，引自《教育统计图表》(1907)，第27页。另见教育部编《中华民国第三次教育图表》(1915；再版，台北：文海，1986)，第98页，注释10；第203页。

93. 沈恩孚在1905—1907年担任首任校长，之后辞任，出任上海的中国图书公司经理，中国图书公司后来刊印学校课本。沈恩孚到1911年一直担任学校董事。袁希涛在1907年至1909年间管理学校，之后接受考察任务的第三位成员夏日璇（字琅云）接管校长一职。见《江苏省立第二师范学校二十周年册》(上海：江苏省立第二师范学校，1925)，第1页。

94. 汤寿潜是1895年进士，他是一名改革家，与老家浙江联系紧密，发表了很多文字学著作。见冉枚铄《中国精英激进主义和政治改革：1865—1911年的浙江省》，第261—262页；《清代传记丛刊》卷16，第509页。有关下文汤寿潜与龙门书院关系的说明，参见沈祥龙《潭东杂识》，第84页。

95. 玛丽安娜·巴斯蒂-布鲁吉埃《20世纪初的中国教育改革》，第121页。

96. 沈祥龙《潭东杂识》，第84页。

97. 胡适《书院制的史略》，载《教育汇刊》，1924年第2期，第1页。胡适本人编辑并出版了此次讲演的另一份记录，见胡适《书院制度史略》，载《东方杂志》，1924年2月(21)3期，第142—146页。见《清代名人传略》，第722页。

98. 冉枚铄《中国精英激进主义和政治改革：1865—1911年的浙江省》，第7章；艾尔曼《晚清帝国政治与儒家社会：翰林院和东林书院》，第392—402页。

后记　清朝中国教育的发展

伍思德（Alexander Woodside）
本杰明·A. 艾尔曼（Benjamin A. Elman）

　　清朝灭亡后不到五年，中国教育改革家黄炎培（1878—1965）撰文审视清朝皇帝留赠给中国人民的教育图景，断然宣称它已破产。他指责道：西方教育尊重天性，对男女学生都进行了适当的性教育，晚期帝制中国的教育却建立在死记硬背、男女授受不亲的基础上，对人类生育避而不谈；西方教育允许学校和学生发展多样个性，提倡创造力，而晚期帝制中国的教育要求学生从着装到书法一切划一，并且奖励模仿；西方教育增进公众利益，服务国家，教育学生行善，而晚期帝制中国的教育崇尚自我完善，教育学生只要不做坏事即可。[1]

　　自从黄炎培发表这一定论后，中西方那些政治参与度较低的学者都在质疑这一充满历史偏见的对比，它和其他相类比较都建立在对立基础上，这在中国革命初期非常典型。对爱国志士这种言辞上的绝望，我们心怀同情，但这种观念绝非分析17、18和19世纪中国教育史的理想工具。这次研讨会结束时，与会代表绝不会错以为自己已完全理解了清朝教育世界的所有变化，哪怕有些变化在朝代衰落之前已十分明显。但是，这些变化的确有一个基调，我们都认识到了它的意义：教育，尤其是儒家教育，其数量和质量在清朝都在发展。我们不清楚这一发展是不是与当时中国人口的增长同步，而且确实也没有哪位清朝统治者，在强制中国儿童上学的壮志雄心上超过了像明朝开国皇帝那样的早先统治者。对科举考试制度下的考生来说，向上流动的预期前景确实比以往黯淡。然而，在1644年至1911年之间，无论是作为从上而下的有组织的社会化形式，还是通过高文化水平的学习形式而获得知识，教育在地域广度和认知程度上的多样性都有所增长。

学校建设是这一发展最为明显可见的形式。与明朝相比，清朝学校的类型以及公立学校的数量都有了明显增长。[2] 我们的讨论必须从这一点开始：清朝皇帝极为尊崇学校，将之作为政策实施的工具。通过各类学校，满族复制了一个同心圆教育模式：17世纪中期为京师八旗每一旗的子弟创办的国学，皇族的宗学，为努尔哈赤（1559—1626）的叔伯子侄所办的觉罗学，内务府官学，为八旗平民所办的八旗官学，以及最后，为满族地方驻防所办的学校。清朝皇帝在教育方面的各种努力表明，他们认为，通过学校不断教育满族人数严重不足的精英，是防止满族统治在中国萎缩的一个可靠制约因素。

当我们将目光放到支撑并教育了一小撮中国精英的地方书院上时，研究领域就扩大了。担心省一级学者阶层过于庞大的清朝保守文人管同（1780—1831）悲观地估计说，在任何县，书院只给不到8%的学生提供膏火。[3] 但与明朝相比，清朝书院数量显著增多。估算表明，明朝有1200所书院，而清朝书院超过1900所。[4] 这一增长的真正意义不仅仅在于数量，事实上，中国书院教育的地理范围和彼此联合也扩大了。在成熟的东南地区商业中心，清朝书院不一定超越了它们的明朝先辈，但是，在边境，情况则完全不同，云南、甘肃和新疆在18和19世纪都建起了书院。[5] 在贵州省，书院的建立可以追溯至12世纪。不过，当代专治晚清贵州教育的杰出学者表示，在清朝，那里书院的发展速度要比明朝快得多。1736年至1851年间，贵州至少出现了130所资助书院，其中大部分都是新建的，这一数据比东南省份在明朝的数据（例如安徽有98所）要高得多。[6]

至少在东南地区，贵族士绅和盐商为书院发展做出了贡献，这是地方利益集团和朝廷政府亲密合作的一部分。这种合作使得现代分析难以将"国家"与"公共领域"在高等教育扩张中的角色完全区分开来。不过，在欧洲教育史中，大学似乎被称为"国立大学"，哪怕它们是由贵族资产而非国王所资助的，18世纪汉诺威王朝创办的哥廷根大学便是如此。[7] 依照这些标准，似乎可以说，清朝国家对书院的影响力在不断扩大。书院的选址更多是在省会城市，而非如前朝那样孤零零地位于深山老林。有群中国学者最近统计了有案可考的1900所清朝书院，发现其中只有182所（或少于10%）完全由政府部门之外的私人经营。[8] 但我们仍然需要解释，既然从14世纪至19世纪，国家对书院的影响持续扩大，那为何这股潮流没有更趋强烈，为何顶层设计没有出于政治目的而更加强化巩固高等教育？与当时也培养政府官员的德国大学相比，晚清时期国家对书院的控制并不充分，也非直接——即便实情是完全"私人的"高等教育在清朝只是最为边缘的存在。

小学在清朝教育发展史中占据了最重要的位置，在此，国家干预这个问题似乎比较清晰。早在1958年，日本学者小川佳子就提请我们注意，18、19世纪，中国出现了大量的"义学"，即当时非常出名的公立小学。她也提醒我们，此类学校专门针对贫寒子弟和少数民族子弟，它们的数量比书院或早先的"社学"多得多，而且，在上海至少有25所义学在20世纪初转型为现代学校，这表明它们的存在最终帮助了中国向后儒家教育秩序的过渡。[9]

当时人自己也很欢迎义学在全国的建立。福建诗人郭起元（出生日期不详）提到他本人1741年在安徽资助的一所义学，认为这样的学校既证明清朝教育优于前朝，也表明帝国有能力仿似古代黄金时代的乡村学校网络。[10] 在此，国家介入似乎既受地区制约，也受制于当地有多少强烈忠于儒家理念的精英。在富裕的长江下游地区，义学是地方社区领袖掌管的慈善运动发展的证明，但是在首都及其周边地区，以及在少数民族聚居的边远地区，义学则由直接干预基础教育的清朝皇帝下令创办。1702年，康熙帝为京师一所大型义学御赐牌匾。到1705年，他要求贵州各府县都建立义学，既教育少数民族头人的继承人，也教育"想要读书的苗家孩子"。1725年，雍正帝重新开始在贵州建立义学，而且进而在1730年强制四川部分地区的少数民族孩子去义学读书，学习官话。1742年，乾隆帝下令为南粤说闽南语的黎族创办义学。[11]

推动小学尤其是西南少数民族地区小学发展的一些动力，也许可以回溯至清朝之前的一些人物，例如晚明思想家王阳明，他在16世纪初曾在西南为官。王阳明热忱鼓吹"万物一体论"（"天地万物与人原是一体"，尽管这不是他发明的）：帝国子民都是可教之徒，他们之间没有真正的差异。就此而言，西南成为"一体"

学说的教育实验基地，苗族、瑶族和彝族都被赋予了重要地位，其重要性超过了他们光凭人数数量可以获得的程度。当陈宏谋于1733年开始在云南大规模扩张义学时，他再次运用并修正了"汉夷一体"的思想。三位重要的满族皇帝——康熙、雍正和乾隆——也显然都认为这类学校的扩张是他们孜孜以求的帝国大一统计划的一部分。但他们的弱点在于，他们所依赖执行大一统计划的大部分籍籍无名的地方官员，并没有同样的雄心壮志，而是"支吾躲闪，答非所问"，陈宏谋在1733年奏折中便如此抱怨。[12]

清朝教育发展的局限

坚持晚清教育质量是一回事，但假装清朝学校的发展为中国开辟了一条通往20世纪末某种教育神话的坦途，则完全是另一回事了。在这一关于教育"现代性"的神话中，地球上每五个人里就有一个是学生，世界上四分之三的学龄儿童都在学校读书，民族国家的独立和义务教育法的颁布密切相关。其实，清朝教育的发展，有政治、社会和文化方面的局限。

清朝教育并非义务教育。对现代教育应该如何，清朝也没有太多认真的设想。正如柯娇燕指出的，在清朝统治者当中，"只有京师尝试实行系统化教育，且只波及旗人人口里的一小部分成年男性"。至于汉族，著名学者和教习庶吉士胡煦（1655—1736）估计，18世纪上半叶，所有国家学校覆盖的受教育汉人不超过汉人人口的2%或3%。他哀叹，这让海量的农民、园丁、手工业者、商人、伐木工、渔夫和小贩都被囚禁于无知的监狱中。我们无法确实了解学校的人口比例，尽管这一推测并非不切实际。像胡煦这样的皇帝身边人，竟然对学校的不够充足描绘出了如此痛苦的准统计图，的确显示出在精英中流传的提高民众教育的野心。但是，胡煦并不一定是陈宏谋那样的大众教育者。他针对学校不够充分普及而提出的解决方案也并不是让文盲农民获得教育，而是识别出他们中间的道德典范，赐予他们特权（这种特权本来只给予人数相对较少的士绅），以此表彰他们高洁的道德。他和其他与他想法一样的人，并没有将道德与学校教育或识文断字机械地联系在一起。[13]

部分是因为德行并不与识文断字机械挂钩，朝廷及其地方行政机构就很少试图去确保实际建造的学校的长期稳定性。这一失败意义重大,因为,即便是国家资助的学校,其资金也大部分来源于地方经济资产——地租、池塘租金、盐税、士绅捐资——而那些并不热衷教育的人都觊觎这些资产,想挪为他用。梁其姿提到长江下游地区的义学和宗塾都"风雨飘摇","时断时续"。更广泛来说,五十岚正一并不赞同小川佳子认为义学的数量直到清末一直在逐步递增的乐观结论,因为证据显示正相反,也就是说,即便是中国北方的义学,也难以维持几个世纪。[14] 伍思德对比了清朝中国和 18 世纪的缅甸和暹罗:清朝社会的价值观允许私人不受限制地争夺原该资助学校的土地资源,而缅甸和暹罗有着很高的前现代时期识字率,其经济上占据优势的佛教僧院很可能更为有效地保护了乡村学校。[15]

如何对待女童也从另一个完全不同的层面暴露了清朝学校发展的局限。中国的义学完全排斥女童入学,这和 18 世纪英国的同类学校相反,英国慈善学校受宗教启发,向男女儿童传授宗教知识,教其识字和手工劳动。曼素恩的文章表明,清朝时期,识字的女儿、妻子和母亲的人数稳步增长,她们都来自识字的家庭,有着严肃的文学兴趣,且首次用白话写作。这一切证明了私人家庭教育的重要性。

若从社会性别来定义个人身份,就大大改变了教育这一角色之于两性的意义以及两性对它的认知,也预先确定了文化学习的安排如何代代相传,而且传给男性和女性的方式并不相同。女性必然的附属地位意味着,借助基于性别的社会现实,某些社会和文化类别被强加在不同性别上。晚清国家和社会的教育,无论其性质是公是私,都大大有助于个人和群体建构性别身份。通过赋予男女不同的礼仪、语言和教育,性别身份得以建构并代代相传。经由可以接受的观念,即对男女来说,什么样的行为是合适得体的,男性和女性的社会和历史经验得以调谐。通过被不同定义的教育而在性别上物化女性和男性,"性别意识形态"的潜在形式遍及精英和大众的文化生活。[16]

因此,给予男性和给予女性的教育不是一回事,前者保证男孩可以在社会里参与政治、社会和经济领导权的竞争,而后者将女性定义为妻子、母亲和女家长这样的附属角色。对物质和文化资源的控制和获取都针对性别而定,亲缘关系、劳动力市场、学校和国家政府无论是在理论还是实践中,都将之视为理所当然。

由此，本书的几篇文章都表明，对中国 1600 年至 1900 年男女教育的不同形式来说，社会性别是将当时当地父权家长制合法化的主要模式。[17]

清朝识字率的提高也有含糊之处，须加细究。其中一些程度的提高，如今基本已成定论，虽然在清朝被推翻后几十年里开展的社会调查削弱了原先的假设，但这些先驱性调研总是夸大其词——说中国 80% 或 80% 以上人口是彻头彻尾的文盲。例如，到 1930 年代初，对成都黄包车夫这样的底层人群的研究便揭示出，这样的苦力中，至少 57% 的人认得一些汉字。[18] 在基于地方志研究的一部权威著作中，罗友枝将清朝之后出现的这一共识——传统中国识字率事实上高于之前研究者（无论是中国还是西方的）所声称的水平——系统化了，她不仅丰富了这种观点，也大力推而广之。罗友枝总结说，在 19 世纪，30%—40% 的男性和 2%—10% 的女性大概能读会写，即便对他们大部分人来说，这只是基础的本领。[19] 另一位学者对 16、17 世纪的中国小说进行了比较分析，探讨这些小说所暗示的平民角色的识字能力，这些人物包括文书、秘书、商人、士兵、狱吏、饭馆老板、银匠和仆人等。这一研究支持了罗友枝的结论，即学者阶层之外的许多人在不同程度上都能读会写，而且识字率也在缓慢增长。[20]

不过这些都并不意味着清帝国政治体系像大多数致力于科学与工业的现代国家那样，热情欢迎不断增长的识字水平。朝廷对在商铺、旧货店或大家庭里用得上的记账能力的提高并无异议，但是，它却非常关心怎么控制具有政治权力的那类识字能力的增长——那类能力要么是阅读天文或战争经典所需要的，要么会激发某种使得社会动荡不安的野心，因为清朝社会没有建立在世袭基础上的社会阶层，其雇佣官僚也无法无限扩展。例如，皇帝就不希望职业军人成为文人，尽管设有针对军官的考试。皇帝担心的是，由于没有封建指挥结构强令士兵当兵，[接受教育] 也许会让他们抛弃行伍。[21] 若要在晚清寻找像拿破仑·波拿巴这位年轻炮兵那样博学的 "小兵"，怕终是徒劳。

在政府之外，各地学者阶层中也有许多人都认可应该控制在政治上有用武之地的识字能力。他们越来越担心无法独占 "贵族头衔和贵族身份"，这是他们身为拥有古典素养的举人而该有的头衔和地位，他们不希望与人数不确定的其他人分享。在现代社会中，具有代表性的是，政府领导想减少谋取政府职位的知识分子的人数，而低学历学子却力争扩大这一队伍。与此相对，晚清许多身为精神贵族的"穷文人"，认识到可以获得的社会资产和职业机会有限，实际上也希望学生知识分子（他们是其中一部分）的数量有所缩减。1803 年，皇帝抵住北京捕快的压力，援用文人"贵族头衔和贵族身份"的神圣性，说明为何要禁止捕快之子参加科举考试。这种歧视与新儒家"人人皆善"的强调背道而驰，因此，皇帝没有什么说服力地解释道，他的决策只是小看捕快一职，而非他们本人（"贱其役而非贱其人"）。[22] 在 1908 年，从政的中国文人中懂得宪法和议会选举的人如此之少，以致当时刚在北京成立的教育部认为，需要到 1917 年，才能使 5% 的中国人在这方面算是略通一二。[23]

但是，当黄炎培批评晚清教育的遗产时，他关注的并不是教育的文化局限、对待女性的态度，或学校存留的岌岌可危，相反，他抱怨教育的整体质量。对教育质量的评判体现了如此之多的文化上的、社会阶层的以及时代的偏见，因而无法安全无虞地对它进行任何简单的臧否。不过也许值得一提的是，我们的研讨会本身探究了死记硬背在清朝古典教育中所发挥的作用。我们的一位与会学者奈地田哲夫的看法激起了讨论的热浪。他认为，所有记忆都反映了巨大的文化焦虑。也许，背诵是冒险尝试大规模地对"我们是谁"和"我们不是谁"进行"防御性表达"？也许，它是一项迫使上百万考生接受某种身份的使命？

奈地田哲夫所讨论的背诵是中国读书程式的一部分：年轻学子在 8—25 岁之间应该专注于死记硬背。在元朝初期，这一阅读程式的主要设计者之一程端礼（1271—1345）为家塾写了一份课程表，题为"程氏家塾读书分年日程"。14—19 世纪，这一日程成为众多中国精英学校的标准教育计划。[24] 它要求哪怕是低龄儿童也要完成阅读周期——以特定顺序默诵四书五经的章节，每次背诵一百遍。程端礼本人承认，他的计划也许有点不切实际，但他说，教育要求付出像种庄稼和收割庄稼一样的努力。梁其姿所提及的清初小学老师陈芳生说得很清楚，背诵流不流利被视为检验儿童智力的标准，这与程端礼的计划相符。刘广京向我们介绍了一个丰富的宝库，即曾国藩关于教育的家书，这些引人注目的信件从更为复杂的道德和认识论出发，证明了背诵所依赖的纯粹耐心的合理性。

记忆完全内化了科举考试所要考查的儒家课程，对于汉族精英而言，是具有重要意义的文化行为。正如早期现代欧洲强调秩序和一致,以确保死记硬背(例如教义问答)在教育过程中发挥基本作用一样,晚清中国教育家也珍视正统思想和对正统思想的死记硬背式的接受。死记硬背作为一种学习习惯,是将记忆发展为教学手段的关键,是通过教育来制造统一。例如,1633年,当汉族质疑取消死记硬背的课程改革时,摄政王鳌拜不再试图废除四书五经在科举考试中的合法地位。为了灌输一套固定的思想和事实,统治者、官员和考官都相信,或者都渐渐被说服,汉族学生虔诚地背诵四书五经代表了他们对儒家道德价值观的信念,以及对帝国政治主权的服从。在理论上通过逐字逐句地掌握古代典籍,教育灌输经典语言,创造出学生由古典态度、思想和信念构成的可接受的性情。

现代批评家对几个世纪的似乎是徒劳浪费的记忆默诵大为惊骇,他们有时会自以为是站在侏儒肩膀上的巨人。在1896年发表的一篇关于学校的著名文章中,梁启超声称中国皇帝并不像欧洲统治者那样受到外界的挑战,并指责他们致力于通过科举考试制度耗尽知识分子的才能,确保知识分子在政治上清静无为,以此消灭所有思想独立的国内政治理论家。梁启超暗示,科举考试这套程序,包括死记硬背,是出于政治目的而故意设计出来让中国学生丧失心灵和身体活力的。[25]

而当现代学者为死记硬背辩护时,提出的常常是技术方面的理由,这类理由与曾国藩的思想世界相当不同。在13—20世纪,三本启蒙读物(《三字经》《百家姓》和《千字文》)经常三合一,主导着中国的基础教育。考察这些读物后,有位学者下结论说,正是汉字的本质,不可避免地让中国儿童不得不先记住这三本蒙书里两千个左右的汉字,然后才能开始阅读有意义的连贯话语。中国汉字不像欧洲语言那样有字母表,可以让初学者提早认识字词短语。而汉字的语法功能改变时,其字形几乎没有变化,使得依靠记忆认识单个汉字尤为重要。[26]

针对这些看法,不能忽视的是,和中国一样,几个世纪以来,记忆对欧洲的古典教育同样重要,甚至这种方式使用得比中国更为长久。对欧洲人文主义者来说,背诵文章是模仿像亚里士多德、西塞罗和维吉尔那样的古代哲人、演说家和诗人的一部分,这是可取的模仿。早些时候欧洲出现了反对过多背诵的声音,这部分是因为欧洲不同王国的支持鲜活口语的人发起了挑战古希腊语和拉丁语书面语的爱国主义行动——背诵的文章就是用这些语言写成的;然而,在政治没有细分、思想更为统一的帝制中国，爱国主义与口头语言之间并没有欧洲那样的相应关系。

而且，至少一些攻击中世纪欧洲人文主义教育中的模仿与背诵的欧洲教育者，特别攻击的只是这一做法的前提，即认为大部分人，作为天生平等的生命，将从这种哲学指导中获益。例如，蒙田将每天14或15个小时学习三段论推理以及练习背诵比作门房的工作，希望将之替换为亚里士多德传授给亚历山大的不学习三段论推理的新教育方法。[27] 不过，尽管流利背诵也许让现代自由人文学者感觉困扰，但它至少是教育成就的一个证明。从理论上来说，任何勤奋识字的人，无论门房还是王子，几乎都可以获得这一成就。同样，它在教育中的突出地位，也必然是后贵族时代中国科举考试制度提供的上升机会的保证。18世纪中国书院的领导人，比如江西布政使王昶，就在为南昌友教书院撰写的《书院规条》（1789）里不遗余力地提醒新生每部经典的总字数：《诗经》40848个字，《尚书》27134个字，《周易》24437个字，《礼记》98994个字，《春秋》15984个字。这传达的是鼓励，而非威胁。王昶热情地解释说，学生只需花690天，或不到两年，就可以背下所有这些经典。他还说，他只会将那些背不出的人逐出书院——背不出说明他们既懒又笨。[28]

清朝教育发展的成因

也许很难解释教育发展的成因，就像很难解释它的成效与衰落一样。例如，过去那个世纪遍布全世界的现代大众教育的兴起，是努力让新型社会秩序合法化的结果，还是为技术变革和工业化强制提供认知能力的结果，又或是"普遍个人主义"这一新价值观传播的必然产物？[29] 这一主题如此广泛，几乎不可能有明确答案。琼·西蒙最近考察了最为著名的英国社会历史刊物《过去与现在》自教育主题首次出现后研究教育的方式，指出其中的论文作者很典型地利用教育史来解决其他地方出现的分析困境。西蒙认为，学者们一旦主要关心诸如资本、劳动、资源这样的经济范畴时，就会关注"增长""现代化"这样的问题，但是他们"用这些术语却无法得出任何一般的增长理论，这一失败让他们转而关注那些不直接参与的变量"，比如教育。有时，这意味着他们仅仅将教育视为阐明工业化或社会流动性的手段，而没有"寻求对教育本身的更深入的理解"。[30]

欧洲的教育史家发现更容易阐释前工业时代教育发展的成因。劳伦斯·斯通概括说，各种基督教会和教派激烈争夺对人们的思想控制，"在1550年至1850年期间，这一争夺比任何其他单一因素都更加刺激了西方的教育"。[31]这段话被大量引用，它比之前的论点更复杂，之前曾认为欧洲前工业时代的教育增长应归功于新教。但上面这段话的主题，即不同人群之间在意识形态或宗教上公开争夺将下一代社会化的权利是教育制度形成的关键，却至少乍看起来难以转嫁到晚期帝制中国身上。晚期帝制中国恐怕并没有对等的彼此竞争的宗教多元主义。

我们必须从显而易见的事物开始。某种程度上，清朝教育发展是更为广泛的社会、政治和经济发展的表现。清朝，帝国的疆域扩大了，汉族人口的增长非常惊人，在18世纪可能翻了个倍。伴随着中原和新疆的联结前所未有的巩固，乌鲁木齐在1780年有了第一所义学。清朝统治下贵州经济的发展，也为学校的创办提供了比以往任何时候都更强大的物质基础。在1658—1812年间，将近900万亩贵州田地被开垦，地主所有制在西南地区兴起，这是废除少数民族世袭头人制的结果，这些都意味着许多创办学校的新地方捐资人的出现。到清末，新一批贵州精英已非常强大，他们在1897—1911年间就创办了628所各种类型的现代学校。[32]

纯粹的智识发展，其逐步累积的效果也不容忽视。与明朝相比，在中国识字人的生活中，知识的质和量都在急剧增加。人们对书面文本的真实性有了更加丰富的认识，这在某些领域引起了巨大的兴奋：在几千年的推断错误之后，最终有可能可以重新发现经典的"真正"含义。刘广京详细表明，哪怕是曾国藩，一位身体力行的新儒家，也热情地尝试考据研究。事实上，曾国藩曾在1859年告诉他的一个儿子，他认为，与从汉至唐的第一次学习风潮和随后从宋至明的第二次学习风潮相比，清朝是独特而鲜明的文化时代，开创了帝国的第三次学习风潮。[33]

至少，清朝教育发展的某些关键方面，可以归功于新儒家的教育普救论（"人人皆可教"），狄培理有很多著作探讨这一问题，为西方读者揭开了面纱。在清朝，这样的教育普救论是在与更广泛的大众印刷文化（其显著成果就是通俗小说）的竞争之中受刺激而产生的。陈宏谋这位了不起的官员，似乎就是朱熹教育信条的鲜活榜样。他的整个生涯，都被罗威廉所谓的"其慷慨激昂的主张"所驱动，陈宏谋宣称，所有人都是善的，而教育可以帮助他们恢复本性的纯净。狄培理曾向我们展示，朱熹的《小学》（1180 年代在朱熹指导下编纂的"年轻人礼仪手册"）如何被认为是"一直到社会最底层的"年轻人的主要教育内容，这一教育是基础非常广泛的教育。[34] 陈宏谋几乎确确实实地进行了这种基础教育的延伸。正如罗威廉指出的，陈宏谋将《小学》作为 18 世纪云南多民族教育的"基础读物"，罔顾当时还有其他不那么难读的著作，而且即便是汉族老师也对该著的艰涩不乏非议。

新儒家教育理念的普及，其实际效果如何，并不易判断。我们不得不从女性教育入手。正如曼素恩强调的，保守新儒家对妇德的推崇、曾在家门外教育中国妇女的佛教僧院的衰落，都限制了妇女的公共学习。然而，这种限制的关键之一，也许并不在于朱熹文本本身，而在于曼素恩所谓的"非识字教育"的"丰富宝藏"。在朱熹死后的晚期帝国中，这一宝藏得到了最充分的体现。在此，维持正规和非正规教育之间的传统区分已徒劳无益。"贞女"这一理念，与早先的"女史"这一经典概念相矛盾，因而不得不在课堂之外通过七夕活动和精心设计的嫁妆队伍来强化。这些活动不断塑造着女性和男性的意识，更不用说对女性成就的期待了。

其结果可以从以下这个显著事实中推导而出：在晚期帝制中国，曼素恩提到的那些女性中，没有一位中国妇女，赢得了越南伟大女诗人胡春香和清关县夫人在 18 世纪末和 19 世纪初的越南，这个小小的儒教邻国，所赢得的突出的文化地位和赫赫的声名。然而越南也是由皇帝、科举考试和朱熹著作统治的，它也采纳了让妇女处于从属地位的正规新儒家等级制意识形态。上述差异，正可以用非识字教育的发展程度（曼素恩的讨论以此为前提）来解释。在更为穷困、城市化程度也更低的越南，即使是儒家知识分子，也比中国士绅住在更靠近村庄的地方，那里对女性的非识字教育的象征性灌输，从来没有获得过像宁波那样的中国富裕大城市所获得的社会深度或心理分量。

清朝官员向苗族那样的少数民族所提供的教育是否有用，成了会议的一个议题。通过用汉族和苗族的"官员流动"来加速取代世袭的苗族"本地少数族裔官员",清朝国家权力延伸到了西南,这事实上也促进了教育的扩张,尽管在道德上并没有陈宏谋所赞赏的雄心壮志。向这片之前几乎不受关注的广大地区引入非世袭的官僚权力,显然需要那些中举之人在当地流动,以将这一权力合法化并维持下去。

晚期帝国儒家教育的普及,无法将儒家伦理的传播与正统汉语语言范式的内化相分离,它虽非"无用",但比不上欧洲的宗教-教育体系的随机应变,后者更适于竞争,也开始向儒家教育发出了挑战。

但若以此下结论说,鸦片战争之前,面对多元的欧洲教育,儒家教育的普及毫无竞争力,那也所言不确。这次的与会学者都同意,就晚期帝制中国的"其他教育"的模式和进程而言,需要对它们进行更多的研究。不过,即便是现在,对此也可以评点一二。

就我们所知,对晚期帝国的儒家学校校长来说,常规的佛教人士及佛教寺庙并不是一种威胁或刺激。清廷自身就给佛道僧徒颁发了数十万份受戒证书(光1736年至1739年间就有60万和尚受戒)。对僧人身份的认可,使得越来越多无力耕种的底层人民可以坦然地将之作为必然的职业出路。清朝书院山长公开表示佛教无害,甚至可以帮助国家制止乱匪。[35] 他们的屈尊表态,隐藏了这一历史事实:儒家书院教育从之前几个世纪的佛教大寺那里借鉴了一些形式。隋唐佛学首次从体系上将教学与研究完全融为一体,其综合方式使得大寺成为一个独立、自足的机构:讲经布道、收集经书、翻译核校经文、主持祈祷和祭祀、主管信徒的饮食和其他生活行为。儒家文人决心与佛教寺庙抗争,设法办好自己的书院,并将寺庙的多层次研究教学传统为己所用,赋予它儒家内涵。[36]

但是到了18世纪,教育灵感的启迪颠倒了方向。佛学不得不向儒家学习它的教育举措。伟大佛学教育家彭绍升(1740—1796),著名儒家书院山长的儿子,试图挽救佛学在中国的没落,为此创办了建阳书院,以此又借回书院模式,尽管在建阳书院,显然是靠诗谜和决疑唱经进行教学的。该书院是由非僧人教育家在晚期帝制中国创办的,作为第一所独立的佛教书院,它并不隶属于任何寺庙。就此而言,它为之后更为重要的居士、教育家杨文会(1837—1911)开辟了道路,后者于 1866 年在南京创办了出版佛教书籍的金陵刻经处。它也预示了清末佛学教育协会的兴起。杨文会想要通过提供百万册经文，助中国佛教教育一臂之力，以便它与国家的儒学更为平等地共存，然而，这一梦想只不过鲜明地揭示出佛教教育的无能为力。[37]

对儒家书院的山长来说，真正的竞争是和那些成分更为混杂、但至少部分属于民间信仰的教派，尤其是与白莲教相关（无论关系多么松散）的教派之间的竞争。白莲教这一宗教派别的扩张，部分是经由动荡的 17 世纪的移民迁徙，使其在中国范围内较之以往获得了更多教众，这是清朝历史的重大事件之一。通过移民迁徙而更为广泛地传播非传统教派的教育，其典型例子就是"闻香教"。这一教派的创立始于 17 世纪，多少算是北方的教派，以河北一个村庄为据点，到 17 世纪末已遍及江苏、浙江、安徽、湖北、江西，甚至四川。明末叛乱失利后，它的教徒逃往南方和西部。[38]

白莲教各教派有自己的创始神话和自己的历史时间体系。儒家教育者敏感地意识到，它们对待年龄和性别，比普通义学更为平等。它们传授信徒的文本包含大部分显然写于 16 世纪末的经文，还有传单、布告、安葬证明，甚至还包括成员机构的书面登记册。[39] 教派的文本常常是手抄的，偷偷流传，有点像地下出版物。但是，任何对 18 世纪和 19 世纪中国教育的宽泛研究，都必须承认它包含了成百甚至上千的私人教育网络，远在官方公共教育之外，且繁荣兴盛。一位乡村教派的老师在 1774 年领导了反抗清廷的起义，他有三百位弟子，大部分出身底层：僧人、女戏子、雇工、车夫、鱼贩、卖豆干儿的、马贩、钱庄主以及衙吏。[40]

宗教教派并没有给中国老年妇女带来全新的教育权力，而是将她们之前已经拥有的隐含的教育权力正规化了。我们可以由此回想到，在中国教育的非正规课程中，比如母亲或祖母讲给女儿听，或等儿子放学回家讲给他们听的故事，在很大程度上一直都是女性的创造。我们偶尔可以在对此事实的公开褒扬中看到优秀女性的身影。中国历史上最后一位大太监李莲英（1848—1911），就在其祖母去世数年后为她立了一块石碑，上面铭写了他对她的感恩：她给他讲了许多当地古代官员年轻时与鬼神恶魔斗争的生动故事；是她的想象，而非村里老师的课本，为他提供了效仿的榜样。宗教教派反映出农村环境中非正规教育的女性化特色，像李莲英这样没什么文化但拥有政治势力的人物便出自这样的乡村。在教派中，女性教育女性——和男性。但是教派也体现出之前为贵族女性所提供的僧院教育里某种不受控制、秘密隐微的变化。曼素恩提到了这种教育。这让儒家教育者烦恼不安。大部分教派是由女性领导的，教派让女性脱离了通常的从属角色，它乐于接受女性的宗教力量。这一事实绝对是对更为正统的教育者的一个打击，他们大笔一挥写下说教文章，想要控制年轻女性——用曼素恩的话来说。

陈宏谋是清朝中期在女性正规教育方面做出重要贡献的两个重要人物之一，他无疑对年轻女性在佛寺和道观公开抛头露面、参与宗教仪式深感忧虑。1760年，他在江苏试图阻止这一现象：他逮捕了允许女性参与宗教仪式的寺院僧徒，让他们在自己的寺庙前戴枷示众。[41] 很显然，这一忧虑的背景是世道艰难时贫穷女性对权威毫不尊重：皇帝本人在1748年怒而发现，江苏也是全由女性构成的暴民的发源地——她们围堵官府，要求食物救济。[42] 16世纪之后，底层宗教带有显著的女性化色彩。白莲教在晚清所奉之神"无生老母"，就是饱受苦难但神通广大的中国农村母亲的理想化典范。有学者指出，以母亲身份为主题的女性神灵唯独在清朝大量增多，而无生老母信仰背后可能存在的对早先母系制度的原始记忆，也可以在这一时期被暂时征用为（至少在较低程度上）女性解放的"参照"。[43]

无论这些猜测的真实性如何，教派扩张显然让精英教育者十分不安，并足以让国家的儒学作出以学校为基础的大规模反击。然而，这种反击完全比不上欧洲宗教战争中以学校为基础的对抗，例如耶稣会发起的与路德主义或加尔文主义的战争。

清朝官员个人显然考虑过这样的策略。1830年代，河北县令黄育楩成为著名的情报收集者。作为这些教派的对手，他谴责他们男女混杂。[44] 他特地建起义学，来纠正白莲教的影响，但是没有什么证据表明他的举动扩大为国家层面的战役。在中国，的确存在纠正异端的教育扩张，但其影响要比欧洲弱得多，这可能是因为中国的闭关锁国、教派的性质以及儒学的宽容。很显然，白莲教并非中国的国家公敌，它并没有提出什么国家层面的信条。正如韩书瑞所指出的，它也不是一个庞大统一的组织，而是零散的小群体，其信众依赖"长远松散的师徒关系"。[45] 白莲教最为通俗的经文中，有些实际上呼应着清朝"圣谕"的内容。这些"圣谕"在经文中的回响证明了皇帝的判断，即，定期向民众口头宣讲这些诏令，是遏制教派的唯一教育手段，而朝廷真的需要这么做。[46]

我们支持从更宽广的层面、更多种的因素来分析阐释儒家教育在晚期帝制中国的扩张，也在前文勾勒出了这种努力，但在这种推进中，我们仍然要考虑科举考试的巨大而神秘的影响。19世纪身处中国的西方人对中国科举啧啧称奇。他们认为，科举考试理所当然不仅是教育过程的体现，也是社会所必需的神话的具体体现，这一神话调和了中国人民与在他们学校之上的政治体系之间的关系。一位维多利亚时代的医生、通商口岸的汉学家，在1886年兴奋地写道："为什么事实会如此：那么多无产者这么多年心满意足地接受他们的处境？……劳工在他孩子的眉眼中看不到任何表明他低人一等的印记，也看不到他的孩子被排除在大户人家的孩子所向往的职位之外。考堂里的氛围像天堂一样自由，在那里，劳工的孩子和富人的孩子同等竞争。此中存在着中国官僚统治的成功秘诀，可以解释饿得半死的匠人和劳工为何心满意足……"[47]

20世纪的学者怀疑中国无产者的这种"心满意足"，很遗憾，他们为这一正当怀疑付出了巨大的代价。科举考试所的确产生的整体意义，并没有获得我们足够的关注。我们的与会成员仍然委婉表示，他们并不认为科举考试应当在关于教育的研讨会中占据一席之地。当代研究者几乎都不认为科举考试的书面答卷是思想史中的重要文献，我们的一位讨论者论辩道，没有一位受过良好教育的文人会把自己的科举考试作文视为一生杰作。近期的研究也清楚表明，在帝制晚期，越来越多的识字群体（有人称之为"公共层面"），从女诗人到讼棍，几乎都与科举考试没有直接关联。这一领域的发现有时会削弱我们眼中科举考试的意义。

清朝高官本人虽然很少对下层阶级的"心满意足"自鸣得意，但还是强调科举考试与想要通过教育提高自我修养两者之间存在着必然的联系；尽管他们也表示遗憾，认为对于获取更广泛的学识，科举考试作用有限。张之洞在其1898年所写的驳斥民权理论家的《劝学篇》一文中，得出极端推论：若没有专制官僚政府提供这样"上升的阶梯"，中国人也许根本不愿上学念书。在当今这个偏爱大众社会史的时代，我们可能还能记得，与现代西方国家严苛的公务员考试相比，中国科举考试至少算得上一项大众事业。比如说，在 19 世纪中国南方，士绅、农民、工匠、商人、妇女，甚至步兵和衙门信差，都为三年一次的乡试以及更多次数的院试兴高采烈，他们参与名为"闱姓"的赌彩，在即将放榜的中举姓氏上下注。就此而言，科举考试成了上演社会幻想和进行经济交易的大众剧场，即便在最穷困的乡村，人们都可以尽情发挥想象力。[48]

比较语境中的教育与考试

晚期帝制中国的教育思想，无论是儒学（以汉学为本）还是理学（以宋学为本），其预设前提实际上都是中国男性（尤其是来自享有充分文化资源的精英家庭的）被融入古典教育的"主流"，这一教育的最终目标是为国家科举考试做准备。文化威望与政治权势是中国男性的特权，即使精英家庭的女儿在文学才赋和古典学识上可与其兄弟相匹敌。[49]

然而，在富有吸引力的科举考试之外，还存在许多识字与非识字教育的重要形式。因此，若将儒学/理学针对国家考试的课程作为晚期帝制社会教育最普遍的层面，就所言差矣。不过，尽管这么说，但若将科举考试仅仅视为流于浮表的"中彩"，几无教育实质或文化意义，也同样不确。一方面，理学是教育哲学和古典学问，另一方面，它从教育上赋予了中国精英在社会和政治生活中的权力，这两方面之间的关系，具有重要的历史意义。

在同时代的欧洲和日本，贵族与平民之间的社会屏障阻止了商业财富转化为社会地位，与此不同，明清中国的大量土地与商业财富与中举紧密缠结。前现代的朝鲜与日本对精英的赋权以及理学在赋权中的作用，与中国的情形也完全不同，这恰是因为朝鲜李朝社会的半贵族性质和日本室町-江户时代的贵族家系，不允许建立一个像中国这样的全面实行儒家精英管理的社会。日本没有科举考试体系，其儒学只局限于在精英、贵族、武士和僧侣之间流传，而且它在制度上的实践方式也与晚期帝制中国的截然不同。在朝鲜，理学思想作为军队和"两班"[50]的半贵族性质的特权，通常也不允许（除非战乱或社会动荡等情况）朝鲜像中国那样，通过科举择优的手段，让商人等非贵族群体阶级提升，参政议政。[51]

不同的社会结构和制度模式意味着,明清时期,同样的理学不仅在中国、朝鲜和日本有着不同的应用,而且,在朝鲜和日本,它在教育领域的应用远没有在中国那么广泛。室町时代程朱理学的禅僧弟子,与朝鲜李朝的儒学两班,也许与明朝文人共享同一个文本世界,但是,日本和朝鲜的僧侣、精英和贵族与中国官民所拥有的同样的自我修养道德原则,掩盖了实践这些教育原则的社会和政治群体的根本差异。日本拒绝借鉴中国的科举考试体系,而仍然忠于他们本土的贵族传统。

尽管朝鲜李朝在 1392 年建立了由半贵族性质的两班所主导的科举考试制度,但是,是越南而非朝鲜最忠实地借用了中国发明的基于科举考试的"贤能治国"。越南的科举制度从 1075 年一直延续到 1919 年,渐渐地让越南儒家士绅取代了村落里的世袭首领,这与中国的情形惊人相似。靠大米和番薯维生的穷文人,学习如何用指定的韵律撰写汉文诗赋,成为中南半岛东部、同样也是北京杭州的传统政治生活和社会生活的一部分。越南人留意中国考试科目的变化,也作出了回应——对外人来说,这样来研究中国的精神生活,比通过上百个遥远书院的各种措施来研究要容易得多——同时与中国考官所推崇的文本品味的变化保持一致。(比如,18 世纪,中国对《周礼》兴趣大增,这一趋势也波及越南。)中国"贤能治国"的奥秘非常具有吸引力,越南 1760 年出使北京的大使甚至考察并测量了北京国子监里表彰之前殿试中榜者的石碑的高度,这是当时正在进行的中国科举制度考察的一部分。

不过,两国的教育供求动态的差异,也意味着越南文人比中国文人享有更多的贵族威望,即便越南像中国一样,缺乏世袭贵族阶层的基础。越南公务员在越南人口中所占的比例,也大于清朝官僚之于中国的庞大人口。然而,因为缺乏与中国同等的富裕城市和大地主阶层(它们可致力于儒家文化的扩张),越南能中举的考生比中国少,且当然不会过剩。因此,通过科举考试的越南男性所获得的政府礼遇,让晚期帝制中国的同行只有眼红的份:国家征募农民来为他们修建豪华的住处;政府也赐予他们"荣归故里"的迎接队伍——他们穿着华服,人群挥动彩旗和巨大棕榈叶做成的扇子,鼓手和其他乐师组成了乐队,欢迎他们回到出生的村庄。[52]

考试奥秘与帝国现实

　　这本书所收的许多文章描绘了晚期帝制中国的科举考试如何代表了国家兴趣、家庭策略和个体希望与野心的焦点所在。这套建立在儒家古典学问基础上的铨选制度一旦开始施行并获得合法性，就为中国教育获得了在前现代世界中前所未有的全国标准化和地方重要性。帝国对精英教育的控制，其前提是国家有权遴选和提拔官员。事实上，相比监管学校、培训师资，国家更关心考试竞争的筹办与规范化。白亚仁考察了晚期帝国小说中对乡村校长的刻画，指出尊师这一儒家理念和教师低下地位的社会现状之间的落差：在一个尊崇教育的世界中，教师被视为"落榜"的考生。在建立了由竞争选拔出来的人员组成官场职能单位这一机制后，皇帝同意让古典教育的实际进程和为科举考试所进行的准备训练，脱离公立学校，而进入乡村校长、塾师、书院或家塾这样的私人领域。

　　因为科举教育的前提是社会中文人、农民、工匠和商人的地位和威望渐次降低，所以，资格考试就是人为设置障碍，将半文盲的大众拦在接受了完备古典教育的文人阶层之外。例如，直到明朝，法律上依然不允许商人之子参加科举考试。而且，职业限制（从所谓的"贱民"到所有佛道僧徒）也让许多人无法参加科举竞争。只有到了14世纪晚期，国家对精英教育的看法才发生改变，允许商人之子参加科举考试。尽管有着公正、平等这些儒家理念的修辞，但科举中举渐渐转化为地方社会的富人和权贵的特权。在争夺地方考生名额及中举的竞争中，工匠、农民和衙吏在科举考试的理论上的开放性方面，并没有什么优势。在晚期帝国，中国总人口中只有1.6%—1.9%的人属于士绅阶层。[53]

　　帝国对教育和考试的支持，取决于铨选过程能否向国家提供能干而忠实的雇员。国家的最低要求是，教育体系能灌输和强化可以让朝代维持现有形式的政治、社会和道德价值观。这一要求与以下儒家修辞分不开：拔高学问的神圣性，将公民价值观视为衡量社会与道德价值的标准——为官优于任教。最后要由皇帝亲自主持"殿试"，考查那些成功通过了最高级别的会试的考生，这一要求巩固了对统治家族的忠诚。皇帝实际上成为帝国的总考官，象征性地要求那些谋求官职的中举考生坚决效忠。这张密不透风的忠诚之网，将国家和社会全部包含在内，甚至皇帝本人也为了帝国合法性而从科举考试挑选出来做太傅的人那里接受了儒家思想的教育![54]

那些参与考试遴选过程的人，认为科举制度，而非教育本身，乃获得个人成功的最受尊敬的手段。通过将来自经商或军功的财富和权力重新引向行政官场，考试的等级制度实际上复制了被众人接受的社会等级。但是，教育成就需要实实在在地投入时间、努力和训练。国家从考生中挑选官员这一机制，因而转变为地方上家庭、宗族和家系获取长期社会成功的策略目标，非精英学校也在他们的保护伞下得以出现。

自宋朝以后建立起来的国家学校体系，只向早已识文断字的考生开放。为贫穷子弟而办的社学，依赖于像陈宏谋这样的杰出官员、士绅、商人以及地方社会大家族的善举。国家从未怀抱普及大众识字的目标。为获得地位与名望，进入官场和高雅文化的入场券是官话和古文。在欧洲，拉丁语/俗语的分野将中等教育从初等教育中区分出来，与之类似，晚期帝制中国高等教育中的口语（官话）和书面语（文言）也与日常言语不通，是作为精英学科传授给少数群体的。

对那些有财力和劳力来为年轻人准备科举考试的家庭来说，这显然不是问题。名利野心通常会击败青年才俊的个人理想，他们有时不得不在对父母亲戚所负有的社会义务和仕途义务与自己的个人志向之间做出选择。财富与权势为语言和文化方面的充分训练提供了资源，这些训练在科举考试体系中又反过来将成功考生的财富和权势合法化，并增长他们的财富，增强他们的权势。商人家庭和官员家庭一样视科举考试为获得更多财富、正统成功和权势的路径。

因为科举考试考查那些基于古典文本的古典学识——这些古典文本来自将近1500年前的古代，所以考试采用的是与晚期帝国使用的白话不同的书面语言。另外，考生所需要掌握的作为官方口语的官话，也和其他方言口语不同——方言被认为是附属语言。为了获得合法的文化训练，以便有资格成为地方士绅或官员，大部分备考学生基本上都要掌握一种新的方言（官话）作为自己的第二语言，也要掌握书面语（文言）——文言文的精练表达、上千个通常不用的书面文字以及古代的语法形式，这些都需要学生从小就专心不断地背诵学习。

富裕家庭里的孩子，从小孩到青年的成年仪式，是由在特定年龄所掌握的古代文本的数量来衡量的。例如，16—21 岁的年轻男孩，行"冠礼"意味着他已经掌握了所有四书和五经中的一部，这是对有志参加科举考试的学子的最低要求。如果他可以应付这种死记硬背的训练，那么最早 15 岁他就可以尝试参加考试，尽管大部分年轻人很少能在 21 岁前进入官场。语言和文化资源的社会分配不均，意味着那些来自没什么读书传统的家庭的孩子，不太可能竞争得过那些拥有家学的孩子。

寥寥几个贫寒子弟的成功，是将科举考试神话化的那些传奇、故事和宣传的素材。在这种大众化的想象中，下层阶级的落榜被解释为"命运"的必然。他们无法中举，学术命运不济，是因为没有才赋。而那些受过古典训练的精英们（不去想贫寒子弟没有教育资源），反而指责没有古典学问的人愚昧无知。

儒家对社会流动性的梦想，是社会、政治和文化理念的杰作。科举考试作为一种机制，要求考卷匿名、切断社会和政治地位的世袭传承，这让人忽略了没有经过考试但实际上发生的淘汰行为。因此，若通过考试来衡量社会流动，便包含了一个不可预知的陷阱。通过将那些"脱颖而出"的学生从更大的考生群中分离出来，然后重建这些学生社会背景，那么我们面前所剩的，就只有科举考试"幸存者"这一偏态分布的人群。只关注中榜生和落榜生之间的对立，让人只能通过有限的视角来考察科举选拔过程中古典教育的整体功能。这种分析，忽略了通过高等考试的人与那些因教育不完善或法律地位低而被排除在外的人之间的关联。科举考试的把关功能，是选拔过程中一个未便明说的社会目标。[55]

认为国家拥有社会公正，教育体系拥有文化自治，这一幻觉掩饰了明清时代古文阅读能力有高有低的社会结构现实。科举选拔抹除了一个淘汰过程，这一淘汰在不具备什么优势的社会阶层中更为彻底。选拔过程从许可阶段开始，就将大量农民、工匠、衙吏、僧徒以及道士——更不用说女性——排除在外，几乎消灭了他们的文化优势。这确保了那些参与考试竞争的人是自我选择的少数群体，他们来自信奉儒学的家庭、家系或宗族，它们有着充足的文化资源投资其男童。[56]

科举考试为精英成功地创立了国家教育课程，而这些课程反过来又将整个帝国的士绅家庭巩固为一个从文化和法律上来界定的社会阶层。通过需要掌握古代文言，国家权威引导年轻男性进入一个精心选择的政治话语和道德话语的世界，这些话语主要来自儒家经典、四书和史书。诸如方苞这样思想保守的文人，想方设法维持正统的理学课程，其他一些文人则努力将汉学的变化融入考试要求中。无论汉学宋学，古典话语仍然被受古典熏陶的精英所垄断。

诸如孝顺、敬祖这样的道德价值观，在晚期帝国当然超越了阶层和文化藩篱。而且，识得白话文的中国人在非精英人士中也相当普遍。但是，在朝廷和官员间占主导地位的价值观、理念、问题和争论，都被转换成并非所有人都掌握的文言，其发音以中国北方首都地区的官话，而不是人口更密、更繁荣富裕的南方的方言为标准。这些"国语"是只有特权人士经过多年练习才能完全掌握的书面和口头形式。因此，为进入国家行政部门而作的准备，使得古典的语言、思想、观念、品味和行为的正统样式长期内在化了。从阶层和个人层面来看，社会和政治的再生产，收获了"文人文化"和身为"文化人"的文人。中国南方人所说的方言和说官话的主流官方语言不同，但他们通过将财富转化为更优越的教育资源和设施，克服了相较北方人的最初的语言劣势。[57]

方苞努力谋取朝廷支持，刊印阐发拥护理学正统的关于四书的时文，他想要用这样的教育手册挫败针对理学正统的威胁，削弱被他贬为异端的文人的政治地位。同样的，桐城学派的"发明"代表着精英谱系的反应：汉学在长江三角地区的影响日益增大，对这一眼中异端，桐城派深感害怕；也体现出相应而生的需求，即通过诉诸正统理学，重申地方威望。其结果就是国家意识形态的利益与桐城派文人目标的合流。

例如，地方家族有能力将社会和经济实力转换成科举考试的成功，而这种成功，反过来又与他们对地方文化资源的主导控制相关。相比贫寒家庭家族的后代的前途，深厚的家学传统、会说官话，都是地方家族后代日后社会进阶和政治晋升的天然优势。因此，一口官话、精通古典，是地方家族争取科举成功策略的关键要素。就像15、16世纪的欧洲精英那样——他们在中等教育阶段，教学语言从本土方言跨越到拉丁文，大部分明清中国人如果要接受高等教育，就要将方言放在第二位。

商人也被认为是培养古典学问的赞助人。事实上，他们几乎难以与精英士绅区分，尽管"商贾"这样的等级称谓直到20世纪仍然存在。例如，在长江三角洲地区，商人提供了创办地方学校和私人书院的资金。文人和商人的社会策略和利益由此融为一体。因为商人的资助，古典学问繁荣兴盛，书籍的刊印和收藏也比以往大大增多。[58]

严格要求所有考生的作文必须用所谓"八股文"的格式来写作，使得科举考试的内容进一步从属于精英文化，而考生必须精通书法艺术（这是培养学生掌握书面汉语的最深奥然而也最具特色的文化形式之一）这一文雅要求，也强化了这样的文化期待。国家考试要求在专门纸张上书写熟练的书法，而且不得有涂抹或剪切粘贴的痕迹。尽管学生不得不只能使用官方认可的"正楷"，来书写从书法角度来说可以接受的答卷，但文化人仍然被期待还擅长写"草书""行书"，甚至，在清朝，还需要掌握远古的"篆书"。篆书和草书虽然难以辨认，却显得最为博学。[59]

要衡量一个人的受教育水平，人们更看重他是否掌握具有社会功能的古文、文学和书法等文化表达形式，而非其技术专长。在精英阶层，将文化价值等同于社会地位这样的"业余理念"占了上风，而且，他们的休闲方式也不让非精英人士参与。尽管唐宋年间也有法律、医学和财税专业的考试，但南宋及之后时期的科举考试选拔过程中不再设有这些专业技术考试，这标志着国家不再让考生依靠专业技术科目的成功而获得社会和政治声望。因此，在法律、医学、天文和财税方面的培训，成为普通文员、秘书、副官的保留地，他们在技术专业导向的官僚衙门里任职。[60]

在谋求公职的考生中进一步重复强化对古典知识的掌握，意味着整个帝国的士绅彼此之间在文化上的共识，要比他们与本地社区其他社会群体之间的共识更多。比如说，通过经年累月的经学训练，来自中国南方的广东文人与来自帝国各地的其他文人（不管是来自北方山东、西南四川，还是任何本地方言与粤语截然不同的其他地方），拥有共同的决定性语言（官话）和话语（文言）。官话作为官方口语（更是理念而非事实）的体制化，以及古代儒家文本在科举考试中的制度化，在儒家精英和本地非精英之间，造成了阶层分裂。

因此，为科举考试而选择的儒家课程，代表了口语形式、语言符号和概念范畴的文化储备，它确保整个帝制晚期，精英的政治权势和社会地位由国家可以接受的规定条件来决定。宋代新儒学为王朝的政治合法性以及占统治地位群体的社会威望提供了文化内涵。科举考试、政治合法性和文化道统之间的明确联系，表明了儒学/理学道德话语与帝制的国家权力观之间甜蜜而苦涩的结合——帝制观念来自古代法家思想，让人民服从于统治者的控制。[61]

通过提高官话地位、压制地区方言，保守的社会和政治价值的等级（无论宋学还是汉学）得以代代相传，为正统文化中的古典教育方法提供了内容。考生用官话背熟四书和其他经典，这种死记硬背的方式虽然有时遭到谴责，但从未被抛弃，代表了晚期帝制中国主流阶层由习惯形成的仪式和文化的程序化传承。然而，正如艾尔曼所表明的，文化传递的内容和形式仍有改变的空间。[62]

由此，研究帝国晚期科举考试对中国教育的影响，为我们提供了与当代中国社会密切相关的关键的历史例证：当代中国社会非常看重由书面考试衡量的个人成就。在中国之外，没有其他类似的关于教育和考试的材料，可以让我们随时研究科举考试在教育历史中的长期作用。我们由此了解到国家考试是如何首先重视某些范围的儒学知识，然后使得士绅和商人精英将他们的财力优势转化成文化资源，以便有能力掌握和再生产那些要考的专门知识的。这样家学代传，让中国士绅家庭宗族取得了长期的社会和政治成功。

如此无所不包的体系，也造成了很多个人悲剧，它们与塞缪尔·约翰逊《人类欲望的虚空》（*The Vanity of Human Wishes*）里所列出的著名的士人惨境相仿：辛苦、嫉妒、匮乏、恩主和监狱，但程度远超。考试制度的著名受害者发起了大规模叛乱，反抗王朝，因为这个王朝的考官抛弃了他们。1850年代的太平天国运动领导者就是最显著的例子。更多面目模糊的受害者则加入反对科举制度的地下抵抗运动中，他们认为这一制度的要求或运作方式伤害了他们。17世纪和18世纪的一些文人更是公开对这一制度表示拒绝，不曾参加一场科举考试，理由是乡试考场的护卫搜身让他们觉得有失尊严，他们被当作匪徒而非未来的统治阶层来对待。

1903—1905年间在北京的一场朝廷辩论最终导致了科举制度的终结。有关这一辩论，值得注意的是，科举考试的最终摧毁者、高官袁世凯和张之洞，大量征引前朝尤其是18世纪对科举考试的批判作为论据。这些论据中，最值得注意的就是乾隆皇帝本人在 1744 年的表述。他认为科举考试制度正在不断演变为不仅是教育过程，也是一种福利分配工具，而且它培养出了太多既缺乏充分的实践知识也没有什么道德品行的学生。袁世凯等高官希望，20 世纪初的新学校能够比之前的科举考试更有效地培养正确得体的道德举止。对他们来说，1905 年废除科举考试并非反对教育中的道德灌输的重要性，反而是再次努力确认这种重要性。[63]

思想变革中的文化张力

面对 13 世纪统一中国的蒙古人和 17 世纪满族入主中原，中国人通过儒家文化实践的正统和异端，表达了对民族问题和思想上的深深不安。在被征服朝代中该传授什么，该如何定义和实践儒学/理学，关于这些问题产生了争论。这显示出，对汉族来说，清朝是一段情感动荡的时期，汉人既有自身内在的思想争论，同时又有面对少数民族文化的压力。

满族成功地收编了一种受佛教启发的理学正统，而清朝儒生则想要从这种正统中解脱出来，周启荣形容他们的行为是"本土主义和宗教激进主义"的，在此语境下，汉学宋学之争有可能会吞噬科举考试奉若神明的理学文化共识。在清朝，考据之学鼓吹其学问会接续被打断的与古代的对话。他们回溯过去，翻找出唐朝然后是东汉的文献，来克服他们所发现的宋明理学的局限。因为东汉的古代文献相对没有受到濡染唐宋和明代儒学的新道家和佛教概念的影响，因此，17 和 18 世纪，汉代儒学越来越受到文化净化主义者的尊重和关注。

那些支持汉代古典学问也就是"汉学"的人，与那些信奉理学也就是"宋学"的人之间的争论，虽然是语言考据之争，但其政治影响却相当之大。汉学不仅仅是稽古。它的信徒对儒家意识形态婉转地表达怀疑，而清朝统治者在皇权的正统合法化过程中，尊奉的正是儒家意识形态。戴震对《孟子》所含政治讯息的重新发现，让儒家可以驳斥理学正统，认为它并不符合古代儒学理念。当文字考据与古典研究联系在一起时，它因此也拥有了政治内涵，并转化为新的教育计划。

清朝统治者善于收编这些文人的争论，使得它们在政治上没有杀伤力。乾隆在其统治初期，为方苞刊行忠于朱熹四书注释的时文范文授权加持。1770 年代，皇帝表彰诸如戴震那样的具有批判思想的学者，尊崇他们的严谨学问，甚至对致力于古典学问的汉学计划给予国家支持。在此过程中，科举考试本身在宋学和汉学的双重影响下逐步变化。正统理学仍然是乡试和会试第一场考试中撰写论四书的时文的衡量标准。但是，1750年之后，第二场和第三场考试中关于五经和策论的考题，越来越反映出考据研究的侵染以及汉学对儒家经典的观点。考试科目中的这种妥协，象征着19世纪儒家依靠宋学的道德力量和汉学享有的学术优势，在更为宽泛的思想上，努力缓和汉宋之争、寻求共同基础。

一些对清朝教育制度之终结的零碎分析，呈现出一个静滞、无望、名声扫地的制度，被"教育救国"这一新学说所埋葬。康有为、梁启超和严复这样的思想家口中的"教育救国"认为西式学校是国家财富和权力的基础。我们的研讨会没有时间来仔细考量清末的教育剧变，但是，我们的考察发现表明，教育永远在试图救国，或救帝，而传统帝制教育从未止步不前，它继续按照自己的逻辑发展，甚至在19世纪末清朝遭到国外帝国主义和它所依附的政治和军事机构的双重蹂躏时，也是如此。

例如，至晚在1870年代，掌管甘肃的总督左宗棠，仍在英勇地努力让科举考试的设施能延伸而远抵兰州，这样，在他看来对西北政治的未来至关重要的当地学者士绅，就不用非得乘坐马车或骆驼跋涉千里去华中地区赶考了。在左宗棠看来，通过中举追求"声名"的欲望，也是在西北地区或在传授儒学的多民族义学中引起大众对儒学兴趣的唯一现实之路。

四分之一个世纪后，在1898年戊戌变法中，康有为请求皇帝对所有平民，无论男女，从儿童时期就开始普及大众教育。康有为的新式教育所需要的资金，一部分来自收回叛乱后的重建机构、商业促进机构以及电报机构的"盈余资金"。我们也许可以注意到，1873年和1898年的教育愿景并没有显露出中国正在经历从静止的传统向动态的现代的转型，它反而揭示出远为复杂的且仍然未被完全理解的传统，其中，一种教育发展模式——它的目标是在不断扩张的多民族边境复制儒家价值观——被另一种教育发展模式所取代，其发展基础（虽然还不稳固）是新型知识的生产，以及国家正式动员所有公民接受教育。

（严蓓雯译）

注释

1. 黄炎培《东西两大陆教育不同之根本谈》，载《教育杂志》(上海)，1916年1月15日，第4—8页。
2. 陶愚川在《中国教育史比较研究》(济南：山东教育出版社，1985，第389—390页)中分门别类探讨了这个问题。另见柯睿格《宋徽宗时期教育机会的增长》(The Expansion of Educational Opportunity in the Reign of Hui-tsung of the Sung and its Implication)，载《宋史研究通信》(Sung Studies Newsletter)，1977年第13期，第6—30页，其中探讨了教育扩张的早期阶段。
3. 管同《说士》，收入葛士濬编《皇朝经世文续编》(1888；再版，台北：文海出版社，1972)卷53，第1—2页。
4. 陈元晖等编《中国古代的书院制度》，第86—87、97页。
5. 陈元晖等编《中国古代的书院制度》，第97—98页。
6. 欧多恒《浅析清代贵州教育发展的原因》，第102页；陈元晖等编《中国古代的书院制度》，第64页。
7. 查尔斯·麦克莱兰《德国的国家社会与大学，1700—1914》(State Society and University in Germany, 1700-1914) (London and New York: Cambridge University Press, 1980)，第36—37页。
8. 陈元晖等编《中国古代的书院制度》，第97页。
9. 小川佳子《清朝义学设立基础》，第273—308页。
10. 郭起元《介石堂文集》(1754)，卷6，第1—2页。
11. 王德昭《清代科举制度研究》，第101页。
12. 陈宏谋《培远堂偶存稿》(1872)卷1，33—35b。
13. 胡煦《请博学孝弟书》，收入贺长龄编《皇朝经世文编》(1826，再版，台北：文海，1972)卷57，15—15b。
14. 五十岚正一《中国近代教育史研究》(Tokyo，1979)，第400页。
15. 伍思德《清中期平民学校理论家》(Some Mid-Qing Theorists of Popular Schools)，载《近代中国》总第9期，1983年1月第1期，第5—6页。
16. 参见琼·司各特《社会性别：历史分析的有用概念》(Gender: A Useful Category of Historical Analysis)，载《美国历史评论》(American Historical Review)总第91期，1986年12月第5期，第1053—1075页。
17. 参见费侠莉《单性生殖的男性和有缺陷的女性：16、17世纪中国的生理学与性别分界》(Androgenous Males and Deficient Females: Biology and Gender Boundaries in Sixteenth and Seventeenth-Century China)，载《晚期帝制中国》总第9期，1988年

12 月第 2 期，第 1—25 页。

18. 咏蓂《成都市的人力车夫》，载《劳工月刊》（南京），1935 年 3 月 1 日，第 1—22 页。
19. 罗友枝《清代中国的教育与大众识字率》，第 140 页。
20. 陆鸿基《中国近世的教育发展》（香港：华风书局出版社，1983），第 74—78 页。
21. 关于这点的更详细描述，见伍思德《中国追求识字率的现实与想象中的连续性》（Real and Imagined Continuities in the Chinese Struggle for Literacy），收入许美德编《教育和现代化：中国经验》（Education and Modernization: The Chinese Experience）（Oxford and New York:Pergamon Press，1992），第 23—46 页。
22.《大清仁宗睿皇帝实录》卷 123，29b—31。
23. 伍思德《中国追求识字率的现实与想象中的连续性》，第 39 页。
24. 参见穆四基《明代中国的书院：历史文论》（Academies in Ming China: A Historical Essay）（Tucson: University of Arizona Press, 1982），第 160—166 页。
25. 梁启超《学校总论》，第 936—944 页。另见 R.A. 休斯顿《早期现代欧洲的识字率：1500—1800 年的文化与教育》（Literacy in Early Modern Europe:Culture and Education 1500-1800）（New York: Longman, 1988），第 56—58、156—158 页。
26. 关于这类论说的考察及部分历史上的反驳，见伍思德《中国追求识字率的现实与想象中的连续性》。
27. 欧金尼奥·加林《现代人的教育，1400—1600》（Paris, 1968），第 100—102 页；蒙田《随笔》，第 70—71 页。
28. 王昶《春融堂集》（1807）卷 68，9—9b。另一些儒家对每一经典的字数统计不同。
29. 关于这一争论，见约翰·伯里，弗朗西斯科·拉米雷兹和约翰·梅耶《释大众教育的起源与扩张》（Explaining the Origins and Expansion of Mass Education），载《比较教育评论》（Comparative Education Review）总第 29 期，1985 年 5 月第 2 期，第 145—170 页。
30. 琼·西蒙《〈过去与现在〉中的教育史》（The History of Education in *Past and Present*），载《牛津教育评论》（Oxford Review of Education）总第 3 期，1977 年第 1 期，第 71—86 页。
31. 劳伦斯·斯通《英国识字及教育，1640—1900》（Literacy and Education in England, 1640-1900），载《过去与现在》，1969 年第 42 期，第 81 页。
32. 欧多恒《浅析清代贵州教育发展的原因》，第 104—105 页。
33.《曾文正公家训》，收入《曾文正公全集》（1952；再版，台北：世界书局，1965）卷 4，第 9—10 页。
34. 狄培理《中国的自由传统》，第 27—32 页。另见狄培理、贾志扬编《新儒学教育：形成阶段》。

35. 伍思德《国家、士人和道统：清朝书院，1736—1839》(State, Scholars, and Orthodoxy: The Ch'ing Academies)，收入刘广京主编《晚期帝制中国的正统思想》，第163、165页。

36. 丁钢《中国佛教教育：儒佛道教育比较研究》(成都：四川教育出版社，1988)，第146、152、172—173页。许理和描绘了唐朝国家所要求的僧侣资格考试，见他的《唐朝的佛教与教育》(Buddhism and Education in T'ang Times)，收入狄培理、贾志扬编《新儒学教育：形成阶段》，第32—35页。这样的考试也许一直延续至后朝。

37. 丁钢《中国佛教教育：儒佛道教育比较研究》，第198—200页。

38. 见欧大年《民间佛教：晚期传统中国的异议派》(Folk Buddhist Religion: Dissenting Sects in Late Traditional China) (Cambridge: Harvard University Press, 1976) 中的分析（第103—104页）。

39. 韩书瑞《千年末世之乱：1813年八卦教起义》(Millenarian Rebellion in China: The Eight Trigrams Uprising of 1813) (New Haven: Yale University Press,1976)，第20—24页。

40. 韩书瑞《山东叛乱：1774年王伦起义》(Shantung Rebellion: The Wang Lun Uprising of 1774) (New Haven: Yale University Press, 1981)，第41—45页。

41. 关于李莲英的早期教育，见蔡世英《清末权监李莲英》(石家庄：河北人民出版社，1986)，第1—20页，尤见第9页；关于陈宏谋和女性宗教行为，见陈宏谋《培远堂偶存稿》卷47，14—14b。

42.《大清高宗纯皇帝实录》卷313，24b—25。

43. 喻松青《明清白莲教研究》(成都：四川人民出版社，1987)，第299—301页。

44. 关于黄育楩的重要性，见欧大年《民间佛教：晚期传统中国的异议派》，第29页。

45. 韩书瑞《千年末世之乱：1813年八卦教起义》，第2页。

46. 关于教派对圣谕里的信息和语言的吸收，见喻松青《明清白莲教研究》，第214页。关于圣谕本身的出色研究，见梅维恒《圣谕书面普及中的语言与意识形态》(Language and Ideology in the Written Popularizations of the Sacred Edict)，收入姜士彬、黎安友、罗友枝编《晚期帝制中国的大众文化》，第325—359页。

47. 麦嘉温《中国行会或中国商会和工会》(Chinese Guilds or Chambers of Commerce and Trade Unions)，载《皇家亚洲文会中国北部支会研究》(Journal of the China Branch of the Royal Asiatic Society) 总第21期，1886年（上海，出刊1887年3月）第3—4期，第192页。

48. 见大臣邓承修的悼文，其中有对赌彩的描绘，收入陈弢编《同治中兴与京外奏议约编》(1875; 再版，上海：上海书店，1984) 卷4，37—38b。

49. 伊懋可《中国的女德与社会》，第111—152页；韩德琳《吕坤的新读者：女性的文化水平对 16 世纪思想的影响》，第 13—38 页。

50. "两班"是古代高丽和朝鲜的贵族阶级。"两班"一词指上朝时，君王坐北向南，以君王为中心，文官排列在东边，武官排列在西边，即"文武两班"，之后，两班专指上朝会的官员及两班官员的家族及家门。古代朝鲜对贵族或官员的尊称也是"两班尼"。——译注

51. 关于朝鲜，见崔勇浩（音）《李朝初期科举考试中的平民：朝鲜社会结构的一面，1392—1600》（Commoners in Early Yi Dynasty Civil Examinations: An Aspect of Korean Social Structure, 1392-1600），收入《亚洲研究杂志》总第 33 期，1974 年 8 月第 4 期，第 611—631 页。该文试图将李朝展示为儒家精英管理的社会，同时也承认，商人、工匠和"庸民"不被允许参加科举考试，但并不成功。关于两班精英的准贵族性质，该作者总结说，一般家族可以进入官场，但这一结论被以下发现所削弱：26.2% 的考生只来自 15 个家族，而这 15 个家族的学生作为整体，占所有毕业生的 69.6%。参见宋俊浩（音）《李朝政府考试名册》（The Government Examination Rosters of the Yi Dynasty），收入《亚洲系谱研究》（Studies in Asian Genealogy）（Provo, Utah: Brigham Young University Press, 1969），第 154 页。在该文中，作者指出，从 1392 年至 1894 年，503 年间的 745 次考试里，52% 的毕业生来自 38 个主要宗族。

52. 伍思德《越南和中国模式》（Vietnam and the Chinese Model）（Cambridge, Mass.: Harvard University Press, 1988），第 169—233 页。

53. 姜士彬在《晚期帝制中国的交流、阶层和意识》（第 59 页）一文中估计，清朝至少有五百万接受古典教育的男性平民，他们大致占成年男性人口的 5%（1800 年）和 10%（1700 年）。另见费孝通《中国士绅：城乡关系论集》（China's Gentry: Essays on Rural-Urban Relations）（Chicago: University of Chicago Press, 1953），第 71—72 页。

54. 参见皮埃尔·布迪厄和让-克劳德·帕斯隆著，理查德·奈斯译《教育、社会和文化中的再生产》（Reproduction in Education, Society, and Culture）（Beverly Hills: Sage Publications, 1977），第 194—210 页。关于中国的情况，见艾伯华《传统中国的社会流动》（Social Mobility in Traditional China）（Leiden: E.J. Brill, 1962），第 22—23 页。

55. 皮埃尔·布迪厄和让-克劳德·帕斯隆《教育、社会和文化中的再生产》，第 141—167 页。

56. 关于体系性的考试成功的例子，见本杰明·A. 艾尔曼《经学、政治和宗族：中华帝国晚期常州今文学派研究》，第 6—15、42—73、97—100 页。

57. 罗友枝《清代中国的教育与大众识字率》，第 1—23 页。见裴德生《苦瓜：方以智与思想变革的动力》（Bitter Gourd: Fang I-chih and the Impetus for Intellectual Change）（New Haven: Yale University Press, 1979）第 25—35 页；包弼德《朱熹对

文人学问的再定义》（Chu Hsi's Redefinition of Literati Learning），收入狄培理、贾志扬编《新儒学教育：形成阶段》，第151—185页。参见R.A.休斯顿《早期现代欧洲的识字率：1500—1800年的文化与教育》，第138—139页。

58. 何炳棣《扬州盐商：十八世纪中国商业资本的研究》，第130—168页；大久保英子《明清书院研究》（Tokyo, 1976），第221—361页。

59. 涂经诒《从文学观点论八股文》，第393—406页；伍思德《清中期平民学校理论家》，第11—18页；雷德侯《米芾和中国古代书法传统》（Mi Fu and the Classical Tradition of Chinese Calligraphy）（Princeton: Princeton University Press, 1979）；本杰明·A.艾尔曼《从理学到朴学：中华帝国晚期思想与社会变化面面观》（Cambridge, Mass.: Harvard University Press, 1990），第191—197页。

60. 韩明士《不那么绅士：宋元博士》（Not Quite Gentlemen? Doctors in Sung and Yuan），载《中国科学》1986年第7期，第11—85页；史景迁《改变中国：中国的西方顾问，1620—1960》（To Change China: Western Advisers in China, 1620-1960）（Middlesex: Penguin Books, 1980），各处；约瑟夫·列文森《明清社会的业余理念：来自绘画的证据》（The Amateur Ideal in Ming and Early Ch'ing Society: Evidence from Painting），收入费正清编《中国的思想与制度》，第320—341页。

61. 参见狄培理《道学与心学》（Neo-Confucian Orthodoxy and the Learning of the Mind-and-Heart）（New York: Columbia University Press, 1981），第1—66页；刘子健《一个新儒家学派如何成为国家正统思想》，第483—505页。

62. 参见皮埃尔·布迪厄《教育体制与思想体制》，第190—201页。

63. 见《十二朝东华录》，朱寿朋编"光绪朝"，卷0—9，第4979—4982页。关于1903年对1744年争论的简单讨论，见傅吾康《中国科举考试的改革和废除》（The Reform and Abolition of the Traditional Chinese Examination System）（Cambridge, Mass.: Harvard University East Asian Monographs, No. 10, 1968），第56—57页。

撰稿人介绍

白亚仁是美国波莫纳学院中国学副教授。他发表了数篇关于17世纪中国文学的文章，目前正从事明代古典小说研究。

包筠雅是美国俄勒冈大学历史学副教授。普林斯顿大学出版社出版了她的专著《功过格：明清时期的社会变迁与道德秩序》(Ledgers of Merit and Demerit: Social Change and Moral Order in Late Imperial China)（1991）。

张伟仁是中国台湾"中研院"历史语言研究所高级研究员、台湾大学法学教授。哈佛大学即将出版他关于中国法律制度的最新研究。他曾在台湾出版过《清代法制研究》（台湾"中研院"，1983），三卷本。

周启荣是美国伊利诺伊大学厄巴纳–香槟分校历史学和东亚研究副教授。斯坦福大学出版社出版了他的《礼教与伦理：1600—1830年间晚期帝制中国的经学与家学》(Ritual and Ethics: Classical Scholarship and Lineage Institutions in Late Imperial China, 1600-1830)（1994）。

柯娇燕是美国达特茅斯学院历史学副教授，出版了《孤军：满人一家三代与清帝国的终结》(Orphan Warriors: Three Manchu Generations and the End of the Qing World)（普林斯顿，1990），并即将出版一本关于清朝意识形态研究的专著。

---

* 本介绍内容为英文原书出版时的情况。——译者注

本杰明·A. 艾尔曼是加州大学洛杉矶分校历史学教授。他出版了《从理学到朴学》(*From Philosophy to Philology*)（哈佛大学，1984，1990）和《经学、政治和宗族》(*Classicism, Politics, and Kinship*)（加州伯克利大学，1990，获1991年伯克利奖）。目前致力于研究1400年至1900年间科举在中国社会及思想方面的作用。

盖博坚是华盛顿大学东亚研究副教授。他出版了《皇帝的四库：乾隆朝晚期的学者与国家》(*The Emperor's Four Treasures: Scholars and the State in the Late Ch'ien-lung Era*)（哈佛大学，1987）。目前在研究清朝的用人制度和清朝中期的政治史。

詹嘉玲是法国国家科学研究中心研究员。她目前在研究晚清的数学及晚清与欧洲的科学交流。她出版了《三角速算法和精确的圆周率的速算法（1774年）：数学方面的中国传统和西方的贡献》（法兰西学院中国研究中心，1990）。

秦博理是俄亥俄格兰维尔丹尼森大学历史学教授。他著有《杜威在中国的实验：民国时期的教育改革与政治权力》(*The Dewey Experiment in China: Educational Reform and Political Power in the Early Republic*)（哈佛大学，1977）。他目前的研究兴趣是1865年至1911年中国长江下游地区的士绅自治。

梁其姿是中国台湾"中研院"孙中山社会科学和哲学研究所博士后。她在法国社会科学高等研究院获得博士学位，目前正在完成一本关于明清慈善业的专著，此外她还用英语、法语和汉语发表了数篇关于明清社会文化史的文章。

刘广京是加州大学戴维斯分校历史学教授。他的近著有他主编的《晚期帝制中国的正统思想》(*Orthodoxy in Late Imperial China*)（加州大学，1990），以及论文集《经世思想与新兴企业》（联经出版公司，1990）。目前他在研究曾国藩和湖南湘乡曾氏家族。

曼素恩在加州大学戴维斯分校教授历史。她著有《1750—1950年间的地方商人与中国官僚体制》(*Local Merchants and the Chinese Bureaucracy, 1750-1950*)（斯坦福大学，1987），目前在研究中国妇女史。

罗威廉是约翰斯·霍普金斯大学历史学教授。他出版了《早期现代城市：19世纪汉口的冲突与社区》(*An Early Modern Chinese City: Conflict and Community* in Nineteenth-Century Hankow）（斯坦福大学，1989）和《1796—1889 年间的汉口：一个中国城市的商业与社会》（Hankow: Commerce and Society in a Chinese City 1796-1889）（斯坦福大学，1984）。目前他在研究陈宏谋的生平。

伍思德是不列颠哥伦比亚大学近代中国与东南亚史研究教授。他著有《越南和中国模式》（Vietnam and the Chinese Model）（1971，1988）和《现代越南的社区与革命》（Community and Revolution in Modern Vietnam）（1976），还与人合著了《寻找东南亚：现代史》（In Search of Southeast Asia: A Modern History）（1971，1987）。目前他在全面研究晚清中国的政治与教育。

人名译名对照表

（按译名姓氏拼音排序）

A

菲利浦·阿利埃斯（Philippe Ariès）
艾伯华（Wolfram Eberhard）
菲利普·艾凡赫（Philip Ivanhoe）
本杰明·A. 艾尔曼（Benjamin A. Elman）
约翰·艾维尔（John Ewell）
艾维泗（William S. Atwell）
南茜·埃文斯（Nancy Evans）
玛丽·罗利·安德森（Mary Releigh Anderson）
安守廉（William P. Alford）
安田二郎（Anda Jiro）
理查德·奥博（Richard Orb）
雅克·奥祖夫（Jacques Ozouf）

B

巴多明（Dominique Parrenin）
弗兰克·A. 巴克利斯（Frank A. Lowjewski）
苏珊·W. 巴内特（Suzanne W. Barnett）
白彬菊（Beatrice S. Bartlett）
白蒂（Hilary J. Beattie）
白馥兰（Francesca Bray）
白晋（Joachim Bouvet）
白伦（Leonard Pratt）
白亚仁（Allan Barr）
包弼德（Peter Bol）
包筠雅（Cynthia J. Brokaw）
鲍克兰（Inez de Beauclair）
鲍雪侣（Sally Borthwick）
西格里德·保罗（Sigrid Paul）
威拉德·J. 彼得森（Willard J. Peterson）
毕乃德（Knight Biggerstaff）

乔纳森·波特（Jonathan Porter）

约翰·伯里（John Boli）

P. 伯努瓦（P.Benoit）

伯希和（Paul Pelliot）

卜正民（T. Brook）

皮埃尔·布迪厄（Pierre Bourdieu）

梅琳达·K. 布莱德（Melinda K. Blade）

朱迪斯·布朗（Judith Brown）

布鲁纳特（H.S. Brunnert）

格里高利·布鲁（Gregory Blue）

玛丽安娜·巴斯蒂 - 布鲁吉埃（Marianne Bastid-Bruguiere）

杰罗姆·布鲁纳（Jerome Bruner）

莱昂纳多·布鲁尼（Leonardo Bruni）

C

蔡涵墨（Charles Hartmann）

陈汉生（Chad D. Hansen）

陈金梁（Man-Kam Leung）

陈荣捷（Wing-tsit Chan）

成中英（Chung-ying Cheng）

詹姆斯·程（James Cheng）

崔瑞德（Denis Twitchett）

崔勇浩（Yong-ho Ch'oe）

D

大村兴道（Ōmura Kōdō）

大久保英子（Okubo Eiko）

诺玛·戴蒙德（Norma Diamond）

戴何都（Robert Des Rotours）

戴进贤（Ignatius Kgler）

戴廷杰（Pierre-Henri Durand）

娜塔莉·泽蒙·戴维斯（Natalie Zemon Davis）

休伯特·L. 德雷福斯（Hurbert L. Drefus）

德礼贤（Pasquale D'Elia）

海伦·邓斯坦（Helen Dunstan）

狄培理（Wm. T. de Bary）

丁韪良（W. A. P. Martin）

杜德美（Pierre Jartoux）

杜维明（Tu Wei-ming）

罗纳德·多尔（Ronald Philip Dore）

多贺秋五郎（Akigorō Taga）

E

俄勒冈州人文委员会（Oregon Committee for the Humanities）

F

范德（Edward L. Farmer）

藤村久美子 - 范泽洛（Kumiko Fujimura-Fanselow）

房兆楹（Chao-ying Fang）

阿黛尔·菲尔德（Adele Fielde）

卡尼·费希尔（Carney Fisher）

费赖之（Louis Pfister）

费侠莉（Charlotte Furth）

费正清（J.K. Fairbank）

保拉·芬德伦（Paula Findlen）

玛格丽特·W. 弗格森（Margaret W. Ferguson）

让-路易·弗兰德林（Jean-Louis Flandrin）

曼斯菲尔德·弗里曼（Mansfield Freeman）

米歇尔·福柯（Michel Foucault）

西奥多·福斯（Theodore N. Foss）

弗朗西斯·富勒（Francois Furet）

傅佛果（Joshua Fogel）

傅礼初（Joseph Fletcher）

傅路德（L. Carrington Goodrich）

傅圣泽（Jean-Francoise Foucquet）

傅吾康（Wolfgang Franke）

富布莱特基金会（Fulbright Foundation）

G

高华士（Noël Golvers）

路易·高拉姆博什（Louis Galambos）

高彦颐（Dorothy Ko）

盖博坚（R. Kent Guy）

查尔斯·"汉治"·戈登（Charles "Chinese" Gordon）

安东尼·格拉夫顿（Anthony Grafton）

塞缪尔·格鲁伯（Samuel M. Grupper）

雅克·格内特（Jacques Gernet）

宫崎市定（Ichisada Miyazaki）

理查德·贡德（Richard Gunde）

沟口雄三（Mizoguchi Yuzo）

古鲁伯（Samuel Martin Grupper）

杰克·古迪（Jack Goody）

顾路柏（Wilhelm Grube）

郭廷以（Ting-yee Kuo）

H

哈盖尔斯特洛姆（V.V. Hagelstrom）

韩德琳（Joanna F. Handlin）

韩明士（Robert Hymes）

韩书瑞（Susan Naquin）

韩玉珊（Han Yü-shan）

约翰·海格尔（John Haeger）

何炳棣（Ho Ping-ti）

何伟恩（Herold J. Wiens）

贺凯（Charles O. Hucker）

贺萧（Gail Hershatter）

艾萨克·泰勒·赫德兰（Isaac Taylor Headland）

约翰·B. 亨德森（John B. Henderson）

恒慕义（Arthur W. Hummel）

洪业（William Hung）

胡志德（Theodore Huters）

华琛（James L. Watson）

华如璧（Rubie S. Watson）

黄培（Pei Huang）

黄宗泰（Timothy C. Wong）

黄宗智（Philip Huang）
路易斯·霍多思（Lewis Hodous）
大卫·霍克斯（David Hawkes）

J

吉德炜（David N. Keightley）
查尔斯·吉利斯皮（Charles Gillispie）
吉田光邦（Yoshida Mitsukuni）
丽萨·加迪纳（Lisa Jardine）
欧金尼奥·加林（Eugenio Garin）
加州大学洛杉矶分校学术委员会（UCLA Academic Senate）
加州大学洛杉矶分校中国研究中心（UCLA Center for Chinese Studies）
丹尼尔·贾德纳（Daniel K. Gardner）
贾志扬（John Chaffee）
江素慧（Chiang Su-hui）
姜士彬（David Johnson）
J.R.P. 金（J.R.P. King）
玛格丽特·金（Margaret L. King）
金安平（Ann-ping Chin）
近藤光男（Kondo Mitsuo）
酒井忠夫（Tadao Sakai）
居蜜（Mi Chu Wiens）

K

康丹（Daniel Kane）
M.T. 凯莱赫（M.T.Kelleher）
劳伦斯·凯斯勒（Lawrence Kessler）

詹姆斯·H. 科尔（James H. Cole）
科大卫（David Faure）
J.M. 科恩（J.M. Cohen）
菲利普·科廷（Philip Curtin）
柯娇燕（Pamela Kyle Crossley）
柯睿格（E. A. Kracke, Jr.）
柯文（Paul Cohen）
克拉维乌斯（Clavius）
雷蒙德·克里班斯基（Raymond Klibansky）
克利夫斯（Cleaves）
J.N. 克罗斯利（J.N.Crossley）
托马斯·L. 肯尼迪（Thomas L. Kennedy）
孔飞力（P.A. Kuhn）

L

帕翠亚·L. 拉巴尔姆（Patricia L. Labalme）
保罗·拉比诺（Paul Rabinow）
米雷耶·拉吉特（Mireille Laget）
弗朗西斯科·拉米雷兹（Francisco Ramirez）
雷德侯（Lothar Ledderose）
黎安友（Andrew J. Nathan）
理雅格（James Legge）
李倍始（Ulrich Libbrecht）
李盖提（Louis Ligeti）
李弘祺（Thomas H. C. Lee）

李基白（Ki-Baik Lee）

李约瑟（Joseph Needham）

李中清（James Lee）

查尔斯·P. 里德利（Charles P. Ridley）

J. 里特尔（J.Ritter）

保罗·利科（Paul Ricoeur）

梁其姿（Angela Ki Che Leung）

梁庄爱伦（Ellen Laing）

霍华德·S. 列维（Howard S. Levy）

林力娜（Karine Chemla）

林懋（Tilemann Grimm）

林耀华（Lin Yueh-hua）

刘殿爵（D.C. Lau）

刘广京（Kwang-Ching Liu）

刘若愚（James J.Y. Liu）

刘王惠珍（Hui-Chen Wang Liu）

刘子健（T.C.Liu）

卢蕙馨（Margery Wolf）

卡罗琳·路吉（Carolyn C. Lougee）

陆西华（Gertraude Roth Li）

伦华祥（Anthony.W.-C.Lun）

罗多弼（Torbjörn Lodén）

罗溥洛（Paul Ropp）

C.E. 罗南（C.E.Ronan）

罗威廉（William T. Rowe）

罗友枝（Evelyn S. Rawski）

罗郁正（Irving Yucheng Lo）

罗兹比克（Rozbicki）

玛格丽特·L. 罗森塔尔（Margaret L. Rosenthal）

吕元骢（Adam Y. Lui）

M

马礼逊教育协会（Morrison Education Society）

马格里（Halliday Macartney）

马若安（Jean-Claude Martzloff）

玛丽恩与贾斯珀·怀廷基金会（Marion and Jasper Whiting Foundation）

亨利·伯纳德-迈特尔（Henri Bernard-Maître）

麦嘉温（DJ. MacGowan）

查尔斯·麦克莱兰（Charles E. McClelland）

B.E. 麦克纳特（B.E. Mcknight）

曼素恩（Susan Mann）

梅隆基金会（Mellon Foundation）

梅维恒（Victor H. Mair）

Y. 梅亚马（Y. Maeyama）

约翰·梅耶（John W. Meyer）

美国国家人文基金会（U.S. National Endowment for the Humanities）

美国学术团体委员会（American Council of Learned Societies）

美中学术交流委员会（Committee on Scholarly Communication with the People's Republic of China）

蒙特西脱会议（Montecito conference）

埃蒂安·蒙托克（Etienne Montucla）
孟旦（Donald J. Munro）
威廉·米尔恩（William Milne）
密迪乐（Thomas Taylor Meadows）
伊戈·密切费拿（Igor Mitrophanow）
闵斗基（Min Tu-ki）
托马斯·摩尔爵士（Sir Thomas More）
莫安仁（Evan Morgan）
穆尼阁（Smogulenski）
穆四基（John Meskill）

N

奈地田哲夫（Tetsuo Najita）
理查德·奈斯（Richard Nice）
南怀仁（Ferdinand Verbiest）
倪德卫（David S. Nivision）

O

B.B.C. 欧（B.B.C.Oh）
欧大年（Daniel L. Overmyer）
欧中坦（Jonathan Ocko）

P

杰森·H. 帕克（Jason H. Parker）
让-克劳德·帕斯隆（Jean-Claude Passeron）
赫伯特·帕辛（Herbert Passin）
裴德生（Willard Peterson）
裴丽珠（Juliet Bredon）

洛伊·哈维·皮尔斯（Roy Harvey Pearce）
赛勒斯·皮克（Cyrus Peake）
濮德培（Peter Perdue）
蒲立本（E.G. Pulleyblank）

Q

桥本敬造（Keizo Hashimoto）
海伦·乔瑟（Helen Chauncey）
秦博理（Barry Keenan）
青木正儿（Aoki Masaru）
清濑义三郎（Gisaburo Kiyose）
安·罗萨琳德·琼斯（Ann Rosalind Jones）
丘昌港（Chiu Chang-kong）
瞿同祖（T'ong-tsu Ch'ü）

R

冉枚铄（Mary Backus Rankin）
任桂淳（Kaye Soon Im）
日本基金会（Japan Foundation）
芮玛丽（Mary Wright）
芮沃寿（Arthur F. Wright）

S

W.G. 萨尔策（W.G.Saltzer）
威廉·G. 赛维尔（William G. Saywell）
本特·桑丁（Bengt Sandin）
山根幸夫（Yamane Yukio）

山井涌（Yamanoi Yu）

山崎纯一（Yamazaki Jun'ichi）

杉村勇造（Sugimura Yuzo）

沈仲涛（Z. D. Sung）

施坚雅（G. William Skinner）

石田干之助（Ishida Mikinosuke）

史东（Lawrence Stone）

史景迁（Jonathan D. Spence）

史雅堂（Adam Schorr）

舒威霖（William Schultz）

琼·司各特（Joan W. Scott）

司马富（Richard J. Smith）

司徒琳（Lynn A. Struve）

乔瓦尼·斯达里（Giovanni Stary）

瑞吉·斯蒂茨（Regie Stites）

约翰·斯科莱克（John Schrecker）

玛丽·伊丽莎白·斯科特（Mary Elizabeth Scott）

戴维·斯特恩德（David Strand）

杰拉德·斯特劳斯（Gerald Strauss）

劳伦斯·斯通（Lawrence Stone）

珍妮丝·斯托卡（Janice E. Stockard）

南希·李·斯旺（Nancy Lee Swann）

寺田隆信（Terada Takanobu）

卡罗尔·史密斯（Carol Smith）

肯特·史密斯（Kent C. Smith）

托马斯·C. 史密斯（Thomas C. Smith）

亚瑟·亨·史密斯（Arthur H. Smith）

宋汉理（Harriet Zurndorfer）

宋基中（Ki-Joong Song）

宋俊浩（June-ho Song）

薮内清（Yabuuti Kiyosi）

苏尔梦（Claudine Lombard-Salmon）

T

太平洋文化基金会（Pacific Cultural Foundation）

罗杰·汤普森（Roger Thompson）

乔治·H. 泰勒（George H. Taylor）

陶博（Preston Torbert）

陶晋生（Tao Jinshen）

涂经诒（Ching-I Tu）

W

爱德华·威利特·瓦格纳（Edward Willett Wagner）

托马斯·瓦特斯（Thomas Watters）

王安（Ann Waltner）

王德昭（Wang Te-chao）

王业健（Yeh-chien Wang）

I. 微席叶（I. Vissière）

J.L. 微席叶（J.L. Vissière）

C.A.S. 威廉（C.A.S. Williams）

爱德华·T. 威廉姆斯（Edward T. Williams）

S. 威尔士·威廉姆斯（S. Wells Williams）

罗珊娜·维特克（Roxane Witke）

马克斯·韦伯（Max Weber）

尤根·韦伯（Eugen Weber）

诺亚·韦伯斯特（Noah Webster）

韦兰（T.S. Whelan）

阿瑟·韦利（Arthur Waley）

亚历山大·伟烈（Alexander Wylie）

卫思韩（John E. Wills, Jr.）

魏爱莲（Ellen Widmer）

魏斐德（Frederic Wakeman, Jr.）

魏盟夏（Marsha Weidner）

埃里克·魏德曼（Eric Widmer）

马杰里·沃尔芙（Margery Wolf）

安东尼·J. 拉·沃帕（Anthony J. La Vopa）

吴百益（Wu Pei-yi）

吴伦霓霞（Alice N.H.Lun-Ng）

吴秀良（Silas H.L. Wu）

五十岚正一（Igarashi Shoichi）

伍思德（Alexander Woodside）

X

琼·西蒙（Joan Simon）

席文（Nathan Sivin）

夏思义（Patrick Hase）

小川佳子（Ogawa Yoshiko）

小野和子（Ono Kazuko）

谢康伦（Conrad Schirokauer）

谢正光（Chengkuang Hsieh）

R.A. 休斯顿（R.A. Houston）

须藤洋一（Sutō Yōichi）

徐劢（Etienne Zi[Siu]）

徐中约（Immanuel Hsü）

许理和（Erik Zürcher）

许美德（Ruth Hayhoe）

许小丽(Elisabeth Hsü)

旭烈（Hiu Lie）

Y

迈克尔·扬（Michael Young）

玛丽琳·扬（Marilyn Young）

简·帕丽斯·杨（Jane Parish Yang）

伊懋可（Mark Elvin）

伊佩霞（Patricia Buckley Ebrey）

易劳逸（Lloyd Eastman）

塞缪尔·约翰逊（Samuel Johnson）

Z

詹嘉玲（Catherine Jami）

张春树（Chun-shu Chang）

张灏（Hao Chang）

张君劢（Carsun Chang）

张伟仁（Wejen Chang）

张仲礼（Chung-li Chang）

章楚（Djang Chu）

周启荣（Kai-wing Chow）

中山茂（Shigeru Nakayama）

朱鸿林（Hung-lam Chu）

朱维信（Raymond W. Chu）
佐久间重男（Sakuma Mayumi）
佐藤一郎（Satō Ichirō）